《温州通史》编纂委员会

温州通史

温州通史

清代卷

吴松弟 主编
李世众 著

人民出版社

责任编辑：贺　畅
文字编辑：詹　夺　林　婷

图书在版编目（CIP）数据

温州通史. 清代卷 / 吴松弟主编；李世众著. —北京：人民出版社，2024.1
ISBN 978－7－01－025046－5

I. ①温…　II. ①吴…　②李…　III. ①温州－地方史－清代　IV. ① K295.53

中国版本图书馆 CIP 数据核字（2022）第 165473 号

温州通史
WENZHOU TONGSHI
清代卷

吴松弟 主编　李世众 著

人民出版社 出版发行
（100706　北京市东城区隆福寺街 99 号）

中煤（北京）印务有限公司印刷　新华书店经销

2024 年 1 月第 1 版　2024 年 1 月北京第 1 次印刷
开本：787 毫米×1092 毫米 1/16　印张：33
字数：535 千字

ISBN 978－7－01－025046－5　　定价：167.00 元

邮购地址 100706　北京市东城区隆福寺街 99 号
人民东方图书销售中心　电话（010）65250042　65289539

前　言

温州古称“瓯”“东瓯”。《山海经》有“瓯居海中”的记载，《史记》有东瓯国的记录。雁山云影，瓯海潮踪。从史前先民开辟榛莽到当代温州人创业创新，富有创造力的传统文化基因在这方土地生生不息、代代相传，在不同的历史阶段迸发出令人惊叹的智慧和力量，创造了悠久灿烂、独具一格的东瓯文化，贯穿于温州经济社会发展的全部历程，在历史轨迹上留下深深的烙印。

东瓯文化传承发展的历史逻辑和实践脉络，是认知温州人生存耐性和生命禀赋的根，是探求温州当代发展奥妙和未来发展规律的源。温州历史上几度人口迁徙，中原文化、海洋文化、山地文化在这里交汇融合，形成特色鲜明的东瓯文化。秦汉之际，历代东瓯王带领东瓯先民依山拓海，励精图治，百折不挠，孕育自强不息的人文基因。东晋南朝，以谢灵运、丘迟等为代表的文人之治，持续向温州输送儒释道及士族文化的养料，化民成俗，培塑“东南都会”“海滨邹鲁”的雏形。永嘉学派滥觞于北宋“皇祐三先生”和“元丰九先生”，经过南宋薛季宣、陈傅良的接续发展，叶适集其大成，元末明初刘基、明中后期张璁、清末民初“三孙五黄”等历代贤哲薪火相传，逐步锻造出东瓯文化的精神内核，成为中华优秀传统文化的组成部分。近代以来，伴随风云激荡的历史潮流，温州迸发出强大的思想和文化创造力，“东瓯三先生”变革维新思想影响深远，随之相继涌现出新文化运动健将郑振铎、一代词宗夏承焘、新中国考古事业奠基人夏鼐、寄生虫学家洪式闾等一批光彩夺目的名家巨匠。改革开放后，温州再次迎来高光时刻，温州人以敢为人先的胆魄和务实创新的精神，率先进行市场经济取向改革，实现经济社会发展的历史性跨越，创造了举世瞩目的“温州模式”，成为中国改革开放先行区和民营经济重要发祥地，为中国特色社会主义市场经济做出积极探索，升华了东瓯文化的时代内涵。

按照市委市政府关于推动温州文化大发展大繁荣的战略部署，我们启动《温州通史》的编纂工程。《温州通史》设东瓯卷、汉唐五代卷、宋元卷、明代卷、清代卷、民国卷六个分卷，另有专题史十六部，力求全面客观地反映温州建置沿革、社会变迁、经济发展、民族交融、教育文化、风土人情等方面的历史演变，多维度展示温州的历史发展进程与人文精神，堪称纵贯古今、包罗万象的鸿篇巨制。

《温州通史》分卷主编与专题史作者不畏艰辛，广泛、系统地梳理温州的方志、档案、文集、笔记、碑刻、族谱、回忆录、口述访谈等多方面的文献资料，精心笔耕，奉献自己的学识与智慧。编纂团队遵奉“直书实录”的史学原则，团结协作，不懈探究。在编纂团队的背后，温州市文化广电旅游局、市地方志办公室、市档案馆、市博物馆以及各县市区相关单位各司其职，默默奉献；尤其是承担日常联络保障工作的温州市图书馆，为编纂工作的顺利进行付出辛勤的汗水。此外，《温州通史》能够高效率、高质量地出版，也离不开人民出版社的鼎力支持。

《温州通史》作为温州历史上第一部官修通史，是温州历届市委市政府重视精神文明建设与文化事业的体现，是贯彻落实“浙江文化研究工程”的具体举措，是编纂委员会集体智慧的结晶。我们相信，《温州通史》的问世，必将进一步坚定海内外温州人的文化自信，增强人们对温州这座历史文化名城的向心力和归属感；也必将有助于世人更好地认识温州，研究温州，解读温州，从而促进温州的知名度和美誉度不断提升。

当然，《温州通史》的编纂难免存在不足之处，衷心期待学界同仁与读者朋友的批评指正，以便再版时进一步修订完善。

《温州通史》编纂委员会

2021 年 8 月

目　录

绪 论

对温州来说，清代是一个继往开来的时代。

在清代以前，温州从来没有经历一个如此深刻的历史转折。一方面，清前期的温州上承漫长历史所形成的地方社会传统；另一方面，清后期，随着现代西方文明的冲击，温州的全球化程度日益加深，温州的现代性因素快速滋长。开埠后温州社会变迁的速度突然提高，就像一列缓慢行驶的列车突然提速，很快地接近了我们今天所处的位置。因而，清代是温州“通古今之变”最为关键的历史时期。

本书所说的“温州”是清代的温州，地理范围大体相当于1948年文成置县前的温州。本书所说的“温州人”是指清代的温州人。如果往久远的历史追溯，其主要组成部分有先秦时代就生活这里的瓯越族群，永嘉之乱、安史之乱、靖康之难时期直接间接迁移来温州的中原移民，以及自明中后期至清前期从福建、江西等省份迁徙的移民。土著居民与外来者之间，以及不同来源的移民之间，世世代代相互融合，即为清代的温州人。

一、清代温州史的“断裂”与“延续”

一进入清代，人们很容易想起摊丁入亩、白银资本，到了晚清则是西方科技文明和工业品的目不暇接，以及人们思想、观念的日新月异，似乎一切都在变。像明清易代、对外开放、废除科举、辛亥革命这种具有“断裂”意味的历史事件成为人们关注或研究的热点。而那种恒常的社会生活为学者所冷落，“断裂”背后的历史延续性为人们所忽视。正是由于存在着这些延续性的因素，尽管宏观层面的震荡异常猛烈，但底层社会都没有脱出旧轨。就温州而言，这种历史的延续性突出地体现在两种事物上，即“宗族”和“民间信仰”。

魏斐德在《中华帝国晚期的冲突与控制》中写道：“从16世纪中叶到20世纪30年代整个时期构成连贯的整体。学者们不再把清代看成过去历史的翻版，也不认为1644年与1911年是异常重要的界标。”[①] 如果联系到传统中国，尤其是中国的东南沿海地区，魏斐德的看法是很有见地的。在温州地区，宗族和民间信仰就是足以超越王朝鼎革和帝制终结的“断裂”式剧变，而保持历史成为“连贯的整体”的强韧有力的纽带。

清代温州是一个宗族组织特别发达的地区，而宗族正是从明代发展而来。当然准确地说，庶民的宗法运动起始于16世纪的30年代，以礼部尚书夏言请求将庶民建立家庙合法化的上奏为标志。[②] 科大卫指出：“16世纪礼仪改革的新颖之处，在于主张平民百姓也有权到祠堂祭祀祖先，也能够以祖先的名义，集体控制财产。”[③] 科大卫所说的“礼仪改革”后的社会组织，就是我们看到的清代温州城乡那种拥有祠堂（家庙）、族谱和集体财产的宗族。尽管宗族的凝聚力和组织力在不同时期有强弱消长，但清初以来一波一波的残酷兵燹、太平天国的兵锋和商品经济的冲击，都不能消解乡村的宗族结构。

温州地区民间信仰的繁盛可以追溯到比宗族更为久远的历史。据后世士大夫习惯性的说法，温州“多淫祀”源自汉代的“东瓯王信鬼”。[④] 唐代陆龟蒙之《野庙碑》对温州之“好事鬼，山椒水滨多淫祠”，有十分生动的记载。[⑤] 明代弘治年间温州府永嘉知县汪循所撰的《唐将军庙碑记》说：“温俗好鬼，多淫祠。凡市集乡团，居民或百余家，或数十家，必设立一鬼以祀之。”[⑥] 光绪初，平阳知县对民间信仰之多、之滥有极深刻的感受，他说：“他处淫祀之神，大都出于演义小说，而平人之神则其名更闻所未闻。他处淫祀之神，大小犹是庙宇，而平人之神则树悬一龛、墙穴一像，不必皆庙宇。”[⑦] 然而民间信仰并不只是“信仰”而已，

---

① F. Wakeman and C. Grant, ed., *Conflict and Control in Late Imperial China*, University of California Press, 1975.

② 井上徹说：虽然无法证实夏言提案是否真的得到皇帝的认可，但因为得到皇帝应允的传言在地域社会中广泛流传，因此很自然，它必定加速了以实现宗法为目标的社会运动。参见［日］井上徹：《中国的宗族与国家礼制——从宗法主义角度所作的分析》，钱杭译，上海书店出版社2008年版，第126—127页。

③ 科大卫：《皇帝与祖宗——华南的国家与宗族》，卜永坚译，江苏人民出版社2009年版，第258页。

④ （清）张宝琳修，孙诒让纂：《永嘉县志》，永嘉县地方志编纂委员会整理，中华书局2010年版，第255页。

⑤ （明）姜准：《岐海琐谈》，蔡克骄点校，上海社会科学院出版社2002年版，第201页。

⑥ （明）汪循：《唐将军庙碑记》，吴明哲编：《温州历代碑刻二集》，上海社会科学院出版社2006年版，第49—50页。

⑦ （清）汤肇熙：《谕禁添造神庙示》，《出山草谱》卷4，东瓯郭博古斋，光绪十年（1884）刻本。

一座庙宇往往是一个经济组织，同时也有可能是一个社会组织，因而起着凝聚多个宗族的作用。杨庆堃把民间信仰称为“分散性宗教”。他认为民间信仰具有坚实的结构性基础，信仰组织是社会组织模式整体的一部分。他观察到每一个寺庙都代表一个社会组织，任何社区都有一个或多个地方保护神，作为集体的象征，对这些神灵的崇拜仪式成为社区宗教生活的中心。在这些公众事务中，宗教的基本功能就是提供一个可以超越经济利益、阶级地位和社会背景的集体象征，以便为社区的凝聚力的增强创造条件。[①] 因此，信仰及其信仰组织也与宗族一样都是保持历史连贯性的巨大力量。

这里有必要加以说明，民间信仰决不能简单粗暴视之为“迷信”。现代文化人类学把包括民间信仰在内的各种文化，定性为人类用来适应环境而生成的“体外器官”，[②] 各种文化的价值是等量的，没有高低优劣之分。即以民间信仰而言，它首先是人们为满足心理安全而形成的民俗形式，决不能简单地与迷信画等号。民间信仰在现实生活中的实践形式是仪式。人类学把仪式归于“沟通行为”的一种，即信仰者借助仪式表达自己心中的一些意愿，只不过表达的对象不是人，而是“超自然”的信仰。这样的仪式行为很难说是否迷信。如果行为者仅仅止于表达，或借此强化自己的行动决心和意志，其效用与一般人际关系沟通等同，这就不是迷信。但行为者如果除表达意愿外，还祈望得到真正的实用意义，这就有了迷信的成分，但似不宜夸大其消极影响。[③]

二、清代温州历史演进的动力

柯文在阐释中国史研究的“中国中心取向”时说：“十九、二十世纪的中国历史有一种从十八世纪和更早时期发展过来的内在结构和趋向。若干塑造历史的极为重要的力量一直在发挥作用。……尽管中国的情境日益受到西方影响，这个社会的内在历史自始至终依然是中国的。”[④] 这不仅提醒我们在论述中国历史的时

---

① 杨庆堃：《中国社会中的宗教——宗教的现代功能与其历史因素之研究》，范丽珠等译，上海人民出版社 2007 年版，第 86 页。

② 李亦园：《人类学的理念与方法》，《李亦园自选集》，上海教育出版社 2002 年版，第 6 页。

③ 参见李世众：《大传统、小传统与温州经济的崛起——澄清永嘉之学与“温州模式”之纠缠》，《浙江社会科学》2007 年第 3 期。

④ ［美］柯文：《在中国发现历史——中国中心观在美国的兴起》，林同奇译，中华书局 1989 年版，第 173—174 页。

候，要坚持“中国中心取向”，把推动历史演进的中国因素、中国动力放在第一位，而且在论述温州地方的历史的时候，地方内生的动力也是第一位的，诸如国家制度、大历史中的重大事件对温州的影响也必然是通过温州因素而起作用。清代推动温州历史演进的、具有全局性影响的动力主要来自三个方面：人口压力与美洲作物种植的交互作用、美洲白银的输入和短缺、温州开埠。

（一）人口压力与美洲作物种植的交互作用

自明代中后期开始至清代嘉道时期的大约二百年时间里，在温州可观察到较大规模、持续的福建移民迁入现象。与以往历史上自中原到南方的移民方向不同，这波移民呈现着自南向北的反向回流运动。这就是说在传统农业和传统耕作技术条件下，已经不存在可以拓展的物理空间，但恰好由于高产美洲作物——番薯、玉米、马铃薯的传入，使得乐清、永嘉、平阳、瑞安的西部山区以及整个泰顺县成了可供开垦的“农业边疆”。这些可以在光热条件不好的高寒山地和贫瘠土地上生长的农作物，把移民送到了原先人迹罕至的深山巨谷。在乾隆晚期以及嘉道二朝，温州西部山区新增了成百上千的聚落。人口压力迫使人们在更广的地区种植美洲作物，美洲作物的生产又使温州的土地承载了更多的人口。人口史学家何炳棣曾经描述过二者间的交互作用。他说，美洲作物传华四百余年来，对中国土地利用和粮食生产确实引起了一个长期的革命。粮食生产革命和人口爆炸确是互为因果的。[①] 也就是说，美洲农作物的种植导致了粮食革命，粮食产量的大幅度提高可以支撑人口的巨额增长；巨额的人口增长又促使美洲作物的种植继续拓展。在粮食革命与人口爆炸的交互推动下，至晚在 19 世纪初，美洲作物已经拓展到中国粮食生产的“极限”。何炳棣认为 1683 年左右全中国人口应在 1 亿到 1.5 亿之间。到嘉庆五年（1800）全中国的人口已达到 3 亿，经济条件开始恶化，但人口的动量还是把人口提增到道光三十年（1850）的 4.3 亿。[②] 在人口增长的律动这一点上，温州与全国是同步的。据曹树基研究，温州人口在乾隆四十一年（1776）已经达到了 162 万，至嘉庆二十五年（1820），温州人口高达 201.7 万。[③]

① 何炳棣：《何炳棣思想制度史论》，中华书局 2017 年版，第 540 页。
② 何炳棣：《何炳棣思想制度史论》，中华书局 2017 年版，第 537 页。
③ 曹树基：《中国人口史》第五卷，复旦大学出版社 2001 年版，第 113 页。

人口的增长引发了温州的自然生态危机、农民的生存危机和政府的治理危机。供养人口的土地严重短缺，大量的农民被抛出了农业社会，成为游民。这一方面改变了温州的社会结构，另一方面也加剧了社会治理的难度。咸同以后大规模的社会动乱、鸦片泛滥、花会盛行、秘密社会活动猖獗都与温州的人口爆炸有关。

（二）美洲白银的输入和短缺

第二个推动清代温州历史演进的整体性因素是白银。它在两个方面对清代温州产生深刻的影响。

第一，白银的大量输入，导致温州物价上涨，养廉银制度名存实亡。根据全汉昇的研究，1571—1821 年经马尼拉流入中国的白银总数 2 亿两以上。[①] 据林满红研究，1775 年以后中国白银需求完全依赖拉丁美洲银圆，而在此前中国还从日本、缅甸等地进口白银。[②] 据此可知，明清时期输入中国的白银远超 2 亿元。岩井茂树认为，从 18 世纪的前半期开始大约 100 年间，因银的购买力贬值了 2/3 左右。[③] 其严重后果是雍正时期实施的养廉银制度在事实上消亡。在养廉银制度下，温州地方官每年的廉俸数额为：温处道台 3000 两，温州知府 1200 两，永嘉知县 1000 两，平阳知县 800 两，乐清、瑞安知县 600 两，泰顺知县和玉环同知 500 两。[④] 这些钱用于县行政费用、知县雇用幕友和知县一家的消费。这个养廉银数额在雍正朝和乾隆朝初是够用的，但经过较长时间的物价上涨、银钱贬值后，养廉银已不敷应用。即以雇用幕友为例，在乾隆十七年（1752）雇一个刑名幕友每年费用不超过 220 两，到乾隆四十九年（1784）雇一个幕友需要 800 两。[⑤] 嘉庆中期任平阳知县的周镐（1754—1823）说：州县“廉俸多者千两，少者五六百两，以之延请幕友尚虑不敷，加以养父母、蓄妻子，仆役之工饩，差使之往

---

① 全汉昇：《明清间美洲白银的输入中国》，参见全汉昇：《中国经济史论丛》，中华书局 2012 年版，第 516 页。

② 林满红：《银线——19 世纪的世界与中国》，詹庆华、林满红译，江苏人民出版社 2011 年版，第 60 页。

③ ［日］岩井茂树：《中国近代财政史研究》，付勇译，社会科学文献出版社 2011 年版，第 39 页。

④ （清）昆冈等修：《钦定大清会典事例》卷 261《户部·俸饷·外官养廉一》，载《续修四库全书》第 802 册，上海古籍出版社 2002 年版，第 182b 页。

⑤ （清）汪辉祖：《病榻梦痕录》卷上，梁文生校注，江西人民出版社 2012 年版，第 41 页。

来，上司之应酬，亲友同僚之赠答”各项，均不可免，此外各项公务，院司、知府各房书吏均有规费，以上诸项相加，“准之廉俸，不啻数倍矣”。[①] 由此可见，自乾隆中期以后，养廉银对于县行政开支而言不过是杯水车薪。为了弥补财政缺口，名目繁多的苛捐杂税纷至沓来，这严重地恶化了政府与民众的关系，从而导致王朝统治合法性的流失。

第二，嘉道间突然出现“银贵钱贱”的危机。19 世纪初的拉丁美洲独立战争影响了墨西哥银矿的正常生产，使得白银严重依赖墨西哥的中国断绝了白银的来源；英国商人的鸦片贸易又使中国的白银大量外流；再加上生丝和茶叶的国际市场不景气，这就使中国出现了林满红所说的因白银短缺形成的“银贵钱贱”危机。她的研究表明，1808—1856 年间，白银相对于铜钱的价格约增长了 2.5 倍。[②]1808 年 1040 文铜钱可以换到一两白银，到瞿振汉起事前 5 年的 1849 年，银价高达 2355 文换一两。[③] 这个危机波及温州从官方到民间的各个社会阶层和社会群体。在银贵钱贱危机的侵逼下，民众流离失所，辗转沟壑，社会抗争暴动频发，政治腐败和道德沦丧等问题接踵而至（详见第四章）。

物价贬值和银贵钱贱危机直接导致了瞿振汉起事和金钱会反叛等重大历史事件的发生。由于清朝统治能力的衰减，镇压瞿振汉起事和金钱会反叛，以及战后社会重建和社会秩序的维持不得不在很大程度上依赖地方士绅，这样，1905 年后因科举考试废除而失去士绅效忠的清王朝就很快油尽灯枯，寿终正寝。清统治秩序的崩溃也是严重税负带来的合法性危机和政府控制社会力量削弱的必然结果。

（三）温州开埠

温州从传统社会向近现代社会转型的第三个动力源是光绪初年的开埠。光绪二年（1876），中、英两国签订的《烟台条约》规定：增开宜昌、芜湖、温州、北海四处为通商口岸。光绪三年（1877）温州港的正式对外开放，对整个瓯江流

① （清）周镐：《禀复书制军条陈利弊议》，周镐：《犊山类稿》卷 4，光绪十年（1884）重刊本。

② 林满红：《银线——19 世纪的世界与中国》，詹庆华、林满红译，江苏人民出版社 2011 年版，第 2 页。

③ 林满红：《银线——19 世纪的世界与中国》，詹庆华、林满红译，江苏人民出版社 2011 年版，第 72 页。

域以及温州邻近地区的社会、经济和文化等方面的影响深刻而又广泛，不可尽述。以下只述其荦荦大者。

第一，彻底改变了温州原有的区位格局。原先温州地处偏僻，与外界的联系十分不便。温州开埠以后近代机器轮船开辟了多条航线，迅速拉近了温州与上海、杭州和宁波等开放城市和中心城市的距离。以往从温州到杭州或自杭州回温州，最短时间也需要 14 天；但是乘小火轮往返温州、杭州路上只需 4 天（详见第六章）。去杭州乡试的温州士人往往乘便在上海逗留，开阔眼界。不仅如此，温州与舟山、兴化、台州、坎门（属玉环厅）、松门（属太平县）、泉州、福州、山磐（属厦门）等沿海港口的联系也更加密切。

第二，由于开埠，温州更深地卷入国内、国际市场，因此得以“货畅其流”。温州的茶叶除一部分经过瓯海关和福州海关销往海外，还有很大一部分销往上海和汉口。“瓯柑”曾经是一种著名的贡品，近代轮船航线的开辟，使得瓯柑走到了很远的地方。据 1878 年瓯海关报告，瓯柑总量的一半运往天津，然后转运到蒙古。[①] 由于销路好，获利丰，温州瓯柑种植面积有很大的扩展。这就说明温州开埠不仅影响到了商业，也影响到了种植业，在很大程度上提高了农业的专业化和商品化程度。温州开埠也给瓯江流域的木材打开了销路。使人印象特别深刻的是，为了满足河北开平煤矿建设的需要，光绪二十五年（1899）以后，有大批原木由中国矿业工程公司之汽轮直接运到天津。[②] 根据瓯海关报告，温州的木炭、木板、竹笋和药材在市场上也很畅销。

第三，由于开埠，近现代工业品走进千家万户，改变了芸芸众生的生活，其中最重要的是煤油、火柴、玻璃。据瓯海关报告，光绪七年（1881）温州城里大多数比较重要的商店基本上使用煤油。[③] 次年城里几乎家家户户都用上“洋油”了，而且正逐渐普及整个地区以及邻近地方。[④] 火柴的使用也让人清晰地看到了

---

① 马吉（J. Mackey）:《光绪四年（1878 年）瓯海关贸易报告》，赵肖为译编:《近代温州社会经济发展概况》，上海三联书店 2014 年版，第 42 页。

② 那威勇（A. Novion）:《光绪二十五年（1899 年）温州口华洋贸易情形论略》，中华人民共和国杭州海关译编:《近代浙江通商口岸经济社会概况》，上海三联书店 2014 年版，第 561 页。

③ 贺璧理（Alfred E. Hippisley）:《光绪七年（1881 年）瓯海关贸易报告》，赵肖为译编:《近代温州社会经济发展概况》，上海三联书店 2014 年版，第 130 页。

④ 德达那:《光绪八年（1882 年）瓯海关贸易报告》，赵肖为译编:《近代温州社会经济发展概况》，上海三联书店 2014 年版，第 150 页。

时代嬗递的过程。光绪（1875—1908）初年，火柴尚未盛行，很多人家还要用打火石取火。[①] 光绪六年（1880）温州港进口16850箩火柴的同时，还进口了14.24担打火石。[②] 煤油、火柴和玻璃的广泛使用使老百姓真切地感受到了近代工业文明。特别是煤油的使用，使得普通的温州人与美国的石油巨头美孚石油公司以及国际石油市场联系在一起。

第四，温州开埠以后，现代西方文明对温州社会产生了“随风潜入夜”式的渗透。由于开埠，温州开设了欧洲国家的领事馆和海关机构，另外还有西方传教士和商人来到温州，温州形成了一个小小的“洋人社会”。可能首先是为了满足这个“洋社会”的需要，举凡近代新学教育、西医、邮政、电报、气象观测、卫生检疫、消防“洋龙”设备、西式建筑等自开埠以后相继出现在温州。其中有些事物的出现与开埠存在着异常紧密的相关性，例如现代邮政线路就是附着在机器轮船的航线上。

除了以上器物层面的文明，新思想、新观念和现代民族主义都与温州开埠有密切关系。例如大量承载着新式思想观念的书籍报刊都是通过轮船航线邮路来传递的。据《孙衣言孙诒让父子年谱》载，孙诒让能够便利地阅读新式书刊得益于现代邮政系统。据载，光绪二十三年（1897），上海友人寄赠《蒙学报》；杭州友人寄赠《经世报》；湖南长沙友人寄赠《湘报》及南学会之《湘学新报》。向天津订阅《国闻报》《国闻汇报》，向澳门订阅《知新报》，向上海订阅《实学报》和《译书公会报》。光绪二十四年（1898），梁卓如（启超）亡命日本，旋以所创《清议报》旬刊自横滨寄赠。光绪二十七年（1901），梁卓如自日本寄赠《新民丛报》，孙氏向上海订阅《教育世界》杂志和商务印书馆出版之《外交报》，向杭州订阅《白话报》。光绪二十一年（1895），张棡通过邮路传递的《申报》得知“旅顺及山东威海卫均被夺”。[③] 温州的日本留学生通过邮路寄送家信和书刊传递列强侵犯中国权益的各种消息。

第五，早在开埠前的同治年间，就有传教士到温州传教，但应者寥寥。温州

---

① 光绪初年，传统的取火工具叫“火镰”。一个皮质的包内装有三样东西：铁刃、火石和火绒。要用火时，取火绒些许，放在火石上，用铁刃撞击，能发出火星，火绒顷刻燃烧得火。火石，通常为燧石。火绒用艾蒿的嫩叶制成，在春夏之末将叶片采摘晾干或阴干后用手揉成絮状待用。

② 马吉（J. Mackey）：《光绪六年（1880年）瓯海关贸易报告·附件一》，赵肖为译编：《近代温州社会经济发展概况》，上海三联书店2014年版，第106页。

③ 张棡：《张棡日记》，俞雄选编，上海社会科学院出版社2003年版，第23页。

开埠，与上海、宁波的轮船通航后，基督教传教士在温州的传教事业得到快速发展。近代西方教会势力楔入温州，成了温州社会除官、绅、民外的第四种势力，这本身就意味着温州地方权力格局的重组。另外基督教进入中国乡村，与乡村原有的传统势力和传统文化产生了剧烈的冲突，引发了乡村社会的剧烈动荡。基督教传教在很大程度上改变了传统社会的结构。

三、《温州通史》清代卷的写作追求

在《温州通史》的写作过程中，有两点追求。

第一，把温州通史写成真正的"温州通史"。丹麦学者李来福（Leif Littrup）曾批评指出："省通史成书之时便有着成为地方特色的国家史副本的趋势，而不是该省的历史。"① 在温州清代史写作的过程中，李来福这个尖锐的评论一直萦绕在脑际，引发笔者思考如何把《温州通史》写成真正的温州通史；而不是简单地把国家史的大框架，套用到《温州通史》的写作上，把《温州通史》写成一个国家史的"副本"、一个国家史的"缩微版"，甚至是国家史的一个小小注脚。多年来我们看到的地方通史作品里虽然有很多本地的地名和人名，选材、编排的逻辑却是"描红"式的模仿国家史。例如国家史的叙述明中后期出现了"资本主义的萌芽"，地方史研究也纷纷寻找本地的"萌芽"，并载诸史册；写到五四运动必定写本地学生游行，高呼"外争国权，内惩国贼"的口号。本地发生的事件和人物的行动只有在国家历史的逻辑下才获得意义。这样一来，区域史写作就变成一场在既定框架下的文字填空游戏。

笔者在温州史的研究中不刻意回避国家宏观历史进程对温州的影响，但更加关注温州的交通条件、自然资源、经济活动、社会关系和交往网络等方面的历史变迁，强调温州人群在地域历史进程中的主体地位。在以温州地方为本位的前提下，追求国家大历史视角与温州地方历史视角的互相交融。本书在对瞿振汉起事原因的重新理解中，比较典型地体现了笔者寻求温州史自身"剧情主线"的努力（详见第四章）。

第二，把历史事件放到宏观格局和制度背景中加以考察。日本经济史家岩井

① ［丹麦］李来福：《从 1994 年版〈山东通史 · 明清卷〉反思地方史编纂》，张国刚主编：《中国社会历史评论》第 2 卷，天津人民出版社 2000 年版，第 493—499 页。

茂树说："不可否认，政治道德的好坏可以在很大程度上左右社会的统治的秩序，但是官僚贪污腐败、苛敛诛求、行政效率低下等现象，如果仅仅从国家执政者的道德水准这一点来分析，那么就不能从根本上指出其因果关系。"① 笔者深信，在历史演进大势和宏观的经济、政治格局下，个人或人群乃至地方政府的选择空间是有限的。如果不能摆脱历史叙述中简单的道德化分析，那么在认识像温州历史上的黄梅案、吕从龙案、鲍天兆案、林钟英案、瑞安南米控案、永嘉匿旨擅征案和乐清南米控案之类官民博弈事件时，我们看到的只是正义与邪恶、光明与黑暗相搏斗的故事，但如果从王朝的政治结构和财政结构的视野予以考察，这些事件则可以呈现更为丰富的历史底蕴。在本书中比较典型的例子是对"黄梅常平仓亏空案"的重新思考（详见第三章）。

至于这些追求是否合理、做到了什么程度，都只能由读者去评说了。

四、几点说明

有几点情况必须加以说明。

1. 关于历史纪年。本书跨越传统与近代中国。常见的纪年方式有干支纪年、年号纪年和公元纪年。除了引文外，本书的叙述不使用干支纪年。在结合史料进行叙述时，以史料为准，如果史料用的是年号纪年，叙述时沿用这个纪年的同时，一般在后面的括弧中标出公元纪年，以便读者能够方便地了解不同事件之间的时间跨度；如果史料本身用的是公元纪年则不作任何处理。

书中对时间的标示，凡农历全部用汉字，凡阳历全部用阿拉伯数字。

2. 关于皇帝的称呼。在史学论著中，以往指称皇帝主要有两种方式：第一，用皇帝的庙号指称，如清圣祖、清世宗和清高宗等。第二，用年号来指称，如康熙或康熙帝、乾隆或乾隆帝，这种指称皇帝的方式最为流行。本书拟舍弃这两种指称皇帝的方式。清代的皇帝年号顺治、康熙、雍正、乾隆、嘉庆、道光、咸丰、同治、光绪和宣统，只用来纪年，不用来指称皇帝。皇帝一律以姓名称呼，全书第一次出现皇帝的名字时，名前冠以姓氏，如爱新觉罗·福临，其后只用名字福临。拙著如此处理，非为标新立异，只是希望借此提醒读者，尽管皇帝的身

① ［日］岩井茂树：《中国近代财政史研究》，付勇译，社会科学文献出版社 2011 年版，第 42 页。

份特殊，但他们也是与大家一样的凡人。

五、致谢

本书的完成得到了很多人帮助。

温州市文史机构和图书馆的工作人员，在资料上给予了大力的支持。谢志勇、毛薇洁、潘猛补、王妍和张永苏诸君通过不同的形式提供过珍贵的研究资料。潘猛补、李天纲和戴鞍钢先生对本卷初稿进行细致的审读，提供了许多宝贵的修改意见。

在本卷写作过程中，笔者得到了华东师范大学许多研究生的帮助。王睿、陈云樵、郭亮、徐瑞琪、李书卿、田月瑶、徐牧、王名楷和秦媛在搜寻和整理资料方面做了很多工作。李影、孙赟馨、何晓方和吴杉杉绘制了书稿中部分图表，并纠正了书稿中许多文字的错讹。孙赟馨还初步完成了“参考文献”的整理。

在此，谨对以上诸君致以诚挚的谢意。

第一章　明清易代之际的温州

崇祯十七年（1644）三月，李自成大军兵临北京城下。十九日晨，崇祯皇帝朱由检自缢于煤山。同日中午时分，李自成率军进入北京。在此后约一个月的时间里，农民军在北京对明朝勋戚大臣大肆拷掠追赃，据守在山海关的明将吴三桂之父吴襄也未能幸免。吴三桂家财被籍没，父亲被拘系，爱妾被霸占，愤而引清兵入关。四月，李自成亲率部众十余万东攻山海关，不敌吴三桂和入关清军，甫一接仗即全线崩溃，此后一路败逃不可收拾。

崇祯皇帝自杀后，留在南京的文臣武将五月份拥立福王朱由崧建立了弘光政权。清军入主中原后，又大举南下，始终处于激烈党争之中的南京弘光政权开张仅一年即告覆亡。明宗室在南方又相继建立鲁王政权（绍兴）、隆武政权（福州）、绍武政权（广州）、永历政权（肇庆）和明郑政权（台湾）。几种抗清力量为争正统而形同水火，各自为政，先后被清军所击灭。

温州府位于浙江省南部，与福建省毗邻，被深深地卷入鲁王、唐王（隆武）和郑氏集团与清军的战争之中，[①]再加上社会内部原有矛盾的积累，内外危机并发，生灵涂炭，灾难连绵，温州惨遭战祸蹂躏达四十年之久。瑞安人朱鸿瞻是这个时代的亲历者，他把明清易代之际的温州祸乱归结为五大变，即“军民之变”（1644）、“鼎革之变”（隆武二年至顺治四年，1646—1647）、“山寇之变”（顺治四年至顺治七年，1647—1650）、[②]“海寇之变”（顺治十五年至顺治十六年，1658—1659）和“闽藩之变”（康熙十三年至康熙十五年，1674—1676）。其

① 关于温州的区域位置与明末清初战乱的关系，孙诒让之子孙延钊有清晰的论说：“吾温介闽、越之间，隆武时，财赋输于闽，士夫多官于闽廷。唐王既败，鲁以刘荐叔经略福建，则白巾之众起而响应于温、台。洎夫郑、张北伐，饷糈浩繁，取给于温。耿师入浙，温首附之，事前各县且多内应者。盖此二十余年中之抗清军务，吾温实当其冲。回思当日可喜、可惊、可歌、可泣之事，意必不可胜记，今足征者，殆未能什一于千百焉。”孙延钊：《明季温州抗清事纂》，陈光熙编：《明清之际温州史料集》，上海社会科学院出版社 2005 年版，第 18 页。

② 朱鸿瞻之谓“山寇”，包含抗清武装“白头军”。

实还应加上漫长的“迁海之变”（顺治十八年至康熙二十三年，1661—1684）。[①]清朝收复台湾后的第六年（1688），乐清县令和长林盐场大使联名撰写的碑文，转述了百姓在胥吏需索下的哀恸，反映了处于大时代中温州芸芸众生的悲惨命运：

> 世等海边残黎，屡遭寇荡。顺治十三年（1656）甘寇登犯；十五年郑逆焚掠；十八年奉行迁徙失业，屋毁业抛。幸际康熙九年展复，剪棘归乡；十一年寥寥数丁，开垦盐地；十三年又遭闽变；十五年大兵恢复，男女被掠，老死沟壑，少投营伍，惨苦异常。[②]

经营了几百年的家园被毁，成为一片废墟。康熙三十六年（1697）乐清芙蓉生员林良鲸在给族谱所作的序言中说：

> 吾族自壬六公肇基芙蓉，迄今三百余年，世德绵远，族属殷繁，先朝谱牒载之详矣。初缘住当孔道，匡朝定鼎之初，前有山寇，继以海逆，上下盘踞。至顺治庚寅（1650），王师进剿，荡平海宇，玉石俱焚，祠居烬煨，田园芜秽，四山暴骨如砾，鲸尝哭而埋之。当此之时，满目荒丘，一望萧然，但见夜闻鬼哭之声，日见饿莩之惨，十家一灶，两村一牛，疮痍四起，追乎百出，困苦之状，奚堪殚述？此皆身历其事，迄今言之，尚欲泪下。

毁灭的灾难不是像一阵暴雨，过后即见彩虹，而是一场连着一场。战乱之惨烈，延续时间之漫长，让人感到绝望。清代温州历史以一连串的浩劫拉开帷幕。

---

① 康熙九年（1670），朝廷曾下过“展界令”。康熙十三年（1674）三藩之乱爆发，台湾郑经配合耿精忠反清，因此康熙十七年（1678）朝廷重申“防海迁界”。直到康熙二十二年（1683）朝廷收复台湾，温州才得安宁。

② （清）骞振飞、杨霖：《严禁官役滥差需索长林场户碑》，吴明哲编：《温州历代碑刻二集》，上海社会科学院出版社2006年版，第442页。“甘寇”指郑成功手下将领甘辉。“闽变”指耿精忠军队入浙。

第一节　清初温州的社会动乱

崇祯十七年（1644）五月，李自成入主北京和崇祯皇帝自杀的消息通过塘报传到温州，[①]在温州民众中产生了强烈的震动，从此开启了一场旷日持久的劫难。在明清易代之际温州舞台上，武装力量层出不穷，政治局势变幻莫测。大体而言，四十年的动乱可以分为四波。

一、军民之变

北京事变后，中央权力的空白状态使人们深感不安，秩序行将崩溃的恐慌感迅速蔓延开来。温州地方社会自明中后期以来逐渐累积起来的一些矛盾迅速地表面化，从而爆发了剧烈的冲突。

第一是官民矛盾。明末朝廷既要进剿各地蜂起的暴动，又要防御在关外崛起的政权，财政压力一直难以纾解，因此有所谓的“三饷加派”，即在正常的赋税之外增加辽饷[②]、剿饷和练饷，民众的负担异常沉重。但温州远离中原动乱之区，人们尚可勉强过活。煤山之变后，地方政府“匿报催征，鬻狱如故”，[③]温州人开始利用中央国家权力的缺位反抗地方政府。

北京事变的消息传到温州，平阳民众以“哭临”的形式进逼县令吴有涯。[④]乐清也发生了驱逐县令袁彭年的民变。一位名叫谷稷的人写了一篇讽刺挖苦政府的文字，张贴在知府衙门前面。地方官以流言阻饷为由杀害谷稷。第二天谷氏宗族族众全体穿白色丧服至道厅衙门喊冤，百姓越聚越多，最后冲进衙门，夺取里面的财物。城里居民对局势发展越发感到恐惧，纷纷避居乡下。

---

① 塘报是经塘兵探访和下级官员们整理后上报的军事情报。明代兵部在各省设置堤塘官，在各府、县设塘马和塘兵，负责打探军情和传递军情报告。塘报被层层送到中央政府机关以后，也经常被转发到各地。它只在军政机构内部发行和传播。这种军务通信系统也存在于清代，被称为“邸报”。

② “辽饷”始征于明神宗万历四十六年（1618），每亩加银三厘五毫，第二年再加三厘五毫，第三年又加二厘，前后三加，即每亩加征银九厘。崇祯三年（1630），又强征“辽饷”，亩加征银三厘。

③ （清）朱鸿瞻：《时变记略》，载陈光熙编：《明清之际温州史料集》，上海社会科学院出版社2005年版，第158页。

④ 哭临，皇帝、皇后死丧，集众定时举哀叫哭临。

第二是佃户与业主的矛盾。城里人避难乡下，乡下佃农知晓了天下大乱的形势，不断有人乘机拖欠乃至拒交田租，并很快出现了有组织的抗租力量。温州城乡绅衿普遍组建乡兵，[①]制造器械，以应对日趋紧张的时局。平阳人左七在飞云江南岸喊出“平权量，减租赋”的口号，各村纷纷响应，抓捕业主，焚毁庄屋。[②]平阳生员李明卿往石塘征租，被乡民烧死。永嘉楼桥一带有一支数千人队伍，进逼府城，声言杀生员王某，后被官兵击散。由于八月水灾，次年春，米价腾贵，瑞安黄小吴号称“均平王”率饥民抢夺富户，劫掠之风自瑞安蔓延至永嘉，势如燎原，后被温州府官军打败。

第三是军户与地方的矛盾。军户在明代四民（军户、民户、匠户和灶户）中地位最为低下。他们的人身自由比民户更少，其应役户丁的处境几近奴隶。军籍世袭，更换身份的可能极小。在明末的变乱中，军人也是最为躁动的一个群体。在最初知道朝变的崇祯十七年（1644）五月份，平阳蒲门就发生兵变，士兵焚杀长官。瑞安水兵鼓噪索饷，打破县令汪果的头，拆毁胥吏房屋数间。在此过程中，他们又与地方士民产生矛盾。瑞安乡兵云集，逐兵出城，并焚烧了水兵的战舰，兵遂解伍。卫所军户意识到天下大乱是改变身份的难得机会，纷纷铤而走险，试图逼迫长官焚毁他们的户籍名册，以致冲击基层军事单位百户所的官署，掠夺财物。平阳百户所长官高其位因不遂士兵所愿，被烧死在家中。

第四是畲民与汉民的矛盾。畲民不派徭役，固有的徭役就会压在民户身上，民户与畲民时有冲突。

这些矛盾在明末日趋尖锐，当温州处在产生权力真空的特殊时刻，各种矛盾突然爆发，引出了剧烈的社会动荡。反过来说，明清易代的混乱引发了更大规模的人口流动，也给棚民、军户和畲民等带来了颠覆秩序改变身份的机会。

当时的温州人大概谁也没有想到，这些都不过是天下大乱的序曲而已。

---

① 在晚明，乡兵与民壮共同构成民防体系的主要力量。但乡兵不同于民壮。一般说来，民壮招募自乡间壮丁，“各给腰牌，填写年貌、籍贯、所习器械，编成队伍”，是一支完全军事化的地方军队，由地方政府专官负责训练，一旦调遣，政府负责供应粮食。而乡兵则来自“乡邑之中年少力强者”，他们只在农闲时接受军事训练。乡兵大多由地方绅衿或豪强统率，不受专职的地方官员管辖，而且其职责以保护乡里为主，官府不加调遣，不发粮食。它不是专职的地方军队。

② 业主在外地买到一定数量的田产后，为了便于生产管理，往往建一庄屋，内置仓库，以及风车、竹簟席、竹箩、租斗等工具。庄屋的管理人由业主派人担任，代理业主办理收租和处理田产纠纷等业务。

二、鼎革之变[①]

顺治二年（1645）五月十五日清军多铎部攻陷南都后，又相继占领苏州、杭州。其他各路南进清军进展迅速，很快控制了黄河流域和长江流域，清廷认为大局已定，遂于六月十五日颁布“剃发令”，规定：“自今布告之后，京城内外，限旬日；直隶各省地方，自部文所到之日，亦限旬日。”如有违抗，“杀无赦”。令下各县时并有“留头不留发，留发不留头”之语。[②]七月九日，清廷又颁布“易服令”，规定“官民既已剃发，衣冠皆宜遵本朝之制”。于是汉人除僧道妇女外，都留发辫穿满装。所谓“剃发”，即是剃去前额的头发，把留下的头发按照满人的辫式编扎起来。剃发被江南士民视为奇耻大辱。他们都知道《孝经》“身体发肤，受之父母，不敢毁伤，孝之始也”的说法，剃发有违名教，有损名节。对一些士大夫来说，剃发对人造成的伤害超过身体的死亡。

剃发令至江浙，士民大愤，产生了大规模的抵抗运动。有些城市和乡镇本来已经归顺新朝，现在却纷纷加入了反抗的队伍。当时在中国的奥地利传教士观察到了剃发令实施的后果：

> 鞑靼军发现没有任何抵抗，顺利地占领绍兴。浙江省南部各县，也很容易的予以征服。鞑靼这时候下令，强迫新近归降的汉人剃发，于是所有汉人，无论士兵和市民，都愤怒起来，手执武器，向鞑靼反抗。他们对国家和皇帝都没有这种热爱，而为了保护自己的头发，却舍生命去抵抗强大的敌人，鞑靼终于被击退到钱塘江以北。[③]

由于清朝实施剃发令，江南一带掀起激烈的抗清斗争，清军后方发生不稳，一时无力继续南进。在这种形势下，对温州历史产生重大影响的鲁王和唐王政权的诞生才成为可能。

---

① 这里说的“鼎革”，不是指京城的改朝换代，而是温州府的明清易代。

② 令剃匠负担游行于市，见蓄发者执而剃之，稍一抵抗，即杀而悬其头于担之竿上以示众。

③ ［意］马丁尼（Martin Martini）：《鞑靼战争记》，转引自柏杨：《中国人史纲》，人民文学出版社 2011 年版，第 634—635 页。最具有代表性的激烈反抗，发生在嘉定，嘉定军民与清军的殊死战斗，招来满洲人残酷的报复，他们在嘉定屠杀三次，死二十万人。二百年后的 19 世纪末期，被称为“嘉定三屠”。

顺治二年（1645）闰六月，唐王朱聿键在郑芝龙等人的拥立下，于福州称帝，以七月初一以后为隆武元年（1645），设六部九卿，授温州人周应期为刑部尚书，温籍林增志、李光春等相继入阁。福州唐王诏至温州，温州的局势暂时趋于稳定。此后绍兴府、金华府与已占领杭州的清军对峙达两年。温州官吏由福州选用。温州驻有巡抚使、巡按使等高级官员。

与唐王称帝同月，鲁王朱以海监国于绍兴。[①] 十月，朱聿键派兵科给事中刘中藻颁诏浙东，[②] 鲁王不受，从此福建和浙江各自为政。当时，温州的粮饷要送解监国鲁王军前，而文武官员则由闽隆武朝廷选派。顺治二年（1645）十二月，唐王和鲁王为争夺温州和衢州的粮饷严重对立。鲁王麾下驻军处州的刘孔昭统师来温索饷，蹂躏瓯江北岸地区，驻温浙江巡抚卢若腾遂调兵渡江夜袭，自此唐王、鲁王势如水火。为缓和两个抗清政权的关系，在隆武政权任中书舍人的乐清人陈一球主动请命泛海舟山，[③] 面见鲁王，陈说消除内讧的意义。当鲁王要授予他官职时，他推辞说："诚使一球得复使命，从中调议，杜内衅以同仇，即稼穑亦安余生。倘疑忌不消，灾从中起，则鹬蚌之利，终归渔父，此一球所深痛也。"[④] 但两个政权最终并没有达成和解。

隆武政权与鲁王政权没能利用清军暂时无力南进的有利形势，团结合作，发展抗清力量，反而为争正统地位和粮饷而兵戎相见，当清军再度南下时，先后为清军所击灭。顺治三年（1646）夏，清军攻克绍兴，继续南进，由台州经乐清磐石渡江至龙湾，进驻永嘉场之山北。府城文武官吏皆弃城逃跑，清军从北门进入温州。八月，清军进兵福建，相继攻陷建宁、延平、汀州。朱聿键被俘后殉难。从绍兴逃出的鲁王辗转于浙江、福建的沿海和岛屿，成为东南抗清的指挥中心。

---

① 监国，是中国古代的一种政治制度，通常是指皇帝外出时，由一重要人物（例如太子）留守宫廷处理国事，也指君主未能亲政，由他人代理朝政。这里朱以海没有称帝，低调地以藩王的身份建立政权。

② 刘中藻（1605—1649），字荐叔，号洄山，福建省福安苏阳村人。崇祯六年（1633）癸酉科中举，任闽清县教谕，崇祯十三年（1640）庚辰科进士及第。明皇族朱氏子孙唐王在福建登基称帝，刘中藻出山协助唐王抚清，封给事中。

③ 陈一球，字非我，号蝶庵。乐清县慎江乡白岩山楼下村人。生于明万历庚子（1600），12岁成为生员，多善举，崇祯时地方歉收，他开仓赈济。一生遭遇坎坷，因得罪权贵，被人诬指其戏曲作品《蝴蝶梦》为谤书，而遭遇文字狱。

④ 孙延钊：《明季温州抗清事纂》，陈光熙编：《明清之际温州史料集》，上海社会科学院出版社 2005 年版，第 35 页。

顺治四年（1647）九月初，为了鼓舞抗清武装对福州的进攻，监国鲁王从厦门岛北移至长垣岛。原效忠隆武政权巡抚温、处二府的刘中藻于是率所练处州兵起事庆元，连克浙闽交界的庆元、龙泉、松溪和政和等县。[①] 这一形势对温州时局产生了重大的影响。

瑞安三十二都人陈世亨，明季曾任中书舍人和邓藩的审理官，弘光政权覆亡后匿迹家园。鼎革之后，他不堪胥役催科需索，又听闻刘中藻已自处州发难，便聚众谋袭县城以应，但因事泄城守已作戒备，故迟迟未发，后侦知守将张朝用警备松弛，守令又外出，便于十月初六日夜半，率众头裹白巾，潜师入城占领县署，树帜城头。十月初八日，温州镇道发兵来剿，陈世亨迎战不利，援兵又不至，瑞城复为清兵所据，陈亦被执不屈死。[②]

陈世亨起事虽然很快失败，但乡民“纷起效尤，联络五邑，依山阻险，濠池之外，尽皆绿林”[③]。根据朱鸿瞻的叙述，我们知道当时的武装力量遍布温州府五个县，且相互之间有联络。在多如牛毛的武装队伍中，在温州府产生巨大影响的主要有三支抗清武装。

第一支是鲁监国兵部尚书刘中藻统领的部队。

第二支是汪佑、尤山野和陈仓率领的部队。顺治四年（1647）十月，平阳汪佑拉起队伍，自号义兵，招引陈仓、尤山野、卢豹等联合起事，活跃于平阳南北两港和飞云江流域，[④] 并于十一月和十二月两度围攻平阳县城。十二月初四汪佑阵亡，此后这支部队由骁勇多谋的福建人陈仓统领。

第三支是由林梦龙、何兆龙率领的部队。顺治四年（1647）十二月永嘉方岙生员何兆龙以祭祀陈世亨为名，在楠溪揭竿而起。永嘉罗浮举人林梦龙应刘中藻

---

① 参见（清）李聿求：《鲁之春秋》卷 2 及卷 7《刘中藻传》：“后庆元破，中藻率师入闽，收闽北地，拜武英殿大学士兼兵部尚书。顺治六年四月，督师福宁，固守六月死。”

② 朱鸿瞻称陈世亨为三十二都“民”[参见（清）朱鸿瞻：《时变纪略》，陈光熙编：《明清之际温州史料集》，上海社会科学院出版社 2005 年版，第 160 页]，而翁洲老民《海东逸史》(卷 15）和黄宗羲《海外恸哭记》均介绍陈世亨之明代“中书舍人”和“邓藩审理”的身份，见台湾文献史料丛刊第六辑《鲁春秋 浙东纪略 海东逸史 海外恸哭记》(合订本)，大通书局 1987 年版，第 97、12 页。另，嘉庆《瑞安县志》也没有提到陈世亨的明代官员身份，参见王殿金、黄徵义总修：《瑞安县志》，宋维远点校，中华书局 2010 年版，第 547 页。

③ （清）朱鸿瞻：《山寇之变》，陈光熙编：《明清之际温州史料集》，上海社会科学院出版社 2005 年版，第 161 页。

④ 平阳县的鳌江分南北两支：北支为干流，其流域称“北港”；南支称横阳支江，其流域称“南港”。

约于乡聚众响应。[①] 林梦龙曾任崇祯朝兵部职方主事，臣事朱聿键时，尝致力调和浙闽二藩之间的矛盾。顺治五年（1648）十月，林梦龙战死闽北，部队便归何兆龙统率。

当时的文献多处记载，除刘中藻部外的民间武装“头缠白布”，“裹白布为号”，后世称之为“白头军”。另，除温两府外，太湖地区、宁波和金华一带抗清武装也头缠白布，大概有为崇祯皇帝服丧的意思。[②] 在这么一个广阔地域兴起的军队头裹白布，也可能相互之间有声气相通。

在南方各地抗清力量纷起的有利形势下，浙南白头军发展很快，到顺治四年（1647）底即号称十万，史籍以“弥山塞谷”形容其盛况。其势力遍布温州府五县，且波及台州和处州两府各县。[③] 长达四年的抗清斗争大致分为两个阶段。第一阶段，起事进攻阶段。当时环太湖流域的江南地区及整个浙江抗清斗争此起彼伏，清政府疲于奔命，尚不具备集中兵力于温州的条件。抗清武装多系本地人，他们熟悉地形，又争取到郑成功海上力量的配合，因此抗清力量自顺治四年（1647）十月起，保持了较长时间的进攻势头，到顺治六年（1649）夏，其军事进攻达到高潮。其突出的战绩如下。

顺治五年（1648）五月，刘中藻派部将冯生舜克福建寿宁、桐山，联合温州地方号称白头军的地方武装，攻克泰顺。城守唐三捷弃城潜逃，白头军进击至杨寮，斩杀知县张联标。[④]

同年五月，何兆龙接引鲁监国海艘千余，直抵瓯江内港，攻略江北楠溪，继而进迫府城，攻来福门，不克。引兵转向瑞安攻北门，不克。六月，转而攻占永嘉永强宁村所、永兴堡，复攻永昌堡，不克。秋七月，何兆龙复大举围攻瑞安。

---

① 邹元檄：《明孝廉讱斋林公传》，林梦龙，字言臣，明崇祯十五年（1642）举人，见陈光熙编：《明清之际温州史料集》，上海社会科学院出版社 2005 年版，第 278 页。

② 据王世德《崇祯遗录》载：“贼自山海关败叵，弃京师走，京师人不约而同，皆以白布裹头，曰为皇帝发丧。”中国社会科学院历史研究所明史室编：《明史资料丛刊》（第 4 辑），江苏人民出版社 1986 年版，第 24 页。

③ 孙延钊：《明季温州抗清事纂》，陈光熙编：《明清之际温州史料集》，上海社会科学院出版社 2005 年版，第 7 页。

④（清）林鹗、林用霖编纂：《泰顺分疆录》，陶汉心点注，香港出版社 2010 年版，第 384 页。

相持十日，食尽退兵。[①] 其时，青田、乐清、太平（今温岭县）等地也纷起响应。

同月，陈仓率领的平阳白头军围攻金乡卫，经过三个多月的战斗，终于攻克严密设防的坚城，给清军以沉重打击，[②] 温处的抗清斗争达到高潮。此后，清军以疲于长驱，收缩防线，置重点于府城、县城的守备。于是永嘉、瑞安、平阳各县县城十里以外诸地，均为白头军所控制；永嘉、瑞安交界的帆游、瑞安的穗峰、平阳的勾连桥等处，各屯重兵。府、县交通断绝，官员有公务外出，即使往来城郊，必籍兵护卫。这年春天，抗清力量进入全盛时期，何兆龙领导的白头军发展到十万人，控制了北自永嘉、南至平阳的各处要道，[③] 占领了泰顺县城及金乡、蒲门、沙园、海安所、宁村所和永兴堡等军事要地。

金乡卫和蒲门地处浙闽交通要道，为平阳重镇。金乡陷落，清廷极为震动。清浙江巡抚萧起元派八旗兵和抚、提二标清兵入温州，会同当地清兵前来镇压。抗清形势进入第二阶段，即从防御到失败阶段。

自顺治六年（1649）十一月起至顺治七年（1650）三月，白头军与清军在以下地点展开激战：永嘉的塔石、岩头古庙岭和小玩，平阳的金乡、牛石渡，瑞安的陶山、潮济，乐清的大芙蓉、白岩和磐石，白头军损失惨重，陷于困境。但清军在白头军的顽强反击下，也有重大伤亡。三月，清兵被迫退回省城杭州休整。[④]

顺治七年（1650）冬，萧起元会同平南将军、固山额真金砺等，[⑤] 调金华镇总兵马进忠部为主力，令处州及温将王晓、萧启荣部合力会剿。分两路进攻白头军，一路从处州府的缙云发兵；另一路从处州府青田十都船寮出发。清兵驰驱于永嘉、瑞安、平阳的群山间，逐处搜剿，何兆龙、石旗牌、沈可耀和陈仓等头领

---

① 参阅乾隆《景宁县志》卷10《武备纪事》、光绪《庆元县志》卷6《武备纪事》、雍正《处州府志》卷12《戎事》、光绪《永嘉县志》卷8《武备兵事》、道光《乐清县志》卷10《杂志·寇警》和嘉庆《太平县志》卷16《兵寇》。

② （清）沈时:《金乡困城记》，政协浙江省苍南县委员会文史资料委员会编:《苍南文史资料》第20辑，2005年，第176—178页。

③ （清）王殿金、黄徵乂总修:《瑞安县志》，宋维远点校，中华书局2010年版，第548页。

④ （清）萧起元:《浙江巡抚萧起元揭帖》(顺治七年六月十六日)，国立中央研究院历史语言研究所编:《明清史料》甲编第三本，1930年版，第267页。题名中的"揭帖"是古代的一种公文，是内阁直达皇帝的一种机密文件。

⑤ 固山额真，官名。清代八旗组织最大编制单位称"固山"，汉语译为"旗"。其长官成为"固山额真"，管理一旗的户口、生产、教养、训练等事。顺治十七年（1660）定汉名为"都统"，雍正元年（1723）又改满名为"固山昂帮"。金砺（？—1662），辽东人，明末武进士，清初著名汉人将领之一。顺治二年（1645）六月，授平南将军，镇浙江。

相继就擒。[①] 浙南的抗清斗争即告失败。

从全国形势看，白头军的失败是大势所趋，不可避免。但从温州地区而言，有四个因素导致抗清武装的失利。第一，顺治六年（1649）四月，明监国鲁王的督师大学士刘中藻坚守福宁州（今福建福安）死，全军覆没，闽北地尽失，使浙南民间武装失去倚靠。第二，顺治六年（1649）六月，浙江巡抚为了挽回颓势，从省发满洲精锐步兵、骑兵南下。由固山额真、梅勒章京统领，[②] 甲喇章京佟浩年、朱万化和牛录章京周勋、李世贵等率旗兵至温，分头进击。清军的战斗力处于优势。第三，清军在平原乡区广泛组织乡兵，建立堡寨，抚剿兼施，瓦解抗清力量。[③] 第四，从顺治六年（1649）起，温州连年饥荒，白头军粮糈不继，军心不固，士卒渐渐离散，多股白头军陷于绝境，只得向清军投降。

三、闽藩之变

清朝初年，由于清廷的统治力量尚不足以直接控制南方各省，因此将几个重要的汉人将领分封到南方省份。吴三桂封平西王，镇守云南，兼辖贵州。尚可喜封平南王，镇守广东。耿仲明封靖南王，镇守福建。这三方势力史称“三藩”。三藩在所镇守省份的权力远超一般省份的地方官员，并可掌握自己的军队，拥有征税权，事实上形成了地方割据势力。康熙十二年（1673），清廷开始有步骤地实施撤藩，十二月吴三桂起兵反叛。康熙十三年（1674）三月，闽藩耿仲明之子耿精忠也据福建反，自称“总统兵马大将军”，效吴三桂蓄发易衣冠，分三路出兵进攻清朝：白显忠出西路，据江西之广信，建昌，饶州；马九玉出中路，由仙霞关据浙江之金华衢州；曾养性出东路，据浙江之温州、台州。

自顺治七年（1650）白头军失败，距康熙十三年（1674）耿精忠军队入浙，已有二十四年。其间郑成功一直进行抗清活动，其军队北上南下常常在温州筹粮，清廷以迁界应对，温州还不具备经济全面复苏的条件，百姓如陷水火；此时，闽军进兵浙江，温州成为清廷与闽军交战的主战场，温州人遭遇了更为深重的苦难。

---

① 参见平阳、瑞安、永嘉、青田各县县志。

② 章京，官名，满语。清代不论职位高低，世爵大小有无，凡有职守之官，皆称此。如参领称“甲喇章京”，佐领称“牛录章京”，副将称“梅勒章京”。

③ 朱鸿瞻《时变记略》云：“郡邑发兵剿贼，但朝发夕回，或一经宿，贼见师先遁，视师旋复屯聚。”参见陈光熙编：《明清之际温州史料集》，上海社会科学院出版社 2005 年版，第 161 页。

此时，温州人也尚未认同清政府的统治，耿师占领温州，堪称兵不血刃。其原因首先是大批温州的军政官员反叛，作闽军内应。康熙十三年（1674）四月，平阳游击司定猷、李宫墙抓捕清总兵蔡朝佐，接应闽军进入温州。五月，耿王遣都督曾养性、吴长春率部由桐山至平阳境，水军都督朱飞熊准备四十艘船只停泊在北港水头，摆渡闽军过鳌江，进据平阳城。六月，温州镇总兵祖弘勋私通曾养性，在府城东部的资福山大观亭杀死温处分巡道陈丹赤和永嘉知县马琾，与温州城守副将一起迎接曾养性部入城。温州知府蔡兆丰跪献印信。七月，乐清军官林兆辉与乐清城守备、把总勒杀副将苏慕迎接耿军将领朱飞熊入城。八月，据有温州城的曾养性北上进攻台州，相继占领黄岩、天台和仙居，台州危在旦夕。

康熙十四年（1675）六月，以康亲王傑书为奉命大将军，贝子傅喇塔为宁海将军，赴浙进讨。[①]清军分两路进攻耿军。康亲王一路相继克复金华、处州。傅喇塔经绍兴进迫台州，歼吴长春于黄岩，在水战中击毙朱飞熊。两军进入对峙状态，后耿军军需不继，遂于八月退守温州。傅喇塔追蹑耿军，相继得乐清大荆、磐石诸城，取道青田渡瓯，兵临温州城下。曾养性增障固守，环温皆水，清军久攻不下。此后几次交战，耿军均不利。随着战局的发展，耿军上下离心，威令不行，部众四散，孤城独守。康熙十五年（1676），康亲王的大军击破耿师的西路和中路两军，攻入福建，耿精忠大势已去，率文武官员出降，请随大军剿郑经赎罪。曾养性听闻这个消息，于十月初一在温州投降。

耿军曾养性部在温州也实施了一些具有政治意义的措施。第一，出安民告示，店铺照常营业。第二，令居民剪辫蓄发，恢复汉人衣冠。第三，定钱法，征民家铜器，毁寺观铜钟，开局铸钱，号“裕民通宝”。种种行为给人以进兵中原、收复汉人河山之势。但无休无止的追征把百姓驱迫至苦难的深渊，派军饷，征铅铸弹，征战衣，征谷，还预征了七年的地丁银，完全失去了农商士庶的同情，又因军队纪律的缺失，失败终不可免。

① 贝子傅喇塔，即爱新觉罗・傅喇塔（1625—1676），清朝宗室，清初重要将领，满洲正蓝旗人。爱新觉罗・福临封他为固山贝子。康熙十三年（1674）三月，授宁海将军，辅佐康亲王傑书讨伐耿精忠。贝子，爵名，满语为贝勒的复数。早期满族社会中，贝子意为“天生”贵族。清代颁定宗室爵号，有固山贝子，简称“贝子”，崇德元年（1636）定王公以下九等爵以封宗室，固山贝子为宗室封爵第四级，在亲王、郡王、贝勒之下，贝勒死后，其子封为贝子。贝子岁俸银1300两，禄米1300斛。

四、郑成功、陈文达在温州沿海的活动

在众多与清军对抗的武装力量中，郑成功一支对东南沿海江苏、浙江、福建、广东四省产生了重大影响。郑成功不仅在海上与清军缠斗达十五年之久（1646—1661），并且在攻取台湾撤离大陆后，导致清政府为防御台湾实施迁界政策。

顺治三年（1646）十二月，清军攻占福州。郑成功在广东潮州府南澳岛起兵抗清，经过五年的艰苦经营，控制了浙江、福建和广东沿海的许多岛屿。顺治十一年（1654），郑成功进入漳州府城。郑军分兵进击，拿下同安、南安、惠安、安溪、永春、德化诸县，军队进入兴化。

郑成功壮大军队和兴师北伐都需要扩大筹饷范围，这样毗邻福建的温州开始成为郑成功部队的军粮供应地。顺治十二年（1655）二月郑成功派遣洪旭攻击温州、台州，七月命甘辉等率军北伐。八月，甘辉北上阻风，就温、台二府取粮。九月，清朝几路大军准备合击郑氏占据的厦门。郑成功为了缓解厦门的防御压力，派遣部将率领舟师两路进击，一北上浙江，一南下广东。北上郑军连战皆捷，十月攻入舟山。[①] 这一年，郑成功军队登陆平阳的江西垟和蒲门取饷。

其后几年有关郑师在温州的记载如下：

顺治十三年（1656）二月，郑成功令总制张英、后提督万里统率舟师至温州，攻平阳金乡卫，收其粮食而去。甘辉兵入乐清西乡翁垟、地团等处。

顺治十四年（1657）正月，郑师攻温州，抵乐清东乡南垟。

顺治十五年（1658）正月十九日郑成功至温州，取足粮饷，收兵下船。五月，先出温州取饷，泊舟三日，连樯八十里。其步卒自平阳出，“所过米粟财物悉卷入海”。兵至瑞安城，郑部下翁某入城，逐户索饷。郑成功统率水陆军十七万与浙东张煌言会师，大举北伐。大军进入长江之前，于羊山海域遭遇飓风，损失惨重，只得暂且退回厦门。十一月初七日，郑师到乐清县城沿家搜劫，捉人挑至船上。后遣万一训屯扎乐清蒲岐，征粮练兵。

顺治十六年（1659）郑氏饷船分布平阳江口南岸。冬，郑师第二次北伐失利

① （清）秦世祯：《浙江巡抚秦世祯揭帖》（顺治十三年四月十三日），国立中央研究院历史语言研究所编：《明清史料》甲编第四本，1930年版，第378页。

后，从南京败退回温州，在飞云江以南计亩科饷，屡攻城池，第二年春天才离开。郑成功部将刘猷征饷温州。清总兵以骑兵突至，力战不支，全军皆没。

郑成功北伐失败回到厦门后，谋划攻取台湾，建立抗清根据地。于康熙元年（1662）二月收复了沦陷达三十八年之久的台湾。清政府对台湾郑成功的抗清力量采取了坚壁清野的策略，在郑成功收复台湾后，开始实行残酷的“迁界”（又称“迁海”）措施，勒令从山东以南至广东沿海地区的百姓，一律后撤三十到五十里的界限以内，界外的房屋全部烧毁，城堡全部拆除，形成无人区。内地有进入界外者，一律处死，商船、民船一律不准下海。

一波接一波的动乱给温州社会经济造成了严重的破坏。现以温属五县中相对损失较小的瑞安县予以说明。乾隆《瑞安县志》卷一《乡隅》叙述了明清“里”的数量的变化：

> 都隅原额共计一百四十里。明嘉靖间，阙一里，自是相仍一百三十九里。兵燹后，地广人稀，国朝顺治六年（1649），邑令谭希闵消并二十八里；康熙元年（1662），邑令齐遵周又消并二里；十年（1671），署邑令洪涛又消并四里；实计一百五里。

这就是说在短短22年时间里，34个里被“消并”。瑞安“里”的数量由原先的139个减少到105个。上述这段文字的注释称，“鼎革之际，市不易肆。次年山寇倡乱，嗣是海艅禁垒，相寻不一，庐毁田荒，生齿稀少，此谭、齐、洪三令之所以相继消并也”。[①] 这就是消并34里的原因：兵连祸结破坏了生产，进而造成人口的大量损失。由于有些地区变成了无人区或人口过于稀少，不足以构成一个“里”的规模，因此也不再是一个征收赋税的单位，因此只好“消并”。

清初，温州永嘉籍海盗陈文达在海上非常活跃。陈文达原为明朝总兵，挂宁远将军印。他举义反清似在清廷发布剃发令之后。他的抗清活动大致可以分为三个阶段。第一阶段，他的武装是一支独立的抗清力量。这一时期，他参与了顺治四年围困福建福宁州一役，他负责在福宁城西郊扎营。其后他的海上军事力量活跃在台州、温州和闽北沿海地区，到过福鼎的桐山、沙埕，永嘉的枫林、塔石、

① （清）陈永清修：《瑞安县志》，乾隆十四年（1749）刻本，上海书店出版社1993年版，第18页。

三盘，台州的黄岩，以及玉环等地。他与陆上抗清武装白头军有较多的协作。道光《乐清县志》卷十六《寇警》载："顺治八年、九年、十年间，山寇猖獗，在在多有，兼以海寇陈文达接应，与官兵对敌，互有损伤，终不能剿绝。"[①]第二阶段，他归附了拥立鲁王监国的张名振。张名振与郑成功联合抗清。第三阶段，归附郑成功。顺治十四年（1657），郑成功攻打温州、台州，陈文达等统船二百余号投靠郑成功。第二、三阶段他主要在乐清湾活动。蒲岐是他的造船基地，[②]茅埏岛是他的大本营。到顺治末，抗清败局已定，拥兵海上十余年的陈文达于康熙元年（1662）十一月向清军投降。[③]

第二节　沦为丛林世界

明清易代是一个残酷的时代。经历了这个时代的顾炎武沉痛地说："有亡国，有亡天下。亡国与亡天下奚辨？曰：易姓改号，谓之亡国；仁义充塞，而至于率兽食人，人将相食，谓之亡天下。"[④]明末清初四十年的温州就是这样一个弱肉强食的丛林世界，正如顾炎武所说的"亡天下"。在这个世界中，老百姓的处境正应了一句古老的套语："宁做太平犬，不做乱离人。"

瑞安人朱鸿瞻（1620—1690）记录了一家七口的避乱过程：

> 予居东河七世，丙戌（1646）鼎革，七月避三都沙渎，时失恃，方苫块，同父、弟、两祖母、妻儿以行，八月归东河。丁亥（1647）十月，陈世亨乱，避北湖西岙，转徙四十都高岙，时两祖母已故。桐山尤某出，又上景福山、大北洋，时山头守岭御贼，颇宁静。次年（1648）三月归东河。五月，贼复炽，攻破山头，肆浇劫，又来围城。予匿家

① （清）鲍作雨、张振夔总修：道光《乐清县志》，陈纬校注，线装书局2009年版，第1132页。

② 《温台贼势重大残揭帖》，中国科学院编：《明清史料》丁编第三本，国家图书馆出版社2008年版，第423页。

③ 《清圣祖实录》卷7，中华书局1985年版，第129页。

④ （清）顾炎武：《日知录》卷13《正始》，栾保群、吕宗力校点，上海古籍出版社2013年版，第756页。

后，顷贼败退，挈家入山腰。戊戌（1858）屯营，徙西南隅。海、闽两变，皆在城中。前此数数早避，从众防患，有不行者，亦无害。[①]

朱鸿瞻自27岁开始逃难，避难处所达7处之多，其中一次避居山乡达5个月之久，祖母在这种颠沛流离的生活中去世。朱家的避难过程不算特别悲惨，不过反映了这个艰难时世中一般人的遭遇。

一、“王师”害民

清朝入主中原，为建构统治的合法性，把这解释成“天命转移”的结果，素称自己的军队为“王师”，意为这是“天子的军队”“国家的军队”。在唐宋朝沦陷于叛军或异族的士民眼里，“王师”乃救民于水火的正义之师和仁义之师。而以“王师”自诩的清军在温州犯下了罪行。

顺治三年（1646）七月，清军经乐清磐石渡江至龙湾永嘉场。温州府城的隆武朝官吏望风而逃。十二日清军从北门进入温州城。瑞安、平阳的文武官员“闻风先窜”。清军兵不血刃占领温州。

温州城的墨池坊是宋绍圣年间（1094—1098）知州杨蟠划定的三十六坊之一，南宋坊市制度废弛后，周围的坊都改成了街或巷。因具有浓厚的历史文化底蕴，唯独墨池坊之名延续下来。明末著名的私家花园玉介园就坐落在这里。顺治三年（1646）七月清军占据墨池坊前后数巷为军营。当地居民来不及搬迁的财物，即被清军据为己有。有些人仅能带妻子和儿女逃出。[②]因温州生员吕氏兄弟季铉、季绣（锈）、季鏕新居宏敞，被百余名清军强占。其间，清军“需索无厌”。[③]十四日，四十余骑兵至瑞安城，从东门到南门一路掳掠金银。傍晚在回温州城途中突入鲍田恣意淫掠。[④]

---

① （清）朱鸿瞻：《时变记略》，陈光熙编：《明清之际温州史料集》，上海社会科学院出版社2005年版，第166页。

② （清）朱鸿瞻：《时变记略》，陈光熙编：《明清之际温州史料集》，上海社会科学院出版社2005年版，第159页。

③ 孙延钊：《明季温州抗清事纂》，陈光熙编：《明清之际温州史料集》，上海社会科学院出版社2005年版，第6页。

④ （清）朱鸿瞻：《时变记略》，陈光熙编：《明清之际温州史料集》，上海社会科学院出版社2005年版，第159页。

清军游击萧启荣率五百人据守瑞安，[①] 坐食民家，百姓苦不堪言。不久，萧启荣部南进至平阳，在平阳的淫掠激起地方百姓和乡兵的反抗。平阳乡兵在萧家渡与清军交战，萧启荣部对萧家渡实施了残暴的屠村。[②]

自顺治四年（1647）至顺治七年（1650），温州发生了大规模的抗清斗争，土匪的活动也非常活跃。这种局面也是清军掠夺财物的绝好时机。顺治四年（1647）十月，瑞安三十二都的陈世亨，因不堪清军兵丁和胥吏的索扰，图谋夺取县城，但因事机不密，事变没有发动，几近胎死腹中。十月初八，清军在瑞安城以捕贼为名，纵兵大掠两日夜，室为一空。有二十余人因钱财输送不及时，或数量不足，被清军杀害，死难者都是富户和读书人。凡是富户都被诬为通匪，必须依靠大量钱财才能免祸。因城里尚有油水可刮，军队都驻扎在城内，居民不得不倾其所有以好酒好菜招待。他们长久承受非人的折磨，朱鸿瞻哀叹："人之生者，仅存皮骨矣。"[③]

顺治四年（1647）十一月，与平阳毗邻的闽北桐山人尤山野聚党数千来攻平阳城。同时又分兵一部在飞云江沿岸布防，以防御可能来自瑞安的清兵。没过几天，瑞安清军渡江驰援平阳，在瑞安清军和平阳清军的夹击下，尤山野败退回桐山。这时，清军在平阳、瑞安乡村大肆以"通寇"的罪名勒索富户，此前这种伎俩在瑞安城已经用了一次。[④] 顺治五年（1648）秋，抗清武装何兆龙部大举围攻瑞安城，十日不能解围，清军焚毁了城外靠近城墙的大片民居，以防止敌军隐蔽其中。[⑤]

起初，在温州与抗清武装作战的都是汉人和浙东投降清朝的军队，并没有满人。平阳的军事重镇失陷，清廷震惊。顺治五年（1648）八月中旬，梅勒额真祖师步兵五千、骑兵一千号"满洲大兵"到温州。满洲大兵之残暴还要超过以往的清军。满洲兵在夺得金乡卫后，不仅掳获大量牛畜等财物，还有大量良家

① 游击，清武官名，绿营兵统兵官，从三品，位次于参将，分领营兵。

② （清）朱鸿瞻:《时变记略》，陈光熙编:《明清之际温州史料集》，上海社会科学院出版社2005年版，第160页。

③ （清）朱鸿瞻:《时变记略》，陈光熙编:《明清之际温州史料集》，上海社会科学院出版社2005年版，第161页。

④ （清）朱鸿瞻:《时变记略》，陈光熙编:《明清之际温州史料集》，上海社会科学院出版社2005年版，第161页。

⑤ （清）朱鸿瞻:《时变记略》，陈光熙编:《明清之际温州史料集》，上海社会科学院出版社2005年版，第161页。

妇女，以充战利品。满洲兵北返时在瑞安抓挑夫役使，有挑夫惨遭鞭扑死于途中。[①]顺治十五年（1658），郑成功的部将郑璟率兵到温州，清军前来清剿，杂处民间，“室庐器具皆非己有，民人负戴之苦，供亿之烦，有不堪回首者”。[②]自顺治五年（1648）直至被称为“山寇”的抗清武装被剿灭，清军做得最多的就是烧民房，掠财物，掳妇女，留下了一个残破不堪的温州：“地方皆茅草盖房，无有片瓦，生齿亦损其半。”[③]可以想象，在“生齿损半”四个字背后，有多少人骨肉离散，有多少人辗转沟壑！

在清朝统治较为稳固的二十多年后，清军在镇压耿精忠叛乱过程中，故伎重演，使温州人又一次遭受荼毒。

一样的掠夺财物。康熙十四年（1675）清军以解瑞安之围为名，在远离瑞安城的大罗、前村一带掳掠。另一支来自北边的援军未能顺利渡过瓯江，提督纵兵掳掠乐清而还。[④]

一样的纵火焚烧民居。康熙十四年（1675），瑞安守将传令将城外四面房屋焚毁，二十五年前已经焚烧了一遍，当时还有些许残留，现在举目四望，郊外尽是废墟。[⑤]

一样的掳掠妇女。康熙十四年（1675）八月，耿精忠军队的曾养性部自黄岩败退回温州，清军尾随至温州境内，控制了温州城北的太平岭山和城西的净水新桥山一带，这时是一个攻下温州的极好时机，但清军无意攻城，专事掳掠妇女，时人朱鸿瞻记载了温州妇女的不幸遭遇：

> 大清师蹑追至境，北屯太平岭山，西屯净水新桥山。彼时乘势近城，一鼓可下，但只掳掠子女，无取城意，乡村为之一空，贞女触岩、投水死不计其数。师至瑞安丽岙，丽岙子女亦遭掳。

---

① （清）朱鸿瞻：《时变记略》，陈光熙编：《明清之际温州史料集》，上海社会科学院出版社2005年版，第161—162页。

② 孙延钊：《明季温州抗清事纂》，陈光熙编：《明清之际温州史料集》，上海社会科学院出版社2005年版，第12页。

③ （清）朱鸿瞻：《时变记略》，陈光熙编：《明清之际温州史料集》，上海社会科学院出版社2005年版，第162页。

④ （清）朱鸿瞻：《时变记略》，陈光熙编：《明清之际温州史料集》，上海社会科学院出版社2005年版，第165页。

⑤ （清）朱鸿瞻：《时变记略》，陈光熙编：《明清之际温州史料集》，上海社会科学院出版社2005年版，第164页。

> 贼在郡，筑巽山白塔一带御师，塘河桥梁皆毁坏绝渡。时人民惊疑，恐大兵恢复，玉石俱焚。幸王师不急攻城，惟溺于女色，屯住偃息。至丙辰（1676）五月，忽传令班师，营垒尽撤。子女为所掳者悉驱北去，乡都涂炭，后有往京、省赎回者。①

乐清士人黄丹甫一篇诗作的题记为："康熙甲寅福建耿王造反，大兵进剿。前被反逆之毒，后遭清之殃，芙蓉孔道扰害难当，避入山中，触目伤心而作"。"反逆"和"清"都是一样地祸害百姓。诗中有"白鹿城中间赤帜，青田营里戏红妆"二句。作者自注："清朝兵马虏掠妇女入营中。"②

野蛮的"王师"不仅直接"造就"了数量庞大的烈女，而且还把大量温州的女子掳至杭州和北京。这些人极可能被发卖为娼、为奴、为妾，多年后温州人要花钱赎回他们自己的妻女。

因此所谓秉承天命统治天下的朝廷豢养的兵，也是一种寇。朱鸿瞻说剿寇的清兵来到寇区，寇的头目已经逃走了。官兵就指这里的百姓为"寇"，搜刮财物，抢掠其子女，满载而归。因此百姓"畏兵甚于畏寇"。官兵离开后，避走他乡的百姓陆续回来，这时官府又给他们加上"通寇"的罪名，不把他们的家财搜刮干净不罢休。官府一纸票，甚于百千兵，于是百姓"畏官又甚于畏寇"。朱鸿瞻直接指称兵、官都是"寇"，"未剿寇十，先增寇百，未剿寇百，先增寇千。前之寇者复来，后之寇者随应"。③ 所有"贼情"和"匪情"的发现，都是兵和官的发财机会。

二、"义军"不义

"贼来如梳，兵来如篦，官来如剃"是一个十分著名的谚语。官兵"剿贼"乘机搜刮财物、杀良冒功是常态。官员为筹备军需横征暴敛，百姓生死在所不计。孙延钊具有浓厚民族主义色彩的《明季温州抗清事纂》虽取"抗清"视角，

---

① （清）朱鸿瞻：《时变记略》，陈光熙编：《明清之际温州史料集》，上海社会科学院出版社2005年版，第165页。

② 乐清《长川黄氏宗谱》，周建选编：《乐清谱牒文献二编》，线装书局2015年版，第295页。

③ （清）朱鸿瞻：《竹园类辑》，陈光熙编：《明清之际温州史料集》，上海社会科学院出版社2005年版，第459页。

但也十分真切地记录了自顺治元年（1644）至康熙二十二年（1683）的四十年间，温州百姓不断被梳、被篦、被剃的历史。[①] 特别值得注意的是，孙氏也没有讳言，拥有反抗侵略压迫光环的“义军”，打着复明大业的崇高名义，在温州焚杀抢掠的历史事实。

顺治四年（1647）以来，抗清的“义军”可说是多如牛毛。“义军”为了维持自身的生存，为了他们的“义举”，也不免要抢夺百姓的粮食。史载顺治四年（1647）十一月，义军尤山野部在瑞安三十七都十二庄的曹村、胁山、马岙，三十八都十六庄的魏岙，四十都十四庄高岙等处，“督责各村抽兵输饷，拷逼富户”，使用的手段与清军没有区别。

孙延钊披览“崇后康前”（崇祯后康熙前）史料，撰成《明季温州抗清事纂》。篇末写下了极有见地的议论：

> 大抵鼎革之交，豪健蜂起，有深怀国家宗社之观念者，有各逞利欲之私图者；而前者或利用后者之武力以为策动，后者亦或假借前者之名义以资号召。于是义民与奸民，犹朱紫之杂然淆乱，莫之能辨者矣。[②]

这显然是作者研读易代之际温州史料所得，指出了义军中有理想抱负的举义者与乘机图谋私利者杂糅的情境。时人朱鸿瞻说那些举义者，“亦焚人庐舍，亦卷人财物，亦掠人子女，亦加人‘通北’之名，百计搜索”。[③] 作者一连用了4个“亦”，说明义军与侵略者完全是一路，一样地烧百姓的房屋，一样地洗劫百姓财物，一样地抢掠百姓的子女。清军的生财之道是以诬陷百姓“通寇”来勒索，“义军”则以诬陷百姓“通北”来搜刮。清官府说他们是“贼”，其实也没有说错。

为了我们能够更加深入地理解当时的义军历史，下面略举几则发生在温州之外的历史亲历者的观察和议论。参加过实际抗清斗争的王夫之剖析了参加“义军”各色人等的种种动机：

---

① 孙延钊：《明季温州抗清事纂》，陈光熙编：《明清之际温州史料集》，上海社会科学院出版社2005年版，第1—21页。

② 孙延钊：《明季温州抗清事纂》，陈光熙编：《明清之际温州史料集》，上海社会科学院出版社2005年版，第18页。

③ （清）朱鸿瞻：《竹园类辑》，陈光熙编：《明清之际温州史料集》，上海社会科学院出版社2005年版，第459页。

> 义军之兴也，痛故国之沦亡，悲衣冠之灭裂，念生民之涂炭，恻怛发中而不惜九族之肝脑者，数人而已。有闻义之名，而羡之以起者焉；有希功之成，而几幸其得者焉。其次，则有好动之民，喜于有事，而踸踔以兴者焉。其次，则有侥幸掠获，而乘之以规利者焉。又其次，则有弱不能自主，为众所迫，不能自已者焉。又其次，则佃客厮养，听命于主伯，弗能自免焉。[①]

在王夫之看来，数十万或上百万的义军中，当得起这个“义”字者，不过“数人而已”。死于抗清斗争的安徽人吴应箕曾说，“义军”之为患，有甚于“贼”“虏”者。[②] 另外，我们所熟知的抗清英雄张煌言说：“新莽僭号，河北群盗，皆以兴复汉室为名；今日山中义师，大率类此。”[③] 黄宗羲、陈确、钱澄之、彭士望和李世熊等都有不少篇什用于揭露义军无处不在的暴行，举义者大肆杀戮劫掠给人以罄竹难书的感觉。由抗清英雄说出“义军”比清军更坏，特别动人心魄。在这种情况下，我们多少能理解乐清人李象坤对温州“义军”的严厉指控：“伏莽之奸，窃洛顽美名，祟于鲸鼍虺蜴之窟，犄角声势以戕吾民。”[④] 正是“义军”的残忍好杀，给清朝统治的政治合法性的塑造助了一臂之力。

比诸义军声名更加显赫的英雄郑成功来说，温州不过是他的一个“粮仓”。如果不从历史的“后见之明”来看耿精忠之变，耿军进入温州之初受到士民普遍欢迎是可以理解的。二十几年前清军的暴行仍历历在目，剃发易服的屈辱尚未消退。二十几年前的抗清武装多各自为战，且多乌合之众，而入浙的耿军是一支号令统一、义旗高举的队伍。耿精忠部将曾养性在温州去辫易服，[⑤] 定钱法，修战具，决心并兼列郡，进兵中原，雪发肤毁伤之辱，救种族沦胥之痛，无疑给人带

---

① （清）王夫之：《宋论》卷10《高宗》，中华书局1964年版，第194页。

② （明）吴应箕：《客问·原用兵》，《楼山堂集》卷19，贵池先哲遗书，1920年刊本。

③ （明）张煌言：《复田提督雄张镇杰王道尔禄书》，《张苍水集》第1编《冰槎集》，中华书局1959年版，第3页。

④ （清）李象坤：《兵宪吴公擢四川按察使兼寿序》，（清）李象坤：《匊庵集选》，蔡听涛点校，黄山书社2012年版，第42页。“洛顽”应与“殷顽”同义，指入周以后，仍忠于商的意思。

⑤ 耿精忠发布的文告曰：“尔等文武官员绅士军民人等，均属中华之赤子，久思汉代之威仪。令下之日，速宜剪辫，留发包网。所有官帽圆领带绶儒巾小帽，一切悉照汉人旧制，毋得混淆。共敦华夏之风，复睹文章之旧。如有抗玩，军令不舍”，参见刘凤云：《清代三藩研究》，中国人民大学出版社1994年版，第304页。

来巨大的希望。但就是这样一支“义军”，把温州变成了一个人间地狱。

康熙十三年（1674）五月，耿军在围困瑞安城的同时，即分兵下乡，掳掠牛畜财物充粮。[①] 清军在副将吴三畏的率领下，以大量人员死亡为代价，孤城瑞安坚守了 45 天，最终因温州城的投降而失陷。朱鸿瞻誉之为“瑞安之守，功犹睢阳之捍蔽江淮也”。[②] 瑞安的坚守使曾养性愤恨，因此他在瑞安的捐税征收特别烦苛，派饷高达五万两，此外，又征铜铸钱，征铅铸弹，征战衣。根据每户的田亩数量征收粮食，丁口税预征了此后七年的银两。[③] 后又为修筑城墙大规模地派征徭役，连十来岁的孩子都被迫应征。[④] 横征暴敛把人驱迫到死亡的边缘。

瑞安廪膳生员鲍廷荐是曾养性占领瑞安的目击者，他所著之《困苦悲愤记》留下了极具历史现场感的文字。他以“催麻、催棕、催炭、催木料，檄同雨下；追锡、追铁、追铜、追青铅，票似雪飞”来形容百姓负担之多之重，把向老百姓追逼缴纳饷银的差役比作丑陋凶暴的“夜叉”，把对逾期交税交差的人进行杖责的官吏，比作阴间地府的判官。[⑤] 他认识的一些沉沦到社会最底层的百姓，都没能幸免耿军的粮饷催逼，如双目失明靠替人算命度日的孙叶五，年老茕独无依的佣工赵阿三。为了铸铜钱，除了城隍庙，耿军将所有寺院和庙宇铜钟捣碎；另外还向民间征铜，士民无铜，只好把古铜器及妇女梳妆用的铜镜上缴，以免受皮肉之苦。为搜刮粮草和铜，耿军在瑞安百般拷掠，瑞安城中到处可以听到被毒打的惨叫声，到处可以看到两腿被打烂的人，有的拄着拐杖走路，有的甚至在地上爬行。[⑥] 在乡间，瑞安五十五个都，村村都有兵士鞭扑村民索饷。

耿军向黄岩的进攻和后来败退回福建，都需要大量的挑夫，连床上的病人也

---

① （清）朱鸿瞻：《时变记略》，陈光熙编：《明清之际温州史料集》，上海社会科学院出版社 2005 年版，第 164 页。

② （清）朱鸿瞻：《时变记略》，陈光熙编：《明清之际温州史料集》，上海社会科学院出版社 2005 年版，第 164 页。

③ 孙延钊：《明季温州抗清事纂》，陈光熙编：《明清之际温州史料集》，上海社会科学院出版社 2005 年版，第 15 页。

④ （清）鲍廷荐：《困苦悲愤记》，陈光熙编：《明清之际温州史料集》，上海社会科学院出版社 2005 年版，第 120 页。

⑤ “催饷之役甚于夜叉，追比之官酷同冥判”。（清）鲍廷荐：《困苦悲愤记》，陈光熙编：《明清之际温州史料集》，上海社会科学院出版社 2005 年版，第 116 页。

⑥ （清）鲍廷荐：《困苦悲愤记》，陈光熙编：《明清之际温州史料集》，上海社会科学院出版社 2005 年版，第 116 页。

被捉走。有的兵士把捉到的挑夫卖给别的兵士，自己再去捉。[①]除此之外，耿军官兵还有其他的生财之道，强占大街店面开张贸易，还算是“文明”的。更为残忍的手段是，诬诈某人“私通清兵”，如果是富户，纳银后予以释放；如果是贫者，则严刑拷打，或斩首示众，以震慑那些怀侥幸之心而拒不纳银的人。因此鲍廷荐说：“富儿悔不先贫，穷老恨多后死。”[②]但最为悲惨的一幕发生于温州耿军败退回福建途中，在瑞安驻屯的五日里，耿军几乎不用什么借口公然劫夺，在城乡肆行淫掠。[③]

永嘉人王至彪也留下了记载“闽变延至温郡，民不聊生”的诗作。[④]康熙十四年（1675）诗人八十岁，其《乙卯元旦述感》自注中说，他的书被抢一空。[⑤]在曾养性据温的日子里，似乎他曾回家乡探望过，例如，“相看归人都掩泪，那堪时日几奔逃”之句，[⑥]还有“好叹经年奔窜后，几家得稳有书巢”。[⑦]东躲西藏大约是当时人生活的常态。

乐清是耿军和清军拉锯最频繁的地区，百姓又别有一番折磨。这里的士民要同时给敌对的两个政治势力缴纳赋税。[⑧]

令温州士民最为尴尬的是头发，为了反抗清廷的“剃发令”斗争了数年，最终还是被迫剃了发，耿军来后，又要留头发。为了这不痛不痒的头发，吃尽了苦头。全留头发要被清军杀，剃发留了辫子要被耿军杀。据鲍廷荐记载，李阿一以犯剃头之祸，解出大东门外吊桥头斩首示众。朱小二也因剃发被绑到军前枭首，

① （清）鲍廷荐：《困苦悲愤记》，陈光熙编：《明清之际温州史料集》，上海社会科学院出版社 2005 年版，第 117 页。

② （清）鲍廷荐：《困苦悲愤记》，陈光熙编：《明清之际温州史料集》，上海社会科学院出版社 2005 年版，第 116 页。

③ （清）鲍廷荐：《困苦悲愤记》，陈光熙编：《明清之际温州史料集》，上海社会科学院出版社 2005 年版，第 122 页。

④ （清）王至彪：《玄对草》，陈光熙编：《明清之际温州史料集》，上海社会科学院出版社 2005 年版，第 444 页。

⑤ （清）王至彪：《玄对草》，陈光熙编：《明清之际温州史料集》，上海社会科学院出版社 2005 年版，第 444 页。

⑥ （清）王至彪：《玄对草》，陈光熙编：《明清之际温州史料集》，上海社会科学院出版社 2005 年版，第 445 页。

⑦ （清）王至彪：《玄对草》，陈光熙编：《明清之际温州史料集》，上海社会科学院出版社 2005 年版，第 445 页。

⑧ 叶炳煌：《后池公传》，周健选编：《乐清谱牒文献二编・乐清白氏宗谱》，线装书局 2015 年版，第 46 页。

虽经里邻力保得以免死，但家里的财物全部被抄没。[①]寓居温州的义乌人朱衮为被割辫的和被俘的百姓据理力争，得到浙江总督李之芳和浙江巡抚陈秉直的认可，最终得以“释割辫之罪，出俘虏之民”。[②]因而温州士民在江心屿建造了朱公祠，以纪念他甘冒风险救拔温州百姓的功德。

三、迁界之祸

郑成功与清军在海上缠斗多年。清廷认为这是由于郑军得到了沿海居民的物资接济，因此决心采取坚壁清野的方法陷郑军于困境。顺治十八年（1661）清廷下令迁江苏、浙江、福建和广东四省沿海三十里于界内，民众留恋经营多年的生计，大多不愿离乡背井。清廷胁之以严刑：“寸板毋入海，粒米毋越疆，犯者磔死连坐。”康熙二年（1663）清政府在四省沿海一带钉定界桩，增设墩堠台寨，驻兵警备。[③]

温州沿海是郑成功军队活动非常活跃的地区，因此迁界之令执行得特别彻底。永嘉以茅竹岭为界，茅竹岭、大罗山以东包括永嘉场在内的一至五都全部迁弃。永兴堡、永昌堡、沙城、报恩寺和国安寺悉成焦土。乐清弃地九十四里（编户单位，非里程），存里四十二，瑞安迁弃五里，平阳迁弃十里。乐清县衙迁到大荆，乐清繁华之地乐成、北白象、柳市、虹桥、清江、芙蓉等主要集镇被毁，成为无人区。

温州滨海各县在迁界后弃置了大量的丁口、户数和田地山园。清代温州府志、县志留下了翔实的资料，表 1–1 仅展示赋役单位丁口变动的情况。

表 1–1　迁界前后丁口对比

县份	迁界前原额人丁	顺治十八年弃置人丁	弃置 / 原额（%）	数据来源
永嘉	103729	49957	48.16	光绪《永嘉县志》卷五《田赋·户口》
乐清	79714	69636	87.36	光绪《乐清县志》卷五《田赋·户口》

① （清）鲍廷荐：《困苦悲愤记》，陈光熙编：《明清之际温州史料集》，上海社会科学院出版社 2004 年版，第 119 页。

② 林占春：《朱公祠碑记》，金柏东主编：《温州历代碑刻集》，上海社会科学院出版社 2002 年版，第 269 页。

③ （清）赵尔巽等：《清史稿》卷 138《兵九·海防》，中华书局 1977 年版。

续表

县份	迁界前原额人丁	顺治十八年弃置人丁	弃置/原额（%）	数据来源
瑞安	45864	11366	24.78	乾隆《瑞安县志》卷三《田赋·户口》
平阳	86778	43224	49.81	乾隆《平阳县志》卷六《贡赋·户口》

表中的“丁口”是当时政府能够掌握的“纳税单位”，非实际人丁；这些数据还是能够在一定程度上反映实际的人口和土地的变动格局。表格反映丁口减少最多的是乐清；减少最少的是瑞安，也损失了近四分之一；永嘉和平阳丁口减少接近一半。我们当然能够设想将来展界之后有些人还是能够重返家园。尽管康熙九年（1670）就展界，但直至康熙二十年（1681）各县重新造册，上面反映的丁口增长十分有限。永嘉 92874 丁口，乐清 16014 丁口，平阳 44079 丁口，瑞安 34007 丁口。[①] 四县中仅永嘉较接近迁界前的水平。这期间曾发生过耿军据温（康熙十三年至康熙十五年间），但此时距战事结束也已达五年。上述数据反映两点：第一，迁界给温州带来的损失可以说是创巨痛深；第二，因长期得不到休养生息，恢复极为缓慢。

冰冷的数据后面是数十万温州人辗转沟壑，流离失所。平阳蒲门人项元生记录他目击百姓被迫离乡的惨烈场景：

> 吾蒲于顺治十八年辛丑闰七月一日奉迁。大兵翼日抵蒲，尽驱男妇出城，三百年之生聚，一旦俱倾；十万户之居庐，经焚而尽。况时大火流金，狂霖漂石，僵饿载道，襁负塞途。或旅处深山，喂虎之口；或颠连古渡，葬鱼之腹。甚至鬻妻卖子，委壑填沟，万种惨伤，一言难尽。谁绘民图，叩九阍而呼吁；聊托鸟语，向三春以哀鸣。则十禽十言，尽是流离之景况；而一声一泪，无非危苦之情辞。如居高闻之，必动抚绥之念；即后人诵此，犹余琐尾之悲云尔。[②]

① 雍正《浙江通志》卷 74《户口四》，光绪二十五年（1899）重刊，民国二十三年（1934）商务印书馆影印，第 1412—1414 页。

② 项永生：《十禽言序语》，符璋、刘绍宽纂：《平阳县志》卷 73《文征内编十一》，民国十四年（1925）刊本。

这条史料告诉我们，迁徙之日恰逢难挨的酷暑。迁界由兵丁武装执行。迁空后的民居全部焚毁。离家后的不少人死于非命，幸存者饱尝流离颠沛之苦。

永嘉场诗人王至彪世居二都永昌堡，也是迁界的亲历者。他曾在崇祯朝任福建平南知县，易代之际弃官回乡。犹如杜甫的诗歌反映了安史之乱带来的社会动荡，王至彪的大量诗歌也出色地反映了朝代鼎革和迁界的惊天巨变，堪称那个时代的杰出诗史。他的两首七律带我们回到了永嘉场毁于一旦的历史现场：[①]

> 极目罗山山以东，燎光四起闪天红。烟扬万井秋风里，野哭千家夜月中。望绝人归悲故宇，心痛鬼馁泣宗公。谁教蛇豕嘘狂焰，乌鹊惊飞乱远空。
>
> 悠悠我里最堪伤，身徙居焚变异常。乌巷旧称王氏宅，德门犹是郑公乡。民迁洛邑顽何罪？炬烈咸阳霸亦亡。多少材官谨防海，却将内地弃榛荒。

焚烧民居，火光冲天，处处是哭声，人们痛别祖茔，背井离乡。明代的永嘉经济富庶，文化繁荣。有进士 28 名，[②] 高官显宦众多，[③] 世家大族层出不穷，宅第、祠堂宏伟精美。[④] 迁界后都灰飞烟灭。

王至彪《失书叹》的诗序记载了执行迁界的兵丁的横暴：

> 余从闽回，尚未至家，闻限十日为居民搬运蓄储，才至五日，兵丁涌集，抢掠一空。余家悬罄无可运，亦号能运，儿辈仅携书籍数筐。中途遇兵丁截路，遍搜无当意者，遂翻书入水，掠空筐而去。复值大雨，儿辈力弱，不能捞取。

这里除了对兵丁直接控之以“抢掠”，也揭示了兵丁的贪婪。他们搜不出作

---

① （清）王至彪：《家乡祠宇庐舍焚毁殆尽，遥望心恻》，陈光熙编：《明清之际温州史料集》，上海社会科学院出版社 2005 年版，第 76 页。

② 据《龙湾区历代进士名录》，温州龙湾史志办：《龙湾史志》2008 年第 2 期。

③ 略举数例：王瓒（1462—1524），两任国子监祭酒。张璁（1475—1539），礼部尚书，文渊阁大学士。王德（1517—1558），大名府推官。王激（1476—1537），南京通政司右通政、国子祭酒兼经筵讲官。王诤（1508—1581），佥都御史，巡抚贵州。项乔（1493—1552），湖广按察副使。

④ 当时永嘉场著名的大族有：吴渎吴氏、青山娄氏、蒲州诸葛氏、浃底叶氏、沙村周氏、李浦王氏、普门张氏、英桥王氏和七甲项氏等。

者身上值钱的东西，就把书翻入水中，夺走了装书的空箱。《失书叹》诗回忆了往昔“买书无力强移钱”的艰辛。对离乡“飘零”的孤苦境地中的作者来说，失书对他的打击无异于秦始皇焚书的“烈焰”。[①] 如果说失书的感受可能只在士人群体中引起共鸣，那么王至彪诗歌中抒发离开宗祠、祖墓和世代生活故土的精神伤痛则应该是所有内迁民众所共有的，在这方面有四首诗的诗名是以“哀”开头的：《哀祖祠》《哀宗族》《哀乡党》和《哀永昌堡》。《哀祖祠》是担心宗族秩序和宗族传统的解体，诗曰：

> 苦遭苛令焚庐舍，祠宇连薨一瞬捐。惨目烬余悲此日，痛心绵蕞想当年。春秋冠带虔明祀，昭穆云礽宴寝筵。祖德渊长应勿替，重新端藉后人贤。[②]

《哀宗族》反映了一个家族在迁界过程中的骨肉离散，“十五传来歌哭地，可堪倏忽各分逃”。[③] 迁界对永嘉场的破坏是毁灭性的，《哀乡党》和《哀永昌堡》留下了极具视觉冲击力的诗句：

> 无端一炬灾诸族，目惨焦墟四望愁。[④]
> 回首可怜生长处，前贤世泽委莱蒿。[⑤]

平阳三石桥吴氏被遣时远徙至江西广信（今上饶）。[⑥] 与此相比，王至彪免去了长途跋涉之苦。据他的诗作《迁居上丘》，王氏迁到了温州府城近吹台山的

---

① （清）王至彪：《玄对草》，陈光熙编：《明清之际温州史料集》，上海社会科学院出版社2005年版，第432页。

② （清）王至彪：《哀祖祠》，陈光熙编：《明清之际温州史料集》，上海社会科学院出版社2005年版，第431页。

③ （清）王至彪：《哀宗族》，陈光熙编：《明清之际温州史料集》，上海社会科学院出版社2005年版，第431页。

④ （清）王至彪：《哀乡党》，陈光熙编：《明清之际温州史料集》，上海社会科学院出版社2005年版，第432页。

⑤ （清）王至彪：《哀永昌堡》，陈光熙编：《明清之际温州史料集》，上海社会科学院出版社2005年版，第432页。

⑥ 参见平阳三石桥《吴氏族谱》，族谱称吴氏展界后仍归故里，然地皆荒芜，兄弟子侄俱各处散居。

一个村庄。[①] 诗人的异乡生活在忧虑中凄凉度过，他在《溪头即事》中表达了浓厚的愁绪："容膝易安仍逆旅，伤心欲绝强游行。山围故里秋墟在，登眺低徊恨不平。"[②] 节庆是世人与祖先亡灵交流的日子，王氏留下了一系列以节庆命名的悼叹家园之作。《除夕》表达了作者在"衰年乱世"中对故乡的怀想，"物候尽趋新律转，人情终恋故乡居"。[③] 大年初一本来是祭祖的日子，"寻常何日不悲伤，此日元正更断肠。拜庆无由瞻祖像，穷愁复苦失故乡"。[④] 王氏的《人日》诗曰：

> 频年人日故乡违，人日今年居又非。寒重未舒桃李锦，林深偏薄薜萝衣。春来风雨伤怀久，徙去亲朋见面稀。梓里荒墟瞻望里，不胜哀怨是无归。[⑤]

王氏的《寒食》诗序直抒胸臆："徙后界禁甚严，余家自始祖至王父母诸墓尽在界外，祭扫无地，瞻望山阳，潸然泪下。"诗曰：

> 履时怵惕逢寒食，感事伤悲痛祖丘。到海烟云迷屺岵，漫天风雨泣松楸。封茔窅渺来龙护。展埽百年何日续？时时涕泪度春秋。[⑥]

其端午节作的诗：

> 每逢佳节奈愁何？忽值端阳愁更多。入眼葵榴空自艳，伤心桑梓几能过。驱炎且谩思河朔，独醒还应吊汨罗。悬艾泛蒲聊复尔，凄然

① （清）王至彪：《迁居上丘》，陈光熙编：《明清之际温州史料集》，上海社会科学院出版社2005年版，第434页。

② （清）王至彪：《溪头即事》，陈光熙编：《明清之际温州史料集》，上海社会科学院出版社2004年版，第433页。

③ （清）王至彪：《除夕》，陈光熙编：《明清之际温州史料集》，上海社会科学院出版社2005年版，第434页。

④ （清）王至彪：《元日》，陈光熙编：《明清之际温州史料集》，上海社会科学院出版社2005年版，第434页。

⑤ （清）王至彪：《人日》，陈光熙编：《明清之际温州史料集》，上海社会科学院出版社2005年版，第434页。人日，夏历正月初七日为"人日"。《北史·魏收传》引董勋《答问礼俗说》："正月初一为鸡，二日为狗，三日为猪，四日为羊，五日为牛，六日为马，七日为人。"

⑥ （清）王至彪：《寒食》，陈光熙编：《明清之际温州史料集》，上海社会科学院出版社2005年版，第435页。

当哭一高歌。[①]

中秋节只能在对往日的怀想中度过。中秋节作的诗：

此夜常年月色佳，故乡乐事最繁华。乘风野色秋横渚，泛月潮声晚到涯。席上村醪更酌满，盘中海错列名赊。良宵佳宴重能否？大叫狂呼气自遐。[②]

王氏《春圃》《登红岩望故里》和《寄怀杨子远》等都是作者作为“异乡异客”对故乡的追忆之作。[③]展界后回到故乡，王至彪看到的是一派残破不堪的景象，心中顿起人是物非的怅惘：

故里看来咫尺迷，荒墟不自辨东西。横塘桥畔朝烟冷，弹子峰头夜月凄。灌莽当逵鸱昼叫，磷光遍野鬼昏啼。芟除作棫知何日，匍匐攀藤藉杖藜。

——《开界后初归故里》

里闾一望景凄凄，旧址低徊痛欲啼。乔木尚存庐已圮，棘荆未斩径全迷。有灵祖地迁还复，无计身营散复栖。堂构何时看再肯，一门重聚快相携。

——《见庐舍废址》

讵今遣徙几十载，月榭风亭复谁在？梓泽丘墟已成尘，石蒲洲蕊空遗黛。洞口藤萝霜露凄，池中荷芰烟雾迷。晚来惟有猿鸟啼，主人戾止失东西。

——《白石述恨》[④]

繁华的故乡因迁界化为榛莽，断壁残垣中鬼火憧憧，但毕竟在有生之年得以

① （清）王至彪：《五日》，陈光熙编：《明清之际温州史料集》，上海社会科学院出版社2005年版，第437页。

② （清）王至彪：《中秋感述》，陈光熙编：《明清之际温州史料集》，上海社会科学院出版社2005年版，第438页。

③ （清）王至彪：《春圃》《登红岩望故里》《寄怀杨子远》，陈光熙编：《明清之际温州史料集》，上海社会科学院出版社2005年版，第435、436、439页。

④ （清）王至彪：《开界后初归故里》《见庐舍废址》《白石述恨》，陈光熙编：《明清之际温州史料集》，上海社会科学院出版社2005年版，第442—443页。

重返日思夜想的家园，这令王至彪悲喜交集：

> 年年涕泪望松楸，忽尔披刑见祖丘。九载星霜蝴蝶梦，三春雨露杜鹃愁。寻来翁仲藤梢长，迹得菟裘啸聚踪。今日重瞻欢且泣，从前怨恨总难休。
>
> ——《开界后喜瞻祖墓》[①]

展界并不是没有反复。康熙九年（1670）清展复界外地，唯独平阳蒲门不许。康熙十六年（1677），福建耿军投降清朝，清朝发兵攻占了原由台湾郑氏控制的漳州和泉州。清廷又诏令沿海各省的民众再次迁往内地，由兵丁戍守边界，禁止出入。直到康熙二十二年（1683）七月，清军攻破台湾，才真正实现展界，民众尽复旧地。[②]

上面铺陈的是迁界移民的悲苦，但移民并不都是待宰羔羊。移民人数多，界内可供移民居住的房屋少，那些贫穷无亲戚的移民，只好在庙宇中和人家的门外搭建炉灶，铺设床榻，男号女哭的声音，四境相闻。但这只是其中一个场景，另外还有些人却在迁界的混乱中抢夺富户的稻谷。[③]瑞安人朱鸿瞻也见到他家附近村落的移民聚众数百人，伐人荫木，夺人家畜，劫人食谷。[④]于是就产生了自古迄今都存在的"移民问题"。政府也担心解决了"外寇"，又产生"内寇"，颁布了对移民进行赈济的政令，给移民以多方面的实惠，"贷之粟矣，给之绵矣，散之钱矣，荒土使之辟，闲田授之业矣，内地之鱼予之捕，盐予之煮矣"。[⑤]这些虽然未能从根本上解决问题，但给离乡背井心怀委屈的移民多少有点安慰。

关于迁界，历来学者多关注其物质层面的损失，其实迁界对文化的毁灭也是触目惊心的。明代的永嘉场文化教育十分繁荣，迁界后直至清末从未有过真正的复苏。温州地区无数家谱散失，大量寺院荒废。瑞安的会真寺、净土院和慧日院

---

① （清）王至彪：《开界后喜瞻祖墓》，陈光熙编：《明清之际温州史料集》，上海社会科学院出版社2005年版，第442页。

② 孙延钊：《明季温州抗清事纂》，陈光熙编：《明清之际温州史料集》，上海社会科学院出版社2004年版，第17页。

③ （清）金以埈修：《平阳县志》卷12《杂志》，康熙三十三年（1694）刊本。

④ （清）朱鸿瞻：《竹园类辑》，陈光熙编：《明清之际温州史料集》，上海社会科学院出版社2005年版，第461页。

⑤ （清）朱鸿瞻：《竹园类辑》，陈光熙编：《明清之际温州史料集》，上海社会科学院出版社2005年版，第461页。

就是在迁界中被毁。[①]

迁海在多大的程度上达到了官方的目的？这是一个见仁见智的问题。萧一山《清代通史》谈道广东迁海后的景象：

> 然奸人大盗，利海滨无人，乃择形便地筑庐舍聚徒而居，公然屯积米粮硝磺，出洋济敌。或百十成群，阑入界内，劫掠居民，胜则呼啸扬帆去，弗胜则遵陆散走，乡民追贼者，至界则逡巡不敢进，贼得悠然远扬，兵吏熟视，莫敢追捕，设界以防盗，乃适旷民居以为盗窟；诚不可解矣！[②]

我们据此可知，界外并非真正的“无人区”，因为有利可图，胆壮的人还是跟外洋水上人群做生意，接济米粮，供应军需品硝磺。界外恰成了“不法”者的避难所。上述引文虽然说的是发生在广东的事，相信在温州也同样存在。

第三节　易代之际士人的应对

士人是古代社会中一个负有文化使命的特殊群体。明清易代之际，面对清军的强势入侵，地方士绅有殉难者，有清洁自守的遗民，更多的是主动或被动的新朝合作者，即顺民。

一、舍生取义的烈士

宋代的理学家建构纲常伦理的初心是“为生民立命”“为万世开太平”，他们把以三纲五常为核心的伦理原则提高到宇宙本体的高度。从而把先秦时候自然的人世间的五伦规范，发展到神圣不可侵犯的具有宗教意味的礼教。到了明代，程朱理学在朝廷的设计下成为科举考试的核心内容，从而获得了独尊的地位。政府通过乡约宣讲等形式，使这套伦理原则在民间传播，对中国社会产生了深刻而广

---

① （清）王殿金、黄徵义总修：《瑞安县志》，宋维远点校，中华书局2010年版，第530、532、533页。

② 萧一山编：《清代通史》，华东师范大学出版社2006年版，第328页。

泛的影响。三纲中之“君为臣纲”要求士大夫对皇帝以及以皇帝为象征的国家具有绝对的、无条件的忠诚。这种思想在一定程度上反映在明末清初士大夫的自杀殉国上。易代之际，除大量士大夫死于对抗农民军和清军的战场外，还有2159名职官自杀殉国。[①] 如果包括没有出仕的士绅，殉国的人数还要多。[②]

孙延钊之《忠烈汇传》录明清之际忠烈10人，他们分别是永嘉人王瑞枬、邹之琦、叶尚皋、林梦龙、林兆莼、张实孚，乐清人章一焯，瑞安人邹钦尧，还有林伯起和张瑞初2人，籍贯不详。除林梦龙、林兆莼父子2人死于战事，其他8人均以自杀亡。从功名看，孙延钊称林伯起和张瑞初为“义健”，似非士人，孙氏也没有提到林梦龙子林兆莼的学位。另外7人中王瑞枬为进士，林梦龙为举人。其余5人均为生员，章一焯为国子监生，叶尚皋为府学生，邹钦尧、邹之琦、张实孚为县学生。殉难的10人中，只有王瑞枬、章一焯和林梦龙曾担任明代官员。其最高职务分别为：王瑞枬，太仆少卿；章一焯，耒阳知县；林梦龙，兵部职方司主事。[③] 下文只对王瑞枬和叶尚皋作集中的介绍。

崇祯皇帝自杀后，王瑞枬还是希望自己有所作为，相继在福王弘光朝和唐、鲁藩王政权担任官职。唐王隆武政权灭亡后，他因对形势的失望回永嘉僻居山中，本打算过隐居生活以终老，因此自号“遁民”。

顺治四年（1647）正月，清朝有一个贝勒过温州，温州知府朱从义逼令温州籍前明高官接受贝勒的接见，这使得这些人面临生死荣辱的考验。落入彀中的有王瑞枬（太仆少卿）、周应期（礼部郎中）、李光春（左佥都御史）、李维樾（巡抚）、林增志（礼部尚书）、王维夔（湖广按察使）和邵建策（工部都水司主事），计7人。王瑞枬决意殉国，郑重告别人世，特意在正月十五元宵节他生日这一天，宴请亲朋。他整肃衣冠，向朝廷宫殿所在的北京方向拜别，继而辞别家庙中

① 据《钦定胜朝殉节诸臣录》卷1至卷9统计。参见何冠彪：《生与死：明季士大夫的抉择》，联经出版事业股份有限公司1997年版，第19页。乾隆四十年（1775）十一月，清高宗爱新觉罗·弘历“命议予明季殉节诸臣谥典”；（《清高宗实录》卷996，“乾隆四十年十一月癸未”条）四十一年（1776）正月，又“命议谥前明靖难殉节诸臣”，（同前，卷1000，“乾隆四十一年正月己卯”条）合而为《胜朝殉节诸臣录》一书。

② 如长洲补府学生王家就认为身为生员也有殉国的责任，他投水前说：“国家养士三百年，所养何事？吾已名列学宫，亦朝廷士也。先师杀身成仁、求生害仁之义，吾讲之熟矣！”（清）魏禧：《许秀才传》，《魏叔子文集》，《宁都三魏全集》，卷17。

③ 以上信息参见孙延钊：《明季温州抗清事纂·忠烈汇传》，陈光熙编：《明清之际温州史料集》，上海社会科学院出版社2005年版，第21—28页。

的列祖列宗，入席举杯劝酒，入室赋《绝命词》，从容悬梁。[①]

明末为什么会有大量的官员殉国？王瑞枬留下的《殉难遗书》是一份十分珍贵的文献。这篇遗书写于正月十二，即告别人世前三日。真所谓“愤怒出诗人”，这篇短文感情饱满，愤激与淡定相交织，在对往事的叙述中交代了鼎革之际的思想和心态。根据《殉难遗书》，王氏殉国有以下几个方面原因：第一，王瑞枬出身于名门，系宋代理学名家王儒志之后人，他回忆了儿童时代先辈授以“理学”，娓娓讲述“忠孝节义事”。他要以死来全节，以死来避免辱没先人。第二，朱聿键在福州即位后，他以为人心思汉，豪杰响应，再有上天保佑，或许尚有机会。不料清军一到，将吏束手，献城归附。他已经陷于绝望。第三，清朝剃发易服政策的强制推行，使他感到只有一死，才能“服大明衣冠，称大明臣子”，才不会有负父亲的教诲，才能见列祖列宗于地下。第四，知府逼令谒见贝勒，只有死才能避免入见，才能保全臣节。[②]

当时的主流意见认为殉国是官员的责任，不在职的生员可以不死。[③]王瑞枬在决意自杀之后，对儿子王家琦说：“时势至此，我，国之臣子，义不辱；若曹，士也，可缓死。”[④]以上所列的5名殉国生员中，只有章一焯是在明代“受国恩”的，其余4人都是“不必死而死”。其中叶尚皋在当时即名动天下。孙延钊根据明末清初资料为叶尚皋作传，几个主要情节如下：第一，剃发易服之后，叶尚皋穿戴明朝衣冠，守在清知府朱从义经过的路上，知府经过时，问道：我穿的衣服怎么样？并讥刺朱从义，你的祖先不也穿这种衣服吗？公开挑战清朝的剃发易服政策，挑战地方官员的权威。第二，儒家士大夫有一套具有高度象征性的系统，文庙在其中具有核心的地位。顺治四年（1647）二月上旬的丁日，是一个官方法定祭祀孔子的日子。叶氏抢在朱从义之前哭于孔子庙。朱从义到后叶氏念祭文，大骂朱从义。第三，叶氏被捕，在城隍庙受刑。第四，当他知道自己不久将被押

---

① 孙延钊：《明季温州抗清事纂》，陈光熙编：《明清之际温州史料集》，上海社会科学院出版社2005年版，第23页。

② 王瑞枬：《殉难遗书》，陈光熙编：《明清之际温州史料集》，上海社会科学院出版社2005年版，第47—48页。

③ 何冠彪：《生与死：明季士大夫的抉择》，联经出版事业股份有限公司1997年版，第100页。

④ 孙延钊：《明季温州抗清事纂》，陈光熙编：《明清之际温州史料集》，上海社会科学院出版社2005年版，第43页。

解到杭州审判后，决意自裁。在死前一刻留下了绝命诗“未斟蒲酒肠先断，不沐兰汤骨已香。自分此生全节义，岂甘卑膝事戎羌”。[①] 孙延钊的传记通过这几个情节生动地书写了叶尚皋对汉文化的维护和对大明的忠贞。他的《绝命词》表明自裁的意义是“全节义”。另外在他传世的31首诗中屡屡提到纲常伦理的意义，如“纲常既荡然，名节安足数”，[②]“赖有此纲常，上下相维系”。[③]

遍览叶尚皋诗文，发现文天祥的事迹对他产生了很大的影响。他对文天祥的崇拜见于他的诗歌，诗曰：“大宋文丞相，吾明卓侍郎。一心宁有二？千古更无双！……拜瞻孤屿下，凛凛不曾亡。”[④] 忠义是其唯一主题。诗歌也明确显示他曾经在孤屿“瞻拜”过文天祥祠。清军占领温州时，叶尚皋的祖父、父亲和母亲“三丧”未葬，女儿尚未出嫁，“恋恋不舍”，[⑤] 因此，他大概是温州诸生中最迟殉节的。叶氏作诗对谒见贝勒的6个温州籍官员进行了辛辣的嘲讽，而对捐躯的王瑞栴则十分推崇。[⑥] 他写诗祭祀王瑞栴，其中也提到了文天祥，诗曰：“无愧于心，无负于学。取义义积，成仁仁熟。方之古人，惟文与卓。”[⑦]

叶尚皋不仅以自己的生命接续文天祥担当名教的事业，而且也留下了接续文氏《正气歌》的文字，即《续〈正气歌〉步文丞相原韵》。诗曰：“国亡吾与亡，誓不从胡羯。性命轻鸿毛，纲常肯隳裂！乾坤谁撑拄？赖有此气存。……缅唯古先哲，《正气》著昔畴。慷慨赓是歌，依依见颜色。”[⑧] 诗歌赋予纲常以具有绝对性的超越性价值，并自觉地赓续文天祥的事业。

---

① 孙延钊：《叶义士尚皋》，陈光熙编：《明清之际温州史料集》，上海社会科学院出版社2005年版，第25页。

② （清）叶尚皋：《清夜思》，陈光熙编：《明清之际温州史料集》，上海社会科学院出版社2005年版，第85页。

③ （清）叶尚皋：《松梅竹赞》，陈光熙编：《明清之际温州史料集》，上海社会科学院出版社2005年版，第274页。

④ （清）叶尚皋：《孤屿吊文信国、卓忠贞二公》，陈光熙编：《明清之际温州史料集》，上海社会科学院出版社2005年版，第82页。

⑤ （清）叶尚皋：《狱中自述》，陈光熙编：《明清之际温州史料集》，上海社会科学院出版社2005年版，第58页。

⑥ （清）叶尚皋：《嘲乡绅谒贝勒》，陈光熙编：《明清之际温州史料集》，上海社会科学院出版社2005年版，第272页。

⑦ （清）叶尚皋：《祭王圣沐先生文》，陈光熙编：《明清之际温州史料集》，上海社会科学院出版社2005年版，第58页。

⑧ （清）叶尚皋：《续〈正气歌〉步文丞相原韵》，陈光熙编：《明清之际温州史料集》，上海社会科学院出版社2005年版，第85—86页。

值得一提的是，叶尚皋并非满脑子中除了纲常伦理无他物的“怪物”。与文天祥一样，他也有与平常人一样的人情和感情。清统治温州之初，因女儿未嫁，他不忍殉节。由哭庙身陷牢狱的最后三个月中，他与女儿、弟弟和朋友们一一作书话别，这些文字充满了对家人、好友深深的眷恋。在给新婚爱女的诗中，他解释了自己为什么要殉节（“取义成仁”），劝解女儿不要悲伤：“六歌歌子重歌女，遥怜骨肉填愁绪。……取义成仁只在斯。……寄语娇儿勿过伤，此生血脉惟留汝。”[①]在给弟弟的书信中，首先申明殉节志向，然后逐一交代后事，首先为“吾祖暨父母三丧停暴多年”而深自愧责，交托弟弟与他的朋友一起共襄其事。自己没有儿子，请弟弟从他的两个儿子过继一个给他。自己死后，要如何装殓。自己的妻子将来住在外甥家，要拜外甥的祖母为母。要他弟弟把他的女儿当作亲生女儿，把他的女婿当作他自己的女婿。[②]信中洋溢着醇厚的人情和亲情。

时人朱鸿瞻（1620—1690）作的传记说尚皋“家有妻女，皆弃不顾”，有失准确；朱传过分强调尚皋“佯狂”，冲淡了叶氏精神世界的悲凉和沉痛，[③]以致近人冒广生发出了如下的感叹：“顾而立（叶尚皋，字而立）行事，府、县志既皆不详，其乡人朱鸿瞻为作《传》文，又目之为佯狂之士，不其悲欤！”[④]对叶尚皋的品评不应把关注点锁定为其行状的“佯狂”，而应看到“佯狂”背后对人性、人类、人生和人世的深切关怀。叶氏自述：

> 与其自经于沟渎，何如托之佯狂，以嬉笑为怒骂，使乱臣失色，贼子寒心，则吾死且无遗恨也。故或赋诗以见志，或托物以寄情，或击柝于中宵，或持铎于长夜，无非提醒斯世，使人类不等于禽兽耳！[⑤]

他用激烈的方式提醒世人，不要沦为“禽兽”。《孟子·滕文公下》言，“无

① （清）叶尚皋：《狱中寄女》，陈光熙编：《明清之际温州史料集》，上海社会科学院出版社2005年版，第86页。

② （清）叶尚皋：《狱中遗弟书》，陈光熙编：《明清之际温州史料集》，上海社会科学院出版社2005年版，第60—61页。

③ （清）朱鸿瞻：《瓯江叶、邹合传》，陈光熙编：《明清之际温州史料集》，上海社会科学院出版社2005年版，第478—479页。

④ （清）冒广生：《叶义士遗稿·跋》，陈光熙编：《明清之际温州史料集》，上海社会科学院出版社2005年版，第276页。

⑤ （清）叶尚皋：《狱中自述》，陈光熙编：《明清之际温州史料集》，上海社会科学院出版社2005年版，第59页。

君无父，是禽兽也”，意在对人伦秩序的强调，叶氏“佯狂”出于对忠义的坚持，对纲常的担当。

应该说，殉节士大夫在所有的在职官员和生员中，其比例是微乎其微的。人数虽少，但也足以构成一个地方的精神传统。自明中叶起，温州士人开始建构一个以文天祥—卓敬为主轴的忠义精神谱系。明清之际叶尚皋、王至彪等又非常自觉地承续这个谱系。王至彪在悼念殉节的章一焯诗序中，有这样的句子，“气芳信国之歌，血洒苌弘之碧”。[①] 光绪二十七年（1901），温州士人杨青读叶尚皋的诗文后，深受感动，希望后人能够在江心屿的文天祥祠和卓公祠里置叶尚皋牌位。[②] 叶尚皋把文天祥、卓敬视为地方忠义传统的一环，杨青又因叶氏的言说和实践把他编织进温州忠义传统。

纲常伦理曾在轰轰烈烈的五四新文化运动中被批倒批臭，被指斥为“吃人”的礼教，殉节被认为是一种“愚忠”。温州籍学者、著名的理学研究专家陈来指出，五四以来知识分子具有高昂的批判热情，但缺乏历史、哲学素养。[③] 那个时代的伦理规范是与当时的社会历史状况相适应的，我们不能站在今天的道德立场判断和裁定古人。诚然，到明末三纲五常似已有狭隘化、僵化之嫌，但这些士人认为人生中有比生命更为宝贵的价值，在生命与自己尊奉的道德理想产生冲突时，愿意为此献出自己的生命，这种“舍生取义”的精神是值得后人敬仰的。如果叶尚皋身上有什么值得反思的地方，那就是他对参与谒见贝勒的6个人的苛责，他把自己奉行的“舍生取义”的最高道德标准当成了道德的最低要求，给其他士人造成了巨大的道德压力。

二、清洁自守的遗民

周武王伐纣，灭商。商民伯夷、叔齐，耻食周粟，到首阳山上，采薇而食，最终饿死，从此开启了中国的隐逸传统，至宋元蔚为大观。宋遗民、元遗民人数众多，且累积了大量关于这两朝遗民的言说，谢翱、郑思肖、龚开、谢枋得和汪

---

① （清）王至彪：《张陟瞻年兄从容殉节，诗以悼之》，陈光熙编：《明清之际温州史料集》，上海社会科学院出版社2005年版，第76页。信国即指文天祥，南宋祥兴元年（1278），朝廷封文天祥为信国公。

② （清）杨青：《叶义士遗稿·跋》，陈光熙编：《明清之际温州史料集》，上海社会科学院出版社2005年版，第277页。

③ 陈来：《宋明理学》，华东师范大学出版社2004年版，引言第1页。

元量等成为士人皆知的文化符号，遗民成为易代之际固有的角色。源远流长的隐逸传统也给经历明清易代的士人提供了除出仕以外的另一选择。明清鼎革不是一般的改朝换代，清朝执行了远比元朝严厉的措施，在军事征服后，又加之以剃发易服等文化压迫，因此，明遗民是比宋元遗民更为突出的历史现象。

据孙延钊《明季温州抗清事纂》统计，清初温州有“遗老”11人，“逸民”17人。[①] 在孔孟的经典著作中，“遗”和“逸”并没有被明确区分。作为一种生活方式，“遗老”与“逸民”也没有本质的区别。在明清易代之际汗牛充栋般关于遗民的论说中，也不乏遗老与逸民的辨析，如昆山人归庄就说过：“凡怀道抱德不用于世者，皆谓之逸民；而遗民则惟在废兴之际，以为此前朝之所遗也。”[②] 孙氏所辑录之逸民也都是在朝代的“废兴之际”，因此也可以被视作“遗民”。在这里我们把两者合在一起处理，把孙延钊考出的清初“遗老”和“逸民”统以“遗民”名之，计28人。

遗民之所以为遗民，首先其抱持一种与现实隔绝或疏远的政治态度。遗民通过处理自身与故国、新朝和官府的关系来呈现“遗民”之“遗”，因此许多遗民很在意自己的居住空间。明礼部郎中周应期（1563—1664）自甲申之变后，“归卧一楼，不出户者十九年”，拒绝地方官员的求见。泰顺生员董应科，明亡后，“坐卧一小楼，服旧衣冠，不与世事者二十余年”。[③] 泰顺生员包世昌，“鼎革后，独居小楼，足不履地十余年，服旧衣冠，终日危坐”。这里的“楼”和“小楼”是一个极具象征意义的空间，不下楼通常是表示不愿碰触新朝的土地。

如果“不下楼”是遗民以一种极端的方式从正面宣示自己的政治立场，那么“不入城”则是遗民们借着否定来自我肯定。因为“城”代表新朝政治力量的正统性，明亡后大部分人不入城是出于不承认新政权。易代之后，永嘉以贡生身份任永安知州的王钦准（1595—1659），“弃官归隐，不接客，不赴宴，不入城市”。[④] 他杜绝了现实的所有社会关系。泰顺生员周显殷，明亡后，“弃诸生不复

---

① 孙延钊：《明季温州抗清事纂·遗老汇传》，陈光熙编：《明清之际温州史料集》，上海社会科学院出版社2005年版，第28—43页。

② （明）归庄：《历代遗民录序》，《归庄集》，中华书局1962年版，第170页。

③ 董正扬《天关山》诗曰：“是时吾祖亦嘉遁，楼居廿载甘久淹”，载林鹗、林用霖编纂：《泰顺分疆录》，陶汉心点注，香港出版社2010年版，第25页。

④ 孙延钊：《明季温州抗清事纂》，陈光熙编：《明清之际温州史料集》，上海社会科学院出版社2005年版，第36页。

应试，养晦家居，足不入市者数十年”。[①]生员周道麟，屏居白岩山中，负薪行吟，绝迹城市。他获得一首友人赠诗：“发鬓蓬松山里居，岁寒卧拥半床书。晓猿夜鹤长为伴，岩外尘飞不染裾”。[②]“岩外尘飞不染裾”生动地表达了一部分遗民隔断一切现实社会关系和政治关系的决绝态度。城市是官府所在地，不入城可以“不谒仕宦”，避免与新朝发生关系。成为“烈士”之前的王瑞栴，一度“窜入穷山，混迹渔樵”，后来贝勒要明代文武官员到省城备用，当局“逼吾入城”，[③]才使王瑞栴陷于欲做遗民而不得的境地。这就很清楚，遗民不入城也是出于避免被新朝重用或利用的考虑。王汎森指出：明代遗民的不入城有多方面的意义，它是一种自我誓约，一种决裂的态度，尽可能地切断与世俗的联系。既然无法改变改朝换代这一事实，便以切断社会政治联系这一消极的方式来表达自己。[④]但遗民并非都如王汎森所说的那么积极主动地表达，对于有些遗民来说，其对于被新朝利用的焦虑犹如贞节妇女对于被“玷污”的恐惧，僻居深山是他们心理脆弱的反映。

在清初，一个比小楼更为人所瞩目的遗民厕身空间也许是“佛堂”，这是几个温州籍前明文武官员的归宿地。顺治三年（1646），礼部尚书林增志在福建沙县吕峰山剃度，回温州后驻锡密印寺。太仆少卿李维樾亦于顺治十一年（1654）在密印寺受戒。[⑤]平阳籍惠州参将林文梓明亡后祝发为僧。[⑥]周天锡在《慕庵集序》中描述了生员李象震的生活：“视世事若空花，等功名于幻泡；长斋礼佛，扫室翻经，人谓青侯之逃于禅，余谓青侯之进于道也。”[⑦]尽管周天锡并不完全同意当时人对李象震“逃于禅”的看法，孙延钊还是把其礼佛的行为定性为“盖亦国变后逃于禅者也”，孙氏的判断是有道理的。上述诸人明亡之际遁入空门实与晚明

---

① 孙延钊：《明季温州抗清事纂》，陈光熙编：《明清之际温州史料集》，上海社会科学院出版社2005年版，第42页。

② 孙延钊：《明季温州抗清事纂》，陈光熙编：《明清之际温州史料集》，上海社会科学院出版社2005年版，第40页。

③ 孙延钊：《明季温州抗清事纂》，陈光熙编：《明清之际温州史料集》，上海社会科学院出版社2005年版，第48页。

④ 王汎森：《清初士人的悔罪心态与消极行为：不入城、不赴讲会、不结社》，载王汎森：《晚明清初思想十论》，复旦大学出版社2004年版，第230页。

⑤ 孙延钊：《明季温州抗清事纂》，陈光熙编：《明清之际温州史料集》，上海社会科学院出版社2005年版，第31页。

⑥ 孙延钊：《明季温州抗清事纂》，陈光熙编：《明清之际温州史料集》，上海社会科学院出版社2005年版，第36页。

⑦ （明）周天锡：《花萼楼集》，周干、陈仲光点校，黄山书社2012年版，第10页。

的学风和士风相关，陈垣曾说："禅悦，明季士大夫之风气也，不独滇黔。"又说"万历而后，禅风浸盛，士夫无不谈禅，僧亦无不欲与士大夫结纳"。[①]明末佛教天台宗和禅宗在温州大盛，这是温州士人得以选择寺院这个空间为栖身之所的大环境。孙延钊称林增志剃度之后，"洁其身于名山古刹，隐寄其麦秀之感，梵贝以当哭"。[②]这种说法似过于强调林氏行为的政治意义，观林氏之《林任先自订年谱》，其间充满种种不可思议的宗教体验，其人仿佛专为佛学而生，削发为僧正体现了林氏本色，并非不得已而为之。

遗民之"遗"作为士的一种有别于普通"愚夫愚妇"的存在方式，一种士之为士的自我证明，除了居住空间的限定，还体现在对发式和服饰的坚守上。有别于元朝，清朝强制推行剃发易服，作为"征服"的标记，而遗民对发式和服饰的坚守，除了其有强烈的政治性外，更有"身体发肤，受之父母，不敢毁伤"的文化意涵。泰顺的董应科和包世昌明亡后"服旧衣冠"。[③]周道麟屏居白岩山中，"发鬓蓬松"。平阳士绅吴英芳，明亡后遁入雁山，蓬头不剃，家人屡劝不归。[④]他们深以剃发易服为奇耻大辱，冒死留发，服"先朝之服"即是对自己"遗民"身份的确认。

王至彪明亡后遁迹不仕，被孙延钊列名遗老，他以对遗民的书写来排遣自己的故国之思和文化情感，歌颂章一焯"誓留肤发，以报所生"，"抱石投波，整衣冠而正首"，羡慕章氏得以"含笑归地下，冠带见先人"。[⑤]王至彪的侄子王钦豫易代后放弃廪生资格，过着隐居生活以终。王至彪对侄子"弃廪"之举十分赞赏，在他写的挽诗中有"怀忠周粟弃，遁迹邵瓜栽"之句。[⑥]他还写了大量眷怀故国的诗句，感人至深，如"新亭举目河山异，故国伤心风景殊"；"忽忆河山

---

① 陈垣：《明季滇黔佛教考》，中华书局1962年版，第127、129页。

② 孙延钊：《明季温州抗清事纂》，陈光熙编：《明清之际温州史料集》，上海社会科学院出版社2005年版，第33页。

③ 孙延钊：《明季温州抗清事纂》，陈光熙编：《明清之际温州史料集》，上海社会科学院出版社2005年版，第40页。

④ 孙延钊：《明季温州抗清事纂》，陈光熙编：《明清之际温州史料集》，上海社会科学院出版社2005年版，第41页。

⑤（清）王至彪：《张陟瞻年兄从容殉节，诗以悼之》，陈光熙编：《明清之际温州史料集》，上海社会科学院出版社2005年版，第76页。

⑥（清）王至彪：《挽予谦侄》，陈光熙编：《明清之际温州史料集》，上海社会科学院出版社2005年版，第411页。

异，凄凄涕泪重”。[①] 在王至彪身上我们看到，遗民之“遗”不仅是一种生活方式，也是一种情感状态和价值立场。

疏远与现实的关系，在生活中保持对明朝的认同，是遗民的“最大公约数”。其实在遗民之间，其生命状态有极大的差异。可以对他们的生存态度和生存方式进行区分。有些遗民寄身寺庙，专事礼佛，如林增志、李维樾；有些遗民隐居田园，不问世事，如乐清陈一球；[②] 有的以护卫孔孟“正学”为己任，如瑞安陈昌言（1590—1647），仿效孟子通过批判墨家和杨朱之学而光大儒学，他写《著孔篇》以“息邪”，首当其冲的就是佛学。弘光以后，陈昌言“幽居愤闷”，[③] 其生命状态与逸民之闲雅有天壤之别。另一个具有强烈道德激情的遗民是永嘉廪生王钦豫（1596—1658），易代后，退隐不出。乡里某先生不避崇祯正讳对他刺激很大，发愤著《翼正初编》，篇名体现了他写此书的意图是羽翼孔孟正学。书中两大内容是，辟佛以护卫儒学，严夷夏之辨。篇中有言：“然昼之不得指为夜也，夷之不得指为夏也，则万万无能易者。”[④]

明末清初上述温州烈士与遗民的事迹是否真实可靠？老实说，随便是肯定性回答还是否定性回答，我们已经缺乏足够的异源性史料来加以考辨。但这些事迹的传奇性是一个极为显著的特征。王瑞枏于庆寿辰大宴宾客之际悬梁自尽，叶尚皋佯狂于官厅和闹市，邹钦尧自沉瓯江即将没顶之际向同伴“拱手”告别，周应期、董应科 20 年不出户，包世昌 10 年不下楼，吴英芳隐居雁山仙姑洞，虎踞洞口神色自若，如此这般，很难去考证真伪，我们也不必以“孤证不立”的行规去否定这些事迹的真实性。我们只需知道这些人物形象系由传主与叙述者共同塑造即可。遗民迥异于草民的行事方式具有自我形象塑造的用意，叙述者进而对事迹进行传奇化改造，使遗民事迹能够行之久远，他们共同创造了遗民文化传统。这是我们唯一能够肯定的“真实”。

---

① （清）王至彪：《秋日飞霞亭书感因忆与昭会弟同游》《宿华阴里》，陈光熙编：《明清之际温州史料集》，上海社会科学院出版社 2005 年版，第 406 页。

② 孙延钊：《明季温州抗清事纂》，陈光熙编：《明清之际温州史料集》，上海社会科学院出版社 2005 年版，第 35 页。

③ 孙延钊：《明季温州抗清事纂》，陈光熙编：《明清之际温州史料集》，上海社会科学院出版社 2005 年版，第 38 页。

④ 孙延钊：《明季温州抗清事纂》，陈光熙编：《明清之际温州史料集》，上海社会科学院出版社 2005 年版，第 38—39 页。

三、新朝之合作者

任何一个“易代之际”，烈士和遗民都只是士人中的少数，多数人都会快快乐乐地追求新朝的功名。“烈士”和“遗民”的行为选择因符合传统意识形态之“忠节”观念，得到了高度的推崇和嘉许。即便是抗清殉节的明代官员，也受到统治地位日趋巩固的清廷的褒扬。而地方的合作者往往被视为“政治变节”的反面人物为人所不齿。他们自身也往往处低调姿态，其文字资料也隐而不彰以免使后代蒙羞。

关于顺治四年（1647）正月的温州诸官员被逼谒见贝勒事件，叶尚皋写了《嘲乡绅谒贝勒》一诗。诗曰：“维夔只载间夔夔，增志真真志气痴。维樾贪生逾越国，应期待聘应何期？光春犹变春光好，建策还思策建奇。惟有瑞楠占瑞气，无君三月竟捐躯。”[①] 七律一共八句，作者把前明7个官员的名字镶嵌在诗句里。除王瑞楠自杀殉节外，其余6人都接受邀请，谒见贝勒。这6人中只有林增志和李光春留下史料较多。林氏传世之《林任先自订年谱》主要讲述自己的宗教体验，一般性的社会历史内容非常稀薄。李光春次子李象坤留下的《匊庵集选》比较全面地反映了李氏父子在新朝的生活和思想。李氏父子既不是“志士”，也不是“遗民”，而是新朝合作者的典型。《匊庵集选》共收录文185篇，诗152首。其中不少诗文标题末有“代”或“家大人命代”字样。根据这种情况，参之以其他资料，《匊庵集选》代表了李氏父子共同的观点和立场。

孙延钊之《明季温州抗清事纂》把李光春列入“遗老汇传”，袭用光绪《乐清县志》的说法，称其“优游林下三十年”。[②] 此说颇有可议之处。从《匊庵集选》所见，光春与新朝温州地方官员和清军将领有相当密切的来往，对清兵平定抗清武装持热烈歌颂态度，与前明“遗老”应有的政治形象严重不符。他固然如冒广生所言易代后没有在新朝任官，[③] 但除此之外“遗老”还应有自己的政治立场和文化立场，应该疏远与现实的关系，在生活中保持对明朝的认同。为说明李氏父子

---

① 叶尚皋：《嘲乡绅谒贝勒》，近人冒广生给此诗写下这样的识语：“此指王维夔、林增志、李维樾、周应期、李光春、邵建策也。然五君（应为“六君”——引者）国变后均未为官。”诗和识语均见陈光熙编：《明清之际史料集》，上海社会科学院出版社2005年版，第272页。

② 孙延钊：《明季温州抗清事纂》，陈光熙编：《明清之际温州史料集》，上海社会科学院出版社2005年版，第31页。光绪《乐清县志》，卷8《人物志》上。

③ 陈光熙编：《明清之际史料集》，上海社会科学院出版社2005年版，第272页。

的实际政治姿态，现根据《匊庵集选》的诗文，将他们与清朝军政文教官员的交往情况列表如下（见表1–2）。

表1–2 李氏父子与清朝官员关系[①]

姓名	籍贯	职务	莅任时间	李氏父子应酬篇什
姜二滨	浙江会稽	温州府学教授	顺治五年	诗《春日访姜二滨老师》386、诗《秋日联句》446
吴一元	山东范县	温处兵备道	顺治六年	《兵宪吴公擢四川按察使兼寿序》代父42
王家梁	朝鲜义州	温州知府	顺治六年	《王郡伯建祠序》代父45
胡来觐	辽东	温州城守营副将	顺治六年	《胡协镇建祠序》代父47
于起泮	山东	温州府同知	顺治十四年	《〈余生纪略〉序》32、《为贰守于公治归装小序》54
刘矩宗	陕西下邽	温州府推官	顺治十四年	《刘仲旋年翁理瓯治绩序》代父49、《请刘刑尊启》代父150、《文林郎浙江温州府推官刘君墓志铭》代父192、诗《送刘彦征年世兄还陕》394
孟泰	辽东辽阳	分巡温处道道员	顺治十六年	《孟宪副政绩序》52
韩则愈	河南鄢陵	永嘉知县	顺治十六年	《韩令君初度序》代父257、《〈从政录〉序》28、诗《清尘阁诗》349、诗《赠韩秋岩老师北归》五律二首370、诗《书韩秋岩令君步障》400
牟云龙	朝鲜义州	浙江监察御史	顺治十六年	《请牟按台启》151
宋国琛	山东东平	瑞安县令	顺治十七年	《〈江城政绩〉序》30、《寄瑞安宋伯献明府》328
苗吐华	山西	温州参将	顺治末	诗《赠苗吐华将军》398
郭畴生	浙江崇德	温州府学训导	顺治年间	诗《中秋赏雨诗奉郭畴生老师教》342
嵇宗孟	江苏安东	温州府推官	顺治康熙间	《郡司李嵇公建翠微山义冢碑记》136、诗《赠嵇淑子老师迁平凉司马》357
张承恩	直隶昌平	温州副将	康熙元年	《〈追昉传芳图〉序》38、《寿张总镇序》266、《光禄大夫都督同知张公行状》175、诗《东沙行为张镇帅太母王夫人赋》354
赵廷臣	辽东铁岭	浙江总督	康熙元年	《迎制台启》代万翱156、《贺制台启》157

① 表格中的阿拉伯数字系黄山书社出版的《匊庵集选》之页码。表格中的作品，除特意注明为“诗”外，其余均为“文”。

续表

姓 名	籍 贯	职 务	莅任时间	李氏父子应酬篇什
吴应龙	福建	镇标中营游击	康熙元年	《寿吴游击序》271，代温处分巡道万翱作
李荣	辽东	黄岩镇总兵	康熙元年	《寿水师李总镇序》268、《寿李总镇序》273
刘肃之	河南安阳	温州知府	康熙元年	《锌赏格》253、《刘郡伯寿序》代父 263
冯起龙	不详	温州府同知	康熙元年	诗《赠冯翊明贰守》397
王世显	湖北汉阳	永嘉知县	康熙元年	《请王县尊启》155、《竹林院为王令君祝寿疏》168、诗《十洲歌为王翁寿》355、诗《赠王仙渚令君》377
秦镳	江苏无锡	温州府推官	康熙元年	诗《秦驭父司李慈庆》326、诗《赠秦驭父司李》代父 376
雷孚言	江苏泰州	乐清城守营副将	康熙元年	诗《寿乐邑雷副戎》400
李国栋	辽东广宁	分巡温处道道员	康熙二年	《李兵宪寿序》代其门生程某作 261
杨士烜	河北通州	温州知府	康熙三年	《瑞景楼记》代人 126、《重修郡学序》代杨士烜 64
窦三聘	河南伊阳	乐清知县	康熙四年	《代燧儿请窦县尊公宴启》164、《寿窦令君序》275
沈逵	湖北孝感	温州府推官	康熙年间	诗《沈文波赠翁挽章》369、诗《送沈屺庵司李还楚》396
杨副帅	不详	不详	不详	诗《代赠杨副帅》395、诗《赠杨副帅北还》396、诗《赠杨副帅北还》447
李殿之	不详	将军	不详	诗《饮李殿之将军宅》395

表格中诗文写作时间跨度（顺治五年至康熙四年）达 17 年。诗文涉及的与李氏父子交往的地方军政、文教官员为 28 位。54 个作品中的 15 个系代别人作，其中代父亲李光春而作的共有 8 个，这体现了父亲对儿子的信任和赞赏。李象坤出席过温州知府在孤屿江心寺举办的宴会，① 他还可出入温州府官署的核心区域芙蓉亭。② 李家与温州官方非同寻常的关系，可见之于碑刻资料。李光春顺治七年

① 见之于《李象坤年谱》，（清）李象坤：《匊庵集选》，蔡听涛点校，黄山书社 2012 年版，第 502 页。

② 《七律》题："重阳前一日，访蓼庵老师，云过芙蓉亭看菊，因乘兴往……"（清）李象坤：《匊庵集选》，蔡听涛点校，黄山书社 2012 年版，第 401 页。芙蓉亭在温州府治内天池中，三面皆荷花，知府暑月在此办公。

所作的《重建拱辰门城桥碑记》颂扬乐清城守营都司李学诗（顺治四年任）和县令张伟烈（顺治六年任）。[①] 他同年作的《张副将生祠碑记》歌颂金乡镇副将张大湖（顺天人）镇压抗清力量的功绩，称张副将让老百姓过上安定生活，以至老百姓无不感恩戴德。[②] 无论作者是有意所为还是出于无心，54 个文本和另外的 3 篇碑文，都已确立了李氏父子作为清朝归附者和合作者的政治形象。

表格中 55 个对清朝官员歌功颂德的文本，写作时间最早的是顺治五年（1648），即清军入温州的第三年。清军入温州的第一年（顺治三年），永嘉诸生张实孚死节，瑞安县学生员邹钦尧和永嘉县学生员邹之琦投水。第二年（顺治四年），永嘉籍前明高官王瑞栴悬梁，永嘉的府学生员叶尚皋服毒。这一年瑞安籍明官员陈世亨举兵抗清，永嘉生员何兆龙、举人林梦龙聚众响应，众至十万。福建人陈仓率军围攻金乡卫城。郑成功起兵海上，志图恢复，自称“招讨大将军”。明官员刘中藻起兵福安控制闽北六县，其一部挺进浙南。抗清斗争风起云涌，方兴未艾，士绅时有殉节，抗清志士喋血疆场，在这种形势下李氏父子的站队新朝可以说相当醒目。与此形成强烈反衬，大量士绅是在三藩之乱被镇压，复明无望的情况下才默认新朝统治的，例如黄宗羲。黄氏晚年与官员有很多交往，在文稿中对清朝多有赞颂之词，以表达对新朝的政治认同，这一方面固然由于复明无望，另一方面也是对清朝逐渐凸显的文治武功以及文化政策的认可所致。[③]

温州的殉难者和抗清志士的事迹在那个时代就得以广泛流传。表 1–3 中之四种典籍均为明末清初时人所作，它们载有叶尚皋、王瑞栴、陈世亨和邹钦尧

① （清）李光春：《重建拱辰门城桥碑记》，吴明哲编：《温州历代碑刻二集》，上海社会科学院出版社 2006 年版，第 435—436 页。

② （清）李光春：《张副将生祠碑记》，吴明哲编：《温州历代碑刻二集》，上海社会科学院出版社 2006 年版，第 1016—1017 页。碑文后收录了民国《平阳县志》卷 57 中一段为李光春辩诬的文字，其辩白理由完全不能成立。详见李世众：《穿梭于红尘佛国：清初地方合作者的道德困境及其解脱》，《学术月刊》2018 年第 3 期。见之于《李象坤年谱》，（清）李象坤：《匊庵集选》，蔡听涛点校，黄山书社 2012 年版，第 502 页。

③ 黄宗羲晚年交往的官员较著名的有徐乾学、徐元文、徐秉义、张玉书、汤斌、叶方蔼、许三礼、朱彝尊和钱谦益等。黄氏曾在《乡贤呈词》中说：“幸遇圣朝，干戈载戢，文教放兴。”（清）黄宗羲：《黄宗羲全集》第 11 册，沈善洪主编，浙江古籍出版社 2005 年版，第 30 页。

的事迹。[①]

表 1–3　温州殉难者事迹传播

明末清初典籍	作者	记载温州的抗清者和殉节者		
《鲁春秋》	查继佐	叶尚皋	—	—
《海外恸哭记》	黄宗羲	叶尚皋	王瑞栴	陈世亨
《静志居诗话》	朱彝尊	叶尚皋	—	—
《海东逸史》	翁洲老民	叶尚皋	邹钦尧	陈世亨

从查继佐（1601—1676）、黄宗羲（1610—1695）和朱彝尊（1629—1709）的生卒年月看，他们都是明末清初的人，翁洲老民的确切身份虽不能考出，但系明末清初之人则无可疑。他们与他们记载的人物处于同一时代，也与本文分析的主人公处于同一时代。李象坤只比黄宗羲小 2 岁。

从以上铺陈内容可得出两点：第一，李象坤父子的政治立场与同时代温州地方的殉节者和抗清者形成了鲜明对照。处不同政治立场的人还有过正面的交锋，如叶尚皋作《嘲乡绅谒贝勒》对李光春等进行讽刺。第二，温州虽地处偏僻，但抗清和殉节的忠烈行为当时就已经传到江南和浙北地区。因此可以推断李氏父子因自己的所作所为承受了巨大的民间舆论压力。

如果李氏父子完全放弃了忠义价值的追求，那么被别人攻击“寡廉鲜耻”也无所谓，但李氏父子并没有超越儒家的价值尺度。李象坤的文字至少有 5 处使用了“洛顽”一词，比如“伏莽之奸窃洛顽美名”[②]“乱民窃洛顽之呼”[③]“奸民窃

① （清）查继佐《鲁春秋》载叶尚皋，见周宪文等编《台湾文献史料丛刊》第 6 辑，大通书局 1987 年版，第 31 页。（清）黄宗羲《海外恸哭记》载王瑞栴、叶尚皋和陈世亨，见周宪文等编《台湾文献史料丛刊》第 6 辑，大通书局 1987 年版，第 6、10—11、12 页。（清）朱彝尊《静志居诗话》载叶尚皋，见该书人民文学出版社 1990 年版，第 666 页。翁洲老民《海东逸史》载陈世亨、邹钦尧和叶尚皋，见周宪文等编《台湾文献史料丛刊》第 6 辑，大通书局 1987 年版，第 97、108、110 页。同样属南明史料的凌雪之《南天痕》也记载了叶尚皋、王瑞栴、邹钦尧等人，尽管台湾文献史料丛刊本的《跋二》称“或谓是残明遗老所作”，但此书自述引用书目达 974 种，极可能是较晚出的书，故不引述。另李聿求《鲁之春秋》的情况也相似，皆不录。

② （清）李象坤：《兵宪吴公擢四川按察使兼寿序》代，（清）李象坤：《匊庵集选》，蔡昕涛点校，黄山书社 2012 年版，第 42 页。

③ （清）李象坤：《王郡伯建祠序》代，（清）李象坤：《匊庵集选》，蔡昕涛点校，黄山书社 2012 年版，第 45 页。

洛顽之号”。[①]“洛顽”应与“殷顽”同义，指入周以后，仍忠于商的意思。通观上述出现“洛顽”字眼的前后文，李象坤指责对象即是那些针对清朝的武装反抗者。李象坤承认，表达对前朝忠义的“洛顽”是一个“美名”，是一个“乱民”或“奸民”值得“窃取”的名号。既认同对前朝的忠义是一个正面的价值，而自己在生活中又与新朝军政官员打得火热，其中或许有我们所不知道的隐情，但内心的纠结是难免的；同时，殉国死节的同乡被江南、浙北地区的文豪大儒著文称颂，这无异于是对李氏父子的无声鞭挞。他们内外两重的紧张需要纾解。

李氏父子一边周旋于名利场，与新朝官员觥筹交错，诗酒流连，享受人世的繁华；另一边又混迹寺院庵堂，跟随僧人悟道参禅，广结方外缘。《匊庵集选》中收录的以讨论佛教为主旨的文 64 篇，诗 18 首。从这些诗文中我们可以看到李氏父子与僧人和寺院庵堂的来往片段。与李氏父子交往的、可考出法号的僧人共 44 人（外地 5 人），与李氏父子有关系的寺院庵堂 33 个（外地 5 个）。[②]除此之外，《匊庵集选》的一些游记也有不少涉及佛教的内容。在李象坤的作品中，寺院和佛学是一个理想的避难所。在他的笔下，佛学是这样的奇妙之物，“入门则火宅变作清凉”。[③]他一再表达了“悬崖撒手”的愿望，[④]渴望斩断世俗尘缘，“封以白云一片，即可绝不闻汉魏事。……何日撰杖寰中，稍摆脱尘寰事？”[⑤]既然愧疚、紧张、烦恼都是世俗生活带来的，悬崖撒手是一个彻底解决的办法。但是，佛教也不是一个完美的避难所，当时存在着一种对士人佛教信仰极不宽容的舆论，与李象坤同时代的瑞安人朱鸿瞻在为老师陈昌言所写的传记中说：

> 事佛，于愚夫妇犹之可也，士大夫诵法孔子，吾甚患焉。则效必众，而职业不修，天下事不坏于若辈，吾不信也……不数年，遂有甲

① （清）李象坤：《胡协镇建祠序》代，（清）李象坤：《匊庵集选》，蔡听涛点校，黄山书社 2012 年版，第 47 页。

② 参见李世众：《穿梭于红尘佛国：清初地方合作者的道德困境及其解脱》，《学术月刊》2018 年第 3 期。

③ （清）李象坤：《为潦上迎监院启》，（清）李象坤：《匊庵集选》，蔡听涛点校，黄山书社 2012 年版，第 160 页。

④ （清）李象坤：《迎独牧禅师开堂法通启》《玉泉同戒录序》（1665），（清）李象坤：《匊庵集选》，蔡听涛点校，黄山书社 2012 年版，第 164、254 页。

⑤ （清）李象坤：《青田良村安福寺募序》，（清）李象坤：《匊庵集选》，蔡听涛点校，黄山书社 2012 年版，第 95 页。

申之变，时人始信其言，而昌言亦太息以为不幸而中。[①]

依照陈昌言、朱鸿瞻的看法，像李氏父子这种混迹于寺院庵堂的士人应该担当亡国之责。何况李象坤并没有真的遁入空门。李氏试图通过调和儒佛矛盾来消解这种舆论压力。在为了保养庶母身体而劝开斋的文中，以为开斋“揆之儒理，靡不合符；叩彼佛心，亦应许可”，[②]认为“圣贤之于仙佛，教虽不同，总此弘济斯民一也”。[③]儒理与佛心是相通的。作为具有极高文化修养的士人，李象坤内心十分清楚，这种辩护十分苍白。因此又有大量文字称颂易代之际温州的烈士与遗民。李氏在为王瑞梅《巡襄存牍》的序中歌颂王瑞梅“殉国大节，炳若星岳”。[④]李象坤也欣赏周应期“坚小楼之节”。[⑤]

新朝官员、忠臣烈士、佛门僧徒、遗老逸民、骚人墨客，李家全都交往。在思想态度上，他既表达了李家对新朝的真心归顺（清统治天下为天命所归），也赞扬王瑞梅和周应期等的不归顺（忠贞节烈）；既表示要悬崖撒手，又要混迹于红尘。政治态度和价值观层面的多面认同构成了李家处世的特色。

李氏把诸多互相排斥、针锋相对的政治态度和伦理价值一概加以认同，其中有一个相当现实的目的，就是利用地方上的政治资源、社会资源和文化资源，维持自身和家族安定的世俗生活，不仅仅是“保全”身家而已。贪恋世俗生活的享受也应是他没有皈依佛门的原因之一。

明清易代之际的政治现实是复杂的。忠君爱国的义军貌似在纲常伦理上不失大节，却残暴成性，视百姓如草芥；而毁我衣冠、屠我同胞的政权则又是最有可能提供社会秩序的势力。纲常信条的忠实信徒成为殉节者，或遁入空门为僧，或成为遗民；而大部分士人却被动或主动成为新朝的合作者。但纲常伦理具有超越性特质，其规范使人“无所逃于天地之间”，合作者必须承受道德的拷问。李氏

① （清）朱鸿瞻：《陈圣可先生传》，陈光熙编：《明清之际温州史料集》，上海社会科学院出版社2005年版，第473页。

② （清）李象坤：《代青侯弟为生母开斋疏》，（清）李象坤：《匊庵集选》，蔡听涛点校，黄山书社2012年版，第167页。

③ （清）李象坤：《寿窦令君序》（1665），（清）李象坤：《匊庵集选》，蔡听涛点校，黄山书社2012年版，第277页。

④ （清）李象坤：《送王遁民先生葬》和《巡襄存牍序》，（清）李象坤：《匊庵集选》，蔡听涛点校，黄山书社2012年版，第368、25页。

⑤ （清）李象坤：《瞿溪集序》，（清）李象坤：《匊庵集选》，蔡听涛点校，黄山书社2012年版，第36页。

父子以“义军不义”，清地方官以“善心”施行“善政”来为自身的政治站队辩护，以参悟佛法和多面认同来纾解精神的紧张。这实为那个时代士人精神史和心态史中之重要一幕。

第四节　清代统治秩序的确立

民以食为天，社会秩序的稳定有赖于百姓生计的恢复，进而全面复苏农业、渔业和盐业。本节侧重从政府的角度叙述统治秩序建立的过程。

一、清初政府减轻百姓负担的措施

本章比较突出地揭露了清军和清政府在战争环境下对百姓的残害。但必须指出的是后来社会秩序的恢复也有赖于地方官员的努力。一方面，受儒家思想影响的官员为复苏民生采取了许多措施；另一方面，我们相信，清政府即便只出于赋税收入和统治秩序安定的考虑，也会采取除暴虐、去积弊、招抚流民和垦荒种植等恢复和发展生产措施。

温州比较稳定的社会秩序的建立要到康熙后期。在温州“山寇”和“海寇”交迫的顺治朝，有一些地方官采取了一些减少社会震荡的措施。虽然不能从根本上改善温州的社会环境，但为日后温州社会秩序的恢复保留了元气。顺治六年（1649）任温处兵备道吴一元，对抗清力量的围剿力持谨慎态度，声称如果不惜玉石俱焚，剿灭贼寇很容易；难在精确辨别“贼”与“民”，做到“刃不误中，中不误脱”才算善于杀贼。由于吴一元的耐心，“有贼自贼巢逸归”，变成良民。[①] 同年任温州城守营副将的胡来觐虽为武将，态度比吴一元还要宽厚。他说贼也是我的百姓，贼杀尽后我们数万士兵守的就是一块“赤土”，没有意义；贼来自于民，且生活在民中，因此他把剿贼工作比之于淘金和炼丹，“淘金者渐去其砂，融丹者渐留其碛。拣民如金，杀贼如碛，以故渐以仁，渍以义，民皆自祓

---

① （清）李象坤：《兵宪吴公擢四川按察使兼寿序》，（清）李象坤：《匊庵集选》，蔡昕涛点校，黄山书社 2012 年版，第 42—43 页。

濯来归”。[①]

官兵草菅人命是战争时期的常态。温州是清军与义军长期拉锯的地区，义军被剿灭后，这里又是海防前线，因此在朝廷收复台湾之前，温州长期驻有重兵。有的时候，永嘉驻军的人数是地方百姓的二倍。[②]永嘉县成了一个大兵营。军队在战争期间特别横暴，县官在筹办军需时，稍有不尽如人意之处，军士就会闯入县衙殴打县官。[③]朝廷命官尚且难免遭到军方的凌辱，百姓所遭受的蹂躏就可以想见了。因此百姓大量逃亡或入山为匪。没有逃走留在本地的百姓，经过一遍又一遍兵祸的折磨，那些幸存者“仅奉其皮骨，恣长吏敲朴”。这个时期也有地方官尽其所能去约束军士。顺治六年（1649）任温州知府的王家梁对扰民的士兵“擒而挞之”。[④]城守营副将胡来觐在巡视温州郊外时，就斩杀了一个士兵，这个士兵不过拿了乡农的斗笠。[⑤]另外，分巡温处道道员孟泰、李国栋和温州知府刘肃之等官员都有过严厉约束兵士的努力。[⑥]

驻扎温州军队的军需供应全部取自民间，“民用困疲”，又失渔盐之利。因此，当时典籍经常用的“残黎”之“残”来形容百姓生活状态之恶劣。有地方官为复苏民生为民请命。温州副将张承恩向督府打报告，使得滨海的渔民、盐民得以在界内复业，他还招徕来自抗清势力控制区的男女三千九百六十四人。[⑦]水师总兵李荣为安置盐民和其他水上居民的生产做出了努力，他“令鲛人蜑户复乐其生。以公重镇其地，巢林之燕当复衔泥旧垒”。[⑧]其他与民休息的惠民措施还有：

---

① （清）李象坤：《胡协镇建祠序》，（清）李象坤：《匊庵集选》，蔡听涛点校，黄山书社2012年版，第48页。

② （清）李象坤：《韩令君初度序》，（清）李象坤：《匊庵集选》，蔡听涛点校，黄山书社2012年版，第258页。

③ （清）李象坤：《〈从政录〉序》，（清）李象坤：《匊庵集选》，蔡听涛点校，黄山书社2012年版，第28页。

④ （清）李象坤：《王郡伯建祠序》，（清）李象坤：《匊庵集选》，蔡听涛点校，黄山书社2012年版，第45页。

⑤ （清）李象坤：《胡协镇建祠序》，（清）李象坤：《匊庵集选》，蔡听涛点校，黄山书社2012年版，第47页。

⑥ （清）李象坤：《孟宪副政绩序》《李兵宪寿序》《刘郡伯寿序》，（清）李象坤：《匊庵集选》，蔡听涛点校，黄山书社2012年版，第53、261、264页。

⑦ （清）李象坤：《光禄大夫都督同知张公行状》，（清）李象坤：《匊庵集选》，蔡听涛点校，黄山书社2012年版，第179页。

⑧ （清）李象坤：《寿李总镇序》，（清）李象坤：《匊庵集选》，蔡听涛点校，黄山书社2012年版，第274页。另参见《寿水师李总镇序》，（清）李象坤：《匊庵集选》，蔡听涛点校，黄山书社2012年版，第268页。

永嘉知县韩则愈革除“耗羡”，主动放弃了自己的灰色收入。[①] 而韩氏的确也不忍敲扑挣扎在死亡线上的“残黎”，因此以“钱粮失征”解职。[②] 历来衙门需要胥役，但胥役一直又被视为民害，但经知府王家梁的改革后，“村落石壕之呼，自公来遂绝”。[③] 另外，还有一些官员在版籍被毁、兵民相轧、迁徙之民游踪不定的艰难环境下，完成了赋税征收，安定了社会秩序。[④]

康熙朝一些督抚级大臣很注意民生的恢复。康熙四年（1665）任浙江巡抚的范承谟，亲勘宁、台、温、处、金、衢六府荒田，奏免荒田及水冲地赋三十万亩以上。康熙九年（1670），他在巡视瑞安三十八都时，了解到这里历经战乱后“屋毁人逃”“十室九空”的惨状，遂批示严禁文武衙门和衙役书吏向百姓索取官谷、马料、船夫、柴草、鹅鸭杂物等，批示用语极为森严，如果有人违反规定，“官得飞参，役拿处死”。[⑤] 范承谟为减轻农民负担革除随意向百姓摊派钱粮的陋规的举措，对后世影响很大。在他被害［康熙十五年（1676）］多年后的康熙五十二年（1713），平阳县五十三、四、五都的民众还根据范承谟“培国本、苏民困”的精神立碑，要求革除多项陋规。除了一般民户常见的扰累外，他们毗邻官办草船厂，经常承担油麻、棕和铁等造船材料的供应。这项负担得以减免。[⑥]

田赋征收本是县官和衙役获得诸多灰色收入的良好时机，但在大乱刚过的背景下，有些地方官在一定程度上遏制了书役对百姓的侵害。乐清县令蒋埴在开征田赋的时候，为杜绝书役勒索，自己亲赴现场监收。他立碑示禁，如有相关人员私派擅收，将被“严究处死”。[⑦]

政府官员相继出台了保护渔民和盐户的措施。渔业是温州濒海地区民众的重

① （清）李象坤：《〈江城政绩〉序》，（清）李象坤：《匊庵集选》，蔡听涛点校，黄山书社2012年版，第30页。

② （清）李象坤《从政录序》注释1，（清）李象坤：《匊庵集选》，蔡听涛点校，黄山书社2012年版，第29页。

③ （清）李象坤：《王郡伯建祠序》，（清）李象坤：《匊庵集选》，蔡听涛点校，黄山书社2012年版，第46页。

④ （清）李象坤：《寿窦令君序》，（清）李象坤：《匊庵集选》，蔡听涛点校，黄山书社2012年版，第276页。

⑤ （清）范承谟：《奉宪示碑》，吴明哲编：《温州历代碑刻二集》，上海社会科学院出版社2006年版，第711页。

⑥ （清）王元位等：《奉总督福浙部院大老爷范禁革现年各陋规碑记》，吴明哲编：《温州历代碑刻二集》，上海社会科学院出版社2006年版，第1028—1029页。

⑦ （清）蒋埴：《革除陋规示》，（清）鲍作雨、张振夔修：道光《乐清县志》，陈纬校注，线装书局2009年版，第490页。

要生计来源。康熙十二年（1673）继任浙江总督的李之芳禁止地方营汛弁兵和衙役向渔民需索钱财，据此瑞安县在八都董田立碑示禁，确保渔民生计。[①] 久经战乱，盐户是一个受害特别严重的群体，当时的文献往往使用“残灶”一词指称盐户。按例盐户不需要负担一般民户的差役，但书吏为谋私利，“无分民灶，混派夫徭”。平阳县政府立碑示禁，除正供外，永不许向盐户科派民户杂差。[②] 乐清长林盐场盐民在长期的动乱中流离失所，逃亡相继，乱后复业又遭种种盘剥。浙江巡抚、都察院、温州府、乐清县层层批示，严禁官役滥差需索。[③]

二、农田水利工程的兴修

政府采取措施减轻百姓负担，使复苏民生成为可能。但真正恢复经济，还有赖于农业的发展。其中具有关键意义的一环是农田水利设施的修建。

长期的战乱和迁界使温州的水利设施遭受了严重的破坏，例如瑞安东部沿海平原的帆游乡，“上达永嘉七十里，田以亿万计，皆待溉于河”，而河水的蓄泄在瑞安最依赖的龟山湫闸，旱则闭闸，涝则启闸，调节有度。[④] 然至顺治十八年（1661）的瑞安东部迁界，龟山陡门被弃置界外。“闸既失司，湫亦岁深渐坏，洪潮荡激，沙涂壅淤，启闭之处遂成灌莽。自是大雨一至，下湿之地望如巢湖，岁比不登，国计民命两病矣。”[⑤] 位于山区和平原接合部的瑞安三十八都，康熙九年（1670），当地居民林成献、林次峰等在向官府的呈文中称，该都“天井垟等处旱则无水可车，雨则无河可泄，是以罕有收成，正供不足”。[⑥] 因此，农业经济的恢复仰赖于水利设施的修复。在清初的顺治和康熙两朝，水利兴修的状况如

---

① （清）李之芳：《遵宪奉旨涂捕碑》，吴明哲编：《温州历代碑刻二集》，上海社会科学院出版社 2006 年版，第 714 页。

② 佚名：《奉宪恩免灶户杂差碑记》，吴明哲编：《温州历代碑刻二集》，上海社会科学院出版社 2006 年版，第 1018—1019 页。

③ （清）骞振飞、杨霖：《严禁官役滥差需索长林场户碑》，吴明哲编：《温州历代碑刻二集》，上海社会科学院出版社 2006 年版，第 442—443 页。

④ （清）朱鸿瞻：《浚筑水利劝义序》，陈光熙编：《明清之际温州史料集》，上海社会科学院出版社 2005 年版，第 452 页。

⑤ （清）朱鸿瞻：《浚筑水利劝义序》，陈光熙编：《明清之际温州史料集》，上海社会科学院出版社 2005 年版，第 452 页。

⑥ （清）范承谟：《奉宪示碑》，吴明哲编：《温州历代碑刻二集》，上海社会科学院出版社 2006 年版，第 711 页。

下表（见表 1–4）。[①]

表 1–4　顺治、康熙朝温州水利设施修建状况

水利设施	县份	时间	资料来源
兰盘陡门	乐清	康熙间	李登云：光绪《乐清县志》，第 467 页
沙埭陡门	乐清	康熙间	李登云：光绪《乐清县志》，第 468 页
下堡陡门	乐清	康熙间	李登云：光绪《乐清县志》，第 464 页
项浦埭	乐清	康熙十六年	俞光：《温州古代经济史料汇编》，第 114 页
埭头陡门	平阳	康熙五十八年	符璋、刘绍宽：《平阳县志》，第 76 页
河边水闸	平阳	顺治十三年	符璋、刘绍宽：《平阳县志》，第 73 页
湖边水闸	平阳	顺治十二年	俞光：《温州古代经济史料汇编》，第 129 页
茜浦陡门	平阳	康熙六十一年	符璋、刘绍宽：《平阳县志》，第 85 页
沙塘陡门	平阳	康熙九年	符璋、刘绍宽：《平阳县志》，第 71 页
新陡门	平阳	康熙三十三年	符璋、刘绍宽：《平阳县志》，第 83 页
阴均大埭	平阳	康熙三十二年	符璋、刘绍宽：《平阳县志》，第 81 页
阴均陡门	平阳	康熙二十九年	符璋、刘绍宽：《平阳县志》，第 82 页
阴均陡门	平阳	康熙二十九年	杨思好：《苍南金石志》，第 178 页
阴均陡门	平阳	康熙三十二年	杨思好：《苍南金石志》，第 178 页
鹅颈埭	平阳	康熙三十五年	吴明哲：《温州历代碑刻二集》，第 1022—1024 页
中平桥陡门	平阳	康熙五十九年	符璋、刘绍宽：《平阳县志》，第 85 页
白严桥埭	瑞安	顺治庚寅	陈永清：乾隆《瑞安县志》，第 46 页
东安寺前埭	瑞安	顺治初	瑞安市地方志编纂委员会：《瑞安市志》，第 733 页
东安寺前埭	瑞安	顺治戊子	陈永清：乾隆《瑞安县志》，第 46 页
航浦陡门	瑞安	康熙	康武刚：《温州沿海平原的变迁与水利建设》，第 138 页
芦浦大埭	瑞安	康熙	俞光：《温州古代经济史料汇编》，第 120 页
鱼渎角埭	瑞安	顺治七年	俞光：《温州古代经济史料汇编》，第 118 页

① 需要说明的是，这个表格所反映的内容并不包含所有该时期水利兴修的信息，例如乐清陈大年主持的水利设施就达 40 多处。这里采录现存资料中的相关信息，试图能够反映各县清初水利修复的概貌。

续表

水利设施	县份	时间	资料来源
鱼渎角埭	瑞安	康熙十年	俞光：《温州古代经济史料汇编》，第 118 页
月井陡门	瑞安	顺治十二年	俞光：《温州古代经济史料汇编》，第 122 页
白象埭	永嘉	康熙二十一年	张宝琳：光绪《永嘉县志》，第 117 页
城内水利	永嘉	康熙九年	张宝琳：光绪《永嘉县志》，第 110 页
莲花埭	永嘉	康熙三十八年	俞光：《温州古代经济史料汇编》，第 107 页
莲花埭	永嘉	康熙三十八年	张宝琳：光绪《永嘉县志》，第 116 页
龙湾埭	永嘉	康熙	张宝琳：光绪《永嘉县志》，第 113 页
罗浮陡门	永嘉	康熙十一年	俞光：《温州古代经济史料汇编》，第 109 页
罗浮陡门	永嘉	康熙十一年	张宝琳：光绪《永嘉县志》，第 118 页
娘娘宫埭	永嘉	康熙	张宝琳：光绪《永嘉县志》，第 113 页
蒲州埭	永嘉	康熙九年	俞光：《温州古代经济史料汇编》，第 107 页
蒲州埭	永嘉	顺治十四年	俞光：《温州古代经济史料汇编》，第 107 页
山前陡门	永嘉	康熙初年	俞光：《温州古代经济史料汇编》，第 108 页
山前陡门	永嘉	康熙初年	张宝琳：光绪《永嘉县志》，第 117 页
西江浦新洲二陡门	永嘉	康熙	张宝琳：光绪《永嘉县志》，第 118 页
下垟埭	永嘉	康熙五十八年	康武刚：《温州沿海平原的变迁与水利建设》，第 130 页

资料来源：李登云修：《乐清县志》，光绪二十七年（1901）修，民国元年（1912）补刊本，成文出版社 1983 年版。俞光：《温州古代经济史料汇编》，上海社会科学院出版社 2005 年版。符璋、刘绍宽修：《平阳县志》，民国十四年（1925）铅印本，成文出版社影印 1970 年版。杨思好：《苍南金石志》，浙江古籍出版社 2011 年版。陈永清修：《瑞安县志》，乾隆十四年（1749）刻本，上海书店出版社 1993 年版。瑞安市地方志编纂委员会：《瑞安市志》，中华书局 2003 年版。康武刚：《温州沿海平原的变迁与水利建设》，人民出版社 2018 年版。张宝琳修：光绪《永嘉县志》，中华书局 2010 年版。吴明哲编：《温州历代碑刻二集》，上海社会科学院出版社 2009 年版。

水利工程一般都由百姓自己负担，但大型水利工程牵涉面很广，必须由政府官员出来主持和协调。平阳的鹅颈埭事关平阳五个都百姓的农业生产。鹅颈埭在顺治初年崩坏后，长期没能成功重修，康熙十年（1671），温州卫一个千夫长督修这个工程也以失败告终。直到康熙三十二年（1693）金以埈莅任平阳令后才得以竣工。[①] 水利兴修成就最大的地方官当数康熙年间任乐清县令的陈大年。道光《乐清县志》凡例中提及三个最著名的“兴利除弊，泽及后世者”的名宦，其中就有以督修水利闻名的陈大年。[②] 他苦心经营，建修陡闸共二十余所，塘埭溪河四十余处，并对这些水利设施予以严格的管理。陈大年亲自巡视埭和陡门，考察闸夫役徒的勤惰，施之以奖惩。结果“河道无不深通，陡埭板闸无不完固，役徒无不尽力，闸夫无不严紧启闭”。[③] 道光《乐清县志》还特别提到了陈大年修筑的兰盘陡门、沙埭陡门。[④] 由于灌溉能力的提高，新垦耕地面积大幅度扩大，历年报垦田五千余亩。[⑤] 由此可见，水利设施的修建对农业经济的恢复起到了巨大的作用。

三、尊崇宗教信仰示好地方社会

在地方政治层面，清朝地方官员利用宗教信仰示好地方社会，以缓和新朝与地方各种势力的紧张关系，并借助神明的影响巩固自身在地方社会中的政治地位。

传说中的天妃妈祖系福建莆田湄洲岛人，妈祖信仰也起源于莆田地区。自宋以来大量福建人移民温州，明中期以来福建向温州的成规模移民从未停止。温州大量的农业移民和商业移民都是妈祖天妃的崇拜者。顺治四年（1647），温州镇总兵范绍祖重建乐清磐石的天妃宫。他声称自己在率清军南下来温州途经磐石的时候拜谒了天妃，正是天妃的保佑，北来清军才得以顺利渡过瓯江，并得以兵不血刃地进入温州城以及温州下属各县。他还描述了清军进入鹿城后“市未尝易肆，农未尝释耒，其偏远者逾宿犹未知吾师之入也”。清军军事行动的顺利、百姓的安泰都得感谢天妃。[⑥] 这个灵验故事被后世士绅写进县志：天后庙在盘石岩

---

① （清）吕弘诰：《重筑钱仓鹅颈埭记》，吴明哲编：《温州历代碑刻二集》，上海社会科学院出版社 2006 年版，第 1022—1024 页。

② （清）鲍作雨、张振夔总修：道光《乐清县志》，陈纬校注，线装书局 2009 年版，第 18 页。

③ （清）鲍作雨、张振夔总修：道光《乐清县志》，陈纬校注，线装书局 2009 年版，第 196 页。

④ （清）鲍作雨、张振夔总修：道光《乐清县志》，陈纬校注，线装书局 2009 年版，第 197、198 页。

⑤ （清）王度昭：《陈令重修学宫修浚陡闸溪记略》，（清）鲍作雨、张振夔总修：道光《乐清县志》，陈纬校注，线装书局 2009 年版，第 491 页。

⑥ （清）范绍祖：《重建磐石天妃宫碑记》，吴明哲编：《温州历代碑刻二集》，上海社会科学院出版社 2006 年版，第 434—435 页。

头。顺治三年（1646），大兵次盘石不得渡，祷于神，乃缚筏以济，统兵范绍祖因新其庙。[①]说明士绅认可范绍祖的说法，也间接证明利用宗教作为治理地方的手段是有一定效果的。

与晚明其他地区一样，温州也是一个佛教信仰盛行的地方，许多读儒家经典长大的士大夫是佛教的忠实信徒。永嘉场望族英桥王氏晚明时，出钱修葺过江心寺和孤屿上的东西双塔，到明代，王激的六个孙子还一起出钱为头陀密印禅寺修了一座石亭。[②]李光春和李象坤与寺院则有十分紧密的联系。顺治年间，士大夫林增志和李维樾剃度为僧，以致"儒家原教旨主义者"陈昌言就猛烈抨击过士绅"事佛"。百姓对佛教非常上心，康熙二十一年（1682）任乐清教谕的金栻曾慨叹："然琳宫梵宇之废，为之徒者辄新之；学校之废，乃至于一二十年无有过而问焉者。"[③]这就说明了佛教信仰不仅盛行于士绅间，也普遍存在于普通百姓当中。因此，政府官员对佛学佛教的支持成为改善与士绅和民众关系的重要举措。其最为突出的体现当数政府对瑞安仙岩寺的保护（详见第六章）。

康熙九年（1670），浙江巡抚范承谟过仙岩寺，了解到晚明倾圮后的仙岩寺得以"鼎新"系由绅士所为，[④]参与其中的有前明湖广按察使王维夔（号龙友）和他的儿子镇江府推官王锡琯（字玉叔）。范承谟在《重建仙岩寺记》中提到了仙岩山的北宋大儒陈傅良（号止斋）的读书处，以及仙岩寺侧的"陈止斋祠"。他把理学的象征符号与佛学巧妙地绾合在这座古刹中。[⑤]

四、战后重建与战争创伤的修复

任何有效率、低成本的秩序都不是靠赤裸裸的暴力来维持，而是通过意识形态的建设使人们认同秩序。清初政府与士大夫在意识形态方面的努力包括如下内

---

①（清）鲍作雨、张振夔总修：道光《乐清县志》，陈纬校注，线装书局2009年版，第235页。

②（清）周应期：《重建头陀密印禅寺碑记》，吴明哲编：《温州历代碑刻二集》，上海社会科学院出版社2006年版，第127—132页。

③（清）金栻：《明伦堂记》，吴明哲编：《温州历代碑刻二集》，上海社会科学院出版社2006年版，第439—440页。

④（清）范承谟：《巡抚都察院范宪示碑》，吴明哲编：《温州历代碑刻二集》，上海社会科学院出版社2006年版，第712页。

⑤（清）范承谟：《重建仙岩寺记》，（清）王殿金、黄徵乂总修：《瑞安县志》，宋维远点校，中华书局2010年版，第528—529页。

容：教育设施完善，[①] 对符合儒家价值观的乡哲的表彰，地方理学传统的构建。另外，地方社会也自发性地重建寺庙和宗族组织。

浩劫过后，官宦和士绅纷纷给那些有功于民的“烈士”和“名宦”树碑立传，呈现政府的“正能量”，以安定民心，增强士民战后社会重建的信心。以下大体根据时间先后列举几个较为重要的祠庙和碑记。

张副将生祠碑记，顺治七年（1650）立于平阳县城西门外，忠靖庙左侧。鼎革之际，清军副将张大湖平定平阳的抗清力量，恢复社会安定。李光春撰写碑文。[②]

邑侯王公世显生祠碑，康熙三年（1664）立于温州府城隍庙。曾任礼部主客司主事的永嘉乡宦撰写《邑侯王公世显生祠碑记》。[③] 王世显康熙元年任永嘉知县，在任期间，他肃清吏弊，编审保甲，释冤狱，除虎患。当时百姓迁内地，苦淡食，王世显突破盐商阻挠，获批内地煎盐。[④]

司李嵇公宗孟遗爱碑，康熙六年（1667）立于温州拱辰门外官厅。温州府推官嵇宗孟，“遍及穷壤，集哀鸿以十数万计”。[⑤] 府学教授邵仲陟撰写碑文。[⑥]

邑侯王公世显陈公圣俞去思碑，康熙九年（1670）立于永嘉开元寺巷永嘉义塾三公祠。吏部侍郎杜臻撰写碑文。[⑦]

朱公祠，在江心屿，祀义乌人朱衮。朱衮在闽变期间，为耿军占领区内被割去辫子的百姓辩白，解除被诛杀的威胁，并广行义举赈济饥民。温州著名文人林

---

① 文庙、府学和县学等文教设施的恢复详见第二章第一节。

② 民国《平阳县志》卷 57。关于碑记的作者问题，有争议，参见李世众：《穿梭于红尘佛国：清初地方合作者的道德困境及其解脱》，《学术月刊》2018 年第 3 期。

③（清）张宝琳修，孙诒让纂：《永嘉县志》，永嘉县地方志编纂委员会整理，中华书局 2010 年版，第 1051 页。

④（清）张宝琳修，孙诒让纂：《永嘉县志》，永嘉县地方志编纂委员会整理，中华书局 2010 年版，第 424、1051 页。

⑤（清）李象坤：《郡司理稽公建翠微山义冢碑记》，（清）李象坤：《匊庵集选》，黄山书社 2012 年版，第 136—139 页。

⑥（清）张宝琳修，孙诒让纂：《永嘉县志》，永嘉县地方志编纂委员会整理，中华书局 2010 年版，第 1051—1052 页。

⑦（清）张宝琳修，孙诒让纂：《永嘉县志》，永嘉县地方志编纂委员会整理，中华书局 2010 年版，第 1052 页。三公祠之“三公”王世显、陈圣俞和郑廷俊。见《永嘉县志》，第 197 页。

占春撰写《朱公祠碑记》。[①]

双忠祠，在华盖山上。祀在康熙十三年（1674）殉难的温处道陈丹赤和永嘉知县马琾。巡抚线一信题请建祠崇祀，奉旨允行，御书双忠祠额。建造时间不详，吏部尚书宋荦的《重建双忠祠碑记》作于康熙三十四年（1695）。[②]

固山贝子傅惠献祠，皇帝敕建，在西山护国寺侧。祀参与平定耿精忠叛乱的固山贝子傅喇塔。[③]

王公祠，康熙二十一年（1682）立于赤帝庙左侧。祀知府王国泰。[④] 王锡琯撰写的《东嘉郡守王公遗恩碑记》，叙述了王国泰在温州“万事俱废，其民人凋敝、室庐焚毁”的艰难形势下，如何安定百姓，恢复生产，促进商业流通和教育事业的发展。尤其引人注目的是75位商人为他立石。[⑤] 光绪《永嘉县志》卷八《武备志・兵制》中则赞扬他在战争期间，抚恤流离，人心乐附。[⑥]

提督学院王公掞造士纪德碑，康熙二十五年（1686）立于在中山书院。王锡琯撰写碑文。[⑦]

学院颜公造士碑记，康熙三十四年（1695）立于东山书院。永嘉县陈振麟撰写碑文。[⑧]

与士人不同，对于普通的“愚夫愚妇”来说，最能够抚平战争创伤的也许就

---

① （清）张宝琳修，孙诒让纂：《永嘉县志》，永嘉县地方志编纂委员会整理，中华书局2010年版，第200—201页。《温州历代碑刻集》（上海社会科学院出版社2002年版）说林占春之《朱公祠碑记》“约于康熙十三年（1674）刻”（该书第270页），恐不确。这年五月耿精忠反清刚开始，建朱公祠肯定在耿精忠兵败（耿军曾养性部于康熙十五年十二月退出温州）之后，建朱公祠及林占春的碑记当不会早于康熙十六年（1677）。

② （清）张宝琳修，孙诒让纂：《永嘉县志》，永嘉县地方志编纂委员会整理，中华书局2010年版，第186页。

③ （清）张宝琳修，孙诒让纂：《永嘉县志》，永嘉县地方志编纂委员会整理，中华书局2010年版，第187页。

④ （清）张宝琳修，孙诒让纂：《永嘉县志》，永嘉县地方志编纂委员会整理，中华书局2010年版，第202页。

⑤ （清）王锡琯：《东嘉郡守王公遗恩碑记》，金柏东主编：《温州历代碑刻集》，上海社会科学院出版社2002年版，第271—272页。

⑥ （清）张宝琳修，孙诒让纂：《永嘉县志》，永嘉县地方志编纂委员会整理，中华书局2010年版，第353页。光绪《永嘉县志》卷24《古迹志四・国朝碑目附录》中的碑名为《郡守王公国泰遗思碑》，第1051页。

⑦ （清）张宝琳修，孙诒让纂：《永嘉县志》，永嘉县地方志编纂委员会整理，中华书局2010年版，第1052页。

⑧ （清）张宝琳修，孙诒让纂：《永嘉县志》，永嘉县地方志编纂委员会整理，中华书局2010年版，第1052页。

是民间信仰，如陈十四娘娘、杨府爷和各村的社主。朱鸿瞻的《重建锦湖忠义庙记》生动地描述了九死一生的幸存者，重建寺庙的情境：

> 吾少长于斯，习见里人岁时馈祀，宴会欢洽，序少长，明齿让，庆相歌，患相恤，士相摩以文，农相资以力，其传世久远，宛若一祖之孙，一父之子，有事辄相祷于神，盖吾里风俗之厚有如此者。自经兵燹，吾尝作《悼里赋》，述仁风，伤离黍，每过之低徊不能去。康熙壬戌（二十一年），民居犹未复，里老有念旧者谋曰：吾侪散处他所，情义不能相维系如畴昔，盍新神庙，假岁事以敦好，众皆韪之。……里人欢庆，私幸重覩升平。①

根据明代里社制，每个里都有社庙。细读朱鸿瞻之碑记，锦湖忠义庙实为锦湖里的社庙，社主为安乡侯。朱氏回忆，在社主庇护下，里中的读书人和乡农犹如同一个祖父之下的孙子，同一个父亲之下的儿子。大家都生活在社主的温暖怀抱里。康熙壬戌即康熙二十一年（1682），当时百姓尚未重建民居就先修葺了忠义庙，重现欢庆祥和的生活氛围，劫后余生得以见到太平年景。

宋明以来，拥有宗祠、族谱和共同产业的宗族逐渐成为中国社会最基本的社会组织。小农经济因其脆弱性，难以抵御大大小小的天灾，宗族发挥着经济、教育的救济功能，从而成为基层社会的稳定力量。不仅如此，宗族能够部分地满足族人们的宗教生活需求。祠堂里列祖列宗的神主牌位与活着的子孙后代共同构成了宗族的血脉。死者的亡灵能够以超自然的力量来福佑家人。但是长期的战争对宗谱构成了毁灭性的重创。康熙二十四年（1685）乐清赵久敬在给《花园赵氏宗谱》写的序中说："至顺治十五年，海氛突犯，遍城焦土，不独新者未修，而旧牒亦烧毁无存矣。且人丁不死于锋刃，即殁于瘟疫；不虏于贼寇，便徙于外郡。"② 在战争中不仅族谱被烧毁，而且族人星散，不是死于刀刃就是死于瘟疫，

① （清）王殿金、黄徵乂总修：《瑞安县志》，宋维远点校，中华书局2010年版，第418—419页。浙北长兴县和安吉县在太平天国运动后出现了大量温州移民村。笔者对这些村庄进行田野调查时发现，来自温州（多平阳人，平阳人中又多水头人）移民到了一地后首先不是建住宅，而是先建杨府庙。住宅往往围绕杨府庙而建。在一个命运不可控、生活多不确定性的状态下，人们往往依靠神明的庇佑才有足够的信心谋求生存。

② （清）赵久敬：《谱序》，蒋振喜选编：《乐清谱牒文献选编》，线装书局2009年版，第315页。

不是被“贼寇”抓走，就是流离到外地。这个材料非常典型，类似的记载在族谱和文人诗文集中比比皆是。我们也可以从前述王至彪、项元生对迁界的描述中，看到宗族被毁的情境。

为抚平战争创伤，人们不仅进行社主庙之类的祠庙重建，也十分重视宗族的重建。在迁界时，乐清芙蓉赵氏非常幸运地被划入界内。康熙十三年（1674）正月，族人商议修族谱，林良鲸到各房寻访旧谱，结果“只字无存”。这时已经有族人不知道自己祖父的名字和排行。林良鲸打算利用所掌握的不完整资料绘出世系图。不料耿精忠军队到乐清，赵氏族人外出逃难，“集之哀鸿聚复散”，修谱之举遂废。又整整过了二十三年，即在康熙三十六年（1697），历经种种曲折，终于撰成《林氏宗谱》。[①]

康熙二十二年（1683），清朝统一台湾的战事结束后，温州才进入全面恢复期。不仅是经济的恢复，也是民间各种社会组织的恢复。大约要到康熙末期温州社会才恢复元气。

① （清）林良鲸：《芙蓉林氏重修宗谱原序》，蒋振喜选编：《乐清谱牒文献选编》，线装书局2009年版，第256页。

第二章　文化教育的传承与发展

随着社会秩序的稳定和经济的复苏，温州的文化事业也得到了传承与发展。在这过程中，既有官方的推动，也有民间力量的自发投入。在这背后有一个大的制度背景，即顺治三年（1646）清廷宣布全面恢复科举取士。余英时认为："科举不是一个单纯的考试制度，它一直在发挥着无形的统合功能，将文化、社会、经济诸领域与政治权力的结构紧密地连系了起来，形成一多面互动的整体。"[①]科举取士为官方与民间的文教活动注入了巨大的动力。

在不同世代中能够连续获得科举功名的宗族就成了"书香门第"，康熙中后期以来，"书香门第"越来越多，温州社会逐渐形成了一个相对稳定的"士林"。雅文化在士绅阶层中得以传承和发展，此外，到乾嘉间，自社会底层的"市井七子"和闺阁诗人等"边缘性社会群体"的活动也异常活跃。温州文化呈现了繁荣的景象。

第一节　建制性的文教体系

围绕着科举考试和官方意识形态的渗透，清代有一个建制性的文化教育体系。这个体系由三个部分构成：一是府学、各县县学和玉环厅学组成的官学系统；二是各县、厅的书院；三是遍布村社的学塾。

一、官学系统的重修与补葺

在清代地方官学体系中最重要的是各县的"学宫"。学宫由既联系紧密又相对独立的两个建筑群构成，即以先师殿为核心的孔庙和以明伦堂为核心的儒

① 余英时：《中国文化史通释》，生活·读书·新知三联书店2012年版，第205页。

学——府称府学，县称县学。长期的战争，使得学宫的建筑跟内部设施和器具遭到了严重破坏，所以战争结束后面临一个修复乃至重建的工作。

唐以来，由于科举制的日趋成熟，历代对孔庙的祭祀和配享者都有诏令颁行，以下仅介绍学宫的构成以及清代有关孔庙祭祀的一些新规定。

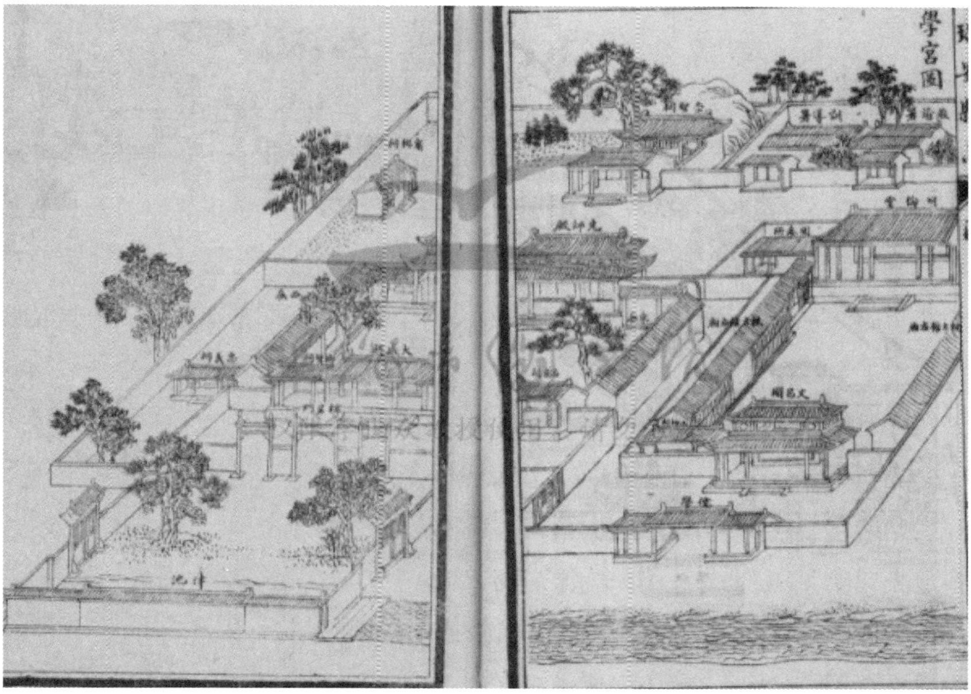

图 2–1　瑞安学宫图

图 2–1 为嘉庆《瑞安县志》中的学宫图。从图中可见，孔庙和儒学均为南北走向。如图所示，孔庙的建筑布局由南向北依次为：泮池、[1]棂星门、[2]大成门、先师殿、崇圣祠。大成门右侧连接着忠义祠和乡贤祠，左侧连接名宦祠。在名宦祠和乡贤祠的外端分别有廊庑往北连接先师殿，叫作东庑和西庑。在先师殿中，孔子居正位，南向。陪祀者分四个等级，地位从高到低依次为："四配""十二哲""先贤""先儒"。四配为：颜回、孔伋居东侧朝西，曾参和孟轲居西侧，朝东。四配以下，自唐以来历代迭有增删，至清末，东庑供奉"先贤"40 位，"先儒"39 位；西庑供奉"先贤"39 位，"先儒"38 位。这样，除孔子外，孔庙里

① 泮池，学宫前的水池，状如半月形。

② 孔庙的外门。原名灵星门，后人以汉祀灵星祈谷，与孔庙无涉，又见门形如窗棂，遂改为棂星门。

共供奉 172 位人物。他们或以立功鸣世，或以立言扬名，或以立德著称，构成了清代儒家道统的系谱。

清廷高度重视孔庙在主流价值观宣示和传播的作用。以下根据时间顺序，列举清代孔庙建设的举措：

顺治二年（1645），定文庙谥号，称为“大成至圣文宣先师孔子”，十四年（1657），改称至圣先师孔子。

康熙五十一年（1712），朱熹被升到十二哲。

康熙五十四年（1715），增范仲淹为东庑先儒。

雍正二年（1724），增东庑先贤 5 人——县亶、牧皮、乐正克、万章、林放，增西庑先贤 3 人——蘧瑗、秦冉、公都子，增东庑先儒 9 人——郑玄、诸葛亮、尹焞、黄幹、何基、王柏、陈澔、罗钦顺、陆陇其，增西庑先贤 7 人——范宁、陈淳、魏了翁、赵复、金履祥、许谦、蔡清。

乾隆二年（1737），东庑先儒增祀吴澄。

乾隆六年（1741），有若升配十二哲。

道光二年（1822），东庑先儒增祀刘宗周。

道光三年（1823），东庑先儒增祀汤斌。

道光五年（1825），西庑先儒增祀黄道周。

道光六年（1826），西庑先儒增祀陆贽、吕坤。

道光八年（1828），东庑先儒增祀孙奇逢。

道光二十三年（1843），东庑先儒增祀文天祥。

道光二十九年（1849），东庑先儒增祀谢良佐。

咸丰元年（1851），西庑先儒增祀李纲。

咸丰二年（1852），东庑先儒增祀韩琦。

咸丰三年（1853），东庑先儒增祀公明仪。

咸丰七年（1857），增祀东庑先贤公孙侨。

咸丰九年（1859），西庑先儒增祀陆秀夫。

咸丰十年（1860），西庑先儒增祀曹端。

同治二年（1863），东庑先儒增祀方孝孺、吕柟。

同治七年（1868），东庑先儒增祀袁燮。

同治十年（1871），东庑先儒增祀张履祥。

光绪元年（1875），西庑先儒增祀陆世仪。

光绪三年（1877），西庑先儒增祀刘德、许慎。

光绪四年（1878），东庑先儒增祀张伯行。

光绪五年（1879），东庑先儒增祀辅广。

光绪十九年（1893），西庑先儒增祀游酢。

光绪二十年（1894），西庑先儒增祀吕大临。

宣统二年（1910），东庑先儒增祀黄宗羲，西庑先儒增祀王夫之、顾炎武。

宣统三年（1911），东庑先儒增祀刘因，西庑先贤增祀赵岐。①

纵观上述增祀的人物及其时间节点，似与清代不同时期的国际国内背景有关。增祀有两个高潮，一个在雍正二年，另一个在道光以后至清末。前一个时期出现大规模增祀的原因不详，后一个时期增祀源于社会危机和边疆危机的频发，例如，文天祥早已是著名的抵抗外族入侵的英雄，道光二十三年（1843）增祀文天祥就与刚刚结束的与外族（英国人）的战争有关。李纲是宋代的抗金名臣，咸丰元年（1851）增祀孔庙应与文天祥增祀具有相同的背景，另外也可能与洪秀全金田起事有联系。这个时期增祀孔庙的有不少忠于朝廷的以节操闻名的士大夫，如南宋末崖山兵败后背负7岁卫王赵昺投海的陆秀夫（咸丰九年）、不惜被诛十族忠于建文皇帝的方孝孺（同治二年）。

清代在孔庙增祀了大量理学家。这些都是在社会危机、政治危机的显露后，朝廷为稳固统治而加强礼教秩序的举措。朱熹位列“十二哲”，这是对朱熹地位的再次确认，朱熹不仅是理学大师，他的《四书集注》是千百万儒生必须尊奉的对儒家经典的最权威解释。增祀名单中有多位明代和清代的理学家，这些理学家大都通过对种种异端的批判讨伐，以维护朱熹学术为正宗的学者。曹端（1376—1434），屏斥佛教与道教，尊崇朱熹，倡导理学正统。②蔡清（1453—1508）在理学谱系中具有特殊的地位，正是通过他的倡导，朱熹的《四书集注》成为明、清

① 以上有关孔庙的内容，主要依据符璋、刘绍宽纂《平阳县志》卷9《学校志一》，民国十四年（1925）刊本，同时以点校本道光《乐清县志》为参考，线装书局2009年版，第298—308页。用道光《乐清县志》去补充《平阳县志》，当两部方志出现矛盾时，以《平阳方志》为准，因为《平阳方志》有考证，注明资料的出处。

② 曹端，字正夫，号月川，河南渑池人。明初著名的学者、理学家。其学以躬行实践为务，而以存养性理为大端，对理学重要命题多有修正、发挥，被论者推为“明初理学之冠”。

时期科举考试的标准答案。[①]

朱熹学说的异端不仅来自佛教和道教等形形色色的民间信仰，也来自儒学的内部，如王阳明心学。在明中期，罗钦顺（1465—1547）是可以和王阳明分庭抗礼的大学者，时称“江右大儒”。[②]陆世仪（1611—1672）、张履祥（1611—1674）和陆陇其（1630—1692），都是明末清初著名理学家，他们学宗朱程，反对王阳明的“致良知”说。[③]刘宗周（1578—1645），统合心学、理学、气学，开创了他别开生面的“慎独”之学。[④]黄道周（1585—1646）主张调停朱陆、会通朱王来弥合理学的内部冲突。他认为朱陆两家学旨本同，咸归于孔孟之道，阳明之学也是承续孔孟圣贤学统的嫡亲之系。[⑤]孙奇逢（1584—1675）将朱熹的“格物致知”与王守仁的“致良知”合而为一，指出朱熹和王守仁的学说均得自孔子，殊途同归，不应将二者对立起来。[⑥]以上三人持朱熹理学与陆王心学的调和取向，但其中刘宗周和黄道周是有名的忠节之士。另外，康熙朝两位以地方教化闻名于世的官员汤斌（1627—1687）和张伯行（1651—1725）也从祀文庙，他们是朱子理学的倡导者和实践者，号称理学名臣，是地方官施政的典范。[⑦]

清廷赋予文庙以稳固文化秩序和教化天下的重要功能，非常重视祭孔礼仪。康熙四十九年（1710），朝廷下令天下武员自把总以上入庙陪祭行礼。雍正三年（1725），清廷下令府、县文庙二祭，提升规格，增用太牢，颁《学宫仪物图》于

---

① 蔡清，字介夫，别号虚斋，明晋江人，累官至南京文选郎中、江西提学副使。他在泉州清平铺楼上潜心著述，写成《四书蒙引》，捍卫朱熹的学说。

② 罗钦顺，字允升，号整庵，江西泰和人，弘治六年（1493）进士科探花，官至南京吏部尚书，后辞官，隐居乡里专心研究理学。

③ 陆世仪，字道威，号刚斋，晚号桴亭，别署眉史氏，江苏太仓人。明亡，他隐居讲学，与陆陇其并称“二陆”。张履祥，字考夫，又字渊甫，号念芝，号杨园，浙江桐乡人，世居清风乡炉镇杨园村，故学者称杨园先生。陆陇其，字稼书，浙江平湖人，学者称其为当湖先生。康熙九年（1670）进士，历官江南嘉定、直隶灵寿知县、四川道监察御史等，时称循吏。

④ 刘宗周，字起东，别号念台，浙江绍兴府山阴人，因讲学于山阴蕺山，世称蕺山先生。官至工部侍郎、吏部侍郎、左都御史。在南明弘光朝，他因与马士英、阮大铖不合而辞官归乡。顺治二年（1645），清兵攻陷杭州的消息传到绍兴，绝食二十三天，于闰六月初八日卒。

⑤ 黄道周，字幼玄，一作幼平或幼元，号石斋，世人尊称石斋先生，福建漳州府漳浦县人，天启二年（1622）进士，改庶吉士。历官翰林院修撰、詹事府少詹事。南明隆武（1645—1646）时，任吏部尚书兼兵部尚书、武英殿大学士（首辅）。因抗清失败被俘。隆武二年（1646）壮烈殉国。

⑥ 孙奇逢，字启泰，号钟元，晚年讲学于辉县夏峰村 20 余年，从者甚众，世称夏峰先生。

⑦ 汤斌，字孔伯，号荆岘，晚号潜庵。河南睢州人，官至工部尚书。张伯行，字孝先，号恕斋，晚号敬庵，河南仪封（今河南兰考）人，累官至礼部尚书。

天下。乾隆五十三年（1788），皇帝钦定文庙乐谱，颁示遵行。[①]

自康熙朝至清末，皇帝御书或以“皇帝御书”的名义给孔子题匾，[②]昭告天下，以示各朝对孔子以及孔庙祭祀活动的高度重视。这些匾额悬挂在学宫的孔庙中。康熙二十三年（1684），爱新觉罗·玄烨题写“万世师表”。雍正三年（1725），爱新觉罗·胤禛题写“生民未有”。乾隆三年（1738），爱新觉罗·弘历题写“与天地参”。嘉庆三年（1798），爱新觉罗·颙琰题写“圣集大成”。道光三年（1823），爱新觉罗·旻宁题写“圣协时中”。咸丰三年（1853），爱新觉罗·奕詝题写“德齐覆帱”。同治三年（1864），爱新觉罗·载淳题写“圣神天纵”。光绪三年（1877），爱新觉罗·载湉题写“斯文在兹”。宣统元年（1909），爱新觉罗·溥仪题写“位育中和”。[③]

除了孔庙外，学宫的另外部分就是“儒学”。儒学自南往北的布局一般为：门厅、文昌阁、明伦堂，明伦堂后面是教谕署和训导署。文昌阁和明伦堂两侧连接有校士馆左厢和右厢。文昌阁的右侧建有土地祠。另外，学宫中忠义祠、节孝祠、名宦祠、乡贤祠四祠也是官方意识形态的重要承载者。限于地形格局，也许各个县的孔庙和儒学各个建筑的位置有所不同，但上面列举的这些建筑物全部具备。

在这些建筑设施中活动的是学官和全县的士子，一方面它们发挥着官方进行主流价值教育的功能，另一方面，士子也借此与一般的农、工、商从业者区隔开来，凸显自身的身份和社会地位。永嘉县士子洪勋精练地概括了学宫三个方面的重要作用，即“奉圣贤、育俊秀、敦教化”。当然对于一般士子来说，他们最关心的是其中的“育俊秀”，即所谓的“养士”。他们“育”“养”成才的标志就是科举的成功。洪勋把永嘉近世科举的寥落归结为“庙学”这块“斯文之地不能整饬”。[④]王朝国家和顾炎武、黄宗羲那样的大儒，其地方治理的理想是教化——“化民成俗”。实现教化的路线图是奉圣贤→育俊秀→敦教化。在学宫中用以教育士

---

① （清）鲍作雨、张振夔总修：道光《乐清县志》，陈纬校注，线装书局2009年版，第310页。

② 这些所谓的“御书”中，有些应该不是皇帝亲笔。例如宣统三年，溥仪才3岁，匾额的内容选择和书法都不是他可以胜任的。

③ 符璋、刘绍宽纂：《平阳县志》卷9《学校志一》，民国十四年（1925）刊本。

④ （清）洪勋：《重新永嘉县庙学记》，（清）张宝琳修，孙诒让纂：《永嘉县志》，永嘉县地方志编纂委员会整理，中华书局2010年版，第293页。

子的指导思想是儒家圣贤的基本价值，习得这些国家的意识形态后，士子再在生活的社区中去教化普通的“愚夫愚妇”。

地方行政长官和各级学官通过多种途径来阐发儒家思想。乾隆三十六年（1771），永嘉知县傅永綍在《重修永嘉县学庙记》中记叙了温州滨海空气潮湿，多飓风，学宫建筑被毁坏，以及“坏者易之，圮者建之，漫者圬之”修复过程。他从学宫建筑这种物质的毁坏，联系到美好人性的毁坏。他著文的重点是据此讨论士子如何能够养成宋明理学家强调的“德性”。教导士子要警惕外在的种种诱惑，指出人性本善，如果沉溺于欲望就会毁坏人的本性，在能够及时察觉到本性的“将坏之时”，迷途知返，回到“始坏之日”。这就是儒学理论中著名的“复性”思想。①

道光二十八年（1848），浙江学政吴锺骏在永嘉重修庙学大成殿之际，通过撰写《碑记》，把学术界的汉宋之争传达到地方。在对程朱表达了空洞抽象的尊重后，严厉地指责了宋学，指出“舍经言儒，未有不流入二氏者。经术之坏，一坏于晋之清谈，再坏于宋之理学”。满腔热情地歌颂了戴震、钱大昕等一批考据名家，称“千载沉霾，一朝复旦。盖两汉经学，所当尊行者，以其去圣未远，而在二氏未起之前也”。② 嘉庆二十二年（1817），学政李宗昉为乐清学宫修复而作的《记》中，特别强调“父子之恩、君臣之义、上下长幼之序”是“化民成俗”的主要内容。③

学宫中的各个建筑物各自都承载着主流意识形态教育的独特功能。明伦堂是地方行政长官和学官给生员讲经的地方，它与大成殿是学宫中最重要的两个空间。乐清教谕金栻在重修明伦堂后写了一篇情感强烈的卫道文字，强调在明伦堂要讲“大中而至正”的儒道：

> 琳宫梵宇之废，为之徒者辄兴之，学校之废，乃至一二十年无有

---

① （清）傅永綍:《重修永嘉县学庙记》,（清）张宝琳修，孙诒让纂:《永嘉县志》，永嘉县地方志编纂委员会整理，中华书局 2010 年版，第 294 页。

② （清）吴锺骏:《碑记》,（清）张宝琳修，孙诒让纂:《永嘉县志》，永嘉县地方志编纂委员会整理，中华书局 2010 年版，第 296—297 页。

③ 李宗昉（1779—1846），字静远，号芝龄，清江苏山阳（今淮安）人。嘉庆七年（1802）榜眼。道光间官至礼部尚书，尝提督浙江学政。史称之“专心尽职，不以矫激沽名”。著有《闻妙香室诗文集》《黔记》《致用丛书》等。该《记》原题为《重修乐清县学记》，见（清）鲍作雨、张振夔总修：道光《乐清县志》，陈纬校注，线装书局 2009 年版，第 297 页。

过而问焉者，岂司其职者之怠欤？将士之贫而限于力欤？夫亦吾儒之道大中而至正，不为祸福利益之说而动众，而众莫知助欤？余是以叹邪说之易溺，而正道之难明也！且夫堂而废，不可以为学；道之废，不可以为士。堂之废，葺之饰之，以复其旧，不可缓也；道之废，修之明之，以复其初，其可缓乎？①

作者指责佛教等异端思想对百姓的诱惑，把明伦堂的修复与儒道的修复并举。乾隆时的平阳县令何子祥，也说“归本于教，则明伦堂，化基也，敢不谨修葺，令焕然光华？”把明伦堂视作教化施行的“大本营”。②忠义祠、节孝祠、名宦祠、乡贤祠四祠的前两个祠，顾名思义，是宣传忠孝节义的礼教思想的，把能够体现这些思想观念的模范人物供奉在里面。名宦祠供奉历史上其施政符合儒家“教养”之道的县令。乡贤祠供奉的是该县其行为品性符合儒家思想的先贤，以建构地方性的儒家道统和思想传承脉络。同治十一年（1872），永嘉乡贤祠重修后，知府裕彰撰《重修学记》云：

此独美观也与哉？夫黝垩丹漆，致饰于外者也。材美工良，坚持于内者也。诸生等幸生明备之时，将饰于外，以庠序为荣身之所已乎？抑将持于内，以乡前辈为准的，必蕲至于圣贤之域而后已乎？尝考永嘉之学，有宋王儒志先生，开伊洛之先。厥后名贤辈出，或以节义显，或以文学传，或以经济著，崇祀乡贤，为后世矜式。③

裕彰指出，在“节义”“文学”“经济”这三个方面著称的本乡本土模范人物是士人效仿的榜样。“节义”是指人物的品性，即所谓“立德”；“文学”是指人物用文来载道，宣传阐发圣贤思想，即所谓“立言”；“经济”是指先贤做出了有益于民生的大事，即所谓“立功”。

正因为学宫在主流价值观教育方面发挥着如此重大的作用，明清之际的战乱后地方官员和士绅十分重视学宫的重修。

---

① （清）鲍作雨、张振夔总修：道光《乐清县志》，陈纬校注，线装书局2009版，第295—296页。

② （清）何子祥：《龙湖书院旧志总序》，（清）何子祥：《蓉林笔钞》卷3，温州市图书馆藏。

③ （清）张宝琳修，孙诒让纂：《永嘉县志》，永嘉县地方志编纂委员会整理，中华书局2010年版，第297页。

表 2-1 清代温州府、县、厅学宫修复状况

学宫	修复年代	修复内容	主持修复者	经费来源	资料来源
温州府	康熙十一年	戟门	巡道许重华、巡道陈遇主	—	乾隆《温州府志》卷七
		重修尊经阁	教授李璋、绅黄芳卿		
	康熙二十三年	重建	巡道杨懋绪、诸定远	—	乾隆《温州府志》卷七
	康熙二十五年	重修明伦堂	知府汪爌	—	乾隆《温州府志》卷七
	康熙五十八年	重修	教授凌霄	—	乾隆《温州府志》卷七
	雍正十三年	火灾后重修	巡道吴士端、知府庄柱	—	乾隆《温州府志》卷七
	乾隆二年	重修先师庙	巡道、知府、永嘉知县金广培	公帑	乾隆《温州府志》卷七
	乾隆十六年	移建万寿亭	巡道童基	—	乾隆《温州府志》卷七
		移建文昌阁	贡生吴国清、张正宰、梁春		
	乾隆十七年	补建泮池桥	教授王执玉	—	乾隆《温州府志》卷七
	乾隆三十年	重建尊经阁名宦祠	训导朱叶瑛	—	乾隆《温州府志》卷七
	乾隆三十六年	—	知府李琬	倡捐	《永嘉县志》，第 294 页
永嘉县	康熙八年	重建明伦堂廊庑	教谕樊遇、诸生黄象鼎	学租	《永嘉县志》，第 293 页
	康熙十七年	东廊、仪门	训导蔡启份	巡道高培县令、郑廷俊捐助	《永嘉县志》，第 293 页
	康熙二十一年	增建东廊、甬道	教谕王维新、训导蔡启份	—	《永嘉县志》，第 293 页
	康熙二十三年	重建先师庙 创建朱文公祠	县令申奇美、教谕劳大、训导蔡启份、绅林兆斗	—	《永嘉县志》，第 293 页
	乾隆八年	建庙庑、堂署；改建崇圣祠，置博文、约礼两斋	邱肇熊 陈王绶	官帑、捐赠	《永嘉县志》，第 293 页
	乾隆三十六年	修文庙，增建文昌阁	县令傅永綍	傅永綍倡捐	《永嘉县志》，第 294 页

续表

学宫	修复年代	修复内容	主持修复者	经费来源	资料来源
永嘉县	嘉庆初	修殿庑	巡道李銮 县令巴哈布	官员倡捐	《永嘉县志》，第 295 页
	嘉庆十一年	修崇圣祠、乡贤、名宦祠及斋室、仪门，葺青云馆	知府杨兆鹤、署令黄友教	捐助	《永嘉县志》，第 295 页
	道光六年	重修大成殿、启圣宫、两庑、名宦、乡贤祠、列戟、棂星门、会讲、肄业堂。	绅曾佩云、斋云	绅曾佩云、斋云捐资	《永嘉县志》，第 295 页
	道光二十二年	修葺	县令高峡云、教谕孙同元、训导朱美镠	令高峡云、教谕孙同元、训导朱美镠捐俸、士绅捐助	《永嘉县志》，第 296 页
	道光二十八年	重修大成殿	县令张铣倡、绅士董正谊	士绅捐助	《永嘉县志》，第 296 页
	同治十一年	修葺	署教谕许文琳	叶茂繁 倡捐	《永嘉县志》，第 296 页
乐清县	康熙十二年	重建修明伦堂、启圣祠	县令出一騆、训导姜应珪	—	《乐清县志》，第 291 页
	康熙二十一年	建东、西庑	县令徐化民、教谕吴让木	—	《碑志选》，第 353 页
		重建文昌阁	训导王沆	王沆倡捐，士绅捐助	《碑志选》，第 359 页
		复资深堂	教谕金栻	—	《乐清县志》，第 291 页
	康熙四十九年	重建庙庑	县令陈大年	—	《乐清县志》，第 291 页
	雍正十二年	建尊经阁	县令王炳宏、教谕周长发	—	《乐清县志》，第 291 页
	乾隆三十年	改建庙殿	知府李琬、县令林人樾	—	《乐清县志》，第 291 页
	嘉庆三年	两庑	县令李珍诠	士绅捐修	《乐清县志》，第 291 页
	嘉庆八年	重建明伦堂仪门	—	—	《乐清县志》，第 291 页
	嘉庆二十年	改建孔庙、移建明伦堂、创万寿宫	—	绅徐发春捐资	《碑志选》，第 384 页

续表

学宫	修复年代	修复内容	主持修复者	经费来源	资料来源
瑞安县	顺治十四年	重修	知县谭希闵、训导朱纶	—	《瑞安县志》，第87页
	康熙二十二年	重修棂星门、圣庙、启圣宫、尊经阁、明伦堂	教谕王者香、令邱启元、范永盛	官员倡捐、士绅捐助	《瑞安县志》，第87页
	康熙六十一年	修葺	县令薛俊声	邑人捐资	《瑞安县志》，第87页
	雍正年间	修门	—	—	《瑞安县志》，第87页
	乾隆八年	造棂星门	教谕、训导	谕训捐资	《瑞安县志》，第87页
	乾隆十三年	浚泮池、建桥	署令何森	—	《瑞安县志》，第87页
	乾隆二十七年	浚泮池	县令周鼎	—	《瑞安县志》，第88页
	乾隆三十六年	改明伦堂为崇圣祠，建新明伦堂	县令成兆豫	—	《瑞安县志》，第88页
	乾隆五十五年	重建儒学门	县令曹文深、教谕黄徵肃、训导李树范	—	《瑞安县志》，第88页
	乾隆五十九年	修大成殿	张德标	士绅劝捐	《瑞安县志》，第88页
	嘉庆元年	修戟门	县令张德标、署教谕陈焯、训导黄裘	令学官倡捐，士绅捐资	《瑞安县志》，第88页
	同治四年	修大殿、两庑、戟门、棂星门、崇圣祠、名宦乡贤忠义祠	县令罗子森	令罗子森倡捐，士绅捐助	《碑刻二集》，第778页
平阳县	顺治八年	重修庙堂、廊庑建大本堂、慎斋堂、启圣祠、乡贤名宦祠、文昌阁、明伦堂	县令马腾霄、教谕庄	庄倡捐，士绅乐输	《碑刻二集》，第1017页
	顺治十七年	移泮桥、建大魁阁	推官嵇宗孟、教谕严有德	—	民国《平阳县志》卷九《学校志一》
	康熙十三年	重修圣庙两庑及启圣祠	县令石金和	—	民国《平阳县志》卷九《学校志一》

续表

学宫	修复年代	修复内容	主持修复者	经费来源	资料来源
平阳县	康熙二十三年	重修	县令吴永申、教谕葛殿祯	—	民国《平阳县志》卷九《学校志一》
	康熙二十八年	修明伦堂门	教谕沈雍	—	民国《平阳县志》卷九《学校志一》
	乾隆三年	重修明伦堂、庑及廊庑、照壁建尊经文成两阁	县令彭绍堂	—	民国《平阳县志》卷九《学校志一》
	乾隆十八年	改建大门	县令金鳌	—	民国《平阳县志》卷九《学校志一》
	乾隆二十七年	重建文庙，增高正殿、两庑	李方萃	募捐	李方萃《文庙重建碑记》二集，第1048—1050页
	乾隆三十四年	修明伦堂、尊经阁、文昌阁	县令何子祥	募捐	《碑刻二集》，第1066页
	道光十年	重修名宦、乡贤诸祠	县令黎应南	—	民国《平阳县志》卷九《学校志一》
	道光十一年	重修泮池	邑人吴乃伊	—	民国《平阳县志》卷九《学校志一》
	咸丰八年	修大成殿、两庑、大成门、忠义祠	县令唐黻章、贡生杨配	—	民国《平阳县志》卷九《学校志一》
	同治十年	重修	县令方泩	—	民国《平阳县志》卷九《学校志一》
	光绪十九年	重修	县令沈懋嘉	—	民国《平阳县志》卷九《学校志一》
	光绪二十九年	修大成殿、两庑	县令胡裔麟、训导黄益谦	募款	民国《平阳县志》卷九《学校志一》

续表

学宫	修复年代	修复内容	主持修复者	经费来源	资料来源
泰顺县	康熙九年	重建文庙正殿	县令陈天桢	—	雍正《泰顺县志》卷三
	康熙四十年	重修	县令曹绅、训导吴若庚	—	雍正《泰顺县志》卷三
	康熙六十年	重建名宦祠、乡贤祠、土地祠	县令张仕骧、教谕汪龙源、训导朱敞	—	雍正《泰顺县志》卷三
	雍正年间	改建儒学大门	县令朱国源	—	雍正《泰顺县志》卷三
	道光四年	迁建	县令欧阳炘	—	《分疆录》，第99页
玉环厅	嘉庆九年	建学宫	同知姚鸣庭	绅戴全斌等捐建	《碑刻二集》，第541页
	同治三年	修东墙	训导陈春晖	士绅捐资	光绪《玉环厅志》卷七
	光绪三年	重修	杜冠英	杜冠英倡捐	《碑刻二集》，第554页

表中引用史料版本信息（按表格顺序）：乾隆《温州府志》，（清）李琬修，齐召南、汪沆纂，同治四年（1865）补刊本。《永嘉县志》，（清）张宝琳修，孙诒让纂：《永嘉县志》，永嘉县地方志编纂委员会整理，中华书局2010年版。《乐清县志》，即道光《乐清县志》，（清）鲍作雨、张振夔总修：道光《乐清县志》，陈纬校注，线装书局2009年版。《碑志选》，即陈纬编《乐清历代碑志选》，中国民族摄影艺术出版社2004年版。《瑞安县志》，即（清）王殿金、黄徵乂总修：《瑞安县志》，宋维远点校，中华书局2010年版。《碑刻二集》，即吴明哲编：《温州历代碑刻二集》，上海社会科学院出版社2006年版。民国《平阳县志》，王理孚修，符璋、刘绍宽纂，民国十四年（1925）刊本。雍正《泰顺县志》，（清）朱国源修，朱廷琦纂，雍正七年（1729）刊本。《分疆录》，林鹗、林用霖编纂：《泰顺分疆录》，陶汉心点注，香港出版社2010年版。光绪《玉环厅志》，（清）杜冠英、胥寿荣修，吕鸿焘纂，光绪六年（1880）刊本。

据表2-1统计所得，清代官学的修复次数为：府学宫10次，永嘉学宫12次，乐清学宫8次，瑞安学宫12次，平阳学宫15次，泰顺学宫5次，玉环学宫3次。应该说这组数字没有反映学宫修复的真实情况，这是因为资料所限，府学宫的资料来自《乾隆府志》，此外傅永綍《重修永嘉县学庙记》顺带提及的乾隆三十六年（1771）的一次修复。乾隆三十六年（1771）以后至宣统三年（1911）清亡还有140年，肯定也还曾有几次修复。另外除平阳的资料较为完备之外，其他县和玉环厅的资料都有程度不等的残缺。如果从顺治三年（清军进入温州）开始，截至各县、厅最后修复的时间进行统计，也许更能体现学宫修复的频率。

表 2-2　清代温州府县厅学宫修复频率

学宫	修复统计时间	公元纪年	起讫年数	修复次数	修复平均年数
温州府	顺治三年至乾隆三十六年	1646—1771	125	10	125 ÷ 10 ≈ 12.5
永嘉县	顺治三年至同治十一年	1646—1872	226	12	226 ÷ 12 ≈ 18.83
乐清县	顺治三年至嘉庆二十年	1646—1815	169	8	169 ÷ 8 ≈ 21.13
瑞安县	顺治三年至同治四年	1646—1865	219	12	219 ÷ 12=18.25
平阳县	顺治三年至光绪二十九年	1646—1903	257	15	257 ÷ 15 ≈ 17.13
泰顺县	顺治三年至道光四年	1646—1824	178	5	178 ÷ 5=35.6
玉环厅	嘉庆九年至光绪三年	1804—1877	73	3	73 ÷ 3 ≈ 24.33

表中的泰顺县数据严重缺损，这可能与方志编纂者的认识有关，泰顺学宫不可能平均 35.6 年修复一次，这个数据应该舍弃。玉环厅的情况具有特殊性，雍正六年（1728）玉环建厅，直至嘉庆九年（1804）才建成学宫。考虑到其余的一府四县也存在学宫修复失记的可能，另外在清初温州长时间处于战争状态。在剔除了这些因素后，正常年景的学宫修复平均十四五年一次。上面屡屡提及士大夫的言论称，佛、道和淫祀的寺庙宫观常常被信徒们修缮一新，而学校颓坏却一二十年没人过问。从对上表的分析可见，这不过是正统儒士的情绪性发泄而已。由于地方官和士绅的努力，在多数情况下，学宫可得到比较及时的修葺，祭祀和学务的管理处于正常的状态。

二、书院的创建和修缮

在晚明，随着阳明心学的流行，书院蜂起，讲学之风大盛，儒士结社成风。清朝在易代之初，对民间结社非常警惕；而书院讲学又有讽议朝政的风气，出于对儒士结社的一种习惯性忌惮，清初朝廷抑制书院的创建。顺治九年（1652）上谕敕称："各提学官督率教官生儒，务将平日所习经书义理，着实讲求，躬行实践，不许别创书院、群聚徒党、及号召地方游食无行之徒，空谈废业。"① 由于科举考试在康熙朝已经步入正轨，书院的讲学功能衰退殆尽，为科举应考而进行的制艺试帖训练，成为书院教学的主要内容。雍正之后，清廷撤销了书院创办的禁令，雍正十一年（1733），诏各省府州县书院或绅士出资创立，或地方官拨公经理，俱申报该管官查核。② 上谕明令封疆大吏督抚等于各省会建书院，并各拨付

① （清）伊桑阿等纂：《大清会典》卷 75《礼部十九 · 学校一》，清康熙二十九年（1690）内府刻本。

② 符璋、刘绍宽纂：《平阳县志》卷 10《学校志二》，民国十四年（1925）刊本。

公帑一千两。[①]

由于府州县学大多课而不教，只具有考核及教务管理的职能，实际担负教学功能者，就以书院教育为主。一般来说，被称为“书院”者，它的主要教学任务就是训练学生制艺科考，以博取功名，因此书院并非启蒙教育机构。温州书院的经费主要靠学田的收入，其次是来自地方官员“捐廉”、士绅捐款和移拨地方税捐。在清一代，温州先后创建书院 50 个，详见表 2–3。

表 2–3　清代温州书院创建情况（按创建时间先后）

年代	名称	地址	创建者	性质	资料来源
顺治年间	绿芸书院	瑞安城东广福寺北	教谕沈肇基	官	《瑞安县志》，第 104 页
顺治年间	翠林书院	瑞安汀田	张士翮	私	《瑞安市志》，第 1270 页
顺治十一年	菉竹书院	瑞安城南望江桥畔	—	私	《瑞安市志》，第 1270 页
雍正元年	桂林书院	泰顺员岭岭脚	吴一琏	私	《泰顺县志》，第 552 页
雍正六年	梅溪书院	乐清县城东隅	县令唐传銈	官	《乐清县志》，第 331 页
雍正九年	环川书院	瑞安林垟	金如亮	私	《瑞安市志》，第 1270 页
乾隆四年	环山书院	玉环厅治西南	同知张在浚	官	光绪《玉环厅志》卷七
乾隆十三年	昆阳书院	平阳县岭门	县令彭绍堂	官	民国《平阳县志》卷十
乾隆二十四年	中山书院	永嘉县志东南	知府李琬	官	《永嘉县志》，第 72 页
乾隆二十七年	万松书院	瑞安万松山	令周鼎	官	《瑞安市志》，第 15 页
乾隆三十年	南和书院	平阳南港水头	邑人李长春	私	民国《平阳县志》卷十
乾隆三十年	崇正书院	平阳五都	县令何子祥	官	《平阳县志》，第 612 页
乾隆三十一年	龙湖书院	平阳城西门外龙湖	县令何子祥	官	《平阳县志》，第 612 页
乾隆三十二年	逢源书院	平阳万全六都	绅倪廷飏	私	民国《平阳县志》卷十
乾隆三十二年	环青书院	平阳四十四都	施氏兄弟	私	《平阳县志》，第 612 页
乾隆四十六年	玉尺书院	瑞安城小沙巷	县令赵应钧	官	《瑞安县志》，第 102 页
乾隆年间	敬业书院	瑞安汀田	张元灿	私	《瑞安市志》，第 1270 页
乾隆年间	文溪书院	平阳十二都西塘	叶世璧妻	私	民国《平阳县志》卷十
嘉庆五年	南雁书院	平阳南雁荡山	—	私	《温州市志》，第 2642 页
嘉庆十年	萃英书院	瑞安南社乡	县令徐映台	官	《瑞安县志》，第 104 页

① （清）张廷玉等纂：《清朝文献通考》卷 70《学校八》，商务印书馆 1936 年版。

续表

年代	名称	地址	创建者	性质	资料来源
嘉庆十二年	金鳌书院	乐清白象山	邑人陈配锦	私	《乐清县志》，第 1225 页
嘉庆十九年	玉海书院	玉环楚门西青山	绅王屏藩等	私	《玉环县志》，第 532 页
嘉庆年间	石林精舍	泰顺罗阳岡外村	绅潘鼎等	私	《泰顺县志》，第 552 页
道光十四年	聚星书院	瑞安清泉乡	陈锦萱倡捐	官	《碑刻二集》，第 754 页
道光二十六年	芝嶂书院	乐清后所芝嶂山	董开禧	私	光绪《乐清县志》卷四
咸丰三年	肄经堂	永嘉中山书院内	巡道庆廉	官	《永嘉县志》，第 314 页
咸丰三年	双溪书院	乐清仙溪花坦	邑人李林蔚	私	《乐清县志》，第 1224 页
咸丰年间	广化书院	永嘉广化寺	李国钿	私	新《永嘉县志》，第 1022 页
同治元年	志仁书院	永嘉枫林	—	私	新《永嘉县志》，第 1022 页
同治二年	玉海书院	玉环楚门西山	—	官	光绪《玉环厅志》卷七
同治六年	星岩书院	平阳二十五都泥山	邑人陈际中	私	民国《平阳县志》，卷四十五
同治十一年	心兰书院	瑞安心兰巷	许启畴等	私	《瑞安市志》，第 1270 页
同治年间	潘山寮书院	永嘉白泉后山	—	私	编《永嘉县志》，第 1022 页
光绪五年	播隐书院	玉环洞头豆岩	贡生张鸿文	私	《洞头县志》，第 7 页
光绪七年	罗山书院	永嘉永强二都	县令张宝琳	官	《永嘉县志》，第 317 页
光绪十年	愚溪书院	瑞安愚溪畔	—	私	《瑞安市志》，第 1271 页
光绪十二年	花竹书院	瑞安花竹岭	—	私	《瑞安市志》，第 1271 页
光绪二十年	狮山书院	平阳金镇	士绅段汝镕、夏毓兰等	私	《碑刻二集》，第 1156 页
光绪二十一年	算学书院	瑞安县城	孙诒让等	私	《瑞安市志》，第 1271 页
光绪二十三年	学渊书院	二十五都澄江	孙诒让	私	《温州市志》，第 2461 页
光绪二十四年	环海书院	玉环坎门教场头	郭氏兄弟	私	《玉环县志》，第 532 页
光绪年间	经话书院	瑞安万松山	金氏兄弟	私	《瑞安市志》，第 1271 页
光绪年间	峃山书院	瑞安大峃	林氏兄弟	私	《瑞安市志》，第 1271 页
光绪年间	三溪书院	永嘉上河乡	胡宗元	私	《温州市志》，第 2460 页
清末	凌霄书院	瑞安岩头村	周炳宸	私	《瑞安市志》，第 1271 页
清末	白漕书院	泰顺雅阳宝林寺	周氏家族	私	《泰顺县志》，第 552 页
清	水岸岩书院	—	永嘉百泉山	私	新《永嘉县志》，第 1022 页

续表

年代	名称	地址	创建者	性质	资料来源
清	田氏书院	瑞安鲤川村	田氏	私	《瑞安市志》，第 1271 页
清	瓯江书院	永嘉拱辰门外江浒	—	—	《永嘉县志》，第 317 页
清	凤鸣书院	玉环桐林	—	—	光绪《玉环厅志》卷七

表中引用史料版本信息（按表格顺序）：《瑞安县志》，（清）王殿金、黄徵乂总修，宋维远点校，中华书局 2010 年版。《瑞安市志》，宋维远主编，中华书局 2003 年版。《泰顺县志》，施明达主编，浙江人民出版社 1998 年版。《乐清县志》，即道光《乐清县志》，（清）鲍作雨、张振夔总修，陈纬校注，线装书局 2009 年版。光绪《玉环厅志》，（清）杜冠英、胥寿荣修，吕鸿焘纂，光绪六年（1880）刊本。民国《平阳县志》，王理孚修，符璋、刘绍宽纂，民国十四年（1925）刊本。光绪《永嘉县志》，（清）张宝琳修，孙诒让纂，中华书局 2010 年版。《平阳县志》，平阳县志编纂委员会编，汉语大词典出版社 1993 年版。《玉环县志》，玉环县志编纂委员会编，汉语大词典出版社 1994 年版。《温州市志》，温州市志编纂委员会编，中华书局 1998 年版。《碑刻二集》，即吴明哲编：《温州历代碑刻二集》，上海社会科学院出版社 2006 年版。光绪《乐清县志》，（清）李登云修，陈珅等纂，民国元年（1912）校补本。新编《永嘉县志》，永嘉县地方志编纂委员会编，方志出版社 2003 年版。《洞头县志》，洞头县地方志编纂委员会编，浙江人民出版社 1993 年版。

这里书院性质的“官”和“私”的辨别主要看书院经费的来源和创建过程。由地方行政长官和学官捐廉倡导建的书院，属于“官”；由地方绅民自行募建的书院，属于“私”。“私”在这里是“非官方”的意思，把地方公产也划入“私”。

表 2–4　清代温州书院创建数据统计

年代	顺治十八年		康熙六十一年		雍正十三年		乾隆六十年		嘉庆二十五年		道光三十年		咸丰十一年		同治十三年		光绪二十七年		总计		
数目	官	私	官	私	官	私	官	私	官	私	官	私	官	私	官	私	官	私	官	私	不详
	1	2	0	0	1	2	7	5	1	4	1	1	1	2	1	4	1	10	14	30	6
%	6		0		6		24		10		4		6		10		22		28	60	12
年均创建数	0.17		0		0.23		0.2		0.2		0.07		0.27		0.38		0.41		—		

光绪一朝共有 34 年，这里取吕仁伟的做法，以光绪二十七年（1901）为下限，其理由是光绪二十七年（1901）上谕，要求各省书院均改为学堂。[①]

由表 2–4 统计数字可知，顺治朝创办了数家书院，可能是明代书院发展的一个自然的延续。特别醒目的是长达 61 年的康熙朝没有创办一家书院，这显然是顺

① 吕仁伟：《浙江书院之研究》，花木兰文化出版社 2010 年版，第 19 页。光绪二十七年（1901）八月二日，上谕着各省所有书院，省城均改设大学堂，各府直隶州改设中学堂，各州县均改设小学堂。《清德宗实录》卷 485，“光绪二十七年七月己卯”，中华书局 1986 年版。

治九年（1652）的禁令所致。雍正朝3个书院出现在弛禁之前，一方面固然出于儒生阶层普遍的应考需要，另一方面也应该是清廷对办书院的默许，特别值得注意的是，雍正六年（1728）乐清的梅溪书院是县令唐传鉎积极运作而成的。乾隆、嘉庆两朝共85年，每年平均创建书院数为0.4个，说明这段时期书院发展平稳。乾隆朝是唯一的官办书院超过民办书院数量的一朝，这是因为雍正以后，朝廷一再鼓励创建书院，[①] 地方官秉承旨意，积极推动书院的创建。在这个过程中，知府和知县起到了关键性作用。咸丰以后书院创建呈现了一个明显的上升趋势，到光绪朝，年平均创建数达到0.41个，这是大量家族参与办学的结果，背后的原因值得研究。

清代地方官、士绅对书院的重视还体现在对已有书院的重修或补葺上。

表 2–5　清代书院修建情况

<table>
<tr><th colspan="2">书院</th><th>修建年代</th><th>修建者</th><th>修建</th><th>性质</th><th>资料来源</th></tr>
<tr><td rowspan="9">永嘉县</td><td rowspan="5">东山书院</td><td>雍正十年</td><td>巡道芮复传</td><td>移建</td><td>官</td><td>《永嘉县志》，第307页</td></tr>
<tr><td>乾隆二十年</td><td>巡道朱椿兴</td><td>重修</td><td>官</td><td>《永嘉县志》，第308页</td></tr>
<tr><td rowspan="2">乾隆二十四年</td><td rowspan="2">巡道徐绵、知府李琬、县令崔锡</td><td rowspan="2">重修</td><td rowspan="2">官</td><td>徐绵《序》，《永嘉县志》，第308页</td></tr>
<tr><td>李琬《序》，《永嘉县志》，第309页</td></tr>
<tr><td>道光十年</td><td>巡道贾声槐、署知府吕子班率绅士</td><td>重修</td><td>官</td><td>贾声槐《记》，《永嘉县志》，第310页</td></tr>
<tr><td rowspan="2">中山书院</td><td>道光十一年</td><td>巡道贾声槐、知府吕子班、署知县傅延寿偕率绅董</td><td>重修</td><td>官</td><td>孙同元《重修中山书院记》，《永嘉县志》，第312—313页</td></tr>
<tr><td>同治七年</td><td>署知府戴槃</td><td>重修</td><td>官</td><td>戴槃《重修中山书院并增广膏火记》，《永嘉县志》，第313页</td></tr>
<tr><td>鹿城书院</td><td>乾隆二十年</td><td>知府俞文漪、令崔锡倡率</td><td>重修</td><td>官</td><td>雷《碑记》，《永嘉县志》，第315页</td></tr>
<tr><td rowspan="2">瑞安</td><td>萃英书院</td><td>嘉庆十年</td><td>署令徐映台，署令赵宜馨</td><td>改建</td><td>官</td><td>《瑞安县志》，第104页</td></tr>
<tr><td>宝香书院</td><td>光绪三年</td><td>—</td><td>重修</td><td>—</td><td>《孙锵鸣集》，第114—116页</td></tr>
</table>

① 乾隆元年（1736）上谕："书院之制，所以导进人才，广学校之不及。我世宗宪皇帝命设之省会，发帑金以资膏火，恩意至渥也。"见《钦定大清会典事例》卷395《礼部·学校》，台湾中文书局1963年据光绪二十七年（1901）刻本影印，第2页。

续表

<table>
<tr><th colspan="2">书院</th><th>修建年代</th><th>修建者</th><th>修建</th><th>性质</th><th>资料来源</th></tr>
<tr><td rowspan="5">乐清县</td><td>金鳌书院</td><td>咸丰七年</td><td>绅陈炯堂等</td><td>重修</td><td>私</td><td>《碑志选》，第 419—410 页</td></tr>
<tr><td rowspan="4">梅溪书院</td><td>雍正六年</td><td>令唐传鉎</td><td>移建</td><td>官</td><td>《乐清县志》，第 331 页</td></tr>
<tr><td>嘉庆三年</td><td>令李珍</td><td>重建</td><td>官</td><td>《乐清县志》，第 331 页</td></tr>
<tr><td>嘉庆八年</td><td>令倪本毅</td><td>增建</td><td>官</td><td>《乐清县志》，第 332 页</td></tr>
<tr><td>同治三年</td><td>绅刘书年等</td><td>重建</td><td>私</td><td>光绪《乐清县志》卷四</td></tr>
<tr><td rowspan="3">平阳县</td><td>会文书院</td><td>光绪十年</td><td>绅陈承绂、周启良等倡捐</td><td>重建</td><td>私</td><td>民国《平阳县志》卷十</td></tr>
<tr><td>魁峰书院</td><td>康熙间</td><td>绅叶之真等</td><td>重建</td><td>私</td><td>民国《平阳县志》卷十</td></tr>
<tr><td>吾南书院</td><td>光绪八年</td><td>绅徐元达倡</td><td>移建</td><td>私</td><td>民国《平阳县志》卷十</td></tr>
<tr><td rowspan="6">平阳县</td><td rowspan="2">逢源书院</td><td>同治四年</td><td>—</td><td>重修</td><td></td><td>民国《平阳县志》卷十</td></tr>
<tr><td>光绪三年</td><td>绅陈彬</td><td>重建</td><td>私</td><td>民国《平阳县志》卷十</td></tr>
<tr><td rowspan="4">昆阳书院</td><td>乾隆二十年</td><td>署令杨兆槐</td><td>增建</td><td>官</td><td>民国《平阳县志》卷十</td></tr>
<tr><td>乾隆二十三年</td><td>令徐恕</td><td>修葺</td><td>官</td><td>民国《平阳县志》卷十</td></tr>
<tr><td>道光八年</td><td>绅施秉彝捐</td><td>重建</td><td>私</td><td>民国《平阳县志》卷十</td></tr>
<tr><td>同治三年</td><td>令余丽元</td><td>重建</td><td>官</td><td>民国《平阳县志》卷十</td></tr>
<tr><td rowspan="3">泰顺县</td><td>中村书院</td><td>雍正十二年</td><td></td><td>重建</td><td>私</td><td>《泰顺县志》，第 552 页</td></tr>
<tr><td>侯林书院</td><td>雍正十三年</td><td>吴子良裔孙</td><td>重建</td><td>私</td><td>《温州市志》，第 2642 页</td></tr>
<tr><td>罗阳书院</td><td>乾隆十七年</td><td>令杨人杰等</td><td>移建</td><td>官</td><td>《分疆录》，第 100 页</td></tr>
<tr><td rowspan="6">玉环厅</td><td rowspan="4">环山书院</td><td>嘉庆年间</td><td>绅潘汝梅等</td><td>重建</td><td>私</td><td>—</td></tr>
<tr><td>嘉庆元年</td><td>绅江花倡捐</td><td>修葺</td><td>私</td><td>光绪《玉环厅志》卷七</td></tr>
<tr><td>同治二年</td><td>同知张文藻，绅毛凤仪、蔡炳莲等</td><td>重修</td><td>官</td><td>光绪《玉环厅志》卷七</td></tr>
<tr><td>同治六年</td><td>同知赵宝甲，绅董思华、韩承烈等</td><td>重建</td><td>官</td><td>光绪《玉环厅志》卷七</td></tr>
<tr><td>玉海书院</td><td>同治二年</td><td>绅王正南</td><td>增建</td><td>私</td><td>光绪《玉环厅志》卷七</td></tr>
<tr><td>凤鸣书院</td><td>同治年间</td><td>绅吴焕章等</td><td>重修</td><td>私</td><td>光绪《玉环厅志》卷七</td></tr>
</table>

表中引用史料版本信息，参见表 2-1、表 2-3 的版本说明。新增《孙锵鸣集》，胡珠生编，上海社会科学院出版社 2003 年版。

表 2-5 一共罗列了清代修建书院 32 次。从表格可见，温州城是永嘉县城和温州府城，官方资源多，城中的中山书院、东山书院和鹿城书院都由官府进行修葺。道光十一年（1831）中山书院的重修就有巡道、知府和县令同时出面倡捐。

此外每个县的县令都会负责一个在县城或近郊书院的重修，如乐清的梅溪书院、瑞安的莘英书院、平阳的昆阳书院、泰顺的罗阳书院和玉环的环山书院。其他书院的重修一般由绅富或地方公产出资。

表 2-6　清代书院修建统计数据

年代	顺治十八年	康熙六十一年	雍正十四年	乾隆六十年	嘉庆二十五年	道光三十年	咸丰十一年	同治十三年	光绪二十七年	总计
数量	0	1	4	6	5	3	1	8	4	32
%	0	3.12	12.5	18.75	15.63	9.38	3.12	25	12.5	100
年均修葺数	0	0.02	0.29	0.1	0.2	0.1	0.09	0.62	0.12	—

因为统计样本太少，并非表格中每个数据都有确定的意义。但顺治、康熙时修缮书院较为淡漠，而同治朝书院修复却较为密集，这也许与太平天国之乱战后重建的氛围有关。

书院是儒生修习举业的场所，也是举行祭祀活动的场所。祭祀为的是思想道德教育。与官方的学宫一样，书院的一些设施也是为了建构地方的文化传统，雍正初年任温处道台的芮复传在东山书院建了谢康乐祠，祀南朝永嘉太守谢灵运。[①] 这是因为谢氏开创了温州的人文传统。[②] 当然地方行政长官和学官们最热衷的还是建构地方化的理学传统。东山书院除了谢康乐祠外，还有王景山祠，祀温州理学传统的开创者王儒志。据明代任南京刑部湖广司郎中的乐清人侯一元的说法，王儒志直接承续了孔孟正统，他在宋庆历初建立道学且拥有众多追随者的时候，二程之“伊洛之学”尚未出现。[③] 雍正时乐清县令唐传鉎创建书院，以宋代乐清先贤王十朋的号

① （清）张宝琳修，孙诒让纂：《永嘉县志》，永嘉县地方志编纂委员会整理，中华书局 2010 年版，第 193 页。

② 以温州的孤屿为例，孤屿原先只是一个近城的蛮荒小岛。刘宋永初三年（422），谢灵运出任永嘉太守。据称谢灵运“凡永嘉山水，游历殆遍”（见沈括：《梦溪笔谈》，中华书局 2009 年版，第 266 页）。好游山水的谢氏登上孤屿，写下了《登江中孤屿》。孤屿之于谢灵运，犹如睡美人之于使其复活的王子，孤屿由于谢氏的题咏突然获得了鲜活的生命，原本只是温州的孤屿，随之变成天下的孤屿。在唐代，孟浩然、李白、杜甫、顾况、韩愈和司空图等都有对孤屿的吟咏。其中李白、杜甫和韩愈终生足迹未至温州，他们的咏孤屿诗篇都提到谢灵运。显然这些名垂千古的不朽诗人涉笔孤屿多因谢灵运而起，于此不难领略“谢灵运之吻”在孤屿乃至温州历史上的“创世”意味。

③ （清）侯一元：《遗教堂碑记》，（清）张宝琳修，孙诒让纂：《永嘉县志》，永嘉县地方志编纂委员会整理，中华书局 2010 年版，第 1021 页。

“梅溪”为书院的名称，曰“梅溪书院”。唐传鉎作的《书院记》书写了王十朋的理学家风范，叙述了理学大师朱熹对王十朋的推崇和嘉许，最后文章点出了他创建梅溪书院的目的：“此余汲汲于邑梅溪王公之书院，盖欲以乡之先贤，启乡之后进，为义尤为深切著明也。”① 之所以兴建这些纪念先贤的设施，就是希望以同乡的“先贤”来激励后来者。如果说东山书院和梅溪书院各自奉祀了一位温州理学传统的标志性人物，那么鹿城书院的四贤祠供奉的群贤却呈现了一个极为完整的理学系谱。乾隆二十年（1755）任浙江学政的雷鋐在《重修鹿城书院碑记》中写道：

> 东瓯鹿城书院有四贤祠，祀二程子、朱子及南轩张子也。以东瓯贤士多从四贤游者，不忘其渊源，用兴起后学，故列从游诸君子配享之位，已多历年所。兵燹后，仅存数椽，且近朽蠹。余祇谒愸然，与太守俞君、永嘉令崔君商所以复之。……于是叹先贤遗躅易以振兴，不忧来者之无人也。夫四贤之道，炳如日星。……今日者，瞻望门墙，步趋阶城。有不慨然慕、奋然兴者乎！且夫木石甓瓦，涂塈丹雘，尚有贫而莫能与者，若有志之士就此慨然、奋然之一念，决之以必往，持之以不息，知悖此即为自暴，舍此即为自弃，读书以扩其识见，饬行无惭其衾影，有不克为继起之后人者乎！且相观而善，切磋鼓舞，勿哂为迂，勿畏为难，安在继起之人不如当日从游之盛乎！②

“四贤”指的是宋代的大理学家程颢、程颐、朱熹和张栻。据光绪《永嘉县志》，配祀是曾向四贤从学问道的22个温州人，其中跟程氏二兄弟学习的有11人，跟朱熹学习的11人。③ 这就构成了从王儒志到四贤，再到数量庞大的温州理学家群体。雷鋐要求鹿城书院的儒生能够奋然“继起”。关于温州亲聆四贤教诲的人数，收录到光绪《永嘉县志》的戴槩之《重修四贤祠记》却说有33人。戴槩在文中称，重修四贤祠的目的就是树立温州儒生的学习榜样，研读先贤的事业

---

① （清）唐传鉎：《书院记》，（清）鲍作雨、张振夔修：道光《乐清县志》，陈纬校注，线装书局2009年版，第332页。

② （清）张宝琳修，孙诒让纂：《永嘉县志》，永嘉县地方志编纂委员会整理，中华书局2010年版，第202—203页。

③ （清）张宝琳修，孙诒让纂：《永嘉县志》，永嘉县地方志编纂委员会整理，中华书局2010年版，第289页。

文章，成为儒家理学的传人。[①]

如同各行各业都有自己的行业神，文昌帝是保佑儒生求取功名的神祇。这也是书院供奉的神明，永嘉东山书院、中山书院、梅溪书院等都设有文昌庙。[②]

学官和地方行政长官十分希望以理学正统思想武装儒生，进而希望儒生进一步以理学思想教化社会。每逢书院的创建和重修，县令的记序往往借机提醒儒生的教化重任，要求儒生明辨“正邪”“人兽”，打击儒家思想的异端。平阳令何子祥《崇正书院序文》，紧扣书院名称“崇正”两字，阐发教化思想：

> 然欲崇正，必先自正也。……故予所望于诸生者，非但梵音化为弦诵，禹步易以矩行，人伦日用，大小粗精，鸿纤高下，悉以正为主。则虽家居，是亦为政。居官莅民，所以设施举而措之，裕如耳。诸生勉乎哉！[③]

作者要求儒生在社会生活中，与道教、佛教划清界限，在人伦日用中践行儒家思想。逢源书院坐落在平阳万全乡六都，它的兴废始终与佛教密切相关。书院变寺庙，寺庙又变为书院，或书院与寺庙并存，一部逢源书院史就是与佛教的斗争史。[④]于此可见，官员赋予书院与官学一样的教化使命，正如同治朝平阳县令余丽元说：“书院与学校相表里，为世道人心所攸关。”[⑤]

三、遍地开花的温州学塾

在清代，温州书院的学生是生员或童生，学生读书是为了科举考试。而城乡儿童的启蒙教育就由学塾承担。学塾分社学、义塾和私塾。

---

① （清）张宝琳修，孙诒让纂：《永嘉县志》，永嘉县地方志编纂委员会整理，中华书局 2010 年版，第 203 页。

② （清）张宝琳修，孙诒让纂：《永嘉县志》，永嘉县地方志编纂委员会整理，中华书局 2010 年版，第 172 页。（清）鲍作雨、张振夔总修：道光《乐清县志》，线装书局 2009 年版，第 332 页。

③ （清）何子祥：《崇正书院序文》，《蓉林笔钞》卷 3，乾隆二十八年（1763）刻本。“梵音”指佛的声音，佛的声音有五种清净相；也指读佛经的声音。“弦诵”，即弦歌和诵读，意为诗礼教化或学校教育，这里是“儒家”的意思。“禹步”是指道士在祷神仪礼中常用的一种步法动作，相传为夏禹所创，故称禹步。

④ （清）何子祥：《蓉林笔钞》卷 3，（清）陈彬：《重建逢源书院记》，符璋、刘绍宽纂：《平阳县志》卷 10《学校志二》，民国十四年（1925）刻本。

⑤ （清）余丽元：《昆阳书院落成记》，符璋、刘绍宽纂：《平阳县志》卷 10《学校志二》，民国十四年（1925）刻本。

起初，社学在政府的推动下建立。顺治九年（1652），经皇帝批准，要求全国州县每个乡设置一个社学。社学教师由“学优行端”的生员充任。社师享受公家津贴和免除差役的待遇。雍正元年（1723）的一个政令要求乡子弟年十二以上，二十以内，有志学文者，俱令入学肄业。[①] 社学多设于当地文庙，学生不需缴纳学费，以成就无力读书之士，因此，社学也带有义学性质。

与社学相似的有义塾（义学）。义塾有官办，亦有宗族、寺庙主办或私人捐资创办，免费吸收贫寒人家子弟入学。私塾是家庭、宗族或教师自己设立的学校，一般一塾只有一个教师。

表 2–7　清代温州学塾一览

社学名称		创办年代	地址	创建者	性质	资料来源
永嘉县	林占春私塾	顺治年间	永嘉罗浮	绅林占春	私	新《永嘉县志》，第 1023 页
	义学四所	康熙二十一年	城四隅	令郑廷俊	官	《永嘉县志》，第 317 页
	楠溪义学	乾隆年间	枫林	县丞何森倡率里人徐元常等建	官	乾隆《温州府志》卷七
	东瓯义塾	道光二十五年	县城木杓巷	知府张璬	官	《永嘉县志》，第 317—318 页
	三府义学	—	通判署门右	—	官	《永嘉县志》，第 318 页
	温卫义塾	乾隆三十二年	温州卫署西	卫守备黄大馥捐廉	官	《永嘉县志》，第 318 页
	东嘉义塾	光绪二年	习礼坊	署令潘骏	官	《永嘉县志》，第 318 页
	吉士义塾	光绪六年	吉士坊	令张宝琳	官	《永嘉县志》，第 318 页
	私塾 53 所	宣统二年	—	—	私	新《永嘉县志》，第 1024 页
乐清县	龙山书塾	康熙十二年	大芙蓉白龙山	生员林文朗等建	私	光绪《乐清县志》卷四
	启秀书塾	康熙二十七年	大芙蓉华屿山	监生林时电等建	私	光绪《乐清县志》卷四
	修文书塾	乾隆三十五年	二十五都溪头	里人李氏建	私	光绪《乐清县志》卷四
	启文书塾	乾隆五十五年	小芙蓉西岭	监生俞汝谐建	私	光绪《乐清县志》卷四
	采真书塾	乾隆年间	八都横带桥	贡生郑光夔建	私	光绪《乐清县志》卷四
	腾蛟书塾	乾隆十三年	三都后屿	监生姚亦度建	私	光绪《乐清县志》卷四
	崇文书塾	嘉庆二年	十四都蒲岐	—	私	光绪《乐清县志》卷四
	雁峰书塾	—	六都翁垟	—	私	光绪《乐清县志》卷四
	华村书塾	—	七都黄华	—	私	光绪《乐清县志》卷四

① （清）素尔讷等纂修：《钦定学政全书》卷 73《义学事例》，嘉庆十七年（1812）刻本。

续表

社学名称		创办年代	地址	创建者	性质	资料来源
乐清县	凤山书塾	—	五都凤屿	长山郑氏建	私	光绪《乐清县志》卷四
	罗山书塾	嘉庆十二年	十九都静底	郑碧雍建	私	光绪《乐清县志》卷四
	瀛洲书塾	嘉庆十六年	八都柳市	增生陈瑞邦，监生胡明望、刘济清建	私	光绪《乐清县志》卷四
	东山书塾	—	大荆下湾	包子尚建	私	光绪《乐清县志》卷四
	金溪书塾	—	十七都瑶川	—	私	光绪《乐清县志》卷四
	锦湖书塾	道光三年	二十四都湖口	—	私	光绪《乐清县志》卷四
	酿花书塾	—	—	九都钱时邻建	私	光绪《乐清县志》卷四
	骊珠书塾	—	十五都南阳	—	私	光绪《乐清县志》卷四
	义塾	道光二十三年	县前	杨鹤鸣	官	光绪《乐清县志》卷四
瑞安县	诒善祠塾	同治年间	城北孙氏宅	孙衣言	私	新编《瑞安市志》，第1271页
	颖川书塾	光绪年间	县城陈氏宅	陈黻宸	私	《瑞安市志》，第1271页
	义学	康熙二十四年	县城东门	—	官	《瑞安市志》，第1271页
	社学	—	西岘山 永丰厢 南社山 嘉屿山	—	—	《瑞安市志》，第1271页
平阳县	金印渡义塾	康熙三十七年	县城北门外	署令王奕鹏	官	民国《平阳县志》卷十
	观海社学	乾隆二十七年	十都方梁	里人，令何子祥拨田十亩资其膏火	私	民国《平阳县志》卷十
	观澜社学	乾隆二十七年	十一都柘园文昌阁内	令何子祥资其膏火，绅陈其尚信捐	—	民国《平阳县志》卷十
	岱山义塾	同治元年	三十七都岱山	温处道魏檄	官	民国《平阳县志》卷十
	亲仁社学	光绪八年	二十五都泥山	汤肇熙	官	民国《平阳县志》卷十
泰顺县	义学	康熙年间	学宫前	—	官	《分疆录》，第100页
	竞成书塾	乾隆年间	四都筱村	里人林凤鸣	私	《分疆录》，第101页
	文峰书塾	乾隆年间	筱村东阳	里人林伯穆	私	《分疆录》，第101页
	广成书塾	—	城内	里人周启耕	私	《分疆录》，第101页

续表

社学名称		创办年代	地址	创建者	性质	资料来源
泰顺县	隆文书塾	—	一都里庄	里人林绍昌	私	《分疆录》，第 101 页
	社学 22 所	清代	—	—	官	新编《泰顺县志》，第 552 页
玉环厅	沈氏书塾	雍正八年	小麦屿	沈氏家族	私	《玉环县志》，第 532 页
	龙津书塾	乾隆五十一年	楚门龙王渡	王屏藩	私	《玉环县志》，第 533 页
	榴园书塾	乾隆五十五年	陡门头	董文贤	私	《玉环县志》，第 533 页
	普竹书塾	嘉庆元年	里墩	黄元连	私	《玉环县志》，第 533 页
	青云书塾	嘉庆五年	密莺	王清泰	私	《玉环县志》，第 533 页
	松溪书塾	嘉庆十九年	大蒲田	戴全斌	私	《玉环县志》，第 533 页
	璞山书塾	嘉庆年间	厅城	赵锜	私	《玉环县志》，第 533 页
	玉川书塾	嘉庆年间	塘里	章鼎	私	《玉环县志》，第 533 页
	愚溪书塾	嘉庆年间	陡门头	董振国	私	《玉环县志》，第 533 页
	景山书塾	道光十年	西青岙	李树苑	私	《玉环县志》，第 533 页
	云生书塾	道光二十九年	楚门	王震之	私	《玉环县志》，第 533 页
	杏苑书塾	道光年间	鳝鱼头	董思华	私	《玉环县志》，第 533 页
	柳塘书塾	道光年间	陡门头	潘逢源	私	《玉环县志》，第 533 页
	翼汝书塾	道光年间	楚门龙王渡	王邻	私	《玉环县志》，第 533 页
	梦熊书塾	道光年间	楚门	陈梦熊	私	《玉环县志》，第 533 页
	禄田书塾	道光年间	芦岙	江南莲	私	《玉环县志》，第 533 页
	双峰书塾	道光年间	双峰	刘超然	私	《玉环县志》，第 533 页
	曙江书塾	道光年间	厅城	林灿霞	私	《玉环县志》，第 533 页
	瀛仙书塾	咸丰二年	蛸蛑岙	李庚星	私	《玉环县志》，第 533 页
	芹樵书塾	咸丰年间	厅城	吴藻	私	《玉环县志》，第 533 页
	东溪书塾	咸丰年间	大浦田	戴芳轩	私	《玉环县志》，第 533 页
	蕴山书塾	咸丰年间	芦岙大沙头	林增辉	私	《玉环县志》，第 533 页
	芙峰书塾	咸丰年间	厅城	蔡炳莲	私	《玉环县志》，第 533 页
	德卿书塾	咸丰年间	厅城	吕恭诏	私	《玉环县志》，第 533 页
	铄堂书塾	咸丰年间	厅城	潘治耀	私	《玉环县志》，第 533 页
	迁梯书塾	咸丰年间	厅城	徐烝云	私	《玉环县志》，第 533 页
	梧冈书塾	咸丰年间	厅城	毛凤仪	私	《玉环县志》，第 533 页
	南轩书塾	同治年间	大蒲田	梁堃	私	《玉环县志》，第 533 页

续表

社学名称		创办年代	地址	创建者	性质	资料来源
玉环厅	幼童义塾	光绪五年	永清门外	胥寿荣	私	《玉环县志》，第 533 页
	晋水书塾	光绪五年	三合潭北山	苏海	私	《玉环县志》，第 533 页
	曜堂书塾	光绪八年	陡门头	董曜堂	私	《玉环县志》，第 533 页
	大麦屿蒙馆	光绪十一年	大麦屿	徐阿虹	私	《玉环县志》，第 533 页
	朝阳书塾	光绪二十七年	古城朝阳	李阿玥	私	《玉环县志》，第 533 页
	郑家书塾	光绪三十年	小陈岙	游小舟	私	《玉环县志》，第 533 页
	福山书塾	光绪三十四年	福山桥头	沈熊平	私	《玉环县志》，第 533 页
	西园书塾	光绪年间	桃花岭	王殿金	私	《玉环县志》，第 534 页
	杏林书塾	光绪年间	三合潭文尖冈	林秀东	私	《玉环县志》，第 534 页
	履厚家塾	光绪年间	大蒲田	戴尧仁	私	《玉环县志》，第 534 页
	玉书家塾	光绪年间	坎门钓艚	邱玉书	私	《玉环县志》，第 534 页
	冷水潭书塾	宣统元年	冷水潭金家	肖东国	私	《玉环县志》，第 534 页
	宏斋书塾	宣统年间	清港高坦头	王宏斋	私	《玉环县志》，第 534 页
	永富书塾	宣统二年	凡塘下凡	苏永富	私	《玉环县志》，第 534 页

表 2–7 根据古今地方史志呈现的资料制作。由于史志编纂者对学塾的重视程度不一，他们记录的详细程度也各不相同，因此，表格所列各县学塾的多寡不能客观反映各县学塾实际发展程度。从表格看，乐清和玉环记录学塾的资料比较细密，而平阳、瑞安的资料就很简略。永嘉、玉环出现了一个统计数字，新编《泰顺县志》说清代泰顺有学塾 22 个，新编《永嘉县志》说宣统二年（1910）有学塾 53 所，这些都可以反映出史志作者对学塾重要性的不同认识。值得注意的是《玉环县志》登载有具体名称的学塾达 42 个之多。玉环在温州地区开发最迟，明清以来被弃置界外，雍正六年（1728）才设厅，文化教育最为落后，人口也少。可以推测具有较高文化积累，且人口众多的永嘉、平阳和瑞安诸县学塾数量极可能是数以百计的。从玉环学塾的数目考量，我们可以想象清代温州私塾遍地开花的盛况。玉环私塾除了相当一部分是以地名命名外，还有些是以创办者的人名或宗族姓氏命名的。以人名命名的如永富书塾、宏斋书塾和玉书书塾等，以宗族姓氏命名的如郑家书塾和沈氏书塾等。据此，家庭和宗族应该是办私塾的主要力量。

社学和义塾的经费有赖于地方官的筹措。平阳十都方梁和十一都柘园的社学就靠县令何子祥清丈涂园所得田亩。[①] 平阳金岱山义塾完全靠官款维持。同治元年（1862）温处道魏檄设义塾，饬县岁拨钱六十千，为延师课读废。邑令汤肇熙分拨三十千文给吾南书院，岱山义塾剩下三四千，县令沈懋嘉复捐廉十千，合为四十千文为塾师费。[②] 据何子祥《昆阳社学条规》，社学的教学对象的确是"小学生"，在读学生的年龄在十一二岁至十五岁间。[③]

晚清温州也有些私塾不限于儿童的启蒙，如孙衣言创办的瑞安诒善祠塾，其主要训练内容之一就是科举考试。泰顺林用霖、周焕枢、周恩煦、周恩锜，乐清陈国锵，平阳杨镜澄、张蔚文、宋恕，玉环庞凤翥，青田章楷，瑞安金鸣昌、林庆衍、池志澂、黄绍第、王翼传、周珑、周璪、项方蒨、项芳兰、何庆辅和胡调元等有功名的温州学人都曾在诒善祠塾就学。刘绍宽说"吾乡自太仆后，科甲蝉联而起"，[④] 指出了孙衣言的诒善祠塾与温州士子科举考试能力提升的密切关系。

第二节　文化的家族传递

在天崩地坼般的明清易代之际，一批明末的士绅家族对文化传承起着十分重要的作用。随着长时期和平局面的到来，慢慢地一些农耕家庭也培育出了读书种子，接连几代人获得科举功名的家庭越来越多。随着"书香门第"的大量出现，温州社会逐渐形成了一个相对稳定的"士林"。雅文化在士绅阶层中得以传承和发展。[⑤]

---

① （清）何子祥:《白沙里观海阁社学记》《十一都文昌阁拨涂田额以观澜记》,《蓉林笔钞》卷 3，乾隆二十八年（1763）刻本。

② 符璋、刘绍宽纂:《平阳县志》卷 10《学校志二》，民国十四年（1925）刊本。

③ 《昆阳义学条规》，载（清）何子祥、余丽元纂:《龙湖书院志》，陈仲光点校，中州古籍出版社 2010 年版，第 54—56 页。

④ 刘绍宽:《籀园笔记》，政协浙江省苍南县委员会文史资料委员会编:《苍南文史资料》第 16 辑《刘绍宽专辑》，2001 年，第 365 页。"太仆"指孙衣言，孙衣言在光绪间官至太仆寺卿。

⑤ 通俗文化在"士人和乡民的宗教信仰与精神生活"一章中叙述。

一、乡邦文献的搜集和整理

温州的文化传承体首先体现在地方士人、文教宦员对史料典籍的保存和整理。在乡邦文献的保存方面用力之勤、贡献之大首推清初的周天锡。据光绪《永嘉县志》记载，在明清易代之后，他“谢绝人事，惟以著述自娱”，共著述三十七种，其中大部分属于地方文献资料的搜集和整理。[①]特别重要的有《慎江文征》（今存抄本）、《慎江文逸》《续慎江文逸》《慎江文类》《慎江诗逸》《二续慎江诗逸》《慎江诗类》和《慎江史逸》八种。

周天赐最先着手的工作当为《慎江文征》的编录。他寻幽访逸搜罗先辈文章大约始于顺治四年（1647），[②]那时温州尚处于残酷的战争环境中。孙诒让在评论《慎江文征》时说：“巨集哀然，其搜辑颇为赅博，所载明代遗文，多从故家旧稿展转捊录，尤多罕觏之作。”[③]这一方面揭示了周氏的工作内容，另一方面也指出了他的贡献，即他所利用的明代典籍后来大多亡佚，但他编录的资料得以保存至今。周氏之所以长时期花费巨大的精力编辑多部体量庞大的总集，其动力来自对地方历史的责任和担当，他担心“烽火频惊，旧闻放失”，抱着抢救史料的迫切心情从事这些工作，在这个过程中备尝种种艰难困苦。周氏在《慎江文逸》的《自序》中说：

> ……然余之为此更难矣。家鲜藏书，每向人丐阅，而煤败楮败者十之三，焉乌帝虎者十之五，则摭拾之难；屈首受举子业，既乏通材，至躬揽目购，又不越一乡一邑，则论列之难；及一稔姓氏如逢故交，偶得一二语，不啻寸珠尺璧，则去舍之难；甚者好思不来，穷鬼相搏，研墨吮笔，率弃去疾走弗顾者再，而风雨疾病不与焉，则记载之难。余之因难而辄已，已而复捋搰不自释者，又五阅岁矣。况乎烽火频惊，

① （清）张宝琳修，孙诒让纂：《永嘉县志》，永嘉县地方志编纂委员会整理，中华书局2010年版，第741页。

② 周天锡说自己在“陵谷后四年”开始这项工作。《慎江文征》的《自叙》，参见（清）张宝琳修，孙诒让纂：《永嘉县志》，永嘉县地方志编纂委员会整理，中华书局2010年版，第1318页。

③ （清）孙诒让：《温州经籍志》，潘猛补校补，上海社会科学院出版社2005年版，第1546页。

旧闻放失，江河既逝，老成逶迤。呜呼！此所为愈难也欤。[①]

周天锡搜集编录乡邦文献并非基于纯粹的学问兴趣，里面也蕴含了异族统治下的文化情结。这在编纂《二续慎江诗逸》中特别明显，他在《自序》中说：

> 诗以著代也，代著而其人之诗见焉。……而伤今吊古之吟，忧谗畏讥之什，视沦草莽槁泉石者不啻过之。夫白马宾王，乃缅怀于殷士；故宫禾黍，始悼叹夫周京。云霞郁思，山川洒泣，人所应尔，我亦同然。爰自甲申以后，得若干人，别为一集。虽风雅不殊，音徽如故，而揽时观世，抑将有感于此也。[②]

周天锡特意把易代之际的诗歌编为一集，这些思念故国的诗篇保留了那代士人特殊的生命感觉。他多部集子的名称都有个“逸”字。“逸”意为“散失”，把散失的诗文、掌故和各种史料挖掘出来，以备将来编纂温州府及其下属各县史志之用。同样以书名显示编书意图的还有顺治永嘉教谕劳大与的《瓯江逸志》——补郡乘之阙。[③]黄汉于道光二十二年（1842）编成的《瓯乘补》——补郡邑乘津逮所未及。黄汉自述：“……每于晦明风雨间，手一编弗辍。间见诸书有载及吾瓯地舆、人物、故事，辄为笔之简端。……积久成帙，因溯古及今，次第编辑而厘订之。”与类似的书籍相比，此书的一个显著特点就是在内容上兼收并蓄，收录了不少“鄙琐怪诞”的故事，这就留下了理解当时人们精神世界和思想世界的珍贵史料。[④]

担任过江苏溧阳知县的永嘉人曾唯，鉴于清初周天锡的《慎江诗逸》和《二续慎江诗逸》未经刊刻，久而散佚，担心温州的诗篇和诗人在历史中湮灭，出面联络瑞安、平阳和泰顺的同道，在省城、府城搜觅书林，广咨良友，经过四年的

① （清）张宝琳修，孙诒让纂：《永嘉县志》，永嘉县地方志编纂委员会整理，中华书局2010年版，第1319页。引文中“煤败楮败”指典籍因纸和墨品质低劣而字迹模糊不清。“焉乌”指“焉”和“乌”二字形似容易混淆，这里泛指因形近而误刻、误抄的字。“帝虎”意义与“焉乌”同。

② （明）周天锡：《花萼楼集》，周干、陈仲光点校，黄山书社2012年版，第6页。

③ （清）孙诒让：《温州经籍志》，潘猛补校补，上海社会科学院出版社2005年版，第1676页。

④ （清）张宝琳修，孙诒让纂：《永嘉县志》，永嘉县地方志编纂委员会整理，中华书局2010年版，第1150页。

努力，在乾隆末期刊刻了《东瓯诗存》四十六卷。① 到了道光年间又有平阳人杨诗，搜辑温州先哲遗闻逸事及文字之涉温州文献者，汇为《瓯海还珠》一百二十卷。因为其目的是以备府县志编纂者采择，以往各种志书中已经有的诗文，都不录。民国《平阳县志》评论说，此书“搜辑繁富，与永嘉黄汉《瓯乘补》可称匹敌”。② 其他较为重要的保存文献资料的书还有：康熙时的永嘉县学训导陆进的《东瓯掌录》，③ 瑞安余国光、余永森父子的《东瓯遗志》和《东瓯诗存》，④ 永嘉拔贡陈舜咨的《瓯雅》，⑤ 永嘉生员陈遇春的《瓯栝文录》，⑥ 道光永嘉教谕孙同元的《永嘉闻见录》，⑦ 瑞安洪守一的《瓯乘拾遗》。⑧

除了以整个温州府为对象的资料收集和编录外，还有以县域范围编成的文献集。泰顺有董斿、董盼父子同治年间刊刻的《罗阳诗始》。⑨ 平阳有李玉衡的《优行集》、刘眉锡的《横阳诗萃》、杨诗的《平阳县志辨误校正补遗》⑩、瑞安有金正

---

① （清）张宝琳修，孙诒让纂：《永嘉县志》，永嘉县地方志编纂委员会整理，中华书局 2010 年版，第 1120—1121 页。

② 符璋、刘绍宽纂：《平阳县志》卷 38《人物志七》，民国十四年（1925）刻本。

③ （清）孙诒让：《温州经籍志》，潘猛补校补，上海社会科学院出版社 2005 年版，第 1678 页。陆进，字荩思，钱塘人，岁贡生，康熙二十三年（1684）任永嘉训导。

④ （清）王殿金、黄徵乂总修：《瑞安县志》，宋维远点校，中华书局 2010 年，第 330、338 页。余永森为国光子，见（清）孙诒让：《温州经籍志》，潘猛补校补，上海社会科学院出版社 2005 年版，第 1365 页。余永森为乾隆三十九年（1774）举人，见光绪《永嘉县志》第 223 页。据曾唯自述，《东瓯诗存》的编纂受到余国光的启发。（清）张宝琳修，孙诒让纂：《永嘉县志》，永嘉县地方志编纂委员会整理，中华书局 2010 年版，第 1321 页。

⑤ （清）张宝琳修，孙诒让纂：《永嘉县志》，永嘉县地方志编纂委员会整理，中华书局 2010 年版，第 1323 页。

⑥ （清）张宝琳修，孙诒让纂：《永嘉县志》，永嘉县地方志编纂委员会整理，中华书局 2010 年版，第 1322 页。

⑦ （清）孙诒让：《温州经籍志》，潘猛补校补，上海社会科学院出版社 2005 年版，第 1678 页。孙同元，仁和人。嘉庆戊辰（1808）举人，道光中任永嘉教谕。

⑧ 参见《浙江府县县志辑》第 58 册，《中国地方志集成》，上海书店 1992 年版。

⑨ （清）孙诒让：《温州经籍志》，潘猛补校补，上海社会科学院出版社 2005 年版，第 1563—1564 页。

⑩ 符璋、刘绍宽纂：《平阳县志》卷 51《经籍志四》，民国十四年（1925）刻本。杨诗在《平阳县志辨误校正补遗》自述中说“访之江南北前朝人物，而断简残碑，卒归兵燹，幸存者百中之一”。周衣德在题跋中高度肯定杨诗此书的重要价值：“以《平志》数遭兵燹，要皆掇残编于灰烬之余，期间风流云散，民物变迁，道学之儒远逊前古。……其有遗落而见于他书，为搜罗所示及者，据实补之，以匡史笔所未逮。”（清）孙诒让：《温州经籍志》，潘猛补校补，上海社会科学院出版社 2005 年版，第 443—445 页。

声编成的《瑞安诗存》。[①]

温州是一个宗族观念很强的地区，地方士绅基于强烈的宗族意识编成的家集、家乘，在客观上也留下了珍贵的地区性史料，如前述乐清宗谱中关于迁界、闽变的记载。永嘉楠溪鹤阳谢氏，据传是谢灵运的后裔。在明清易代之际，由于“海盗”“山寇”肆虐，瓦砾荆榛，村落皆墟。逃避战乱的人只能以求生为目标，家族文献往往无暇顾及。康熙时，谢梦览在《鹤阳家集》隆庆刻本的基础上增补重刊。这个康熙本虽然后来散失，但如果没有谢梦览刻的版本的传承，很可能就没有我们今天看到的光绪十一年（1885）版的《鹤阳家集》。[②]永嘉英桥王氏在明代是一个十分显赫的世家大族，由于战乱和迁界，家族文献的散失很严重，到了“十不得一”的程度，康熙间族人王咏为搜罗家族文献，“心血为枯”，最终编成《永嘉王氏家言》六卷。[③]这种家族文献集各地多有，例如嘉庆年间瑞安有胡褒编的十六卷《胡氏家集》。[④]正是由于地方宗族对族内文献保存有一种近乎宗教般的热忱，再经地方文史机构的整理收藏，温州地区包括谱牒、文集在内的海量资料得以留存。

二、士绅家族的文化承续

文献典籍是一种静止的文化存留形态，但文化作为人类适应外部环境的“体外器官”还体现在现实的社会生活和个体生命之中。这种生活方式和精神传统的存续也是由士绅家族内的父子、祖孙、叔侄和兄弟之间完成的。

犹如肉身的传宗接代，一脉单传给人以香火断绝之忧；“文化香火”也往往类此。家族内多个读书人的存在就相对容易形成稳固的文化传统。永嘉教谕孙同元和士人杨青早就注意到了兄弟工于诗文的现象。

《闻见录》云：“近时永嘉兄弟勇于文者王玉、王壬，颜冠莪、颜

---

① （清）孙诒让：《温州经籍志》，潘猛补校补，上海社会科学院出版社2005年版，第1570页。

② （清）孙诒让：《温州经籍志》，潘猛补校补，上海社会科学院出版社2005年版，第1552—1154页。

③ （清）孙诒让：《温州经籍志》，潘猛补校补，上海社会科学院出版社2005年版，第1555—1556页。

④ （清）孙诒让：《温州经籍志》，潘猛补校补，上海社会科学院出版社2005年版，第1558页。

> 四源，陈熙、陈燧，高崧、高一枢、高一夔，潘葆鈖、潘葆铨、潘葆光、潘松廷，互相砥砺，并属连枝”云云。然以余所知，后之兄弟工文者又有陈骏烈、陈鸿烈，任大骏、任绍东，陈祖绶、陈祖纶，周德鸐、周德骏，陈寿宽、陈寿宸，项承权、项承椿，亦皆双丁竞爽，二陆争荣，古今人不相让也。余所知吾邑兄弟工文者，前犹有林元桂、林元植，周天锡、周天镜，王演霈、王演霖，陈王绶、陈王组，张元旭、张元观，徐步衢、徐作砺，张泰青、张衡青，潘宗耀、潘宗澜，马炅中、马昱中。俱有著述，以功名显。[1]

清初，战乱频仍，迁徙无定，人们辗转沟壑之中，性命脆弱如草芥，最容易造成文化的断裂。这时，那些经济条件较好，或有过尊荣社会地位的显要家族就承担了文化传承的功能。其中首推几个明末政要之家：永嘉周家。周应期，万历四十七年（1619）进士，曾任礼部郎中、福建兵备海道，在从政生涯中兼治学，著有《家礼正衡》《正字遗书》。[2] 他也作诗，著有《二东小草》。[3] 周应期子周天锡除了上文提到的大量乡邦文献搜集和整理外，跟他父亲一样也治学，著有《周易本义翼》《四书翼注》。[4] 周应期次子周天镜也著有《半隐斋集》。[5] 与周家一样，永嘉二都英桥王维夔也是明代高官，官至江西布政使，入清以后三个儿子都有官职，二子王锡琁是一名文教官员，任青田教谕。三子王锡琯是顺治九年（1652）进士，著有《王玉叔诗选》。[6] 王锡琯子王演霈，康熙十一年（1672）拔贡，授奉化教谕，著有《白石草》《瓮城草》。[7] 王锡琯的一个族侄，“幼通三教，馆学五

---

① （清）杨青：《杨青集》，谢作拳、伍显军编，上海社会科学院出版社 2005 年版，第 368 页。

② （清）张宝琳修，孙诒让纂：《永嘉县志》，永嘉县地方志编纂委员会整理，中华书局 2010 年版，第 1086、1111 页。

③ （清）张宝琳修，孙诒让纂：《永嘉县志》，永嘉县地方志编纂委员会整理，中华书局 2010 年版，第 1283 页。

④ （清）孙诒让：《温州经籍志》，潘猛补校补，上海社会科学院出版社 2005 年版，第 33、210 页。

⑤ （清）孙诒让：《温州经籍志》，潘猛补校补，上海社会科学院出版社 2005 年版，第 1324 页。

⑥ （清）孙诒让：《温州经籍志》，潘猛补校补，上海社会科学院出版社 2005 年版，第 1381 页。

⑦ （清）张宝琳修，孙诒让纂：《永嘉县志》，永嘉县地方志编纂委员会整理，中华书局 2010 年版，第 1296、529 页。

年”，后出家，名“释越静”，著有诗集《石室稿》。[①] 除周应期外，此外还有乐清的李家。父李光春，官至明晋左佥都御史，除奏稿外，多诗作。两个儿子都是清初生员，子李象坤史志类的著作有《史逸》《雁山志》《南雁荡志》，另有《因名集》《粲花斋集》和《西青集》等诗文集。子李象震著有《慕庵集》。[②] 瑞安林增志官至南明工部尚书和礼部尚书，著有《玉署初编》，跟李维樾合编《忠贞录》。[③] 三子林齐铉为瑞安生员，著有《荻斋集》。[④]

在明清易代之际，可以观察到文化传承现象的家族还有：永嘉王至兖为明代太学生，儿子王咏，生员，以诗名世，著有《竹居集》。王咏的儿子王沄孙，国学生，著有《自怡集》。[⑤] 明末永嘉王祚昌著有《珠树堂文集》和《园史》，王祚昌弟王会昌为顺治岁贡，著有《榴梦草》。[⑥] 永嘉黄朝珪著有《仙山集》，周天锡为之作《序》。《序》曰：“坦园先生为诗坛宗匠，篇帙流传，学士家奉为矩矱，而芃若、浪有两翁，长篇短什，掞藻扬葩，即黄子之祖若父、若叔也。珠联玉缀，聚自一门，家乘国书，侈为盛事。”[⑦] 坦园先生即明末著名诗人黄宗扬，其父辈芃若、浪有也以诗名。明瑞安生员王明扬著有《周易偶笔》，服膺王阳明学问。儿子王祚昌承家学，继续周易和经学研究，著有《周易敝书》《四书唾余》。[⑧] 瑞安朱世杲有经学研究著作《书经集解》，[⑨] 子朱鸿瞻，康熙十年（1671）贡生，亦

---

① （清）孙诒让：《温州经籍志》，潘猛补校补，上海社会科学院出版社 2005 年版，第 1382 页。

② （清）鲍作雨、张振夔总修：《乐清县志》，陈纬校注，线装书局 2009 年版，第 714、717、737、746 页，另见（清）孙诒让：《温州经籍志》，潘猛补校补，上海社会科学院出版社 2005 年版，第 1330—1333 页。

③ （清）王殿金、黄徵乂总修：《瑞安县志》，宋维远点校，中华书局 2010 年版，第 329、337 页。

④ （清）孙诒让：《温州经籍志》，上海社会科学院出版社 2005 年版，第 1316 页。

⑤ （清）张宝琳修，孙诒让纂：《永嘉县志》，永嘉县地方志编纂委员会整理，中华书局 2010 年版，第 758、1295、1299—1300 页。

⑥ （清）孙诒让：《温州经籍志》，潘猛补校补，上海社会科学院出版社 2005 年版，第 1310、1312 页。另见（清）张宝琳修，孙诒让纂：《永嘉县志》，永嘉县地方志编纂委员会整理，中华书局 2010 年版，第 1213 页。

⑦ （清）张宝琳修，孙诒让纂：《永嘉县志》，永嘉县地方志编纂委员会整理，中华书局 2010 年版，第 1298 页。

⑧ （清）孙诒让：《温州经籍志》，潘猛补校补，上海社会科学院出版社 2005 年版，第 30—31、209 页。

⑨ （清）王殿金、黄徵乂总修：《瑞安县志》，宋维远点校，中华书局 2010 年版，第 329 页。（清）孙诒让：《温州经籍志》，潘猛补校补，上海社会科学院出版社 2005 年版，第 58 页。

有经学论著《四书详说》《四书精要字解》和《太极图浅说》等，并把研究扩展到史学领域，著有《时变纪略》《景行录》和《竹园类辑》。[①] 朱鸿瞻堂弟朱鸿增，康熙癸酉（1693）举人，著有《半霞楼诗稿》。[②] 朱鸿瞻族弟朱霖，著有《绿芸集》。[③] 朱鸿瞻侄子朱士晟，著有《浮屠治丧家诫》《编诗述指》。[④] 明代平阳生员林东明，投笔从戎，著有诗集《服周吟稿》，子林公彰，著有《片咏集》。[⑤]

以上介绍的是明代已经有了一定的文化积累，到清代继续其文化事业的家族。下面要介绍原先靠农业为生的家庭崛起为业儒之家。清末的战乱和迁界政策导致了温州社会的大浩劫。身处灾难频仍的艰难时世里，人们奋斗的目标只是“活着”。展界以后，经过数十年的积累，慢慢地出现了一些殷实的人家。在这些家底殷实的人家中，又出现了在科举中获得功名者。其中有些人家“世代业儒”，成了有文化追求的“书香门第”。

乐清县高垟林家从农耕之家到书香门第的嬗变轨迹具有相当的代表性。顺治十八年（1661），林奕斗才一周岁，被置于竹篓中，“肩入界内避难”。[⑥] 十年后展界，十一岁的林奕斗回到故乡，看到的景象是“村落为墟，田园荒废”。[⑦] 经过林世吕、林奕斗、林秀迪三代人的艰苦努力，第四代的林方乘成为县学生员，[⑧] 第五代林兴运（1740—1817）也是生员，于乾隆五十八年（1793）加捐贡生。林兴

① （清）孙诒让：《温州经籍志》，潘猛补校补，上海社会科学院出版社 2005 年版，第 210、212、279、353、626、1324 页。

② （清）王殿金、黄徵乂总修：《瑞安县志》，宋维远点校，中华书局 2010 年版，第 337、223 页。（清）孙诒让：《温州经籍志》，潘猛补校补，上海社会科学院出版社 2005 年版，第 1329 页。

③ （清）孙诒让：《温州经籍志》，潘猛补校补，上海社会科学院出版社 2005 年版，第 1334 页。

④ （清）孙诒让：《温州经籍志》，潘猛补校补，上海社会科学院出版社 2005 年版，第 627 页。

⑤ 符璋、刘绍宽纂：《平阳县志》卷 38《人物志七》，民国十四年（1925）刻本。

⑥ （清）林启亨：《先考惠斋府君行状》，（清）林启亨：《林启亨集》，王志成校注，线装书局 2013 年版，第 54 页。

⑦ （清）林启亨：《〈高垟林氏宗谱〉世系图林世吕条按语》，（清）林启亨：《林启亨集》，王志成校注，线装书局 2013 年版，第 249 页。

⑧ 一个农民家庭如果企图生活稳定并且获得社会声望，唯一的道路是读书做官。然而这条道路漫漫修远，很难只由一个人或一代人的努力就能达到目的。通常的方式是一家之内创业的祖先不断地劳作，自奉俭约，积铢累寸，首先巩固自己耕地的所有权，然后获得别人耕地的抵押权，由此而逐步上升为地主。这一过程常常需要几代的时间。经济条件初步具备，子孙就得到了受教育的机会。这其中，母亲和妻子的自我牺牲，在多数情形之下也为必不可少。所以表面看来，考场内的笔墨，可以使一代清贫立即成为显达，其实幕后的惨淡经营则历时至久。黄仁宇：《万历十五年》，生活·读书·新知三联书店 1997 年版，第 215 页。

运之子林启亨（1772—1586）是嘉庆二十五年（1820）贡生，著有《礼门文录》《礼门诗录》《水田吟草》和《乐清新志后议》等诗文集和地方研究著作。林启亨之子林大椿（1812—1863）是咸丰九年（1859）岁贡，有《恒轩诗钞》《求是斋诗钞》《垂涕集》《粤寇纪事诗》《恒轩文集》和《红寇记》诗文集和历史文献传世。林家有名为“菜香”的藏书室藏书万卷，成为名副其实的书香门第。①

高垟林氏的家族地位攀升轨迹绝非个案。乐清吕岙徐氏为避耿精忠之乱从乐清县城东皋山迁徙而来，最先三代都以务农为生。与高垟林氏一样，也是到第四代的徐铨衡开始游学。徐铨衡著有《回峰集》。②徐铨衡之子徐献廷（1789—1864）道光十二年（1832）岁贡，著有《二酉轩陶陶集》《梅雨联吟集》《集陶诗故》《集唐梅花百咏》《燕赋集古》等。徐献廷之子徐德元（1809—1868）咸丰十年（1860）加捐候选知州，著有《小西山房文集》《小西山房倚声》等。吕氏也建有藏书楼，名为二酉轩，藏书二万多卷。③除此之外，乐清荷盛郑氏、万家倪氏、蟾河堡施氏、坭垟赵氏和后所董氏等都有类似的经历。

入清以后的家族内文化传承，见之于文献的有：

永嘉陈光前，顺治四年（1647）贡生，官至杭州教授，著有《吹兰集》《静观斋心书》。子振麒，振麟以工文称。陈振麟，顺治十四年（1657）举人，官孟津知县。④

永嘉谢包京，顺治十二年（1655）进士，官至杨武县令，在家设义田，周恤族内婚嫁无力者。⑤包京子谢立，任白水县令，著有《自怡集》。⑥包京孙谢天埴康熙三十九年（1700），任杞县县令，著有《谢坦斋集》。⑦

---

① 民国《高垟林氏宗谱》，1944 年。

② 王志成、高志贤编注：《徐炯文集　徐德元集　徐乃康集》，线装书局 2009 年版，第 204—205 页。

③ 王志成、高志贤编注：《徐炯文集　徐德元集　徐乃康集》，线装书局 2009 年版，第 165—166 页。

④ （清）张宝琳修，孙诒让纂：《永嘉县志》，永嘉县地方志编纂委员会整理，中华书局 2010 年版，第 667 页。

⑤ （清）张宝琳修，孙诒让纂：《永嘉县志》，永嘉县地方志编纂委员会整理，中华书局 2010 年版，第 1293、760 页。

⑥ （清）张宝琳修，孙诒让纂：《永嘉县志》，永嘉县地方志编纂委员会整理，中华书局 2010 年版，第 1301 页。

⑦ （清）张宝琳修，孙诒让纂：《永嘉县志》，永嘉县地方志编纂委员会整理，中华书局 2010 年版，第 496、1296—1297 页。

永嘉张式雷、张式霈兄弟，兄生员张式雷，受封荫赠海康知县，弟张式霈康熙壬午四十一年（1702）举人，仁和教谕。[①]到第二代有张式霈子张元观、张元旭和张式雷子张元彪。张元旭，乾隆元年（1736）举人。张元观，乾隆甲子（1744）举人，著有《颙斋集》。[②]张元彪，雍正己酉（1729）拔贡，著有《燕吟》《吴吟》《粤吟》《瓯吟》《哀思白鸟吟》。[③]第三代有张元彪子副贡张正宰和拔贡张正骞。张正宰著有《柿园诗草》《讯渡文集》。[④]同治六年（1867）孙衣言在《跋张虎文父子诗集后》中感叹说："盖百年以来永嘉人士，能以读书科第世其家者，甚可慕也。"[⑤]

永嘉曾氏为著名的巨富，其几代族人广泛参与温州的文化活动。因笔者未见曾氏宗谱，无从厘清一些活跃于文化界的族人之间的关系，但根据活动时间，可大致排列如下。前述曾唯编成《东瓯诗存》四十六卷，曾唯弟曾儒璋历官刑部、户部郎中，乾隆五十二年（1787）任兴泉永兵备道，著有《依绿园诗草》。[⑥]这一代生活于乾隆时期。道光间有曾佩云、曾裔云兄弟，他们捐修县学、飞霞观等公共建筑，并建成了在温州最负盛名的园林——怡园，兄弟共同编撰了《怡园同怀吟草》，曾佩云还著有《雁荡游草》。[⑦]曾佩云子曾诰著有《小石诗钞》六卷《补编》一卷。[⑧]曾氏还有曾贤一支，与曾佩云、裔云兄弟的关系不详。曾贤夫妻善于作诗，曾贤著有《金石声斋诗存》。[⑨]曾贤妻马如佩，著有《萼绿华窗遗吟》。

---

① （清）张宝琳修，孙诒让纂：《永嘉县志》，永嘉县地方志编纂委员会整理，中华书局2010年版，第563、497页。

② （清）张宝琳修，孙诒让纂：《永嘉县志》，永嘉县地方志编纂委员会整理，中华书局2010年版，第1301页。

③ （清）孙诒让：《温州经籍志》，潘猛补校补，上海社会科学院出版社2005年版，第1346、1347页。

④ （清）张宝琳修，孙诒让纂：《永嘉县志》，永嘉县地方志编纂委员会整理，中华书局2010年版，第1301页。

⑤ （清）张宝琳修，孙诒让纂：《永嘉县志》，永嘉县地方志编纂委员会整理，中华书局2010年版，第1299页。

⑥ （清）张宝琳修，孙诒让纂：《永嘉县志》，永嘉县地方志编纂委员会整理，中华书局2010年版，第555页。

⑦ （清）孙诒让：《温州经籍志》，潘猛补校补，上海社会科学院出版社2005年版，第1489页。

⑧ （清）张宝琳修，孙诒让纂：《永嘉县志》，永嘉县地方志编纂委员会整理，中华书局2010年版，第1312页。

⑨ （清）张宝琳修，孙诒让纂：《永嘉县志》，永嘉县地方志编纂委员会整理，中华书局2010年版，第1309页。

谷廷桂在对诗集所作的序中说他们“夫唱妇和”。[①] 曾贤侄子曾元琳、曾垲是堂兄弟，孙锵鸣说他俩“穷而工诗”。[②] 曾元琳，生员，著有《太玉山馆今体钞》。曾垲道光五年（1825）拔贡，著有《雩风草堂诗草》。[③]

传统中国是一个父系社会，生计、手艺、家学的“子承父业”是常态。常态中有例外。林增志子林齐鋐作品《荻斋集》，就透露了母教的信息，[④] 除了一般性的文化启蒙，是否也有更高意义的文化传承呢？永嘉张家，母陈瑞辉，子张泰青、张衡青之间显示了清晰的文化传承关系。陈瑞辉，号蕉窗，名号皆具，著有《熊丸集》行世。据说张氏兄弟获取功名有赖于她的“平日督课之力”。[⑤] 张衡青，廪贡，嘉庆二十一年（1816）任遂昌训导。张泰青，嘉庆十二年（1807）举人，枫北厅同知，著有《小东山草堂文抄》。[⑥]

在温州现存的史料中父子、祖孙、叔侄和兄弟之间的文化传承或共振是一种十分常见的现象，在此不一一细表，只作简略的列举，《杨青集》提到过的家庭不再胪列。永嘉有金际会、金璋父子，[⑦] 高朝遴、高溥、高沄父子。[⑧] 乐清有林文朗、林文焕兄弟。[⑨] 瑞安有林上梓、林元炯父子，[⑩] 余梦雷、余学礼、余学鲲父

① （清）孙诒让：《温州经籍志》，潘猛补校补，上海社会科学院出版社2005年版，第1490页。

② （清）张宝琳修，孙诒让纂：《永嘉县志》，永嘉县地方志编纂委员会整理，中华书局2010年版，第1309页。

③ （清）孙诒让：《温州经籍志》，潘猛补校补，上海社会科学院出版社2005年版，第1445页。

④ （清）王殿金、黄徵乂总修：《瑞安县志》，宋维远点校，中华书局2010年版，第337页。《荻斋集》中之“荻”字，运用了欧阳修母亲郑氏教子读书的典故，用荻梗作笔，地上铺炉灰作纸。

⑤ （清）孙诒让：《温州经籍志》，潘猛补校补，上海社会科学院出版社2005年版，第1468页。

⑥ （清）孙诒让：《温州经籍志》，潘猛补校补，上海社会科学院出版社2005年版，第1421页。

⑦ （清）张宝琳修，孙诒让纂：《永嘉县志》，永嘉县地方志编纂委员会整理，中华书局2010年版，第449页。（清）孙诒让：《温州经籍志》，潘猛补校补，上海社会科学院出版社2005年版，第731页。

⑧ （清）孙诒让：《温州经籍志》，潘猛补校补，上海社会科学院出版社2005年版，第1404页。

⑨ （清）孙诒让：《温州经籍志》，潘猛补校补，上海社会科学院出版社2005年版，第1356、1358页。

⑩ （清）王殿金、黄徵乂总修：《瑞安县志》，宋维远点校，中华书局2010年版，第337页。（清）孙诒让：《温州经籍志》，潘猛补校补，上海社会科学院出版社2005年版，第1351页。

子，[①] 林培厚、林用光祖孙，[②] 瑞安项雯、项傅霖、项傅梅兄弟。[③] 平阳有张超英、张越英兄弟，[④] 张南英、张元品、张元器、张元吾、张元启父子，[⑤] 顾怀情、顾清芳、顾清标兄弟，[⑥] 吴荣烈、吴乃伊、吴乃皋父子，[⑦] 鲍台、鲍震祖孙，苏播、苏椿族兄弟，[⑧] 杨纯约、杨镜澄、杨慕侃兄弟父子，[⑨] 谢清洲、谢香塘、谢青扬兄妹，[⑩] 刘庆祥、刘绍宽父子。[⑪] 泰顺有林鹗、林用霖父子，[⑫] 周吾、周畯兄弟，[⑬] 董正揄、董正扬兄弟。[⑭]

以上所叙足以让我们窥见文化传承之一斑，晚清瑞安孙家、项家、黄家和洪家的文化事业为人所熟知，限于篇幅，略去不表。

三、清代温州的藏书楼

高尔基的名言，书籍是人类进步的阶梯，人们大抵耳熟能详。传统时代的藏书楼在文化传承上的作用也确实不容低估。清代温州有多少藏书楼？孙延钊《温州藏书家考》进行过梳理。[⑮] 表 2–8 根据孙延钊文制作而成。

---

① （清）王殿金、黄徵乂总修：《瑞安县志》，宋维远点校，中华书局 2010 年版，第 239、267—268 页。

② （清）孙诒让：《温州经籍志》，潘猛补校补，上海社会科学院出版社 2005 年版，第 1415—1418 页。

③ （清）孙诒让：《温州经籍志》，潘猛补校补，上海社会科学院出版社 2005 年版，第 733、1430、1485 页。

④ 符璋、刘绍宽纂：《平阳县志》卷 51《经籍志四》，民国十四年（1925）刻本。

⑤ 符璋、刘绍宽纂：《平阳县志》卷 51《经籍志四》，民国十四年（1925）刻本。

⑥ 符璋、刘绍宽纂：《平阳县志》卷 51《经籍志四》，民国十四年（1925）刻本。

⑦ 符璋、刘绍宽纂：《平阳县志》卷 51《经籍志四》，民国十四年（1925）刻本。

⑧ （清）孙诒让：《温州经籍志》，潘猛补校补，上海：上海社会科学院出版社 2005 年版，第 692、1451 页。

⑨ 符璋、刘绍宽纂：《平阳县志》卷 49《经籍志二》，民国十四年（1925）刻本。

⑩ 符璋、刘绍宽纂：《平阳县志》卷 51《经籍志四》，民国十四年（1925）刻本。

⑪ 符璋、刘绍宽纂：《平阳县志》卷 49《经籍志二》，民国十四年（1925）刻本。

⑫ （清）孙诒让：《温州经籍志》，潘猛补校补，上海社会科学院出版社 2005 年版，第 39、214、682、691、797 页。

⑬ （清）孙诒让：《温州经籍志》，潘猛补校补，上海社会科学院出版社 2005 年版，第 1421、1422 页。

⑭ （清）孙诒让：《温州经籍志》，潘猛补校补，上海社会科学院出版社 2005 年版，第 1422、1472 页。

⑮ 孙延钊：《温州藏书家考》，浙献足征丛编之五，《蓼绥》创刊号抽印本，1937 年，温州图书馆藏。

表 2-8　清代温州藏书楼一览

藏书家	籍贯	主要生活时代	功名	书斋名或藏书楼名
梅调元	永嘉	顺治、康熙	贡生	—
侯思炳	乐清	康熙	—	—
李象坤	乐清	1612—1689	贡生	西青斋
薛英	乐清	1665—1746	举人	—
蔡宏勋	永嘉	康熙	诸生	环绿草堂
张綦毋	平阳	乾隆	贡生	—
叶嘉棆	平阳	1744—1811	恩贡生	尚志堂
曾唯	永嘉	乾隆	—	服膺轩
郑作朋	乐清	乾隆	附贡生	息耒园
林培厚	瑞安	1764—1830	进士	—
苏璠	平阳	1772—1834	—	大雅山房
洪守一	瑞安	1769—1860	生员	棣花书舍
林启亨	乐清	1772—1856	贡生	—
林大椿	乐清	1812—1863	贡生	菜香
潘鼎	泰顺	1775—1835	副贡	一卷山房
华文漪	平阳	1777—1825	贡生	逢原斋
方成珪	瑞安	1785—1850	举人	—
周衣德	永嘉	1778—1842	南元（举人）	九柏园
项霁	瑞安	1792—1841	举人	水仙亭
项傅霖	瑞安	1798—1858	举人	—
张兰	永嘉	嘉道	增贡生	—
曾贤	永嘉	道咸	增贡生	—
曾佩云	永嘉	道光	生员	怡园
徐献廷	乐清	1792—1867	贡生	二西轩
徐德元	乐清	？—1868	贡生	—
叶正阳	乐清	道光	恩贡	鹿迹山房
郑锡庆	乐清	1793—1856	贡生	—
林鹗	泰顺	1793—1874	贡生	—
杨配篯	平阳	1796—1860	贡生	—

续表

藏书家	籍贯	主要生活时代	功名	书斋名或藏书楼名
吴荣烈	平阳	1735—1800	生员	西园（少有园）
张楙中	瑞安	1802—1848	生员	爱山楼
陈琾	乐清	1807—1885	贡生	芸香精舍
蔡保东	乐清	1829—1875	举人	—
黄青霄	平阳	—	—	吟香舫
郑兆璜	平阳	1789—1858	—	椠花楼
徐乃康	乐清	1828—1892	贡生	—
黄梦香	乐清	1832—1867	贡生	古香楼
孙衣言	瑞安	1815—1894	进士	玉海楼
孙锵鸣	瑞安	1817—1901	进士	海日楼
黄绍箕	瑞安	1854—1907	进士	蓼绥阁
谢文波	永嘉	1836—1909	诸生	—

必须说明，孙延钊对温州藏书家进行了初步的梳理，还存在遗漏的情况，例如据陆进的《东瓯掌录》说清初徐日久（1637—1708）有一涉园，“中构书楼数间，缥缃万卷”，[①] 应该是一个藏量丰富的藏书楼。嘉庆甲子（1804）冬，乐清叶钰山建成“漱芳”轩，“插架缥缃万轴，古今碑拓盈千”。[②] 如果对温州相关资料进行仔细的排摸，应该还可以找出不少。

尽管中国人在宋代就发明了活字印刷术，但出于种种原因，中国古代活字本的数量仅及雕版书之百分之一二。[③] 雕刻用版，取材要求高，经过特殊处理后，制成印版，再经雕刻工一个一个字在板上刻出来，光雕刻印版就是耗费巨大的成本，因此书价极其昂贵。一个藏书楼藏书成千上万，往往需要几代人的努力才能成功，这就是孙延钊说的，藏书家往往“积世”而成。孙氏的《温州藏书家考》记载了好多父子相继营造藏书楼的现象。乐清布衣侯思炳，康熙时卖良田百余亩买书，积书数千卷，购藏古彝鼎法帖，卜筑渔村以居，但“山寇猝起，荡为煨

① 陈瑞赞编注：《东瓯逸事汇录》，上海社会科学院出版社 2006 年版，第 122 页。

② （清）叶正阳：《祭叶钰山文》，叶正阳：《鹿迹山房诗文集》，黄岳清点校，线装书局 2013 年版，第 82 页。

③ 张秀民：《中国印刷史》，浙江古籍出版社 2006 年版，第 630 页。

炉”。儿子薛英（本姓侯）重建。平阳张綦毋称“万轴排牙签，皆是数世积”，他的父亲张南英是雍正十年（1732）进士，又长期主讲崇正书院，他手上应该有相当的书籍积累。其他父子相继进行藏书楼建设的还有林启亨与林大椿、徐献廷与徐德元等，另外，名气更大的瑞安黄家蔘绥阁、孙家玉海楼和项家水仙亭，这些藏书楼的建设都不是一两代人能够完成的。

藏书楼绝对不只是藏书、借书的地方，它具有多方面的功能：

首先，藏书楼还是一个学术研究的场所。许多藏书家起初购书是为了搜集资料，为日后的县志编写提供资料。瑞安项家的水仙亭收藏了许多宋代温州先贤的著作，并加以校刊。孙延钊高度评价项家的工作，认为清末永嘉经制学之复振，由项霁、项傅霖开了先河。孙衣言、孙锵鸣兄弟对永嘉之学复活作出巨大的贡献，也离不开玉海楼、海日楼丰富的藏书。

其次，藏书楼还是设帐授徒的地方。乐清许乃康、蔡保东在徐氏藏书楼二酉轩师从徐献廷读书。道光乙酉（1825）以后，曾垲在永嘉怡园授徒。[①] 乐清陈肆的藏书楼芸香精舍也是子侄读书的地方。

最后，许多藏书楼建在园林中，如曾唯的依绿园、郑作朋的息耒园、曾垲曾元琳兄弟的怡园、徐日久的一涉园、苏璠的大雅山房、吴荣烈的少有园，园林及其藏书楼又是文人雅集赋诗的地方。

第三节　社会性的艺文活动

超宗族的艺文活动更加具有社会性，更能塑造社会氛围和改变社会风气，从而对文化的创造与传承产生巨大的影响。这一节主要描述清代温州的社会性艺文活动。本节第三部分勾勒“文人社群边缘社会群体”，指的是来自社会底层的“市井七子”和闺阁诗人。“边缘”是相对于士大夫这个居于“中心”的群体而言的。在论及闺阁诗人的时候，又把三位妇女放回到家庭中去考察，似乎又没有那么“社会”了。

① （清）孙锵鸣：《〈曾氏诗钞合刻〉序》，孙锵鸣：《孙锵鸣集》，胡珠生编，上海社会科学院出版社 2003 年版，第 24 页。

一、清代温州的诗歌及其风格流变

晚明中国有结社传统，有文学性的、学术性的和政治性的。万历时期，永嘉出现了“七子社”。周天锡在《梅赞臣墓志铭》中写道：

> 神庙戊午（1618），城南有七子社。七子者，建侯（陈邦屏）、明止、善长、若冲、玄抱、某某及赞臣（调元）也。然当时雅慕旷荡，好讥弹，围棋浮白，风流自喜，赞臣独修饰不逾阃域，稍稍称异。昔有一巨公，耳七子名，召见之，私语赞臣曰：“子视若辈，犹长松之于蔓草乜。”厥后建侯痨，某某妖，玄抱无后，明止罹祸，善长佯狂，唯赞臣需次贡成均，跻上寿云。①

这段话蕴含着十分重要的历史信息。第一，梅调元至清初是晚明“城南七子”之一，至清初又为“永嘉五子”成员，体现了从明末到清初的历史传承。第二，晚明永嘉的士风与环太湖流域的江南地区极为相似。文人放浪形骸，个性不受拘束，具有极端化倾向。这构成了清初以后的文坛风貌变异的基点。第三，从个人命运而言，除梅调元以外的其余六子，都没有好的结局。作者把这归因于他们奇崛奔放的个性，自然是有道理的，但似乎也应看到在畸形政治道德下这些文人身上释放出的病态激情。

清初温州有“永嘉五子”的说法，他们是梅调元、林占春、李元发、王尔椒、林健。②但似乎这五人并非如“七子”那样结成一个人员相对稳定的诗社。据光绪《永嘉县志》的朱衮传，朱衮、李元发、梅调元、万代尚经常在松台山和江心屿开“诗酒之会”，③是一个稳定的圈子。我们不了解“永嘉五子”这类说法的形成机制，他们没有结成诗社，也不见他们有共同的文学观念；若说这五人在当时诗歌艺术成就最高，似也不确。同时代徐凝的诗，其艺术质量比五子似还要略高一筹。我们唯一确知的是，当时温州有一个诗歌写作和诗歌评论的诗坛，在

---

①（明）周天锡：《花萼楼集》，周干、陈仲光点校，黄山书社2012年版，第45页。

②（清）张宝琳修，孙诒让纂：《永嘉县志》，永嘉县地方志编纂委员会整理，中华书局2010年版，第731—732、1293—1294页。

③（清）张宝琳修，孙诒让纂：《永嘉县志》，永嘉县地方志编纂委员会整理，中华书局2010年版，第777页。

诗人、诗评家的互动中，产生了“永嘉五子”的说法。

在明清易代这样一个不多见的乱世中，温州诗人长久目睹耳闻人世惨酷事，且不少人亲尝艰难困苦。为躲避兵灾，徐凝背负爱妻辗转于深山穷谷，在颠沛流离中妻子病亡，“乃益罄其悲愤于诗”。[①] 林占春妻童氏避乱陈雅山中，被掠至一室，为保全贞洁，用竹簪钉耳不死，又摘房间墙壁悬挂的刀具，断喉而死。[②] 清初的温州诗坛出现了哀怨苍凉的诗风。在此我们只对光绪《永嘉县志》中选录的诗作进行粗略的观察，选录者的主观看法可能造成的误导在此忽略不计。以下四首诗作者系五子中的三个，再加上徐凝，以期得收窥一斑而见全豹之效。

> 徐凝五律《感事》：惨淡黄花地，峥嵘白雁天。连山开毳帐，横海出戈船。阵结寒云合，刀鸣朔月悬。国殇与野哭，对尔一潸然。[③]
>
> 林占春《寄怀陆丽京》：飘泊怜吾党，骚坛忆旧盟。君为湖市隐，吾学霸陵耕。柔芑翁留姓，烟霞叟匿名。双龙剑未合，风雨各悲鸣。[④]
>
> 林健《别席司李》：哀鸿声里大江秋，一曲骊驹不可留。红树远村霜下泪，青山归梦雨边舟。烟迷残堠愁征路，寒入孤灯怨驿楼。别思黯然聊聚首，芦花明日已汀州。
>
> 王尔椒《春怀》：此日萍踪敢重论，吴钩看罢转销魂。杜陵飘泊家何在，冯客悲歌铗仅存。几处鼯鼪啼白昼，一江烟雨送黄昏。容成绝顶堪凭眺，愁见浮云蔽故园。[⑤]

这四首诗用的词是国殇、漂泊、哀鸿、悲歌、悲鸣、哭、泪、愁。另外，虽然我们不了解每首诗写作的具体情境，但“国殇”和“浮云蔽故园”似是对明清易代的情感表达。五子中的梅赞臣与林占春、林健和王尔椒很不相同。周天锡说

---

① （清）李象坤：《泉村集序》，（清）李象坤：《匊庵集选》，蔡听涛点校，黄山书社2012年版，第433页。

② （清）张宝琳修，孙诒让纂：《永嘉县志》，永嘉县地方志编纂委员会整理，中华书局2010年版，第793页。

③ （清）张宝琳修，孙诒让纂：《永嘉县志》，永嘉县地方志编纂委员会整理，中华书局2010年版，第1591页。

④ （清）张宝琳修，孙诒让纂：《永嘉县志》，永嘉县地方志编纂委员会整理，中华书局2010年版，第1687页。

⑤ （清）张宝琳修，孙诒让纂：《永嘉县志》，永嘉县地方志编纂委员会整理，中华书局2010年版，第1589页。

他“修饰不逾阃域”，意为他善于自我控制，或可能性格特别沉稳，且生活安定，仕途顺利。他的《谒东瓯王庙诗》《王谢祠》《金陵怀古》《江心寺阁即事》，都显得非常平和，完全没有易代之际的悲愤之情和今昔之感。[①] 县志中选录李元发的诗《同梅赞臣游江心寺》歌颂佛法的宏大。[②]

明清易代以后，士大夫对明亡的原因有很多检讨，其中被认为教训之一就是晚明王学的兴起冲破了礼教规范，同时人们也饱尝秩序崩溃以后的战乱、逃难、饥饿、死亡和种种生离死别之苦。纲常伦理道德被看作固结人心、重建社会秩序的唯一力量。自康熙后期到乾嘉末期，社会上出现了礼学复兴的思潮，严肃、森然的纲常伦理体系逐渐取得了垄断性的统治地位。晚明以来的那种个性恣意伸张以及文学上的个性解放精神在清前期渐渐趋于消隐。

二、温州的园林与士人的风雅生活

清代温州文士延续了晚明风雅精致的生活传统，从总体上说，吟风弄月的闲适诗占的比例最大。另外由于到乾隆朝后，文化领域的理学重建得到了多层次的落实，这一方面在一定程度上重构了社会秩序；另一方面，为了挣脱严格、枯索的道德观的束缚，在压抑、窒息的礼教气氛中得以喘息，清代文人更加普遍地推重雅致的生活趣味。

即便在最残酷的岁月里，温州文人都没有放弃对风雅生活的追求。李光春明末罢官回家后，李家过的是一种极为雅致的生活。李家新建庭院的布置是：“植修篁、古梅、丛桂、橘柚。……为小沼，蓄文鱼。磊石数枚，萦以荇藻。两端植杂色葵、秋棠、玉簪、雁来红之属。石几一，石凳四，可觞可弈。”[③] 生活的内容是赏花、观鱼、喝酒和下棋。李象坤好游山水，家山雁荡，游历殆遍，其所著的《游史》为旅游的总结之作，其中谈到的游具达 11 种之多，包括茶铛、小古鼎和叠香盒等。游山时对酒有很高的要求，嫌弃山村的酒“不堪入口”，另选能干的

---

① （清）张宝琳修，孙诒让纂：《永嘉县志》，永嘉县地方志编纂委员会整理，中华书局 2010 年版，第 178、1592、1670 页。

② （清）张宝琳修，孙诒让纂：《永嘉县志》，永嘉县地方志编纂委员会整理，中华书局 2010 年版，第 1590 页。

③ （清）李象坤：《揽秀轩记》，（清）李象坤：《匊庵集选》，蔡听涛点校，黄山书社 2012 年版，第 125 页。

仆从二人买好酒，不远不近地跟在后面，“每得意呼酒，则从者觅一壶而至”。①

李家的家庭生活极为风雅，他们至少在顺治十五年（1658）至康熙三年（1664）间，结过三个以上的诗社或文社。诗文社成员有李象坤辈和他们的子侄辈，以及两辈的姻亲。顺治十五年（1658）结成“花萼大社”，顺治十六年（1659）结成“已亥社”，康熙三年（1664）结成“甲辰社”。②李象坤《花萼大社约序》说，“若夫章程约束，一如曩制，略申之以范诸幼云尔”，可见顺治十五年（1658）前就办过诗社。诗社办得很正式，诗社有章程约束，有社员花名册。成员十几人，管理有分工，有奖有罚。花萼社由李光春出诗题，由李象坤负责社务。已亥社规定每七天必须完成三篇文章，即使数量达到要求，但质量不佳也要受罚。过这种群体生活是大家共同的需求。李象坤说已亥社是应众弟侄的请求开办的。诗社文社成员互相品评、自相师友。③李象坤很享受这种诗社生活：“风和日丽，听鸟看花，自是幽闲佳况；……角枰简韵，战茗衔杯，自是骚人雅致。”④这样的生活比之于曹雪芹笔下的大观园似也不遑多让。听鸟、看花、下棋、品茶虽非必富家子弟方可为，但毕竟也要有闲。李象坤也广泛参加了永嘉文坛的活动，从其诗中看到林占春、刘受韬、陈一球、梅赞臣和周天锡五人担任过诗社的社长。⑤

论及士人的风雅生活，不能不提清代的温州园林。茂林修竹、山水清音和宽广的园庭，为士大夫的雅致文化提供了不可或缺的时空氛围。民国时期瓯风杂志《乡事纪闻》有言曰：

> 永嘉为温州府治，茶、盐、鱼、鲍、竹、木、舟、舆，皆自台、处各属辐辏，而海外奇巧之物，不旬日而充斥市肆。其民贾闽、越，

① （清）李象坤：《游史》，李象坤：《匊庵集选》，蔡听涛点校，黄山书社2012年版，第230—231页。

② 分别见李象坤三文《花萼大社约序》、《已亥社政序》和《甲辰社政序》，（清）李象坤：《匊庵集选》，蔡听涛点校，黄山书社2012年版，第22、23、34页。

③ 分别见李象坤三文《花萼大社约序》、《已亥社政序》和《甲辰社政序》，（清）李象坤：《匊庵集选》，蔡听涛点校，黄山书社2012年版，第22、23、35页。

④ （清）李象坤：《社诫》，（清）李象坤：《匊庵集选》，蔡听涛点校，黄山书社2012年版，第242页。

⑤ 分别见李象坤写的五首诗《清尘阁诗》、《挽刘受韬社长》、《春日访姜二滨老师陈蝶庵社长》、《次韵酬梅赞臣社长》和《中秋前一夕次韵寄周懋宠社长》，李象坤：《匊庵集选》，蔡听涛点校，黄山书社2012年版，第349、369、386、388、388页。

> 则致富较易，故裘马轻肥，旁为园林水石之观。官斯土者往往捐俸辟地，营别墅，集宾会文为乐。[①]

这是说永嘉地理位置优越，商业繁荣，发财致富的温州人和地方官多经营园林，官员士绅在园林中以文会友、诗词酬唱。的确，园林是士人公共文化活动的主场景，是把温州文人整合成一个文坛的重要纽带。

有明一代，温州世家大族辈出，乐清侯氏、永嘉场王氏和张氏都曾在府城建筑园林。但明末清初几经战乱蹂躏后，来永嘉担任县学训导的陆进看到的景象是："玉介园（王叔杲）、王大参园（王叔果）空，春辉楼侯方伯（侯一元）园荒，烟衰草尽，成牧马之场。"诗人徐凝弟徐日久（1637—1708）的"一涉园"因处偏僻的永嘉茶山，得以保全。一涉园中建有书楼，陆进说"缥缃万卷"，当有客套式的夸张成分，但藏书丰富则无可疑。园中雅客盈门，虽旬月不厌。兄徐凝经常来园中与人分享自己的诗作。[②] 府城还有樊云衢之樊氏小园，与一涉园一样，后世名不显，或许是因为家道中落，园林消失无踪影。曾立勋乾隆二十七年（1762）夏天游园，留下《樊氏小园记》，备述小园之精巧，中有"极幽人之情致，备骚客之游观"之句，[③] 可见此园也是骚人墨客雅集之地。

嘉庆道光以后，温州园林有极为可观的发展，跟温州渊源极深的符璋曾把温州园林分为两类，属于官和属于绅。属于官的有温处道署的且园、温州府署的二此园。属于绅的有谷氏春晖园、曾氏之依绿园、曾氏怡园、张氏如园、周氏驻春园，皆园名一方。[④] 且园系温处道署的后园，名称来自康熙四十五年（1706）任温处道台的高其佩的题署。园中胜景有剜绿阡。乾隆间，徐绵加以修扩，[⑤] 园林愈发精致，有衔远山亭、�廊、藤花径、亦舫、养竹山房、小春草池、莲勺、梅

① 陈瑞赞编注：《东瓯逸事汇录》，上海社会科学院出版社2006年版，第124页。

② 陈瑞赞编注：《东瓯逸事汇录》，上海社会科学院出版社2006年版，第122页。

③ 陈瑞赞编注：《东瓯逸事汇录》，上海社会科学院出版社2006年版，第126页。

④ 符璋对温州的园林十分了解。他于光绪二年（1876）当永嘉县令幕僚时，先住在曾氏的怡园。光绪七年（1881）他为厘捐总办掌文案，住在周氏驻春园一个多月。宣统元年（1909），他担任温处道台文案兼任一个科长，在且园住了一年。另外也宵去二此园和张氏的如园。民国四年（1915），他担任瓯海关监督冒广生的属员，又经常出入冒广生建的瓯隐园。符璋：《杨园主人淡峰居士六秩寿言》，（清）杨青：《杨青集》，谢作拳、伍显军编，上海社会科学院出版社2005年版，第621页。

⑤ 徐绵，镶蓝旗汉军人，乾隆二十三年（1758）任温处分巡道。其扩修且园，并撰《且园十景诗》，事在乾隆二十四年（1759）。

花书屋、松花石斋之目。乾隆四十二年（1777）和嘉庆十四年（1809），道台杨灌和韩克均都曾修葺过且园。且园首先是道台们写诗、撰文的题材，也是勒刻诗文的场所，他们的修葺总是跟各类艺文活动相伴随。[①]他们相信自己的题咏足以为园林增光增色。作为一处园林名胜的温州府署出名很迟，要到道光十三年（1833）刘煜担任温州知府以后，时任永嘉教谕孙同元说府署原来不过是幕友的办公之所，刘煜来了以后对府署进行了大规模的改造，增屋堆石，补竹栽花，饶具园林之胜。[②]

温州诸多园林中，最受士大夫称道的是曾氏的怡园。曾佩云、曾裔云兄弟财力雄厚，著名画家负责园林的布局设计。《乡事纪闻》对园林的描写："循石磴而上绝顶，松台山色，扑人眉宇。……闻园中最胜处，水榭跨沼，逶迤而南，奇石环列，杂植奇花灌木，春夏之交，灿若锦绣，山光树色，与绿波相掩映。"[③]梁章钜的描写："水木明瑟，亭馆鲜妍，远出陈园之右。其所编桂屏，所筑水槛，尤具匠心，为他园林所未见。"[④]

温州清代文人普遍地推重学术文化修养，爱好精细雅致之美，这种生活趣味集中地体现在他们频繁的园林雅集和诗社活动。反过来，宴饮雅集也提高了园林及其主人的声望，拓展了他们的人际交往网络。根据符璋的说法，在晚清温州的五六个名园中，周氏的驻春园、张氏的如园没有文人的雅集，不过是一个雅致的游憩之所而已。作为士大夫雅集之所的是怡园、春晖园和杨园。

温州士人在怡园的酬唱、宴游最为频繁。曾元琳（曼琴）、曾垲（子璘）兄弟刊有《怡园同怀诗草》，曾佩云子曾谐（小石）著有《针鹂山馆诗钞》。[⑤]春晖园也是温州士大夫进行艺文活动的场所。据杨青记载："吾乡谷氏春晖园，在邑之西门外，山水花木，楼阁台榭，明胜甲一郡。主人谷兰仙钟岳工诗善画，尤好宾客。春秋佳日，尝集郡中名宿缠咏其中，极一时之盛。"但是怡园和春晖园在

① （清）梁章钜：《浪迹丛谈 续谈 三谈》，中华书局1981年版，第260—261页。

② 陈瑞赞编注：《东瓯逸事汇录》，上海社会科学院出版社2006年版，第125页。

③ 陈瑞赞编注：《东瓯逸事汇录》，上海社会科学院出版社2006年版，第125页。

④ 陈瑞赞编注：《东瓯逸事汇录》，上海社会科学院出版社2006年版，第126页。

⑤ （清）张宝琳修，孙诒让纂：《永嘉县志》，永嘉县地方志编纂委员会整理，中华书局2010年版，第1309、1311页。

咸丰、同治时期先后败落，春晖园毁于咸丰年间的金钱会起事。[①] 怡园败在曾谐（1817—1868）手中。孙锵鸣写的《曾小石墓志铭》说，曾谐亡故十余年，怡园就三易主人。孙氏追忆当年在怡园的文化活动，感慨不已。园之所以有灵魂就在于有诗歌、有诗人的活动。孙氏在墓志铭末写道："有美其园，松台之麓。非园之为美，诗人之屋。人云亡矣，园就荒矣。彼园之荒，其诗则昌。我叙其诗，又铭其藏，往浇之酒，维以不永伤。"[②]

光绪以后至清末，永嘉杨远峰、杨淡峰兄弟的杨园是文人重要聚集地。园林初成，大概相当精致，淡泊雅洁，以艺菊著名。人们在此饮酒赏菊，吟诗赋词，相互唱和。光绪三十一年（1905）正月十四日，符璋慕名访杨园，主人不在。他眼中看到的景象是：破屋数间，种花自娱。好吟诗，诗笺满壁，无甚佳者。字亦古气，尚不俗。[③] 就是说建筑此时已经有些破败，但主人写诗的热情还是很高。据现存资料，杨园有着十分频繁的文化活动，特别是菊花盛开的时候。光绪二十七年（1901），萧山名士陈钵到温州，访杨园看菊，赠七绝三首，"一时诸社友争和之，多至百余首"。[④] 符璋自述宣统元年（1909）认识杨氏兄弟后，只要在温州，"无一岁不赏菊于其园，其赏菊时，无一次不唱和而有诗。菊日新，诗亦日新。……每岁重阳之后、冬至以前，霜日晴初，觞咏间作"。[⑤] 符璋自述让我们看到了杨园菊花盛开时频繁而热闹的活动。《杨青集》中收录了一则佚名的《代东翁邀友赏芍药启》，从中我们能够领略到那种雅到极致的诗坛风貌，启曰：

> 尝闻开樽款客，为豪士之高风；酌酒题花，乃文人之韵事。况芳姿倾国，维阳久擅佳名；媚态当阶，谢氏曾留妙句。倘主人杜门拒客，未免佳卉笑人；若诸君闭户深藏，谁为名花生色？时维四月，气正清和，落红满径，共嗟春色阑珊，重见名园富贵。……爰是，启金谷之园，泛中山之酒，修函敬请，东君殊觉情殷，揭伴来游，诸友尚祈肯

① （清）杨青：《杨青集》，谢作拳、伍显军编，上海社会科学院出版社 2005 年版，第 255 页。

② （清）孙锵鸣：《孙锵鸣集》，胡珠生编，上海社会科学院出版社 2003 年版，第 104 页。

③ 符璋：《符璋日记》，陈光熙点校，中华书局 2018 年版，185 页。

④ （清）杨青：《杨青集》，谢作拳、伍显军编，上海社会科学院出版社 2005 年版，第 202 页。

⑤ 符璋：《杨园主人淡峰居士六秩寿言》，（清）杨青：《杨青集》，谢作拳、伍显军编，上海社会科学院出版社 2005 年版，第 621—622 页。

顾。……东翁风雅，不辞扫径迎宾；西席清贫，窃愿借花献佛。[①]

这是某人住在某园代替东家写的启示，启示使用对偶的骈文，典故迭出，邀请文人墨客来园赏花、饮酒、写诗。通过诗歌酬唱，杨氏兄弟编织了一个庞大的关系网，结交了符璋、许启畴、宋恕、陈虬和刘绍宽等一大批温州文化界的头面人物。符璋认为杨园的内涵不仅限于“诗”和“菊”，同时也是一个品评月旦人物、评论事件的平台，地方舆论的发酵地。他说杨青，“语及地方各事，其于贪夫妄子、骫法营私，揭发阴谋，燃犀莫遁。乡闾利弊，兴革措施，抵掌之谈，悉中窍綮。扩坐井观天之陋，斥隔岸观火之非”。[②]

三、文人社群与边缘社会群体

清代温州社会有着极为普遍的尚文风气，这体现在家族的文化活动中，如上面提及李象坤与姻亲开办的诗社。到晚清，永嘉名士王德馨（1819—1888）在《雪蕉斋诗话》卷四中述说了自己晚年家居与自己两个儿媳谢氏、任氏和已出嫁的女儿一起读诗、作诗的情境。[③] 但作为社会风气的直接表现，更值得注意的是超宗族的群体性艺文活动，在这方面，前面已经叙述了温州园林的赏花、宴饮和诗文酬唱。下面将侧重叙述文人社团和边缘社会群体的文化活动。

清初的文士沿袭了晚明结社的风气，温州存在着许多诗文社。仅从李象坤《匊庵集选》中所见，林占春、刘受韬、陈一球、梅调元和周天锡五人都担任过诗文社的社长，尽管我们不知道这些诗文社的名称。陈国球在给李象坤诗集《粲花斋集》所作序的落款为“清渊社盟弟陈国球”，[④] 可知他们曾经办过一个诗社叫“清渊社”。在耿精忠之乱中，瑞安朱鸿瞻开有绿芸诗社，成员有族弟朱霖、[⑤] 侄子

① （清）杨青：《杨青集》，谢作拳、伍显军编，上海社会科学院出版社 2005 年版，第 411—442 页。

② 符璋：《杨园主人淡峰居士六秩寿言》，（清）杨青：《杨青集》，谢作拳、伍显军编，上海社会科学院出版社 2005 年版，第 623 页。

③ （清）王德馨：《王德馨集》，王妍点校，黄山书社 2009 年版，第 412 页。

④ （清）陈国球：《粲花斋集序》，（清）李象坤：《匊庵集选》，蔡听涛点校，黄山书社 2012 年版，第 472 页。

⑤ （清）孙诒让：《温州经籍志》，潘猛补校补，上海社会科学院出版社 2005 年版，第 1334 页。

朱士晟，[①] 以及朱鸿瞻的门人，后来朱霖撰有《绿芸集》。[②] 在康熙年间结有诗文社的还有平阳岁贡（1694）吕弘诰，《平阳县志》说他，“老困场屋，结社葛溪，门多知名士”。[③]

清初，朝廷出于对文人结社的疑惧，在顺治九年（1652）的御制卧碑文中，禁止生员纠党，立盟结社。但在顺治朝，清朝的统治尚未稳固，这个政策似未能落实。天下大定后的康熙四十二年（1703），皇帝再次颁布训饬士子文：“招呼朋类，结社要盟。乃如之人，名教不容，乡党弗齿。”[④] 从康熙后期以降，大概在近二百年时间内温州诗社、文社陷于沉寂，直到乾隆末期，朝廷的监控有所松弛，温州群体性的艺文活动才又开始抬头。乾隆五十四年（1789）举人谷廷桂著有《春晖社诗草》，很有可能在现实中存在过一个叫“春晖社”的诗人群体。[⑤] 据黄汉《瓯乘补》，乾隆戊申（1788）永嘉贡生高溥建凌云社，其成员除高溥、高沄兄弟外，还有程浩、赵廷松、胡森桂、周嵩观、邵南金、童中模、张大川、朱汝南和乐清人赵贻瑄等。他们的风雅之事是观赏菊影，唱和成吟。他们酬唱的诗集名为《凌云社菊影酬唱》，并于嘉庆十四（1809）年刊行。[⑥]

经过乾隆末以来的一段时间复苏以后，嘉道间诗文结社逐渐活跃起来。嘉道间，有一个特殊的诗社——兰社，成员由四个福建人和两个平阳人构成。两位平阳人为蒲门华文漪（1777—1825）和金舟夏口鲍台（1761—1854）。华文漪与福建诸君以诗相酬唱，有的终生未谋一面。福鼎人林滋秀说他与华文漪“二十年兰

① 朱鸿瞻：《〈谱年诗集〉引》，载陈光熙编：《明清之际温州史料集》，上海社会科学院出版社2005年版，第479页。

② （清）王殿金、黄徵乂总修：《瑞安县志》，宋维远点校，中华书局2010年版，第337页。

③ 符璋、刘绍宽：《平阳县志》卷38《人物志七》，民国十四年（1925）刻本。

④ （清）王殿金、黄徵乂总修：《瑞安县志》，宋维远点校，中华书局2010年版，第92—94页。

⑤ （清）张宝琳修，孙诒让纂：《永嘉县志》，永嘉县地方志编纂委员会整理，中华书局2010年版，第762页。在县志第1301页，诗集的名称为《春晖吟社诗草》。

⑥ （清）张宝琳修，孙诒让纂：《永嘉县志》，永嘉县地方志编纂委员会整理，中华书局2010年版，第1321页。据黄汉《瓯乘补》，高溥开凌云社的时间是乾隆四十三年（1778），但据孙诒让《温州经籍志》，时间为乾隆五十三年（1788），见（清）孙诒让：《温州经籍志》，潘猛补校补，上海社会科学院出版社2005年版，第1405页。凌云社成员程浩长期在贵州任官，乾隆四十三年他奉特旨补授镇远府，四十五年（1780）引疾归，见《永嘉县志》，第769页。从时间上看，似孙诒让的说法较可取。

社，第有神交”。[①] 后来林滋秀刊刻六个人的诗歌合集，名曰《兰社诗略》。[②] 可能是受鲍台的影响，同里鲍台的门人陈乙、黄青霄、董沄和郑衡等也立社，赋诗唱酬。[③] 在永嘉有“名花十友”诗社，他们的文酒宴游之地为“友十花楼”，其成员为张泰青张衡青兄弟、陈樾英、陈渠英、童冠儒、李士京、李士诒、丁钟英、吴桢桐和马如春。其中李士京是乐清人，丁钟英是瑞安人。与名花十友活动相关的诗文集，有童冠儒《友十花楼课草》，曾贤叔父曾瑛的《友十花楼诗存》。[④]

与其他县份相比，乐清文坛的复苏较为迟缓。但到了咸同以后士人结社却异常活跃，其繁荣程度似乎为其他县所不及。咸丰五年，林大椿（1812—1863）和他的门人们为诗坛注入了活力。弟子黄梦香号召乐清名流成立“秋社”，其成员有陈诰、郑梦江等。[⑤] 到同治间，又有陈荃组织陈箴、陈莛、黄鼎瑞、郑鼎彝、王连中六人为“策鳌社”，他们吟咏唱和、擘文论诗，极一时之盛。[⑥] 黄育椿后来与士人结成“飞凤社”。[⑦] 光绪六年（1880），刘之屏与郑润庠、陈宗尧、郑明东、施锡兰、郑梦元、陈之瀚，结为“东林社”。[⑧] 与林大椿振作乐清诗坛同时期，永嘉曾谐（1817—1868）与林增钧、周养梅等结成鹂山馆诗社。[⑨] 曾谐留有《针鹂诗社唱和之诗》。[⑩]

光绪以后，由于温州被辟为对外开放的商埠，与上海等沿海城市的经济、文化联系日渐紧密。在新思想、新思潮的冲击下，温州文化界进入高度活跃期。这在清末的杨园活动中有非常明显的反映。前面我们曾把杨园当作文人的文化展演

① 林滋秀：《哭华莪园文》，符璋、刘绍宽纂：《平阳县志》卷84《文徵外编八》，民国十四年（1925）刻本。

② 符璋、刘绍宽纂：《平阳县志》卷38《人物志七》，民国十四年（1925）刻本。

③ 符璋、刘绍宽纂：《平阳县志》卷38《人物志七》，民国十四年（1925）刻本。

④ （清）孙锵鸣：《〈友十花楼诗稿〉序》，孙锵鸣：《孙锵鸣集》，胡珠生编，上海社会科学院出版社2003年版，第765页。

⑤ 洪振宁：《宋元明清温州文化编年纪事》，浙江人民出版社2009年版，第476页。

⑥ （清）李登云等修，陈珅等纂：《乐清县志》卷8《人物上》，光绪辛丑（1901），东瓯郭博古斋刻印。温州市图书馆藏。

⑦ 高谊：《高谊集》，高益登编注，线装书局2013年版，第179页。

⑧ （清）刘之屏：《盗天庐集》，袁国唐校注，线装书局2012年版，第84页。

⑨ （清）张宝琳修，孙诒让纂：《永嘉县志》，永嘉县地方志编纂委员会整理，中华书局2010年版，第1311页。

⑩ （清）孙锵鸣：《孙锵鸣集》，胡珠生编，上海社会科学院出版社2003年版，第28页。按，永嘉县学教谕孙同元说曾谐有《针鹂山馆诗钞》（见陈瑞赞编注：《东瓯逸事汇录》，上海社会科学院出版社2006年版，第125页），不知是否指同一本书。

之地，这里必须指出杨园也是文人结社之地。杨园以艺菊驰名，自然有菊花社，符璋有“门多蜡屐菊花社，壁有纱笼杨氏园”的诗句。[①]《杨青集》中收录了大量诗歌，其中有这样一些诗题：《散花社雅集》《酬张镜池先生〈筵散花社诗卷〉》（佚名）、《散花社雅集》（李士诏）、《散花社雅集》（李士京）、《散花社雅集》（曾煜）、《散花社雅集》（曾淦）、《散花社雅集》《酬张镜池夫子〈题散花社诗卷〉》《散花社雅集》（王鉴川）。[②]很可能杨园中结有“散花社”。

晚清围绕金晦边上有一个颜李学派的实践团体，瑞安的文化名人结成了“求志社”。尽管社中文士皆能诗，但两者并不以诗文酬唱为结社宗旨，在此不赘。另外，温州江心屿是一个多种文化类型堆叠的神奇之地，其开放性有如现代的“公园”，是文人们诗酒风流、酒地花天的场所。他们在这里确立自己的文化认同，立足自身的情境和存在，创设生命的意义。

与传统的文化精英比起来，一些边缘的社会群体进行高雅文化的创造，更能够体现清代温州社会普遍的尚文风气。这里说的边缘群体指的是“市井七子”和闺阁诗人。

“市井七子”大约生活于乾嘉间，堪称是一个文化传奇。就他们的职业而言，似乎与高雅的士大夫文化是绝缘的。季观乐（1738—1806），菜农、菜贩。祝圣源（？—1798），茶馆跑堂。黄巢松，绿营士卒。梅方通，鱼贩。周士华，铁匠。张炳光，银匠。计化龙，剃头匠。他们是小商贩和小手工业者，身处社会底层，但有着共同的文化向往，就结成诗社。从今天留下的少数作品看，黄巢松和祝圣源的诗有极雅的，也有雅俗杂陈的，因此多少留有“市井”风味，如黄巢松的诗句“鼠因粮尽甘心去，犬为家贫放胆眠”，又如祝圣源的《鼓儿天》：“鼓儿天，诗人夜未眠，茶烹活火品新泉。茶儿熟，鼓儿促，冬冬惊醒邻儿哭。邻儿哭，古月生霜照寒屋。”[③]七子中季观乐的诗脱尽了“市井”气，大概他是七子中唯一一个真正被士大夫阶层认可，并打进士人交往圈的。泰顺士绅董斿和平阳士绅华文漪与季观乐（字碧山）有诗歌唱和。华文漪和周衣德都有撰文记述季观乐事迹的

① （清）杨青：《杨青集》，谢作拳、伍显军编，上海社会科学院出版社2005年版，第622页。

② （清）杨青：《杨青集》，谢作拳、伍显军编，上海社会科学院出版社2005年版，第538—602页。

③ 洪振宁：《宋元明清温州文化编年纪事》，浙江人民出版社2009年版，第423页

文章。以下是华文漪作的《季碧山传》节略：

季碧山，吾郡永嘉人。幼孤苦，入里塾一年即废读。家酷贫，衣食无所出。有园一亩许，艺蔬鬻之以易米。或不再食。每夏月，或露宿，或栖身古厢中。恒与佣贩辈狎处。冬日早起，濯菜于池，冰霜寒冻，手足皲裂，习以为常。……碧山触类多通，久之益精敏。经子百家皆略通晓，尤熟于史，遂学为歌诗。节缩口食，积其余，以买纸笔学书。殚精极思，寒暑不懈，数年，书大工，诗古今体俱有法度。……自是郡中人皆知有季碧山矣，邻邑士大夫亦争延致之。尝有士人邀至家丐其书，碧山对客挥毫，意气闲逸。众环几聚观，啧啧称赏。有佣贩者过其门，窃瞰之，则固曩时卖菜人也，辄大惊。……碧山多闻强记，善谈论，每酒酣耳热，抵掌论廿一史中废兴成败、贤否得失，滚滚不少休，令人耸听。性不喜修饰容仪，豪贵家延客，折敝衣冠往，两胫赤露，草履破缺，坦坦然，酬对于其间，旁若无人，其真率多类此。①

作者写季观乐早年的种菜买菜的困苦，有时一天只吃一顿，冬天洗菜手被冻裂；到后来在诗歌创作和书法艺术上都获得了杰出的成就；出入于温州上流社会门庭仍穿破衣烂衫，作苦力打扮，华文漪的传记呈现出了惊人的戏剧性。

“女子无才便是德”是传统中国社会著名的“女教”。永嘉名士王德馨教家中女眷读诗写诗，以此为乐，这无疑有别于以节孝为本的主流价值观，势必受到“道德镇守使”们的非议：

余穷老家居，日无所事，惟教任氏谢氏两媳妇及适吴氏女读诗，并日授以做法，以自娱晚景。或诮之曰：“妇人职在中馈，惟酒食是议，笔墨非所宜也。”余初亦不之辩，其人竟哓哓不已，余因为晓之曰：“言为心声，妇人果有婉娩顺承之德，即有温柔敦厚之词。故风诗《周南》十一篇，女子居其八。《召南》十四篇，女子居其十一。下至《泉水》之卫女，《柏舟》之共姜，《载驰》之许穆夫人，其诗皆经圣人

① （清）华文漪：《逢源斋诗文钞》卷2，道光六年（1826）刻本，温州市图书馆藏。

删定，而列之雅颂，后儒皆无敢置喙，何先生独于余乎是责。”①

这段“诗话”，作者其展示的重点是为自己女眷习诗的理直气壮的辩护，但我们也从中看到闺阁诗人周围一个不尽宽容的外部环境，从而理解妇女学诗、能诗之不易。

绍兴才子陶元藻（1716—1801）游历到温州，看到了我们今天很难想象的盛况：“瓯妇人多能诗。……予寓瓯，有女状元周菊香者，善诗文，尤妙解音律，结十番社诗社于城西，一题出，唱和者多至数百人，皆闺中杰也。”②这条资料来自陶元藻的《全浙诗话》。《全浙诗话》成书于乾隆五十二年（1787）。如果陶元藻的话没有夸张不实的成分，那么在乾隆晚期，温州有个领袖级的女诗人周菊香，有个非常庞大的女诗人队伍，一个诗题出来有数百妇女来唱和，这是一个令人动容的女性文学的繁荣景象。乾隆晚期，温州妇女的识字率到底有多高？是一种什么样的动力能够点燃温州妇女的作诗热情？那时候温州妇女的解放是否到了这样的程度？总之，这与我们对传统社会妇女的想象出入太大了。

在传统社会的男女关系中，女性在家庭生活中处于被动的一方。女性的幸福有赖于男性的感情专一，矢志不渝。但在经济地位和社交权利的不平等情形下的依赖是靠不住的，因此司马相如《长门赋》和杜甫《佳人》中的“只见新人笑，不闻旧人哭”，总能激起无数妇女的共鸣。清代温州妇女的诗作内容多为“旧人哭”。

平阳矾山女诗人谢香塘（1792—1872）生活在一个文化世家。她的哥哥谢清洲（1791—1848），道光乙酉（1825）拔贡。弟弟谢青扬（1794—1864），道光癸卯（1843）府学岁贡。平阳县学教谕吴承志在评论谢香塘时说：“香塘青扬女兄，适金洛先，洛先好冶游，未三十而殒。香塘抚族子为嗣，教之成立，生平所遭与钱蕙纕略同。”③这是说谢香塘和钱蕙纕（？—1800）遭遇相同，她们的丈夫感情不专，“冶游”是一种较文雅的说法，意为嫖妓。谢香塘的丈夫金洛先除了嫖妓，还有吸食鸦片的嗜好。谢青扬七律《哭金洛先姊婿》首联“瘦骨棱棱强自撑，飘

① （清）王德馨：《雪蕉斋诗话》卷4，王德馨：《王德馨集》，王妍点校，黄山书社2009年版，第412页。

② （清）陶元藻编：《全浙诗话》，余志慧点校，中华书局2013年版，第1513页。

③ 符璋、刘绍宽纂：《平阳县志》卷51《经籍志四》，民国十四年（1925）刻本。

然解脱此甚轻”，颈联“莫信名香能续命，可怜毒饵竟伤生”。瘦骨棱棱，毒饵伤生，颈联下作者自注“君所嗜非宜，颇涉自戕”，诗句显示的是吸毒成瘾及其症状。[①]冶游、吸毒，每种嗜好均能败坏身价，谢氏丈夫两种恶习皆具，因此家产荡尽，且年未满三十而亡。谢香塘在五古《示儿》中有这样的诗句：

> 汝父喜挥霍，家事慵屏当。渐至謻台筑，遂以腴产偿。侥幸纳规劝，补牢鉴亡羊。讵谓丁厄运，二竖居膏肓。行年未三十，下招来巫阳。吁嗟我命薄，绿鬓称未亡。尔时未有汝，寂寂守空房。[②]

诗中有“侥幸纳规劝，补牢鉴亡羊”之句，但内情到底如何不得而知，也许不过是留给过继儿子一点“正能量”，也未可知。

乾嘉时期，大名鼎鼎的嘉定钱家学者成群。女诗人钱蕙纕就出生于这样的家庭。她的父亲钱塘于乾隆三十五年（1770）中进士，任江宁府学教授。钱蕙纕随父赴任。这时，平阳丰山人陈夏荣任江宁府同知。机缘巧合，钱蕙纕嫁给了陈夏荣的儿子陈振孟。乾隆五十五年（1790），钱塘病死于江宁任上。嗣后，公公陈夏荣告病回乡，没有几年，公公、婆婆相继去世，丈夫以“游学”为名，外出冶游不归。民国《平阳县志》用很长的篇幅，根据女诗人的作品《慕古赋》《送外之广陵》《示儿》和《春闺怨》等一系列诗作证明陈振孟是一个游手好闲、不务正业的浪荡公子。[③]

遇人不淑，婚姻不幸。谢香塘和钱蕙纕都靠怀念血浓于水的亲情来纾解自己的痛苦。谢香塘集中回忆弟弟谢青扬（号小嵋）的诗写了十首，名叫《哭二弟小嵋》。另外思念亲人之情在其他的作品中时有体现，如《红余诗词稿》中那阕词牌名为满庭芳的词：

> 枫叶萧疏，菊英零乱，小院无限秋光。试登高阁，一为遣愁肠。闲望故园景物，凝眸处、云树苍茫。碧天际，宾鸿隐隐，夕照锁危樯。堪伤。记昔日，良辰佳节，雁序翩行。常欢聚东山，诗酒清狂。此乐

① （清）谢青扬：《愈愚斋诗文集》，永嘉黄氏敬乡楼抄本，温州图书馆藏。
② 符璋、刘绍宽纂：《平阳县志》卷76《文徵内编十四》，民国十四年（1925）刻本。
③ 符璋、刘绍宽纂：《平阳县志》卷51《经籍志四》，民国十四年（1925）刻本。

料难再得，枉回首、几度凄凉。空教我，沾巾老泪，滴滴洒重阳。[①]

词的大意是，在一个万木萧疏的深秋，“我”满怀愁绪，登上高阁，向故乡方向凝望，只见“云树苍茫”，隐隐望见在天际飞翔的鸿雁。这时，往昔与兄弟欢聚的暖人场景一幕幕浮现出来：欢度佳节、攀登东山、饮酒赋诗。可惜快乐的时光这辈子不会再有了，一阵悲哀袭来，泪流满面，滴湿了“我”的衣襟。这首词构思极为精巧，由景物铺陈中的“宾鸿隐隐”，联想到兄弟辈的雅称“雁序”，很自然地转向对兄弟的怀念。

谢香塘虽然不幸，但有兄弟在同一个县，可以往来。她的二弟比她早去世八年，她自己也以八十一岁高龄谢世。与她相比，钱蕙纕的境况要悲惨得多。她只身来到浙江平阳，她的兄弟姐妹远在相隔千山万水的嘉定，音信不通。有人推测在公公、婆婆死后的分家析产中，钱氏与陈家产生了较深的矛盾。从她的五古《夜坐》观之，是极有道理的。《夜坐》有这样的诗句“人幽境逾寂，心定无是非。……疏慵存我拙，傲慢任人诽”。[②] 弱女子孤身一人羁留平阳，身处极不友善的环境中，确是叫天不应，叫地不灵。在她的《女书痴存稿》中，思念亲人、追忆往昔的篇什很多。与谢香塘一样，她也有一首怀想昔日与兄弟姐妹一起欢乐的词，这里是《念奴娇》的下阕：

遥想雁序鸳行，花朝月夕，笑语春浓处。此景如今都是梦，应料难重欢聚。万叠云山，旧愁新恨，挂遍斜阳树。几番搔首，断肠还共谁语？

她用的字眼——“雁序”，快乐不再有的悲叹，以及意义上的逻辑结构，都与谢香塘的《满庭芳》相似。谢香塘有不少诗作，风格清新，心境相对平和。钱蕙纕没有这类诗稿，她的诗词里有的只是浓得化不开的悲情。她的《凤凰台上忆吹箫》最是缠绵悱恻，宛如李清照再世：

脉脉离情，恹恹病景，断肠写出谁酬？枉哀吟枯索，费尽搜求。赢得阑干拍损，情切处、转更添愁。最无奈，问天不语，天只悠悠。

① 符璋、刘绍宽纂：《平阳县志》卷76《文徵内编十四》，民国十四年（1925）刻本。
② 符璋、刘绍宽纂：《平阳县志》卷76《文徵内编十四》，民国十四年（1925）刻本。

嗟休，人生一掷，想欢娱如昨，总付浮沤。又莺啼燕语，唤上眉头。独坐帘儿懒卷，消减尽、旧日风流。空自教，愁魂怨魄，夜夜南楼。

她做梦都想回嘉定老家，回到亲人身边。在平阳二十年左右的时间里，[①] 钱氏曾经有过回嘉定探亲的计划，似乎即将成行，但因故搁置。她有一首词，题名为《拨不断·归宁不果》，其中有“屈指归期数得来，牵肠好事难成就”之句。或许是因为有孩子要照料，或许也有其他原因，回家越来越无望。以下是五律《遣意》：

迢递来瓯海，羁危过一生。归期看马角，乡信听鸿声。团扇倩幽思，胡笳寄远情。遭逢时各异，此恨几能平？

“归期看马角”，马是永远不会长出角的，她也永远回不到嘉定了。她人在平阳犹如身处塞外边地，需要用“胡笳”来“寄远情”。“难归”是她的诗词中一个很突出的主题。在这个主题下，她把自己比作被贬到蛮荒之地永州的柳宗元、有家难归的汉代名将李陵、被迫远嫁的王昭君，在痛苦落寞中透着一丝若有若无的悲愤。以下是她的《木兰花慢·暮春雨中》的下阕：

绝境类羁，囚此恨，几时休？枉登高望远，故园绵邈，满目烟浮。怎如，昭君昔日，便飘零异域也风流。遗得青青一冢，长留与后人愁。

在此，她将自己比作囚徒，境遇甚至比不上王昭君。还有二首《昭君怨》也写得哀婉动人。二十年的哀死念生、伤离怨别，忧思过度，以致身染沉疴，无药可医。以下是她的《自题诗稿后二首》（其一）：

柳子飘零瘴海边，李陵忧患托诗篇。悲深拟赋思乡曲，感切翻成滴泪编。精卫衔时山木尽，杜鹃啼处血痕鲜。明知似病应无药，遣恨惟凭一幅笺。

这极可能是她自知不久于人世后所作。

第三个夫妻故事与前两个大异其趣。女诗人郑蕙（1850—1872）的丈夫殷执

① 钱蕙纕《自题诗稿后二首》（其二）有“廿年泪洒临江树”之句。以下凡钱蕙纕诗词均见《女书痴存稿》，道光五年（1825）刻本。

中，平阳金乡人，咸丰九年（1859），以捐纳任福建知政和县。这时金钱会起事，福建提督秦如虎奉檄剿办，调殷执中襄理军务，以后历任署云霄厅同知、署马家港通判、署松溪县知县。郑蕙系永嘉人，据殷执中《素心阁忆语》自述，由于他率官军击溃了包围温州城的金钱会，郑蕙的父亲出于报恩，把自己十五岁的女儿嫁给殷执中为妾。其父说没有殷执中他全家性命不保。[①] 在殷执中笔下，郑蕙是一个传统女性完美无疵的典范人物。读的书如《列女传》和四书等，都属于政治正确的读物。日常生活中料理家务，操女红，处理人际关系，全部符合女德。丈夫继她之后又纳许琼为妾，她非但不嫉妒，而且待她如慈母，如益友。病重后，有人建议用罂粟治疗她的病，她懂得夷夏之辨，大义凛然地予以拒绝，因为罂粟浆来自“外夷”。身体日渐羸弱，一日忽然把平日诗稿投入火中，说女人不应该做这些事，大概是以此更加贴合“女子无才便是德”的妇德标准。[②]

今看郑蕙留下的诗，大致可以分为四类：第一类是写对姊妹和父亲的骨肉亲情。第二类是写一年四季春花秋月和山水景色。第三类最值得注意。纲常伦理对女性构成了沉重的压抑和束缚，郑蕙却写了许多颂扬纲常伦理的诗歌，如《读孔子世家》和《拟烈女操》等。[③] 女性写这类诗很少见，永嘉女诗人曾碧芸有一首《曾氏姑媳双贞诗》，这样的诗题很容易写成礼教的颂歌，但作者只是写了孀妇的痛苦和哀伤。[④] 第四类是写给丈夫殷执中的诗。在诗题中，殷执中一律被称作“主人”，如《夜坐寄呈主人二绝》《呈主人湖心寺叠前韵》和《赠别主人》等，[⑤] 表明郑蕙在殷执中面前时时注意“摆正自己的位置”。正是因为这个形象太“完美”，夫妻关系也离正常人情太远，让人感到有些不真实。有学者指出郑蕙因未能生育而失宠，被遗弃在福建长乐县，抑郁而逝。[⑥] 如果这个情况属实，我们就

---

① 在这类渲染伉俪情深的文章中，殷执中对自己的“恩主”地位居之不疑，有失分寸，有点不对味。

② （清）殷执中：《素心阁忆语》，见（清）郑蕙：《素心阁诗抄》，光绪九年（1883）刻本，温州市图书馆藏。

③ （清）郑蕙：《素心阁诗草》，《苍南女诗人诗集》，萧耘春点校，上海古籍出版社 2005 年版，第 69、93 页。

④ （清）张宝琳修，孙诒让纂：《永嘉县志》，永嘉县地方志编纂委员会整理，中华书局 2010 年版，第 1620 页。这是一首五律：“苦节稽家乘，伤哉二母俱。鹄飞双影折，鸳梦一生孤。皦日心同誓，流泉泪并枯。覆巢更负子，辛苦几含荼。”

⑤ （清）郑蕙：《素心阁诗抄》，光绪九年（1883）刻本，温州市图书馆藏。

⑥ 陈文苞：《二百年望族人物多——苍南金乡殷氏》，《温州日报》2016 年 4 月 27 日。

可以理解，殷执中那篇刻意模仿《影梅庵忆语》《香畹楼忆语》《秋灯琐忆》的忆语体文章《素心阁忆语》是为塑造模范典型的虚构之作，《素心阁诗草》可能经过大尺度的整容。请到给《素心阁诗草》写序的包括李慈铭在内的名人达6位之多，也显得太刻意。

永嘉女诗人还有永嘉的陈瑞辉，诗集名《熊丸集》以贤母教子自励，亦以此为傲，以教子成功闻名。[1] 其他知名的女诗人还有马如佩、张凤辉、周秀眉、陈小兰、汪景兰和姚珊珊等，她们或许没有像谢香塘、钱蕙纕那样用自己的血泪谱写诗篇，但即便把写诗当作是一种知识性、技巧性的爱好，也对营造温州的文化氛围作出了自己的贡献，她们的诗歌创作活动，直接体现了社会的尚文风气。

纵观清代温州文化的传承和发展，我们可以清楚地看到地方士人惊人的韧性。在战乱频仍的残酷环境中，温州士人的文化活动都没有断绝，徐凝、李象坤和“永嘉五子”仍然有十分可观的文化创获，周天锡在艰难的条件下完成了一个又一个的文献编纂工程。在清末，科举制度被当作中国现代化的绊脚石扫进了历史的垃圾堆，然而纵观有清一代，文化的保存和传承有赖科举制度造就的士绅阶层。科举制度促成了地方社会的尚文风气，风雅精致的生活情趣又把尚文风气扩展到一个更加广阔的社会层面。

① （清）陈瑞辉：《丸熊集》，嘉庆九年（1804），敦木堂刻本，温州市图书馆藏。

第三章　拐点：嘉道时期的温州

自乾隆后期、嘉庆以降，清代人口形成庞大无比的压力，人口与资源之间的竞赛，人口与土地之间的竞赛，人口与有限度的行政管理组织的竞赛——在当时形成了一个几乎无法解决的难题。洪亮吉（1746—1809）、汪士铎（1802—1889）等人都认为人口压力将为大患。洪亮吉《意言》中，对此问题感到忧心忡忡，不时提到“为治平之民虑”。[①] 汪士铎在代胡林翼所作的《读史兵略序》中也说“国家累叶承熙，仁洽寰宇，休养孳息，人满之患起，其始涓涓，其后滔滔”，[②] 他似乎敏感到帝国内部有一种结构性困境，一种自我内卷化的发展。这种结构性的困境，才是真正的世乱之由。他说：

> 小民累于家口，生计迫于铺户之多，粮饷忧于田土之少，不必有权相藩封之跋扈，不必有宦官宫妾之擅权，不必有敌国外患之侵凌，不必有饥馑流亡之驱迫，修养久而生齿繁，文物盛而风俗敝。盗贼众而有司不能捕，遂畏例而壅于上闻；处分繁而吏日以苛，遂拘泥而不能破格。虽上无昏政，下无凶年，而事遂有有不可为者矣。[③]

我们应当特别注意“不必有权相藩封之跋扈，不必有宦官宫妾之擅权，不必有敌国外息之侵凌，不必有饥馑流亡之驱迫”数语，他想借此点出这个结构性困境非但不是昏政凶年的结果，反而是太平日久、兵灾凶年太少所致。问题出在生息既久，“民生日众，民俗日漓”。这种由于人口繁衍导致的整体性社会危机是中

① （清）洪亮吉：《洪北江诗文集》卷1《意言·治平篇》，台湾商务印书馆1979年版，第26a页。

② （清）汪士铎：《汪梅村先生集》7，光绪七年（1881）刊，《清代诗文集汇编》第612册，上海古籍出版社2010年版，第308页。

③ 沈云龙主编：《近代中国史料丛刊》第13辑，（清）汪士铎：《汪悔翁（士铎）乙丙日记》卷2，文海出版社1967年版，第61页。

国历史上从未有过的。大规模的移民、以高产美洲作物为助力对深山荒谷的“农业边疆”的开发、乡村聚落大幅度增多、人口高速繁衍引起开发强度的不断提高、生态环境的恶化，这样的节奏，温州跟长江上中游地区的川、陕、鄂、湘等省份是同步的。大约在嘉道年间，由于水土流失，“报酬递减律”已经在新农垦区充分发挥作用，[①] 温州地区由此引发了一系列经济危机、政治危机和社会危机，温州区域历史的演化经过嘉道这个拐点，进入了一个动荡紧张、各种矛盾冲突的频发时期。

第一节 人口暴增与综合性危机

大约从明代中期开始，福建地区的“过剩”人口便逐步北移，进入浙江南部的温州。明清易代以及耿精忠之乱之后，温州容纳了更大规模的移民。这些移民除了一部分定居在海滨的平原，更多的移民进入了西部山区和近海的岛屿。山区的大片森林被砍伐，山坡、山巅被开辟为玉米田和甘薯田。穹远荒僻之处出现了大量新的聚落。在这个过程中，高产美洲作物的引进，得以承载更多的人口，人口暴增导致垦殖空间的丧失。到嘉道年间，温州地区呈现了民生的脆弱性和危险性。由“过剩人口”引发的危机不是单纯的经济危机，而是整体性的社会危机。

一、高产美洲作物的引进

何炳棣曾说：“清代康熙、雍正、乾隆三朝，尤其是自 1683 年平定台湾完成统一到 1796 年川陕白莲教起义这一百多年，确是一个鸡犬相闻的太平盛世。”[②] 所谓的“太平盛世”的出现，具有复杂的政治环境和经济因素，但高产美洲作物番薯、玉米和马铃薯的推广最为关键。在浙南温州，美洲作物的拓展与清代的移民运动是同时展开的，甚至可以说两者是合而为一的。由于美洲作物具有无与伦比的适应性，在山区丘陵的高寒、沙地、贫瘠、少水地带都可以种植。正是美洲农作物把移民送上了深山巨谷和荒蛮海岛，当然也可以反过来说，美洲作物犹如

① 何炳棣：《何炳棣思想制度史论》，中华书局 2017 年版，第 540 页。
② 何炳棣：《何炳棣思想制度史论》，中华书局 2017 年版，第 537 页。

移民身上携带的基因，移民到了哪里，美洲作物就传播到哪里。

在诸种农作物中，最重要的是番薯，即温州人所称的“番茅”。按照美洲作物从海外进入中国大陆后的传播路线分析，番薯应在明后期到温州，但万历三十三年（1605）修竣的《温州府志》卷五《物产》中尚未见番薯、番茅名目，其中“薯蓣”指的是山药，[①] 而非番薯。可见番薯在明代登陆温州时，对农业生产和温州人的生活没有产生明显的影响。在温州方志中，最早出现番薯信息的是康熙《永嘉县志》卷四《物产》，“番茅”被归入“果属”类。[②] 这部《永嘉县志》刊刻于康熙二十一年（1682），在康熙前期番薯已经不是罕见的东西，否则县志的编纂者不会把它载入志书。道光《乐清县志》中录有徐元扈《甘薯疏》，文中说乐清人迟至雍正年间（1723—1735）才开始种植番薯，此时正值玉环岛开发，乐清人从玉环得到了番薯；[③] 但道光《乐清县志》卷十四《风俗·民事》又说：“近有番薯，种来自闽，可补五谷之缺，大有益于民食。”[④] 看来乐清的番薯引进途径不止一条，另外，《甘薯疏》说至迟雍正间乐清才有番薯也不可尽信。

那么，什么时候番薯成为具有战略意义的粮食产品呢？乾隆《温州府志》记载：“温人呼甘薯为番茅，原从闽至，今得其种法，五邑俱有，玉环更饶。凶年可为粮。”[⑤] 这应该是最具权威的说法。该府志修竣于乾隆二十一年（1756），也就是说在 18 世纪中期，番薯在温州五个县都有种植，而且在荒年成为民众的救命粮，似乎此时番薯尚未成为温州人正常年景的食物选择。

瑞安塾师赵钧道光十二年（1832）七月二十七日的日记说：“据江村老人说，温郡所种番薯，五十年前尚鲜见者，亦不谙晒干之法。”[⑥] 道光十二年（1832）说的五十年前，在乾隆四十七年（1782）前后。另，赵钧道光二十六年（1846）七月初二的日记又说：“南陈一老农，年七十一岁，谓己少年时，见村中正月同社宴会，肴馔定例有番薯一盆。无薯，主人愿以肉抵，不许。则五六十年前，瓯郡

① （清）汤日昭修，王光蕴纂：万历《温州府志》，万历三十三年（1605）修，刻本。

② （清）王国泰、郑廷俊修，林占春、周天锡纂：《永嘉县志》，康熙二十一年（1682）刻本。

③ （清）鲍作雨、张振夔总修：道光《乐清县志》，陈纬校注，线装书局 2009 年版，第 976 页。

④ （清）鲍作雨、张振夔总修：道光《乐清县志》，陈纬校注，线装书局 2009 年版，第 947 页。

⑤ （清）李琬修，齐召南、汪沆纂：《温州府志》卷 15《物产》，乾隆二十七年（1762）刻本。

⑥ 陈伟玲整理：《赵钧日记》，中华书局 2018 年版，第 69 页。

薯少而贵，可知。”[①] 如果“江村老人”和“南陈老农”的记忆可信，那么就意味着直至乾隆后期，温州的番薯种植尚未普遍推广。

番薯传播速度的缓慢与两个因素相关。其一，与人们的饮食习惯相关，乾隆《温州府志》也只是说遇到荒年番薯才被充为粮食。可见迟至乾隆后期，在平常年景，稻米还是温州人的主食。其二，直至乾隆末，温州人还不懂得如何晒干番薯，以利于保存。大概到嘉庆以后，番薯刨丝、晒干加工法才得以流行。[②] 修竣于嘉庆十四年（1809）的《瑞安县志》较高地肯定了番薯的作用和地位：“邑有诛茅傍山而居，不宜耕稼者，惟种甘薯。秋熟收之，蒸晒切丝，贮之，以充糗粮，是名薯粮，兼酿酒”。[③] 据赵钧的一位族叔回忆：“嘉庆十五年（1810）夏旱，栽种失时。后得雨，有于处暑后种番薯，至冬，亩园亦得晒薯干二百余斤，次年每百斤值钱二千七八百文。”[④] 这就是说至晚在嘉庆中期，瑞安人不仅利用番薯有效地缓解了旱情导致的粮食短缺，而且也掌握了烘晒和储藏技术，薯干已经成为粮食商品。

至道光年间（1821—1850）番薯的种植进入了极为鼎盛的时期。在平阳山门，番薯已经成为人们日常生活中的主食。赵钧道光十二年（1832）六月四日日记载：“有平阳北港山门人来馆，自说其村方数十里，内皆以番薯为粮，米饭惟尊客得食。”[⑤] 道光六年（1826）修竣的《乐清县志》在卷十五《物产》中把番薯归入“谷类”，这就是说县志编者已经把番薯定性为粮食，不是“果类”，也不是“蔬类”。县志记载当时种植番薯的人很多，番薯的价格很低。番薯的单产一亩可得三四千斤；而且有了成熟的加工保存方法，“裁片锉丝，曝而贮之，以充糗粮”。[⑥] 道咸年间乐清举人蔡保东所著的《甘薯说》写道：

> 乐邑土产多甘薯，霜熟后鬻之，二三钱一斤，而歉岁不过

---

① 陈伟玲整理：《赵钧日记》，中华书局 2018 年版，第 364 页。

② 据沈克成先生的《温州历史大事记》，早在康熙十五年（1676），平阳腾蛟秀溪铜匠邓武卿创制薯刨片，也许番薯片还是不容易晒干，这个技术没有推广开来。后世流行的番薯加工技术是把番薯刨成丝。

③ （清）王殿金、黄徵乂总修：《瑞安县志》，宋维远点校，中华书局 2010 年版，第 40 页。

④ 陈伟玲整理：《赵钧日记》，中华书局 2018 年版，第 356 页。

⑤ （清）赵钧：《谭后录》卷下，转引自陈瑞赞编注：《东瓯逸事汇录》，上海社会科学院出版社 2006 年版，第 29 页。

⑥ （清）鲍作雨、张振夔总修：道光《乐清县志》，陈纬校注，线装书局 2009 年版，第 976 页。

> 四五。……方书称其能补脾益寿，且多食不伤人，山中人曝干藏之，充浃岁之粮，故其人多寿。甘薯之益人如是，而顾如是之贱也。倘鬻于异地而贵乎，而又随地产焉。[1]

乾隆《温州府志》说番薯"凶年可以为粮"，到了道光咸丰时期，番薯的地位是"充浃岁之粮"，即正式成为粮食中极为重要的组成部分。泰顺县番薯种植的节奏跟其他四县是一样的，也是嘉庆道光以后才形成番薯的大规模种植。雍正《泰顺县志》卷二《风俗・土产》中没有关于美洲作物的记载。编于同治四年（1865）的《分疆录》在卷二中明确记载："（泰顺）田禾菽麦之外，兼种山植，嘉庆以前多种蓝靛，今则多种番薯。贫民之粮，半恃焉。"[2]可见山区县泰顺在嘉庆前后发生了农业种植史上的重大变迁，嘉庆（1796—1820）以前泰顺山地主要作物是蓝靛，嘉庆以后才多种番薯。因此，反映在饮食结构中的变迁就是乾隆以后，"农家多以薯米为粮。"[3]到咸丰（1851—1861）时期，番薯在泰顺的粮食结构中已是不可或缺，《分疆录》写道：

> 吾泰山多田少生齿繁衍，全仰给于番薯。《管子》所谓"野悉辟而民无积，国地小而食地浅"也，故去岁（1853）番薯薄收，穷民遂觉嗷嗷，……此欲凶岁无滋事已难。即有严法能制之，亦饿殍盈道矣。[4]

番薯收成是社会秩序能否维系的关键因素。作者也直观地看到，之所以出现这种状况是人口快速繁衍的结果。

正是由于番薯可以在恶劣的土壤和气候环境下种植，且产量丰，价格低廉，因此给人以十分亲切的感觉，乐清人蔡保东表达过对番薯的喜爱。玉环同知陆玉书赞扬番薯"饱饭足田家"的功劳，[5]并在《环山杂咏》歌颂番薯让芸芸众生得以饱餐："大家小户有余粮，薯蕨丝干积满箱。淘米伴渠炊作饭，饱餐

---

① （清）李登云修，陈珅纂：《乐清县志》卷5《田赋・物产》，光绪辛丑（1901），东瓯郭博古斋刻印。

② （清）林鹗、林用霖编纂：《分疆录点注》，陶汉心点注，香港出版社2010年版，第80页。

③ （清）林鹗、林用霖编纂：《分疆录点注》，陶汉心点注，香港出版社2010年版，第84页。

④ （清）林鹗：《泰顺社仓议》，（清）林鹗、林用霖编纂：《分疆录点注》，陶汉心点注，香港出版社2010年版，第103—104页。

⑤ （清）杜冠英、胥寿荣修，吕鸿焘纂：光绪《玉环厅志》卷1下《舆地・物产》，光绪六年（1880）刊本。

我亦爱甜香。”①

瑞安士绅张棡所撰写的日记反映了番薯在晚清温州的市场化程度。在现存的清代十七年的日记中，载有薯丝的日记共有62天。其中大部分内容是薯丝出售、馈赠等内容。从中可见，出售薯丝已成为张棡家庭收入的一个重要部分，同时也说明薯丝已经成为温州粮食市场中的一种重要商品。出售的范围不限于瑞安本县，也有售往乐清等地。②光绪二十二年（1896）二月初一，张棡一次性售卖薯丝就达六千斤，得大洋五十元。③薯丝有两种规格，分“粗丝”和“细丝”。光绪二十四年（1898）二月初四，售卖粗丝二千六百斤，申红洋二十元。细丝八百十二斤，申红洋七元。④也许是为了待价而沽，光绪二十四年春夏间，在“新丝”上市后，张棡还存储有“陈丝”，于是“陈丝”和“新丝”交替出售，例如四月十六日这天，卖小典下陈丝三千五百十斤，收洋三十元；付卖九里陈丝三千一百八十斤，收洋四十六元。卖福钱陈丝一千三百四十斤，收洋二十元；卖六十五斤、收洋一元。⑤光这一天，张棡卖出薯丝8020斤，得大洋96元。温州滨海地区历来有阻止稻米外运的传统，表面的理由是防止稻米接济海盗，但也有防止本地粮食涨价的意图，到了晚清薯丝也进入了防止粮食“漏海”者的视野。⑥

二、人口暴增与垦殖空间的丧失

有学者认为，美洲作物传华四百余年来，对中国土地利用和粮食生产确实引起了一个长期的革命。粮食生产革命和人口爆炸确是互为因果的。⑦也就说，美洲农作物的种植导致了粮食革命，粮食产量的大幅度提高可以支撑人口的巨额增

---

① （清）杜冠英、胥寿荣修，光绪吕鸿焘纂：《玉环厅志》卷13《艺文》，光绪六年（1880）刊本。

② 张棡：《张棡日记》，温州市图书馆编：《温州市图书馆藏日记稿钞本丛刊》，中华书局2017年版，第6979页。

③ 张棡：《张棡日记》，温州市图书馆编：《温州市图书馆藏日记稿钞本丛刊》，中华书局2017年版，第6772页。

④ 张棡：《张棡日记》，温州市图书馆编：《温州市图书馆藏日记稿钞本丛刊》，中华书局2017年版，第6974页。

⑤ 张棡：《张棡日记》，温州市图书馆编：《温州市图书馆藏日记稿钞本丛刊》，中华书局2017年版，第6997页。

⑥ 张棡：《张棡日记》，温州市图书馆编：《温州市图书馆藏日记稿钞本丛刊》，中华书局2017年版，第8825页。

⑦ 何炳棣：《何炳棣思想制度史论》，中华书局2017年版，第540页。

长；巨额的人口增长又促使美洲作物的种植继续拓展。在粮食革命与人口爆炸的交互推动下，至晚在19世纪初，美洲作物已经推展到中国粮食生产的“极限”。何炳棣认为1683年左右中国人口应在1亿和1.5亿之间。到了嘉庆五年（1800）全中国的人口已达到3亿，经济条件开始恶化，但人口的动量还是把人口提增到道光三十年（1850）的4.3亿。[①] 据嘉庆重修《大清一统志》，嘉庆二十五年（1820）温州府“滋生男妇”1933655名。[②] 又有学者考证嘉庆重修《大清一统志》中的“滋生男妇大小”是编纂者通过极其“荒谬”的手法加工出来的，[③] 因此1933655这个数字似乎也不足信。另据曹树基研究，乾隆四十一年（1776）温州人口为162万，而至嘉庆二十五年（1820），却高达201.7万。[④] 对当时人口的数目虽有不同意见，但几乎没人否定自乾隆中后期以来是温州人口暴增的时期。温州府的面积为9900平方公里，若是采用曹树基的数据，当时每平方公里已达203.74人。如果温州人口增长的律动与全国一致，那么到道光时期（1821—1850）仍处于人口高速发展阶段。

人口爆炸的结果是垦殖空间的丧失。瑞安赵钧在道光十二年（1832）七月二十七日日记中，描述了番薯种植的大拓展，以致连海边荡地、海岛和深山，已经没有“剩土”。[⑤] 这就说明至少在道光年间，瑞安已经丧失了垦殖空间。在传统的农业技术条件下，土地利用和粮食生产都已达到极限。温州人多地少的矛盾十分尖锐，大量温州人到异乡种山即是这个矛盾的体现。在传统的农业社会，百姓安土重迁，如果不是万不得已，一般不会离开列祖列宗埋骨的故土。何炳棣说，皖南徽州一带，至晚从乾隆年间起，就有从温州过去的棚民。[⑥] 湖州府德清人蔡赓飏在一篇奏疏中说，自嘉庆时期起就有温州的无业游民到杭州府和湖州府租种山场，栽莳花生、薯蓣等物，并表达了美洲作物种植对自然生态破坏的忧虑。他

① 何炳棣：《何炳棣思想制度史论》，中华书局2017年版，第537页。

② （清）穆彰阿、潘锡恩等纂修：嘉庆《大清一统志》第18册，卷340《温州府·户口》，内务府刻本。

③ 张鑫敏：《〈大清一统志〉中“滋生男妇大小”考——以江苏为例》，《中国经济史研究》2012年第3期。

④ 曹树基：《中国人口史》第5卷，复旦大学出版社2001年版，第113页。

⑤ （清）赵钧：《赵钧日记》，中华书局2018年版，第69页。

⑥ 何炳棣：《何炳棣思想制度史论》，中华书局2017年版，第538页。

于道光八、九年在籍乡居时屡屡听闻种山棚民偷盗抢劫之事。[①] 浙北乌程人沈垚（1798—1840）也说，“湖州以西一带山，近皆棚人垦种，尤多种苞谷……棚民多温处流人……流人之来益众，北至江宁，南且徽州，绵延至江西、福建”。[②] 同治二年（1863）莅任温州府同知的扬州人郭钟岳在《瓯江小记》中写道：“平、瑞之民每岁赴湖州等处种山者以千计，每有奸民于谷熟后他出抢劫，复回平、瑞，历出多案。”[③] 上述文献中出现温州“无业游民”“棚民”“流人”，有些是季节性的，有些则定居下来。光绪初年担任过代理钱塘县令的汤肇熙曾办理过杭州郊外瓶窑温州移民与河南移民之间仇杀的案件。[④]

以上诸人的言论或出于生态环境的考虑，或出于治安秩序的忧心，但都反映了嘉庆以降温州向浙北、皖南和江西等地的不间断的移民运动。温州自明中期以后一直是外来移民的移入地，嘉庆以后变成了人口的移出地，这充分地反映了温州农业开垦空间丧失的历史事实。

三、生态危机与百姓的生存危机

玉环同知陆玉书诗云：

> 开辟山坡作水田，各随形势筑方圆。垒成碎石分疆界，望田云梯直至巅。
>
> 山多地少海隅偏，尺寸山都辟作田。不怕水荒惟怕旱，五风十雨祝年年。[⑤]

作者对梯田持明显的赞赏态度。新开的山田，自然肥力深厚，可获连年丰收，但三五年后必然产生水土流失的问题。在诸种美洲作物中，以玉米（温州人多叫“苞芦”）、番薯对植被的破坏性最强。玉米根系发达，一旦大雨淋漓，必会

① （清）蔡赓飏：《掌湖广道监察御史以杭湖棚民垦种山场有关水利等奏疏》，王任化修，程森等纂：《德清县新志》卷一一《艺文志二》，民国二十一年（1932）铅印本。

② （清）沈垚：《落帆楼文集》，《丛书集成续编》（第135册），上海书店出版社1988年版，转引自陈学文：《明清时期的山林环境生态保护》，《中原文化研究》2014年第3期。

③ （清）郭钟岳：《瓯江小记》，温州图书馆藏。

④ （清）汤肇熙：《禀查瓶窑客民互斗事手折》《瓶窑镇安民告示》《客民斗案呈折》，《出山草谱》卷2，东瓯郭博古斋，光绪十年（1884）刻本。

⑤ （清）陆玉书：《环山杂咏》，（清）杜冠英、胥寿荣修，吕鸿焘纂：光绪《玉环厅志》卷13《艺文》，光绪六年（1880）刊本。

松动山土，易生泥石流。永嘉二都举人张振夔撰有《前种山谣》，[1] 作品叙述了番薯种植的拓展过程，评价了番薯的“历史功罪”。文如下：

> 后稷艺五谷，则壤遗方岳。耕九可余三，群生赖以育。番薯自何来，百颗可充斛。形巨胜蹲鸱，味甘等芋菽。秋阳暴为丝，疗饥洵果腹。奈何耕凿者，梯岩穷幽谷。亦既芟荆榛，旋复斫松竹。根藤络山石，沙土相系属。始如毛发剃，继且肤肉剥。雷雨动满盈，奔石填溪渎。遂令五都河，大半化为陆。禾田失灌溉，九歉乃一熟。嘉种虽云增，岁计翻不足。我闻眉犁公，豫戒南田族。后有横阳人，来佃亟驱逐。吁嗟帝者师，卓尔抱先觉。方当垂训时，此物尚隐伏。近出未百年，蔓延遍荒服。但知受益宏，谁复立约束。平原可播琴，功自助馍粥。开辟及冈陵，实不堪荼毒。有川暵其乾，有山童然秃。入夏渴籼粳，谋炊缺薪木。矧彼寄棚居，负隅弄刀槊。利病傥相权，逼处明可烛。作此种山谣，愿入𬨎轩录。[2]

歌谣告诉我们作者少时番薯尚不多见，因张振夔生于嘉庆三年（1798），可见永嘉永强一带番薯种植的大拓展当在道光以后。作品肯定了番薯产量大以及番薯丝的疗饥功能，但主要叙述水土流失引起的灾难性后果。山石随洪水而下，填塞河沟，破坏了农田灌溉系统。作者指出，番薯适宜于平原种植，应该避开山岗和坡地。从生态灾难的角度看，在山区坡地大量种植的玉米（苞芦），其危害性远大于番薯，嘉庆二十年（1815），浙江巡抚上奏说：“浙江各府属山势深峻处所，多有外来游民租场砍柴，翻掘根株，种植苞芦，以致土石松浮，一遇山水陡发，冲入河流，水道淤塞，濒河堤岸多被冲決，淹浸田禾，大为农人之害。”[3]

永嘉永强的李浦王氏宗族也坐落在永嘉二都，宗族的《重订〈河众章程〉后

---

① 张振夔（1798—1866），字庆安，号磬庵，清嘉庆二十三年（1818）举人。曾任常山县学训导，三任镇海县学教谕。中晚年掌教温州东山书院、台州宗文书院、乐清梅溪书院。他与青田端木国瑚、定海黄式三、镇海姚燮、太平戚学标等相互切磋学问，精通经史、古文辞；又通晓军事、水利、律历、医药等。道光四年（1824），他与瑞安鲍作雨主修道光《乐清县志》。道光二十年（1840），英军侵入定海时，曾参与抗英斗争，撰有《战守策》，详尽论述抗英的军事策略，著有《介轩文集》。

② （清）张宝琳修，孙诒让纂：《永嘉县志》，永嘉县地方志编纂委员会整理，中华书局 2010 年版，第 1610—1611 页。

③ 中国第一历史档案馆编：《嘉庆朝安徽浙江棚民史料》，《历史档案》1993 年第 1 期。

记》写道："永强二都西枕罗山，东傍大海，居民数千户，良田数百顷，凡食用、灌溉之水，皆取给于双岙一潭。前经棚民复种，犁松泥土，挖掘树根，山枯石烂，悉化为沙。春夏山洪陡发，沙石挟而俱下，河道因而淤塞，取携不便，居民苦之。"道光时开始捐田浚河，[①] 意即这些田亩所得收入用于浚河费用，等于是设置了浚河的专项基金。六十年后，乡贤王岳崧重申了浚河制度和浚河组织的必要性：

> 自国初生齿渐蕃，食田力而不足，乃垦山为种植计，以致沙随雨泻，……坝下西至林渎，南至李浦桥，河约二里许，鸠工挑浚，费千金余乃告竣。又恐裘葛递更，或因无资而废事，复倡捐田亩，以及好义诸家集腋成裘，名曰"河众"，以为"逐岁挑浚之资"。[②]

道光二十八年（1848），永嘉场新城有16位生员、耆民呈报县令，"因山被开垦，遂致沙随雨泻，淤塞两河，有碍水利"，他们也要捐田浚河，在一块碑刻中，榜列了捐田人等和亩数。这里有生态灾难信息。[③] 光绪十三年（1887）永嘉瑶溪将甲桥民户因种山大盛，一逢大雨沙随水流，河渐涨塞。民户达成协议每亩田捐洋五角，作为担沙费用。[④] 这种浚河的制度化反映的是生态灾难的常态化。

瑞安人陈虬是著名的维新派人士，有着浓厚的救世情怀。据他所著的《瑞安广浚北湖条议》，美洲作物种植引起的生态灾难不仅发作于农村，也波及瑞安县城，文如次：

> 瑞城之水发源于城北之集云山，合大小二溪，湖流屈曲，入东虞池门。北两水门，交于署前之正阳桥，文庙近在署东，伴水合襟，故吾邑文风特盛。……国初时湖流深广，舟行绕山麓北上，可直至岭脚。

---

① 俞光编：《温州古代经济史料汇编》，上海社会科学院出版社2005年版，第92页。

② 王岳崧：《浚河记》，吴明哲编：《温州历代碑刻二集》，上海社会科学院出版社2006年版，第221页。

③ 杨炳：《奉宪勒石》，吴明哲编：《温州历代碑刻二集》，上海社会科学院出版社2006年版，第166—167页。

④ 将甲桥民户：《众议碑》，吴明哲编：《温州历代碑刻二集》，上海社会科学院出版社2006年版，第213—214页。

> 嘉庆时犹可至头碓。道咸以来，滋生日众，梯山为田，如棋秤、博卦盘，垦至山巅。夏秋时潦，溪流迅急，挟沙石而下，全湖浑浊、陡涨入城厢，故道遂淤。再久不浚，下口日涨，如遇大水，南西番等处皆将有倒灌之虞。往岁治前大火，城内干涸，救火水龙皆临河袖手，始渐有议开浚者。[①]

由于北湖的存在，瑞安县城及其周边地区水道通畅便利。作者用了“国初”“嘉庆”“道咸”三个时间刻度叙述了生态恶化的过程，明确指出，道光、咸丰以来，由于人口众多，瑞安城近郊的山地、丘陵不得不修建梯田，从山脚修到山巅，携带着泥沙的北湖水涨入城厢，导致水道淤塞，不能通航。城内干涸到了连发生火灾都没有灭火之水的程度。生态灾难也不总是温水泡青蛙式地慢慢恶化，咸丰三年（1853）六月二十四日夜，永嘉瞿溪大岙 143 人被淹死，幸存者的描述是山崩地裂，洪水横流，这里说的应该是泥石流的肆虐。[②]

温州地区的生态危机伴随着温州民众的生存危机。生存危机来自人多地少的尖锐矛盾。有关温州地区人口和土地的整体性数据极度缺乏。笔者只发现一组乐清县在这个时期人地关系比例数据。乐清县在 1731—1825 年不到 100 年时间内人口从 7.97 万增加到 22.89 万，而人均耕地面积则从 4.39 亩下降到 1.62 亩。[③] 经济学认为每个社会都有一个由生产率决定的温饱常数，即“饥寒界限”。当时环太湖流域的江南维持生活最低界限所需的土地究竟是多少？乾嘉时期学者洪亮吉的说法是“率计一人一岁之食，约得四亩”。美国学者贝克和中国学者吴慧等都

---

① （清）陈虬：《瑞安广浚北湖条议》，（清）陈虬：《陈虬集》，胡珠生辑，浙江人民出版社 1992 年版，第 166 页。

② 陈朝辉：《清咸丰三年溺死者墓碑》，载黄舟松、林钧昭编著：《瓯海金石志》，中国戏剧出版社 2011 年版，第 101 页。

③ 根据《乐清县志》卷 6《人口》第一章第一节“人口数量”和卷 11《农业》第三章第二节“耕地”有关数据计算（中华书局 2000 年版，第 270、404 页）。清代全国性的耕地与人口的比例，有学者进行过探索。乾隆十五年（1750）中国人口为 2 亿—2.5 亿，到道光三十年（1850）达到了 4.1 亿—4.3 亿（Perkins, D.H., *Agricultural Development in China*, 1368–1968.Chicago: Aldine, 1969，207–414）在一百年中，人口增长了 2 亿，总数突破 4 亿大关，与此相伴随的必然是人均土地资源占有率的急剧下降。嘉庆十七年（1812），中国人口已达到 33370 万，土地为 79152 万亩，人均耕地尚有 2.3 亩，至咸丰元年（1851），全国人均耕地只为 1.75 亩。以上数据根据梁方仲《中国历代户口、田地、田赋统计》中的资料计算（上海人民出版社 1980 年版）。

认同四亩之说。[①] 清中叶温州的粮食产量不可能高过江南，而人均拥有的耕地又远远低于这个温饱常数。在这个经济学式的表述背后是无数贫民面临严酷的生存危机。另外，与人均耕地大幅减少相表里的是粮食价格的上涨，据彭信威研究，1680 年每石米的价格是 456 文，1800 年每石米的价格为 2750 文，从 1680 年至 1800 年的 120 年间，米价上涨了 5 倍。[②] 同时，乾隆以来，各省的常平仓贮谷量也日渐减少，乾隆六年（1741）人均积谷仅 32.96 市斤，到嘉庆二十年（1815）锐降至 15.4 市斤。[③] 米价的上涨和常平仓贮谷量的锐减对原本已经极度脆弱的民生来说，无异于雪上加霜。

乍一看，这种现象不过是历史上屡屡产生的人地矛盾导致社会危机现象的再现。其实不尽然，历史上的国家面临农业资源与人口比例失调所产生的危机，都有机会通过开疆拓土扩大农业生产力的外延来解决，汉、唐、宋、元等朝表现得非常典型，但是到清中叶，经济发展内涵不变，拓展土地的空间却已经完全丧失。这种局面的出现不仅在历史上是空前的，而且也堪称绝后。[④] 据笔者统计，《温州历代碑刻集》《温州历代碑刻二集》（上、下）、《瓯海金石志》《乐清历代碑志选》《永嘉金石志》和《苍南碑志》，发现 18 块有示禁“恶丐”“流丐”的碑铭，列表如下（见表 3–1）。

表 3–1　清代温州禁丐碑一览

立碑时间	碑的名称	碑文作者	作者身份	文献出处	页码
康熙三十三年	奉宪碑	邱启元	瑞安知县	《温州历代碑刻二集》	716
乾隆三十一年	奉宪严禁	李绛	温州知府	《温州历代碑刻二集》	729
道光四年	奉县宪示禁碑	佚名	瑞安知县	《温州历代碑刻二集》	748
道光五年	立禁碑	佚名	瑞安知县	《温州历代碑刻二集》	749
道光九年	禁赌禁丐碑	张文照	永嘉知县	《瓯海金石志》	80
道光十一年	奉宪勒碑	刘邦彦	永嘉知县	《温州历代碑刻二集》	163

① 何清涟：《巨变前的社会经济景观》，许纪霖、陈达凯主编：《中国现代化史》之第一章，上海三联书店 1996 年版，第 39 页。

② 彭信威：《中国货币史》，中国人民大学出版社 2020 年版，第 908 页。

③ 刘锦藻纂：《清朝续文献通考》卷 63《国用一》，万有文库本，商务印书馆 1955 年版。

④ 到了 20 世纪以后种子改良、化肥、农药等现代农业生产技术的出现，以及城市化和产业分工的精细化得以跳出传统农业的内卷化陷阱。

续表

立碑时间	碑的名称	碑文作者	作者身份	文献出处	页码
道光二十一年	府宪碑	于鼎培	温处道台	《温州历代碑刻二集》	767
道光二十七年	奉宪严禁丐匪逗留诈扰碑	杨炳	永嘉知县	《温州历代碑刻二集》	165
咸丰元年	海不扬波碑	杨炳	永嘉知县	《温州历代碑刻二集》	168
咸丰三年	奉府县宪立碑	何元辅	瑞安知县	《温州历代碑刻二集》	772
咸丰四年六月	禁丐碑	张铣	永嘉知县	《瓯海金石志》	77
咸丰四年七月	禁丐碑	张铣	永嘉知县	《瓯海金石志》	78
同治四年	奉宪勒石	李春龢	瑞安知县	《温州历代碑刻二集》	774
光绪十五年	奉宪勒石	杨文斌	瑞安知县	《温州历代碑刻二集》	798
光绪十五年	奉宪勒石严禁恶丐碑	杨文斌	瑞安知县	《温州历代碑刻二集》	800
光绪二十五年	出示禁丐碑	查荫元	永嘉知县	《瓯海金石志》	104
光绪二十八年	严禁赌博碑	林福熙	瑞安知县	《温州历代碑刻二集》	808
光绪三十年	奉宪勒碑	盛鸿焘	瑞安知县	《永嘉金石志》	212

资料来源：黄舟松、林伟昭编著：《瓯海金石志》，中国戏剧出版社 2011 年版。郑小小主编：《永嘉金石志》，中华书局 2011 年版。吴明哲编：《温州历代碑刻二集》，上海社会科学院出版社 2006 年版。

从表 3–1 中可见，禁丐碑在道光前只有 2 块，且相隔的密度很小，两者相距 72 年。道光以后的禁丐碑 16 块碑密度很大，自道光四年（1824）至民国元年（1912），平均相隔 5 年。虽然“恶丐”的强讨、偷盗等恶行为地方社会普通民众所讨厌，但流丐的增多也从一个侧面反映了民众的生存危机。

第二节　地方政府的治理困境

有清代“人口学家”之称的江宁人汪士铎对清中叶以来人口的高速繁衍深感忧虑。他在《通政使司通政使贵溪朱公墓表》一文中写道：“当咸丰中，海内多故，非上有失政，下有贪酷也，人满而天概之，俗奢相耀而物力不能给，乱民乘间陆梁。”[①] 他以为正是人“满”而导致了各种问题的出现。首先是一个非常直观的人与自然资源的紧张关系。他说：“人多之害，山顶已殖黍稷，江中已有洲田，川中已辟老林，苗洞已开深菁，犹不足养，天地之力穷矣。”“驱人归农，无田可耕。”[②] 但更为严重的是政府陷入了治理困局，即人口爆炸与行政经费拮据的矛盾，地方政府需要管理的人口已经增加数倍，但行政经费仍然不变，因此就出现了“官不足以官之，……不为乱不止”的治理问题。[③] 与此相关又出现了因人口多而导致的恃众抗法的问题：“人少尚易钳以法令，多则恃众犯令……村大人众，差役不敢拿人。”[④] 清代地方政府自乾隆后期开始治理危机日益加深，原因是多方面的，人口暴增是一个根本性的背景。

一、清中叶地方财政体制的演变

清代地方官的俸禄和地方行政经费的额度很低，地方官不得不以“耗羡”的名义增加地方财政收入。“耗羡”分“火耗”和“雀鼠耗”等。清代法律规定，各行省转交至中央户部税款者，必须以五十两银元宝为一单位，因此行省衙门从百姓征收来的散银必须镕铸成合乎规格的五十两元宝，才能上缴。在镕铸过程中所损耗的银两，就是所谓的“火耗”。这些火耗损失，必须让纳税人承担，且于缴纳之前附加于税款。另外，征纳运京的米谷，被雀鼠偷食损耗，称为雀鼠耗。雍正二年（1724），清政府实施了以“耗羡归公”为核心的改革，把征收耗羡予以合法化，对大小地方官一律以职务津贴的形式支付，即相当于其正规俸禄数十倍的养廉银。温州地方官的廉俸数额为：温处道台3000两，温州知府1200两，永嘉知县1000两，平阳知县800两，乐清、瑞安知县600两，泰顺知县和玉环同知500两。[⑤]

---

① （清）汪士铎：《汪梅村先生集》卷11《传·墓志铭》，《清代诗文集汇编》第612册，上海古籍出版社2010年版，第553a页。

② （清）汪士铎：《汪悔翁（士铎）乙丙日记》，沈云龙主编：《近代中国史料丛刊》第13辑，第148—149页。

③ （清）汪士铎：《汪悔翁（士铎）乙丙日记》，沈云龙主编：《近代中国史料丛刊》第13辑，第149页。

④ （清）汪士铎：《汪悔翁（士铎）乙丙日记》，沈云龙主编：《近代中国史料丛刊》第13辑，第150—151页。

⑤ （清）昆冈等修：《钦定大清会典事例》卷261《户部·俸饷·外官养廉一》，载《续修四库全书》第802册，上海古籍出版社2002年版，第182b页。

养廉银制度大约在嘉道之际名存实亡，但制度的瓦解则可以追溯到乾隆三十年（1765）前后。道光二年（1822）江苏学政姚文田在《论漕弊疏》中说：

> 乾隆三十年以前，并无所谓浮收之事，是时无物不贱，官民皆裕。其后生齿愈繁，而用度日绌，于是诸弊渐生，然犹不过就斛面浮收而已。未几有折扣之法，始而每石不过折扣数升，继乃五折六折不等，小民终岁勤动，纳赋之外，竟至不敷养赡，势不能不与官吏相抗。

曾任礼部尚书的武进人姚文田说乾隆三十年不存在养廉银之外的额外征收，即“浮收”；乾隆三十年后，随着“生齿愈繁”，产生了各种各样的弊端。开始时每石米谷不过征收数升，后来逐渐增加，每石浮收五折六折，到了民不聊生的程度，不得不起来抗粮。[①] 养廉银制度的崩溃主要是随着时间的推移，州县地方官的廉俸不足以满足其各种开支。其原因如下。

1. 各省州县官的廉银不敷弥补来自上级衙门的摊捐

根据清代的官箴书，州县官的主要开支有：

（1）州县的基本行政开支；

（2）地方官本人及家属的日用花销；

（3）幕友、长随、衙役和书吏的酬金和饭食；

（4）“三节两寿”（春节、端午、中秋三节，上司及其夫人的生辰）的馈赠；

（5）上司到任、过境及谒见时赠送规礼；

（6）知府、道台进省一次，州县官赠送的盘费；

（7）负担来自各上级衙门的摊款，包括常年摊捐、遇事摊捐和由军需、河工、亏空等引起的另案摊捐。

这里仅以亏空摊捐为例说明养廉银制度的失效。嘉庆五年（1800）浙江省财政亏空1940000余两，须从嘉庆六年（1801）至二十二年（1817）逐年扣完。嘉庆二十四年（1819）亏空9540000两，嘉庆二十五年（1820）起分十六年扣完。在这十六年中，各州县为此捐解154.5%的廉银，这意味着该省州县官的廉银远

① （清）姚文田：《论漕弊疏》，贺长龄编：《皇朝经世文编》卷46，上海中西书局石印，光绪己亥，第19页。

不敷弥补亏空之用。[①] 道光三年（1823）亏空433100余两，道光三年起，分十三年扣完。[②] 这些亏空都由浙江省的州县分摊。州县地方官的廉俸仅摊捐一项都不够用。[③]

2. 物价上涨导致各项经费缩水

根据彭信威和全汉昇等学者的研究，在乾隆三十年（1765）前后，由于人口暴增、美洲白银大量流入等因素的影响，物价经历了持续的上涨。1750年至1800年间，物价增幅达到50%。[④] 岩井茂树也认为，在这个时期，物价的总趋势为上升（即银的相对贬值），从18世纪的前半期开始大约100年间，银的购买力贬值了2/3左右。[⑤] 物价的上涨意味着养廉银的大幅度缩水。长期担任州县幕僚的汪辉祖（1731—1807）回忆：乾隆十七年（1752）初入幕时，岁修之数，刑名幕友不过260两，钱谷幕友不过220两，“已为极丰”，乾隆二十七年（1762）以后，“渐次加增”，至甲辰（1784）、乙巳（1785），岁修有至八百两者。[⑥] 从1752年至1784年不过32年，幕友酬金从200多两涨到800两。这意味着州县因此须花费成倍甚至更多的银两，才敷雇募之用。且不仅修金，工食、雇价乃至一切行政开支都随之上扬，州县却只能以固有的廉银维持开销，势必陷入困境。

嘉庆四年（1799），被民国《平阳县志》列入“名宦”的知县周镐（1754—1823）更加全面地列举了州县地方官的花销：州县“廉俸多者千两，少者五六百两，以之延请幕友尚虑不敷，加以养父母、蓄妻子，仆役之工饩，差使之往来，上司之应酬，亲友同僚之赠答”各项，均不可免，此外各项公务，院司、知府各

---

① （清）王凤生：《越中从政录·浙省仓库清查节要》，道光四年（1824）婺源王氏刻本，第40a—44a页。

② 周健：《陋规与清嘉道之际的地方财政——以嘉庆二十五年清查陋规事件为线索》，《“中研院”近代史研究所集刊》第75期，2012年3月。

③ 道光二年（1822），浙江会稽知县禀称：“年例捐摊及奉文特派，并在县应捐各款，几及七千金，核之岁入，并应得养廉之数，已不敷甚多”（见《会稽县奉派捐款禀请改为中缺派捐》，《治浙成规》卷4《藩政四》，道光刻本）。该邑额廉1200两（见《续修四库全书》第802册，第182b页），核之每年7000两的摊捐，的确远不敷摊扣。

④ 彭信威：《中国货币史》，中国人民大学出版社2020年版，第908页。全汉昇：《美洲白银与十八世纪中国物价革命的关系》，彭信威编：《中国经济史论丛》，新亚研究所1972年版，第475—508页。

⑤ ［日］岩井茂树：《中国近代财政史研究》，付勇译，社会科学文献出版社2011年版，第39页。关于人口数量的变化可参见曹树基：《中国人口史》第5卷，复旦大学出版社2005年版。

⑥ （清）汪辉祖：《病榻梦痕录》卷上，梁文生校注，江西人民出版社2012年版，第41页。

房书吏均有规费，以上诸项相加，“准之廉俸，不啻数倍矣”。[①] 由此可见，自乾隆中期以后，伴随着人口数量的不断增长与物价水平的持续攀升，有限的养廉银和薪俸难以支撑官员的私人用度和不断扩充的行政开销。

3. 财政制度中的“固定税制”日趋僵化[②]

财政制度中“固定税制”的僵化导致了一种结果，法定的财政规模基本上没有对银购买力的降低作出任何的反应。因此，正规的国家财政实质上是处于规模大幅度萎缩的状态。[③] 银子缩水了，但官员的廉俸保持不变。乾隆五十八年（1793），马戛尔尼使团秘书斯当东（George Staunton）也观察到了这个现象，他说：

> 最近一个世纪（指十八世纪）以来，大量白银从欧洲流入中国，因此中国物价显著提高。物价提高了，但官吏们的薪金仍然是固定的。[④]

既然养廉银对于州县地方官来说是杯水车薪，而地方官行政经费和地方官的廉俸的“原额”又不能改变，乾隆中后期以降，地方政府只好在各类行政事务中进行征收，用以津贴衙门的公私经费，逐渐成为惯例，名曰“陋规”。在财政结构、社会风气、经济运行以及官吏的贪欲等诸多因素的共同作用下，陋规呈现了猛烈的扩张之势。至嘉庆朝，对于养廉银制度完全解体，陋规泛滥的情况，皇帝旻宁是清楚的。在嘉庆二十五年九月十一日关于清查陋规上谕中，旻宁明确指出：

> 直省大小官员，自雍正年间议设养廉，由督抚以至州县，藉以为办公之资，迄今将届百年。督抚司道俸廉较厚者，尚敷公用；至府厅州县，养廉只此定额，而差务之费、捐摊之款日益加增，往往有全行坐扣，禄入毫无者。虽在洁清自好之吏，一经履任，公事丛集，难为

① （清）周镐：《禀复书制军条陈利弊议》，周镐：《犊山类稿》卷4，光绪十年（1884）重刊本。

② 岩井茂树认为，明清中国实施着一种“原额主义”的税制。靠正规财政维持的官府活动变得固定而有限，正规财政之外非法但灵活的财政措施得以施展。［日］岩井茂树：《中国近代财政史研究》，付勇译，社会科学文献出版社2011年版，第16页。

③ ［日］岩井茂树：《中国近代财政史研究》，付勇译，社会科学文献出版社2011年版，第39页。

④ ［英］斯当东：《英使谒见乾隆纪实》，叶笃义译，三联书店（香港）有限股份公司1994年版，第419页。

无米之炊，势不得不取给陋规，以资挹注。[①]

旻宁说那些清廉的、有节操的官员也不得不收取陋规。五日后，旻宁又下了一道上谕，指出陋规“相沿已久，名为例禁，其实无人不取，无地不然”。[②] 这就说明乾隆中后期以降，清朝的官僚政治是在陋规的基础上运行的。因此，如果只从道德角度来认识黄梅案、吕从龙案、鲍天兆案、林钟英案、瑞安南米控案、永嘉匿旨擅征案和乐清南米控案之类官民博弈事件，那么我们看到只是正义与邪恶、光明与黑暗、善良与邪恶之间搏斗的神话，但如果从政治结构和财政结构的视角予以考察，这些事件则可以呈现更为丰富的历史底蕴。以下只对黄梅案稍加剖析。

二、常平仓亏空与黄梅案

黄梅案是清代平阳“三大案”中最著名的案件，在当时轰动朝野。根据民国《平阳县志》的记载，黄梅案的情节大致可分三个阶段。[③]

第一阶段，产生分歧。乾隆五十一年（1786）二月，皇帝弘历诏令户部尚书曹文埴、刑部侍郎姜晟和工部侍郎伊龄阿盘查浙江省的常平仓，[④] 同时又下旨给浙江学政窦光鼐，要求他就常平仓相关见闻奏报。结果曹文埴与窦光鼐奏报朝廷的内容大相径庭。前者奏称浙江省常平仓亏空白银三十余万两；窦光鼐奏称仅嘉兴、海盐和平阳三县的亏空就已达三十万两，言下之意全省七十几个县仓库亏空远不止三十余万两。弘历严厉指责曹文埴徇私舞弊，并下令窦光鼐与曹文埴共同完成盘查全省常平仓任务。窦光鼐此后奏报仙居、黄岩等七个县的亏空状况，同时报告了平阳县令黄梅以弥补仓库亏空为名向绅民勒借银两，以及在母亲去世居丧间演剧等事。

---

① 中国第一历史档案馆编：《嘉庆道光两朝上谕档》第 25 册，广西师范大学出版社 2000 年版，第 413 页。

② 中国第一历史档案馆编：《嘉庆道光两朝上谕档》第 25 册，广西师范大学出版社 2000 年版，第 421 页。

③ 窦光鼐传见符璋、刘绍宽纂：《平阳县志》卷 27《职官志六·名宦列传下》，吴荣烈传见卷 38《人物志七》，民国十四年（1925）刊本。

④ 常平仓是自宋以来王朝国家一项极为重要的平抑物价工具。清代每个州县都有由政府管理经营的常平仓，用以平抑粮价，使之“常平”。其原理为：在谷价低贱的年景大量购进粮食，以此拉高粮价，以免谷贱伤农；在粮价高昂的荒歉之年，大量抛售粮食，以此压低粮价使普通百姓买得起粮食，从而维护社会稳定。为了保证粮食储备的质量，每年都会卖出一定数量的陈谷（一般是总储量的三分之一），买进相应数量的新谷。

第二阶段，光鼐蒙难。大约在这年的三月份，弘历谕令窦光鼐回归本职工作，主持各府的考试业务，另派武英殿大学士阿桂与曹文埴会办常平仓盘查事宜。结果阿桂等全盘推翻了窦光鼐的奏报，称窦光鼐奏报的内容都是无中生有。刚刚接替福崧担任浙江巡抚的伊龄阿，先后据温处道张裕谷、署永嘉知县程嘉瓒、署平阳知县田种玉禀报，奏称光鼐刑逼书吏，恐吓生监，勒写亲供状。弘历下旨将窦光鼐革职治罪。

第三阶段，神奇翻盘。窦光鼐不满于阿桂的指控，奋起辩驳。此时弘历处分窦光鼐的圣旨尚未到达浙江。窦光鼐亲赴平阳访查，得到金舟乡夏口人吴荣烈与生监伍尧庚、孔传人、董正贤、陈金鉴、杜肴铬和希珍等数百人的配合，获得田单、借票等物证二千多份，窦光鼐据此上奏。大量的人证和物证都支持窦光鼐此前的结论，弘历大为震怒，委派江苏巡抚闵鹗元会同阿桂查办，讯实黄梅赃亏各款。同年黄梅在杭州处斩。自阿桂、曹文埴以下至道、府、县官，及前浙抚福崧、布政司盛住、粮道郑沄、知府范思敬、方林等十余人受到了降职、革职处理。

民国《平阳县志》叙述黄梅勒借案的基本框架为：窦光鼐、平阳生员与恶势力进行了殊死的搏斗，最终贪官被正法，正义得以伸张。由于情节曲折跌宕，细节丰富生动，故事流传极广。[①] 上自正史之《清史稿·窦光鼐》、[②] 著名士大夫薛福成的笔记，[③] 下至地方的民间故事、[④] 弹词都有叙述黄梅案的作品。[⑤] 在人们掌握了更为丰富的历史资料的今天，理应对黄梅案作更多层次的理解。简言之，乾隆三十年（1765）以来人口暴增、通货膨胀以及州县行政经费不变，州县处于“唯陋规是赖”的行政状态，这是我们考察黄梅案时不应忽视的结构性背景。

---

① 此案的戏剧性情节很多，如黄梅母丧演戏；学政窦光鼐按试平阳时，“一文童某条列黄梅贪酷状于卷，窦得卷大惊，廉知其实而参案起”；为搜集黄梅勒借证据，窦光鼐从杭州夜奔平阳；窦光鼐被革职拿问时，与荣烈等相拥痛哭，光鼐曰：“吾为君等死，君等倘与吾俱死，皆无憾乎！”众曰：“然”；以及最后清官战胜贪官的大团圆结局。案件牵涉面极广，上至皇帝、总督、巡抚、学政、道台、知府、知县，下至士绅、衙役和普通小民，故事角色丰富多样，人物间的关系充满张力。

② （清）赵尔巽等：《清史稿》第36册卷322《列传·一百九·窦光鼐》，中华书局1977年版，第10791—10794页。

③ （清）薛福成：《学政、总裁先后甄拔得人》，（清）薛福成：《庸庵笔记》卷3，宣统二年（1910）扫叶山房刊本。

④ 白庚胜主编：《中国民间故事全书·浙江》苍南卷，知识产权出版社2013年版，第86—87页。

⑤ 谭正璧、谭寻编著：《弹词叙录》，上海古籍出版社2012年版，第264—265页。

州县官员必须依靠大规模的浮收来维持行政运行，应付上级日益加重的摊捐，而常平仓正是一个重要的浮收工具。乾隆五十一年（1786）七月二十日，窦光鼐在奏疏中说：

> 至各县亏空多在仓谷，谷价有三，一为部定采买价，五六七钱不等，一为平粜价视采买价多矣。一为市价视平粜价又多矣，至出陈易新，皆照市价，劣员得以挪用……而部定采买之价或不敷采买，每以部价市价较算，加以共捐垫款，不入报部册者较多。①

窦光鼐指出，当时稻谷的价格有三种：第一种是由中央户部确定的“采买价”，常平仓购进稻谷的价格为五六七钱不等，即每石 0.6 两左右；第二种是“平粜价”，为了平抑市场的高粮价，户部指示常平仓出售稻谷“于咸熟之年，每一石照市价核减五分（0.05 两），米贵之年，每一石照市价核减一钱（0.1 两）”。② 第三种是“市场价”。承受行政经费短缺和摊捐巨大压力的州县政府，往往利用平粜价与市场价之间的差价进行浮收。常平仓实际上以市场价出卖粮食，但在供有关部门核查的账本上记载的仍是平粜价。这个差价就是地方官得以自由支配的一笔非常可观的收入。这件事不仅黄梅一个人在做，浙省州县乃至全国州县都在做。因此窦光鼐在这个奏折中直白指出“陋规相沿，上下分肥”，即从粮仓所获取的浮收成为整个官僚体系的分赃对象。③

窦光鼐指控黄梅有两件罪证。其一，“借弥补以勒捐”，即以弥补常平仓亏空的名义向粮户进行“勒捐”“勒派”。其二，“既勒捐，仍不弥补”，即以弥补常平仓亏空名义“勒捐”所得，实际上并未进行弥补。④ 这是后来给黄梅定罪的关键的罪证。以下就此两点进行分析。

第一，黄梅为什么敢于“勒捐”？这也跟户部规定的脱离现实的常平仓“采买价”有关。户部规定的常平仓采买价每石谷为 0.6 两，而乾隆中后期温州稻谷的市场价为 1.6 两左右，也就是说，户部定的采买价不过是市场价的一个零头。

---

① 中国第一历史档案馆编：《乾隆朝惩办贪污档案选编》，中华书局 1994 年版，第 3174 页。

② 《光绪朝钦定清会典事例》卷 191《户部・积储》，中华书局 1991 年版，第 177 页。

③ 中国第一历史档案馆编：《乾隆朝惩办贪污档案选编》，中华书局 1994 年版，第 3153—3157 页。

④ 周干、陈仲光编校：《元到民国时期平阳史料选编》，中州古籍出版社 2010 年版，第 112 页。

地方官要买谷补仓除了勒派别无他法。黄梅的供词说：

> 我每年采买时，选择各都里殷实之户，轮流分派，照部价每石发给银五钱五分（0.55 两），花户们也有自买交仓的，也有官价不敷，情愿每石帮贴钱四五百文不等的，所缴钱数如今实在记不清了。其部价每县均有定额，平粜盈余又由俱解司库，并非可以另行开销。①

从上述黄梅供词可知，当时存在着一种常平仓粮食购买的定额化制度，即根据户部规定，每石谷的采买价格为 0.55 两。阿桂与闵鄂元的奏折中没有提及部价定额的内容，以及由此而带来的粮食收购难题。而之所以有意不提定额部价所造成的收购困难，是因为此时的定额化制度为地方官的利用陋规提供了一个名正言顺的条件。

每石稻谷的部价与市场价相差一两白银，谁会愿意把粮食卖给常平仓？所以只好“轮流分派”殷实人家，强迫他们以每石 0.55 两的价格卖粮给常平仓。县官跟粮户之间处于长期的博弈状态。强迫粮户以政府制定的价格卖粮，形同抢劫，因此粮户经常越级告状，控诉地方政府强买粮食的行为。就在黄梅案发的同年（乾隆五十一年）正月，瑞安十四都贡生等为了免买仓谷，呈报浙江省巡抚。四月四日巡抚作出批示，并批转温州府和瑞安县，要求“勒石永禁。嗣后该都准其免买，毋许再行勒派滋扰”。② 这就说明瑞安县也是靠勒派仓谷来进行浮收，温州府官员对此持默许态度。巡抚虽然作出批示，但这个批示的实际效果也是很值得怀疑的。

黄梅供称有些花户“情愿”出钱四五百文给县里的书吏衙役，让他们去采买，这是可信的，因为部价与采买价之间的差价达到 1 两，出钱四五百文还是划算的。由此可知，实际给常平仓买谷的农户是极少的。平阳县常平仓储额为 49000 石，黄梅说花户每石出钱四五百文，这里取一个中间值 450 文，那么 49000（石）×450（文）=22050 千文。这是一个极为可观的数字。理论上正常年景每年出粜后买补三分之一，22050（千文）÷3=7350 千文。黄梅一共任平阳知县 8 年，7350（千文）×8=58800 千文。窦光鼐指控黄梅：“在任八年，侵吞

① 中国第一历史档案馆编：《乾隆朝惩办贪污档案选编》，中华书局 1994 年版，第 3246a 页。
② （清）王殿金、黄徵乂总修：《瑞安县志》，宋维远点校，中华书局 2010 年版，第 79 页。

部定谷价勒捐之钱计赃不下二十余万。”他大概是假定黄梅很疯狂，每年把 49000（石）这个额度向平阳粮户勒捐一次，那么他在常平仓一项上得到的陋规收入为 22050（千文）×8=176400 千文。这跟“二十余万”两白银还是有不少差距的。

但无论如何，利用常平仓搞浮收，不光是黄梅一个县令在做，所有的知县都在做。赚取市场价和平粜价的差价以及收取花户的“朋贴钱”不能放在台面上说，但大家都要依靠类似的收入以维持公私用度。这就是除窦光鼐外，曹文埴、伊龄阿、姜晟、阿桂和闵鹗元等所有先后被派调查浙省常平仓官员，都不愿意调查黄梅的原因，因为他们都知晓地方行政的实际情形。黄梅被查处，就意味着任何一个州县官都可以被查处。如果不搞浮收和派捐，地方行政就要停摆。因此，决不能轻率地认定这些“捂盖子”的官员都缺乏责任感和正义感。

第二，为什么不用“勒捐”所得去弥补常平仓亏缺？各级官员为了共同的利益，其盘查常平仓的举措可以用来掩盖常平仓的粮食实际储量。窦光鼐指出浙东八府所谓的采买并非储备粮食，而是储存白银以便挪用。[①] 浙江在乾隆朝有关常平仓的上报数据并不是粮食实际储量，而是大量有依据的缺额；这些缺额只要有相应的理由，或存放应采买粮食的收购经费，那么在核查时便会仍作为常平仓账面上的实际存储数据。这一做法不只浙江，其他地方也同样存在，并贯穿整个乾隆朝。[②] 因此，地方官员只需有适当理由，将基于部价的收购经费存放常平仓便可应对账面核查，而收购粮食所产生的各种附加费用或派捐所得则可不断地进入地方收入。仍以黄梅为例，其只需将 32700 石（平阳常平仓额的三分之二）常储粮食，以部价 0.55 两折算为 17967 两白银存放常平仓，便可以在账面上应对核查，而不入账面的、三分之一仓额粮食的派捐所得则成为地方收入。因此，常平仓没有粮食是一种普遍现象，在黄梅案结的两年后，乾隆五十九年（1794）与温州府毗邻的处州府知府就指出了“年年请买，县县空仓”的事实。[③]

既然常平仓被用作浮收工具为当时官僚政治的常态，那么为什么会发生黄梅案？应该说这里面具有多重的偶然性。首先，五十一年（1786）派中央大员盘查浙江省常平仓就具有一定的偶然性。弘历在二月的上谕中屡屡提及王亶望、陈辉

① 中国第一历史档案馆编：《乾隆朝惩办贪污档案选编》，中华书局 1994 年版，第 3174 页。

② 和卫国：《乾隆朝常平仓积贮数据与常平仓制度运行考察》，《清史研究》2019 年第 2 期。

③ 《各属积习因循应行整饬条议各款》，《治浙成规》卷 2，道光刻本。

祖贪渎案，案件原先跟浙江没有什么关系。王亶望甘肃冒赈案发生地远在西北，陈辉祖抄没王亶望家产时私匿了数额极大的金银珠宝，后来案发被捕。只不过他们都曾担任过浙江巡抚，恰好闽浙总督富勒浑奏报浙闽两省仓库亏空，弘历才下决心彻查。如果没有王亶望、陈辉祖案件，浙江省仓库亏空可能只需要一般性的事务性整顿，事实上富勒浑也是根据布政司和道台上报的亏缺予以汇总上报了事，丝毫没有彻查的意思。[①] 其次，弘历委任曹文埴一行盘查浙省常平仓，但为了达到“兼听则明”的效果，让学政汇报所见所闻，这是帝王的统治术，他有借窦光鼐以监督曹文埴一行的意思。窦光鼐耿直、执拗，敢于以一己之身挑战整个官场，实为官场中的一个异数，这是第二重偶然性。最后，平阳士民甘冒奇险支持弱势的窦光鼐，这是第三重偶然性。

根据上文的分析可知，18 世纪中后期养廉银制度名存实亡之后，官僚政治的运行以陋规为基础的现实迫使官员大肆利用一切浮收的机会，常平仓因其僵化的定额经费结构成了官员浮收的工具。这是乾隆后期官僚政治运行的常态，由于非常偶然的原因，黄梅被逼出了前台。根据当时的政治形势，如果窦光鼐把矛头指向平阳之外的县令，那么案件的主角另有其人，这个人会落得与黄梅一样的下场，而黄梅仍然隐身在灰暗的官员队伍之中。

黄梅死了，但围绕官僚行政经费和常平仓管理的矛盾和缺陷仍然存在。嘉庆四年（1799）八月二十一上谕说：

> 谕内阁、据刘权之奏、买补仓谷，宜赴邻邑采办，以免派累一摺，所奏自属可行。采买仓谷，向来原有定例。今据刘权之奏，地方官奉行不实，往往藉端肥橐，辄在本地派买，不论市价贵贱，祗发银四五钱不等，并勒令出具照时价领票，兼之差役需索使费，以致领票花户，皆不愿上纳谷石，惟求缴还原封银两，另外加倍缴价，较交谷犹为省事。甚至有力富户，贿嘱书吏，将本名下之谷，飞洒零星有田之户。富户转得少领，竟至完善良民，衣食难周，深受采买之累。[②]

① 周干、陈仲光编校：《元到民国时期平阳史料选编》，中州古籍出版社 2010 年版，第 106—107 页。

② 《清仁宗实录》卷 50。这个上谕以后被制成石碑，立于全国州县。今发现永嘉县三十九都有此上谕碑铭，见（清）颙琰：《圣谕碑》，吴明哲编：《温州历代碑刻二集》，上海社会科学院出版社 2006 年版，第 144—145 页。

为了百姓免除勒派之苦，作为制度设计要求到邻县采买仓谷。但如此一来，地方官就少了一个可观的利源，因此他们实际上还是在本地派买。嘉庆时仓谷采买的状况跟黄梅案发时的情况一模一样，甚至比黄梅更狠。黄梅派买仓谷给银子五钱五分；根据旻宁了解到的情况，地方官只给“四五钱”。仓谷之勒派状况可能没有什么改观，两年之后的嘉庆六年（1801），在永嘉场二都、三都和五都数十名士民集体请求下，知县巴哈布批准勒碑示禁，今后仓谷“理应遵例向通水道各邑采办，毋许在永场一带地方采买”。[①]嘉庆十一年（1806）温处分巡道台陈昌齐和永嘉知县黄友教批示，嗣后，仓谷“理应遵例向通水道各邑采办，毋许在三十二都至三十六都地方采买”。[②]上述碑铭一方面说明仓谷采买勒派现象没有大的改观，另一方面说明地方官杜绝仓谷采买勒派的诚意也很值得怀疑。可见，黄梅案反映的根本问题是制度问题；而黄梅的个人品质如何，与常平仓运行机制无关。

以当了五十年皇帝的政治经验，弘历应该知道事件发生的诸多结构性背景。他之所以仍然驱动黄梅案的发展，也许是为了敲打浙江省的高级官员。他没有变革制度的愿望，也不打算轻率引发官场地震，他把常平仓的衰败归咎于官员个体的道德问题，以处分一批“失察”浙江中高级官员了事。[③]皇帝主持一场反贪污运动，有利于强化他的“明君”形象。官员们也齐声附和弘历起的调子，纷纷把常平仓问题归结为个人问题，而非制度问题。他们也因此得以继续使用包括常平仓在内的浮收工具。对官员的表现，窦光鼐可谓洞若观火，早在常平仓清查受到全体官员阻挠时，他就说“督抚不肯参亏空，所以亏空滋多也。道府不肯揭勒派，所以勒派滋甚也。此各省习气，上官非尽姑息，亦由各有所染以致然”。[④]其核心意思是县官的勒派所得，各级官员“各有所染”。而且他对案件的结局预判也大致不差，“浙省地方官尽力装饰，只为出脱一劣员而坐臣风闻不实，以了此案”。[⑤]案件的结局果然以处理“劣员”黄梅告终。

---

① （清）巴哈布：《奉宪立石》，吴明哲编：《温州历代碑刻二集》，上海社会科学院出版社2006年版，第146—147页。

② （清）陈昌齐：《勒碑永除》，吴明哲编：《温州历代碑刻二集》，上海社会科学院出版社2006年版，第149—150页。

③ 中国第一历史档案馆编：《乾隆朝惩办贪污档案选编》，中华书局1994年版，第3263b—3264a页。

④ 中国第一历史档案馆编：《乾隆朝惩办贪污档案选编》，中华书局1994年版，第3174页。

⑤ 中国第一历史档案馆编：《乾隆朝惩办贪污档案选编》，中华书局1994年版，第3174页。

那么黄梅案是一个“冤案”吗？如果根据大清律例来查处，黄梅的勒派有两千多分田单收据，可谓铁证如山，黄梅案并不是冤案。但当时的现实是，包括黄梅在内的州县官不得不通过浮收获得必要的行政经费和合理的家庭开支费用，当然也可能存在严重的陋规滥用以满足自身贪欲的现象。但在那种制度背景中，合理利用陋规和滥用陋规是不可能有清晰的界限的。因此，可以说每个官员都有程度不等的贪渎行为。

黄梅案结案的第二年，奉命查抄黄梅府第的广东巡抚图萨布上奏皇帝，经过一年的彻查，黄梅原籍没查出有什么隐藏的钱财。原先窦光鼐上奏皇帝说黄梅贪污“不下二十余万”，可事实上即便将黄梅祖籍的家产全部变卖都不足二十万两的十分之一。[①] 从这种意义上说，黄梅不过是清代中期不合理的财政制度的一个替罪羊而已。

三、地域社会矛盾尖锐化

不同的社会阶层、社会身份，因利益不同必然产生种种矛盾和分歧。但在相对稳定的社会环境中，矛盾各方愿意通过协调缓和矛盾，因为矛盾激化导致剧烈冲突对哪一方都没有好处。但是自乾隆后期以降，由于养廉银制度的消亡，地方官不得不依赖大规模的浮收来维持行政运行和各种公私支出。人口暴增导致人与资源的关系紧张，生计日趋艰难的百姓不堪官府的浮收和陋规滥用，使得官民矛盾尖锐化。如果遇到荒年，处于生死攸关之际，富民与贫民之间的矛盾，宗族内部的族众之间也会扯去温情脉脉的面纱，发生爆裂的冲突。这些都是历史演变的大势，不是人力可以干预的。

首先是官民矛盾。自康熙以降，清代官民之间的剧烈冲突都发生在乾隆末期以后，如黄梅案（乾隆五十一年）、吕从龙案（乾隆五十四年）、鲍天兆案（嘉庆三年）、林钟英案（嘉庆十二年）、[②] 瑞安南米控案（咸丰八年）、永嘉匿旨擅征案（同治元年）和乐清南米控案（光绪十九年），以及清末的种种民变。其中的吕从

---

① 中国第一历史档案馆编：《乾隆朝惩办贪污档案选编》，中华书局 1994 年版，第 3288b—3289a 页。

② 符璋、刘绍宽纂：《平阳县志》卷 38《人物志七》，民国十四年（1925）刻本。案情又见林如淞辑：《林钟英全集》，道光二十二年（1842）刊本。《清实录》第 30 册，中华书局 1986 年版，第 351 页。

龙的呈请革除庄长案，也呈现了官方结成坚固的利益共同体的状况。

为了保证完成钱粮的征收任务，永嘉县地方官派令下层士绅和富户充任庄长，督催钱粮，如不足额，则由庄长垫赔，因此“充是役者辄为胥鱼肉，率破家”。永嘉生员吕从龙、张树德、贡生邵炳、监生朱缔载、叶元甲等18人呈请革除庄长制度，从乾隆五十四年开始申诉，其间，官府找到借口革除吕从龙和张树德的生员科名。一直到秦瀛担任温处道台后，才迎来转机。秦瀛认为废除庄长制度是一个合理要求。不久他升任浙江省按察使，又与布政使谢启昆取得了一致意见，两人又获得了浙江省巡抚的支持。吕、张两位生员“得以开复，而庄长终获永远禁革”。[①] 在这个过程中，永嘉县令、温州知府的批示都是维护庄长制度，即便是有布政使下文也无济于事。这背后的奥秘，光绪《永嘉县志》的评论一语中的，“有司利陋规，皆左袒豪胥”。[②] 因不满于地方官员一再延宕革除庄长政令的实施，浙江按察使一再严令解提几个书吏到省审讯。地方官也是一再拖延，实在拖延不下去时，县令张德标就说这些人“已经星散”，有些到外地谋食，有些卧病在床。[③] 一旦这些书吏被拘捕，押解到省，盖子就捂不住了，有些官员就有被当作替罪羊予以惩处的危险，其中永嘉县令可能首当其冲。

其次是富户与贫户的矛盾。每逢灾荒，贫民濒临死亡的边缘，而对富户来说荒年正是发财的良机，每逢此时粮食的价格奇高，他们往往靠这个获利。两者的紧张关系正是由此而来。在物质匮乏的农业社会，这种矛盾从来就没有真正淡出人们的视野。处于所谓康乾盛世前期的乾隆十三年（1748）春，乐清“雨泽愆期，米价昂贵，贫户播种无资”。乐清某村发生了郑氏宗族内的贫户向富户强借稻谷案：

> 三月十二日，郑亦真与同族郑玉秀等四十一人并郑图南等至奇斌家，向周书押借谷石。周书见族众人多，勉允借谷三十桶，众复求增至六十桶，尚未量给，奇斌见而阻止。图南、亦真均以伊父已允，倚恃长辈，即硬取奇斌家租桶，自行开仓，量足六十桶，挑运而去。奇

① （清）孟锦城：《东瓯轶事随笔》，同治十一年（1872）刊本。（清）吕从龙：《除庄长原稿》，东瓯敬义堂，嘉庆元年（1796）刊本。两种文献均为温州市图书馆藏。

② （清）张宝琳修，孙诒让纂：《永嘉县志》，永嘉县地方志编纂委员会整理，中华书局2010年版，第1270页。

③ （清）吕从龙：《除庄长原稿》，东瓯敬义堂，嘉庆元年（1796）刊本。

斌即以强抢控县。

地方官对郑图南等以抢的罪名进行处罚。郑图南“枷号示众，满日折责”。其他参与者“重杖”，“谷石各俱追出给还原主”。[①] 乾隆十六年（1751），瑞安、平阳发生了较大规模的乡民向富户的“强借”和“攫取”粮食风潮。署理浙江巡抚永贵责成嘉湖道塔永宁前往，“访出为首地棍，严拿重惩”。[②] 对于涉案者来说，这种事件的发生都是一个令人伤心的悲剧，不过在乾隆前期这种群体事件还是可控的。到了乾隆末期以后，暴增的人口与资源的紧张关系难以缓和，深重的粮食危机更加频繁地呈现出来。

发生在嘉庆元年（1796）的一个悲剧最能说明问题。这年正月二十，平阳县春寒伤麦，米价昂贵，县民陈亚仁等倡议禁止粮食出境。恰值福建客商欧阳世息、欧阳伯恳叔侄两人到平阳，收购番薯丝九百担。陈亚仁获悉后，鸣锣示警，众人打毁了货船，欧阳伯恳无法承受血本无归的残酷事实，自缢而死。[③] 根据笔者对温州其他史料的综合分析，不许粮食外运，完全是温州人相沿久远的共识，几近于本能反应。粮食外运，温州人叫“米漏”，如果外运的途径是海路，就叫“漏海”。

到道光朝（1821—1850）温州土地开发空间早已丧失，粮食供应一直非常勉强，即使在平常年景，贫民的生活也并不好过。赵钧说：

> 贫民佃种租田，田好租轻者，尚少有所得，否则通盘估算，徒自贱苦耳。其他私项陋规更不可效。温郡近来多此习，非穷务农者不知。余闲时从中细计之，特为指出，贫民少资本者，不如别寻小经纪用力谋生也。[④]

赵钧日记对道光十三年（1833）和十四年（1834）贫民生活的一个整体性描述是：

> 吃草吃糠，釜中食与喂猪料相似，甚有数日不举火者，真是耳不

① 以上有关此案的材料均见档案，乾隆十三年（1748）八月初七日闽浙总督喀尔吉善奏折。转引自胡珠生：《温州近代史》，辽宁人民出版社 2000 年版，第 18 页。

② 《清高宗实录》卷 389，中华书局 1986 年版，第 114 页。

③ （清）谢奎、王又槐：《成案所见四集》卷 12，嘉庆十年（1805）刊本。

④ 周梦江整理：《赵钧〈过来语〉辑录》，《近代史资料》1979 年第 4 期。

忍闻目不忍见形象。邻居徐连应妻向余内子说：彼女饿奄奄欲死，后得薄粥灌之，遂生。想外间如连应女者当不少也。

道光十三年（1833）九月，“贫民掘取已烂之番薯，晒干，磨以充实，苦不可言”。

道光十四年（1834），终于发生了一次波及温州全境的大饥荒。赵钧日记概述：

温郡大饥，盗亦较多。饥寒窘迫之人比比然，其情状之苦，难以言甚。有可以充饥者，无不采取，如青草、米糠、面皮之类，皆杂以作糜。米糠、麦皮价亦增一二倍。

大饥，饿莩处处有之。城间乞人饿死者，日日有之。又大疫，无处无病人，死者甚多。……麦熟后，谷骤贵，百斤钱二千六七百文，种种皆所未闻者。

本年每次出行，饿莩或新柩无次不见。七月廿六午后，自邑中归，步行过岑岐山，见白骨狼藉路旁，浅葬之尸，秽气难堪，行人皆掩鼻过之。

日记记录了青黄不接时政府施善的场景：

郡中刘太守施粥，远乡饥民就食者，枵腹奔走于烈日中，夜则露卧于空场，炎风暑雨，递相侵犯，日惟得薄粥二碗，死者甚多，有日以百计者。

从其日记看，作者当为小康之家，家境尚称富裕，然而他在四月二日记的自家景况，甚为困窘：

近来因米贵，啜粥不饱。又衣物无处质钱，是店铺皆闭，愁虑无聊，自觉精神憔悴。如得足衣足食，无事在心，闭户读书，即是仙境。近来余内子因岁歉谷贵，格外减省，糠粃亦磨作饼，儿女辈啖之，亦谓有味，记之以示后人。

日记中还有诸多令人读来鼻酸的惨状。四月初旬，“余在郡应试，目见路中饿莩二人。其行乞于市中者，行皆如鹄。余在郡时，多雨，出寓甚少，所见令人恻然不宁”。瑞安城只东门一角，“饿死于路中者，日有数尸”。六月间，“余隔壁鲍氏卒。邻舍一贫妇与其同庚者，羡其死为有福。可怜，可怜”。夏秋间温州“村落有死及半者”，永嘉距离廿三都蔡溪陈岙五里外，“有一村落，同族十七家只留一口，其十六家田产俱归此一家所有。陈岙聚落百五十家，共丁五百，失二百”。温州某地“挈眷行乞于外乡共百廿三人，生还者只廿一人”。永嘉某村三户人家行乞于外，出门时老幼共十八人，到该年七月只存二人。[①] 可见出外乞讨也难免辗转沟壑。孟锦城目击了这次灾难的惨状：“大饥，石米八千。春夏大疫，贫民乞丐死于饥疫者，横塞道路，日以十百计。木棺既缺，以一棺殓二三尸，甚至以蒿草裹卷。凶惨情形不堪寓目。”[②] 灾荒的必然结果是米价上涨，道光十四年（1834）五月，瑞安谷价 4000 钱一石，米价 8000 钱一石，好米 9200 钱一石。[③]

贫户与富户的矛盾虽说是史不绝书，但在道光十四年（1834）饥民的骚乱把温州社会推向了全面失控的边缘。五月十五日，瑞安“饥民劫邑郑家。十六七日，城乡数十家被劫”，“城中白昼劫掠。自邑郑姓人克扣起衅后，四处效尤，官不能止”。[④] 在乾隆时期贫户只不过是“强借”，甚至是有抵押的借粮，都受到了政府的严厉打击；现在贫民却是明目张胆地白昼劫掠。根据历史现场的目击者赵钧的分析，骚乱起因首先是绅富的贪欲。他说：“富民贪欲无厌”，“非饥民好为乱，富者有以激之也”。[⑤] 五月十五日是这次骚乱发展的一个重大转折点：“十五日以前富者强而贫者弱，十五日以后贫者强而富者弱，景象相反。各处之减价也，非富民好行其德，皆迫于不得已而听命于饥民耳。”这一天贫者和富者攻守形势发生了逆转，其标志是富者不得已开始减价出售粮食，作者居住的瑞安下金村在十五日前好米价“合钱三十二文一小升，十八日减价，合二十二文一小升”。这不是一个特殊现象，而是“到处减价轮粜”。减价的幅度非常大，乡间大约减价三分之一，城中减半。[⑥]

---

① 上述灾害惨状内容见周梦江整理：《赵钧〈过来语〉辑录》，《近代史资料》1979 年第 4 期。

② （清）孟锦城：《东瓯轶事随笔》，同治十一年（1872）刊本。

③ 周梦江整理：《赵钧〈过来语〉辑录》，《近代史资料》1979 年第 4 期。

④ 周梦江整理：《赵钧〈过来语〉辑录》，《近代史资料》1979 年第 4 期。

⑤ 周梦江整理：《赵钧〈过来语〉辑录》，《近代史资料》1979 年第 4 期。

⑥ 周梦江整理：《赵钧〈过来语〉辑录》，《近代史资料》1979 年第 4 期。

五月十五日以后富者减价售粮的普遍性和贫者购粮的有序性，是很令人惊奇的。富者慑于饥民作乱的威势，这只能说明变化的背景，却不能解释双方表现出的集体理性。地方官固然是出了告示，要求富民减价售粮安抚饥民以谋求社会稳定。这种理性是如何产生的呢？赵钧日记留下了十分宝贵的史料，笔者从未在其他文献中见过类似的内容：

> 邑城中定价：石米钱三千五百文，不许乡间人来籴，来籴价加倍，其意盖阴使之不来籴也，是城乡各自为计。而各村又各自为计，与战国时分裂光景相似。……而各村之各自为计也，即地近咫尺，亦相视如秦越，奸谲之人从中射利，如甲村有谷，乙村人私自往籴，价与五月望前无多减。饥民限于本村禁例，各处贫富相与定议，大口一日限籴米一小升，小口减半。而亦有不限者，不饱不能事事，不得已如旧价交易，奸民从中作线索者，因此获利，而富民亦乐人私籴也。①

社会面临严重危机的时刻，如果不安抚好饥民，一旦乱起，富户的生命财产安全同样也得不到保障，在这个意义上富户和贫户是在共渡难关。② 从赵钧的记载看，两者的合作是靠非常清醒的理性达成的。他们通过谈判（定议）确定米价减多少，按这个议定的低价，再确定成年人和未成年人每天可以购进的粮食定额。他们还非常合理地对那些要办事的人不限定购粮额，因为“不饱不能事事”。这种理性、妥协、谈判会让人联想起现代西方国家的公司和工会。我们感到惊叹的制度，大概赵钧认为是理所当然的，他在这段话中，更多表露的是对那些唯利是图大发灾难财的绅富的不满。

我们更感兴趣的是这种理性达成的社会基础是什么，笔者以为在这一点上，赵钧上面的记述也是有所透露的。粮食资源的调节范围是“城乡各自为计”和“各村之各自为计”，这种范围分割的严格性是赵钧所特别强调的：“与战国时分裂光景相似”，“地近咫尺，亦相视如秦越”。温州的大多数村庄是同姓聚居的，因此，各村内部富民与贫民的谈判其实就是宗族内部血亲之间的谈判。富民的

---

① 周梦江整理：《赵钧〈过来语〉辑录》，《近代史资料》1979年第4期。

② 赵钧日记载，道光十四年（1834）五月十五日以后，饥民因邑城白昼劫掠，效尤生心，处处骚动。“富于财者，人人自危，状如贼在咫尺，寝室不安。”周梦江整理：《赵钧〈过来语〉辑录》，《近代史资料》1979年第4期。

“减价让利”能否被视为一种道义关怀呢？历史的亲历者赵钧对此是断然否定的，他说：“各处之减价也，非富民好行其德，皆迫于不得已而听命于饥民耳。”血缘感情经不起大灾难的煎迫，这一点也可证之于前述乐清郑氏家族内部的粮食强借案。只不过那时乐清的形势远没有发展到道光十四年（1834）这么凶险，郑奇斌没有向同宗贫民妥协。各村谈判得以展开，富民普遍地减价妥协，宗族组织的权威应该是主要原因，可以设想谈判也一定是靠宗族来组织的。

再次是佃户与业主的矛盾。清代温州较大规模的抗租风潮也出现在乾隆后期。乾隆四十一年（1776）永嘉县上河乡旸岙村农民杨我兆“首先倡议减租”，被业主拒绝。又有“佃民胡挺三纠众抗租”。现在可考的参与抗租的佃户名字还有严亚宝、潘应富、胡明玉、陈芳兰、陈绍华等。官府的选择首先是约束佃户，于是佃户的矛头又对准地方官，“经业户禀官饬禁不遵，典史往谕被殴拘留”。此事一时成为人们注目的对象。温处道杨谨、永嘉知县傅永綍、都司侯国雄、县丞俞上运等带领兵役先后捕得参与抗租佃户 17 名。浙江巡抚三宝的批示称“首犯”胡挺三等“竟敢纠集多人将典史殴打拘留，已属目无法纪。迨至该道等会同查拿，犹复挺身抗拒，殴伤官役。似此梗顽不法，情罪实为可恶”。还说“温州所属，从前记曾有聚众滋事之案。盖其地濒海，民风犷悍，遂至目无法纪，几与福建漳、泉等郡无异”。[①] 所谓“税从租出，租由佃输”，维护业主的收益权维系着田赋的正常征收，因此从知县到知府，从道台到巡抚，地方官处理这类案件的立场和态度是完全一致的，坚决以暴力镇压佃户的抗租。

但佃户面对生死攸关的生存压力，国家暴力对他们的约束是非常有限的。光绪初年江西万载人汤肇熙担任平阳县令，他花了大量的精力移风易俗，其中最艰难的工作是整顿“恶俗”——强佃抗租。抗租已经成了平阳县的风气，为此汤肇熙颁布了许多文告，从中可见佃户的强势地位：

> 乃强佃不惟欠租，并将田私顶与人，其顶价较原札数倍。彼顶者亦不告知业主，及收租则互相推诿，收田则霸占不依。即田能收起，而田亦无人敢于接种。或有收起别卖，除还佃户札钱外，每亩必另加

① 《清高宗实录》卷 1023，中华书局 1986 年版，第 706、710 页。

钱数缗，名“拦力钱”，又名“上岸银”，非是则亦无人敢买。[①]

根据这个文告，业主处处受制于佃户。佃户一方面欠租不交，同时又把租来的田转租给别人，有时收取的抵押费高出他给业主的数倍。田被转租，业主却蒙在鼓里，等他去收租时，他们就互相推诿。业主收不上来租，就想把田收回，但佃户霸占不依。如果不让佃户满意，业主即便把田收回，别人也不敢来租种。既然别人不敢租，有的业主想把田卖掉，以摆脱困境，但业主必须把原来的抵押金还给佃户，另外还要给佃户一笔“拦力钱”，否则无人敢买。

也有许多业主不甘受佃户挟制，把佃户告上县衙。佃户就乘机请亲友在县城吃饭，佃户请客的钱都由业主结算，有一个佃户花销的饭房钱达有八千文之多。[②]另外还有衙役、书吏的饭食以及额外需索的花费也很大，即便业主赢得官司，损失也远远高于追回的田租。因此，汤肇熙又告诫人们：“非有十分冤屈，与其到官求伸，不如吃亏乡里。”[③] 所以业主只好隐忍，多不愿诉讼。

所谓“光脚的不怕穿鞋的”，佃户整治业主的方法可谓层出不穷。佃户在欠租的同时还要霸住所租田地，他们往往以“老病相吓制，而不肯甘休”，有时甚至“掇妇女残废，以死抵赖，或置骸瓶尸棺，故意敲诈”。如果业主已经把田转租给了别人，原佃户会捣毁新佃户的庄稼或放田水等，滋扰不断。在汤肇熙眼里，佃户似乎已经可以骑在业主的头上，恣意妄为。[④]

除了佃户各自为战的抗租外，还有佃户有组织的集体行动。到了秋天庄稼成熟的收获季节，佃户们“开庙门，击神鼓”，由他们来议定租额。如果交的地租不是实物，而是货币，那么每租百斤折合多少铜钱，也是由佃户商议决定，而不以时价为准。佃户人数众多，一人首之，众口和之，业主无可奈何。[⑤] 佃户抗租霸耕是如此的普遍和广泛，以至于汤肇熙呈报温州府和温处道，要求为保护业主

---

① （清）汤肇熙：《胪款禁除恶习示》，《出山草谱》卷 3，东瓯郭博古斋，光绪十年（1884）刻本。

② （清）汤肇熙：《谕歇寓示》，《出山草谱》卷 4，东瓯郭博古斋，光绪十年（1884）刻本。

③ （清）汤肇熙：《禁衙役诈扰示》，《出山草谱》卷 5，东瓯郭博古斋，光绪十年（1884）刻本。

④ （清）汤肇熙：《谕事主与业主遵照章程示》，《出山草谱》卷 5，东瓯郭博古斋，光绪十年（1884）刻本。

⑤ （清）汤肇熙：《谕禁佃户逋租并勒折租价示》，《出山草谱》卷 5，东瓯郭博古斋，光绪十年（1884）刻本。

而立案刻碑示禁。[①]

在这里叙述佃户与业主的关系，不拟在道德上来评判谁是谁非，即便佃户那些看似无所不用其极的行为，也反映了贫民生存环境之严酷，以及佃户与业主矛盾的尖锐性和广泛性。比之于乾隆时期政府强力打击贫民强借粮食，汤肇熙文告中虽然措施十分严厉，但也多说理成分。因为佃户"抗租霸耕"实在太多了，打不胜打，但说理会有多少效果也是可以想见的。

当然，以上叙述的官与民、富民与贫民、业主与佃户的矛盾是相互交织的。贫民或佃户的生计艰难使得抗租、减租、欠租频繁，而这又使得业主收入锐减，最终导致国家的田赋征收。道光戊申（1848）初冬，浙江巡抚以"各属县催征不力"，奏请朝廷将绍兴、湖州、温州、台州、金华和严州六个知府革职。[②] 催征田赋是县令最重要的工作之一，事关自身的考绩以及官场前途，这样大面积的"催征不力"是难以想象的，这应该是社会多种矛盾并发的结果。

第三节　清中叶海盗猖獗与海洋秩序

浙江省有十一个府，其中杭州、嘉兴、宁波、绍兴、温州、台州六府滨海。自杭州湾向南，有宁波、台州和温州三个府，海岸线绵延 2000 多公里。据统计，浙江沿海面积大于 500 平方米的海岛达 3000 多个，占中国海岛总数的 40% 。[③] 其中温州沿海面积 500 平方米以上的岛屿 436 个。[④] 温州大陆海岸线从乐清湖雾至苍南云亭，长达 355 公里。[⑤] 海岸支离破碎，港汊纷歧，岛屿众多。因此，温州在海上交通上具有先天的优势，自古以来在与中国其他地区的联系和交往中发挥着重要作用，是浙江沿海航运的主要港口之一。乾隆中后期以来，由于东亚、东南亚格局的演化，以及清廷政策等方面的因素，浙江、福建和广东沿海出现了庞大的海盗势力，给滨海地区造成了很大的困扰。海洋不仅构成了温州沿海平原

---

① （清）汤肇熙：《禀道府宪为佃户积弊定章请批示立案》，《出山草谱》卷 5，东瓯郭博古斋，光绪十年（1884）刻本。

② （清）梁章钜：《浪迹丛谈 续谈 三谈》，中华书局 1981 年版，第 464 页。

③ 浙江省经济研究中心编：《浙江省情概要》，浙江人民出版社 1986 年版，第 15—16 页。

④ 温州市志编委会：《温州市志》，中华书局 1998 年版，第 2 页。

⑤ 温州市志编委会：《温州市志》，中华书局 1998 年版，第 196 页。

地区居民的重要资源环境，而且对中西部的丘陵山区聚落也具有结构性的影响，因此海盗势力的强势崛起对温州府的影响也不限于滨海地区。乾嘉之交，人口压力、自然灾害、民众反叛相继出现，浙江水上世界同样孕育着极大的危机，其中舟山、台州、温州的海域成了清军水师与各路海盗角逐的主要战场。

一、清前期温州滨海地区的社会生态

这里说的“滨海”指的是温州近海的平原地区、沿海岛屿及其海域。在滨海地区活跃着若干以海为生、从事海上生产活动的群体，有学者称之为“海上群体”。据杨国祯概括，其职业有渔民、船员、水手、海商、海盗、海军；也涵盖沿海农村、港口、渔村、宗族和民间会社，以及从事海洋资源或产品的加工、仓储、运销的群体。官方的海上力量与陆岛支持力量也涵括在内。① 杨氏在论及海上社群时，更加清晰地把海上职业分成五类：（1）以捕捞为生的渔民、疍民；（2）以运输为生的船户、水手；（3）以经营海洋贸易为生的海商；（4）以海上抢劫为生的海盗；（5）以海上巡防和作战为职责的舟师。②

简单地说，海上的主要职业群体为渔民、水手、海商、海盗和水师。渔民和水手是海上世界数量最为庞大的职业群体。他们不仅为世人提供丰富多样的渔盐制品，维持着海船的正常航行，也是官军和海盗招募成员的重要来源。海商长期活跃在自广东至辽宁的滨海地区，且与东亚和东南亚保持着紧密的贸易关系。与正当的谋生职业一样，海盗也是自古就有，且从未真正绝迹过，在温州流行着“海水不干，海盗不绝”的谚语，海盗从来都是滨海社会生态中一个稳定存在的“物种”。为维护滨海地区正常的生产经营活动，出于抵御海盗的需要，滨海地区必须部署水师。海盗与水师两个敌对的武装力量呈现着一种互相依存的共生关系。

较之内陆农业地区职业的相对固化，海上职业极不稳定，职业界限并不分明，职业之间也存在较为频繁的转换。渔民和水手饱受海盗抢劫、官军勒索之苦，但在谋生艰难时也可能从事一些风险较低的抢劫活动。可见，海盗的滋生是

① 杨国祯：《论海洋人文社会科学的概念磨合》，《厦门大学学报》（哲学社会科学版）2000 年第 1 期。

② 杨国祯：《中国船上社群与海外华人社群》，见郝时远主编：《海外华人研究论集》，中国社会科学出版社 2002 年版，第 354 页。

特殊的生态环境下群体生存的理性选择，也是地域社会对外部变动回应和互动的结果。在海上秩序相对较好的情况下，海商多从事合法的贸易活动，但当海上秩序混乱，或官方烦苛的禁令使得商业活动无利可图时，有的海商就会进行走私或劫掠活动。因此亦渔亦盗、亦商亦盗都不是罕见事。形同“天敌”的海盗与水师也会互相转换，雍正朝海盗首领福建人陈尾原先在水师“吃粮”后来被革，在温州加入海盗组织。① 反之，也有原先是海盗，后来洗白身份加入水师的。还有些海盗是官方公开招安进入水师的。从海盗身份的复杂性，也可窥见海上职业转换的状况，从来源来看，渔民、水手等从事海上职业的人居多，还有少量的挑夫、罪犯、破产商人、被革生员、兵丁和其他失去生计的人。② 温州泰顺人曾镛指出，海盗无非是“海滨失业无赖之徒。或托捕鱼，或称水手，或隐为耳目，在岸侦探，地方不察，遂至成群聚党，旁午各出”。③

海上主要的五个职业间不仅转换频繁，五个职业间也存在着不同程度的互相联系。鱼盐相依，在传统时代，水产品的储运仰赖食盐来防腐。由于清廷实行食盐专卖政策，导致私盐泛滥，私盐贩子往往与渔船、海盗建立起长期合作关系。海盗与渔民和沿海地区的百姓之间也不是简单的加害者与被害者关系。两者之间存在着“互利互惠”关系。因为海上获取生活日用品不易，海盗往往出高价收买米和布匹等货物，而海盗劫掠而得的货物急于销赃，又往往低价出售，因此民人跟海盗的交易也是有利可图的。曾镛说，对于一个物件，是商船贩运而来，还是海盗抢劫的赃物，固然是难以区分的，但海滨的人即便心里知道是盗赃，因价格便宜还是会买，因此盗赃销赃渠道非常畅通。④ 颙琰说，“闻蔡牵等不惜重价，向内地民人私买米石，是以奸民趋之若鹜”，“至奸徒通盗济匪，最为可恨，其中有

---

① 据雍正四年（1726）十月十三日闽浙总督高其倬奏折，（清）鄂尔泰、张廷玉等编纂：《世宗宪皇帝朱批谕旨》卷 176，内府刻朱墨套印本。

② ［美］安乐博：《罪犯和受害者：试析 1795 年至 1810 年广东省海盗集团之成因及其成员之社会背景》，汤熙勇主编：《中国海洋发展史论文集》（第七辑），“中研院”人文社科研究中心 2008 年版，第 439—451 页。

③（清）曾镛：《答秦观察问防海事宜》，《魏源全集》第 17 册，岳麓书社 2004 年版，第 650 页。《魏源全集》的第 14—20 册为《皇朝经世文编》，编者在每册的扉页上注明贺长龄辑，魏源编次。虽然把《皇朝经世文编》编入《魏源全集》有乖编书体例，但校勘标点有利于提升学者的阅读效率。

④（清）曾镛：《答秦观察问海防事宜》，《魏源全集》第 17 册，岳麓书社 2004 年版，第 651 页。

实系匪徒，同恶相济，亦有沿海居住，畏其焚杀，又不能远徙，致为胁从，凡沿海地方多不能免”。[①]

在海上职业群体的日常生活中，海盗不仅和渔民、水手关系密切，而且与斗争对手官军水师也维持着错综复杂的关系。有的封疆大吏坐收海盗孝敬的“海俸”，并为其提供必要的保护。雍正时期，浙江巡抚李卫报告说，“有温州营弁、兵通同将船只私送出口与贼者”。[②] 嘉庆时原本负有断绝海盗岸上接济责任的卫所官兵，为了从运粮船取利，故意放米船下海。[③] 水师官兵经常暗通款曲，两者利益均沾，并共享信息，以维护自身的生命安全。

海盗的活动不仅对温州滨海地区造成重大的影响，对中西部丘陵和山区的影响也是结构性的。地方百姓为了压低本地米价，反对本地粮食外销，他们打出的旗号就是阻止粮食“漏海”资盗。

有些海盗在资财有可观的累积后，也会告别刀头舔血的日子，隐居山区僻静处。瑞安塾师赵钧在咸丰三年（1853）有如下的记载：

> 二十年前，有福建曾姓者，迁居泰顺。现子弟入泰顺籍应试，文武各有在庠者。一家四五十口，男女各有所事，无惰游人。耕读外，又开设店铺以佐生计，家业岁增。始迁人现尚在，此人壮时在闽洋行劫，积金数千，预为避罪计，择居僻远，改行正业，亦智人也。在泰未入籍时，某岁饥，自以客户恐被劫掠，筑楼五楹，备刀械，四面凿深沟以居守，土匪不敢生心。应光璧述泰邑树客言如此。冬十月，与其家武举人某，遇于郡城乘凉桥纸栈，其人朴实。[④]

一个海盗在泰顺定居落籍，后来家族中有了文生员和武生员，而且出了一个武举人，俨然成了一个有名望、有地位的书香门第。定海举人李巽在应浙江巡抚阮元的询问，进行“贼情”分析时说：“盗亦人耳，洪波巨浸之中，惊风怒号，崩崖撞激，去死无几，仰视守法良民安居就业，熙熙然有家人妇子之乐，亦孰不

① 《清仁宗实录》卷160，中华书局1986年版，第72、100页。

② （清）鄂尔泰、张廷玉等编纂：《世宗宪皇帝朱批谕旨》卷174，内府刻朱墨套印本。

③ （清）曾镛：《答秦观察问海防事宜》，《魏源全集》第17册，岳麓书社2004年版，第651页。

④ （清）赵钧：《赵钧日记》，陈伟玲整理，中华书局2018年版，第459页。

思归命投诚而尚忍为盗哉？”①

二、清中期猖獗的海盗活动

虽然地方志和封疆大吏的奏折中屡屡有海盗骚扰温州滨海地区的状况记载和报告，但总的来说，明清易代之后，特别是1683年清军平定台湾之后，海洋秩序基本稳定。

作为滨海地区社会生态中之一环的海盗虽然不可能真正绝迹，但在乾隆中期以前，海洋较为安靖。福建人蓝廷珍（1663—1729）于康熙四十四年（1705）授温州镇右营游击，在温州沿海屡有擒获海盗、缴获海船之举。他在任职期间，“凡汪洋绝岛，险远僻深，从来官兵不到之地，穷搜靡遗，洋贼闻风破胆”。②海盗遇见水师望风而逃，没有与之对抗的实力。因为海洋安靖，雍正年间，浙江巡抚李卫、闽浙总督高其倬只好将规模十数人的小股海盗情况奏报皇帝。③雍正六年（1728）九月二十八日，大理寺卿性桂密奏：“台、温、处三府海外港澳并无匪类藏匿，只有福建人在此捕鱼为生者不下盈千累万。更有往来贸易，由内洋顺便带回米、豆、麦石者，而宁波、台州、温州三府属之民以米易鱼换货，希图厚利者有之，实无接济匪类之事。”④因为性桂以密奏的方式上报，应该没有太大的粉饰成分。这就是魏源所称颂的：“闽、粤、浙、吴，航天万里，鲸鱿不波。”⑤

自乾隆后期以来，海盗越来越多，其根本原因是人口爆炸导致滨海百姓生计艰难。当然也跟乾隆二十二年（1757）清廷颁布的禁令有关，即仅限广州粤海关一口对外贸易，封闭江、浙、闽海关。温州、瑞安、平阳三个分口及所属旁口亦随之关闭。民间海外贸易陷入困境，从而激化了清政府和海商之间的矛盾。三年

① （清）焦循：《雕菰集》卷19，道光四年（1824）刻本。《清代诗文集汇编》编纂委员会编：《清代诗文集汇编》第472册，上海古籍出版社2010年版，第209页。焦循所著之《神风荡寇记》和《神风荡寇后记》记述了海盗的兴起，各帮海盗的分合，以及被剿灭的过程，留下了较为系统的史料。

② （清）蓝鼎元：《先兄福建水师提督襄毅公家传》，（清）蓝鼎元：《鹿洲全集》，蒋炳钊、王钿点校，厦门大学出版社1995年版，第154页。

③ 李卫奏报见（清）鄂尔泰、张廷玉等编纂：《世宗宪皇帝朱批谕旨》卷174，高其倬奏折见《世宗宪皇帝朱批谕旨》卷176，内府刻朱墨套印本。

④ （清）鄂尔泰、张廷玉等编纂：《世宗宪皇帝朱批谕旨》卷177，内府刻朱墨套印本。

⑤ （清）魏源：《嘉庆东南靖海记》，《圣武记》卷8，中华书局1984年版，第354页。

后，又禁外国商船来浙。至乾隆四十四年（1779），温州海滨已经到了“海盗充斥”的程度，温州衙门接到的海盗案每月都有一百多起。[①]

但自乾隆末至嘉庆朝，海盗强势崛起，足以与水师分庭抗礼，一度还主导了海洋秩序的建立。这则与一些突发的偶然因素相关，重要的相关事件有三个。

第一个事件是乾隆五十一年（1786）在台湾发生的林爽文起义。这是一次震动全台，直接影响闽、粤、浙等省的反清斗争。十一月，林爽文率军攻破淡水、诸罗等地，台湾南部的庄大田等人也起兵攻占凤山县。一时间，叛军声势大振，台湾形势岌岌可危。林爽文起义将邻近省份牵涉其中，协防闽台海域的浙江首当其冲。为了镇压林文爽起事，先后有浙江水陆兵丁三千名入台。其中温州一千五百名兵丁于乾隆五十二年（1787）七月在温州总兵魏大斌、副将詹殿擢率领下到达台湾府城。[②]因为事起仓促，离台湾较近的闽浙交界的海防兵力先行入台平乱，闽浙海防枢纽平阳烽火门即因守将调任台湾，原有汛地由他镇接防，继任者“代者不娴于防，闽贼始识径路而窥浙”。[③]也就是说，林爽文起义导致的军事调防，使福建海盗有机会进入浙江海域。自此，浙江沿海海盗案件的数量呈现了大幅度增长的趋势，仅乾隆五十二年（1787）十月，海上查获的盗案就多达三十余起，涉案海盗二百五十多人。乾隆五十四年（1789），福建洋盗陈三三躲避官军追捕，由福建进入浙江海面，随同的大小船只六条，近二百人。进入浙江之后，这支海盗船队与水师多次发生激烈冲突。[④]此后东南沿海海盗患迅速升级，很快联想到明代的倭寇，他说“似此肆行无忌，日聚日多，且恃有岛屿藏身，岂不又至酿成前明倭寇？关系非小”。[⑤]

第二个事件是乾隆五十九年（1794）发生在闽南漳州府和泉州府的水灾。该年八月，漳泉等地连日暴雨，米价腾贵，每石白米最高涨到三两二钱。[⑥]饥民流离失所，辗转沟壑。当时，闽浙总督伍拉纳驻节泉州府城，饥民闻讯“环绕乞

---

① （清）梁章钜：《过温州旧事》，（清）梁章钜：《浪迹丛谈 续谈 三谈》，中华书局 1981 年版，第 259 页。

② 《清高宗实录》卷 1285，中华书局 1986 年版，第 224 页。

③ （清）焦循：《神风荡寇记》，《清代诗文集汇编》编纂委员会编：《清代诗文集汇编》第 472 册，上海古籍出版社 2010 年版，第 208 页。

④ 《清高宗实录》卷 1335，中华书局 1986 年版，第 1089 页。

⑤ 《清高宗实录》卷 1482，中华书局 1986 年版，第 799 页。

⑥ 正常年景一石谷的价格为 1.6 两。若以碾谷为米是七折算，那么大约 1.43 担谷可得 1 担米。1.43 石谷价格为 2.23 两。也就是说正常年景的米价大约为 2.23 两 / 石。

食”。伍拉纳以聚众闹事罪名将饥民驱散。后清廷下令开仓赈济。伍拉纳想方设法中饱私囊，办理“亦多未协”，被迫下海为盗者数量激增。“闽省近来洋盗充斥，兼漳泉被水后，失业贫民，不无出洋为匪。”[①] 福建洋盗蜂起，浙江海防空虚，大量盗帮乘机进入浙江洋面。乾隆六十年（1795）六月，福建的运粮船只经过调帮一带洋面，福建海盗船二十余只前来行劫因官米，装放舱内。这个船队驶经石浦地方时，又有盗船三十余只驶来抢夺。八月，琉球国的贡船在温州洋面被劫，为首者是闽浙沿海著名的海盗头目李发枝和蔡大。[②]

第三个事件是嘉庆元年（1796）越南海盗借道福建，在福建海盗李发枝的引导下进入浙江海域。越南海盗进入浙江洋面的起因要追溯到越南的西山农民战争。18 世纪 70 年代，越南黎朝衰微，阮氏兄弟聚众反叛，西山军很快推翻黎朝统治，建立新阮政权。法国支持南方的“农耐王”阮福映，双方战争处于胶着状态。西山政权因兵源、资金不足，于是招募中国东南海盗，“崇其官爵、资以兵粮，使劫掠充饷。夷艇数百，直犯粤、闽、江、浙，……于是土盗诱夷艇以深入，夷艇倚土盗为声援，几蔓延不可制”。[③] 魏源也将越南海盗进入浙江的背景归为越南西山政权的国家行为，他说西山政权“师老财匮，乃招滨海亡命，资以兵船，诱以官爵，令劫内洋商舶以济兵饷，夏至秋归，踪迹飘忽，大为患粤地”。继而蔓延到闽浙粤三省洋面。[④] 两广总督倭什布也强调，越南西山政权支持下的海盗力量的出现是海防形势恶化的一个关键因素，他说：

> 溯查乾隆五十四年（1789）以前，沿海穷渔贫疍，什伍纠结，伺劫商盐船只，并无大伙联䑸，敢与官兵抗拒之事。迨安南阮米平父子有国，惯以豢贼为能。招集内地亡命，给予炮火、米粮、器械、船只，俾其至闽粤洋面，肆行劫掠。盗匪出有经年累月之粮，归有销赃窝顿之所。纠聚日多，声势遂甚。[⑤]

① 《清仁宗实录》卷 3，中华书局 1986 年版，第 90—91 页。

② 《清高宗实录》卷 1480，中华书局 1986 年版，第 776、837 页。李发枝，又叫“林发枝”，《清实录》中两个名字并用。

③ （清）汤彝：《海寇考》，《台湾关系文献集零》第 9 辑，宗青图书出版有限公司 1997 年版。

④ （清）魏源：《嘉庆东南靖海记》，《圣武记》卷 8，中华书局 1984 年版，第 354 页。

⑤ （清）倭什布：《筹办洋匪疏》（嘉庆九年），《魏源全集》第 17 册，岳麓书社 2004 年版，第 646 页。

福建海盗、越南海盗进入浙江洋面造成了影响，不仅仅是单纯的海盗人数的增加；本地的土盗与外面的洋盗、夷盗形成了密切合作的局面。外地盗船进入浙江洋面，“自因浙省土盗为之勾引”。[①] 最初，越南夷盗进入浙江，曾受到过土盗的猛烈抵抗，但双方很快就达成和解。夷盗巨大的战船和精良的装备，不仅土盗的船只无法匹敌，也令水师战船相形见绌。另外，越南夷盗在浙江人生地不熟，而本地土盗自幼撑船荡舟，对于岛屿港湾、风暴海潮、涡流暗礁等情形知之甚详，能够为夷盗提供航道引导、物资供给、泊船取水等方面的协助。福建巡抚汪志伊曾这样描述土盗与夷盗的关系，“土盗藉夷匪为声援，夷匪以土盗为爪牙”。[②]

正是由于以上的“天时”“地利”，浙江海盗得以迅速发展，出现了实力雄厚的海盗大帮。其中以凤尾帮实力最强，鼎盛时期拥有海盗船七十余艘。[③] 箬黄帮次之，拥有海盗船二十艘左右。另外，水澳帮、蔡牵帮、李发枝帮、张表帮、纪培帮等福建盗帮派也时常进入浙江海域行劫作案。[④] 表 3–2 反映了嘉庆元年（1796）至嘉庆四年（1799）海盗袭击温州的状况。

表 3–2 嘉庆初年海盗袭击温州海域一览

时间	商船籍贯	船主名	出港地	目的地	货物	侵袭地	遇袭海域
嘉庆元年十二月十六日	平湖	胡源丰	福州	—	杉木	永嘉	大瞿内洋
嘉庆元年十二月十六日	平湖	曹文魁	—	福州	木段	永嘉	大瞿内洋
嘉庆二年四月二十日	漳浦	蔡良巽	黄冈	—	糖货	乐清	岐头内洋
嘉庆二年五月二十八日	海宁州	冯泰来	福州	—	杉木	永嘉	大瞿内洋
嘉庆二年五月二十八日	同安	黄新春	—	—	—	永嘉	大瞿内洋
嘉庆二年闰六月二十二日	福鼎	蔡　裕	宁波	福州	豆石	平阳	东首外洋

① 《清仁宗实录》卷 73，中华书局 1986 年版，第 971 页。

② （清）汪志伊：《议海口情形疏》（嘉庆四年），《魏源全集》第 17 册，岳麓书社 2004 年版，第 656 页。

③ （清）焦循《神风荡寇后记》称：“浙贼凤尾、闽贼水澳最强。”（清）焦循：《雕菰集》卷 19，《清代诗文集汇编》第 472 册，上海古籍出版社 2010 年版，第 213 页。也有资料称凤尾帮系福建海盗，如“闽盗凤尾引夷艇入浙，共百余艘，长庚追击至温州，沉其一艇”。参见陈衍纂辑：《福建通志列传选》卷 5，台湾文献丛刊第 195 种。一说凤尾、水澳帮“皆闽盗；箬横小帮，浙盗”。参见（清）陈康祺：《郎潜纪闻初笔》卷 7，中华书局 1984 年版。

④ Chung-shen Thomas Chang, Tsai Chien, *The Pirate King Who Dominates the Seas: A Study of Coastal Piracy in China*, 1795–1810, Ph. D. Dissertation, University of Arizona, 1983, pp. 43–46.

续表

时间	商船籍贯	船主名	出港地	目的地	货物	侵袭地	遇袭海域
嘉庆二年闰六月二十二日	长乐	吴发兴	—	玉环	枵皮	玉环	东首外洋
嘉庆二年闰六月二十二日	宁德	刘斤	宁波	—	苏饼	永嘉	霓澳外洋
嘉庆二年闰六月二十九日	长乐	张茂居	—	乍浦	土碗	玉环	双排外洋
嘉庆二年七月二十九日	镇海	柴万顺	—	—	—	平阳	四屿外洋
嘉庆二年八月二十四日	乐清	陈顺发	宁波	温州	南货	玉环	寨头外洋
嘉庆二年十二月二十日	长乐	姜茂余	—	—	—	平阳	北关山外洋
嘉庆二年十二月二十日	澄海	黄得盛	—	—	糖货	平阳	北关山外洋
嘉庆二年十二月二十日	澄海	王振兴	宁波	—	乌糖	平阳	东台外洋
嘉庆二年十二月二十日	同安	陈得胜	—	—	—	平阳	北关山外洋
嘉庆二年十二月二十日	同安	杜振利	—	—	—	平阳	北关山外洋
嘉庆二年十二月二十日	海澄	黄洪春	—	乍浦	糖、烟	永嘉	大瞿内洋
嘉庆四年十二月十五日	海宁州	—	—	乍浦	树炭	乐清	三盘门外洋

表3–2来自日本学者松浦章之《温州海上交通史》，[①]其中的资料采自当时封疆大吏呈送中央机关的题本。[②]我们从表格中得以了解嘉庆初年浙江福建沿海贸易港口、装载货物和遇袭地点状况。就表格内容可见，四年间侵袭事件达18个，平均每年4.5起。这个数字与实际情况相去甚远。早在乾隆四十四年梁章钜就说温州衙门每月接到报案就达一百多起，全年应该就一千起以上。当然还有两种可能的情况：其一，除了温州，台州、舟山、宁波和闽北海域都是海盗频繁出没的地区，在浙江土盗、福建海盗和夷盗大肆劫掠的情况下，海上商路接近于瘫痪，海面上本身就很少有商船航行，因此盗案急剧减少。其二，在乾隆初年，海盗已经建立了海上秩序，大量船只给海盗交保护费。海盗只袭击那些不合作、不配合

① ［日］松浦章：《温州海上交通史》，杨蕾编译，人民出版社2016年版，第32页。此表系松浦章根据清官吏奏折中留下的记录所制，这些奏折见于台湾"中研院"历史语言研究所藏《明清史料》，表格移录至此后，栏目有删减。

② 题本，清代的一种奏章。凡兵刑钱粮、地方民务等大小公事皆用题本，由官员用印具题，送通政司转交内阁入奏。私事则用奏本，不准用印。科道及在京满汉官员奏折均可直达宫门陈奏；军机处设立后，内外官员有紧急事务悉具奏折，即送军机处，而送通政司转达内阁的题本却成例行公事。光绪二十八年（1902），遂废题本，专用奏折，通政司亦一并裁撤。

的商船，所以报案数量很少。

总之，至乾嘉之交，浙江土盗、福建海盗和越南夷盗在浙江海域取得了强势的支配地位。原先温台一带的季节性海盗逐渐演变为长期性的职业匪帮。各个帮派之间虽然有摩擦，但也有联合行动。他们公然进入港口以收取保护费、兜售护航令旗等方式建立由他们主导的海洋秩序，与水师的关系也从原先的避战为主转为正面的武力对抗。焦循之《神风荡寇记》记述了政府官吏在场的情况下，海盗高临下公然收税的嚣张气焰：

> （嘉庆四年）吏有探之者，贼饮之酒，指艇大言曰："吾驾大艇赍十月粮，炮重数千斤，来收税耳。尔大吏宜自计，非吾敌也。"[①]

海盗活动的猖獗也与水师的腐败无能有关。曾经署理两江总督的梁章钜在温州探亲时观察到，温州洋面的海盗"大半皆闽人，而诬扳者亦多，甚至水师弁兵妄拿无辜，以觊功赏者"。曾任温处道台的秦瀛在向浙江巡抚报告一起盗案时也说：

> 营员畏葸无能，舍真盗于不捕，而妄指商船为盗，冀以塞责，则罪更浮于盗。计其情节大概有二：哨船获商船，辄以盗船报。一则哨船不敢近盗船，见商船辄横索资财。商船不与，便指商船为盗船。……明知为商船，因需索不获，而指为盗船，并借以邀功，欲置之死，尤不忍言也。……营员始则纵盗殃民，继且诬良为盗，实堪发指。[②]

秦瀛指出，水师官兵不敢去追捕真正的海盗，任意诬陷商船为盗船，以此来塞责邀功，用无辜者的生命和鲜血谋取自己的利益，他们的罪孽比海盗更重。在渔民和商人眼里，水师跟海盗没有什么大的区别，他们把水师、海盗、风暴视为悬于胸前的三把刀。既然国家军队也是残害良善的恶势力，那么只要帮助海盗有利可图也就无所顾忌，因此岸上的百姓跟海盗交易，充当海盗耳目者成为常事。长乐士人陈庚焕（1757—1820）说：

---

① （清）焦循：《雕菰集》卷19，《清代诗文集汇编》第472册，上海古籍出版社2010年版，第208页。乾嘉时期著名学问家焦循曾游幕任山东学政和浙江学政的阮元衙署，与阮元交好。阮元曾两次莅任浙江省巡抚，是主持剿灭海盗的重要人物之一。

② （清）秦瀛：《上抚军论诬盗书》，《魏源全集》第17册，岳麓书社2004年版，第674页。

> 然接济之弊，不尽在商船之透漏。窃闻贼船所在，比诱附近村落，负米运水，倍尝其值，渔民趋之若骛。汛地稍加禁止，贼徒辄蜂拥戕害。否即抢去汛台跑位，俾以失炮伏法。官弁噤不敢呵。……窃以贼之间谍，四布省郡，营汛之间，势必多有耳目。闻海滨人言，每见贼船衆泼纷纭，起碇扬帆，则一二日间，必有官船哨至。盖官之动息必知，得前为之备矣。前学史恩公常云："吾考棚开门，蔡牵已知题目，他可知矣"。①

在人口爆炸、百姓生计日趋艰难的大趋势下，林文爽起事、闽南水灾、越南海盗来到闽浙海域，清政府遭遇了自平定台湾郑氏以来最为深重的海上危机，而此时四川、陕西的白莲教运动如火如荼，方兴未艾。魏源描述了清政府所面临的捉襟见肘的严峻形势：

> 及嘉庆初年而有艇盗之扰。艇盗者，始于安南。阮光平父子窃国后，师老财匮，乃招濒海亡命，资以兵船，诱以官爵，令劫内洋商舶以济兵饷。夏至秋归，踪迹飘忽，大为患粤地。继而内地土盗凤尾帮、水澳帮亦附之，遂深入闽、浙。土盗倚夷艇为声势，而夷艇恃土盗为向导，三省洋面各数千里，我北则彼南，我南则彼北；我当艇则土盗肆其劫，我当土盗则艇为之援。且夷艇高大多炮，即遇亦未必能胜。土盗狡，又有内应，每暂遁而旋聚。而是时川、陕教匪方炽，朝廷方注意西征，未遑远筹岛屿，以故贼氛益恶。②

在三股海盗势力的侵扰下，浙江水师攻则难以取胜，守又无险可据，虽连年追捕，却收效甚微。嘉庆四年（1799），刚接任浙江巡抚的阮元在奏请调闽粤舟师协同作战时说："粤闽浙皆有土匪，而艇匪为尤甚，日多一日，年复一年，若不亟为剿灭，则前明倭寇甚可鉴也。"③

---

① （清）陈庚焕：《答温抚军延访海事书》，《魏源全集》第17册，岳麓书社2004年版，第653页。

② （清）魏源：《嘉庆东南靖海记》，《圣武记》卷8，《续修四库全书》编委会：《续修四库全书》第402册，上海古籍出版社2002年版，第346—347页。

③ （清）焦循：《雕菰集》卷19，《清代诗文集汇编》第472册，上海古籍出版社2010年版，第211页。

三、政府对浙洋海盗的清剿

自乾隆末期以降，将自己的势力覆盖了自辽东湾到海南岛几千里的沿海地区，并延伸至从日本海到马六甲海峡的贸易航线，海盗逐渐演变为与王朝争夺沿海社会控制权的强劲对手。清剿东南海盗跟清剿西南地区的白莲教一样，成了事关王朝国家全局的一个重大事件。[①]随着闽粤浙海盗活动的不断升级，正处于与川楚白莲教的战争状态、财政十分困难的清政府，不得不采取措施以避免形势的进一步恶化。嘉庆四年（1799）太上皇乾隆帝去世，终于获得实权的颙琰决定采取强硬的海战政策，重新确立清廷对海洋的有效掌控。时任浙江学政的阮元奉旨进京帮办丧葬事宜，署理兵部、礼部、户部侍郎。同年年底，皇帝颙琰任命阮元为浙江巡抚，主持浙江省清剿海盗的工作。[②]

阮元到任后，在宏观层面实施的军事措施主要是两项：一是筹款打造足以与夷盗海船相颉颃的巨型战舰；一是保举水师名将李长庚为浙江定海、台州、温州三镇总统，[③]进而促成李长庚统领闽浙两省水师，使以往各水师军镇间号令不一、互相掣肘的状况大有改观。但这个时期清剿海盗不仅仅靠单纯的军事力量可以奏效。海盗与岸上有着多重的地下或半公开的社会网络联系，以补充给养、销卖赃

---

① 白莲教起事：清朝嘉庆年间，爆发于四川、陕西、河南和湖北边境地区的白莲教徒武装反抗清政府的事件。从嘉庆元年（1796）到嘉庆九年（1804），历时九载，是清代中期规模最大的一次农民战争。白莲教徒抗击了清政府从全国16个省征调的兵力，歼灭了大量清军，使清军损失一、二品高级将领20多人，副将、参将以下的军官400多人，士绅1000余人。清政府为镇压起事耗费白银2亿两，相当于当时清政府5年的财政收入。从此，清王朝从所谓“隆盛之世”陷入了武力削弱、财政奇黜的困境，迅速转向衰落。

② （清）赵尔巽等：《清史稿》卷364《列传·一五一·阮元》，中华书局1977年版，第11421—11422页。

③ 李长庚（1751—1807），字西岩，福建同安翔风里十二都后莲保后边村人。乾隆三十六年（1771）辛卯恩科武进士，授蓝翎侍卫，乾隆四十一年（1776）补浙江衢州都司，累迁至乐清副将，调任福建海坛镇总兵。后因邻海民船被盗，误指海坛盗所为，被参革职。被革职以后，李长庚出家财募乡勇擒盗，因功以游击起用，迁铜山参将。乾隆五十九年（1794）为父守丧服满后，起为海坛游击，累迁澎湖副将、定海总兵，屡战安南海盗于福建三澎，浙江定海、衢港、普陀、温州等处洋面，赏戴花翎。嘉庆五年（1800）冬，擢福建水师提督，因籍贯回避改任浙江水师提督。作为蔡牵的对手，与蔡牵在浙江、福建、广东洋面缠斗多年，互有胜负。嘉庆十二年（1807）十二月，李长庚与福建提督张见升率闽浙水师追击蔡牵入粤海，二十五日至黑水洋。李长庚亲率浙师亲军专攻牵船，击破蔡牵坐船篷帆，又以“火攻船”挂住牵船后艄。副将印得方率兵丁跃上牵船，向固守桅柁的蔡牵攻击。在即将获得全胜的时候，李长庚颈额中炮重伤，不久后死亡。闽师张见升远见指挥船乱，即率师退走。蔡牵得以退入安南外洋重整队伍。

物、刺探情报。程岱葊刊刻于道光十二年（1832）的笔记《野语》，记述了一个情节曲折生动的故事：

永嘉有一个戏班，一夜停泊在湖边，夜半同样停泊在湖边的一艘客船遇盗呼救。戏班一位演员提马叉前去救援，戏班与群盗展开搏斗。盗匪寡不敌众，全部负伤，其中的一个身中马叉，垂死之际被同伴背负奔逃，马叉也一并被海盗带走。后来盗匪为这个被杀的成员复仇，以这个铁叉上镌刻的戏班名为线索，追踪到了巡演于温州的这个戏班。他们以正常戏金的两倍价格聘戏班去演戏。戏班来到了一个"濒海一小村落，居民数十家，茅茨星散，无市集，惟木桥通出入"。原来这是一个由蔡牵盗帮伪装隐蔽的村落。[①] 海盗在社庙前的戏台下放置了硫黄焰硝，打算等戏班演剧结束后，掷火引燃，把戏班烧成灰烬。后来因两个演员演完自己的戏后提前回房屋休息，无意中发现戏班即将陷于灭顶之灾，在一个女子的帮助下二人惊险脱身。[②] 如果这个故事真实可靠，这个僻静的小村应该就是蔡牵建立的物资保障基地和情报站。因此，剿灭海盗需要一个系统的计划，海上和岸上一起发力。

阮元和浙江地方官员没有采取明代那种"片板不许下海"的做法。嘉庆间，一等侯德楞泰奉特旨按阅闽、浙，放言高论，"严设海禁，盗可自毙"。嘉庆九年（1804）任浙江温处道台的广东人陈昌齐当即反对，说："闽、浙民多以渔为业，海禁出，则渔户百万无聊生，患且不测，非策也。"[③] 曾镛在回答温处道台秦瀛关于海防事宜的询问时，明确反对禁海道，认为禁海道必然导致物价飞涨，对民生的影响太大。[④] 嘉庆五年（1800），阮元发布了一系列政令，根据内容和实施范围，可以分为以下九个方面：

---

① 蔡牵（1761—1809），福建同安人。少年时父母双亡，曾流落到闽北霞浦县三沙港，为渔船主打工。乾隆五十九年（1794）下海为寇。蔡牵具有出色的组织能力，他率领近万人之众驰骋于闽、浙、粤海面，劫船越货，封锁航道，收"出洋税"。嘉庆七年（1802），率船队攻打厦门海口的大、小担山，登岸夺炮 13 门。嘉庆九年（1804）蔡牵驶至台湾鹿耳门，在浮鹰洋面破温州镇水师，后被浙江提督李长庚在定海洋面击败。第二年，蔡牵自称镇海王，率领船队驶入台湾凤山（今高雄），包围台湾府城。嘉庆十年（1805）李长庚与福建水师提督张见升在广东黑水外洋合击蔡牵，蔡牵在只剩大船三艘的情况下于船尾发炮，击杀李长庚。嘉庆十四年（1809）李长庚部将王得禄、邱良功分任福建、浙江提督，相约合兵围攻蔡牵于浙江台州渔山外洋，蔡牵因寡不敌众，开炮自炸座船。与妻小及部众 250 余人沉海而死。

② 陈瑞赞编注：《东瓯逸事汇录》，上海社会科学院出版社 2006 年版，第 456—457 页。

③ 陈瑞赞编注：《东瓯逸事汇录》，上海社会科学院出版社 2006 年版，第 218 页。

④ 曾镛：《答秦观察问海防事宜》，《魏源全集》第 17 册，岳麓书社 2004 年版，第 651 页。

> 檄沿海村岸，十丁立一甲，十甲立一总甲。一村立一总保。一山一岙立一岙长，给以费，使之互纠，通贼者获之有赏。
>
> 檄渔户，小船垩以白，编其姓名年貌，属之埠头旂长。晨出者，暮必返；不返者有稽，远赴者鸣于长。船之偶者分正脚，私驾者毁其船。
>
> 檄汛口，凡船出洋稽之人，日持米五合，验以印票。私漏者执之。执私者赏以所漏之物。
>
> 檄海滨，冶者迁入城，私造铁器出城者诛。
>
> 檄兵船，漏硝磺以济贼者斩。
>
> 檄商船，毋独行，贼来则禁出海，不遵令者有罚。私充摽客以误商船者，诛。
>
> 檄营汛，察奸民，民有缘商被劫而为保释者，有以酒米易贼货，为之销赃者，吏稽之。
>
> 檄村岙，壮丁团练相守望，立耆老绅士之贤者为长，村有警，鸣啰相召，有不应者，梏其颈。
>
> 檄府县营汛，实力同心，贤能者敬之擢之。弛者，纵胥吏扰民者，疾如仇遴。教职佐杂官数十人，分巡海口。微服步行率乡勇线民随时御捕。雕木印，令其事无巨细，直达毋少隐。①

据称，这些措施实施后，“千里海澨事，皆如目睹，而营汛亦互相纠，不敢少讳事……沿海之旗连续如云，有警鸣锣相召，在田业农者闻声并集，故贼不敢近岸”。②

以上在海滨建立保甲制度、整编渔甲和整顿地方团练等措施得到了比较有效的执行。其中一部分原因是阮元担任过浙江学政，与学官士绅建立了密切的关系。缉捕海盗并非教谕、训导的分内之事，但阮元却起用了浙江沿海县份的学官以及一批士绅。他们到各地进行巡查，侦查、清除海盗岸上的窝点。作为这些措

① （清）焦循：《雕菰集》卷19，《清代诗文集汇编》编纂委员会：《清代诗文集汇编》第472册，上海古籍出版社2010年版，第209—210页。

② （清）焦循：《雕菰集》卷19，《清代诗文集汇编》编纂委员会：《清代诗文集汇编》第472册，上海古籍出版社2010年版，第210页。

施的事实及其效果体现，焦循《神风荡寇记》中涉及温州府的叙述有：平阳县知县杨鏁肃清渔户团练乡勇二千七百人。乐清之岐头、蒲头、洛西和地岙等地是海盗的岸上接济点。乐清教官王应虞侦查和捕杀了龚大、陆大、阿买等通盗人员。乐清张阿三是海盗凤尾帮成员，登岸时被其兄及族人缢杀。[①] 颙琰下令浙江省的这些措施在福建进行推广，海盗逐渐陷入困境。在嘉庆十二年（1807）初，有被捕海盗供称："蔡逆帮船原有三十余只，因沿海官兵杜绝接济，各贼船内食米、火药俱已缺乏，并兵船四路查拿，有私自驾船逃散的，此时仅存船二十五只，势甚穷蹙，各船内俱以地瓜丝度日。"[②]

清朝与海盗在温州沿海及其水域的重要战事大致如下：

嘉庆五年（1800），平阳县令杨鏁整肃渔户、团练和乡勇二千七百人，堵截福建海盗蔡牵船队，蔡牵处境艰难，只得与越南海盗联合行动。[③] 五月十八日，越南海盗大小船只七十余艘到达平阳北关外洋，停泊于黄沙宫，后转入玉环三盘。六月中旬，闽浙海盗水澳、凤尾、蔡牵帮和越南夷盗两百多艘船，人数近万集结于台州洋面，而当时浙江三镇的水师仅有三四千人。在兵力占绝对优势的情况下，海盗联军于六月二十一日靠近台州松门山，计划于次日抢滩登陆。不料当天夜里可怕的飓风降临这个海域。这就是《神风荡寇记》之所谓的"神风"。一时间，风雨大作，巨浪排空，天崩地裂，"贼船撞破，覆溺殆尽，仅余一二艇漂出外海。其泅岸及附败舟者，皆为水陆官兵所俘，获安南伪侯伦贵利等四总兵，磔之"。这场飓风使越南夷盗遭到毁灭性打击。[④] 水澳帮和凤尾帮也损失惨重。但蔡牵整合了一些帮派残余力量，并得以发展壮大，继续与清水师在海上缠斗了近十年。

---

① （清）焦循：《雕菰集》卷 19，《清代诗文集汇编》编纂委员会：《清代诗文集汇编》第 472 册，上海古籍出版社 2010 年版，第 210 页。

② 刑部"为内阁抄出闽浙总督阿林保奏"移会（嘉庆十二年三月初四日），历史语言研究所编：《明清史料》，中华书局 1987 年版，第 530—531 页。

③ 符璋、刘绍宽纂：《平阳县志》卷 18《武卫志二・兵事》，民国十四年（1925）刻本。

④ 据称："未几，安南新阮内附，受封，守约束，艇匪无所巢穴。其在闽者皆为漳盗蔡牵所并，有艇百余。"（清）赵尔巽等：《清史稿》第 37 册，卷 350《列传・一百三十七・李长庚》，第 11254 页。关于安南四总兵，另据伦贵利供称："（总兵）四印，其一贵利自佩，其三，三总兵佩，曰耀、曰南、曰金。南、金俱没于海，耀则前日不知其为总兵而已斩矣。"（清）焦循：《雕菰集》卷 19，《清代诗文集汇编》编纂委员会：《清代诗文集汇编》第 472 册，上海古籍出版社 2010 年版，第 212 页。

六月二十六日，蔡牵盗船七十余艘被官军堵截，也逃至三盘，与水澳帮六七十艘汇合向福建霞浦水澳撤退。在途经平阳时，海盗登岸偷掘番薯，遭到了副将徐琨、试用县丞方观海的伏击。死伤惨重，损失三条船。九月十四日，黄岩镇岳玺、温州镇胡振声在东臼外洋会剿水澳帮，盗首林亚孙等淹毙，水澳帮自此剿灭。①

六年（1801）总兵胡振声、许松年、岳玺等会击蔡牵于三盘等洋面，灭小猫帮及补网帮盗。②十月初一日，蔡牵与其妻诱杀侯齐添于台州之石塘洋，遂并坐其船合为一帮，共船六十余只，侯齐添帮自此灭。初七日，温州镇总兵胡振声追击蔡牵盗船于南麂洋，炮沉盗船三只，生擒盗匪林照等四十四人。千总武定、太县丞王正悦所坐艇船在炎亭洋被盗炮击沉，平阳县丞嵇承烈率兵救出。③

七年（1802）三月二十九日，蔡牵帮盗船十一只由竹屿外洋过北关山。五月初一日，卖油帮盗船九只由北、南麂至官山外洋。④下半年，提督李长庚等会剿蔡牵，其卖油帮土盗投诚。⑤

八年（1803）二月二十六日，蔡牵盗船二十余只由南至石塘外洋。四月初一日，蔡牵盗船三十余只由南麂外洋驶回福建。二十八日，蔡牵盗船三十余只由炎亭外洋追赶商船，进赤溪港，经兵勇抵御，驶出外洋。十一月初七日，胡振声袭捕蔡牵盗船于南麂洋。初八日，参将李景曾、县丞王正悦等炮沉盗船三只，生擒盗匪周江等九十六人。蔡牵坐船已将就获，以四更月黑，致复遁去，兵船收回南麂。十五日，提督李长庚率舟师出洋，自北至石塘。十二月初五日，提督李长庚率同胡振声并同福宁镇总兵张见陞，会剿蔡牵于南北麂洋，炮沉盗船一只，获盗船二只，擒获生盗李璧鱼等八十七人。⑥

九年（1804）总兵胡振声攻蔡牵于闽之竿塘洋，阵亡。贼分三帮游驶，李景

① （清）张宝琳修，孙诒让纂：《永嘉县志》，永嘉县地方志编纂委员会整理，中华书局2010年版，第353—354页。

② （清）张宝琳修，孙诒让纂：《永嘉县志》，永嘉县地方志编纂委员会整理，中华书局2010年版，第354页。

③ 符璋、刘绍宽纂：《平阳县志》卷18《武卫志二·兵事》，民国十四年（1925）刻本。

④ 符璋、刘绍宽纂：《平阳县志》卷28《武卫志二·兵事》，民国十四年（1925）刻本。

⑤ （清）张宝琳修，孙诒让纂：《永嘉县志》，永嘉县地方志编纂委员会整理，中华书局2010年版，第354页。

⑥ 符璋、刘绍宽纂：《平阳县志》卷28《武卫志二·兵事》，民国十四年（1925）刻本。

曾带兵、李长庚统率追捕。[①]

十三年（1808）四月十九日，郭谈帮七船在竹屿。五月初一日，穷嘴帮张阿治盗船自南麂向北。[②]

十四年（1809）七月十七日，飓风大作，亚卢盗首等船覆海溺毙，盗二船被风漂至平阳。知县周镐会营擒盗四十四人，浙洋海盗至是全尽。[③]八月十八日，提督邱良功、王得禄等追蔡牵于温州黑水洋。闽、浙舟师齐加攻击，蔡牵坐船破漏沉海，蔡牵及其二妻一子全船毙没，蔡牵帮自此绝灭。[④]

表 3–3　乾隆晚期至嘉庆朝在温州滨海地区活动盗帮一览

帮派名	帮主名	帮主籍贯	船队数量	帮结局	备注
凤尾帮	庄有美	福建[⑤]	50—70 条	投诚	—
水澳帮	林亚孙	福建	60—70 条	剿灭	嘉庆五年，败于平阳东臼洋洋面
蔡牵帮	蔡牵	福建同安	70 余条	剿灭	—
越南盗帮	伦贵利	越南	70 余条	剿灭	嘉庆五年，在台州洋面毁于飓风
侯齐添帮	侯齐添	—	—	—	嘉庆六年，帮主被蔡牵诱杀于石塘洋
箬黄帮	江文五	—	12—20 条	剿灭	—
穷嘴帮	张阿治	福建诏安	30—40 条	投诚	—
黄葵帮	陈黄葵	不详	20—25 条	投诚	原为凤尾帮的一支，赴玉环乞降
李发枝帮	李发枝	福建	—	—	—
张表帮	—	福建	—	—	—
小猫帮	张阿恺	浙江	—	投诚	余部徐亚六等被灭于玉环冲担屿
纪培帮	—	福建	—	—	—

①（清）张宝琳修，孙诒让纂：《永嘉县志》，永嘉县地方志编纂委员会整理，中华书局 2010 年版，第 355 页。

② 符璋、刘绍宽纂：《平阳县志》卷 28《武卫志二 · 兵事》，民国十四年（1925）刻本。

③ 符璋、刘绍宽纂：《平阳县志》卷 18，《武卫志二 · 兵事》，民国十四年（1925）刻本。

④（清）张宝琳修，孙诒让纂：《永嘉县志》，永嘉县地方志编纂委员会整理，中华书局 2010 年版，第 355 页。

⑤ 据赵钧《谭后录》载，凤尾帮帮主为广东人，名字叫金大。“凤尾”系盗船名称［（清）赵钧：《谭后录》卷下，稿本，温州市图书馆藏］。但凤尾帮的成员构成可能主要是浙江人，主要在浙江洋面活动，当时文献多称凤尾帮为浙江土盗。

续表

帮派名	帮主名	帮主籍贯	船队数量	帮结局	备注
小臭帮	张然	浙江	—	—	—
卖油帮	杨课	浙江	—	投诚	嘉庆七年，赴玉环降
补网帮	丁亚歪	浙江	—	剿灭	嘉庆六年，败于温州三盘外洋
小差帮	骆卢仔	浙江	—	剿灭	—
亚卢帮	—	浙江	—	—	嘉庆十四年，在平阳洋面毁于飓风
七都帮	—	浙江	—	—	—
红梅帮	—	浙江	—	—	—
小肥饼帮	—	浙江	—	—	—
邱獭帮	—	浙江	—	—	—

资料来源：焦循：《神风荡寇记》和《神风荡寇后记》，（清）焦循：《雕菰集》卷19，道光四年（1824）阮福校刊岭南节署刻本，《清代诗文集汇编》，第472册，第208—215页。光绪《永嘉县志》、民国《平阳县志》。

四、后蔡牵时代的海洋秩序

嘉庆十四年（1809）八月蔡牵盗帮的覆灭，使林文爽起事引发的浙江滨海严重盗患得以消除。但这并不意味着海盗的消失，滨海地区在一定程度上恢复到了渔民、水手、海商、海盗和水师相生相克、互相利用、互相转换的海上生态。

虽然自嘉庆中期以降，百姓生存环境演进的总趋势不断恶化，但是粮食的收成有好有坏，货物流通有阻滞有流通，货物价格有高有低，水师将官有勤有惰，因此，海盗活动如同海潮的涨退一样，也有高发期与低潮期的间隔。道光十年（1830），旻宁在北京颐和园亲切接见瑞安籍水师高级将领陈步云，赞扬陈步云在与蔡牵决战一役中独力攻陷蔡牵坐船的功绩。皇帝问现在沿海地区是否还有海盗，陈步云回答说，没有。皇帝说，既然没有，那江苏、浙江、福建、广东四个省的盗情报告是怎么来的呢？陈步云说："海盗皆渔民耳。得利则为民，失利则为盗。"[①] 在陈步云看来，海盗与渔民是一体的，他们基于对当下利害考量后再作

① 陈瑞赞整理：《陈步云自订年谱》，谢志勇主编：《温州历代文献集刊》（第二辑），南京大学出版社2012年版，第204页。

出角色选择。同治时期担任温州府同知的郭钟岳说："南麂、北龙多盗居之，年谷顺成，官吏勤能，则盗归而为民；反是，则民散而为盗。"①

阮元主政浙江时建立的渔甲制度被继任者延续下来。咸丰四年（1854）任分巡温处道道员俞树风谕令海滨渔民"挨联保甲，名渔甲局"，后来又把渔甲局改为"缉捕局"。②另外也延续了那个时期对渔民和渔船的严密管理措施。道光二十六年（1846），瑞安有一个叫王聚发的渔民，要打制一艘渔船，先要得到族长同意，为他担保，他捕鱼的范围是海岸附近，不会远出外洋。同时要族长上报县衙审核批准。三月二十八日，瑞安知县梁元在批复的文件中重申如下规定：

1. 沿海各岙捕鱼船只，不论大小，要待船主和族长签署保证书后，方准打造。造船完成后要在船体上烙上统一的编号，犹如今天的车牌号，以备有关部门稽查；同时颁发渔船出洋执照。

2. 渔船出洋执照有效期为一年。期满后上缴旧照换取新照，以符合执照上显示的船主的年龄和相貌特征。

3. 如果有人无照擅自驾船出洋，一经拿获，船只没收，船户水手根据律例予以惩处。

4. 载明该船捕捞范围。规定在岸边捕捞的，每名每日准带食米一升五合，朝出暮回。

5. 倘关汛巡船稽查，即将此照付验。该船户亦不得混带照内无名之人并违碍货物，如违察出，将受到惩处。③

梁元的文件前特意注明"奉各宪檄饬"，说明以上各项不是由瑞安县自行规定的，而是府和省统一制定的。因此温州沿海各县厅都在实施这些海防举措。

后蔡牵时代的海洋秩序也不是清前期的简单回归，与康熙中后期至乾隆中期的海滨状况相比，后蔡牵时代具有以下一些特点：

第一，虽然官府和水师在整体上主导海洋秩序，但盗案较清前期更为频发。

---

①（清）郭钟岳：《瓯江小记》，郭钟岳1862—1874年任温州府同知。转引自陈瑞赞编著：《东瓯逸事汇录》，上海社会科学院出版社2006年版，第210页。

②（清）张宝琳修，孙诒让纂：《永嘉县志》，永嘉县地方志编纂委员会整理，中华书局2010年版，第356页。

③（清）梁元：《瑞安县渔船出洋执照》，温州博物馆藏件，载俞光编：《温州古代经济史料汇编》，上海社会科学院出版社2005年版，第258页。

第二，清前期，海盗抢劫后马上离开事发地点，且尽量躲避水师。但后蔡牵时代，海盗仍可以重创水师。咸丰十年（1860）夏，一股海盗驾船进入飞云江口，袭掠缉捕局船只。随后，炮轰温州城，游击黄鼎鳌死亡。[①] 同治七年（1868）海滨巨盗张鲸等拥盗船十余艘在温州沿海肆意劫掠，千总吴世忠在与海盗激战中阵亡。[②] 同治十一年（1872）海盗在温州城外劫掠两次。次年入城抢劫杀丁勇两名。[③] 光绪七年（1881），台州海盗黄金满玉环楚门附近的海面上抢劫，与前来缉捕的水师激战，其中一艘兵船被焚毁，除 3 人之外，管带和所有水兵均遭杀戮。[④]

第三，五口通商以后，沿海和长江沿海逐渐开放，外国近代轮船航行于商埠间。海盗只能袭击传统的帆船。随着水师兵轮的近代化，海盗在海上的安全性进一步降低，盗帮往往具有比以往更加明显的水陆两栖特征。海洋不安全时，登陆入山变成“山寇”，路上缉捕风声紧时下海躲避。光绪时期在玉环周边海域活动的黄金满就是如此，光绪七年（1881）九月六日，黄金满抢劫台州太平县厘金卡，当炮舰是“元凯号”、“伏波号”和“吉安号”赶来救援时，他们就逃到海上。随后 20 多天船的海盗船只在玉环坎门附近海域与官兵交火，海盗船只损失过半，黄金满辗转逃入乐清山区。[⑤]

生活在嘉道年间的龚自珍（1792—1841）是一位对社会和历史演变高度敏感的学者和诗人。他在《尊隐》一文中说，整个大清帝国是“俄焉寂然，灯烛无光，不闻余言，但闻鼾声，夜之漫漫，鹖旦不鸣，则山中之民，有大音声起，大地为之钟鼓，神人为之波涛矣。”[⑥] 嘉庆朝虽然在一定程度上解决了“海盗”问题，但龚自珍察觉到的“山中之民”不断变成“山寇”。也许道光朝才是一个更加准

---

① （清）张宝琳修，孙诒让纂：《永嘉县志》，永嘉县地方志编纂委员会整理，中华书局 2010 年版，第 356 页。

② 陈瑞赞编注：《东瓯逸事汇录》，上海社会科学院出版社 2006 年版，第 261 页。

③ （清）郭钟岳：《瓯江小记》，转引自陈瑞赞编注：《东瓯逸事汇录》，上海社会科学院出版社 2006 年版，第 210 页。

④ 《光绪七年（1881 年）瓯海关贸易报告》，赵肖为译编：《近代温州社会经济发展概况》，上海三联书店 2014 年版，第 140 页。

⑤ 《光绪七年（1881 年）瓯海关贸易报告》，赵肖为译编：《近代温州社会经济发展概况》，上海三联书店 2014 年版，第 141 页。

⑥ （清）龚自珍：《龚自珍全集》，中华书局 1961 年版，第 88 页。

确的拐点，这是最需要变革的时代，但却是一个因循、疲软的时代。[1] 道光后期在太平天国运动的外部环境刺激下，乐清出现了瞿振汉反叛，至咸丰朝出现了更大规模的金钱会起事。其后“山寇”的威胁一直持续到清末，“山寇”的一部分在会党的策动下成为颠覆清政府的地方势力。

① 王汎森：《中国近代思想与学术的系谱》，吉林出版集团有限责任公司 2011 年版，第 88 页。

第四章　咸同时期的社会大震荡

康熙中期以来温州的社会、经济、文化的发展一直呈现出上升的势头。至嘉庆、道光时期温州的人口过剩危机、自然生态危机以及政府治理危机并发，温州历史从而拐入了一个动荡不安的时期。进入咸丰朝之后，自嘉庆朝已经悄然隐伏的“银贵钱贱”危机开始发作，在温州先后出现了瞿振汉起义和金钱会反叛的两大历史事件，再加上太平军进入温州，使得温州在咸丰、同治时期迸发了天崩地裂般的社会震荡。

道光、咸丰以降，民众的抗争事件日趋频繁。据学者统计，仅在1842—1849的8年间，全国有影响的抗粮、抗税等抗争事件就达110起。[①] 长期以来，人们常常在阶级斗争的框架下去理解晚清民众的抗争事件和运动。阶级斗争的确是一个有效的观察视角，晚清乡村租佃关系发达，佃农与地主矛盾的尖锐化和普遍化往往是大规模抗争事件的关键因素之一；但单一的阶级斗争视角不能穷尽抗争事件背后丰富的历史底蕴。在此，试图以咸丰四年（1854）发生在浙江省温州府乐清县的瞿振汉起义为例，探究在国际视角和地域视角下抗争事件所呈现的复杂面向。

第一节　瞿振汉起义

咸丰四年（1854）十二月十七日，瞿振汉在虹桥瞿氏宗祠集合队伍，随后率领不到500人的红巾军向乐清城进发，沿途并未遭遇实质性的抵抗，十八日早上顺利进入县城，并轻而易举地控制了整个局势，其间并未发生真正的战斗。清军的姚姓护协被杀，刚上任不到两个月的知县康正基则逃往丽水。一些具有官方身

① 侯厚吉、吴其敬：《中国近代经济思想史稿》卷1，黑龙江人民出版社1982年版，第237页。

份的人跑到西乡避难。瞿振汉的死敌徐牧谦途经西乡辗转逃到瑞安寻找孙锵鸣。

六天后的二十四日早晨。五名红巾军士兵在忠节门门口争吵把一名本地居民卷了进来，由此引发了乐清城内居民和乡民对红巾军的追杀。奇怪的是红巾军如同羔羊一般没有任何抵抗地引颈就戮：

> 城外农夫及县后山居民闻声，皆荷锄截隘，遇红巾者辄击毙之。黠贼弃巾走，则执而诘之，但闻东乡口音，立歼于路。

前任温处道台庆廉的善后显示，“二时之间，杀死匪徒一千四五百名”。[①] 瞿振汉起义失败。此后就是官方追捕逃脱的义军人员，惩处被捕义军领导。

咸丰四年（1854）年底发生在乐清的瞿振汉起义以乐清为中心，其触角伸展到了黄岩、临海和永嘉大罗山一带，以及温州府城，还曾与海上的武装力量“粤艇”联络。起义领导人还部署过夺取温州府城进而“传檄全浙”的计划。虽然计划实施受阻，但也一度攻占乐清县城并建立政权。尽管起义延续的时间不长，在当时还是产生了很大的影响，并惊动了朝廷。起义失败后，乐清士绅留下的记述文字，大抵持正统的政治立场，将瞿振汉起义斥为“逆党倡乱”。民国以后，开始有人把瞿振汉称为“与异族抗衡”、光复汉族河山的“革命先烈”。[②] 此后，长期占据主流地位的看法是一场农民阶级与地主阶级的斗争。1963 年《近代史资料》编辑组把瞿振汉起义视为在太平天国运动迅猛发展的形势下全国各地“农民群起响应”的例证之一。[③] 20 世纪 80 年代以后，学者们也多延续了这种说法，如把瞿振汉起义当作太平天国运动推动浙江“阶级斗争”发展的产物。[④] 邵雍在描述了包括瞿振汉反叛在内的会党起义时说，团练这种军事组织形式，地主阶级能够利用，农民阶级也能利用。[⑤] 可以说以阶级斗争理论来解释瞿振汉起义是一个主旋律。

---

① 马允伦编：《太平天国时期温州史料汇编》，上海社会科学院出版社 2002 年版，第 37 页。“二时”，2 个时辰，约 4 个小时。

② 叶莲东：《革命先烈瞿振汉公传》，叶莲东：《百二峰前存墨》上册卷 1，稿本，乐清市图书馆藏。

③ 周起渭：《瞿振汉起义事略》，载中国科学院近代史研究所近代史资料编辑组编辑：《近代史资料》1963 年第 1 期，中华书局 1963 年版，第 163 页。

④ 王兴福：《太平军在浙江》，浙江人民出版社 1982 年版，第 10 页。

⑤ 邵雍：《中国近现代史论集》，学林出版社 2015 年版，第 136 页。

就瞿振汉起义而言，阶级斗争理论可以解释很多，但不能说明起义所呈现的一些十分突出的现象。例如，当时官方档案称“瞿党多系贡监生员，兵丁胥役”。“贡、廪、生、监；书、差、兵、役居其大半”。① 也就是说起义的领导层有大量属于“统治阶级”的士绅，以及搜刮民脂民膏的城狐社鼠——书吏、衙役、兵丁。早在20世纪60年代，就有学者注意到了这个现象，但囿于当时的学术环境，把大量士绅参与瞿振汉起义的现象作了这样的解释：“一小部分知识分子”不满清朝的统治，起义的领导者把他们争取过来，变成了革命的力量。② 长期研究瞿振汉起义的乐清籍地方学者赵一和胡牧却注意到，虽然历朝历代的农民起义都有知识分子参加，他们献计献策成为谋士、军师之类人物，但并不掌握武装力量的领导权。瞿振汉起义与此不同，贡监生员（知识分子）并非被起义领导人争取而参与暴动，士绅集团本身就是起义的发动者、组织者、领导者和指挥者。③ 因此，尽管给两位研究者的论著作序的学者王兴福在序言中仍然把起义称为“农民起义”，胡牧却在文中说自己“一直未将他们列入农民起义的范畴中去”。进而给出了自己的解释：起义的组织领导者们，只是地主阶级中的开明人士或地主兼工商业者，以及一些城市贫民。他们有反帝、反民族压迫的积极性。④ 在笔者看来，作者虽然明确地指出了瞿振汉反叛的非“农民起义”特征，但给出的解释却并未得到史料的支持。瞿振汉起义的研究也随之长期陷于停滞。此后大部分相关出版物为了回避别扭尴尬的定性，往往进行与此相类的叙述：“乐清爆发了以瞿振汉为首的虹军（红巾军）起义。”⑤

2010年，罗士杰《地方神明如何平定叛乱：杨府君与温州地方政治（1830—1860）》率先把地域视角引入瞿振汉起义的研究。此前的瞿振汉起义的研究成果中虽也出现大量乐清的人名，但乐清籍人物的活动都被置于国家历史的框架下，他们的行为只有在国家历史的逻辑下才获得意义。而罗士杰的研究却十分关注地方社会关系交往网络得以形成的场所，强调乐清“本地人群”在地域历史进程中的主体地位。文章极为精彩地描述了暴动善后过程中，受浙江巡抚派遣

---

① 庆廉：《浙江盐运使庆廉奉委查办乐清县匪徒占踞城池始末详文稿》，载马允伦编：《太平天国时期温州史料汇编》，上海社会科学院出版社2002年版，第38、43页。

② 胡思庸：《太平天国的知识分子问题》，《开封师院学报》1963年第2期。

③ 赵一、胡牧：《浙南瞿振汉起义史论》，香港天马图书有限公司1999年版，第186页。

④ 赵一、胡牧：《浙南瞿振汉起义史论》，香港天马图书有限公司1999年版，第194页。

⑤ 赵世培、郑云山：《浙江通史》（清代卷），浙江人民出版社2005年版，第116页。

来处理此事的盐运使庆廉如何巧妙地利用地方神灵，弥合了乐清东西乡之间和官员士绅之间的矛盾，深刻地揭示了民间信仰与地方政治之间的互动关系。可是，文章根据镇压者“但闻东乡口音，立歼于路”以及杀戮1400多名起义者的记载，把瞿振汉军队被歼灭的过程视为乐清东西乡之间的“械斗”，“械斗”发生的原因是东西乡之间的“地方世仇”。[①]这样的解释在说服力方面是有所欠缺的。地方社会的“械斗”从不追求大规模屠杀，文章没有交代可能导致械斗的生存资源争夺之类的内容及其证据，也没有充分解释何以大量士绅阶级和兵丁胥役领导或参与起义的重要事实。下面拟将沿用地方社会的视角，对上述问题进行深入的探讨。

一、起义过程中的“贡廪生监”和“兵丁胥役”

瞿振汉起义的领导集团以及在起义中起着关键作用的分别是具有“贡廪生监”身份的士绅和书吏衙役兵丁两类人。他们没有提出农民起义中常见的“均田”之类满足农民土地要求的纲领和口号。根据原先正统的说法，受地主剥削的佃农或雇农是农民阶级的典型代表，但在瞿振汉起义中，他们只出现在义军的士兵中。正因为如此，胡牧才会否认这场反叛是“农民起义”。乐清的士绅阶层和书吏衙役兵丁两类人，究竟起到了什么样的作用？对此赵一、胡牧有了很好的梳理。在此，根据论证的需要，对他们的《红门军人员情况表》进行改造，制作成表4–1，以呈现这两类人员在起义中的地位和作用。

表4–1　“贡廪生监”和“兵丁胥役”在义军和政权中的职务表[②]

序号	姓 名	身　份	在义军中的职务	在政权中的职务
以下为贡廪生监				
1	瞿振汉	监生、商人	水陆兵马大元帅［督理大总裁］	副将
2	倪廷模	监生	水陆兵马副元帅	都司
3	刘以成	生员	军师、大总裁［参赞］	—
4	傅礼淮	廪生	参军、副总裁［军师兼掌印］	—

① 罗士杰著，赵肖为（译）：《地方神明如何平定叛乱：杨府君与温州地方政治（1830—1860）》，《温州大学学报》（社会科学版）2010年第2期。

② 赵一、胡牧：《浙南瞿振汉起义史论》，香港天马图书有限公司1999年版，第32—35页。

续表

序号	姓 名	身 份	在义军中的职务	在政权中的职务
5	瞿振山	生员	安抚将军［元帅］	—
6	倪廷楷	监生	安抚副将军［头目］	—
7	胡鸣开	监生	赴府城联络	蒲岐官
8	金佩铨	生员、商人	［知县兼管库事］	知县
9	徐天佑	生员	［元帅］	中军
10	金佩珏	生员、商人	［头目］	—
11	徐立金	监生	［头目］	—
12	陆绍芳	贡生	先锋［头目］	—
13	丁振南	生员	率虹桥军	总司钱谷、典史
14	张永发	监生	率蒲岐军	掌令旗
15	杨全碧	监生	率蒲岐军［头目］	掌令旗
16	万希敖	生员	率万桥军［先锋］	—
17	万供竟	生员	率万桥军［先锋］	—
18	张嘉瑞	贡生	探听使［头目］	—
19	陆云寿	生员	—	掌书记
20	张亨杞	监生	—	管库吏
21	陆高	贡生	—	经历
22	连清纯	监生	—	—
23	徐凤飞	武生	率横山军［元帅］	守备
24	周天鹏	武生	内应［先锋］	—
以下为兵丁胥役				
1	洪道荣	库书	军师［内应］	—
2	黄炳岳	县书	县丞	—
3	孔桂	县役	［头目］	稽出入
4	徐锡礼	县书	—	掌案吏［管银钱账目］
5	周伯兴	营卒	—	司钱谷［管银钱账目］
6	周振东	营书	—	司钱谷［管银钱账目］

续表

序号	姓名	身　份	在义军中的职务	在政权中的职务
7	周如良	营书	—	司钱谷［管银钱账目］
8	傅礼海	库书	—	—
9	瞿永发	胥吏、地保	—	—
10	陈传英	县书	—	［书写腰牌］
11	徐瑞升	县书	—	［书写文檄］
12	金荣	书役	—	—
13	蒋如流	书役	—	—
14	赵松	捕役	［头目］	—
15	李泰	额外	—	—

注：关于瞿振汉起义，其史料最为人们所注重的是官府档案和乐清士绅林大椿之《红寇记》，上表中的起义人员担任的职务基本按照《红寇记》的记述，［ ］中注出官方档案中的说法。

从表 4–1 可见，在可以考出身份的人员中，士绅一共 24 名，其中有 2 名是武生。书吏衙役、下级军官和士兵一共 15 名。

有科举功名的贡廪生监在义军中居于绝对的领导地位。义军首领是瞿振汉。瞿振汉的弟弟瞿振山在义军向县城进发后任留守虹桥部队的主帅。廪生傅礼淮和刘公锐起意反叛在时间上可能还要早于瞿振汉，他们是义军中的核心人物，二人分别担任义军的参军和军师。徐天佑最早给举义提供财力支持，后任义军中军。虹桥镇的监生倪廷模、倪廷楷和徐立金都变卖家产，用于锻造兵器。起义发生后，倪廷模是义军副统帅，倪廷楷为留守虹桥副帅。从南京归来的监生金佩铨在义军入城后任乐清知县。监生胡鸣开、杨全碧、张永发，生员万希敖、万供竟、武生徐凤飞等担任义军 8 支路军的主帅。正是由于一批起事的领导者具备士绅的身份，起事准备才可能以合法的团练组织为掩护。

除了士绅，在政府和军队中任职的书吏、衙役、兵丁也起到了不容忽视的关键作用。首先，他们是城中的内应，不断给义军提供官府和清军的准确情报。其次，当一部分军政官员警惕瞿振汉的动向时，他们起着麻痹的作用。最后，义军攻城时，他们又起到里应外合的作用。库书洪道荣多次传递重要信息，是城中内应的军师。在义军兵临城下时，县书徐锡礼在南门城头举号灯，同时也是开启城门的指挥者。营书周如良、周振东和营卒周伯兴用盐卤浸湿城头火炮引信并开启城门放义军入城。可以说，没有他们义军完全可能无法攻占县城。

二、银贵钱贱“无差别”打击下的整体性生存危机

关于瞿振汉起义的背景，长期以来的说法是外国资本主义的侵入，清政府横征暴敛，地主阶级对农民阶级的压迫，咸丰三年（1853）的大水灾，以及太平天国运动的迅猛发展等，这些说法都有道理，但都未得究竟，也无法解释已经拥有相当特权的一批士绅以及书吏衙役兵丁领导和参与起义这一历史现象。

19世纪中期爆发瞿振汉起义的根本原因在于：在多重因素交迫下，乐清民众遭遇到了空前严酷的生存危机，以及政府缓和社会矛盾机制的失灵。在这些因素中，有些并不是政治因素，而是自然因素和经济因素。其中最重要并被长期忽视的因素是经济史家林满红提出的“银贵钱贱危机”。她的研究表明，1808年至1856年，白银相对于铜钱的价格约增长了2.5倍，由此引发了中国整体性的秩序变动。[①]银价的变动之所以会产生这种排山倒海般的巨大威力，就在于银在19世纪前期中国货币体系中居于基轴地位。包世臣曾说，“国家地丁、课程、俸饷、捐赎无不以银起数，民间买卖书券，十八九亦以银起数，钱则视银为高下”。[②]自雍正时期完成摊丁入亩的改革以来，中国就形成了一个以白银货币为计算和支付手段的新的国家财政体系，在这个体系下，银子成为赋役征派的主要手段，因此到18世纪白银几乎已经是“国本所系”。[③]白银之所以在中国经济体系中居于如此重要的地位，除了国家的财政政策外，也源于自16世纪以来巨额的白银流入，[④]由于东亚诸国经济发展格局的演变，1775年以后中国白银需求完全依赖拉丁美洲银圆。[⑤]19世纪初延续了十几年的波澜壮阔的拉丁美洲独立战争，严重

---

① 林满红：《银线——19世纪的世界与中国》，詹庆华、林满红译，江苏人民出版社2011年版，第2页。

② （清）包世臣：《安吴四种》卷26，《近代中国史料丛刊》第30辑，文海出版社1968年版，第11a页。

③ 陈春声、刘志伟：《贡赋、市场与物质生活：试论十八世纪美洲白银输入与中国社会变迁之关系》，《清华大学学报》（哲学社会科学版），2010年第5期。

④ 全汉昇估算1700—1830年输入中国的美洲白银约为6亿元，折合约4.3亿两。参见全汉昇：《明清间美洲白银的输入中国》，载见全汉昇：《中国经济史论丛》，中华书局2012年版，第498—516页。

⑤ 林满红：《银线——19世纪的世界与中国》，江苏人民出版社2011年版，第60页。

干扰了拉美的白银生产和全球供应，中国不仅失去了白银的来源，还由于鸦片贸易，以及茶叶、生丝的国际市场不景气等原因导致白银外流，其严重的后果就是银价的疯狂上涨，即每一两白银可换取的铜钱数量不断增加。1808 年 1040 文铜钱可以换到一两白银，到瞿振汉起义前 5 年的 1849 年，银价高达 2355 文换一两。①

银价如脱缰野马般蹿升，对 19 世纪上半叶的中国社会造成了“无差别”打击，从国家到民间，从士绅、商人到佃户佣工，几乎每个社会阶层都深受其害。首当其冲的还是在社会底层劳作的佃户、佣工和手工业者，因为银价的疯狂升值的另一面就是铜钱的急剧贬值，而他们微薄的工资收入只能以铜钱的方式获得。农民的农副产品交易收入也是铜钱。时任翰林院编修的吴嘉宾（1803—1864）说：“凡布帛菽粟佣工技艺以钱市易者，无不受其亏损。”② 由于铜钱贬值，有些田主要求佃农以白银的方式缴纳地租，佃农就不得不用贬值的铜钱去购买涨价的白银。白银上涨意味着以铜钱获得者的收入大幅度缩水，原本生计艰难者就可能濒临绝境。要理解这一点，冯桂芬的《用钱不废银议》是一篇十分重要的文献，他后来曾这样回顾自己撰写此文的背景：“此壬子年（1852）作。自道光中叶以后，银价渐贵，逡巡至于咸丰三四年而极，每两钱二千文以上。”③ 而瞿振汉起事就也恰恰发生在咸丰四年（1854）。在该文中，作者指出道光中后期以来，“民穷失业，去为盗贼枭徒日多”。④ 佃农、佣工、铜钱收入者的日趋贫困乃至大量失业，无疑会导致社会的紧张和暴力的泛滥。

下层百姓遭遇悲惨境地大抵为人所熟知，但在银价飞涨阶段，田主的日子也不好过。一小部分田主会以收缴白银地租的方式把铜钱贬值的损失转嫁给佃户，但毕竟根据国家制度，田产拥有者承担缴纳田赋的义务，因此大部分田主并不能完全避免铜钱贬值带来的损失。道光二十五年（1845）在致贺熙龄（蔗农）的信中，左宗棠首先指出在“银价日昂”的情况下，业农者的艰辛，然后也讲到了

---

① 林满红：《银线——19 世纪的世界与中国》，江苏人民出版社 2011 年版，第 72 页。

② （清）吴嘉宾：《求自得之室文钞》卷 4，广州富文斋同治五年（1866）刻本。

③ （清）冯桂芬：《用钱不废银议》，《显志堂稿》卷 11，《清代诗文集汇编》编纂委员会：《清代诗文集汇编》第 632 册，上海古籍出版社 2010 年版，第 677a 页。

④ （清）冯桂芬：《用钱不废银议》，《清代诗文集汇编》编纂委员会：《清代诗文集汇编》第 632 册，上海古籍出版社 2010 年版，第 678a 页。

“田主以办饷折漕为苦”的境地。[①] 政府在筹办饷银和征收漕米的过程中都要把银钱比价变换带来的损失转嫁给田主。咸丰八年（1858）赵钧在瑞安屿头教书，东家是官宦之家林若衣。赵钧发现林家也无法应付困窘的局面，他们“虽享用丰腆，究无乐意”。[②] 这虽然是发生在瞿振汉起事后三年的事，也多少能够反映田主的境况，也即士绅的境况，因为士绅大多为大小不一的田主。在此，也解释了为何咸丰三、四年间乐清会产生大批士绅发起和领导抗争的现象。

商人、小贩也因银贵钱贱的危机而贫困化。咸丰二年（1852），冯桂芬对江浙的商业困境有这样的议论：“银贵以来，论银者不加而暗加，论钱者明加而实减。是以商贾利薄，裹足不前。”[③] 他观察到了由此引起的商业凋敝破败：“富商大贾，倒罢一空。凡百贸易，十减五六。”[④] 咸丰五年（1855）九月十五日骆秉章在一道奏折中写道：“向之商贾，今变而为穷民，向之小贩，今变而为乞丐。”[⑤] 在银贵钱贱危机中，大量的商人陷于困境，商铺纷纷倒闭，这就可以理解发生于咸丰四年（1854）的乐清这场抗争中，在领导集团中就至少有 3 位从商者，即瞿振汉、金佩铨和金佩珏。

银贵钱贱的危机也波及军队，包括八旗兵与绿营兵。清代骑兵的兵饷是每月白银 2 两，步兵是 1.5 两。[⑥] 道光初年政府规定，一两银子折钱 1000 文铜钱，这个价格时成“例价”，而特定时间的购买白银价格称“时价”。当时价低于例价时，对士兵是有利的。可是道光中后期以来，银价飞涨，时价远远高于例价，士兵的绝大多数报酬仍以贬值的铜钱支付，由于银贵钱贱，他们的收入实际减少了。道光二十三年（1843）四月十二日，封疆大吏李星沅在奏折中反映：“今则每两换钱一千六百数十文，是兵丁领钱较领银每两少钱六百余文。”[⑦] 同年十二月

---

① （清）左宗棠：《上贺蔗农先生》(1845)，载杨书霖编：《左文襄公（宗棠）全集》卷 1《书牍》,《近代中国史料丛刊续编》第 65 辑，文海出版社 1964 年版，第 2708a 页。

② 周梦江整理:《赵钧〈过来语〉辑录》,《近代史资料》1979 年第 4 期。

③ （清）冯桂芬:《用钱不废银议》,《显志堂稿》卷 11,《清代诗文集汇编》编纂委员会:《清代诗文集汇编》第 632 册，上海古籍出版社 2010 年版，第 679a 页。

④ （清）冯桂芬:《用钱不废银议》,《显志堂稿》卷 11,《清代诗文集汇编》编纂委员会:《清代诗文集汇编》第 632 册，上海古籍出版社 2010 年版，第 678a 页。

⑤ （清）骆秉章:《采买淮盐济食分岸纳课济饷折》,（清）骆秉章:《骆文忠公奏议》，载沈云龙主编:《近代史料丛刊》(第 7 辑)，文海出版社 1966 年版，第 535 页。

⑥ （清）王庆云:《石渠余记》卷 2，北京出版社 2015 年版。

⑦ （清）李星沅:《李文恭公奏议》卷 3，载《李文恭公遗集》,《清代诗文集汇编》编纂委员会:《清代诗文集汇编》第 596 册，上海古籍出版社 2010 年版，第 158a 页。

初七，御史张修育也在奏折中指出："原来定例纹银一两折制钱一千，而时价则纹银一两制钱一千五六百文不等，是例价不及时价三分之二。"因此照例折钱发放兵饷，会影响"穷苦兵丁"的生计。[①] 在生计日益艰难的情况下，士兵是否有战斗的意愿是大可怀疑的。因此也不难理解为什么会有那么多军队的下级军官和士兵参与了瞿振汉起义。

笔者尚未发现有关胥吏衙役的生存状况的资料，但当白银危机渗透到帝国的每个角落时，相信他们也不能幸免。

当我们发现19世纪中前期在银贵钱贱的"无差别"攻击之下，每个社会阶层和群体都受到了伤害，那么导致民众抗争的"罪魁祸首"就只能是政府了。在叙述这段历史的时候，人们也确实把政府的横征暴敛、腐败无能当作一个重要的背景或原因。但是政府为什么会横暴到这个程度，为什么会腐败无能到如此地步，却很少人去深究。除了其中的吏治的确存在不小的问题外，政府的诸般作为也不存在太多的选择。19世纪以来政府的运作在两个方面受限于历史发展的宏观格局：第一，由人口膨胀带来的治理困境（详见第四章第一节）。因此，19世纪中叶地方政府的无能，确乎与人口爆发式增长的这个大势相关。清代地方政府自乾隆后期开始治理危机日益加深，原因是多方面的，人口暴增是一个根本性的背景。第二，养廉银制度的崩溃导致了地方政府依靠陋规来维持运行的局面（详见第四章第二节）。政府依靠大量非法的陋规以维持地方行政的运行，士绅、田主无不怨声载道，这不能不是政府合法性的急剧流失，以至于林大椿站在瞿振汉对立的立场、痛斥义军的《红寇记》中，也不得不承认瞿振汉发布的文告对地方政府的指控，"颇中时弊"。[②]

由于银贵钱贱，政府不但收入减少，还要花费更多的钱来应付原有的支出项目。原因在于大部分公共支出，例如制钱铸造，需用白银支付。尽管政府用制钱支付一些公共支出，但当公共支出主要用银计算时，一些制钱不得不在钱庄

---

① （清）张修育：《建议仿普尔当十钱例铸大钱》，中国人民银行总行参事室金融史料组编选：《中国近代货币史资料》，中华书局1964年版，第151页。

② （清）林大椿：《林大椿集》，赵挽澜编注，线装书局2013年版，第207页。

换成白银。[1] 虽然地方官员也设法把银贵钱贱的负担转嫁给民众，但由于民众普遍受到危机冲击而贫困化，缴纳赋税的能力也急剧弱化，政府的收入不可避免地减少。这就能够说明19世纪中期以后，地方政府汲取民众财富时为什么会显得特别横暴。我们看到，在银贵钱贱危机的侵逼下，民众流离失所，辗转沟壑，社会抗争暴动，政治腐败和道德沦丧等问题接踵而至。地方政府受限于历史长期演进的大势，已经不堪重负，摇摇欲坠。如果不是咸丰后期白银重新回流中国，19世纪前期出现的银贵钱贱危机几乎就是压垮骆驼的最后一根稻草。

咸丰三年（1853）夏秋之交，广东海盗进犯温州府城，温州镇总兵池建功不敢应敌，拥兵不出，一个镇守海岸的武官被海盗劫持，最后通过给海盗支付赎金，才得以脱险。与国家正规军给海盗出钱赎买人质的丑事形成鲜明对照的是，永嘉的蒲州、玉环的灵昆、乐清的洋田和黄华等地，都是依靠地方组织击败海盗。林大椿评论说："民间益知官兵为无用，乱机渐萌于此矣。"[2] 官府的治理危机和对民间财富的强力汲取，导致对政府的怨恨和藐视情绪弥漫在地域民众之中。那么在社会各基层、各个社会群体都受到"无差别"的伤害，且都看到政府的衰弱无能的情况下，是哪些人会起意反叛政府，哪些人仍然坚持"卫道"的立场呢？

三、"儒士"与"儒枭"

何以众多廪贡生监在19世纪50年代会挑战清政府？理解这种现象的关键线索即是在士绅阶层内部分化出了一个通过捐纳获得功名的群体。在24名有科举功名起义人员中，明确具有监生身份的共有9名，除了连清纯、瞿振汉外，还有倪廷模、倪廷楷、胡鸣开、徐立金、张永发、杨全碧和张亨杞。笔者推测义军中还有不少生员、贡生，其身份也是通过捐纳获得的。参加起义的三个贡生陆高、陆绍芳和张嘉瑞，在光绪《乐清县志》中只查到陆高一个，他是道光庚戌（1850）岁贡。[3] 其余二人付诸阙如，极有可能他们的贡生系捐纳所得。

---

① 包世臣记载："部饷、甘饷、贵饷等项，万不能不解银。至如本省公项、坛庙、祭品、文武、廉俸、兵饷、役食私用，则延请幕友捐摊纸饭衙门陋规朝务兑费，斯在受者，仍皆以银易钱应用，故出入之利，皆归钱店，使市桧操利权，以上困官而下困民。"（清）包世臣：《安吴四种》卷26,《近代中国史料丛刊》第30辑，文海出版社1968年版，第16a页。

② （清）林大椿：《林大椿集》，赵挽澜编注，线装书局2013年版，第199—200页。

③ （清）李登云修，陈珅纂：《乐清县志》卷10《选举》，光绪辛丑，东瓯郭博古斋刻印。

关于监生捐纳，雍正七年（1729）和乾隆十年（1745）朝廷都有具体的规定。[①] 许大龄对捐纳的历史沿革，清代捐纳制度的形成、发展阶段的具体情况，以及捐纳制度的内容及其影响等问题进行了系统的研究。他指出，在众多的捐纳名目中，捐出身是一个重要的内容，即捐监生、贡生、生员与举人。[②] 晚清以来政府财政空虚，捐纳之门更是大开，太平天国运动兴起之后，捐纳之滥“登峰造极”。咸同间在浙江有游历和为官经历的上海人毛祥麟说：“道光辛丑（1841）、壬寅（1842）间海疆用兵，始大开捐例。咸丰初，粤匪继起，蔓延十五六省，军饷浩繁，例遂久开不闭。”[③] 在持续而沉重的军费筹措压力下，政府出卖朝廷“名器”，实行了“薄利多销”的政策。在雍正朝（1723—1735），捐纳“俊秀监生”需要 300 两银子。[④] 乾隆元年（1736）庶民捐监生需银子 108 两。[⑤] 至瞿振汉起事后一年的咸丰六年（1856），捐一个监生只需二十二三元至二十六七元。[⑥] 1 两约相当于 1.43 元[⑦]，因此 25 元约为 17.5 两银子。在这种情况下，略有家底的人都可以捐钱获得一个监生的头衔，由此形成了一个庞大的“异途”出身的生员群体。在瞿振汉起事的咸丰四年（1854）年底，这个群体的人数可能会超过在考场上获取功名的人数。[⑧] 这个士绅群体的出现极大地改变了地方的政治文化生态。

异途出身的士绅虽然与正途出身的士绅有着一样的衣冠顶戴，但实质上还是界限分明的两类人。在传统社会，“士”区别于其他社会群体的显著标志就是“读书”。“读书明理”奠定了其四民之首的优越地位。而通过捐纳而获得功名的很大一部分人是不读书的，他们买一个科名不过是为了提升自身的社会地位。瞿振汉、金佩铨等人虽功名傍身，却仍做着各自的营生，或经商，或经营土地。他

① （清）素尔讷等纂修：《钦定学政全书》，霍有明、郭海文校注，武汉大学出版社 2009 年版，第 149 页。

② 许大龄：《清代捐纳制度》，《燕京学报》专号之二十二，哈佛燕京学社出版，1950 年。

③ （清）毛祥麟：《墨余录》，上海古籍出版社 1985 年版，第 212 页。

④ （清）萧奭：《永宪录》，中华书局 1959 年版，第 333 页。

⑤ 《上谕条例》，乾隆刊本，中国第一历史档案馆编：《乾隆帝起居注》影印件第 1 册，广西师范大学出版社 2002 年版，第 21 页。伍跃：《中国的捐纳制度与社会》，江苏人民出版社 2013 年版，第 77 页。

⑥ （清）柯悟迟：《漏网喁鱼集》，中华书局 1959 年版，第 24—25 页。

⑦ 余捷琼：《1700—1937 年中国银货输出入的一个估计》，商务印书馆 1940 年版，第 25 页。

⑧ 在瞿振汉起事三十多年后，英国传教士海和德了解到，永嘉仅枫林一个村依靠捐钱买到功名的人就达六七十人。载沈迦：《一条开往中国的船——赴华传教士的家国回忆》，新星出版社 2016 年版，第 191 页。

们根本没有操练制艺赴乡试的打算。瞿振汉这样的不读书的“儒生”深受正途出身士绅的歧视。被瞿振汉视为死敌的县城姜公桥徐氏宗族就规定，二十亩族产的收入用于补贴正途出身的生员。其族规明确规定：“其纳粟入监及行伍者，虽名列仕途，不得分取。所以劝书香，励子孙也。”①起草此规定的徐乃康曾被瞿振汉关押，在他眼里，捐钱得来的生员就根本不算什么士绅。

与瞿振汉同时代的、正途出身的“儒士”却有着截然不同的生活方式。林启亨、林大椿、徐献廷和徐德元这些正途出身的人，他们的日常生活就是准备科考，沿着功名的阶梯往上爬。家资丰饶者除了应考无他事；家境贫寒者则受聘私塾，靠“舌耕”过活。此外，他们也享受着校书、藏书、晒书、借书和还书的闲雅生活。翻检他们的诗文集，对藏书的描写有“古书早蠹文多缺，旧画经霉纸有斑”。②林大椿校书诗云“春雨廉织春画迟，小斋闲坐校书时，遗文容易讹三豕，善本凭谁借一鸱！落叶满庭劳久扫，雌黄著纸费沉思”。③徐德元追溯父亲徐献廷藏书活动时有晒书的内容：“生平无他嗜好，好置图籍，购藏颇富，每岁辄暴之，躬自排比。”④林大椿有咏借还书的诗句：“一痴借我一痴还，两个书痴对碧山。”⑤陈玮尝向林大椿借书，有诗云：“与君托同心，同有好书癖，君家富收藏，四部羡充积，内有南雍史，书城真秘籍。”⑥还有直接书写藏书楼主人享受书香的诗句：“娜嬛遍地是书香，消受年华不觉长。”⑦“兰室芸编贮满囊，主人门第号书香。机云兄弟东西屋，陈许宾朋上下床。”⑧总之，他们的生活离不开“读书”，与瞿振汉们的生活构成了两个世界。原有的地域政治格局下的既得利益者林大椿除了读书，与捐钱得功名者的另一种身份区隔是儒士们的吟诗或雅集，以此来显示自身高度的文化素养。与瞿振汉对立的士绅集团的成员，有很多人都刊刻过诗文集。另外，除了一般性的诗词唱和外，也经常举办诗社，即所谓的“雅集”。咸

---

① （清）徐乃康：《昭人、蔚文公拨置书田记》，徐乃康：《徐乃康集》，王志成编注，线装书局 2009 年版，第 509 页。

② （清）林大椿：《林大椿集》，赵挽澜编注，线装书局 2013 年版，第 106 页。

③ 孙延钊：《温州藏书家考》，浙献足征丛编之五，《蔘绥》创刊号抽印本，1937 年，温州市图书馆藏。

④ 王志成、高知贤编注：《徐炯文集 徐德元集 徐乃康集》，线装书局 2009 年版，第 213 页。

⑤ （清）林大椿：《林大椿集》，赵挽澜编注，线装书局 2013 年版，第 79 页。

⑥ 孙延钊：《温州藏书家考》，浙献足征丛编之五，《蔘绥》创刊号抽印本，1937 年。

⑦ （清）叶正阳：《鹿迹山房诗文集》，黄岳清编注，线装书局 2013 年版，第 212 页。

⑧ （清）林大椿：《林大椿集》，赵挽澜编注，线装书局 2013 年版，第 215 页。

丰初年乐清就出现过叫“秋社”的诗社，社友写的诗集称之为《秋社联吟草》，在瞿振汉起事的这一年完成编辑。[①] 同治元年（1862）二月，太平军攻陷乐清县城。在此后的几个月里，乐清城乡遭到严重的破坏。战事甫一结束，硝烟尚未散尽，林大椿的门生黄梦香邀同好于中秋节集会于自家藏书楼——古香楼。“开筵坐花，飞觞醉月”，“藻思绮合，逸兴遄飞”，极一时之盛。因为该年闰八月，过了一个月后又是一个中秋，同人再续前游，“再歌再和”。他们的唱和之作，编为《两秋酬唱集》。[②] 像雅集胜会这样具有一定仪式性的活动不但具有象征意义，更是产生新的意义的文化演绎。[③] 他们诗歌吟唱活动不只展现了“儒士”的高雅情趣，还借此与瞿振汉那样的“粗鄙无文”的“儒枭”区别开来。

正途出身的儒士通过两种方式牢固地掌握了地方的文化权力。其一，通过地方理学传统的书写，确立自身的文化权威。例如林大椿编订《刘蒙川年谱》就包含有这样的意图。刘蒙川即南宋著名的忠贞之臣刘黻（1217—1276），乐清大桥头人。刘黻是国家忠义文化地方化的一个重要符号。林大椿给刘黻编修年谱的同时，自身也以理学传统的书写者身份融入了地方忠义思想传承的谱系。其二，他们掌握了地方史志书写的主导权。观道光《乐清县志》的编修职员表，后来成为瞿振汉敌人的文化世家的族人多列名其中，如吕岙徐氏、高垟林氏、姜公桥徐氏、荷盛郑氏、后所董氏和柳市吴氏等。参加县志编写具有确认和宣示地方文化领导地位的意义。县志的“名臣”、“忠臣”、“儒林”、“孝友”、“义行”和“列女”等人物小传的书写就是对忠孝节义的宣扬，而县志编写者因此也获得了国家意识形态的地方代言人的地位。普通的“愚夫愚妇”自不必说，即便像瞿振汉那样具有生员身份的地方豪强，因为没有获得这种文化的领导地位，同样会被地方官以及林大椿、徐德元等人视为社会的边缘人物。[④]

这些正途出身的书香人家不仅掌握了地方文化权力，同时也主导了地域社会中的公共事务的经营管理。

---

① （清）黄式苏：《黄式苏集》，张炳勋编注，线装书局 2009 年版，第 533 页。

② 王志成、高知贤编注：《徐炯文集　徐德元集　徐乃康集》，线装书局 2009 年版，第 240 页。

③ Clifford Geertz, *Local Knowledge: Further Essays in Interpretative Anthropology*.New York: Basic Books, 1983: 121—146.

④ 邓利萍：《晚清乡村藏书楼及其地方文化活动管窥——以乐清县为中心》，《图书馆研究与工作》2020 年第 12 期。

表 4-2 嘉道咸时期乐清书香世家在县域中的活动和能量

姓氏	主要族人	在县域中的活动
高垟林氏	林兴运 林启亨	修石马、兰盘及沙埭诸陡门，管理陡门启闭。以网罗邑中文献为己任
吕岙徐家	徐献廷 徐德元	出资独建校士馆，筑塘埭、葺两庠、重建梅溪书院
荷盛郑氏	郑振东 郑耀庭 郑逢源	圣庙两庑剥识，捐千金新之。道光初年修辑邑志，慨助二千金。独资修筑地团王家陡门

资料来源：光绪年间《乐清县志》卷 8《人物上》。

他们在地方社会活动中表现出了巨大的能量。修筑和管理水利设施，兴建书院，使得他们在地方公共事务上具有很大的话语权，对民众拥有强大的感召力；同时又由于他们出资修葺校士馆和孔庙等官方文教设施，与地方官也维持着良好的关系。这些都使他们在地方政治中掌控着显著的支配权。

观高垟《林氏宗谱》① 和吕岙《徐氏宗谱》②，其家族成为书香门第经过了好几代人的努力。林氏、吕氏都因政府的迁界令背井离乡。林氏十年后回到故土后看到的景象是“村落为墟，田园荒废”。经过三代人的艰苦努力，第四代的林方乘终于成为县学生员，此为林大椿的曾祖，世代农耕的家庭出了一个生员，家族地位跃升到了一个更高的层次。③

其实虹桥瞿氏宗族也曾攀爬过科举的阶梯。瞿氏宗族至瞿振汉的祖父瞿朝洸时，已经积累了相当的财力。嘉庆八年（1803），他送长子去蒲岐的崇文书院就读。嘉庆十三年（1808），瞿朝洸聘请邬家桥人林浩到虹桥瞿氏宗祠任塾师，瞿振汉的父亲瞿嘉秀就读其中。可是瞿嘉秀的科举之路并不顺利，在经过多次挫

---

① 高垟《林氏宗谱》，乐清，民国三十三年（1944），温州市图书馆藏。

② 《姜公桥徐氏宗谱》，民国二十二年（1933），温州市图书馆藏。这部宗谱中载有吕岙徐氏的世系表。

③ 黄仁宇在论说明代李贽所应承担家族的集体责任时，论及了从农耕之家递升为书香之家的艰苦历程：创业祖先不断地劳作，勤俭节约，积铢累寸，以巩固自己耕地的所有权，然后获得别人耕地的抵押权，逐步上升为田主。这一过程常常需要几代的时间。经济条件初步具备，子孙得到了受教育的机会。这其中，母亲和妻子的自我牺牲，在多数情形之下也为必不可少。所以表面看来，考场内的笔墨，可以使一代清贫立即成为显达，其实幕后的惨淡经营历时至久。见黄仁宇：《万历十五年》，生活·读书·新知三联书店 1997 年版，第 215 页。

败后，才于道光元年（1821）成为府学生员。科举功名的获得，似乎预示着瞿氏家族社会地位的提升，可是在贡生包贡茅撰写的瞿嘉秀传记中却说："数奇不遇，应童试，连不得志于有司，而嘉道亦落矣。"[①] 年复一年的应考一方面显示了自瞿振汉祖父开始，瞿氏宗族通过获得科举功名成为书香之家的愿望甚为强烈；另一方面也由于应考花费巨大的资财而家道中落。道光十一年（1831），年仅四十一的瞿嘉秀的病殁对瞿振汉一家又是一次沉重的打击。如果不是家道中落及父亲过早去世，瞿振汉未始不能继续走科举之路。既然科举之路不通，被迫经商谋生的瞿振汉只好另寻改变命运的机会。

假使生活在康乾"盛世"，瞿氏可能走通与林氏和徐氏一样的崛起之路，但到了人口危机、治理危机和银贵钱贱危机交相并发的道光朝，却让瞿氏跌入谷底。其父应考导致家道中落未始与银贵钱贱无关。但是，道咸时期捐例大开，以及太平天国运动狂飙突起，也给瞿振汉一个高风险的崛起机会，他得以监生的身份联络境遇相仿者，逐渐形成了靠经商为业、以习武组织为工具的地方竞争势力，即瞿振汉身边集结了一个以武力和财力为后盾的边缘士绅集团。这些以财力与武力见长的"儒枭"参与地方政治角逐，使得正途出身的地方权力掌控者产生了深刻的政治秩序危机。在林大椿眼里，瞿振汉虽然是一个"监生"，但"素不知书"。林大椿指控他们"舞弄文法，武断乡间，灭裂其廉耻，而肥润其身家"。"儒枭"的名号即为林大椿所赐。[②] 如果剔除"儒枭"所蕴含的贬义，这个词可以说是非常传神地描绘了这些非正途出身的人身上所具备的那种不可遏制的进取意态。他们通过自己建立的武力组织参与角逐地方社会权力。可以说：瞿振汉的反叛，在很大程度上可以视为通过捐纳获得功名的"儒枭"向把持地域社会权力的、正途出身的"儒士"发起挑战；相应地，"儒士"集团对瞿振汉反叛的镇压也可以被视为正途出身的"儒士"成功地捍卫了自身在地域社会中的统治地位。

四、东乡与西乡

罗士杰把瞿振汉起义被镇压视为乐清"西乡"与"东乡"之间的械斗，虽然

① （清）包贡茅：《瞿云峰传》，载《虹川瞿氏宗谱》卷4，道光二十五年（1845），温州图书馆藏。

② （清）林大椿：《林大椿集》，赵挽澜编注，线装书局2013年版，第197页。

不甚确切，但确实看到了两个地域空间的相互疏离和对立。

乐清人习称县城乐成镇以西、以南的地区为西乡，乐成镇以北、以东的地区为东乡。在乐清历史上，东乡也曾出现一些位高权重的政治人物，以及具有很大影响力的学者和文学家，例如南宋文状元侍御史王十朋、南宋吏部尚书兼工部尚书刘黻、元代著名文学家秘书监丞李孝光、明代礼部侍郎章纶、明代江西左布政使侯一元，等等。这些人物的出现都在一定程度上影响到了乐清地方政治的格局。但到了清代，自清初至瞿振汉起义前后的咸同时期，地方文化权力和政治权力则向西乡严重倾斜。

首先，在诗文创作和经史子集研究的人数和作品方面，西乡具有压倒性的优势。具体情况看表 4–3。

表 4–3　清代咸丰以前乐清东西乡诗文论著写作情况

位置	村庄	作者	身份	诗文集和论著	活动年代
西乡	一都后所①	董佐	布衣	吟馨馆集	道咸
	一都石马	杨森秀	进士	芝峰笔记	康熙
	一都吕岙	徐献廷	贡生	二西轩陶陶集	嘉道
		徐德元	贡生	小西山房倚声、小西山房文集	道咸
	五都林垟	林启亨	贡生	新志后议、水田吟草	嘉道
		林大椿	贡生	求是斋诗钞、垂涕集	道咸
	五都荷盛	郑锡庆	贡生	传经堂文稿、无闻集	道咸
		郑梦江	贡生	雪涛诗稿	咸同
		郑协和	贡生	水竹居文集、水竹居说佛卮言	咸同
	五都高园	黄梦香	贡生	草草庐诗文钞、午窗梦呓词	咸同
	六都岐头	朱德立	僧人	藕华园诗、鉴公诗	清初
	六都翁垟	陈诰	布衣	蘋洲渔唱集	咸同
	六都门前	陈锦江	生员	栎室文钞、栎室日录	道咸

① 后所在县城以东，为“东郊孔道”，本应划归东乡。但乐清人却把后所视为西乡，光绪《乐清县志》卷 1《隅都》把后所编入一都三图，并称“一都在县西，故先叙县西”。后所大族董氏认同西乡士绅集团，并与高垟林氏通婚。瞿振汉也把后所视为东乡的敌对力量，虹军向县城进发途中绕道避开后所。

续表

位置	村庄	作者	身份	诗文集和论著	活动年代
西乡	八都横带桥	郑作朋	贡生	释耒园吟草	乾嘉
	八都柳市	吴郑衡	生员	荆山吟草	咸同
	八都薛宅	薛英	举人	清晓园雪堂诗文集	康熙
	九都白石	钱存谐	贡生	秋鸣杂录	乾隆
		翁效曾	生员	蓉江吟草	乾隆
	十都蟾河堡	施元孚	生员	雁山志、白石山志、释耒集	康熙
	十都鲤岙	陈玮	贡生	闻妙香斋吟草	咸同
		陈珅	贡生	光绪乐清县志	咸同
	十都万家	倪兆禧	生员	梧石山房诗抄	道咸
县城	下垟郭	梁祉	贡生	池上编	康熙
	北门	徐炯文	贡生	翔云易义、翔云书经义、翔云诗经义、翔云孝经义	雍正
	不详	徐邦垓	生员	慕南文集	道光
	不详	蔡保东	举人	梅阁诗文集	咸同
	不详	徐乃康	生员	茹古轩诗钞	咸同
东乡	三都贾岙	叶正阳	贡生	鹿迹山房吟草	道咸
	十三都湖边	林培德	生员	书绅雅咏、味腴轩诗草	道咸
		徐沛膏	贡生	华堂诗稿	道咸
		林瑶	贡生	霱堂诗稿	咸同
		林希绩	贡生	居易斋吟草、梅屿怀古诗	乾隆
		林清涛	生员	旭迎楼吟草、柽岩怀古	乾嘉
		林琪	贡生	棣萼楼古今体诗	嘉道
	十四都蒲岐	张考吉	廪生	履斋诗钞	咸同
		倪启辰	生员	朴园文钞、朴园吟草、雁荡四谷金石录	光绪
	十四都杏庄	胡名秀	贡生	率尔吟	乾嘉
		胡维宽	生员	杏桥诗草	咸同
		胡维勋	生员	石帆诗草	咸同

续表

位置	村庄	作者	身份	诗文集和论著	活动年代
东乡	十四都虹桥	瞿霁春	生员	朗斋小草	乾嘉
	十五都侯宅	侯思炳	布衣	渔村诗集	康熙
	十五都凰岙	冯薖	布衣	半耕轩吟草	咸同
	十七都芙蓉	李象坤	贡生	匊庵集选	康熙
		李象震	生员	慕庵集	康熙
		林文朗	生员	静斋集陶小草	康雍
		林文焕	生员	博笑集	乾隆
		林宗瑛	贡生	学庸会意	乾嘉
	十七都乌石	吴永佶	生员	鸥闲轩诗草	咸同

资料来源：道光《乐清县志》卷8《人物》上，卷11《艺文》上，卷12《艺文》中，卷13《艺文》下。光绪《乐清县志》卷8《人物志》上，卷11《经籍志》。《高谊集》。

高谊（1868—1959）长期保持对搜集整理乡邦文献的浓厚兴趣。他利用在乐清各地任教私塾、学堂的机会，四处挖掘湮没的文献。1935年后，他参加了温州地方政府的“征辑乡哲遗著会”项目。与他共事的孙诒让之子孙延钊说他“与乐清一邑搜罗最力，其所甄采往往出故家凿楹”，还说他“传写一书，必手下丹黄，随笔为之序跋”。[①] 但尽管如此，上述表格并不足以准确反映乐清清代著述状况，它只能粗略地呈现乐清东西乡文化活动的一般概貌。据上表，西乡著述者有32人分别来自16个村庄；东乡的著述者29人，涉及9个村庄。西乡诗人、学者只比东乡多了3个，但仍然称之为具有压倒性优势，是考虑到了东西乡所占的面积太过悬殊。据2000年出版的新编《乐清县志》，[②]20世纪90年代末的柳市区相当于西乡，面积为256.75平方公里，略高于乐清县陆域面积1174平方公里的五分之一。[③] 据此东乡的面积多达917.25平方公里。西乡的“文化密度”远高于东乡。

① 孙延钊：《高谊集·序》，高谊：《高谊集》，高益登编注，线装书局2013年版，第5—6页。

② 乐清县地方志编纂委员会编：《乐清县志》，中华书局2000年版，第155页。

③ 乐清县地方志编纂委员会编：《乐清县志》，中华书局2000年版，第85页。

如果说诗人、学者的数量对比还稍显朦胧，那么乐清藏书家、藏书楼的分布则使东乡为乐清文化高地的地位卓然可见。孙延钊《温州藏书家考》一文，一共提到清代乐清14位藏书家的11个藏书楼。[①]笔者以孙氏文章为线索，利用光绪乐清县志和士人文集完善了一些基础信息，制成表4–4。为了更加明了瞿振汉起义时东西乡文化对比的态势，表格略去了清代前期康熙、乾隆时期的藏书家李象坤、侯思炳、薛英和郑作朋。

表4–4　道咸时期乐清藏书家、藏书楼一览

藏书家	居住地	生卒年代	科名	藏书楼	坐落
林启亨	高垟村	1772—1856	嘉庆庚辰（1820）恩贡	菜香楼	西乡
林大椿	高垟村	1812—1863	咸丰己未（1859）岁贡		
徐献廷	吕岙村	1792—1867	道光壬辰（1832）岁贡	二酉轩	西乡
徐德元	吕岙村	1809—1868	道光丁酉（1837）选贡		
叶正阳	鹿岩村	1781—1866	道光乙未（1835）恩贡	鹿迹山房	东乡
郑锡庆	荷盛村	1793—1856	道光戊戌（1838）岁贡	不详	西乡
陈玮	鲤岙村	1807—1885	咸丰戊午（1858）岁贡	芸香精舍	西乡
黄梦香	高园村	1832—1867	生员	古香楼	西乡
蔡保东	县城	1829—1875	咸丰九年（1859）举人	不详	县城
徐乃康	县城	1828—1892	同治壬戌（1862）岁贡	不详	县城

表4–4中胪列了道咸时期乐清10位藏书家、8个藏书楼。其中属于西乡的有5个藏书楼，东乡只有1个；属于西乡的藏书家有7位，东乡只有1位。藏书楼是地方乡村重要的文化地标，藏书楼主人往往会把藏书楼打造成一个综合性的文化活动空间。它首先是藏书的处所。藏书楼丰富的藏书使主人具备了著书立说的优越条件，从而有利于藏书家积累自身的文化资本。例如林大椿多方面的学术研究就深深获益于自己的藏书。其次，藏书楼也是设帐授徒的场所。县城人徐乃康、蔡保东和万家的倪一清都曾到吕岙徐氏藏书楼二酉轩师从徐献廷读书。林大椿在菜香楼开办私塾，就学的生徒有来自高园的黄梦香，来自翁垟的陈诰和来自

① 孙延钊：《温州藏书家考》，浙献足征丛编之五，《蓼绥》创刊号抽印本，1937年，温州图书馆藏。

荷盛的郑氏三兄弟（梦松、梦白、梦江）。① 他们依托藏书楼创办的私塾往往能吸引士绅之家和富户来就读，由此编织了一个由师生关系和同门关系构成的社会网络，从而增强了地方权力角逐中的竞争力。最后，藏书楼也是一个士人雅集的空间。正途出身的士绅们通过雅集形成并巩固群体认同，同时也强化了与异途出身的“儒枭”的区隔。

道咸以降，西乡形成了一个由正途出身的士绅构成，以师生关系、同窗关系与世代婚姻关系交织连接而成的地域集团。这个地域政治集团和文化联盟主要由吕岙徐氏、万家倪氏、后所董氏、高垟林氏、荷盛郑氏、蟾河堡施氏等文士家族构成。在诸种凝聚地域社会的纽带中，最牢固、最稳定的当数联姻。图 4–1 呈现上述 6 个宗族间的通婚关系。

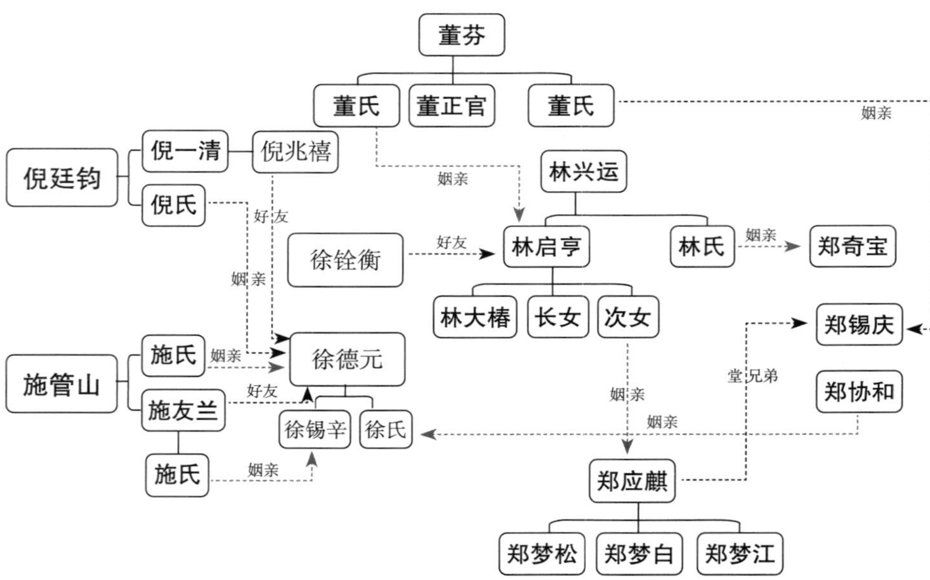

图 4–1　乐清县西乡书香门第通婚示意图

当然，这不是说东乡生员都是异途出身，西乡生员都是正途出身，也不是说，参加反叛政府的士绅都是异途出身的士绅；而是说道咸间，西乡存在着一个具有高度凝聚性的、以书香门第构成的地域政治集团。东乡出现了一个以捐纳生监为主体构成的、在地域政治中极具进取性的政治集团。两个士绅阶层的分野与地域的东西乡两个空间分布呈现出十分清晰的对应关系，且双方各具较为强烈的

① 王志成、高知贤编注：《徐炯文集　徐德元集　徐乃康集》，线装书局 2009 年版，第 193 页。

地域认同。

县城乐成本来是乐清县的政治中心，但由于县城中的大族主要是跟西乡结成师生关系、同窗关系和婚姻关系网络，实际上从属于西乡士绅集团。这也是后来瞿振汉袭取县城以后即身蹈险地的原因。咸丰四年（1854）冬，瞿振汉攻击县城的风声越来越紧，县城官绅首先想到的是“招西乡士兵”，但因经费无着落，此事不了了之。[①] 咸丰四年（1854）十二月十八日，瞿振汉率义军入城，瞿振汉的主要攻击对手徐牧谦躲过义军的搜捕后，立即送儿子徐乃康“投西乡姻戚”。徐牧谦自己也是靠徐德元的帮助，才得以顺利离开乐清到瑞安孙锵鸣处搬救兵。原先竭力防御东乡义军的生员周应春在城破之日奔逃西乡，才“得免于难”。[②] 在瞿振汉踞城的7日间，西乡士绅就积极酝酿对县城瞿振汉的攻击，柳市吴郑衡、吕岙徐德元、池头陈瑞荣陈配锦兄弟、横带桥郑熉、黄华郑济康等积极集结力量，图谋绞杀红巾军。[③] 攻占县城后，防止义军残余力量的报复以及负责治安事宜的也是西乡士绅。[④]

反过来，红巾军分8支路军，覆盖了东乡蒲岐、万桥、虹桥、后垟、南垟、马寮（今称“马鸟”）、南充、湖上庄和横山，共计9个村庄。瞿振汉之所以能够动员辽阔东乡中的上述村落民众参加，东乡人对西乡控制县域政治权力和文化权力的不满应该是一个重要原因。另外，瞿振汉命名自己的军队为“虹军”，[⑤] 显然得名于起义酝酿的中心地——虹桥，这也颇具地域认同的意味。

纵观瞿振汉起事，占据县城7天的全过程。我们可以说是一场起义，因为百姓的确已经被逼到了死亡线上，而且也有袭取县城之举。但另一方面，这场起事有点像神话，瞿振汉袭取县城没有遭到抵抗，而后虹军又没有抵抗地受死，以至于林大椿说瞿振汉“所纠者市人，所持者钝兵，所相与筹度者狂书生耳”。[⑥]

但从某种意义上，瞿振汉事件又很难称得上是一次起义或叛乱：

第一，后来地方官和士绅称之为“匪徒”有诸多“仁义”之举。起义、叛乱往往会导致暴力的泛滥，但瞿振汉事件中暴力元素极低，在他据守县城的7日

① （清）林大椿：《林大椿集》，赵挽澜编注，线装书局2013年版，第203页。
② （清）林大椿：《林大椿集》，赵挽澜编注，线装书局2013年版，第208页。
③ （清）林大椿：《林大椿集》，赵挽澜编注，线装书局2013年版，第217页。
④ （清）林大椿：《林大椿集》，赵挽澜编注，线装书局2013年版，第213页。
⑤ 马允伦编：《太平天国时期温州史料汇编》，上海社会科学院出版社2002年版，第4页。
⑥ （清）林大椿：《林大椿集》，赵挽澜编注，线装书局2013年版，第198页。

间，除了接管官府和劫掠徐牧谦宅之外，虹军并没有对乐清县城居民的生活造成过多的损害。进入县城的当天即安抚百姓，照常贸易。后来又发布严厉的禁令，“剽掠及奸淫，犯者皆斩”。被歼灭的前二天，十二月二十二日，瞿振汉打算开粮仓作军粮，仓吏说“此预备仓为赈饥而设”，马上就放弃了原先的想法。因此与其说瞿振汉是起义军领袖或“匪徒”，不如说是一个慈善家。瞿振汉事件没有产生一场叛乱通常会有的爆裂性和破坏性。

第二，瞿振汉队伍“散处祠庙、旅舍，或寓于亲故”，他们并没有任何的危机感，士兵们是来游逛县城，探亲访友。从这点上说，所谓的起义有点像儿戏，根本没有那种因反叛朝廷所要承受的生死存亡的精神压力。

第三，占据县城的第二天，十二月十九日，瞿振汉在校场点兵，应点者仅十分之一。大部分从虹桥来的士兵游离于瞿振汉掌控之外，对于如此严重的事态，瞿氏似乎浑无所觉。如果次日马上召开领导成员会议，大力整顿纪律，也许就没有二十四日的大屠杀。①

纵观以上几点，瞿振汉事件因真假难辨的反清布告而复杂化，但究其实质，是东乡西乡两个政治文化集团之间仇恨不断恶化的结果。与瞿振汉的慈善不同，西乡的血腥屠戮则令人震惊，又无法理解县城和西乡居民同为乡民，为何对东乡的乡民进行如此血腥的大屠杀？西乡士绅集团的代表人物之一林大椿，是乐清历史上最重要的诗人和学者之一，读他的《垂涕集》，他对百姓的苦难有着无限忧伤和同情，而对西乡一千四百多名虹军士兵被残杀而喝彩，对被俘义军领导“刳腹”酷刑的感受是“快人心”。②

第二节　金钱会的反叛

乐清瞿振汉事件发生的四年以后，在平阳县出现了一个叫“金钱会”的会党。这也是一个从地方上突然崛起的角逐政治权力的集团。又过了三年，在一些内外因素的作用下，金钱会走上了反抗政府的道路。

---

① （清）林大椿：《林大椿集》，赵挽澜编注，线装书局 2013 年版，第 209—210 页。
② （清）林大椿：《林大椿集》，赵挽澜编注，线装书局 2013 年版，第 214 页。

一、金钱会成立

咸丰八年（1858），金钱会在温州府平阳县钱仓镇成立。创始人为赵起、周荣、朱秀三、谢公达、缪元、张元、孔广珍和刘汝凤，共8人。低级武官钱仓汛外委朱鸣邦也是策划者之一，[①]但可能碍于军官身份，他较少参与公开的活动。

关于入会手续和组织形式，时人孙衣言有这样的记载：

> 入会者纳钱五百于会首，则诣神庙，誓无负约，人给大铜钱一枚、红帖条约一纸，无少长老幼皆相呼曰兄弟。其钱文曰“金钱义记”。其帖分八卦，卦以三千人起，数至五六千人。[②]

以上这段话已同时点出了“金钱会”名称的来历，黄体芳的说法与此大同小异：

> 金华卖笔者周荣，久客钱仓，诡称于某三得见前七，异日当大贵，遂与赵、朱等私铸金钱，招村民入会。……每入会者先诣赵起饭铺受金钱一，出制钱五百文，归诸会首。[③]

他们私铸的金钱上刻有“金钱义记”字样。[④]1936年冬，横阳镇公所在疏浚平阳县城区河道时，在河底污泥中，挖出刻有“金钱义记”的铜钱三十多枚。[⑤]《钱匪纪略》对金钱会名称的来由有更为具体的记载：

> 启（赵起）曰：“我辈结生死，以期久要［远］。如今发逆遍江浙，倘有分离日，当以何物作凭？”座有一人起而答曰：“我有一物，卜之

① （清）黄体芳：《钱虏爰书》，马允伦编：《太平天国时期温州史料汇编》，上海社会科学院出版社2002年版，第91页。

② （清）孙衣言：《会匪纪略》，马允伦编：《太平天国时期温州史料汇编》，上海社会科学院出版社2002年版，第128页。

③ （清）黄体芳：《钱虏爰书》，马允伦编：《太平天国时期温州史料汇编》，上海社会科学院出版社2002年版，第91页。周荣，即周兆荣，周在为逃避青田令的追捕，逃到温州，流转至平阳钱仓镇，易名曰周荣。

④ （清）孙衣言：《会匪纪略》，马允伦编：《太平天国时期温州史料汇编》，上海社会科学院出版社2002年版，第128页。

⑤ 张季量：《义记金钱考》，《泉币》1941年第4期，转引自刘铮云：《金钱会与白布会——清代地方政治运作的一个剖面》，《新史学》1995年第6卷3期。

> 于神可乎?”适钱仓官演戏，作对金钱。众曰：“可也，兆适相合。”于是取康熙十文，将“满”字向内，上下钉以二铉，系以辫绶，藏在衣襟。[①]

“金钱”本来是他们首义8人的信物，后来他们又特制一种钱币当作加入这个帮会的凭证，这两者构成了“金钱会”名称的来由。

金钱会的8名创始人中，至少有5人不是耕作在土地上的农民。为首的赵起是“钱仓步役，设店寓客”。[②]周兆荣以卖笔为业（其籍贯有金华说、湖州说）。[③]朱秀三靠卖药过活。缪元是塑神像者。孔广珍是鬻□□者。[④]赵起虽说有一个小老板的身份，但他开店的目的是“寓客”，即接待他结交的“拳勇”和“亡命之徒”，他是游民的领袖。另外4人，似乎都脱离了主流社会秩序流落到江湖的，可能都没有稳定的生活来源，因此从某种程度上说，也属于游民。因此，金钱会最初的领导核心主要是由游民构成的。

入会者要交纳500文制钱得到一个用作入会凭证的大铜钱。咸丰十年（1860），永嘉县纳税的标准是“每两折完钱二千七百八十六文”，[⑤]据此计算，500文钱合0.18两。这是一个不算小的数目，所以孙衣言认为赵起等人成立金钱会为的是“聚众敛钱”。[⑥]金钱会成立后，赵起不是消极地坐等别人来入会，而是主动命人去传会。[⑦]

金钱会发展的一个有利时机是太平军在邻近地区活动。这时“粤寇石达开别

① （清）刘祝封：《钱匪纪略》，马允伦编：《太平天国时期温州史料汇编》，上海社会科学院出版社2002年版，第156页。

② 符璋、刘绍宽纂：《平阳县志》卷18《武卫志二》，民国十四年（1925）刻本。

③ （清）孙衣言：《会匪纪略》，马允伦编：《太平天国时期温州史料汇编》，上海社会科学院出版社2002年版，第127页。

④ （清）黄体芳：《钱虏爰书》，马允伦编：《太平天国时期温州史料汇编》，上海社会科学院出版社2002年版，第91页。

⑤ 王鸿治：《奉宪勒碑》，转引自胡珠生：《温州近代史》，辽宁人民出版社2000年版。

⑥ （清）孙衣言：《会匪纪略》，马允伦编：《太平天国时期温州史料汇编》，上海社会科学院出版社2002年版，第128页。

⑦ 估计奉令传会虽可以按照业绩提成，但大部分收入要上交，自己单干可以独享其利。因此金钱会在成立之初，不过是地方强梁以抵抗太平军为名而敛钱的工具。此后角逐地方权力的目标日见其明朗，但追逐财富的线索仍清晰可见。他们被排斥在正统的主流社会之外，尽管组成了自己的社会组织，但其真正的目的还在于有朝一日能够重返主流社会，并在其中确立较高的社会地位。也正因为金钱会的行动方向在很大程度上由游民掌握，不择手段地追求财富提高自己的社会地位，始终是金钱会的一个行为特征。

股陷云和、景宁，官兵逃避”。[1] 石达开部在处州占领一个月即失败退出，赵起却据此施展了两面手法，一方面，对外高举抵抗太平军的“义旗”作掩护，“托捍卫长毛为名，私刻‘精忠保国’印，以故众为所惑”。[2] 另一方面，又声称他们秘密接受平阳籍的太平军将领白老三（白承恩）的号令，凡入会者可以免祸。因此，金钱会发展很快，“从者日众，平阳商贾、富民至以贿购伪钱”。[3]“无赖子弟归者益众，有家财而无势力者亦多归之”。政府无可奈何，“平阳县知县翟惟本不能制，亦不敢言贼状”。[4]

咸丰九年（1859），金钱会向平阳邻县瑞安县渗透。赵起命令谢秀球携带作为入会凭证的钱币数千枚到瑞安西北乡的金谷山、小篁竹一带发展会员。成绩显著，其中有生员潘英、林景澜、郑日芳入金钱会。[5] 此时，于咸丰三年（1853）以翰林侍读奉命在籍团练的孙锵鸣向温州代理知府黄维诰、温处代理巡道志勋建议，力主对金钱会加以镇压，遭道府拒绝。

咸丰十年（1860），金钱会势力壮大，在空间上，几乎遍及温州全境，并蔓延至处州和福建；在成分上，大量的军人和政府职员加入，“公然纠党于瑞、永、乐及处之青田、闽之福鼎，营兵、衙役大半入会”。[6] 组织也趋于严密：“沿钱仓江南北，公然醵饮焚香，金钱复加红帖，编列八卦号数。”文中提到的红帖文本，即入会誓词，也叫义帖。

金钱会会员、平阳县十八都铜匠王秀锦，向赵起领取金钱数百枚到平阳东乡发展会员，因为获利丰厚，于是撇开赵起与贡生程殿英合作铸钱散发，因此与赵起发生了矛盾。这时恰巧又发生了这么一件事，程殿英的侄子（《会匪纪略》作儿子），犯了死罪，程殿英积极准备劫狱，县令翟惟本束手无策。赵起等果断地

---

① （清）林鹗纂修：《泰顺分疆录》卷10《时变》，台北《中国方志丛书》本。云和、景宁属于处州府，与温州府接壤。

② （清）黄体芳：《钱虏爰书》，马允伦编：《太平天国时期温州史料汇编》，上海社会科学院出版社2002年版，第91页。

③ （清）孙衣言：《会匪纪略》，马允伦编：《太平天国时期温州史料汇编》，上海社会科学院出版社2002年版，第128页。

④ （清）孙衣言：《会匪纪略》，马允伦编：《太平天国时期温州史料汇编》，上海社会科学院出版社2002年版，第128页。

⑤ （清）孙衣言：《会匪纪略》，马允伦编：《太平天国时期温州史料汇编》，上海社会科学院出版社2002年版，第128页。

⑥ （清）孙锵鸣：《致左宗棠第二书》，同治二年四月，温州博物馆藏原稿，转引自胡珠生：《温州近代史》，辽宁人民出版社2000年版，第49页。

抓住了这个机会，公开动员会众。“诸会首欲鼓众而无名，乘此纠集党数千人，阳若为官府仗义者，由钱仓直抵西门，刀枪耀目，旗帜连连云。”[①]他们以维护社会秩序的名义进行械斗，抓获程殿英，焚毁了程家房屋和所有财物。翟惟本感激涕零，“犒以金帛”。[②]金钱会此举产生了一石三鸟之效：一是摧毁了与自己争利、分散群众力量的势力；二是动员了群众；三是假官以立威。这个事件对金钱会的发展甚为关键，由于人们看到了金钱会的力量，金钱会获得了大发展，“游手之徒，往来瑞平间，簧鼓其说，托言取钱入会，可保身家，从者益众。百人一长，名为保首，……武则官弁兵丁，文则胥吏差役，僧尼亦多附之”。[③]由于力量的壮大，金钱会成为地方强梁，“诸会首自以为有德于翟，益横行，威胁富户，使出钱谷助军资，会中有人犯法者，官不敢问。或议其不道，则劫杀之以询，寻仇雠殆无虚日”。[④]

咸丰十一年（1861）二月，这年金钱会获得了合法地位。“翟令惧祸及，勉从江南团董朱汉冕议，以金钱二字适与金乡、钱仓地名合，再三劝改为义团。”[⑤]翟惟本向上级报告招抚金钱会为团练，得到了上级的同意，“言之道府，道府以为然，使县给牒为团练，于是树旗平阳城南，逼平阳知县翟惟本、平阳副将王显龙共祭旗”。[⑥]赵起和朱秀三等“数出入公署，并于城市中煽诱诸绅民，自万全北至瑞界，向属秀锦者，争改辕归之。林垟、郭巷等处群不逞之徒，皆为之羽翼”。[⑦]金钱会事实上控制了地方行政。孙锵鸣对招抚金钱会为团练一事甚为不满，再次向道府力争，无效。

四月十五（5 月 24 日），金钱会作了一次大规模的动员。

---

① （清）黄体芳：《钱虏爰书》，马允伦编：《太平天国时期温州史料汇编》，上海社会科学院出版社 2002 年版，第 91—92 页。

② （清）黄体芳：《钱虏爰书》，马允伦编：《太平天国时期温州史料汇编》，上海社会科学院出版社 2002 年版，第 92 页。

③ （清）刘祝封：《钱匪纪略》，马允伦编：《太平天国时期温州史料汇编》，上海社会科学院出版社 2002 年版，第 157 页。

④ （清）黄体芳：《钱虏爰书》，马允伦编：《太平天国时期温州史料汇编》，上海社会科学院出版社 2002 年版，第 92 页。

⑤ （清）黄体芳：《钱虏爰书》，马允伦编：《太平天国时期温州史料汇编》，上海社会科学院出版社 2002 年版，第 92 页。

⑥ （清）孙衣言：《会匪纪略》，马允伦编：《太平天国时期温州史料汇编》，上海社会科学院出版社 2002 年版，第 129 页。

⑦ （清）黄体芳：《钱虏爰书》，马允伦编：《太平天国时期温州史料汇编》，上海社会科学院出版社 2002 年版，第 92 页。

> 咸丰末年四月十五将起事，潜入瑞城，城中入会者约作内应。平阳坑有日者（“日”在民间通“入”，此处意为“平阳坑的一位加入金钱会者”——引者注）谢秀球进而言曰：“方今时际孟夏，早晚禾均未登场。况众兄弟皆务农为业，若此时举事，大妨农工，粒食何从而来？不如待秋后冬前，农事既毕，正用武之候，且到处可以劫粮。”启（即赵起——引者）纳其言，于是中止，杀牛羊、祭田地而已。数日以后，遍传城乡。①

四月十九（5月28日），太平军攻占金华，有长期据守之势。稍后又攻占了处州，浙南形势吃紧。五月初一（6月8日），虽然孙氏早在8年前（咸丰三年）就奉旨办团，但要到现在为了对付金钱会，才真正开始付诸行动，“锵鸣谓官不可恃，乃谋益治团务，逐乡以为团。凡入团者无入会，冀渐披贼党。瑞安民稍稍出会求入团”。② 这指的是孙锵鸣在亲戚曾鸿昌的支持下，在瑞安隆山寺议设团练总局——忠义团局，响应的有平阳张家堡的杨配篯、雷渎的温和钧兄弟和瑞安浦西的林梦楠等数十处。③ 这时开始有了“白布会”的名目。关于其由来，黄体芳说：“侍读整饬团练，人给白布一方，上书‘安胜义团’四字为号，贼遂指为白布会，瑞城绅士之通贼者附和之。其时，平之南乡有办团者，亦以白布为号，靓若画一。”④ 孙衣言说明“白布会”名称的缘由与黄说大体相同，但增加了一层意思，除了金钱会称士绅武装为“白布会”外，“其后，……虽民间亦以团练为白布也”。⑤ 可见，“白布会”之名最先是金钱会安在孙锵鸣领导的团练头上的，士绅们反感别人称他们的“武装”为“白布会”，认为以“白布会”与“金钱会”对举，是对他们的诬蔑，他们自己没有接受这个称呼。

---

① （清）刘祝封：《钱匪纪略》，马允伦编：《太平天国时期温州史料汇编》，上海社会科学院出版社2002年版，第157页。

② （清）孙衣言：《会匪纪略》，马允伦编：《太平天国时期温州史料汇编》，上海社会科学院出版社2002年版，第129页。

③ （清）刘祝封：《钱匪纪略》，马允伦编：《太平天国时期温州史料汇编》，上海社会科学院出版社2002年版，第157—158页。

④ （清）黄体芳：《钱虏爰书》，马允伦编：《太平天国时期温州史料汇编》，上海社会科学院出版社2002年版，第97页。

⑤ （清）孙衣言：《湖石团练义民表叙》，马允伦编：《太平天国时期温州史料汇编》，上海社会科学院出版社2002年版，第153—154页。

二、金钱会角逐地方权力的活动

与白布会之争，其焦点是由谁来控制地方事务。林垟事件的起因的实质，就是林垟和郭巷一带究竟是由加入金钱会的牙户控制，还是由加入白布会的陈安澜控制。后来斗争升级，金钱会焚毁了最先响应白布会的雷渎村。

袭击林垟是金钱会成立后发生的一个重大事件。咸丰十一年六月二十六（1861 年 8 月 2 日），辰时，金钱会袭击了瑞安县十七都林垟地方团董陈安澜。黄体芳对当时的场面作了这样的描绘："倾荡房屋，罄劫资财。陈故素封，服物玩器辇负满道，其所藏书及宗祠香火，尽弃圊溷中。随焚掠附近民居三十余所。"①

事件的起因，因叙说者立场利益均不同，显得扑朔迷离，莫衷一是。孙衣言的说法是：贡生陈安澜，是林垟的富户，他受县牒组团练后，林垟和郭巷的金钱会"奸民"金子蓉、陈丙式等"遂仇陈安澜，纠其党，拔团练旗，树贼帜"。陈告官，官府捕获了会员郑步高。赵起闻讯大怒，纠集党二千余人，洗劫了林垟陈氏和谢氏。② 黄体芳的说法与孙氏大致相同，但要详细得多，其中交代了与金钱会私通的地保放跑几个会员的情节。③ 据官方的报告和四十多年后刘祝封的回忆，此事的起因却要复杂得多。他们认为双方冲突的主要原因是陈安澜与当地牙户之间有很深的积怨。刘祝封说陈安澜"每年粜谷为牙户所抑勒"，而那时这些牙户都已加入金钱会，并"首以禁谷偷漏为名"。陈感到了威胁，于是"欲压以官势"，就派他的侄子（一名生员）向正协助孙锵鸣办团的曾燕卿商量。曾起初还犹豫不决，在当地士绅朱鼒"何不趁此时且取多金以作兵费"的怂恿下，派人"拔其旗杆而归，各牙奔告赵启，启大怒，拨匪千余攻之"。④ 根据左宗棠奏稿的表述，陈安澜与他的对头牙户李子荣同样参加过金钱会，但陈在朱鼒的教育下，改邪归正，退出金钱会，而李子荣却执迷不悟，"朱鼒邀同陈安澜至李子荣家，

---

①（清）黄体芳：《钱虏爰书》，马允伦编：《太平天国时期温州史料汇编》，上海社会科学院出版社 2002 年版，第 91 页。

②（清）孙衣言：《会匪纪略》，马允伦编：《太平天国时期温州史料汇编》，上海社会科学院出版社 2002 年版，第 129 页。

③（清）黄体芳：《钱虏爰书》，马允伦编：《太平天国时期温州史料汇编》，上海社会科学院出版社 2002 年版，第 92 页。

④（清）刘祝封：《钱匪纪略》，马允伦编：《太平天国时期温州史料汇编》，上海社会科学院出版社 2002 年版，第 157—158 页。

逼令缴出金钱”，李子荣将此事报告赵启，赵于是“纠众将陈安澜的房屋拆毁”。[①]孙衣言和黄体芳把起因归结为正义和邪恶的大是大非之争，有为士绅对抗金钱会增添神圣色彩之嫌；官方则因与上层士绅矛盾尖锐，他们的文件要把事件起因引往士绅激变金钱会的方向。两种不同的叙述，鲜明地反映了他们立场的对立。唯刘祝封叙事在40余年之后，利害关系已淡，顾虑已少，自述“实事求是，据实直书”，当可信，因此所言应该最接近事实真相。按官方和刘祝封的说法，林垟事件系由陈安澜与牙户李子荣的个人恩怨引起。二十九日（8月5日），“林垟诸被祸者，自瑞城奔赴郡，泣诉于文武各衙门”。[②]

咸丰十一年七月初二（1861年8月7日），驻守温州的正规部队军官镇军叶炳忠，计划调兵600名，“会剿林垟及郭巷”。这时，出来一个“以资为江苏候补知县”的瑞安人沈涣澜，他力劝被祸的陈、谢等议和，私下在军队中进行活动以瓦解这个军事行动，并给地方官和军方人士出主意，“诿咎于办团之孙侍读”，结果“众文武一意养痈，不复以除莠为事”。[③]在孙衣言的描述中，积极阻梗官府行动的还有副将赵振昌，赵说金钱会人数多并且已经成为团练，对之用兵没有道理，又替赵起撰写了痛诋士绅团练的书信，通过知府的一个幕客送到黄维诰的案头。黄维诰、志勋、叶炳忠“得此书，益谓赵起真不反，反以咎归团练，遂不复言拔兵”。[④]七月初四，温州知府黄维诰派遣前永嘉县令高梁材到平阳对林垟事件展开调查，与平阳县令翟惟本和赵起都有接触。后到瑞安着手议和活动。

七月初八，瑞安新选拔贡蔡华，“挈会党刘姓者来见侍读，……意欲为会匪开罪”，并暗示太平军“数十万水陆并至”，其中可能含有要孙锵鸣正确估计形势，不要与金钱会为敌的意思。

七月初十，高梁材到瑞安向士绅们转达了赵起议和的意向和方案，“以林垟棍徒数人易地保郑步高，仍与官约，不得重治人罪；诸被破毁家，仅许葺其墙

---

① （清）左宗棠：《查明失察会匪酿变之员弁从重拟结折》（同治三年六月二十七日），马允伦编：《太平天国时期温州史料汇编》，上海社会科学院出版社2002年版，第253页。左的奏稿内容当系平阳知县翟惟本提供。

② （清）黄体芳：《钱虏爰书》，马允伦编：《太平天国时期温州史料汇编》，上海社会科学院出版社2002年版，第93页。

③ （清）黄体芳：《钱虏爰书》，马允伦编：《太平天国时期温州史料汇编》，上海社会科学院出版社2002年版，第93页。

④ （清）孙衣言：《会匪纪略》，马允伦编：《太平天国时期温州史料汇编》，上海社会科学院出版社2002年版，第130页。

垣；财物还十之一二”。高梁材和瑞安县令孙杰均劝说陈、谢答应条件和解。陈安澜不买账，“陈以为蹂躏家庙，甚于破家，誓与贼不两立。且彼以无名之匪徒，易已拿之首犯，意欲何为？安危关一郡，非一家所能主也”。调子唱得如此之高，竟使“二令语塞”。[①] 七月二十五因得不到县、府和道各级地方政府的支持，林垟人去杭州巡抚那里告状。[②]

咸丰十一年（1861）八月初二，金钱会攻击雷渎的温氏家族，金钱会焚毁“温族之居三大厂者数十家”。[③] 八月初四，孙锵鸣和平阳渔塘附生温和锵等到道府提出了攻袭金钱会大本营钱仓的方略，遭道府拒绝：

> 二生（指温和锵和余书勋，均为生员——引者）各集团勇数千人。温氏族大，选子弟壮者成一家军，尤精锐可用。请官军克期进发，直捣钱仓，令义民扼各处要道，三面夹攻之，渠魁可立擒也。侍读再四指陈，道府以兵力单薄为辞，无诛贼意。[④]

八月初五，瑞安在籍刑部主事黄体立到温州见知府黄维诰，“极陈利害情形”，要求镇压金钱会，“郡守坚勿从”。并且黄维诰说：“杀人放火，报复之常，祸由侍读，无与郡事。”意为都是孙锵鸣惹的祸，让他自作自受吧，与我们没有关系。平阳附生蔡维屏把道府的态度迅速告知赵起，“贼胆益张”。[⑤] 八月初九，高梁材再次到瑞安，“嘱瑞邑之与陈氏、谢氏善者，劝陈、谢遵前议，无与会党为仇，沈涣澜亦从旁怂恿之”。高动员陈、谢两家的亲朋好友加入了调停的队伍。[⑥] 同一天“赵起如约大举，树帅旗钱仓江上”。[⑦]

---

① （清）黄体芳：《钱虏爰书》，马允伦编：《太平天国时期温州史料汇编》，上海社会科学院出版社 2002 年版，第 94 页。

② （清）黄体芳：《钱虏爰书》，马允伦编：《太平天国时期温州史料汇编》，上海社会科学院出版社 2002 年版，第 94 页。

③ （清）黄体芳：《钱虏爰书》，马允伦编：《太平天国时期温州史料汇编》，上海社会科学院出版社 2002 年版，第 94 页。

④ （清）黄体芳：《钱虏爰书》，马允伦编：《太平天国时期温州史料汇编》，上海社会科学院出版社 2002 年版，第 94—95 页。侍读指孙锵鸣，因为他在籍办团时，在朝廷的官位是侍读学士。

⑤ （清）黄体芳：《钱虏爰书》，马允伦编：《太平天国时期温州史料汇编》，上海社会科学院出版社 2002 年版，第 95 页。

⑥ （清）黄体芳：《钱虏爰书》，马允伦编：《太平天国时期温州史料汇编》，上海社会科学院出版社 2002 年版，第 95 页。

⑦ （清）孙衣言：《会匪纪略》，马允伦编：《太平天国时期温州史料汇编》，上海社会科学院出版社 2002 年版，第 130 页。

八月十一，林垟的陈、谢两族决心倾所有财力扑灭金钱会，在得到孙锵鸣的同意后，“辗转挪借，得数千金。在温州城东门外雇台船三十余号。游飞鹏与勇首徐文久督其船”。与雷渎温氏商定：陈氏从水陆、温氏由陆路，十二日（9月16日）卯刻水陆并进，进逼金钱会大本营钱仓。后因故延期。①

八月十三，高梁材又从瑞安到平阳，督领台船的陈安澜中表亲游飞鹏也到平阳。高及翟惟本把游飞鹏和赵起邀入官署面议。但由于条件不合，游飞鹏“拂衣而出”。至此，高梁材三次“和平调停”均告失败。② 八月十四，瑞安县令孙杰和平阳县令翟惟本，到林垟会勘受金钱会焚掠的人家。“翟所带丁壮者皆会中人”。高梁材当时也在平阳，与两令一起商讨解决问题之策。③

八月十七，陈安澜所募台州船进攻钱仓，金钱会惊慌失措，四散奔逃，“焚赵起屋及钱仓城内外数十家”，但由于各路士绅武装没有很好的协调，“以故贼众虽窘甚，而不能遂破”。此次攻击胜果有限，也与地方官的破坏有关，此前，陈安澜曾提出，由他招募闽勇二百名，与水师一起水陆合击钱仓。但高梁材、永嘉县令陈宝善和局绅陈世珍“皆迎合道府意，不欲击贼，阴阻之，故水师无援”。④ 自此，“启撼孙侍读为谋主，时时以烧孙氏屋为言”。⑤

八月十八，平阳柳庄农民拿获金钱会“细作”二名，解送到陈安澜招募的台船。从他们身上各搜出书信一封，一封寄往平阳江西垟一带，约令十九日攻平阳县城；一封寄瑞安港乡，约令十九日攻瑞安县城。由于行动计划败露，金钱会处于非常不利的境地，“乡民畏罪争缴钱”。雷渎团练可能以为金钱会已不足以对他们构成威胁，获取钱财的兴趣大增，“昂其赎罪之值，专意射利，不复以入穴取

① （清）黄体芳：《钱虏爰书》，马允伦编：《太平天国时期温州史料汇编》，上海社会科学院出版社2002年版，第95页。

② （清）黄体芳：《钱虏爰书》，马允伦编：《太平天国时期温州史料汇编》，上海社会科学院出版社2002年版，第96页。

③ （清）黄体芳：《钱虏爰书》，马允伦编：《太平天国时期温州史料汇编》，上海社会科学院出版社2002年版，第96页。

④ （清）黄体芳：《钱虏爰书》，马允伦编：《太平天国时期温州史料汇编》，上海社会科学院出版社2002年版，第96页。孙衣言：《会匪纪略》，马允伦编：《太平天国时期温州史料汇编》，上海社会科学院出版社2002年版，第131页。

⑤ （清）刘祝封：《钱匪纪略》，马允伦编：《太平天国时期温州史料汇编》，上海社会科学院出版社2002年版，第158页。

子为事”。由于团练的懈怠，金钱会重新集聚。[①]

八月十九，金钱会捣毁瑞安朱家栈团董朱汉冕的家，进攻雷渎温氏宗族，生员温和钧死，“其父儒业、妻陈氏、佣林时彪同时死，团丁死者数十人”。[②]因感到形势危急，“瑞城举人叶宝衡，贡生胡姚、许登墀，廪生胡涵，生员薛锦圻等，以钱仓贼氛不可扑灭，数日内将有攻城夺邑之举，我瑞必先当之，相率至郡城告急于黄郡守，剀切陈词，几于痛哭流涕”，黄维诰不为所动。高梁材频繁地穿梭议和，均因陈、谢的拒绝而无果，“遂与孙令谋，反坐陈、谢激变之罪，谓前所勘林垟房屋，迹近捣抢，无足深尤（忧）。并称瑞绅之办安胜义团者曾鸿昌、朱鼒等，妄欲扑灭金钱，酿成巨患”。此举使地方官与士绅的矛盾迅速激化，“邑间诸绅士闻之愤甚，不期而会者数百人，相率至署诘高以延匪入署、屈意求和诸罪状，高匿署中不敢出。时申文已在道，孙令密遣人追回”。[③]

八月二十，金钱会攻破瑞安潘埭孙锵鸣的安义堡，“大肆焚掠，家资及御赐物顷刻皆尽”，死二团丁和一个童姓客人。[④]

八月二十二，由于官方拒绝措手防御金钱会，瑞安城中大量市民“挈眷避乡”。瑞安士绅对官方的敌对情绪强烈，认为积极议和的高梁材收受了金钱会的贿赂。高写《自誓文》，张贴在县政府大门，除了极力说明自己没有纳贿外，仍然坚持自己对金钱会性质的判断，“事止抢劫村庄，匪聚众谋逆可比”。黄体芳说：“其丧心病狂可恨也。”[⑤]八月二十三，瑞安士绅开始积极着手防守，“集殷户筹捐，……设筹防总局于学宫，四隅亦各置局，令诸绅干练者分董其事”。[⑥]自此到十一月初六瑞安防御战进行了 73 天。八月二十四，瑞安把咸丰八年（1858）

---

① （清）黄体芳:《钱虏爰书》，见马允伦编:《太平天国时期温州史料汇编》，上海社会科学院出版社 2002 年版，第 96 页。（清）孙衣言:《会匪纪略》，见马允伦编:《太平天国时期温州史料汇编》，上海社会科学院出版社 2002 年版，第 131 页。

② （清）孙衣言:《雷渎团练义民表叙》，马允伦编:《太平天国时期温州史料汇编》，上海社会科学院出版社 2002 年版，第 153 页。

③ （清）黄体芳:《钱虏爰书》，马允伦编:《太平天国时期温州史料汇编》，上海社会科学院出版社 2002 年版，第 96—97 页。

④ （清）黄体芳:《钱虏爰书》，马允伦编:《太平天国时期温州史料汇编》，上海社会科学院出版社 2002 年版，第 97 页。

⑤ （清）黄体芳:《钱虏爰书》，马允伦编:《太平天国时期温州史料汇编》，上海社会科学院出版社 2002 年版，第 98 页。

⑥ （清）黄体芳:《钱虏爰书》，马允伦编:《太平天国时期温州史料汇编》，上海社会科学院出版社 2002 年版，第 98 页。

办团时置办的军械发放给守城者，建筑和加固城墙，完善县城的布防组织体系。

八月二十四日，金钱会到平阳坡南“毁宕垟生员余书勋家，旁及其书塾，并掠其临河之酒肆，酿具一空；午后复燔下河游飞鹏屋，自是附郭诸绅家、富家日被侵扰，暮夜不安矣”。[①]

八月二十六，太平军花旗部陈荣部占领义乌，次日攻克东阳。与此同时，李秀成麾下汪海洋部从广丰、玉山进入浙江。金钱会派人跟平阳籍太平军将领白承恩取得联系，声势大盛。[②]八月二十七，瑞安蔡华公开加入金钱会，“揭竿起”。永嘉县拔贡陈世珍与黄维诰一起到瑞安参加议抚活动，发给金钱会功牌五百张。[③]金钱会之为团练以“八卦分股立局，蔡华系第七股，翼字号”。[④]

三、金钱会进攻府城

金钱会在地方上的权力角逐一直处于非常顺利的状态。由于官府的力量受到太平军的牵制，金钱会的行为不但没有受到官府的约束，还得到了地方官的姑息和纵容。此前，金钱会只是进攻平阳和瑞安的村庄，并没有进攻城市。这是因为当时缺乏相应的力量，乡村富户财产也尚未分散，抢掠收益可观。但随着金钱会势力的壮大；乡村富户将财产向具有防御设施的城市转移，城市成为会党武装进攻的对象。金钱会相继进攻了平阳、福鼎、温州城和瑞安。

八月二十八，辰时，金钱会进攻温州府城，抢库劫狱，焚掠各铺户及各绅富一千七百余家。观察志勋在梦中惊醒，科头跣足，缒城逃跑。“道、府印俱为贼所掳，各署丁幕友有被戕者，黄守嫡叔、陈令胞叔均遇害”，[⑤]是为官府和金钱会敌对的开始。金钱会攻城失败后，派人携带缴获的道府印到处州，请太平军取温

① （清）黄体芳：《钱虏爰书》，马允伦编：《太平天国时期温州史料汇编》，上海社会科学院出版社 2002 年版，第 98 页。

② 胡珠生：《温州近代史》，辽宁人民出版社 2000 年版，第 53 页。

③ （清）黄体芳：《钱虏爰书》，马允伦编：《太平天国时期温州史料汇编》，上海社会科学院出版社 2002 年版，第 98—99 页。

④ 周梦江整理：《赵钧〈过来语〉辑录》，《近代史资料》1979 年第 4 期，中华书局 1980 年版，第 185 页。

⑤ （清）黄体芳：《钱虏爰书》，马允伦编：《太平天国时期温州史料汇编》，上海社会科学院出版社 2002 年版，第 99 页。

州城。[①]

九月初一，通金钱会的把总杜之才缒城逃跑。原来致力于议和的各级官府开始对付金钱会，为稳定民心与金钱会争夺民众，这时在瑞安的知府黄维诰宣布“平粜”告示，谷价和米价“俱减十之五，令四隅足谷人家，各运谷于米铺中，日舂数十石以粜诸贫者”。[②]初三，平阳县的士绅展开集体议和活动，“平邑诸绅驰书至瑞城公局，书中多左袒钱仓会首语，……劝我邑诸绅婉为说合，末署十人姓名，曰：陈隽芬、吴达三、周京、苏元、王棫、吴步瀛、孔广孚、孔广翔，而并列杨配笺、王禹绩二人于上，盖以杨、王素负乡望也。此是贼初陷郡城后为贼议和事”。[③]

九月初四，金钱会第二次攻温州城，被击退。[④]自此到十一月初六的两个月间，金钱会不断对瑞安县城发动攻势，虽然没有攻陷，但已成为一座孤城，对外联络被切断。初六，平阳士绅再次集体出面，要求瑞安士绅与金钱会议和。“平邑绅士十人复驰书至局。……力主和议无异前函，具言明日设局南岸，约永、瑞诸绅俱去说合。此是贼再犯郡城后为贼议和事也。”此时金钱会完全控制了平阳城，“贼党在平阳城，恣行敛钱，城内质库、槽坊及各市肆搜刮殆尽，军械半取之营中。……诸绅多开门揖盗”。[⑤]初七，平阳士绅派人到瑞安团练局，请瑞安士绅到飞云江南岸商议议和事，“局中人以来意叵测，过江后，彼众我寡，惧为所胁，因婉辞遣来使还”。[⑥]

此后的一个半月左右，双方互有攻防。

自九月二十九日起，金钱会谢公达部出发赴与平阳毗邻的福建省福鼎县，经

---

① （清）赵之谦：《章安杂说》，马允伦编：《太平天国时期温州史料汇编》，上海社会科学院出版社2002年版，第125页。

② （清）黄体芳：《钱虏爰书》，马允伦编：《太平天国时期温州史料汇编》，上海社会科学院出版社2002年版，第100页。

③ （清）黄体芳：《钱虏爰书》，马允伦编：《太平天国时期温州史料汇编》，上海社会科学院出版社2002年版，第100页。

④ （清）黄体芳：《钱虏爰书》，马允伦编：《太平天国时期温州史料汇编》，上海社会科学院出版社2002年版，第100—101页。

⑤ （清）黄体芳：《钱虏爰书》，马允伦编：《太平天国时期温州史料汇编》，上海社会科学院出版社2002年版，第101页。

⑥ （清）黄体芳：《钱虏爰书》，马允伦编：《太平天国时期温州史料汇编》，上海社会科学院出版社2002年版，第101页。

过了多次反复，于这天攻陷福鼎城。[①]“焚劫城内外三千余家，街市自北门小坝外至城内临水宫止，焚毁净尽，抢劫罄空。……城中刀库兵器俱掠去”。金钱会占领县城一个多月。[②]

十月二十二，瑞安在籍主事黄体立、候补知县沈涣澜、候补盐大使项挺芳、平邑举人候补同知祝登云，到郡城筹兵饷。[③]

十月二十五（11月27日），自此，金钱会猛攻瑞安县城十昼夜。[④]十一月初六（12月7日），高梁材率广艇4艘进飞云江，金钱会腹背受敌，遭重创撤退，瑞安城围解。[⑤]十月二十三，陕安镇总兵秦如虎收复福鼎县城，金钱会分路退回平阳。十二月二十九，秦如虎率军抵达萧家渡，“焚濒江一带贼巢”。[⑥]

同治元年（1862）正月初一，赵起逃出平阳城，官军俘获蔡华。[⑦]初三，秦如虎收复平阳城。[⑧]初四，福建记名道张启煊兵破金谷山，生缚“贼首潘英”。赵起则逃出，途经处州赴永康寻找太平军，金钱会反叛至此结束。

第三节　金钱会之变前后的温州政治生态

瞿振汉起义和金钱会之变对温州地方政治产生了重大的影响。有些趋势是社会长久存在的，有些是社会震荡后产生的。

---

① 《闽浙总督庆端等为金钱会攻占福鼎县城已添兵剿防并参失事各员奏折》(咸丰十一年十月二十五日)，马允伦编：《太平天国时期温州史料汇编》，上海社会科学院出版社2002年版，第229—130页。

② （清）高南英：《记匪患》，马允伦编：《太平天国时期温州史料汇编》，上海社会科学院出版社2002年版，第259页。

③ （清）黄体芳：《钱虏爰书》，马允伦编：《太平天国时期温州史料汇编》，上海社会科学院出版社2002年版，第109页。

④ （清）黄体芳：《钱虏爰书》，马允伦编：《太平天国时期温州史料汇编》，上海社会科学院出版社2002年版，第110—114页。

⑤ （清）黄体芳：《钱虏爰书》，马允伦编：《太平天国时期温州史料汇编》，上海社会科学院出版社2002年版，第114页。

⑥ （清）黄体芳：《钱虏爰书》，马允伦编：《太平天国时期温州史料汇编》，上海社会科学院出版社2002年版，第114页。

⑦ （清）孙衣言：《会匪纪略》，马允伦编：《太平天国时期温州史料汇编》，上海社会科学院出版社2002年版，第138页。

⑧ （清）孙衣言：《会匪纪略》，马允伦编：《太平天国时期温州史料汇编》，上海社会科学院出版社2002年版，第138页。

一、会党是地方权力结构中的重要板块

由于以下三个方面的原因，会党在地方社会中所起的作用是结构性的。

第一，人地矛盾尖锐的状况长期存在。

第二，会党在地方社会中具有顽强的生存能力。

首先，会党往往利用团练、保甲之类的合法组织，以巩固自己的地位。温州地方官利用金钱会对官绅保持某种压力，金钱会也利用地方官取得合法地位以对付官绅。这的确使上层士绅感到很棘手，孙锵鸣因此反对招抚招金钱会为团练，他说："赵起、周荣等人，人知其为贼，正其为贼，乃可办。今妄谓之团练，使贼有所藉以胁民，而民反无词以抗贼，是官驱民从贼也。"[①] 这就是说，金钱会成为团练后，再要"办"他们，倒是名不正言不顺了。根据史料记载，温州另外两个反叛组织，乐清瞿党和平阳红布会都不例外地托身于地方团练、保甲等自卫组织，以合法的招牌掩护非法的举动。[②] 光绪《乐清县志》载：

> 时闽广诸寇扰海上，道府惟以招抚为事，瞿逆心异之，谋益决。会大宪防粤匪，檄各村立民团，瞿逆以此为名，集党羽。[③]

《红寇记》载：

> 适郡邑议行团练，汉乘机投牒，称所居地海滨，愿约结乡兵御外侮，时癸丑（1853年）二月下旬也。邑令孙涤斋（源）允其请，汉益得雄长于乡。……是夏五月，观察庆云浦（廉）以海氛不清，谕民间自备军器便守御，惟枪炮领于官。汉闻之即设冶造刀矛，兼铸炮，按户敛资，众畏其横，莫之拒。[④]

官方文件也有相同的叙述："该县（温州府乐清县）地处海滨，时有艇匪出

① 瑞安县修志委员会编印：《瑞安县志稿》卷1《大事记》，民国二十五年（1936）铅印本。

② 红布会系由金钱会的幸存者为骨干。

③（清）李登云等修，陈珅等纂：《乐清县志》卷14《寇警》，光绪辛丑（1901），东瓯郭博古斋刻印。

④（清）林大椿：《红寇记》，马允伦编：《太平天国时期温州史料汇编》，上海社会科学院出版社2002年版，第10—11页。

没。奉文劝谕各乡自行团练，保卫村庄。上年十二月，瞿振海（即瞿振汉）即以团练为名，起意聚众谋逆。”瞿党的掩护还相当地成功，他们“举动悉与各处团练义勇无异。在城专讯文武各官，皆视为举行团练，毫不在意”。①

瞿党利用的是团练，由金钱会的余部构成的红布会则是利用保甲使自己合法化。福宁知府程荣春的报告说：

> 密拿该奸僧一名到府。讯据供认红布会实系伊父林明造之堂叔平阳麻垾团练总董林孔葵为首，……林孔葵本系从前金钱漏网会匪，借名由县请办连甲，招集余党，作为联丁，肆行无忌。②

金钱会、瞿党、红布会等会党利用团练、保甲为自己的护身符，参与地方权力角逐，我们之所以观察到这一点，是由于因缘际会，他们造反了，“出事”了。我们看到的不过是巨大冰山露出海面的一角而已，可以推断，当有大量托身于团练、保甲等合法组织，但没有“出事”的会党在社会中正常地起作用。

地方官要利用会党来牵制士绅，但对团练的这个“负面作用”也是有所认识的。温州知府周开锡在 1864 年 9 月至程荣春函中说：“夫红布出于金钱，金钱出于团练，人所共知也。团练之事，利少而害多。”③

会党在地方社会中具有极强的生存能力，除了他们成为合法团练组织外，还有下层士绅为他们说话，他们还往往相当深入地渗透到地方政府和军队之中。金钱会的领导人也与地方官和有官方背景的人士建立亲密的私人关系。从“金钱会事件始末”可见，门丁、地保、胥吏时时把政府的动向传递给金钱会。当白布会竭力促成政府、官军剿灭金钱会时，下层士绅、军官和幕客兵不血刃地瓦解了针对金钱会的军事行动。

在起意造反但意图没有暴露的这段时间里，金钱会在地方上采取了一些在正常的情况下不会有的暴烈的行动，如林垟事件、焚毁雷渎、进攻府城。前两者得到了地方官的曲意庇护，由此可见，对于不直接威胁政权的会党组织，政府是能

---

① 《浙江盐运司、布政司、按察司、杭嘉湖道，督同署杭州府知府王有龄会衔禀稿》(1855 年 3 月)，马允伦编：《太平天国时期温州史料汇编》，上海社会科学院出版社 2002 年版，第 55 页。

② （清）程荣春：《福宁纪事・拿获奸僧正元供认红布会匪实系平阳麻埠林孔葵为首禀》，马允伦编：《太平天国时期温州史料汇编》，上海社会科学院出版社 2002 年版，第 398 页。

③ （清）程荣春：《福宁纪事》，马允伦编：《太平天国时期温州史料汇编》，上海社会科学院出版社 2002 年版，第 430 页。

够容忍的；两次进攻府城，均有平阳士绅集体为之说情。这些事件测出了会党在地方上生存的韧度和强度。这实在是很惊人的。

在金钱会之变以后的温州社会中，还有斋教、无为教和白莲教等会党组织的活动，由于它们在地方社会中拥有很大的生存空间，是地方权力格局的一个重要组成部分。在地方政治生态中，政府、士绅、会党，呈鼎足而三之势。

二、上层士绅集团权力的膨胀

19世纪初以前，地方社会中存在着类似“生物链”之类的平衡结构。作为个体的下层士绅虽然其势力不可与上层士绅相提并论，但他们通过宗族的纽带与村社政治结构的联系是有机的，与平民也结成了较为亲密的联盟，[①] 因此，地方社会政治生态尚处于一种相对平衡的状态。太平天国运动兴起（咸丰元年）后，上层士绅的膨胀导致了地方社会的权力失衡，但温州社会的正常秩序竟然还能维持十年之久（咸丰十一年林垟事件后温州社会乱起），这里面存在着一种什么样的政治运作机制呢？

士绅间由于地位和势力的悬殊，他们的利益并不总是一致的，因此他们之间存在着矛盾和隔阂是非常自然的事。正是根据这个基本事实，张仲礼把士绅划分为上层士绅（upper gentry）和下层士绅（lower gentry）。

在一般的情况下，上层士绅和下层士绅之间有矛盾、有分歧，但不会导致分裂，因为从整体上看，即使是下层士绅中的只具最低功名者，也属于既得利益者，他们已经能够免除地方官和胥吏、衙役之徒的侵害。生员形成一个较为独立的社会阶层，[②] 并且在地方社会中曾经拥有很大的势力，连官府也感到非常棘手，顾炎武曾说：“今天下之出入公门以扰官府之政者，生员也；倚势以武断乡里者，

① 这可见之于乾、嘉、道年间发生在平阳和永嘉的几个大案。详见第一章第三节。

② 其原因有：1. 生员数量的庞大，明末达到50万。（清）顾炎武：《亭林文集》卷1《生员论》，《顾亭林诗文集》，华忱之校注，中华书局1983年版，第21页。2. 生员数量大增，然而科举录取率却没有相应增长，大量生员终身不能中举。3. 明中叶以后，由于附生的大量增加，许多生员未能在学校读书，从而摆脱了学校规训的制约，流入社会后，形成了一个不受监督的社会力量，以致生员成了一个很大的社会问题。顾炎武将乡宦、生员、胥吏并列为病民的三种社会力量。（清）顾炎武：《亭林文集》卷1《生员论》，《顾亭林诗文集》，华忱之校注，中华书局1983年版，第22—23页。费密称晚明有“五蠹”：州县胥吏快皂为“衙蠹”；投献王府、武断乡曲者为“府蠹”；民间豪民为“豪蠹”；缙绅家之义男为“宦蠹”；喜事害人的生员为“学蠹”。（清）费密：《荒书》，浙江古籍出版社1983年版，第153—154页。

生员也；与胥吏为缘，甚有身自胥吏者，生员也；官府一拂其意，则群起而哄者，生员也；……上之人欲治之而不可治也，欲锄之而不可锄也。”[①] 生员自明末起通过对政府部门的渗透和他们的集体行动，形成了一股不容忽视的社会力量。顾炎武讲的虽然是明代的情况，其实清代也是如此。因为，清代沿袭了明朝的科举制度和士绅结构。在清代的法律制度中，下层士绅享有大量合法的特权，还可以倚仗这些特权巧妙地谋取许多非法的权益。[②] 既然如此，下层士绅也应该是现行秩序的维护者，可是我们惊奇地看到，在金钱会和瞿党的反叛中，上层士绅和下层士绅矛盾不断激化，由正常的分歧无可挽回地走向分裂，最后演变为你死我活的角逐。

金钱会的搅动使我们看到了一些在正常状态下不易观察到的政治生态现象。左宗棠在《复陈参奏不实情形折》（同治二年十二月）中提到地方社会中存在着多种矛盾，其中的一个矛盾就是“绅与绅仇”。

在金钱会反叛的过程中，上层士绅集团和下层士绅集团构成了壁垒分明的两条阵线。上层士绅由咸丰三年（1853）奉旨在家乡办团的孙锵鸣领导，以瑞安大族孙家和黄家为骨干。孙家是瑞安著名的大族，孙衣言和孙锵鸣兄弟均为清廷高官。孙锵鸣（1817—1901），字蕖田，道光二十一年（1841）进士，二十四年散馆编修，三十年任广西学政。咸丰三年（1853）任满，请假回乡，清廷命他在原籍会办团练捐输，其使命与曾国藩相似。黄家也是典型的上层士绅，除了黄体芳外，还有大公子黄体正，他考中举人后，已经出任知县。地位更为显赫的是二公子黄体立（1830—？字淳卺，号卣卿），咸丰六年（1856）进士，官至刑部福建司主事，兼河南司主稿总办。与金钱会事件相关的上层士绅主要分布在瑞安县；下层士绅分布在平阳全境和瑞安部分地区。平阳士绅集团是典型的下层士绅集团。形成这个格局的历史渊源是明清两代平阳科甲不振。民国《平阳县志》载：

> 明成祖以后文风迭降，科目遂衰，至清益寥寥矣。清邑令何子祥《蓉林笔钞》云：“昆阳（平阳县古称）文风远逊浙西。士子得一青衿，

① （清）顾炎武：《亭林文集》卷 1，载《亭林遗书十种》，蓬瀛阁刻本，第 17—19 页。

② 详见张仲礼：《中国绅士——关于其在 19 世纪中国社会中作用的研究》，上海社会科学院出版社 1991 年版，第 29—37 页。瞿同祖：《清代地方政府》，范忠信、晏锋译，法律出版社 2003 年版，第 293—300 页。

便为止境，养习商贾事，科岁试聊以备功令，盖其视科名若登天然，先自画也。”邑人毛锦涛《启元社题名记》云：“……厥后（指明清间）习俗陋，士气衰，诵读者率皆志气卑小，甫游庠辄束书高阁，营什一利；不然亦自视满足，不复切磋，以底有成。”①

平阳县的读书人往往以考取低级功名为满足，很少有人获取高级功名跻身上层士绅的行列，因此，自1500年至1905年的406年间，平阳县只出进士4人，举人21人。②平阳县文风、士气如此，根本无法像瑞安那样形成一个强大的上层士绅集团。

两个士绅集团的斗争是围绕对待金钱会的态度展开的。在上层士绅一方，孙锵鸣于咸丰四年（1854）在家乡筑堡办团练，孙氏的团练最初只为对付发展势头迅猛的太平军。但自金钱会于咸丰八年（1858）出现后，他们对金钱会的发展异常警觉。咸丰十一年（1861），当平阳县令翟惟本招抚金钱会为义团时，孙锵鸣向温州知府黄维诰力争，认为这样做必重蹈当年淮北招苗沛霖为团练的覆辙，黄不为所动。孙又派人将情况密报浙江巡抚王有龄。咸丰十一年（1861）二三月间，他们感到问题的严重，“锵鸣谓官不可恃，乃谋益治团务，逐乡以为团”。随着金钱会的日益壮大，上层士绅承受的压力也越来越重。孙锵鸣“向县令及城乡绅士筹画方法”，集结士绅力量对付金钱会。八月初四，孙锵鸣、温和锵等到府城向知府提出了攻袭金钱会大本营钱仓的方略。

下层士绅对金钱会的感受和态度则迥异其趣。纵观金钱会反叛的整个过程，我们发现大量下层士绅出现在金钱会中。金钱会成立的次年就有潘英、林景澜、郑日芳等生员加入。其后陆续有士绅入会，其中以瑞安县屿头人蔡华最为著名，他是金钱会中仅次于首脑赵起的重要人物。赵之谦说：“金钱会匪中有蔡华者，本科选拔贡生也，而辅贼首赵起为变，一切调度皆出其手。”③ 另外，还有不少下层士绅虽然没有正式加入金钱会，但在金钱会壮大的过程中，为金钱会说话并在政府和军队中为金钱会打点，现在留下姓名的有朱汉冕、沈涣澜、蔡维屏和陈

① 符璋、刘绍宽纂：《平阳县志》卷19《风土志·士习》，民国十四年（1925）刻本。

② 符璋、刘绍宽纂：《平阳县志》卷29《选举志二》、卷30《选举志三》，民国十四年（1925）刻本。

③（清）赵之谦：《章安杂说》，马允伦编：《太平天国时期温州史料汇编》，上海社会科学院出版社2002年版，第125页。

世珍等。

随着金钱会的动作越来越多，越来越大，温州呈现了这样一幅奇特的景观：上层士绅犹如热锅上的蚂蚁，向地方官泣血陈词，哀求官府与之联合消灭金钱会；而大量下层士绅坚持不懈地进行议和活动，以保全金钱会，以消解上层士绅集团的力量，充分体现了两个集团的尖锐对立。

前述咸丰十一年六月二十六林垟事件发生后，很快就有若干士绅出来破坏和阻止官府对金钱会的镇压，沈涣澜是一个关键人物。他一面劝告与金钱会有仇的陈、谢两家与金钱会和解；一面又暗中瓦解了官府针对金钱会的军事行动，并给地方官出主意，把金钱会与陈、谢的争端归咎于孙锵鸣。八月初九，沈涣澜又协助高梁材动员陈氏、谢氏亲戚好友议和。继林垟事件后，金钱会又焚掠了瑞安孙家的城堡安义堡，上层士绅与金钱会势不两立的状态实已不可逆转，但是八月二十七，永嘉县贡生陈世珍与知府黄维诰一起到瑞安劝和。

陆续有绅士分散地协助官府进行议和活动，但更能体现士绅分裂的是平阳士绅的两次集体议和。八月廿八金钱会攻陷温州府城。金钱会此举使其本身的"性质"发生了变化，即原先属于普通帮会的金钱会因为有进攻府城而演变成了"谋逆"组织，按常理推测，在这种情况下议和已不可能，但奇怪的是平阳士绅调停活动反而由此达到高潮，他们"飞函劝我邑诸绅婉为说合"。[①] 平阳士绅议和信发出的第二天——九月初四，金钱会对温州府城又发动了第二次进攻，匪夷所思的是，事情发展到这个地步，平阳士绅于九月初六，继续集体出面议和。

且不说为数不少的下层士绅加入了金钱会与上层士绅进行殊死的搏斗，且不说作为下层士绅一员的沈涣澜对孙锵鸣的构陷，单是下层士绅所谓的议和，也不是真正意义上的为缓和两者矛盾谋求"双赢"的议和。在议和的名义下，下层士绅对金钱会保全的本身，对上层士绅来说就是灾难性的，正因为如此，上层士绅才会有大祸临头的恐惧。

这种情况也见之于瞿党的反叛。大量下层士绅参加瞿党与上层士绅所办的团练进行面对面的武装冲突。瞿党的反叛军大约3000人，已考出的乐清人为83人，身份已经明确的有33人，其中贡、廪、生监24人，几占83人的30%。廪

① （清）黄体芳：《钱虏爰书》，马允伦编：《太平天国时期温州史料汇编》，上海社会科学院出版社2002年版，第100页。

生傅礼淮和生员刘公锐是义军的军师和参军。[①] 浙江省派遣到乐清处理善后事宜的大员在报告中称："瞿党多系贡监生员，兵丁胥役"，"瞿案贡、廪、生、监甚多……"，"瞿振海勾结党伙多人，贡、廪、生、监，书、差、兵、役居其大半"。[②] 参加起事的士绅没有一个是获得举人以上功名的，全为下层士绅。时人林大椿是这个事件的目击者，他观察到大量士绅在地方上曾受到瞿党的庇护。他的《红寇记》记载："廿四日，（浙江盐运使庆廉）驻大荆，接见官绅，……续谕贼徒名册急宜焚毁。有持此讦发者，以诬告论。……然册中人时阴受其庇。"[③] 这段话记录了这么一个历史情节：一场大乱过后，省官员为了缩小打击面以减少社会震荡，把瞿党所录的名册销毁以保护那些列名在册的士绅，但该书作者认为册中的士绅事实上"阴受其庇"。可见，以瞿党为庇护所而支持瞿党的下层士绅远不止上面考出姓名的 24 人。作者的记录是可靠的，民国时温州名士黄群在 1929 年写的《红寇记》跋中说："盖书中所举瞿党，与作者多并时人，复同邑里。"[④] 就是说，《红寇记》里出现的人物不仅与作者同时，而且有许多为作者所认识。

还有一点与后来的金钱会有着惊人的相似，很多下层士绅虽然没有与上层士绅直接冲突，但当瞿党与对手紧张对峙的时候，乐清县也有一批下层绅士，"联名具结，力保振汉无他志"。[⑤]

三、下层士绅与会党的联合

学者刘铮云分析说："为了避免因为金钱会的被歼，失去了未来可资凭藉的武力，在地方政治角力上失去优势，他们因而出来议和。"[⑥] 刘氏的意思是下层士

---

① 胡牧：《瞿振汉起义史实》，《温州师院学报》（哲学社会科学版）1989 年第 1 期。

② 《浙江盐运使庆廉奉委查办乐清县匪徒占踞城池始末详文稿》，马允伦编：《太平天国时期温州史料汇编》，上海社会科学院出版社 2002 年版，第 38、41、43 页。

③ （清）林大椿：《红寇记》，马允伦编：《太平天国时期温州史料汇编》，上海社会科学院出版社 2002 年版，第 27 页。

④ 黄群：《〈红寇记〉跋》，马允伦编：《太平天国时期温州史料汇编》，上海社会科学院出版社 2002 年版，第 29 页。黄群，浙江省平阳县人，民国时期有影响的政治活动家、藏书家，历任浙江都督府代表、国会众议员、第三区（江浙皖）矿务监督署署长、财政部顾问等。他的操守和业绩受到梁启超、蔡元培、黄炎培、陈叔通、陈布雷、曹聚仁等各界人士的推崇。

⑤ （清）林大椿：《红寇记》，马允伦编：《太平天国时期温州史料汇编》，上海社会科学院出版社 2002 年版，第 16 页。

⑥ 刘铮云：《金钱会与白布会——清代地方政治运作的一个剖面》，《新史学》第 6 卷第 3 期，1995 年 9 月。

绅指望借助金钱会的势力与上层士绅抗衡，此说极富启发意义。在两个士绅集团之间，插进了一个会党；下层士绅借助会党与上层士绅达成权力平衡。这里面隐藏着一个至为关键的问题：既然会党正在发挥着平衡地方权力结构的功能，那么会党出现以前肯定出现过失衡，失衡的原因又是什么呢？

张仲礼曾经指出："在地方团练的组织中，上层绅士拥有更大的控制权，下层绅士通常只是较小的团练单位的首脑。"[①] 张氏所言点到了问题的关键，温州的情况正是如此。但笔者以为下层士绅的处境比张氏所说的还要糟糕，由于团练单位有限，下层士绅成为小团练首脑的机会其实也不太多，一般而言，只有较为富裕者才存在这种可能，大多数普通的下层士绅并不具备办团的财力和影响力。在乐清瞿党一案中，后来追随瞿振汉反叛的廪生傅应熙和生员刘以成也曾经积极筹措办团，史载"傅留刘家，相与画策，亦以练勇为名，号召党徒会于县城徐天佑家"。但最终因他们"匮于财，资粮器械一切无措，事遂缀"。[②] 与此形成鲜明的对照，瑞安孙氏和黄氏为首的上层士绅集团在办团之机，形成了强大的不为官府节制的私人武装。在这种情形下，上层士绅就获得了对下层士绅更大的支配权力，向下层士绅派捐派饷在所难免，不仅如此，他们还控制了更多的社会公共资源。在温州，上层士绅孙家的势力一直渗透到县和乡村，大部分下层士绅并没有多少回旋的空间，他们是办团无望，出钱有份。下层士绅即使有条件办团，也会受到上层士绅的遏制。金钱会起事前，瑞安廪生张夫葵在县东河乡一带办团，名曰"连环会"。张氏晚年回忆这段历史时透露了他们与上层士绅的矛盾：

> （孙锵鸣）既而闻河乡与平阳各有团，乃借其戚曾鸿昌财力，设酒教士馆，招集乡民聚饮。每人分给白布一块，亦美其名曰白布会。……大绅因河乡入会者稀，反谓连环无异金钱。将耸当道，中以法。赖城董胡君棣甫、桂樵昆仲驰函阻办，并力向当道代剖，予等始无意外祸。而河乡团练由此散。大绅知乡团已散，遂专与金钱会首争长。金钱聚

① 张仲礼：《中国绅士——关于其在 19 世纪中国社会中作用的研究》，上海社会科学院出版社 1991 年版，第 5 页。

② （清）林大椿：《红寇记》，马允伦编：《太平天国时期温州史料汇编》，上海社会科学院出版社 2002 年版，第 11 页。

会已久。招集乡勇甚众，固结官吏又深，不畏其势，遂与角胜。[①]

按照他的说法，孙锵鸣是“闻”下层士绅在河乡办团后，才去组织白布会的。但河乡入白布会的人很少，这就意味着上层士绅的白布会势力没有能够渗透到其中，因此孙锵鸣称连环会也与金钱会一样属于黑社会性质，并要求政府予以制裁。最后的结果是，他们虽得以免祸，但在孙锵鸣等的压力下，河乡乡团遂散。去掉这个异己势力后，又去与金钱会“争长”。因张庆葵本人也是当事人，本文对这段话的客观真实性是有所保留的，但无论如何，他指出的上层士绅、下层士绅之间的权力斗争实质不会错。在这种情势下，下层士绅寻求与金钱会的联合，或利用金钱会的势力对抗上层士绅就是很自然的事。张氏本人后来也参加了对金钱会的镇压，但从这段话中，对金钱会“不畏其势”敢于与孙锵鸣“争胜”，他不无快意。而他们自己在河乡办连环会也未始没有乘乱扩张地方实力之意。

由此可见，正是上层士绅集团权力的膨胀使地方权力结构失去了平衡。在这种情况下，像金钱会和瞿党成为下层士绅的依靠对象就是顺理成章的事了。正因为如此，才会有热心的下层士绅向县令建议将金钱会收编为团练，又因为官府也有抑制上层士绅的意图，[②] 双方一拍即合，一起参与了旨在保存金钱会的议和活动。孙锵鸣斥责朱汉冕提议将金钱会吸纳为团练是为了“谋两利”，谋金钱会和下层士绅之利，这种洞烛幽微只有孙锵鸣这样的历史亲历者才能做到。

在这种团练可以成为个人或小团体谋取私利的工具的情况下，大量没有足够财力办团而又不甘受制于人的下层士绅进行了反抗。他们把会党当作自己地方权力斗争中的依靠力量。当矛盾趋于尖锐的时候，他们以“中间人”的面目出现，打着“调停”的旗帜进行议和，以保全会党这个庇护所。这在金钱会事件中体现得很充分，在瞿案中也是如此。在地方权力角逐中，不敌上层士绅而加入瞿党的

---

① （清）张庆葵：《瑞安东区乡团剿匪记》，马允伦编：《太平天国时期温州史料汇编》，上海社会科学院出版社 2002 年版，第 177 页。

② 太平天国起事后，清政府指望借助团练恢复社会秩序，鼓励地方绅民兴办团练“以辅官兵之不足”，各地士绅由此纷纷办团，其中一些绅士借机以办团为名行建立私人武装之实。清政府对控制着团练的上层士绅深怀戒心。萧公权曾经指出，清政府对地方团练的控制不敢掉以轻心。咸丰皇帝曾要求各地地方官认真妥办，“俾守望可以相助，而权亦不至归于民间”。见 Kung-chuan Hsiao,*Rural China:Imperial Control in the Nineteenth Century*, Seattle:University of Washington Press,1960,p.297。大概出于同样的原因，温州地方官不愿让以孙锵鸣为代表的上层士绅集团过分强大。他们让高举讨伐“长毛”义旗的金钱会披上团练的合法外衣，并乐于见到金钱会与上层士绅集团抗衡。

下层士绅非常之多，史载党首瞿振汉“……好交游，挥金接客，文人无藉者皆归之”。[①]这“文人”中必当有不少是有功名的下层士绅。在金钱会一案中，金钱会与地方官的关系破裂成为官府的敌对势力后，江南绅士杨配篯领导的团练成为防御金钱会的主要力量之一，后来受到了金钱会死敌孙衣言的高度赞扬。[②]但值得注意的是，在官府与金钱会的关系完全破裂之前，他也是领衔议和的重要人物。像这么一个对金钱会有很深的敌意，并早就对金钱会保持高度戒备的人，也参与了议和活动。可见，下层士绅与上层士绅的矛盾多么尖锐，他们保存金钱会势力以消解上层士绅力量的愿望是多么强烈！

概而言之，上层士绅的权力膨胀导致了上层士绅与下层士绅的权力失衡，金钱会是地方政治生态的平衡力量。

导致分裂的两个条件——地方军事化时代上层士绅权力的膨胀和会党的存在，[③]均非温州社会所独具。就前者而言，这是晚清一项具有深远影响的制度性嬗递。几乎与金钱会起事同时，大学士周祖培奏称：“北省近畿各处渐多藐视长官，倚恃团众，抗粮拒捕之事。”由于士绅办团练对官府构成现实的威胁，河南巡抚严树森甚至“通饬北岸沿河各地方官禁止团练”。[④]就后者而言，由于乾隆中期以来人口的急剧增加，大量农民被抛出农业经济而流落于江湖，成为会党繁衍的社会基础。至19世纪初，白莲教众多支派，活跃于大江南北。天地会的势力遍布两广、福建、台湾、两湖和四川。

我们看到，在地方军事化时代来临以后，上层士绅和下层士绅的利益所在和政治诉求完全不同。就国家与社会的关系角度看，两者在为保护和争夺利益而展开的地方权力角逐中，与国家与民众形成的关系迥然不同。上层士绅与官府多有

① （清）林大椿：《红寇记》，马允伦编：《太平天国时期温州史料汇编》，上海社会科学院出版社2002年版，第10页。

② （清）孙衣言：《奉直大夫中书科中书衔平阳杨府君墓志铭》（1875年12月），马允伦编：《太平天国时期温州史料汇编》，上海社会科学院出版社2002年版，第146—147页。

③ “地方军事化”之说最先见于美国学者孔飞力《中华帝国晚期的叛乱及其敌人》的“平装本序言”和第一章（中国社会科学出版社1990年版）。爱新觉罗·奕詝于咸丰三年（1853）正月初八下令各省，仿嘉庆年间破川楚白莲教的坚壁清野之法，办团自保，要求各地方“或筑寨浚壕，联村为堡；或严守险隘，密拿奸宄”。中国第一历史档案馆：《清政府镇压太平天国档案史料》第4册，社会科学文献出版社1992年版，第363—364页。地方军事化的含义应该是，各地响应清政府的号召办团，士绅合法地拥有地方武力。

④ 两件事均见《清实录》第45册卷12，中华书局1986年版，第306b、318a页。

冲突，与民众关系极为紧张；下层士绅却为遏制上层士绅上联地方官下结民众的有组织力量（会党），关系甚为暧昧。

四、地方政府仍是地方政治的主导力量

金钱会反叛并不是必然的，如果没有太平天国造反的大势等因素起作用，他们未必会真正走上反叛国家的危险道路。如果是这样，它就是社会上的一个正常起作用的力量。处于错综复杂矛盾中的地方官积极地或是消极地，主动地或是被动地对之加以利用，以制约上层士绅的力量，达成地方社会中政治势力的平衡，从他们的角度看未始不是一种明智的选择，我们在事后的理性分析和当事人的决策，其环境已经有了很大的不同。如果不以成败论英雄，政府官员对金钱会的“不作为”未必是昏聩和愚蠢的同义词。

对金钱会的“不作为”首先是出于无奈。19 世纪中叶地方官深深陷于困境之中：一则困于现实情势；一则困于僵硬的制度。

历史上的温州曾被称为“冲难”之府，以“民风犷悍”名于当时。近人孙锵鸣在谈到永嘉县的民风时说：“南宋时，楠溪人文甚盛。……而近百年来，俗颇强悍，尚武力，号为难治。”① 而平阳又是温州最为“难治”者。“瓯闽地势，山环海错，奸宄之渊薮也。”② 由此可见，温州的地方官不是好当的。不要说后来强大的金钱会，对付比金钱会力量小得多的程殿英，平阳县令翟惟本就束手无策。程的侄子（《会匪纪略》作儿子）“系平阳狱，殿英谋篡取之”，时人记载翟惟本的反应是“惧”，是“窘”。③ 难怪金钱会壮大后，“会中有犯法者，官不敢问”。④ 后来金钱会一度为对付绅团的进攻，挟制了平阳县知县，发号施令。平阳县城实际上被金钱会所控制。

“不作为”也出于与太平军斗争的紧张形势。就温州知府而言，他不能不考

---

① （清）孙锵鸣：《谢文波六十寿序》，孙锵鸣：《孙锵鸣集》，胡珠生编，上海社会科学院出版社 2003 年版，第 58 页。楠溪江流域构成了今永嘉县的主体部分。

② （清）程荣春：《福宁纪事》，马允伦编：《太平天国时期温州史料汇编》，上海社会科学院出版社 2002 年版，第 378 页。

③ （清）孙衣言：《会匪纪略》，马允伦编：《太平天国时期温州史料汇编》，上海社会科学院出版社 2002 年版，第 128 页。

④ （清）黄体芳：《钱虏爰书》，马允伦编：《太平天国时期温州史料汇编》，上海社会科学院出版社 2002 年版，第 92 页。

虑逼近温州的太平军的威胁。咸丰十年（1860）浙江诸暨之莲蓬党反叛，同样是由下层群众组织起来，以团练的名义控制地方事务的权力实体。首领何文庆与诸暨县令产生冲突，县令把这个事件报告浙江巡抚王有龄，请求处置。王有龄因忙于对付太平军，不愿激反莲蓬党，乃下札招抚，命何文庆率众受处州镇总兵文瑞节制，配合清军攻打金华太平军。[①] 因此，稳住金钱会不反实为上策。

地方官的“不作为”还有一个更为深层的因素是官员考绩制度的僵化。地方官对金钱会的姑息，依孙衣言的看法是“讳饰以酿乱，乱既成，则益讳饰以求自脱，此不肖道府之故智也”。[②] 孙氏自己就是官场中人，分析原因可谓一语中的。“讳饰”在官场司空见惯，已经成为地方官的“故智”。19 世纪中期以来，游民的抢劫，会党的蔓延，使清王朝法纪荡然。一些地方的捕盗机构、军队与匪盗、会党串通一气，参与赃物的瓜分。盗案在境内发生，如果不能及时破案，考核时州县官往往被议处。因此像温州这样招抚会党为团练，把反叛说成捣抢，避重就轻，规避处分，已经不是个别现象；也不限于县级、府级地方官，封疆大吏也在所难免。广西巡抚郑祖琛“最恨地方官查拿逆犯”，[③] 有的地方官甚至“向贼讲和，冀图苟免”。[④] 广西天地会反叛大势的形成与温州金钱会的坐大过程惊人地相似，其中一个重要原因也是地方官怕激变会党组织，因而讳饰，终至成乱。龙启瑞说：“道光二十一年（1841）后，……壮丁失业，猾黠之徒，相聚为盗，烟贩盐枭之属，从而附和。……州县官欲绳以法，则恐生他变；欲据实上陈，则规避处分，而畏干时忌。逮酿成大患，破则决裂，不可复治。”[⑤] 可见“不作为”是当时地方官为应对考绩制度而采取的一般策略。另外，从这个案例中可以看到，由游民构成的会党组织对社会的攻击性几乎是天然的。

地方军事化趋势加强以后，上层士绅的势力急遽膨胀，同时意味着地方官权力的弱化。又由于镇压太平天国的军费支出浩繁，政府在地方上逼捐饷银，地方官与士绅势若水火。这时，在地方上出现一个能与士绅集团争雄的地方会党，地

① 周育民、邵雍：《中国帮会史》，上海人民出版社 1993 年版，第 204 页。

② （清）孙衣言：《又书〈会匪纪略〉后》，马允伦编：《太平天国时期温州史料汇编》，上海社会科学院出版社 2002 年版，第 142 页。

③ （清）李星沅：《奏复陈谕饬筹办事宜片》，《李文恭公遗集》卷 22，同治四年（1865）刊本，第 15 页。

④ 《清文宗实录》卷 23，中华书局 1986 年版，第 306b、318a、325a 页。

⑤ （清）龙启瑞：《粤西团练缉略序》，《经德堂文集》卷 6，光绪四年（1878）京师刻本。

方官虽有隐忧，但也有现实的好处，即据此牵制上层士绅集团。

在金钱会进攻府城之前，地方官虽然置身事外，但他们是是非的评判者，是地方组织及其行为合法与否的裁决者。起先，他们半是无奈半是有意地认定金钱会是合法的团练组织，判定士绅组织白布会负有激变金钱会的罪责。不管后来事态有多么惊心动魄的发展，地方官对早期金钱会的定性和对白布会挑战金钱会的后果分析都没有发生变化，不管用来支撑的理由有多么牵强，甚至不惜指鹿为马。

在士绅与地方官的对峙中，地方官的怯懦和处于下风容易给人一种错觉，似乎政府在地方的主导权已经为士绅所取代。但其实不然，地方官的两个说法坚持不变：第一，金钱会之变，系由“陈、谢激变”。正是由于安胜义团的绅士“妄欲扑灭金钱”才“酿成巨患”。第二，“前所勘林垟房屋，迹近掳抢，无足深尤（忧）”，意为不过是几个不法之徒滋事，不必上纲上线到造反的高度。

温州地方官府的这些言说又出现在九月十六（10月19日）闽浙总督庆端给朝廷的奏折中：

> 兹叠接温州、福宁文武先后禀报，前（钱）仓等处因咸丰八年间处郡失守，逼近逆氛，该处乡民办理团练，铸有义记大钱，每人分给一枚，遇警应援，以为信守。讵有不逞之徒，冀图借此渔利，倡立金钱等会名目，私自铸钱布散。本年五月间，逆匪窜陷处州郡县，警报频仍，温州防务吃紧，该匪等乘机纠党诈抢。瑞安县属，亦有匪徒啸聚，另立白布会等名目，经署温州府知府黄维诰出示解散，胁从各匪即有悔悟，缴销钱帖等项。①

庆端奏折的内容无疑是温州府地方官的报告，这时金钱会已经成为官府必须剿灭的敌人，为了使原先的说法能够继续成立，报告对事实动了很大的“手术”：第一，事实是金钱会成立在先（咸丰八年），受抚为团练在后（咸丰十一年二月）。庆端的奏折却把这两件事颠倒过来说：是团练（先有团练）中几个“不逞之徒”“冀图借此渔利，……私自铸钱布散”，才出现了金钱会。而且称铸造义记大钱也是出于防御太平军的正当需要。第二，把由上层士绅领导的白布会说成

---

① 《闽浙总督庆端为平阳等县金钱会众攻占温州等处并将疏防官员革职事奏折》，马允伦编：《太平天国时期温州史料汇编》，上海社会科学院出版社2002年版，第223页。

由“匪徒啸聚”而成，奉旨办团练对付太平军和金钱会的孙锵鸣反倒成了讨伐的对象。这是一种相当出格的说法，难怪黄体芳要愤激地说地方官“竟以奉命办团之孙侍读与谋逆之赵起为偶”。可见地方官还具有一手遮天的能力。

这种说法在金钱会被平定以后，也没有发生变化。这时，除了翟惟本和李鸣邦被庆端革职外，其他的温州地方官并没有承担相应的责任，仍然位居要津，“日事饮博，酣歌取乐”。孙锵鸣难消满腔的愤恨，在同治元年（1862）、二年（1863）的两年间三次或函请（向督抚）或奏请（向朝廷），要求惩办在金钱会事件中的失职官员。

第一次是在同治元年（1862）春，孙致函闽浙总督庆端：

> 平阳会匪之变，外委李鸣邦先与之通，平阳县翟惟本既不能制，遂与李鸣邦通同庇贼。署温州知府黄维诰饬已革知县高梁材驰往探察，高梁材又得贿庇贼纵扰。瑞安副将赵振昌、署瑞安知县孙杰闭城不敢与贼战。道员张启煊、总兵秦如虎以闽兵至，民团亦相约杀贼，瑞安之围始解。贼首赵启由瑞安击败，遁回平阳，翟惟本阴纵之逸，后知罪无可宽，复贿属遂安令黄宗贵为之解免。①

第二次是在同治二年（1863）夏，孙就金钱会反叛事件致函新任闽浙总督左宗棠，信函的确切内容现在已不可知，估计与他后来给朝廷的奏折差不多。可以肯定的是左的函复令他不满意，所以他在同年十月直接上奏皇太后与皇帝：

> 温州吏治之坏，其始由于前署温州府知府黄维诰、已革平阳知县翟惟本、前署瑞安县知县孙杰等昏聩庸懦，纵匪殃民，酿成会匪之乱，旋被发逆窜陷。上年收复后，知府周开锡试办盐厘，地方情形尚未能尽熟，经署永嘉县知县陈宝善卑污巧诈，专善逢迎，劝其以杀立威，永嘉所辖之安溪地方以盐税过重，偶有违言。陈宝善力主用威，捕得一人立时斩首，其父母妻子同时含冤自尽，几至激变。已革平阳县知县苏金策以留算交代为名，仍办平阳捐务，与署平阳县知县余丽元等

① 转引自左宗棠《查明失察会匪酿变之员弁从重拟结折》（同治三年六月二十七日），马允伦编：《太平天国时期温州史料汇编》，上海社会科学院出版社2002年版，第253页。

带同会匪蔡懋贞四出勒派，锁押良善，逼取财贿，欲壑既盈，然后释放，寡妇孤儿亦无免者。又瑞安双穗盐场大使陈泰森以入会通匪乡里不齿之捐纳知县沈涣澜在盐局帮办，秤则重入轻出，钱则大入小出，洋银进出异价，百端剥削，致令盐丁激变毁卡。又托名捕盐禀设缉捕勇船，实无一船一勇，不过借词需索，惟勒收渔户客船货行私费入己，下至灵星小贩亦无一免。[①]

在上述引文中，孙锵鸣一共揭发了5件事，只有第一件直接与金钱会相关，但所有被指控的官员都是当年姑息金钱会的地方官。朝廷着令左宗棠“将被参各员确切查明，严行参办，迅速奏闻”。在孙锵鸣看来，金钱会事件的事实已经是清清楚楚，是非也已明明白白，但是非常不幸，左宗棠同治二年（1863）向朝廷递交的调查报告对孙氏的奏折予以全面的批驳。首先，在有关金钱会反叛的原因方面，左氏完全采信温州地方官的说法：

臣查温州上年金钱会匪之变，已革平阳县知县翟惟本，事前失于察觉，事后不能剿捕，纵匪殃民，固属咎不可逭。然察其激变之由，则实因瑞安林垟地方牙户李子荣与富户陈安澜积有嫌隙，嗾前（钱）仓匪党将陈安澜房屋拆毁。前署温州府知府黄维诰闻报饬拿。前在籍翰林侍读孙锵鸣赴郡请兵剿捕，黄维诰以发逆已陷处州，温防吃紧，官兵未可轻动为言辞之。孙锵鸣遂自募勇丁赴平阳，将钱仓房屋烧毁，前仓匪党旋亦烧毁孙锵鸣房屋，闻孙锵鸣有赴府城之信，即阑入府城。其时黄维诰正赴瑞安查缉匪党，陈宝善亦赴乡催粮。比闻警遄归，将会匪击散，郡城未被占踞。厥后会匪攻温州者两次，攻瑞安者一月有余，黄维诰、陈宝善、孙杰等设法守御，幸未被陷。言者但以纵匪之咎归于官，而不知构衅之故实绅团孟浪致之也。[②]

---

① 该奏疏原名可能为《温处两郡地方凋敝请蠲苛法俾民休息疏》，瑞安孙氏《海日楼文集》注明此疏“佚”，上述引文主要来自（清）孙锵鸣《孙锵鸣集》，胡珠生编，上海社会科学院出版社2003年版，第10—11页。据胡氏自注，他复原的依据是《清穆宗实录》卷82同治二年十月癸巳（二十日）上谕。

② （清）左宗棠：《复陈参奏不实情形折》，马允伦编：《太平天国时期温州史料汇编》，上海社会科学院出版社2002年版，第249页。

左氏的奏折同意地方官的说法：金钱会与孙锵鸣斗争属于私怨，他们攻城的目的是对付孙锵鸣，最终的结论是金钱会起事盖由士绅激变而成，即“构衅之故实绅团孟浪致之也”。其后，孙氏对金钱会乱后地方官所作所为的指控也被左氏逐条予以否认。在左氏的奏折里，孙氏的指控，或捕风捉影，或无中生有，都是荒谬绝伦的。按照前述黄体芳的说法，沈涣澜是最先力主与陈、谢等议和，并最先出主意把金钱会之乱“诿咎于办团之孙侍读”，但左氏是这样为沈涣澜时开脱的：

> 其沈涣澜一员，向在瑞安绅局与孙锵鸣等同办团事，闻因言语迕触，致成嫌隙，其曾否入会通匪，亦无从查悉。该绅所办系海防局务，按照船只大小收费，置船募勇为缉盗护商之用，而置船募勇之事系归护温州镇总兵黄载清管理，屡次出洋剿匪尚属得力，沈涣澜并无帮办盐局自设勇船之事。①

左氏还在奏折中攻击孙氏上奏是出于诿过和报复的不良动机。朝廷全盘接受了左宗棠的调查结论，同治三年（1864）下发的一个上谕称：

> 左宗棠奏遵查黄维诰等被参各款，既据该督查无其事，孙锵鸣所奏着毋庸议。余着照所请办理。……乃孙锵鸣在局办团激变，辄行委过于地方官，以纵匪酿乱等情饬词陈奏，若非左宗棠深知黄维诰、陈宝善官声尚好，几致为该侍读学士所诬。且因沈涣澜言语迕触，而指为通匪，始则函嘱左宗棠查办，因所言不行，复捏词入告。……今据所奏各情，是其徇私挟嫌，居心实属险诈。孙锵鸣着即勒令休致。②

孙锵鸣的努力不但没有达到目的，反而落了个“勒令休致”的结果。后来修纂民国《平阳县志》的著名乡贤刘绍宽在谈及孙锵鸣的上奏结果时说：

> 朝旨命文襄（左宗棠）查复，文襄即札委周道（指周开锡，周被左宗棠委为温州知府，旋卭擢道）查之，周一一为之洗刷。文襄据以

① （清）左宗棠：《复陈参奏不实情形折》，马允伦编：《太平天国时期温州史料汇编》，上海社会科学院出版社 2002 年版，第 251 页。

② 《谕将参奏不实之员勒令休致》，马允伦编：《太平天国时期温州史料汇编》，上海社会科学院出版社 2002 年版，第 252 页。

复奏，得旨谓孙锵鸣陈奏不实落职。……文襄之言与当日情事全然不合，盖有入于周开锡等之谗。若修志者引此为据，真入五里雾中矣。[①]

周开锡在同治三年（1864）致函福宁知府程荣春时还说："及（金钱会）形迹渐著，孙侍读不能循理守分以正其罪，试问金钱之名固非，白布之名独是乎？"[②] 周的作为自然是孙氏落职的一个具体原因，孙锵鸣并非由于他与左宗棠、周开锡的个人恩怨。孙锵鸣并不只是代表个人，当年众多办团士绅的回忆文章，其观点与孙氏非常接近。而站在他们对面的是高度一致的官员队伍：从县令（如翟惟本、孙杰、陈宝善、苏金策、余丽元、高梁材）到知府（如黄维诰），从道员（如志勋、周开锡）到总督巡抚（如庆端、左宗棠），朝廷就是根据这些官员的报告来颁发上谕的。

纵观金钱会事件始末，19 世纪中叶，绅士虽然进入了地方社会的军事、治安领域，但其合法化之柄仍操在官府手中。以孙锵鸣为例，尽管他地位显赫，并且是奉旨办团，但只要行事有损于地方官的权力，那么他非但不能邀功，而且会使自己处于非常危险的境地。父亲孙希曾事先对孙锵鸣的遭遇有过准确的预测：

汝团练诚成，贼幸不起，则其所云解散者固不虚，官且攘以为功；万一贼遂起，官且谓贼本不反，团练者激之也，是汝独尸其咎矣。[③]

孙父一再告诫儿子他已经身处险境："是汝独尸其咎矣"，"异日贼起祸必先及汝"，"是其祸皆在汝矣"，"汝之祸殆始于此矣"，"汝乃独任其危"。[④]

这是因为官场中人具有利益的高度一致性，士绅对其中某些成员的挑战就可能会对其他成员构成威胁，因此他们要尽可能地给有关责任人开脱。另外，在瞿振汉事件中，情况也是如此，道员、知府和省机关负责人在给督抚的报告中说：

---

① 刘绍宽：《籀园笔记》（一则），马允伦编：《太平天国时期温州史料汇编》，上海社会科学院出版社 2002 年版，第 266 页。刘绍宽（1867—1942），字次饶，号厚庄，温州平阳人，光绪十三年（1887）拔贡。尝创办平阳县学堂，曾任温州府学堂监督，温州著名学者。

② （清）程荣春：《福宁纪事》，马允伦编：《太平天国时期温州史料汇编》，上海社会科学院出版社 2002 年版，第 430 页。

③ （清）孙衣言：《显考鲁臣府君妣丁太淑人行述》，马允伦编：《太平天国时期温州史料汇编》，上海社会科学院出版社 2002 年版，第 148 页。

④ （清）孙衣言：《显考鲁臣府君妣丁太淑人行述》，马允伦编：《太平天国时期温州史料汇编》，上海社会科学院出版社 2002 年版，第 148—149 页。

本司等伏查叶镇、俞道、瑞守于乐清县城失守，未能事先预防，本有应得处分。惟郡城重地，当贼匪潜谋起事之日，即能访问扑灭，俾贼势不至蔓延，县城即易克复，功过似应相抵。至俞道于郡邑同时有事之际，三次具禀，未能统筹全局，且未将不能亲往乐清剿办之处据实声明，未免张惶失措。但郡城已经无虞，县城亦随收复，俞道未始无功。①

为失职官员解脱之意一览无遗。士绅所作所为的合法性或正当性完全操于地方官手中。孙衣言和孙锵鸣的父亲孙希曾深刻地洞穿了问题的实质："……道、府之信乡绅，必不如其信县令；督、抚之信乡绅，必不如信其道、抚。"② 瞿振汉反叛被平息后，地方官"又复瞻徇颜面，变易是非，使从逆者自喜，讨贼者自危"。③ 这种情况除了证明官僚体系的利益与士绅集团有尖锐对立这个事实外，还证明：地方官尽管在某些时候在地方事务中显得软弱不堪，而不得不处于"不作为"的状态，但"不作为"不等于"不在场"。正因为他们是国家权力在地方的行使者，他们才具有裁定地方组织合法与否的权力，他们才能随意地"变易是非"。

据国内外学者研究，明清士绅介入地方社会事务达到了相当的深度和广度：地方学务（兴办学务，设馆授徒，修建社学、义学、维修官学校舍、贡院，修撰地方志等）是士绅的当然责任，地方公产（地方公共财产、经济事业，如育婴堂、恤抚局、粥厂、义仓、社仓等）皆由士绅管理，地方公共事务（水利、桥梁、津度的工程）的建设非士绅参加不能成事，而如教化、治安（团练）、断案、调解、祭祖、礼仪、书写记账、福利等事，更是非地方绅士莫属。罗威廉（William T. Rowe）和兰克（Mary B. Rankin）等以士绅对地方事务广泛参与为依据，认为中国在 19 世纪中叶产生了哈贝马斯所说的"市民社会中的公共领域"。④ 但是我们在地方志中发现，士绅参与的大量公共事务事实上是由官府主持的，许多慈善事业甚至是在官府压力下兴办的。孙锵鸣和曾国藩们的经历给我们提供了一个极好的观

① 《浙江盐运司、布政司、按察司、杭嘉湖道，督同署杭州府知府王有龄会衔禀稿》(1855 年 3 月)，马允伦编：《太平天国时期温州史料汇编》，上海社会科学院出版社 2002 年版，第 58 页。

② （清）孙衣言：《显考鲁臣府君妣丁太淑人行述》，马允伦编：《太平天国时期温州史料汇编》，上海社会科学院出版社 2002 年版，第 148 页。

③ （清）林大椿：《红寇记》，马允伦编：《太平天国时期温州史料汇编》，上海社会科学院出版社 2002 年版，第 29 页。

④ 参见 Joseph W.Esherick and Mary Backus Rankin,*Chinese Local Elites and Patterns of Dominance*, Berkeley University of California Press,1990,pp.305–345，337–338。

察视点，至少在县级以上的地域单位，地方士绅的公共作为只有在地方官赞同（至少是默许）的情况下，才是合法的、正当的，他们在地方事务上的自主性极其有限。

五、宗族是地方势力角逐的重要工具

明清保甲制度把人民组织到由100户为单位的甲和10户为单位的牌中。这种设计本身就蕴含有消解宗族势力的用意。在乡土社会中，村落是一个相对独立的整体，费孝通称之为地方体，而温州村落，单姓村占大多数，其余的村落至少也是数姓聚居，宗族势力异常强大，宗族组织相当地严密。在金钱会和瞿党的反叛中，无论是会党还是官绅的团练都利用了宗族这个现成的组织。“通族皆盗”或“通族皆义民”是一个相当普遍的现象。因此，国家对反叛者所属的宗族进行了镇压，对有些宗族甚至施以毁灭性的打击。

宗族是一个自然的、现成的组织工具，是各种政治势力都欲加以利用的重要组织资源。金钱会1858年由底层社会无权无势的8个人结拜而起，成立以后其发展犹如火燎原，短短3年间就发展为达数万之众，能够与士绅和官府相抗衡的大帮会，其动员效率如此之高，根据社会学原理进行推测，没有组织凭借是不可想象的，而对下层百姓而言，主要就是宗族。金钱会正是通过控制地方宗族机构，获得大量财力和兵源。如果没有大批尚未脱离宗族血缘纽带的农民参加，仅仅靠浪迹江湖的游民，不可能形成10万之众。

对长期在宗法制度氛围下生活的农民而言，脱离宗族而独立行动是件不可思议的事。他们往往是以宗族为单位整体加入金钱会。从与王秀锦争雄的过程中窥见，带有宗族色彩的械斗为金钱会的发展提供了掩护的屏障，也为金钱会控制某些宗族提供了条件。赵起在同治元年（1862）逃脱民团和官军的追捕后，又作为太平军的向导回到温州。在刘祝封笔下，有这么一幅景象：“大日、金谷山、雪篁竹、沙垟、马屿等处，家家留驻发逆，与居民为仇。”[①] 与此可见金钱会与宗族组织的密切关系。

族权是绅权的基础。由于下层士绅被摒弃在仕途之外，只能重新流向社会，在社会中求生存，他们也因此得以深深地扎根于草根社会，并成为宗族的领导者。与金钱会相比，士绅集团一方的宗族色彩还要强很多。当然财力雄厚的士绅

① （清）刘祝封：《钱匪纪略》，马允伦编：《太平天国时期温州史料汇编》，上海社会科学院出版社2002年版，第169页。

反过来也可以通过向宗族捐赠土地，开办学校，建义仓等方式，获得对宗族组织的控制权，从而控制整个村庄。宗族势力越强，绅士在地方上的势力也就越强。[①]温州的士绅在家族、地域内有相当的号召力。平阳农村对抗金钱会的几支劲旅，都是以宗族为核心的团练。雷渎温氏是平阳大姓，“有丁壮数千人”。张家珍领导的营前村也有“丁壮数千人”。最著名的张家堡杨氏，“多以资雄，配笺与从弟德音，亦自有田数千亩”，是一个对抗金钱会的重镇。金钱会与官方完全翻脸后，他们推出了动员百姓的一个非常得力的措施，“凡佃杨氏田者，无得入会。江南富民皆应之，皆减租。江以南皆入团，团者数十万人”。[②]

绅权与族权相结合与官府隐然对抗，地方官深以为忧。金钱会与宗族的结合也加强了他们在地方政治中的地位和影响。因此，官方对地方渗透的障碍就是宗族。在地方的军事反叛被镇压后，政府不惜代价地毁灭了这些宗族，其用意显然是希望改变在村社中官弱族强的政治格局。

咸丰十一年（1861）十一月以后，金钱会灭亡在即。起先，地方官要求官方武装力量在原金钱会控制地区谨慎从事，“无得肆屠戮”。但是在遇到诈降以后，“遂下令所到各村，但言投降不以绅耆为质者，均聚而歼旃，虽比户延烧亦无罪！”[③]这显然就是看到了宗族组织一体支持金钱会的事实。

乐清瞿党覆亡后，政府处置的方法也是毁灭姓族。林大椿《红寇记》记载：“越五日（1855 年 4 月 15 日——引者），庆（浙江省盐运使庆廉）至虹桥，毁瞿、倪两姓宗祠，发掘瞿逆先墓，议籍逆产入官。”[④]其执行者向上级的报告称：“饬令委员胡丞并支应委员戴丞及孙令同代理县李县丞，带同诸人，督率兵役，将瞿、倪姓大宗祠拆毁，该族众二三百户俯首震惧。”[⑤]可见对宗族加以打击是政

① 萧公权和莫里斯·弗里德曼认为：宗族的实力，往往与其领导人的财富和地位成比例；最发达的宗族组织，由有势力和富裕的士绅领袖所主持。这些绅士可以向宗族组织捐赠大量的土地，也可能开办学校，建义仓等，从而巩固族权。Hsiao Kung-chuan, *Rural China: Imperial Control in the Nineteenth Century*, Seattle: University of Washington Press,1960,p.8；［英］弗里德曼：《中国东南的宗族组织》，刘春晓译，上海人民出版社 2000 年版，第 26—43、54—60 页。

② 符璋、刘绍宽纂：《平阳县志》卷 39《人物志八》，民国十四年（1925）刻本。

③ （清）黄体芳：《钱虏爰书》，马允伦编：《太平天国时期温州史料汇编》，上海社会科学院出版社 2002 年版，第 121 页。

④ （清）林大椿：《红寇记》，马允伦编：《太平天国时期温州史料汇编》，上海社会科学院出版社 2002 年版，第 27 页。

⑤《浙江盐运使庆廉奉委查办乐清县匪徒占踞城池始末详文稿》，马允伦编：《太平天国时期温州史料汇编》，上海社会科学院出版社 2002 年版，第 39 页。

府的一项目的明确的政策。

19 世纪中期以来，引发中国地方社会演变的两大根本动因是：第一，由于人地矛盾的尖锐，大量农村人口被抛出农业经济之外，游民大量繁衍，五口通商以后，这种情况愈益严重。第二，对某个特定的地方社会来说，太平天国运动本身和由它开启的“地方军事化”时代是一个重要的外部环境。

以上两大动因又导致了地方权力结构的两大变化：第一，游民的大量产生导致会党的兴盛。第二，地方军事化导致了上层士绅权力的急遽膨胀。这两大变迁使得传统的地方权力格局失去了平衡，各派地方势力利用宗族这个现成的组织工具积极展开权力角逐。新的权力格局出现了以下特点：

一、上层士绅权力的膨胀。朝廷一向对绅权的扩张非常警惕，清初保甲组织设置对此进行了较为有效的防范。① 正如吉尔伯特·罗兹曼（Gilert Rozman）所言：18 世纪以前中国皇权政治的“成功”，是政府与士绅两种力量之间保持平衡的结果；19 世纪中国的失败，在很大程度上乃是由于中国政治结构的固有脆弱性及其后来所遭到的腐蚀，打破了两种力量的极不稳定的平衡关系。② 孔飞力也表达了大致相同的意思，他说中国传统政治制度稳定延续的根源，在于王朝与地方名流（士绅）间的协调，在官僚和地方社会之间利益的严重冲突能够以最低限度的纠纷来解决。但从白莲教到太平天国的大规模反叛发生后，朝廷为镇压起义而鼓励地方士绅举办团练，士绅因此担任了军事主干的角色，军事权威下移，结果导致政府权力的缩小和士绅势力的扩张，打破了原先地方社会中国家与士绅的平衡关系。③ 打破这个平衡关系的是上层士绅权力的膨胀，而非整个士绅群体权力的扩张。19 世纪初以前，士绅主要是承担了社会道德示范角色，比如宣讲清初诸帝颁发的“圣谕”。19 世纪中期以后，上层士绅全面介入地方团练和治安等官

---

① 清代保甲制度设置的一个用意是用来防范士绅权势的，对此雍正皇帝毫不讳言：“凡绅衿之家，一体编次，听保甲长稽查，如不入编次者，照脱户律治罪。惟是保甲之法，有充保长、甲长之役，又有十家轮值支更看栅之役，绅衿既已身列仕籍，肄业胶庠，……可免充役。”《清朝文献通考》卷 25《职役五》。萧公权评论这个规定说：“其意图是以甲长的权力压制绅权，以免士绅在地方上坐大。”Hsiao Kung-chuan, *Rural China: Imperial Control in the Nineteenth Century*, Un. Of Washington，1960，p.69。

② 吉尔伯特·罗兹曼主编：《中国的现代化》，国家社会科学基金“比较现代化”课题组译，江苏人民出版社 1995 年版，第 272 页。

③ ［美］孔飞力：《中华帝国晚期的叛乱及其敌人：1796—1864 年的军事化与社会结构》，谢亮生等译，中国社会科学出版社 1990 年版，第 1—7、224—229 页。

方基层组织建设。

二、会党成为地方政治中的一股重要势力。晚清团练兴起后，乡村宗族、下层士绅和地方豪民相结合，使会党成为地方社会权力结构中的一个重要板块。就某个特定的会党来说，生命周期可能不会长，不断有会党消失，但同时又有新的会党产生。总之，它们是地方社会中长期起作用的一股政治势力。

三、下层士绅为追逐地方权力加盟会党，或利用会党来消解上层士绅的势力。要理解晚清下层士绅在地方社会的行动指向，必须明白他们在社会处境。他们寻找其他可以凭借的力量谋求地方社会的权力，早在清初就有这个苗头。① 19世纪中叶以后，加盟会党是一个非常自然的选择，这对政府来说是一个十分危险的迹象。由于生员的特殊身份，一旦倡谋起事，“由其智力相并，动足致人”。②到新政时期，封疆大吏刘坤一、张之洞向中央建议，把下层士绅担任书吏的制度正式由朝廷予以正式确认，③可以想象在当时百废待兴同时又民变丛生的情况下，刘、张二大吏联袂上奏当是出于对国家安全的严重关注，解决下层士绅生计其真正目的是缓解下层士绅的反叛倾向。

四、地方官仍然握有地方组织及其行为合法性的裁决权。不可过高估计政府与上层士绅力量对比发生的变化。由于上层士绅权力的膨胀和会党的崛起，政府对社会的控制能力虽然有很大的削弱，但它依然握有裁决地方组织和地方势力政治行为是否合法的巨大权力。④

---

① 下层士绅已大量涌入地方政府的基层组织，充当胥吏、书办，并进入里甲行政系统。这种现象在乾隆时代引起了最高领导人的注意，乾隆元年皇帝对此问题作了重要批示：各省“竟有生员充当总甲、图差之类者，……殊非国家优恤之意，……嗣后举贡生员等著概行免派杂役，俾得专业肄业”。爱新觉罗·弘历表面上是关心生员们的学业，但未始没有对士绅渗透基层行政系统而可能危及皇权的忧虑。乾隆二十七年皇帝诏令“禁止监生充当杂役”。（清）张廷玉等纂：《清朝文献通考》卷25《职役四》《职役五》，商务印书馆1936年版。

② （明）张宁：《重修海盐县儒学碑》，（清）黄宗羲：《明文海》卷67，中华书局1987年版。

③ “书吏一项久已为世诟病，人既视为不足重，吏亦遂不自重而轻于犯法”，请将“各省胥吏一律汰除，该用士人”，其好处是“既可令候补人员练习公事，又可为本省寒士开一生计”。（清）张廷玉等纂：《清朝文献通考》卷28《职役二》，商务印书馆1936年版。

④ 地方官可以根据自己的需要（或为抑制上层士绅的势力，或为规避处分而讳饰地方治安形势），随意给地方组织定性。金钱会的大规模斗殴和劫掠与大清的刑律的抵触是有目共睹的，但地方官可以根据自己的意志招抚为团练，此后，金钱会的行为不但没有收敛，反而变本加厉，面对士绅的非难，地方官强为之辩护。乐清的情况也相类似，瞿党积极筹备起事，有人向政府告发，“官以阻挠团练斥之”。（清）李登云修，陈珅等纂：《乐清县志》卷14《寇警》，光绪辛丑，东瓯郭博古斋刻印。

第五章 士人和乡民的宗教信仰与精神生活

本章试图复原清代温州士人与乡民的精神生活。具体探讨对象是寺、庙、庵、堂、宫、观。天主教和基督教新教在晚清的温州人精神生活中占有不容忽视的地位，将放在其他章节记述。有少量回教徒生活在清代温州，因数量太少，不设专门章节。另外，需要交代的是寺庙庵堂宫观广泛介入民众的日常生活，很多庙宇都拥有庙产，如田土、山场，因此它首先是一个进行生产经营活动的经济组织。其次，一个庙宇往往是一个聚落或社区居民共同出资兴建的，建成后有人在维持和运作，每一个庙宇背后都有一个人群。杨庆堃指出："宗教的基本功能就是提供一个可以超越经济利益、阶级地位和社会背景的集体象征，以便为民众对社区的凝聚力创造条件。……在宗教的引导下，人们打破了各自不同的生活界限，完全投入到社区活动中。……每一地区主要寺庙的多神信仰属性的发展可能就是为了适应社区整合的要求。"① 因此庙宇也是整合超宗族社会的一条纽带，是地方政治中一种重要的势力或工具。但本章的叙述主要侧重于精神面相。

第一节 温州官绅构建的信仰体系

清代温州县厅方志中都有介绍信仰的内容，称之为"祠祀"、"方外"和"寺观"等。方志以地方官为主导，由地方士人撰写而成，反映了官绅观念中的信仰体系。

① 杨庆堃：《中国社会中的宗教——宗教的现代功能与其历史因素之研究》，范丽珠等译，上海人民出版社 2007 年版，第 86—87 页。

表 5–1　清代温州方志中的信仰体系

信仰 县厅	神祠信仰（坛祠庙）			佛教（寺院庵堂）		道教（宫观）	
	神祠		神灵				
	总数	清代重修		总数	清代兴修	总数	清代兴修
永嘉	123	—	88	152	—	25	—
乐清	46	—	46	75	—	18	—
瑞安	102	—	—	286	191	106	50
平阳	105	—	112	374	—	23	—
泰顺	23	—	22	45	—	—	—
玉环	61	—	18	26	—	4	—

资料来源：（清）张宝琳修，孙诒让纂：《永嘉县志》，永嘉县地方志编纂委员会整理，中华书局 2010 年版。（清）鲍作雨、张振夔总修：道光《乐清县志》，陈纬校注，线装书局 2009 年版。（清）李登云修，陈珅等纂：《乐清县志》，光绪辛丑（1901），东瓯郭博古斋刻印。瑞安县修志委员会编：《瑞安县志稿》，民国二十五年（1936）铅印本。王理孚修，符璋、刘绍宽等撰：《平阳县志》，民国十四年（1925）刻本。（清）朱国源修，朱廷琦撰：《泰顺县志》，雍正七年（1729）刊本。（清）林鹗、林用霖编纂：《泰顺封疆录》，陶汉心点注，香港出版社 2010 年版。（清）杜冠英、胥寿荣修，吕鸿焘纂：《玉环厅志》，光绪六年（1880）刊本。

表 5–1 中瑞安县和平阳县的数据采自民国时期编写的县志，已经排除了在民国建成的信仰场所。根据县志编纂的原有结构，基本可以把信仰分为三大类，即神祠信仰、佛教信仰和道教信仰。但这种分类也不是绝对的，它们之间的界限非常模糊，也存在混合重叠状况，其中民间信仰与道教信仰之间的互相渗透现象尤为突出。

三大类中，神祠信仰最为重要。它又可以分为两类，一类是被官方列入祀典的神灵，叫作正祀；一类是虽然没有被官方列入祀典，但被官府和士绅默许的神灵。① 对列入祀典神灵的祭祀体现了官方“以神道设教”的治理策略。民国《平阳县志》写道：

> 《礼·祭法》曰：“圣王之制祭祀也，法施于民则祀之，以死勤事则祀之，以劳定国则祀之，能御大灾则祀之，能捍大患则祀之。日月星辰，民所瞻仰也；山林川谷丘陵，民所取财用也。非此族也，不在

① 还有一类被官和绅打成淫祀的神灵，它们不会出现在方志中。

祀典。”古圣王神道设教，凡以为民者，大端不外乎是。又曰：“大夫以上，成群立社，曰置社。”又曰：“庶士庶人，或立户，或立宠。”此又为后世里立社庙，家祀宠神之始。历朝以来，州县皆有秩祀，为官司所致祭。[①]

这段话指出了神道设教的法理渊源，以及崇信神灵如何从官方扩展到民间。“以神道设教”的基本观念通过祠神信仰，成为传统政治制度中一个固定的组成部分。

一、祀典中的神灵

官方祭祀的神灵中，有一类是象征着自然现象的神，以及与山川土地联系密切的农业神，主要有风云雷雨山川之神、神农氏、后稷氏、厉山氏和城隍。

民以食为天，农业事关社会和政治的稳定，对这些神灵的祭祀，国家极为郑重，往往都有最高领导人下诏给予具体的指示。雍正四年（1726），皇帝谕令地方守土之臣，俱行耕耤礼。[②] 为此，温州所辖永嘉、乐清、瑞安、平阳和泰顺均于次年在县城近郊筑先农坛，在先农坛前置耤田四亩九分。先农坛内供奉先农神农、后稷和厉山，祭品和祭仪的规格与先师庙中祭孔同等。每年农历二月亥日，[③] 知县穿正式官服行耕耤礼，行礼前先在先农坛内祭祀，祭祀后知县亲自执耒在耤田上翻土，丞、尉等佐贰官执种子箱播种。左右四旁耆老农夫也在劳作，完成对耤田的翻耕播种。清政府十分重视耕耤仪式，《大清会典》对耤田的面积、行礼官员的服饰、耕牛（黑色）、农具（红色）、种子箱（青色）的颜色等都有具体细致的规定。[④] 地方政府也能够坚持致祭先农坛，每年行耕耤礼。清末平阳先农坛倾圮，但县官仍“借东郊行礼”。[⑤] 耕耤礼意在劝农。

---

① 符璋、刘绍宽纂：《平阳县志》卷 45《神教志一》，民国十四年（1925）刻本。

② 耕耤，古时每年春耕前，天子、诸侯举行仪式，亲耤田，种植供祭祀用的谷物，并以示劝农，称为耕耤礼。清代各州县都要举行这种仪式。

③ “亥日”，亥，地支的最后一位。亥日并不是一个特定的日子，每 12 天出现一个亥日。清代地方政府每年农历二月之亥日行耕耤礼。其日卜须吉，故称“吉亥”。先卜上旬之亥日，如不吉，则再卜中旬或下旬。

④ （清）鲍作雨、张振夔总修：道光《乐清县志》，陈纬校注，线装书局 2009 年版，第 223—224 页。（清）王殿金、黄徵乂总修：《瑞安县志》，宋维远点校，中华书局 2010 年版，第 139 页。

⑤ 符璋、刘绍宽纂：《平阳县志》卷 45《神教志一》，民国十四年（1925）刻本。

另一个与农业紧密相关的祭祀场所是神祇坛。这是各级政府奉雍正十年（1732）三月谕令设立的。与神农坛一样，神祇坛也有三个牌位。中设云雨风雷之位，左设本境山川之位，右设本境城隍之位。祭祀神祇于每年春二月和秋八月择吉日举行。乾隆十一年（1746），中央下令各省郡州县行“常雩”礼。这是一个求雨仪式，在每年夏四月举行。[①] 对这些神祇的祭祀为的是求神保佑风调雨顺，农业丰收。

在农业社会中，上述六个神灵的祭祀有助于营造一种祥和的气氛。乾隆时期的平阳令徐恕有五律《劝农》一首，就传达了这种气氛：

> 农事方兴作，宵行出戴星。桑柔晴后绿，秧苗雨前青。劝劳言频及，陇畦足遍经。田歌四野起，入耳最堪听。[②]

春种后，水田中青绿的秧苗在茁壮成长。入夜，在星光的照耀下，作者行走在田埂上，四野传来劳作农人好听的歌谣。乐清生员林文朗用陶渊明诗句凑成一首五律《劝农》：

> 种豆南山下，良苗亦怀新。四时自成岁，一日难再晨。促席延故老，解颜劝农人。所营非所务，忧道不忧贫。[③]

这种集句成诗虽然是一种文字游戏，也多少表达了劝农的诗意。

在清代，由于摊丁入亩制度的普遍施行，乡民不需要亲自承担徭役，与国家的联系只留下田赋一项。胤禛通过制度设计，把祭祀祀典所载之神明，作为地方官行政职能的一部分。祭祀与农民关系密切的农业神是增强国家存在感的一种方式。这些仪式使民众感受到，除了神灵的力量，朝廷也代表他们祈求超自然力量的帮助，这就增强了对付严重的自然灾害时的信心。官方祭拜农神的庄严仪式是国家力量的一种临在形式。如果没有这些仪式，对地方乡民来说，朝廷是一个遥不可及的模糊之物。

---

① （清）鲍作雨、张振夔总修：道光《乐清县志》，陈纬校注，线装书局2009年版，第224—225页。

② 符章、刘绍宽纂：《平阳县志》卷96《文征外编二十》，民国十四年（1925）刻本。

③ （清）鲍作雨、张振夔总修：道光《乐清县志》，陈纬校注，线装书局2009年版，第926页。

城隍神春秋二仲（夏历二月和八月）合祭于风云雷雨山川坛，至清明、中元（七月十五）、十月初一奉神位至邑厉坛祭祀。雍正朝颁布的诏令中要求祭祀城隍神，因为它代表着阴间的官府权威。一方面，它发挥着保护地方安全、免除旱涝火灾的作用。另一方面，它在阴间扮演赏善罚恶的角色。温州府城的城隍庙，在太平天国运动后有过一次重修。知府戴槩在《重修温郡城隍庙记》（同治六年，1867）中写道：

> 郡邑之有城隍，犹之乎府县也，均有守土之责，是以操兴养立教之权以奠安苍赤，责在府县；司福善祸淫之柄以翊赞幽明，责在城隍。……夫神之所栖，不壮不丽不足以示威灵。……官斯土者，顾于事神之道，第曰奉行故事已而，则其于治民之事，亦惟因陋就简已耳。事神不恭敬，治民必不勤勉。①

府县的城隍神与阳间的知府、知县是等第相当的一个存在，两者在阴阳两界中各司其职。城隍神通过在阴间司福善祸淫之柄对人们进行赏善罚恶，对地方社会产生重大的影响。

除了上述神灵，在温州地区被列入祀典的重要神灵还有关帝、文昌和天后。其中关帝和文昌是朝廷特别重视的全国性神灵。

关羽在清朝至少被封敕了5次。雍正三年（1725）敕封关羽曾祖、祖父、父亲三代公爵，通行天下，每岁春秋及五月十三日，县官率僚属致祭。乾隆十年（1745），皇帝下诏，在旧有封号之上加“供奉”二字。嘉庆十九年（1814），加封“仁勇”。道光八年（1828），加封“威显”。咸丰元年（1851）加封“护国保民”四字，累封为“忠义神武灵佑仁勇威显护国保民翊赞关圣大帝”。关羽历来被视为忠义的象征，封号也突出了关羽的“忠义”，可见这是朝廷层面忠义文化建设的制度设计。永嘉关帝庙曾毁于道光二十一年（1841），道光二十八年（1848）巡道庆廉、总兵叶绍春捐俸，倡率署知县张铣、郡人邓承骊等重建。庆廉《重建关帝庙碑记》（道光三十年，1850）：

> 明年秋，余奉简命而来观察斯郡，下车谒庙，怵然伤之。古木苍

① 吴明哲编：《温州历代碑刻二集》，上海社会科学院出版社2005年版，第196页。

凉，怅瞻拜之无地；颓垣错落，思兴复以何时？余惟举事惬于舆情，则乐输恐后；程工仍乎旧贯，则蒇事不难。如位正南方，既合向明之义；譬力勤东作，又无改易之劳。一举斯成，众善胥备。爰集绅耆以度其规制，延术士以相其阴阳。然而独木难支，工非竣于一日；众擎易举，人有赖于同心。因出俸银二百两以为之倡，遂劝官商绅士，量力输将。振臂一呼，倾囊百应。水汇流而为海，米聚粒以成山。并请公正司士董理工程，专司出纳，功既归于实用，费不致于虚糜。始道光甲辰年（1844）冬兴工，迄己酉（1849）阅五寒暑，而庙宇落成。①

于此可见，关帝庙的修葺是地方官与士绅共同努力的结果。官员对关帝庙极为重视，戴槃莅任温州知府恰逢大乱初平、民生凋敝之时，他主持重修了温州府的关帝庙，并于每月初一、十五亲临关帝庙行香。他说，"夫祀为八政之一，与食货并重，养民事神并无二理"。②他把"事神"提到了与民生一样的高度。永嘉场永兴也有一个关帝庙，有荡园、涂田等庙产，有管理庙产的组织"三社"，实际掌管者有可能是永嘉场的盐大使。③

关帝被乡民认为是较为灵验的神灵，这在正祀中是不多见的。民国《平阳县志》说关帝庙"所载多有"。从相关县志所见，乐清县除了县城有2座关帝庙外，虹桥、新市、水涨、黄华、盘石、馆头、坎川、南阁、双峰、车岭和荆城南等地都有关帝庙。④民国《瑞安县志稿》记载了清代瑞安13处关帝庙，分布在县城、海安所、梅头、街头、桥下庄、樟岙、东寺前、丁岙和詹竹下等地。⑤玉环厅雍正六年（1728）设置，次年即建关帝庙。玉环同知张坦熊之《新建关帝庙记》（雍正七年，1729）云：

玉环展复二年，官署民居以次营建，……卜地于府治之西建庙以

① 金柏东主编：《温州历代碑刻集》，上海社会科学院出版社2002年版，第356—357页。

② （清）戴槃：《重修温郡武帝庙记》（同治七年，1868），吴明哲编：《温州历代碑刻二集》，上海社会科学院出版社2005年版，第198页。

③ 佚名：《关帝庙碑记》（光绪一六年1890），吴明哲编：《温州历代碑刻二集》，上海社会科学院出版社2005年版，第214—215页。

④ （清）鲍作雨、张振夔总修：道光《乐清县志》，陈纬校注，线装书局2009年版，第234页。

⑤ 瑞安县修志委员会编：《瑞安县志稿》，《宗教门》，民国二十五年（1936）铅印本。

祀。……况玉环新复之疆，庠序犹未建，而有侯之正气凛然，先作之肃，则凡此新集之民，以及闽商海贾风帆浪舶出入辐辏于兹地者，孰不瞻庙貌而生其畏敬，……此海上编氓所由以资默佑也。①

玉环厅设置，县学还没有修，就先建了关帝庙。祭祀关帝确为县令行政之重要一项。值得注意的是，碑记中提到闽商海贾需要关帝保佑。闽商航运安全向来有妈祖保护，闽商到哪里，天后宫就建到哪里。玉环关帝庙的兴建很可能是政府与商人互相利用的结果。据光绪《玉环厅志》，玉环之塘洋、密莺、小水埠、楚门、田嶴、竹冈和鸡冠都有关帝庙。②

正如关羽被称为“武帝”，文昌被称为“文帝”。根据方志，温州地区明代就盛行祭祀文昌，官员与士绅创建和修缮文昌阁的记载很多。早在永乐十六年（1418），乐清教谕黄黼建文昌祠于戟门东。③ 由教谕出来主持修建的文昌祠，应属于学宫的配套建筑。在瑞安，由政府修建的祭祀文昌的建筑出现在明万历七年（1579），知县齐柯疏浚河道，从河中挖出来的泥土堆积在白岩桥河口，以镇水口，叫作拱瑞山，在山上建阁，祀文昌、赤帝。④ 另外还有三个县学的文昌阁建于清代：乾隆三年（1738），平阳县令彭绍堂建县学文昌庙；⑤ 乾隆三十六年（1771），永嘉知县傅永綍倡捐重修，建文昌阁于学西；⑥ 在泰顺，道光甲申（1824）把旧学宫改为文昌阁，奉神主于内，增塑神像。⑦

嘉庆六年（1801），颙琰下诏，“文昌帝君主持文运，福国佑民，崇正教，辟邪说，灵迹最著，海内崇奉，与关圣大帝相同，宜列入祀典，用光文治”，规定每年春二月初三日致祭。秋祭以钦天监颁选吉日为期。祀以太牢。⑧ 清廷要求以

---

① 吴明哲编：《温州历代碑刻二集》，上海社会科学院出版社2005年版，第533页。

② （清）杜冠英、胥寿荣修，吕鸿焘纂：光绪《玉环厅志》卷6《祠祀志》，光绪六年（1880）刊本。

③ （清）鲍作雨、张振夔总修：道光《乐清县志》，陈纬校注，线装书局2009年版，第290页。

④ （清）王殿金、黄徵乂总修：《瑞安县志》，宋维远点校，中华书局2010年版，第15页。

⑤ 符璋、刘绍宽纂：《平阳县志》卷45《神教志一》，民国十四年（1925）刊本。

⑥ （清）张宝琳修，孙诒让纂：《永嘉县志》，永嘉县地方志编纂委员会整理，中华书局2010年版，第294页。

⑦ （清）林鹗、林用霖编纂：《泰顺分疆录》，陶汉心点注，香港出版社2010年版，第122页。

⑧ 符璋、刘绍宽纂：《平阳县志》卷45《神教志一》，民国十四年（1925）刊本。祭祀时，牛、羊、猪三牲全备为“太牢”。古代祭祀所用牺牲，行祭前需先饲养于牢，故这类牺牲称为牢。

奉祀关帝的规格来奉祀文昌帝君，这是针对士子创设的祭祀制度。到了清中期，大量正途出身的士绅没有进入仕途的机会，而下层士绅乡试中式的比例也越来越低，因此亟须加强对主文运的文昌帝君的崇拜以增强士子的信心，缓解他们的焦虑。这里显然有李世民“天下英雄，入吾彀中”的意思，已经“入彀”的士子继续对功名孜孜以求，不要胡思乱想，寻觅他途，以增强社会的稳定。

强调文帝崇拜的另一层意思皇帝也说得很清楚，就是为了“崇正教，辟邪说”。清代科举制度以朱熹《四书章句集注》为题库和标准答案。皇帝说的文昌帝主持“文运”，在士子这里就是“考运”。《四书章句集注》所代表的“正宗”理学思想领会得越深透，就越可能受到文帝的保佑，入仕做官，从而起到尊崇以三纲五常为核心的“正教”的政治目的。因此，清代官员和士绅对学子的教育理想也是“德才兼备”“又红又专”。正如那个作为忠义象征符号的赤脸关帝对应“红”色，主文运的文帝则对应于有着娴熟应试技巧的“专”。因此除了府县学，许多书院和学塾都同时供奉武帝和文帝。平阳北门外的金印渡义塾、十都方梁的观海社学都有文武阁，阁中祀文昌、关帝二像。[①] 如果说祭祀神农氏的耕耤礼的主旨是“劝农”，那么祭祀文昌则是为了“劝学”。乾隆平阳县令何子祥在《十一都文昌阁拨涂田额以观澜记》写道：

> 予谓古者家弦而户诵，非尽饶裕也，以诗书为箕裘，如衣食焉，一日不可缺。是以党、庠、术、序间无不学之人，入则横经，出则负耒，不失为士也，必待富而后学，则无学之日矣。风气日颓，富家子弟多纨袴，习且以学为畏途，恐为束缚，又焉望其负笈而来？则是阁虽珠帘云栋，金碧辉煌，徒以供士女游观，缁黄栖止，于文昌之义奚取焉？[②]

这是科举时代典范的“劝学篇”。何子祥说读书应该如衣食一样，每天不可或缺。如果不一心向学，那么观澜社学金碧辉煌的文昌阁就变得名不副实，沦为男女的游览景点，和尚道士的寄居停留地。

科举不振时士人更要乞灵于文庙。耿精忠之乱后，乐清文昌阁仅存断壁残

① 符璋、刘绍宽纂：《平阳县志》卷10《学校志二》，民国十四年（1925）刊本。
② 符璋、刘绍宽纂：《平阳县志》卷10《学校志二》，民国十四年（1925）刊本。

垣。康熙四十一年（1702），乐清翁蕃祎考中举人。他是入清六十年乐清中举第一人。可以想象此事在乐清引起了怎样的轰动。时任浙江学政的姜橚为此撰写了《庙学文昌阁碑记》。[①] 碑记指出乐清科名寥落，本地士人也要负责任，因为他们听任文庙、文昌阁秽芜漫漶，没有及时修葺。鉴于“数十年科名寥落”，乐清县学训导王沆于康熙二十一年（1682）主持重建了文昌阁，而二十年以后中举的翁蕃祎正是当时王沆的主要助手。次年翁蕃祎去北京参加会试，不知遇到了怎样的机缘，得以面见总裁会试的礼部尚书许汝霖，叙述了自己因造文昌阁得以中举的灵验故事。许汝霖感叹道：“夫阴阳因果为儒者所不道，然亦足以见天之报施善人洵不爽矣。”[②] 永嘉珍川朱氏宗族于乾隆二年（1737）建成文昌阁，当年冬朱葖成为生员，稍后朱光棪也成为生员，周围的人都把他们的成功归因于文昌阁的落成。[③]

科举已有小成者希望文运绵远，因此清代温州城乡文昌庙很多，“各乡皆有，书不胜书”。光绪《永嘉县志》所载的永嘉县城内文昌庙空间分布为：府学、县学、谯楼、巽吉山、天香阁、王木亭、广化厢、飞霞观西、东山书院、中山书院、华盖山和翠微山。[④] 知府戴槃在同治三年（1864）修复关帝庙的同时修复了文昌庙。[⑤] 乐清县文昌庙曾在耿精忠之乱中被毁，训导王沆主持重建。[⑥] 浙江学政姜橚交代重建的背景是“兵燹之后，科名寥落”。[⑦] 乐清乡间文阁分布：虹桥水心、杨川、娄岙、瑶岙水心、蒲岐南城、东山、大芙蓉、小芙蓉、白象山半、玉

---

① （清）姜橚：《庙学文昌阁碑记》，陈纬编：《乐清历代碑志选》，中国民族摄影艺术出版社2004年版，第359—360页。

② （清）许汝霖：《庙学文昌阁碑记》，陈纬编：《乐清历代碑志选》，中国民族摄影艺术出版社2004年版，第361—362页。吴明哲编的《温州历代碑刻二集》把这个碑记铭刻的时间定为康熙四十年（第446页），恐误。翁蕃祎于康熙四十一年中举，根据科举制度，应于次年（康熙四十二年）去北京会试，他在北京见到了许汝霖。因此许汝霖撰写的碑记应为康熙四十二年。

③ （清）朱光棪：《改建文昌阁记》，吴明哲编：《温州历代碑刻二集》，上海社会科学院出版社2005年版，第135—136页。

④ （清）张宝琳修，孙诒让纂：《永嘉县志》，永嘉县地方志编纂委员会整理，中华书局2010年版，第172页。

⑤ （清）戴槃：《重修温郡文昌祠记》（同治三年，1864），永嘉县学之西有文昌祠。吴明哲编：《温州历代碑刻二集》，上海社会科学院出版社2005年版，第190—191页。

⑥ （清）许汝霖：《庙学文昌阁碑记》（1701），吴明哲编：《温州历代碑刻二集》，上海社会科学院出版社2005年版，第445—446页。

⑦ （清）姜橚：《庙学文昌阁碑记》（1702），吴明哲编：《温州历代碑刻二集》，上海社会科学院出版社2005年版，第446—447页。

瓯峰、九都上陈、柳市水心、水涨、溪头、旸谷、石斗、新芳、湖口、南阁、大荆山。[①] 瑞安县学文庙和文昌阁分布在拱瑞山、莘塍聚星书院、林垟、石村和白云乡后垟等地。[②]

温州地区毗邻福建，福建的妈祖信仰很早就传入温州。妈祖在宋代就被屡加封号，到清代又分别在康熙十九年（1680），乾隆二十三年（1758）、五十三年（1788）和嘉庆五年（1800）被加封了4次，累封为“护国庇民妙灵昭应安仁普济福祐群生诚感咸孚显神赞顺垂慈笃祐天后”，祠以少牢承祭。天后主要是一个航海保护神，分布很广。清代的天后宫，一般为福建商人所建。永嘉城西门外的天后宫于乾隆元年（1736）为汀州府商人所建。大南门外的天后宫于乾隆六年（1741）由兴化莆田商人建。[③] 永嘉天后宫具有非常独特的地位，光绪间社稷坛倾圮，祭祀日在天后宫行礼。[④] 另外，在洞头北沙、状元岙后垄村和南麂等岛屿均有妈祖庙。南麂岛妈祖村，有始建于明朝成化年间的妈祖宫。

永嘉、平阳和瑞安有仓圣祠，祀传说中的黄帝史官仓颉。从学官金衍宗的《仓圣祠碑记》看，永嘉的仓圣祠早就存在，咸丰五年（1855）新创仓圣祠。金衍宗《仓圣祠碑记》曰：

> ……越岁复商于予，予谓识字以通经，学必穷其所始。崇祀以立庙，功必竟其所终。时有沙生邦佑、周生培珍，惧其事之废也，乃请于予，相与出聚中金一千四百缗，庀材鸠工，计日蒇事。中以奉仓圣，旁列古右史沮诵、周太史籀，尊所始也。并祀汉许、郑二儒，类而及尊经也。堂庑楹桷，几筵笾豆，焕然一新，历来未成之局至是观厥成焉。时咸丰乙卯岁（1855）季春月也，仰惟圣朝养士数百年，声教洋溢，无远弗届，虽海滋山陬被服儒雅，而况吾瓯之号称小邹鲁哉！今

---

① （清）鲍作雨、张振夔总修：道光《乐清县志》，陈纬校注，线装书局2009年版，第235页。

② 瑞安县修志委员会编：《瑞安县志稿》，《宗教门》，民国二十五年（1936）铅印本。

③ （清）张宝琳修，孙诒让纂：《永嘉县志》，永嘉县地方志编纂委员会整理，中华书局2010年版，第184页。

④ （清）张宝琳修，孙诒让纂：《永嘉县志》，永嘉县地方志编纂委员会整理，中华书局2010年版，第170页。

而后庶知：文字者，经学之原本，笺注者，经学之津梁也。[①]

金衍宗的碑记强调儒家的经学传统。平阳至少有3个仓圣祠或庙，一个在县城，一个在十六都麟头，还有一个在二十五都泥山。泥山仓圣祠系于同治六年（1867）为士绅陈际中捐建，县令余丽元为此写了《仓圣祠记》：

同治丁卯（1867），平邑陈生际中以仓圣祠落成征言于余，曰："上古结绳而治，洎乎仓圣造书契，而官治民察，诚文字之鼻祖。爰集同人捐赀庀材，择于仪山之麓建仓圣庙，以昭崇报。请记之，俾垂不朽。"余念都人士具作圣之资，存惜字之意，尚知返本穷源，故不以不文辞也。……夫仪山之麓，平邑之一都会也。余尝按临其地，□密拱秀，树林森□，甘泉之井，星斗之岩，交相罗列。中有遗址，则昔年士民所设之社仓也。社仓创于乾隆三十二年，嗣以积储难继，遂废，既而易为肄业之所。嘉庆十七年，飓风大作，于是倾圮。道光二十年开复，建社学五楹，仍坏于风。今则蒿莱在望，遗址空存矣。爰议就其址以建仓圣庙。佥谋既同，筮日鸠工。经始于丙寅八月，落成于丁卯五月。中设仓圣神主，左右两楹祀文武二帝将。……其东向隙地拊建土地祠三楹。复作小学，颜曰"星岩书院"，兼祀旧社仓谷神，以示饩□之存，俾后之人追考前迹，或就遗址而拓之，或择别地以复之，庶社仓与义学相辅，教养并行，而士气民风蒸蒸日起。[②]

余丽元的碑记很有想象力，把仓颉之"仓"同社仓之"仓"联系在一起。仓圣象征着文教，社仓关乎一地的粮食安全。两者并举，寓意"教养并行"，有益于"士气民风"。

总的来说，士绅们兴复仓圣祠还是出于提高科举成绩之目的，永嘉仓圣祠原先设附建于文昌庙，平阳仓圣祠中也供奉有文昌帝神主。瑞安的仓圣祠建在文昌阁左，仿文昌帝祀典。[③] 士绅们希望仓圣能够起到文昌那种保佑科举的作用。

---

① 金柏东主编：《温州历代碑刻集》，上海社会科学院出版社2002年版，第362页。句读略有更改。

② 符璋、刘绍宽纂：《平阳县志》卷45《神教志一》，民国十四年（1925）刊本。

③ 瑞安县修志委员会编：《瑞安县志稿》，《宗教门》，民国二十五年（1936）铅印本。

二、祀典中的名宦和先贤

祠神信仰又可以分为两类，即先贤和神灵。两者的最大不同为前者是人，后者是神。贤人是道德模范，后者有神迹奇事和灵异传说。当然有些先贤会被发展出神秘力量和神话传说，从而成为民众膜拜的信仰，由人变成神。

供奉先贤的建筑通常被称作“祠”，[①]温州每个县都设有祠堂，供奉那些生前为公众利益做出过杰出贡献或牺牲的人。其意图主要是建构一个系统的道德秩序和文化秩序。祠又分为如下三类。

第一类是祠祀在温州为官留下可观业绩的官员，习称“名宦”，每个县都设有名宦祠。名宦祠往往被当作学宫的一部分，即便名宦祠没有设在学宫里面，方志中也往往把它放在“学校”里面加以介绍，如乾隆《温州府志》卷七《学校·府学》。

除了泰顺和玉环，其他四个县的名宦祠都供奉有十几位历史上的官员。根据各县县志记载，有些官员除了在名宦祠中受祭祀外，还设有另外的祠宇。在永嘉有谢灵运、王羲之、文林、刘逊、林廷瓛、李丕显、庞尚鹏、卫承芳、项澄、邓淮、徐浤、陆润、杨邦宪、陈丹赤、马瑸、固山贝子、芮复传和王国泰等。在乐清，有张铁、潘潢、蒋埴、刘默和胡用宾等。在瑞安，有吴畦、郭阳、陆游、王士翘、刘畿、康元穗、欧大成、王祚昌、钱益忠、范承谟、赵应钧、张兆龙和章昱等。在平阳，有汪季良、章六、刘敬、王约、万民华、胡宾、朱邦喜、吴有涯、沈瑞鹤、何子祥、廖重机、徐恕、查炳华、黎应南、何绍先和黄元规等。泰顺建县和玉环建厅，时间较短，名宦书目较少。在泰顺，有孙原贞和范承谟。在玉环有张坦熊。

除了谢灵运和王羲之这两位具有重要象征意义的文化名人外，名宦祠中的大多名宦都是明清两代具有确凿事迹的地方官，其中尤以知县居多。这些祠的存在一方面是宣示一种做官为民的政治伦理，其中清代官员的祠宇也在昭示其统治的合法性。

陈丹赤、马瑸在耿精忠之乱中同时遇害于华盖山。康熙三十四年（1695），为纪念他们，永嘉建成了双忠祠。嘉庆十九年（1814）重建，廪生陈遇春的《重

① 当然这种说法也不能绝对化。如祭祀教授刘士英的就叫“忠烈庙”。

建双忠祠记》说：

> 祠踞华盖山顶，当风雨之冲，不久而垩者剥，坚者朽，故废坏尤易。嘉庆十年（1805），……越九年，元和希斋黄公来权邑篆。政暇登山诣祠，大半倾圮，神主暴风日中，慨叹者久之。知忠毅公为其乡侯官人，因与闽人寓瓯者谋复其宇，咸欣然从之，属余襄事。余重黄公之举，不敢辞。不数月，工粗就，希斋公调任平邑，邑人士闻而乐输，无间乎闽人，祠藉以成。此三建之始末也。[①]

自康熙三十四年（1695）起，至嘉庆十年（1805）已经过了110年，殉难的英雄已经被逐渐遗忘，祭祀被废址，建筑倾圮了大半。正如杨庆堃所说，英雄没有被创造出灵异传说，以神通广大之神进入平民的日常生活就容易被冷落。[②]嘉庆十年（1805）的重修契机竟然是新任永嘉县令黄元规与英雄陈丹赤是福建老乡，而黄元规利用寓瓯“闽人”的财力重建双忠祠。下一次重修是在同治六年（1867），知府戴槃《重修双忠祠记》碑记说：“（温州）叠遭会匪粤逆肆扰，而合郡士民同仇敌忾，能战能守，深明大义。……守此土者，上以体朝廷表忠之意，下以作吾民向义之风。”[③]

这次重修是由于刚经历了一场残酷的战乱，为国尽忠的政治伦理价值被唤醒，表示清朝从政权建立之初到太平天国之乱都有保护百姓的好官员。除了需要官员殉难这种危急时刻，在和平年代需要彰显的政治伦理是，官员除了处理“刑钱”这样的专业事务外，还需要在“教养”上有所作为。“养”体现在对民生的关心上，在这个方面，平阳为乾隆朝县令何子祥建了何公祠。平阳士绅叶嘉棆在《何公祠堂记》中赞扬何子祥“南乡开河之举，引梅溪入江之水以溉田七万余亩。复新陡修闸，以备畜泄”。[④]“教”体现在意识形态工作方面的“崇圣教，黜异端”。明代平阳县令王约、万民华和清代何子祥都有毁弃寺庙、建立社学之举。因此平

---

① （清）陈遇春：《重建双忠祠记》，金柏东主编：《温州历代碑刻集》，上海社会科学院出版社2002年版，第329—330页。

② 杨庆堃：《中国社会中的宗教——宗教的现代功能与其历史因素之研究》，范丽珠等译，上海人民出版社2007年版，第161页。

③ （清）戴槃：《东瓯纪略》，金柏东主编：《温州历代碑刻集》，上海社会科学院出版社2002年版，第188页。

④ 符璋、刘绍宽纂：《平阳县志》卷45《神教志一》，民国十四年（1925）刻本。

阳就有祀他们三人的三公祠。[①]

第二类是祠祀本地道德模范的先贤祠。每个县都设有先贤祠，有些先贤除了在先贤祠受祭祀外，还设有另外的祠宇。在永嘉有蔡幼学、曹豳、许景衡、叶适、黄淮、叶式、章纶和张璁等。在乐清有王十朋、钱尧卿、贾如规和章纶等。在瑞安有许景衡、陈傅良、高明和卓敬等。在平阳有徐寅孙、陈德诚、黄徽猷、徐谊、章慰、章梦飞、缪元德、史伯璿、林景熙、郑朴翁、陈高、郑东、吴实秀、鲍辉和杨配篯等。泰顺有林田。玉环有林植三。这些祠一般都由县令和士绅一起创建和修葺，如瑞安祀宋代陈傅良的陈文节公祠于嘉庆元年（1796）毁于飓风后，就是由士绅王象坤、洪守一、林佩金和陈天补重建的。同治丁卯（1867）修建系由瑞安大绅孙衣言发起。[②]祀明代卓敬的卓忠毅祠，雍正二年（1724）由知县薛儁声、教谕张宗栻、训导项景倩和贡生李松筠重修。嘉庆二年（1797），知县张德彪率董事生员李禹锡重建。[③]道光二十一年（1841）、光绪四年（1878）重修。先贤祠的设置是地方官与士绅倡导道德伦理价值的重要设施。

先贤主要由两类人物构成：其一是把儒学或理学传播到温州或阐发儒学经典的有成就者，如陈傅良和叶氏；其二是忠孝节义思想的实践者或担当者，通过他们的事迹以及纪念性建筑的修建，把忠孝节义的意识形态渗透到地方社会层面。瑞安的卓敬和乐清的章纶在中央机构任职，参与了上层的政治斗争，忠君事迹载于正史，影响很大。卓敬系洪武二十一年（1388）进士，任户科给事中，获朱元璋器重。建文帝朱允炆即位之初，卓敬提醒皇帝防范燕王朱棣，并建议徙封朱棣到南昌以便控制，但未被采纳。建文四年（1402）朱棣自立皇帝，指责卓敬离间骨肉，卓敬回答："惜先帝不用敬言耳！"朱棣斩卓敬，并株连三族。温州府城祀奉卓敬的祠建于明中叶，万历期间知府卫承芳移建江中孤屿。弘历特别重视忠义文化的建设，曾于乾隆四十一年（1776）赐谥卓敬忠毅。[④]其后不断有文人士大夫致力于围绕卓敬展开忠义言说。孙锵鸣在《重修卓忠贞祠堂碑记》(光绪四年1878）说：

---

① 张南英：《三公祠记》，符璋、刘绍宽纂：《平阳县志》卷45《神教志一》，民国十四年（1925）刻本。

② 瑞安县修志委员会编：《瑞安县志稿》，《宗教门》，民国二十五年（1936）铅印本。

③ 瑞安县修志委员会编：《瑞安县志稿》，《宗教门》，民国二十五年（1936）铅印本。

④（清）张宝琳修，孙诒让纂：《永嘉县志》，永嘉县地方志编纂委员会整理，中华书局2010年版，第182页。

考之《明史》，万历初，用御史屠叔方言，为吾乡忠贞卓公立祠表墓。盖距公授命之岁已百七十一年矣。而吾邑先于嘉靖间，私祀公于西岘山麓，厥后屡毁屡迁。其在今县治前新街者，即奉诏改建址也。而郡城亦同时建祠于江心孤屿，与文信国公祠东西并峙。懿惟二公精忠大节，与日月争光。信国公当宋祚已坠之日，力图兴复，间关一旅，跳身至此，赋诗见志。而忠贞公，温产也，异代而同规，异地而同祀，岂非江山之光邪？岁久失修，倾颓殆尽，郡官吏既葺信国公祠而新之矣，而公之祠未遑暇也。……而蒙窃以为公之忠，公之学也。昔刘忠愍之传公也，谓公邃于性理，有遗书十卷，发明周子《通书》、邵子经世之学，然则公固渊源濂洛，得与于圣道见知、闻知之统者也。其与信国公成仁取义之旨，惜守孔孟家法，……今幸新公之祠而特揭公之学以告我乡人，庶几慕公之忠，相率而求学公之学，乃无愧于生公之乡者哉！[①]

在孙锵鸣笔下，卓敬是忠义文化的化身。在实践层面，在温州与文天祥齐名，孙锵鸣说“忠贞公，温产也”，特别指出卓敬是温州人，这体现了孙锵鸣建构地方忠义传统的用心，把卓敬跟文天祥联系在一起，正是忠义文化地方化非常关键的一环。在学术层面，脉络渊源直通周敦颐、邵雍和朱熹，守孔孟家法。最后孙氏说修葺卓忠贞祠是为了使“乡人”仰慕卓敬之“忠”，探讨卓敬的学问。温州府学教授朱寿保在《重修卓忠毅公祠碑记》（光绪三十一年，1905）说：

日月有时而薄蚀，陵谷有时而迁堕。惟此忠忱浩气，足以扶三纲而张四维者，历千古而长存，与万灵而并耀；昭著乎当时，褒崇于后世，允以立臣极、植人纪也。江心孤屿卓公祠者，前明中叶敕赐创建，为奉户部侍郎安固卓忠贞公飨祀之所。公之精忠大节载在史乘，彪炳汗青。考祠建于万历初纪，与宋文信国公祠东西并峙相辉映，迄今已三百余年矣。都人士至其地者，辄瞻拜遗像，肃然仰止，固赫赫若前日事。国朝乾隆四十一年（1776），赐溢忠毅，表忠之典异代同符，于

① 金柏东主编：《温州历代碑刻集》，上海社会科学院出版社2002年版，第383页。

以见潜德幽光之阅世愈显，而枌榆桑梓之社，公之灵不尤眷眷于兹也哉！……卒乃攀□莫及，湛族甘心，岂不磊磊轩天地也哉！洎乎观除之际，殉国之烈，于我浙得二人焉。一为方公正学，一为公：正学邃于经，公则兼长于史，其学浩博无涯俟，究其心孔子之心，学濂洛之学，舍生取义，视死如归。岂非山川间气之钟，不负高皇养士之报；……生而忠孝，没为明神，固宜俎豆长馨。……俾百世之后闻风兴起者，振颓而式靡，立懦而廉顽。以上副一代表忠之意，庶几维持风教之一助也夫！①

与孙锵鸣一样，朱寿保也试图把卓敬编织进孔子儒学以及濂洛理学（周敦颐、程颢、程颐）的系谱之中。另一位忠臣章纶的事迹见诸《明史》。土木堡之变明英宗朱祁镇被俘后，郕王朱祁钰即皇帝位。景泰三年（1452）朱祁钰废原太子朱见深（明英宗朱祁镇之子）为沂王，改立自己只有一岁的儿子朱见济为太子。景泰五年（1454）仪制郎中章纶上疏要求复立朱见深为太子。朱祁钰阅后大怒，当即传旨逮捕下诏狱，“拷掠五日，体无完肤，必欲致之死”，后侥幸活命。乐清在东皋山下为章纶建章恭毅公祠。温处道陶士霖在《重建尚书章恭毅公祠堂碑记》（道光二十六年，1846）写道：

世有藉尺寸威柄，附其焰者辄为起生祠，标大碣，乃不旋踵而墟，其子孙蒸尝不能守，此盖电炫于一时，而非有可歌可泣者动人与数百年以后也。乐清明故尚书章恭毅公为正统间名进士，宏博瑰丽，学富经坟，而其雄鸷不可遏之气，尤以植大纲、揭大义为己任。……自是国维赖以立，神器赖以受，人心赖以定，公议赖以伸，其心甚苦，其节甚宏也。虽下诏锢狱，炮烙鞭箠，惨毒备至，公乃安之衽席，甘之如芳饴，盖其志知有君亲而不知有禄位，知有彝纪而不知有死生，若公者可为一代之伟人矣。……斯其以身殉国、扶持世教为何如也。……考公郡祠在郡东南隅简讼坊，由郡守随时补葺，以资永久。②

① 金柏东主编：《温州历代碑刻集》，上海社会科学院出版社2002年版，第397—398页。

② （清）陶士霖：《重建尚书章恭毅公祠堂碑记》，吴明哲编：《温州历代碑刻二集》，上海社会科学院出版社2006年版，第466—457页。

在今天看来，应该由谁来当皇帝，理当立谁为太子，本来都是朱家的事。但卓敬与明成祖朱棣的对立，章纶与明代宗朱祁钰的矛盾，当时人认为已经超出“家事”的范畴。皇位继承，储君废立，事关政治秩序和人伦秩序。卓敬、章纶冒死抗争体现了对纲常的担当和维护。卓忠毅公祠和章恭毅公祠是忠义文化地方化的重要渠道。

第三类是地方儒学传统的建构者和传承者，他们以学问家的光环闻名世间。在这一点上温州鹿城书院内的四贤祠极具典型意义。其“四贤”为程颢、程颐、朱熹和张栻，在宋代都是一流的大儒。但“四贤祠”的意义并不仅是“四贤”，可以说更重要的是“旁祀”者，其中有多位当年不远万里到中原向诸巨儒求学，如周行己和许景衡。乾隆二十年（1755），浙江学正雷鋐在《重修鹿城书院碑记》中写道：

> 东瓯鹿城书院有四贤祠，祀二程子、朱子及南轩张子也。以东瓯贤士多从四贤游者，不忘其渊源，用兴起后学，故列从游诸君子配享之位也。……于是叹先贤遗躅，易以振兴，不忧来者之无人也。夫四贤之道，炳如日星。惟患汩于嗜欲，徇俗苟安，如适越而北辕，却行而求及前人耳。今日者，瞻望门墙，步趋堦城。有不慨然慕、奋然兴者乎！[①]

雷鋐特别指出主流儒家学术进入温州的历史环节，希望温州之后学者能够沿着温州学界先辈的足迹继续走下去。同治五年（1866），大乱刚平，温州知府戴槃兴复四贤祠，戴槃在《重修四贤祠记》中说：

> 温郡四贤祠旧在鹿城书院中，祀程明道、伊川、朱晦庵、张南轩四先生，以乡贤周行己、许景衡等三十三人配，皆从游四先生之门，亲见伊洛渊源者也。当是时，……而此邦先哲笃信好学，不远数千里，师事四先生，卒为名儒，俎豆千秋，可谓盛矣。……夫诸君子宗仰四贤如泰山乔木，流风余韵六百余年矣。即斯祠之建旋废旋复，出之榛莽荒秽之中者亦屡矣。今又焕然一新，世道人心绝续之所系，岂偶然

① 金柏东主编：《温州历代碑刻集》，上海社会科学院出版社2002年版，第288页。

> 哉！抑余之为是举也，将使郡之士瞻仰遗型，进求夫诸贤之讲学论道与夫事业文章，更世千百而不朽者，其故安在？……永嘉之学岂必遂无传人哉？此固守斯土者之所厚望也！[①]

戴槃除了重复雷铉的意思，还把呼唤永嘉之学传人的出现跟世道人心联系在一起，这就说明他们建立先贤祠维护儒学正统地位的用意。

以上三类模范合在一起，恰好符合儒家学者所推崇的“三不朽”：第一类名宦属于“立功”；第二类中之纲常伦理的实践者属于“立德”；先贤祠和“四贤祠”中的理学思想的阐发者和传播者属于“立言”。除了以上三类著名的模范人物外，各县都有供奉成为道德模范的普通民众牌位的祠，即“忠义节孝祠”，这首先是来自中央王朝的提倡。胤禛是清代一个具有创新意识的皇帝，雍正元年（1723），他下诏，要求各府州县建立忠义节孝祠，男祠设石牌坊一座，女祠设石牌坊一座，镌刻姓名，以垂永久。[②]这就要求地方官从普通民众中识拔出忠义道德的典范，告诉人们忠义并非只是文天祥、史可法和卓敬那样的英雄人物，可供效仿的道德模范就在你的身边。从雍正二年（1724）至雍正六年（1728）温州永嘉县、乐清县、平阳县、瑞安县和泰顺县相继建成忠义节孝祠。在光绪《玉环厅志》中只有节义祠、昭忠祠，未见忠义祠。

永嘉忠义节孝祠曾经圮于风，失于火，屡圮屡建，县官和士绅特别热心于修复。嘉庆二十五年（1820），温处道朱文瀚《忠义节孝祠碑记》说：

> 诚之者贵，可与天地参。庙焉而飨，期与神祇伍。皇朝雍正纪元，大圣人敦崇名教，匡植彝伦，极明暨幽，厘正禋祀。敕下直省州县，祀名宦、乡贤，别立忠义、节孝两祠，俾所在有司岁时致祭。良以圭为荐而动转人心，阴幽以思，通乎化理，典至钜，意弥厚也！永嘉忠义、节孝祠，在县学东偏，倚夫子之宫墙，经宰官之缔构。嘉庆丙辰（1796），圮于飓，邑令仓猝辄奉忠义群栗主祔于昭忠祠中，而就其傍一楹以祀节孝，因陋就简，不中程度。昭忠者，盖乾隆丁未（1787）

---

① 金柏东主编：《温州历代碑刻集》，上海社会科学院出版社2002年版，第371页。

② （清）鲍作雨、张振夔总修：道光《乐清县志》，陈纬校注，线装书局2009年版，第234页。

平台湾之役，奉建专祠以祀殉绥诸将士者也。……予维忠义、节孝，正教也，诏令建祠，命祀也。正教昌，何忧乎左道；命祀崇，何虑乎淫祠。国之大事在祀与戎，继自今窃愿贤令尹吉捐俎豆，必躬必虔，既本是心，以事神治民，更善推所为于困穷无告！于是上格天和，自求多福。宜有不介而孚，不期而至者，神其许我哉！邑人张君瑞溥官四川叙州郡守，方以读礼家居，实趋走左右厥工，克忘其劳，以迄蒇事，是亦邦之贤大夫也。是宜并书。①

朱文瀚在此阐发了忠义节孝祠以纲常伦理教化社会的重大意义，三十年后的道光三十年（1850），永嘉县令张铣在《重修忠义节孝祠宇碑》中写道：

忠义植纲常之本，节孝敦风化之原，所关岂浅鲜哉！我朝崇正教，正禋祀，雍正纪元，敕下直省各州县设立专祠，令所在有司官春秋致祭，典至钜也。永嘉忠义、节孝两祠在县学东偏，嘉庆丙辰（1796）圮于飓。越己卯（1819），邑令黄公倡其谋，卿大夫张公赞其成，观察朱公记其事，祠宇得以重新。道光戊戌（1838）毁于火，俎豆馨香之地，忽摧为荒烟蔓草之场，伤已。阅十余年，太守平原问珊张公在任于兹，始谋兴复；旋又奉讳归里，捐留俸钱二百千，命邑人士举其事。榱栋甫建，复遭飓坏，所捐赀已靡其半，役遂不克成。予莅任之初，方谋修举，冗而未暇。越明年，绅士周时风、郑烺、朱城、陈继修等佥请重建；时复有邑人金之杰请独建节孝祠，予嘉其义。②

节孝的本质还是在于“忠”，守节是妇女对死去的丈夫的忠，行孝是对父母的忠。因此，忠义节孝祠的创建是建构地方忠义传统的浓墨重彩的一笔。清代皇帝对忠孝节义的提倡一直很重视，玄烨颁布于康熙九年（1670）的《圣谕十六条》，第一条讲的就是“孝悌”。除了各州县厅标配忠义节孝祠外，地方在雍正以后另有创举，永嘉于同治四年（1865），由城董潘镜墀、董学山等倡捐及各都助

① 金柏东主编：《温州历代碑刻集》，上海社会科学院出版社2002年版，第335—336页。
② 金柏东主编：《温州历代碑刻集》，上海社会科学院出版社2002年版，第358—359页。

建“义民祠”，祭祀在抵御金钱会与太平军战斗中殉难的百姓。[①] 在乐清虹桥有“义勇祠”，祀同治元年（1862）四月十七日与太平军作战中死难的四十五人。[②] 在瑞安有“昭忠祠”，在西北第五巷，清道光十五年（1835）副将李朝清等建，祀前死于蔡逆之难与道光壬辰缉盗被溺者。[③] 另外如平阳的“杨公祠”，泰顺的“崇报祠”，玉环的“昭忠祠”等都是同类祠宇。

三、介于淫祀正祀之间

还有一类神祇虽没有被列入祀典，但在民间影响极大，民间的崇拜活动为官绅所默许，例如杨府爷。杨府爷也称杨府君、杨真君或杨府真君，是在温州四县一厅的一个十分广泛的民间神灵。但因不属于正祀，道光《乐清县志》没有提到杨府爷。嘉庆《瑞安县志》只提到一次，“……在十四都杨府庙后”，这是为了说明一个义冢的地理方位而出现的；[④] 光绪《永嘉县志》提到多处，有作为军事单位名称的“杨府汛”，有作为军事设施名称的“杨府炮台”，[⑤] 有说明河流经过地的地点，过“杨府庙前”；[⑥] 永嘉四都有个村名叫“杨府庙”；[⑦] 在民国《平阳县志》中也发现以杨府庙指示水利设施方位的情况，“坐木桥头东杨府庙旁”。[⑧] 可见，即便是承载正统意识形态的县志都无法回避“杨府庙”，这表明杨府爷信仰在温州的普遍性，以至于雍正时平阳建造渡龙陡门时的主事者还利用“杨府之神素著灵异”来募捐经费。乾隆中期任平阳县令的青浦人徐恕实录了此事。[⑨]

杨府爷的地位在咸同年间产生了戏剧性的变化。咸丰四年（1854）乐清瞿振

---

① （清）张宝琳修，孙诒让纂：《永嘉县志》，永嘉县地方志编纂委员会整理，中华书局2010年版，第209页。

② （清）李登云修，陈珅等纂：《乐清县志》卷3《规制志·坛庙》，光绪辛丑，东瓯郭博古斋刻印。

③ 瑞安县修志委员会编：《瑞安县志稿》，《宗教门》，民国二十五年（1936）铅印本。

④ （清）王殿金、黄徵乂总修：《瑞安县志》，宋维远点校，中华书局2010年版，第81页。

⑤ （清）张宝琳修，孙诒让纂：《永嘉县志》，永嘉县地方志编纂委员会整理，中华书局2010年版，第325页。

⑥ （清）张宝琳修，孙诒让纂：《永嘉县志》，永嘉县地方志编纂委员会整理，中华书局2010年版，第53页。

⑦ （清）张宝琳修，孙诒让纂：《永嘉县志》，永嘉县地方志编纂委员会整理，中华书局2010年版，第131页。

⑧ 符璋、刘绍宽纂：《平阳县志》卷8《建置志四·水利下》，民国十四年（1925）刻本。

⑨ （清）徐恕：《渡龙陡门记》，吴明哲编：《温州历代碑刻二集》，上海社会科学院出版社2006年版，第1033页。

汉起义失败后，乐清县中士绅与地方官关于镇压反叛的功劳认定，产生了尖锐的矛盾，西乡镇压起义的地方士绅集团因镇压反叛时过于血腥，也恐惧原起义军控制范围东乡势力的报复，因此把镇压起义军的功劳归之于杨府爷。[①] 温州地方官以此上报，浙江巡抚何桂清奏请敕加封号。温州知府戴檠对杨府爷镇压瞿振汉起义过程作了如下的叙述：

> 考神之受封敕庙自宋始，盖其著灵海滋，历有年所。故郡邑皆有庙。国朝自嘉庆以来，海匪不靖，均赖神力转危为安，迭资保障，神之为灵昭昭也。而乐人平贼之事为尤奇。内无主谋，外无兵力，群贼坐堂皇谋袭郡城，而乃一呼四应，义声震天地，突起夺贼刀，直前刺之殪，贼惶遽不知所为，或跪授刃，束手就戮，无敢抗拒者。至妇人竖子，咸能刃贼。乱定后，相顾愕眙，率不解其何故。谓非天夺之魄，而神助吾民耶？先是郡中有通贼者，约同日起事，先一日，破获瑞安逆党某，其子忽作神语，白其父谋逆状，事遂泄。县之民亦皆以为杨府君所使，则神之御灾捍患有不可思议者。膺封号，崇祀典，宜哉！夫不烦兵力群起而攻之，蠢兹丑类，一鼓荡平，使温、台两郡无攻剿馈饷之苦，非独神之大有造于乐，实大有造于浙东也。圣天子以神道设教，其即此意也夫！

咸丰五年（1855）何桂清奏请封号却一直没有回音，直到同治六年（1867）巡抚马新贻再次奏请，杨府爷才得以加封“福佑”。[②] 据民国《平阳县志》的说法，杨府爷除了咸丰四年（1854）在乐清显灵，咸丰五年（1855）还在平阳鳌江帮助乡民击溃来犯海盗，并毙其首领，[③] 这也是杨府爷获得封号的原因之一。地方官奏请敕封杨府爷，到被批准，其间用了十二年时间，大概也反映了朝廷的犹豫不决。但无论如何，神灵从此列入祀典，可以名正言顺地得到官绅的祭祀。然而，光绪初莅任平阳县令汤肇熙仍然视杨府爷为邪神。作为“亲民”之

---

① 罗士杰：《地方神明如何平定叛乱：杨府君与温州地方政治（1830—1860）》，赵肖为译，《温州大学学报》（社会科学版）2010年第2期。

② （清）张宝琳修，孙诒让纂：《永嘉县志》，永嘉县地方志编纂委员会整理，中华书局2010年版，第192页。

③ 符璋、刘绍宽纂：《平阳县志》卷45《神教志一》，民国十四年（1925）刻本。

官的县令汤肇熙对地方神灵妨碍社会秩序的负面作用有深刻的认识，在平阳县一个关于新建杨府庙的争端中，仍然把杨府爷打成"淫祀"，声称"地方多一庙，即地方多一患"，在《谕禁添造神庙示》中指控了杨府爷"支持"械斗的"劣迹"：

> 本县署钱塘时，有瓶窑一案，其案即尔平阳人，其神即所谓杨府也。平阳客民因行路碰争被河南客民殴死，此不过寻常命案，听官办理而已。乃不即报验，各聚其众。平民首祸者，卜吉于杨府神，哄然而斗，然而斗致伤毙不可数计，焚掠无所不至，酿成巨狱，遍地株连，而首祸者供出情由，亦自悔恨，向使无此神无此卜，则亦必无此斗无此祸。总因愚民无知，以神为可恃，而不料转为神所祸，实亦非神之祸，人特自祸耳。平人最敬祀杨府神，岂真有是神哉？假使有神，神岂有不予人福，而予人祸者哉？然自本县言之，尔等终未必信之。可见官于百姓，非故违众好，无非欲以教化移浇俗之心也。况淫祀宜禁，律有明文。①

祀典之外的杨府爷在地方社会影响极大，连汤肇熙也说，"平人最敬祀杨府神"。正是因为影响大，地方官绅要加以利用，如平阳用它来募捐水利设施建设费用，乐清用它来弥合官绅的矛盾和东西乡之间的对立。但它对正统意识形态并不总是那么恭顺，因此地方官又不免对它有所防范。地方社会中除陈十四夫人等一批祀典之外有影响的神灵，正处于与杨府爷一样的境地。

第二节　温州民间的崇拜生活

每个寺庙都代表着社会组织。一所寺庙的修建往往是整个社区成员集体努力的结果。庙宇在特定聚落居民心目中是非常重要的象征，因此人们愿意付出巨大的财力和物力。民间有一个俗语"举头三尺有神明"，庙宇通过举行仪式，借助

① （清）汤肇熙：《谕禁添造神庙示》，《出山草谱》卷4，东瓯郭博古斋，光绪十年（1884）刻本。

天上的神明和阴间的权威，来监督人们的行为，以神灵的赏善罚恶来支撑社会普遍的道德秩序。惩恶扬善给苦难的世人以希望，而不幸的遭遇则由超自然力量来解释，因此传统社会是一个人、神、鬼共生的世界，神灵崇拜是生活中十分重要的部分。

一、繁盛的民间信仰

光绪《玉环厅志》写道：

> 古者，日月星辰、山川社稷，以时享祀，礼至重也。迄今祀典所颁，推及群神，凡功德之昭垂，为馨香之报答。守土者遵制奉行，固宜诚且敬欤，下而四野农民春祈秋报，亦足以邀神贶。故社庙之兴所在，多有若维摩之室、老子之宫，其无伤风教者亦在，所弗禁云。①

这段话虽然写的是偏远的玉环，来自官修志书，却较真实地反映了温州士民在宗教信仰方面的“兼收并蓄”。瓯江流域的上下游地区基本上每个村落都有供奉“社主”的“社庙”（有些地方称“社殿”）。《玉环厅志》说有社庙的地方，多佛教和道教的寺庙宫观。但其中佛教和道教两“宗教”之外的民间信仰异常繁盛。《岐海琐谈》引述陆游的《野庙记》说：

> 瓯越间好事鬼，山椒水滨多淫祠。其庙貌有雄而毅，黝而硕者，则曰将军。有温而厚，晰而少者，则曰某郎。有媪而尊严者，则曰姥。有容而艳者，则曰姑。其居处，则敞之以庭堂，峻之以升级。上有老木攒植森拱，萝茑翳其上，鸱枭室其间，车马徒隶，丛杂怪状。农作之氓怖之。大者椎牛，次者击豕，小不下犬，虽鱼菽之荐，牲酒之奠，缺于家可也，缺于神不可也。一朝懈怠，祸亦随之，耋孺畜牧栗栗然。疾病死丧，氓不曰适丁其时邪，而自惑其生悉归之于神。虽然，若以古言之则戾，以今言之，则庶乎神之不足过也。②

① （清）杜冠英、胥寿荣修，吕鸿焘纂：《玉环厅志》，光绪六年（1880）刊本。

② （明）姜准：《岐海琐谈》，蔡克骄点校，上海社会科学院出版社2002年版，第201页。点校者在注解中指出，陆游（字务观）未有《野庙记》之文，此文系唐陆龟蒙（吴郡人）所作，在《全唐文》中，此作题为《野庙碑》。

后世的府志、县志都把温州人鬼神崇拜的源头追溯到秦汉时期。乾隆《温州府志》称“始东瓯王信鬼，故瓯俗多敬鬼乐祠”。鬼神崇拜中，绝大部分是祖先崇拜。祭祀仪式多而烦琐。除了家祭外，族祭现象也较为突出。每年春、秋之祭，阖族都要祭祀本族的祖先。另外，祭祀野鬼也极普遍，每年七月半至冬至，乡村都要举行各种醮会，还要醵钱演戏，祈求野鬼不要为害人间。寻常人家，除供奉灶神、檐神（俗称“檐头亲爷”）、井神、财神、白虎神、土地神这“六神”外，还供奉观音、三官大帝和其他诸神。在山区，巫风严重，各地有不少巫婆。民间看病，不喜请医生，而多半请巫念咒驱邪。信鬼尚巫，虽士大夫之家亦不免。

温州民间信仰的繁盛史不绝书，明代弘治年间温州府永嘉县知县汪循所撰的《唐将军庙碑记》说：“温俗好鬼，多淫祠。凡市集乡团，居民或百余家，或数十家，必设立一鬼以祀之。”① 光绪初，平阳知县对民间信仰之多、之滥有极深刻的感受，他说：

> 愚夫愚妇相率日拜跪于土木偶之前，谓可托神灵庇佑。此等风气所在有之，然要未有如平人之怪诞不经也。他处淫祀之神，大都出于演义小说，而平人之神则其名更闻所未闻。他处淫祀之神，大小犹是庙宇，而平人之神则树悬一龛、墙穴一像，不必皆庙宇。②

说民间信仰繁盛不特指民间菩萨之多，即便是官方正祀之神，民间也会对之加以改造，并以他们独特的理解予以利用，例如城隍，属盖司城池之神，春祈秋报，保卫生灵，消除疠疫灾祲，在明代已被厘定祀典。每年清明节城隍神出巡，平阳人举国若狂，在巡行队伍扮作阴曹、无常，认为此后阴曹、无常会将他们视为同类，从而不会加害。或扮作罪犯，认为今后可能的犯罪这天就已预先得到惩罚，就不需要另外付出代价。汤肇熙出榜示禁说：

> 涂面挂须，扮作阴曹。果有是职，则必有是神，若神可以人为之，

① （明）汪循：《唐将军庙碑记》，吴明哲编：《温州历代碑刻二集》，上海社会科学院出版社2006年版，第49—50页。

② （清）汤肇熙：《谕禁添造神庙示》，《出山草谱》卷4，东瓯郭博古斋，光绪十年（1884）刻本。

则必无是神矣。无是神而以人为神，则是欺人。有是神而以人为神，则并欺神矣。又扮作枷锁罪犯，不独童稚为然，且有壮者。不独男子为然，且多妇人。夫枷锁为罪人，而设如其有罪，阴律之枷锁安得见之？如其无罪，聪明正直之神，安肯以枷锁枉用？此皆无理取闹，恶习效尤。而尤足奇者，更纷纷扰扰，有扮作无常之数千人也。夫事有传讹已久不觉其非者。……今以无常为冥司鬼卒，已属怪诞不经。而愚民乃又相率扮作，填街塞巷。岂将借此为护身符法？犹之衙署挂名白役，社鼠城狐有可凭恃耶？抑以俗言无常能勾人魂，而物伤其类，一经扮此，便可无恶不作，彼真无常必不肯勾同类之魂耶？意果何居，理殊不可解，事大可笑，状尤难堪，皆由造言生事之徒为此牛鬼蛇神之说。非亟禁止，曷挽颓风？为此，示仰乡居民人等知悉，嗣后每年届期，只许徇俗出巡一日，扫除洁净，陈设供具，以将虔忱，不许扮作种种怪状。本县于事关人心风俗，无不反覆开导，以期警聩醒聋。倘本县言之而尔等不听，或听之而阳奉阴违。除按法严究外，仍将仿西门豹故事，以昭炯戒。本县为守土之官，城隍为守土之神，必将牒告于神。令尔等扮冥官者，即赴办事；扮罪犯者，即予受刑；扮无常者，即均听候冥差。所谓以其人之道还治其人之身。尔等试思皆自乐为之，其何说之辞？尔等又试思，城隍神赫声濯灵，其然本县之言否懔遵。①

在温州府属各县厅中，以民国《瑞安县志稿》对民间信仰的记载最为详尽，可以根据庙宇的数量来判断诸多菩萨中影响的大小。县志所载的庙宇远比实际存在的庙宇数量要少，这里仅以县志所载庙宇的多少来估测清代各个菩萨的影响。当然呈现的数据已经扣除了被明确为民国以后所建的庙宇。

在数不清的菩萨中，数量最多的是祀陈十四夫人的宫庙。宫庙遍布温属五县一厅，不仅分布于沿海平原，也分布于高山丘陵地带。《瑞安县志稿》载明祀陈十四夫人的庙宇 216 座。最多的庙宇名称是奉祀陈十四夫人的太阴宫，奉祀

① （清）汤肇熙：《禁扮神会示》，《出山草谱》卷 4，东瓯郭博古斋，光绪十年（1884）刻本。

陈十四夫人的庙宇还有西祖宫、广福宫、慈圣宫、通济宫、虞池宫、北圣宫、西岘宫、西安宫、承天宫、东镇宫、隆山宫和南圣宫等名称。① 此外还有大量宫庙合祀或附祀陈十四夫人，例如瑞安一座名为“老宫”的陈府庙和十八家的白马庙。

其次是地主庙，《瑞安县志稿》共载83个。地主庙（或称“殿”）所祀的“地主”名称各有不同，比较常见的有浮沙大圣、徐三府君、赞化明王、翁五侯王、项六圣王和金五侯等。②

最后是杨府庙和陈府庙，各有25处。另外还有合祀陈杨的二府庙17处，两者相加各有42处。在陈杨二府以下依次为卮济庙22处，祀赵公明的玄坛庙14处，祀昭明太子的白马庙和五显庙各9处，盘古庙7处，东岳庙4处。③

二、温州神灵的功能体系

人类学认为，文化不过是人类为适应环境而形成的体外器官。民众信奉之民间信仰也应当具有适应人们需要的功能。

民国《平阳县志》载：“平阳兴福庙。本丞署土地神。……按：官署及民居祠墓皆奉有土地神。”这就说明土地神、社主或地主之类的神灵分布的普遍性，实际存在的数量可能仅次于陈十四夫人。我们不能确知瑞安祀蔡敬则的忠义庙在信仰体系中的地位，但忠义庙在瑞安北门锦湖的行祠当属社主性质。清初瑞安人朱鸿瞻在《重建锦湖忠义庙记》（康熙二十二年，1683）中说：

> 考明制：命居民凡百户立里坛社，祀土谷神，仿古八蜡遗意，里人聚会言欢，同井相亲睦也。……吾邑境考元坛址，惟里各有庙，名之曰地主神。④

这段话告诉我们，瑞安的每个里都有一个“地主神”，瑞安有一百多个里，至少有一百多个地主神，地主神相当于“土谷神”。作者回忆了少年时经历与乡邻一起的祭祀地主神过程中的欢庆、祥和场面。祭祀地主神具有加强社区居民情

① 瑞安县修志委员会编：《瑞安县志稿》，《宗教门》，民国二十五年（1936）铅印本。
② 瑞安县修志委员会编：《瑞安县志稿》，《宗教门》，民国二十五年（1936）铅印本。
③ 瑞安县修志委员会编：《瑞安县志稿》，《宗教门》，民国二十五年（1936）铅印本。
④ 吴明哲编：《温州历代碑刻二集》，上海社会科学院出版社2006年版，第715页。

义的功能。因此，大乱过后，百姓的民居尚未恢复，大家却首先重修地主庙。

有些神被认为具有多方面的功能，有求必应，但神有各自的专业特长也相当明显，下面以此作分类说明。

温州背山面海，有着漫长的海岸线，沿海之民多操渔业和商业，沿海的水利设施修建也是非常频繁，所以温州有数量很多的水神。

水神中多为航海保护神。[①]其中首推杨府爷。《永嘉县志》称：神姓杨，名精义，唐太宗时人。生十子，俱入山修道，一夕拔宅飞升，同登仙籍，由此著灵海澨，祷祈辄应。[②]杨府庙在温州沿海各县分布很广，县志往往称“各处皆有，不备载”。太平天国以后随着平阳水头一带的百姓移民到浙北杭嘉湖地区，这个地区的平阳移民村几乎每个村都有杨府庙。

其次是“晏公”。温州各县都有晏公庙。据宣统《三教源流搜神大全》卷七记载，航海于海上，凡遇风波汹涛，商贾叩投即见，水途安妥，舟航稳载，绳缆坚牢，风恬浪静，所谋顺遂也。[③]民国《平阳县志》载，“平浪侯庙，在抗云桥，各处多有不备载。神姓晏，名戌子，江西清江镇人，元初尸解，人以为神，立祠祀之。后显灵于江湖间，明洪武初，封平浪侯”。[④]乐清智仁乡大台门大田墩有晏公庙，庙一度似为鲍家控制，如同鲍家的私产。[⑤]瑞安晏公庙在集真观附近，后迁西郊。在西门外和东门内有行祠。《瑞安县志稿》称晏公为“五湖四渎水神”。[⑥]

再次是陈逸。祀陈逸的庙一般为庄济庙。民国《瑞安县志稿》说：旧庙在三港，分祀各地，故俗称三港庙。神陈逸，字子良。神每著灵异于海上，故沿海之民事之唯谨。神以五月二十八日诞。[⑦]与瑞安一样，平阳的庄济庙也俗名三港庙。平阳十都黄头图、十四都半浦等地都有三港庙。《平阳县志》说神为瑞安洪口人，操舟海上多奇迹，没为神。[⑧]最后，还有瑞安林三益，祀林三益的庙叫广济庙，

① 航运保护神在正祀中有天后，由福建商人传播到瓯江上下游。

② （清）张宝琳修，孙诒让纂：《永嘉县志》，永嘉县地方志编纂委员会整理，中华书局2010年版，第192页。

③ 佚名：《绘图三教源流搜神大全》卷7，上海古籍出版社1990年版。

④ 符璋、刘绍宽纂：《平阳县志》，民国十四年（1925）刊本。

⑤ （清）陈式珪：《晏公庙碑记》（1779），上海社会科学院出版社2006年版，第456—458页。

⑥ 瑞安县修志委员会编：《瑞安县志稿》，《宗教门》，民国二十五年（1936）铅印本。

⑦ 瑞安县修志委员会编：《瑞安县志稿》，《宗教门》，民国二十五年（1936）铅印本。

⑧ 符璋、刘绍宽纂：《平阳县志》，民国十四年（1925）刊本。

平阳六都冈头和十四都山阳等地都有广济庙。《平阳县志》称林三益是瑞安人，神常在海救海舶遇风者。后有平阳白沙海商往东嘉寻林三七太尉致谢，由是白沙达闽境皆祀之。[①]

另外，瑞安广化乡右溪有两个消除山区水灾的神，樊氏兄弟，居兴善庙。传说樊氏兄弟所居之山，内有巨潭，有蛟龙，每出入挟风雨，潭水暴涨，淹没田地、农舍。樊氏兄弟持刃入山内巨潭斩杀蛟龙，消除水害。乡人立祀祭祀。[②]

水神还有一类是帮助沿海农民建造水利设施的，例如筑埭、开陡门。但海滨起飓风怒潮澎湃，毁坏水利设施、房舍，于是产生了平水王周凯。祀周凯的庙为横山周公庙。永嘉广惠坊，瑞安十二都横山，平阳十二都蓝田、十都黄家洞和二十二都项家桥等地都有横山周公庙，也有些地方称平水王庙，如玉环。

明确助人筑埭的神至少有三个。第一个是瑞安寨下庄济陈宣正庙所祀之神，神曾筑海塘于八九都，乡民德之，立庙。瑞安河乡小典学、后里、汀川、董田、周田、直洛、前埠、南阳和上韩等地都有此庙。[③]第二个是翁徐二埭主，庙为忠烈侯庙，平阳十六都凤浦、山尾、四岱、夏宅均奉二神。翁徐二人筑凤浦埭有功而死，乡民立庙祀之。清邑人鲍亳《忠烈侯王庙记》："（神）有位于朝，奉命筑埭黄浦。功成而复圮，志怏怏，□身以殉，乡人义之，为醵金建庙。"[④]第三个是平阳五显灵官庙所祀之神，"正统间，令章惠筑钱仓埭弗就，以文祝之，即日埭成，乃重建"。[⑤]

泰顺有抵御风灾的神。泰顺南院风神庙祀风神。自咸丰初年起，每逢社仓开放日，都要祭祀风神祈求丰收。社仓稻谷收仓日，要举办迎神赛会。据说此后风灾稍息，颇著灵异，遂为立庙。[⑥]

在农业经济时代，山区田地容易干旱，导致农作物歉收，于是就有了对付干旱的神。泰顺县志南门外栖霞宫里的陈夫人、马仙祠里的孝女马姑、汤夫人祠里的汤夫人，都是消除干旱的女神。《泰顺封疆录》说三个夫人，"各乡皆有，乡民

---

① 符璋、刘绍宽纂：《平阳县志》，民国十四年（1925）刊本。
② 瑞安县修志委员会编：《瑞安县志稿》，《宗教门》，民国二十五年（1936）铅印本。
③ 瑞安县修志委员会编：《瑞安县志稿》，《宗教门》，民国二十五年（1936）铅印本。
④ 符璋、刘绍宽纂：《平阳县志》，民国十四年（1925）刊本。
⑤ 符璋、刘绍宽纂：《平阳县志》，民国十四年（1925）刊本。
⑥ （清）林鹗、林用霖编纂：《泰顺分疆录》，陶汉心点注，香港出版社2010年版，第125页。

遇旱祷雨，多应，故祠之”。[①]瑞安四十八都的冯公祠，祀冯正觉，岁大旱，众祷雨不应，神挺身跃入花岩龙潭中，立祠。民国《瑞安县志稿》说：“至今祈祷立应。”[②]

传统社会生儿子事关传宗接代，干系重大，于是就有了送子娘娘。平阳各地多马仙宫。马仙生建安县将相里。另一种说法，神处州景宁人。唐光化间适人，一岁夫亡，誓志不二，纺绩养姑，得授仙术。乡人感之，为立祠，祷祠灵应。明隆庆初，推官郭子章夫人梦仙妃送二子，果应，给以祀田。俗称马孝仙，或称送子娘娘。[③]

温州还有数量庞大的英雄神。乐清琯头的忠烈侯庙，祀田居郜。唐乾符间王郢之乱，唐僖宗诏兵讨之，田奉命行至象浦，猝遇寇，力战死。邦人哀其义烈，为祠祀之。[④]瑞安白云乡固社初就村有三太尉庙，神姓吴兄弟三人，吴孟武、吴孟威、吴孟显。为乡民除虎患成神，系本地山区神。[⑤]瑞安西岘山后王朝奉庙，祀县令王济，抵御方腊有功，成神，瑞安大儒作歌颂扬。[⑥]瑞安清泉乡李将军庙，宣和初，死方腊之难，里人祀之。[⑦]瑞安广化乡四十五都南斗庄戴圣王庙，祀戴峤，御贼有功。[⑧]瑞安北首乡盖竹里的忠烈庙，祀郑守义，抵御方国珍殉难，里人立祠。[⑨]瑞安嘉屿乡的昭烈庙，祀吴姓兄弟三人，吴煦、吴炅、吴弈，以战功为神。[⑩]瑞安三港陈侯王庙，祀陈侯王，救荒除盗有功于民，故立庙祀之。[⑪]瑞安宰清乡忠训庙，神在宋宣和中以御寇死，赠忠训郎。[⑫]这样的英雄神在地方上也有保护神的功能。护卫地方安全的还有真武大帝，瑞安一共有三处真武庙。[⑬]

---

① （清）林鹗、林用霖编纂：《泰顺分疆录》，陶汉心点注，香港出版社2010年版，第125页。

② 瑞安县修志委员会编：《瑞安县志稿》,《宗教门》，民国二十五年（1936）铅印本。

③ 符璋、刘绍宽纂：《平阳县志》，民国十四年（1925）刊本。

④ （清）鲍作雨、张振夔修：道光《乐清县志》，陈纬校注，线装书局2009年版，第226—227页。

⑤ 瑞安县修志委员会编：《瑞安县志稿》,《宗教门》，民国二十五年（1936）铅印本。

⑥ 瑞安县修志委员会编：《瑞安县志稿》,《宗教门》，民国二十五年（1936）铅印本。

⑦ 瑞安县修志委员会编：《瑞安县志稿》,《宗教门》，民国二十五年（1936）铅印本。

⑧ 瑞安县修志委员会编：《瑞安县志稿》,《宗教门》，民国二十五年（1936）铅印本。

⑨ 瑞安县修志委员会编：《瑞安县志稿》,《宗教门》，民国二十五年（1936）铅印本。

⑩ 瑞安县修志委员会编：《瑞安县志稿》,《宗教门》，民国二十五年（1936）铅印本。

⑪ 瑞安县修志委员会编：《瑞安县志稿》,《宗教门》，民国二十五年（1936）铅印本。

⑫ 瑞安县修志委员会编：《瑞安县志稿》,《宗教门》，民国二十五年（1936）铅印本。

⑬ 瑞安县修志委员会编：《瑞安县志稿》,《宗教门》，民国二十五年（1936）铅印本。

民国《平阳县志》载祀真武大帝（亦名“玄天上帝”）的有玄帝宫和会真庙。[①]

人欲望膨胀引起人世的纷争，需要有神来掌生死往复、善恶报应。泰顺、平阳和瑞安方志均载有东岳庙，祀东岳大帝，统领幽冥地府，司赏善罚恶。泰顺的东岳庙在东门外。[②]瑞安的东岳庙在城集真观、潮至下街、湖岭镇湖屿和鹿木乡彭埠上宫。[③]平阳东岳庙在一都鸣山、二十一都郑家楼。另外还有道观祀的东岳大帝。[④]

三、佛教与道教

民国《平阳县志》说：“明清以还，佛法渐替，虽县设僧会为之纲纪，而教徽宗乱已非一朝。”[⑤]与宋元相比，明清温州佛教已式微。然后晚明时期也有过一段繁荣时期。儒家“原教旨主义”者对儒生奉佛作非常严厉的抨击。瑞安人朱鸿瞻（1620—1690）在《陈圣可先生传》中写道：

> 崇祯间，士大夫佞佛尤盛，先生叹曰：“事佛，于愚夫妇犹之可也，士大夫诵法孔子，吾甚患焉。则效必众，而职业不修，天下事不坏于若辈，吾不信也！”……不数年，遂有甲申之变，时人始信其言，而昌言亦太息以为不幸而中。[⑥]

入清以来，佛教自然地延续了这种兴盛的势头。顺治间周天镜（周应期之子）与僧人全真共同重建护国寺。[⑦]宝宁禅师经过艰苦的努力，康熙四年（1665）“慈宝宁于寒烟榛莽中复观金碧辉煌”。[⑧]前明湖广按察使王维夔（号龙友）和他

---

① 符璋、刘绍宽纂:《平阳县志》，民国十四年（1925）刊本。

② （清）林鹗、林用霖编纂:《泰顺分疆录》，陶汉心点注，香港出版社 2010 年版，第 122 页。

③ 瑞安县修志委员会编:《瑞安县志稿》,《宗教门》，民国二十五年（1936）铅印本。

④ 符璋、刘绍宽纂:《平阳县志》卷 45《神教志一》，民国十四年（1925）刊本。

⑤ 符璋、刘绍宽纂:《平阳县志》卷 46《神教志二》，民国十四年（1925）刊本。

⑥ （清）朱鸿瞻:《陈圣可先生传》，陈光熙编:《明清之际温州史料集》，上海社会科学院出版社 2005 年版，第 473 页。

⑦ （清）陈遇春:《重建护国寺碑记》，金柏东主编:《温州历代碑刻集》，上海社会科学院出版社 2002 年版，第 347 页。

⑧ 吴明哲编:《温州历代碑刻二集》，上海社会科学院出版社 2006 年版，第 706—707 页。

的儿子镇江府推官王锡琯（字玉叔）积极参与仙岩寺的重建。[①]

福临、玄烨、胤禛、弘历四个皇帝都崇信佛教，顺治十六年（1659）福临与宁波天童寺、吴兴报恩寺有着密切的关系。玄烨六次南巡，五到杭州，六上灵竺，赐额“灵隐寺”。胤禛于雍正五年（1727）赐嘉兴金粟寺对联，雍正十二年（1734）赐普陀山普济寺、法雨寺御制碑文各一道。弘历六次驾巡杭州，每次都游灵隐寺，十次到上天竺寺，多次到中天竺、下天竺等寺。赐上天竺御书“法喜寺”额，赐中天竺御书“法净寺”额，赐下天竺御书“法镜寺”额。

由于最高统治者的态度，清军驻温州部队和地方官员对温州佛教的扶持保护力度很大。清初，仙岩寺的田产大约有300亩，分别处于瑞安、平阳和永嘉县境内。在《巡抚都察院范宪示碑》中可见，范承谟对仙岩寺的保护要点在于准许寺产自立畸零户籍，不与一般的里甲户编在一起，以免除差役负担，从而杜绝来自于瑞安、平阳和永嘉三县的书吏衙役的侵扰。仙岩寺的《恩敕勒石永护名胜碑》地方各级长官的7个批示，[②]若参之以《仙岩寺志》卷二《法产》，[③]批示达14个之多，这些批示是对同一内容的一再重申。兹按时间先后排列如下：

瑞安知县鲁可远，顺治十七年二月二十九日批。

温州知府陆廷福，顺治十七年三月初二批。

瑞安知县宋国琛，康熙元年三月初九批。

瑞安知县宋国琛，康熙元年四月十三日又批。

温州府推官嵇宗孟，康熙二年正月十六批。

温州府推官嵇宗孟，康熙二年七月二十九日批。

瑞安知县齐遵周，康熙二年七月十九日批。

浙江巡抚范承谟，康熙九年五月二十九日批。

知县洪涛，[④]康熙十年八月二十四日批。

---

① （清）范承谟：《巡抚都察院范宪示碑》，吴明哲编：《温州历代碑刻二集》，上海社会科学院出版社2006年版，第712页。

② （清）鲁可远等：《恩敕勒石永护名胜碑》，吴明哲编：《温州历代碑刻二集》，上海社会科学院出版社2006年版，第709—711页。

③ （清）释佛彦汇订，释佛皋增辑：《仙岩寺志》卷2《法产》，敬乡楼本，温州市图书馆藏。据《仙岩寺志》卷2，仙岩寺的田产大约300亩，分别处于瑞安、平阳和永嘉县境内。

④ （清）释佛彦汇订，释佛皋增辑：《仙岩寺志》卷2《法产》，敬乡楼本。洪涛以县丞的身份代理瑞安知县。

瑞安知县李澄，康熙十一年四月二十九日批。

温州知府王国泰，康熙二十年七月二十七日批。

平阳知县吴永申，康熙二十三年十二月十八日批。

温州知府刘德新，康熙三十年七月十二日批。

瑞安知县谢青钟，康熙三十年十一月十九日批。

清初，政府官员对佛教的支持甚多，例如康熙初年知县宋国琛给瑞安仙降台头宝宁寺的重修提供经费支助，并为保宁寺题额。① 名刹仙岩寺在清初已是一片废墟，参与兴复的有清平南将军梅勒章京陈典谟、兵宪万代、总镇尚好仁、别驾赵塑孔、瑞令谭希闵，偕檀越左通政王维夔、比部王锡瑄、教谕王锡璇、礼部主事王锡琯。② 清中期以后，清官方与佛教的关系逐渐疏远，但仍有地方士绅参与的身影。乾隆四十二年（1777）孙希旦为招福寺题写“南海慈云”额。③ 乾隆五十七年（1792）徐照为正隐寺撰写碑记。④ 同治元年（1862），乐清四生员管理玉虹洞寺产。⑤ 同治十二年（1873），孙锵鸣为感应寺题赠“福慧双备”额。⑥ 光绪十一年（1885），孙衣言为宝宁寺题写匾额“心如平地”。⑦ 光绪十四年（1888）贡生王瑞槐重建仙岩寺，延开霁法师主席。⑧

以清初陈昌言、朱鸿瞻的看法，像李光春、李象坤父子这种信佛的士人应该担当亡国之责。地方官往往认为佛教在民众中分享了儒学的思想权威，有碍于他们的移风易俗。信佛的民众对寺院的布施导致了宗族的瓦解，以及民间底层的佛教又常常与秘密宗教组织有着一分暧昧的关系，因此负有教化责任的地方官与儒家理学的忠实信徒认为佛教对社会秩序和文化秩序构成了威胁，他们对佛教持敌视态度，这对佛教和崇信佛教的士人构成了很大的压力。与朱鸿瞻同时代的士人

---

① （明）林增志：《宝宁禅室重兴碑记》，吴明哲编：《温州历代碑刻二集》，上海社会科学院出版社 2006 年版，第 706—707 页。（清）王殿金、黄徵乂总修：《瑞安县志》，宋维远点校，中华书局 2010 年版，第 533 页。

② 瑞安县修志委员会编：《瑞安县志稿》，《宗教门》，民国二十五年（1936）铅印本。

③ 瑞安县修志委员会编：《瑞安县志稿》，《宗教门》，民国二十五年（1936）铅印本。

④ 瑞安县修志委员会编：《瑞安县志稿》，《宗教门》，民国二十五年（1936）铅印本。

⑤ （清）释如兴：《玉虹洞碑》（1862），吴明哲编：《温州历代碑刻二集》，上海社会科学院出版社 2006 年版，第 477—478 页。

⑥ 瑞安县修志委员会编：《瑞安县志稿》，《宗教门》，民国二十五年（1936）铅印本。

⑦ 瑞安县修志委员会编：《瑞安县志稿》，《宗教门》，民国二十五年（1936）铅印本。

⑧ 瑞安县修志委员会编：《瑞安县志稿》，《宗教门》，民国二十五年（1936）铅印本。

李象坤试图通过调和儒佛矛盾来消解这种舆论压力，在为保养庶母身体而劝开斋的文中，以为开斋“揆之儒理，靡不合符；叩彼佛心，亦应许可”，[①] 认为“圣贤之于仙佛，教虽不同，总此弘济斯民一也”。[②] 儒理与佛心是相通的。咸丰十年（1860），张振夔在为永嘉桥下镇六岙唐家所撰的《福星祠记》表达了三教和谐的思想：“立本氏忠孝节义、文德武功诸公，以酬先世之德；立异姓正直无私、排难解纷诸君，以报时日之恩；上立三教圣人，以便礼拜；侧立合村义士，共受明禋。”[③] 永嘉悟了和尚也试图在佛经上找根据，在“孝”上做文章，打通佛教和儒教。光绪七年（1881），他在《生育祠记》中说：

> 悟了诵《法华经》至二十七品，憬然悟，慨然叹曰：夫妙庄严王与王夫人净德，夫非犹是人之父母也哉！[④] 净藏、净眼二菩萨，夫非犹是人子也哉！而彼二菩萨者，顾能具大神力，卒使父母信解，一为华德菩萨、一为光照庄严相菩萨，其亦可谓善化其亲者矣！夫此必欲化亲之心，固即儒者所谓爱亲而不忍忘亲之道也。乃自儒者加吾道以“无父”之名，而吾道中愦愦者流，亦遂自安隔膜而不知怪。噫！此岂佛之心耶？惜未有以二菩萨之事告之也。悟了俗姓蒋，郡新河街人。七岁丧父，年十三，母又逝，不获已，与兄纪英、天寿奉柩合厝于雪山之原。既卒役，乃祝发于资福寺觉禅师为佛弟子。惜悟了钝根人，略无神力，求如二菩萨之化亲，俾得生而成佛，盖抱憾多矣！虽然，力不可强，心独不可自尽乎？爰本二菩萨爱亲之心，就其可自尽者，而为之建生育祠三楹于寺侧，奉父母神主，并置祀田五亩以供祀事之费，亦曰：不敢忘亲已耳。二菩萨有知，或者其许我乎！[⑤]

---

① （清）李象坤：《代青侯弟为生母开斋疏》，（清）李象坤：《匊庵集选》，蔡听涛点校，黄山书社 2012 年版，第 167 页。

② （清）李象坤：《寿宴令君序》（1665），（清）李象坤：《匊庵集选》，蔡听涛点校，黄山书社 2012 年版，第 277 页。

③ （清）张振夔：《福星祠记》，吴明哲编：《温州历代碑刻二集》，上海社会科学院出版社 2006 年版，第 179—181 页。

④ 在云雷音宿王华智佛在世的时候，有个国家，名为光明庄严国，劫名叫作喜见。在彼佛法中，有位国王，名为妙庄严王。王的夫人，名为净德夫人。王有两个儿子，一个叫净藏，一个叫净眼。这四个人的前身，就是往昔在深山同修的四比丘。

⑤ 金柏东主编：《温州历代碑刻集》，上海社会科学院出版社 2002 年版，第 385 页。

悟了在思想上把净藏、净眼二菩萨不忘父母与儒家的爱亲勾连在一起，实践中在寺庙里供奉父母神主。这是一种别开生面的图景。

民国《平阳县志》在追溯平阳佛教发展历史时说：

> 明洪武六年令府州县上存大寺观一所，僧道有□立，庵堂寺观非旧额者悉毁之。清康熙间，通计直省敕建、私建诸寺庙，亦有□建增修永行禁止之令，所以防滥也。今寺观庵堂偏邑内大都私建者多，而敕建者仅百之一二，固未尝一遵典令也。[①]

这其实指的是明朝的“丛林归并”制度，而清朝则是沿用了这种制度。但这个制度在清朝不过一纸具文而已。对相关县志记载进行统计，平阳清代寺院达374座，瑞安达286座，永嘉159座，乐清75座。[②]相信实际存在的寺院数量要远大于这些数字，特别是乐清，乐清光是雁荡山就有著名的十八刹，其他地方也是丛林遍布。但是寺院的繁多不能简单地归结为佛教的兴盛。

《平阳县志》的一段文字对寺院繁多的现象进行了解释：

> 大众、比邱都为衣食计，求其能明宗派、深通教典者，岂千百而十一矣？间考邑中僧尼，多出于贫家子女。横江以南，贫民多子，或失业者往往为僧，江北则多送女为尼，以故江北多尼院，而江南多僧徒，至于优婆斋舍则望村而是。大抵村□妇女类多崇信佛法，每数百家辄辟一舍为聚会膜拜之地，其茕独无归者即栖身其中，藉以送老，此其所以众也。然以拜经礼谶为来世积赀之说，妇女不问老少入寺烧香，此最有害于风化，又不可不加禁制矣。[③]

民国《平阳县志》指出，数百寺院里面的僧尼，大多是为了谋生而出家。平阳鳌江以南贫民子弟失业后去当和尚，鳌江以北贫家多送女儿去做尼姑。所以江北多尼姑庵，江南多僧徒。他们并不明白自己的佛教宗派，更不懂佛教经典，念经做道场不过是为了挣钱的劳作。另外更多的是居民自辟聚会场所，让鳏寡老人

---

① 符璋、刘绍宽纂：《平阳县志》卷46《神教志二》，民国十四年（1925）刊本。

② 民国《平阳县志》、《瑞安县志稿》、道光《乐清县志》、光绪《永嘉县志》。

③ 符璋、刘绍宽纂：《平阳县志》卷46《神教志二》，民国十四年（1925）刊本。

栖身其中，聚会点的人为他们养老送终，因此，佛教又是一个慈善组织。

民国《瑞安县志稿》也有相似的看法：

> 历隋唐五代宋元明清，流行渐广，前后建寺至数百所，其间卓行名僧能恢宏象教固不乏人，而托名缁流为衣食计者实繁有徒，至于拜经优婆，茕独无归又往往别辟膜拜之舍，栖身其中，藉以送老。此虽由佛氏道大能容，亦足征人民之庶，而苦无以富之也。然有不列缁流而礼佛拜谶，冀获福田以致伤财废职，迄无怨悔者。[①]

瑞安县志中的“福田”之说，地方士绅文集也时有所见。嘉道时的乐清贡生叶正阳曾说：“彼浮屠诱人以福田利益，愚夫妇之悭囊破。”[②] 乡民平时钱袋捂得很紧，但一听说要施舍佛寺，则又很大方。甚至有些乡民对佛寺的大方远远超过对宗族祠堂，叶正阳对此十分愤慨，他斥责说：“其下为愚夫，为善男，感福田利益之说，破悭囊以厚施浮屠氏者甚夥。故琳宫金碧，香篆常浮，而祠宇荒凉，豆笾冷落，是皆不知有祖也！是皆不知其本也！”[③] 佛寺金碧辉煌，祠堂荒凉冷落，两者形成了极为鲜明的对照。乡民对施舍佛寺很大方，对士绅重视的书院却缺乏认同，乐清西乡的金鳌书院创于嘉庆十二年（1807），早已破败不堪，到了50年后的咸丰七年（1857）才得以重修。士绅曾元澄慨叹习俗的浇漓，他说：

> 自习俗偷薄，利俗熏灼，当时所称家累素封者，莫不高闬闳、连阡陌为子孙长久计，否则崇浮图，饰琳宫梵宇，且捐产为香火费以求福田利益。而党庠州序之颓废，漠视不顾，求其舍一金施一壤，若刳肝劙肾，靳不肯予。[④]

方志与文集资料显示，名目繁多的民间信仰、数以千计的佛教寺院庵堂和

---

① 瑞安县修志委员会编：《瑞安县志稿》，《宗教门》，民国二十五年（1936）铅印本。

② （清）叶正阳：《鹿迹山房诗文集》，黄岳清编注，线装书局2013年版，第28页。福田，佛教以为供养布施，行善修德，能受福报，犹如播种田亩。福田有三种，第一种叫报恩福田，又称“恩田”，报父母的恩。第二种叫功德福田。第三种叫慈悲福田，关怀弱势群体。

③ （清）叶正阳：《龙川林氏重建祠堂记》，（清）叶正阳：《鹿迹山房诗文集》，黄岳清编注，线装书局2013年版，第255页。

④ （清）曾元澄：《重修金鳌书院记》，吴明哲编：《温州历代碑刻二集》，上海社会科学院出版社2006年版，第476—477页。

道教宫观，犹如一片汪洋大海，而象征儒学教化大本营的每县一个县学和数家书院，不过是漂浮在汪洋中的几叶小舟而已。有一种观点已经成为“常识”，即士绅是地方社会的当然领袖，又是官方在地方社会的代理人，他们是连接地方社会与官府的纽带。这种看法离历史真实相当遥远。然而帝国的确赋予士绅教化乡里的职责，相应地，乡绅也有成为社会重心的自我期许。于是当士绅们感到乡民们纷纷沉迷于“异端”而无可奈何的时候，会抒发出痛心疾首的愤慨。在他们的愤慨背后我们看到了佛教对下层民众（即“愚民”）的巨大影响力。当士绅撰写地方志时，会遭遇一种尴尬。佛道信仰有违儒教“圣教”，如果记载寺院庵堂宫观，是否会助长异端？但寺院宫观又是一个不能无视的存在。士绅们往往先要对佛道进行一番批判，以示“政治正确”，再予以记载。光绪《永嘉县志》是如此处理的：

> 康熙《志》曰：二氏之学虚无诞妄，先儒辟之详矣。乃精庐福地随在而设，甚而昔贤或有舍宅为寺，或有寄迹黄冠，岂果溺于其说欤？夫亦有所托焉而已。瓯为山水名区，佛老之庐列峙相望，创新葺旧，殆无虚日，抑何若是其众也。今特取名山古迹录之，置自近代者弗备哉云。①

先指出佛老“虚无诞妄”，继而指出先贤“舍宅为寺”“寄迹黄冠”并非真的信服其说，不过是有所寄托而已。最后说我们记载佛寺宫观不过是为了录下名山古迹。光绪《永嘉县志》也从体例设置上表达政治正确。编者在凡例中指出：“僧道异端，究未可混于人物。……退列于杂志，而易其名曰方外焉。”② 人物中是“名宦”、“先贤”、“孝义”和“列女”等，都是供人民学习的模范人物，僧道没有与他们并列的资格。

与士绅不同，对地方官来说最为警惕的是民众佛教信仰的另一个倾向，即他们信奉“以拜经礼忏为来世积赀之说”。因为有这样的认识，民间出现了大量“拜经”“吃斋”团体。关于这些团体拜经的内容、活动方式，光绪初平阳知县汤

① （清）张宝琳修，孙诒让纂：《永嘉县志》，永嘉县地方志编纂委员会整理，中华书局 2010 年版，第 1667 页。

② （清）张宝琳修，孙诒让纂：《永嘉县志・凡例》，永嘉县地方志编纂委员会整理，中华书局 2010 年版。

肇熙之《出山草谱》有所描述：

> 一曰传染邪教。愚民惑于茹素拜斋，而狡狯僧尼从中渔利。即造香头之名，雇船主率众男女，航海进香。又有名为“经会”，或逢三而拜血盆经，或逢六而拜大乘经，或逢甲子而拜甲子会。尤奇者，邀集四十八人，经行四十八寺，谓之四十八愿，为来生广结因缘。甚而流入二祖、三祖教门。男女老幼同居一室，相与捉阴魂。或为摸因缘，或为开道，丑不可言。尔等百姓急宜觉悟沉迷，毋陷异端邪说。[①]

这些团体所拜之经，的确是佛经。但他们组织性很强，活动范围很广，政府难以监管。汤肇熙视这些组织为“邪教”。汤氏把这些善男信女跟“二祖、三祖教门”联系起来，也不完全是空穴来风。符璋、刘绍宽纂修的《平阳县志》说，自宋开始传入温州的“明教”一直流传到民国：

> 此外有明教者，陆务观谓始自闽中，有明教经甚多，妄取道藏中校定官名，……今万全乡尚有其教，大较流为优婆夷塞矣，又有二祖、三祖、四祖。一名檀香教。无为、白莲诸教，踪迹诡秘，皆为邪教。清康熙间，饬禁创立无为、白莲等教，违者鞭责枷号。(《大清会典》)是则所宜屏除者已。《老学庵笔记》引徐常侍《稽神录》云：有善魔法者名曰明教，是明教亦为魔。[②]

万全乡的明教徒流为“优婆夷塞”一句，透露了极为重要的历史信息，即明

① 《胪款禁除恶习示》，《出山草谱》卷3，东瓯郭博古斋，光绪十年（1884）刻本。二祖、三祖教门：创始人殷继南（1527—1582），法号普能，被门徒尊为二祖，又称殷祖，浙江处州府缙云县人。他于明嘉靖二十三年（1544）皈依罗教，继而成为罗教领袖。于1557年以“五部法轮”掌教，封二十八位化师、七十二位引进，初步建立起教阶制度，信徒甚众，惊动当局，于明万历年间两次被捕，并于明万历十年（1582）被当局处斩。代表人物姚文宇（与罗梦鸿、殷继南合称三祖），法名普善。殷继南死后数十年，处州罗教处于涣散状态，直至姚文宇掌教，处州罗教才又重新走向统一。然而，在统一的过程中，其门下重要领袖汪长生却脱离罗教，建立了长生教。姚文宇死后，其子姚铎（法名普法）后来再度掌权，处州罗教得以再度复兴，从此开始了姚氏家族在整个清代的教权世袭。由于处州罗教一直从事反抗清政府的活动，所以频繁被官府搜捕，遂于雍正七年（1729）改称一字教，又名老官斋教，俗称斋教。斋教名目繁多，如罗祖教、无为教、大乘教、三乘教、龙华教、糍粑教等，当局则通称为斋教或者斋匪。在近代以后，斋教与会党结合，在赣、闽、湘、桂、粤诸省多次举事。在清亡前，斋教主要目标是对付基督教。

② 符璋、刘绍宽等纂：《平阳县志》卷46《神教志二》，民国十四年（1925）刊本。

教与佛教在温州产生了合流。如果从佛教的视角看，则可以说，在下层民众信奉的佛教深受明教的影响，信仰和组织越来越像檀香教、无为教和白莲教等被政府打成“邪教”的宗教。汤肇熙在另一个公文中对“拜经”组织有更多的描述：

> 照得愚民惑于邪说，吃斋拜经。本县抵任之初，即经列款谕禁在案。乃每次因公下乡路过万全、江南、小南各处，凡属神庙、佛堂辄见有聚众拜经。男女混乱，不避嫌疑，不成事体。……茹素拜斋多是邪教流传，并非好事。念经忏罪，托名诚心修善，实非好人。试思拜斋果系好事，何以官府到处访拿，必称曰“斋匪”？念经果皆好人，何以自古神道惑众，必指为妖民？……所谓好人者，无非忠臣孝子义夫节妇之属而已。其人其事正大光明，岂如尔等拜斋念经，行踪诡秘，惟恐人知者乎？在尔等愚夫愚妇无甚识见，不明道理，只因受人欺哄，诱以修来世之说，耸以祈冥福之言。……夫圣贤千言万语，无不痛恶异端，此即异端之一节。妇女入庙烧香，尚且有干律例，此尤律例所不容。本县留心访察有等刁黠之徒，藉为利图，邀设经会。有拜血盆经，有拜大乘经，有拜甲子会，又有立四十八愿，万人缘，普佛会，结缘会诸名目。其会首称为“拜佛老阿爷”。某地逢三，某地逢五。一月之中几无虚日。倘尤阳奉阴违，责成该处地保随时禀明，必将倡首何人，与会何人，逐一确查，分别照律重办。如该地保瞻徇隐匿，并提革究。其拜斋念经之神庙佛堂，并即封闭，将财产悉数入官。①

这些佛教组织，又是“拜经”，又是“吃斋”，活动甚多。汤氏对此深感不安，屡有打击举措。平阳有一个尼姑庵，男女定期拜经，汤氏遣散庵里年少尼姑，只留一个无处可去的老尼，责令老尼“自后不惟不许拜经，并不许至人家募化，以致招诱妇女，仍蹈前辙”，拨寺田一半给龙王庙管业。②平阳金乡的一个寺院因举行拜经活动，被汤肇熙取缔，改成“狮山书院”，汤氏的案牍称：

> 照得寺院拜经，男女混乱。早经本县示禁在案，兹据生员陈庆安

① （清）汤肇熙：《禁拜经示》，《出山草谱》卷4，东瓯郭博古斋，光绪十年（1884）刻本。

② （清）汤肇熙：《批职员余庆昌等禀》，《出山草谱》卷5，东瓯郭博古斋，光绪十年（1884）刻本。

> 等具禀，乡间近仍阳奉阴违，邪教惑人，不一而足。即如金乡城内之卫国寺、玉泉庵，每年于二月初三、十六两日行教念经，大开胜会，请再严禁等情，除批示外，当即签差提究。已据将卫国寺主持高登水带案讯。据供称该寺共有三进，尚另有主持一人，均无给产，专靠募化布施。两主持从前各出交堂钱二十一千文等语。本县以此等斋公斋妈，名为带发修行，非僧非道，专恃吃斋拜经，诱人入教，非严行驱除，不足以端风化。当将高登水惩责，饬差仍带该寺，令其搬出，一面查明有无交堂钱文，禀覆核夺。查狮山书院现在尚无院址，该卫国寺既向由地方公建，且房屋共有三十多间，即以改作书院似为一举两得，仰该董事等前去采看是否形势堪为书院，其寺内神像钟鼓作何安置，该住一并驱逐，果有交堂钱文，应否发还；并有无财产，逐一详细禀明，以凭察办，其即遵照奉行，毋惑浮言而误善举。至金乡城内共有寺院九处，是否主持皆斋公斋妈，有无田产，并着一体查禀。此谕。①

除了带有斋教色彩的佛教活动受到严厉的弹压，普通佛寺的寺产产权也极不牢靠。乾隆二十六年（1761），瑞安县令周鼎把万松庵改为义学。② 乾隆三十年平阳知县以西隐寺僧人“行不善”为名，把寺田八十二亩充入书院，资膏火。③ 光绪间，汤肇熙以十七都石佛寺僧景镐“不守清规”为由，把二十九亩六分寺田充入济婴局。④ 瑞安悟真寺子院南山律院改建四贤祠。⑤ 瑞安栖隐寺女尼以“不守清规”被逐，寺院被改为经诂书院，寺田充作书院膏火。⑥ 清末新政期间的庙产兴学潮流中，有些寺院的庙产更是岌岌可危。宣统元年（1909），永嘉县桥下镇徐山村之越兴寺，遭人觊觎，知府吴学庄立碑保护：

---

① （清）汤肇熙：《寺院拟改作书院谕帖》，《出山草谱》卷5，东瓯郭博古斋，光绪十年（1884）刻本。

② （清）王殿金、黄徵乂总修：《瑞安县志》，宋维远点校，中华书局2010年版，第8页。

③ （清）汤肇熙：《重建平阳南港乡吾南书院记》，《出山草谱》卷6，东瓯郭博古斋，光绪十年（1884）刻本。

④ （清）汤肇熙：《寺田充入济婴局谕帖》，《出山草谱》卷5，东瓯郭博古斋，光绪十年（1884）刻本。

⑤ 瑞安县修志委员会编：《瑞安县志稿》，《宗教门》，民国二十五年（1936）铅印本。

⑥ 瑞安县修志委员会编：《瑞安县志稿》，《宗教门》，民国二十五年（1936）铅印本。

县曹胡国棠出同恶棍来寺，强词不遂，串谓施主拨田办学。……或借办学为名，请拨寺产；或遇事生风，藉端索扰，荡砍竹木，往往防不胜防。①

温州佛教活动还有一个让地方官感到特别焦虑的现象，即妇女入寺庙烧香礼佛。汤肇熙的案牍中指责的言辞非常激烈：

至妇女更当守礼闺门，入庙烧香，尚干例禁。何况如此模样，竟不畏人讪诮。总之，愚夫愚妇惑于吉凶祸福，言及鬼神，最易耸动，不知人惟做好人，行好事，鬼神自必为之保护一切。吃斋念经皆非正道，断无可即获福之理。②

温处道温忠翰的言辞温婉，劝妇女"奉佛于闺门"，不要抛头露面到寺院烧香，以整肃闺门：

瓯俗妇女入庙烧香，及出门游览，略不避人，习以为常。为之说者曰，烧香所以敬神明，广善举也，出门游览，所以抒写性情也，然即此观之，已足见其平时无一缝纫纺绩之事，井臼中馈之劳。夫佛教之能化妇女为善，诚为至美，然行善于家庭可也，奉佛于闺门可也，即曰时维吉日，佛有诞辰，烧香致敬于其家亦可也。胡为乎明妆丽服，三五成群，必奔走言笑，嬉酣于稠人广众之中，方足尽行善之极致乎。③

道教到底什么时候传入温州，现已不可考，只知元朝以前温州曾有金丹紫阳派在活动。元朝以来道教之全真道传入温州。全真道之龙门派自黄岩委羽山传入。温州道教可分为正一、全真两大派。民国《平阳县志》评述道教时说：

道教之传于邑中（平阳），亦不知所始。至今大较派别为二，一曰

① （清）吴学庄：《奉宪勒石》，吴明哲编：《温州历代碑刻二集》，上海社会科学院出版社2006年版，第239页。

② （清）汤肇熙：《禁扮神会示》，《出山草谱》卷4，东瓯郭博古斋，光绪十年（1884）刻本。

③ （清）温忠翰：《东瓯九说序》，光绪五年（1879）刻本。

全真道士，俗称道人，深居宫观，蓄发不娶，持斋诵经，方袍大袖，不与齐民齿。若祈晴祷雨诸事，则应召而为之。一曰正一道士，婚娶与齐民同，专以符录经咒为人祈禳，乃古巫觋之余。全真奉老子，有紫阳龙门诸派，而正一则受度牒于天师张真人，名曰受录，又有闽派道士，俗名师公，亦属正一派，而同受录于天师。明清时县有道会，司掌其徒众。若夫服食炼炁，讲求神仙之术，则两派之中，举无有事之者。其教之衰，视佛为甚。近道教有别称儒教者，其名目有祖师、五公、十地诸称，亦邪教也。①

县志介绍了道教的两大派别，并指出道教比佛教还衰落得厉害。民国《瑞安县志稿》对道教有更严厉的批评：

其教起自老子，而讲神仙巫术者皆附会之。传至今日，神仙之术举无有事之者，所称为道人、道士、师公等专为人祈祷，行其巫觋之职而已。复以事属诡秘虚幻，无兼善独善之实，故其教之行不及释氏远甚。②

民国《平阳县志》记载佛寺达374个，登载道观仅23个。这不可能是一个接近真实的数字，只能说县志编写者对道教的不重视。瑞安道教虽然也在衰落中，但尚颇具规模。据温州宗教志载：清末民国初期，瑞安宫观庙宇达102座，散居正一派道士更是不计其数，主要活动是为下层信教群众举行追思、祈禳等斋醮法事。③

明清以来，永嘉有应道观、飞霞观、紫霄观、玄真观等主要宫观。应道观在瑞颖坊。乾隆二十一年（1756），诸生周梦发、道人徐应信募金重建。乾隆四十四年（1779），紫阳派道人宣华海募金建文昌阁斗楼，供吕祖师像。④飞霞观在积谷山南麓。道光八年（1828），富豪士绅曾佩云捐建真人殿、龙母宫、卧树楼，

---

① 符璋、刘绍宽纂：《平阳县志》卷46《神教志二》，民国十四年（1925）刊本。

② 瑞安县修志委员会编：《瑞安县志稿》，《宗教门》，民国二十五年（1936）铅印本。

③ 转引自周孔华、阮珍生、叶圣益、周国钤编著：《温州道教通览》，香港天马图书有限公司1999年版，第89页。

④ （清）张宝琳修，孙诒让纂：《永嘉县志》，永嘉县地方志编纂委员会整理，中华书局2010年版，第1667页。

二十七年秋坏于飓。咸丰七年（1857），绅孟璜集资建复，并筑层楼于其上。温处道贾声槐《飞霞观记》：

> 温州郡城积谷山有飞霞观……年久倾圮，邑职员曾君佩云于道光八年捐资重修，共费白金三千两，逾岁告竣。并龙母宫、卧树楼、观日台、驻鹤亭、升台，重建而新之。诸生邓承弼等谒余，请为记以彰名胜。余告之曰：古称地灵人杰。温州居浙东南，瓯江直趋入海，波涛汹涌，其四面皆峻岭叠嶂，环绕郡城，山水之秀，其必有所钟与！清修隐逸之士，或深藏岩洞以自寄其超旷，而后人遂传其飞升登仙以为美谈。郡守陈公碑记固以志古迹，抑以此地多信神，因其土俗而教之，使向善而不即于非，或寓化导之微意耶！自唐宋以来，温郡人文日茂。如志乘所载九先生、六君子，提倡风气，名儒相继而起，研究理学，文章事业，卓然不磨，山川藉以生色，林麓因之改观，人杰则地益灵矣。余谓：人之趋向各殊，有志竟成。神仙之说容或有之，而不载于经传，其能炼气养身，即能延年益寿，亦自然之理。苟以此功修移而用之于儒，志以帅气，人皆可以为圣贤，复其见天地之心，即飞霞而可喻也。吾又闻曾君佩云尝捐资修县学，有司上其事，蒙赐职四品。今又为此举，固行善之士。邑人效之，习儒者勤于业，务农商者各安其分，于风俗实有助焉！诸生果以余言为然，即勒诸石。①

贾声槐写的是道观碑记却不忘记儒家，不忘记教化，最有意思的是，他说如果把道教炼气养身用之于儒，“人皆可以为圣贤”。紫霄观在吹台乡十四都云霞岙，奉许真君像。乾隆六十年（1795），道士李华莲、邑人柯大川重建殿阁。嘉庆七年（1802），巡道李銮宣祈祷有应，题观额。② 冰壶道院在新街西施水寮巷内。嘉庆六年（1801），应道观宣道人徒项萃恩劝募重建，巡道李銮宣题额。③

① （清）张宝琳修，孙诒让纂：《永嘉县志》，永嘉县地方志编纂委员会整理，中华书局 2010 年版，第 1678 页。

② （清）张宝琳修，孙诒让纂：《永嘉县志》，永嘉县地方志编纂委员会整理，中华书局 2010 年版，第 1679 页。

③ （清）张宝琳修，孙诒让纂：《永嘉县志》，永嘉县地方志编纂委员会整理，中华书局 2010 年版，第 1680 页。

清代道教的著名人物多属全真教。全真教邱长春道系第十三代杨来基，于嘉庆元年（1796）在委羽山大有宫空明洞大开戒门共传14位弟子。十四代翁复泉和陈复朴两支派于平阳横江以南传教。光绪年间，第十九代嗣师□园□、林园丹、薛园顺三人分栖于金乡云台山水帘洞、钱库塑州山紫云洞。他们是平阳道教龙门法派的始祖。薛园顺平是阳万全下薛人，出家于永嘉紫香观，光绪十一年（1885）冬在杭州玉皇山受蒋永林律师授三大戒，道号福禄子，共传11位徒弟。后与其道徒薛明德同隐于本县望州山白云洞修炼。薛明德是平阳江南八岱人，出家于发春观，投拜薛园顺为师。光绪十一年（1885）于杭州玉皇山福星观受蒋永林律师授三大戒，道号敦正子，后云游五台山。他曾于八卦教五山之一的望州山颁发印符和青龙山福聚堂的神拳发飘布。据《厚庄日记》，他是民间教派八卦教震教派的领袖之一。[①] 正一散居道士分褫公、道士和尫褫三种。褫公于清代自闽南传入，平阳县渡龙乡有苏道兴、苏道显二大师，后于康熙年间继传同乡蔡廷选。道士与正一住观修行道士相同，在嘉庆年间传入金乡黄朝科大师。正一散居道士原系三山法派之一，其中有少数属于西山许旌阳派的净明法坛称为尫褫。洞头自有人口居住以来就开始有道教的信仰，同时也出现了一些从事符箓斋醮活动为职业的人，俗称“师公”的法师。一般散居在乡村，有妻室，不出家，属正一派道士。乾隆二十七年（1762）洞头岛才有第一位从事以道教醮代为职业的人，即洞头道士第一代张连贵，生卒不详；第二代张云评，洞头道士，一般为师徒相承；第三代道士黄生姑、黄生金；第四代道士杨兴深；第五代道士郭通怀；第六代道士苏庆林、叶诸灵；第七代道士梁成；第八代道士梁情祉、洪宏岩、许录等。

第三节　戏曲活动与民间信仰

清代温州戏剧粗略区分大约有高腔、昆曲和乱弹三大类。三类戏剧在温州争奇斗艳，呈现了一派繁荣的景象。在本节，不拟梳理戏曲的唱腔、文本，也不

① 周孔华、阮珍生、叶圣益、周国钤编著：《温州道教通览》，天马图书有限公司1999年版，第270页。

介绍戏剧名角、名班，主要着眼于呈现清代戏剧活动与社会生活、民间信仰的关系。

一、戏曲演出的政治环境和社会环境

有清一代，主流学界出现了礼学复兴的趋势。康熙、雍正和乾隆等朝皇帝很注重“教化”，张伯行、汤斌和陈宏谋等地方大员推行“移风易俗”甚力。戏曲演出被视为“恶俗”，需要被“移易”。因此从官方来说，打压戏剧演出是常态。清康熙年间，浙江巡抚赵士麟一到任就颁布禁令，[①]禁止民间的一切戏剧歌舞活动：

> 照得浙省灾荒之后，民困未苏，凡一切无益之费，概宜节省。岂知习俗相沿，奢华竞尚。民家宴会，辄用戏剧。徒知酣歌恒舞，足供一夕之欢，不惜剪烛倾樽，已费中人之产。更有无籍游民，不事生产，每于城市乡村，科敛民财，恣搬傀儡，以致环堵聚观，男女混杂，奸盗邪淫，从兹而起。甚者与头射利，遂开赌博之场。角口争强，因构官司之衅。种种祸胎，殊堪发指，合亟严行禁饬，为此云云。所属士民，不得仍蹈前辙，媚客费财，侮神事生。如有不遵，辄犯严禁者，两邻保甲，指名呈禀。及搭台演戏者，该地方官不时察拿究治，毋视具文。倘经访闻，并处不贷。文到取具遵依报查。毋违。[②]

赵士麟对戏剧等娱乐活动的指控，基本包括了官员对戏剧的认识：第一，戏剧活动是巨大的浪费，不过一天就足以消耗中等之家的财产。其实他们担心民间把钱用在娱乐上，会增强赋税征收的难度。第二，观赏戏剧演出必然出现大规模的人群聚集。地方官员担忧这种聚集伴随着“邪教”的活动，从而影响到地方的政治秩序。第三，人群大规模聚集容易聚赌，酿成严重纠纷，对地方社会秩序构成威胁。第四，两性混杂，有瓦解男女大防的危险。

康熙时永嘉县教官，劳大与看到温州演戏之盛，认为已经到了非禁不可的

---

① 赵士麟（1629—1699），字麟伯，号玉峰，云南河阳人，康熙三年（1664）进士，由平远推官补容城知县，擢浙江巡抚，升吏部侍郎。著有《读书堂全集》46卷及《采衣集》《敬一录》等。

② （清）赵士麟：《读书堂文集》，齐鲁书社1995年版。

地步：

> 温州向多娼家，今已蔑有。所可恨者，其俗最好演戏，或于街市，或于寺庙庵观。妇女如云，搭台纵观，终日不倦；甚至有佻达之子，以看戏为名，窥瞷谑浪，靡所不至；以至调情启淫，触怒涉讼；皆屡屡见之。此风俗之最恶者，亟宜禁之。[①]

同治（1862—1874）时任温州府同知的郭钟岳有《借铎》一著，其中的十四“禁”、十“劝”，一言以蔽之即“移风易俗”。其中有“禁止花鼓淫词”一条：

> 自来风俗美好，人人称赞，处处效法，何等荣耀，乡村见闻不广，只在本地习好习坏，所谓耳濡目染，耳所听易于习坏者，莫如淫词，目所见易于习坏者，莫如淫戏，乡间戏不多得，而花鼓淫词，则兼耳目之濡染矣，每见枏溪西溪，无知妇人携带幼女，腰鼓小锣卖唱，妇女以廉耻为重，何得抛头露面，甚至男女杂坐，为人言语戏谑，所唱之词，无非男女偷情，自己不顾廉耻又复坏人心术，此等妇女，本不足责，然无人唤彼唱词，彼即不为此事，保全多少人性，查例载秧歌妇女，女戏游唱，地方官严行驱逐，窝留之人，照窝留娼妓治罪，现戒尔等，如乡间唤唱花鼓淫词，比照扮做杂剧律条内拟办，窝留花鼓妇女者，照窝留秧歌妇女治罪，今将律例，开列于后，俾众咸知，永宜禁止。乐人扮做杂剧，违不许妆扮之令者，杖一百，容令装扮者与同罪，（此律文也，妇女唱花鼓即比此律杖一百，有家长夫男者，坐家长夫男，无者即决本妇女，盖妇女不决杖，为其存廉耻也，此等人已无廉耻，故决之）。容留秧歌妇女女戏游唱，（唱花鼓与秧歌妇女同）之人，照窝娼律治罪，（此例文也，窝娼律杖一百，徒三年）。[②]

郭钟岳与赵士麟一样，试图以行政力量来打击民间的曲艺活动，他对曲艺这种“文化产品”的买方和卖方施之以同样力度的打击。他的专注点在曲艺的“坏人心术”上。光绪初时任平阳县令（1882—1888）的汤肇熙也颁布过禁令，叫作

---

① 陈瑞赞编注：《东瓯逸事汇录》，上海社会科学院出版社 2006 年版，第 42 页。

② （清）郭钟岳：《借铎》，叶昭敦校，光绪丁酉（1897）九月刊行，温州市图书馆藏。

《禁良家子弟演习戏唱示》，从标题看起侧重点在于“挽救”良家子弟，以免他们走上“邪路”：

为谕禁事。照得四民各有常业，岂可荒于嘻游？子弟惧入邪途，要知谨所择术。近来城内有等无聊之辈，勾引良家幼稚，演习歌唱，扮成戏班，父兄不以为耻，亲族不以为辱，靡然相从，日事征逐。甚至严肃神宫，清净佛地，亦可聚作梨园，竟有衣食中产诗礼清门，不妨甘居贱类。推原其故，实由倡始金乡，以致效尤各处。酣歌淫舞，地方有正业之妨。败行丧名，后生贻终身之误，闻之殊堪嗟异，亟宜晓谕禁止。为此，示仰城乡人等知悉，尔辈须知，优人下品，例无捐考，人苟自爱，即求财何必以此？在子弟尚无知识，因习惯而成自然，其家长应有悔心，亟回头而务正道。本县于一切事关人心风化，无不力图挽回。若此尤于人心风俗关系非浅。自谕之后，倘有此等戏班，除饬差保驱逐外，并将以不遵谕禁提案严究，无稍宽容。懔之切切。特示。①

在汤肇熙看来，戏剧演出，妨碍士农工商各业的日常活动。特别是出身书香门第的士子也参与习唱歌曲，这就不仅有碍地方社会秩序，也危及地方的文化秩序。平阳县是一个“重灾区”。

除了各级官员，一些地方士绅对戏剧和演艺人员存在着明显的歧视。郭钟岳声称要把容留妇女唱戏比照容留妇女卖淫治罪。著名的维新人士陈虬也把演艺人员与妓女并举。光绪五年（1879）陈虬有诗作《黉门叹——伤学校也，汤君绳和训导瑞安，倡优尝同时入学》：

黉门开，温妓来，名喜媛。烹羊宰鸡饮一斗，谁其侑酒太师母！（一）。

黉门开，小生来，名良金。两学生徒惊且谡，优而入学此其朔！（二）②

---

① （清）汤肇熙：《禁良家子弟演习戏唱示》，《出山草谱》卷4，东瓯郭博古斋，光绪十年（1884）刻本。

② （清）陈虬：《黉门叹——伤学校也，汤君绳和训导瑞安，倡优尝同时入学》，（清）陈虬：《陈虬集》，胡珠生辑，浙江人民出版社1992年版，第369页。

从诗题看，作者对当时的瑞安学官汤绳和没有严格执行政府的教育政策极为不满，以致让“戏子”入学。第二首中的“良金”，很可能即平阳蒲门人叶良金，昆剧名家，具有很高的文学素养，以饰演生角闻名，乃温州之“梅兰芳”。陈虬以其激进的维新变法思想名满天下，但在文化上极为保守，对叶良金入学持强烈的排斥态度。

士绅当中不乏具有高度道德热情的人，对温州戏曲的繁盛不以为然。乐清《淀川李氏宗谱》有一篇姓名未详的人，对戏剧演出危害的罗列达8项之多，观其行文，作者应具有士绅身份：

> 今夫神聪明正直而壹者也，壹则壹于幽明，喜动幽静。剧多必至于聒噪，神必不乐。一也。且民，神之主也，今建立崇奉享祀，何一不资于民。民主之，而其事适合于理之，有是而无非，神必不以为憾，乡曲间有罢之而或有灾者，此恶少傅会之谈。又会逢其适，即不罢而未必不灾。天时气运为之无容归咎。二也。生齿日繁，民日以贫窘，剧多不敷于用，而国课及冠婚丧祭之正事，反至废滞。嫁娶失时，婚姻失正。三也。宴饮馈送，此乡邻风俗之美，然而亦恶其烦。剧多则亲戚交游，风动云集，主人倦矣而客犹未厌也。今每有典衣款宾而潸焉出涕，客不知而谬以为惜别，姑为慰劳者，可笑之甚。四也。人心好异，古乐少而俗乐多。剧多则忠孝节义之本缺，而淫亵渎乱之本必作，妇女观之，奚以存体。少年子弟必增其挑达之习。五也。子弟之不肯读书，已成通病。剧多则溺于其中，神志昏倦，功课俱忘，且为终身之累。六也。人家失脱，都由慢藏。剧多则宵昼纵观，精力俱乏。门户不谨，寝寐不醒，而盗贼之弊以生。七也。桑中淇上为昔人淫奔之地，若男女从未见面，祸何由起？即会晤不数犹好，剧多则日日夜夜数见生心。今场前每有女子独出，托词起居往践桑中淇上之约，及其复而又托词迷路以饰其久者。抑亦有夫往观剧，妻独在家而遭强暴者，则奸邪之弊又起。八也。[①]

① 佚名：《里社演戏议》，乐清《淀川李氏宗谱》，民国七年（1918）。

瑞安汀田廪生张棡很喜欢看戏，他的日记中对看戏的记录连篇累牍，沈沉先生专门从中辑录了《杜隐园观剧记》。即便如此，他对戏剧演出也有类似官府的指责，他在光绪十四年（1888）正月十六日的日记中说：

> 同钰琳、小竹至陶尖庙看戏半本后，即同程彝卿窗友访竹友夫子，不遇，即过胡榕村馆，闲谈半日而返。是庙看戏男女之人较别处尤多，大家闺秀，小家碧玉，扶童挈伴，以至游观者常至夹道而立，拥挤不开〔堪〕。昔人谓东瓯看戏，佻闼之子每至因戏诲淫起衅酿讼，此风最为浇薄。今瑞城虽不至此，然以较余处乡村僻壤之纯朴，已大不同。谚云：礼失而求诸野，不其然欤？[①]

因看戏，男女大防松解，产生奸情，奸情导致诉讼，这是张棡的观察所得。郑良治是清末乐清兴办新学的重要人物，临终还殷殷嘱托亲人捐献田亩办学，他从开民智角度对戏剧也有批评。光绪三十一年（1905）二月二十日，他从庙里看戏回家，写下了如下的日记：

> 午后演戏，戏事也，而于下等社会影响极大，愚民脑球空空洞洞，戏本往往于山穷水尽处忽跳出一个太白金星指引，否则或包文拯救解，重重现象引入脑线，所以导神权思想牢不可破，尤痛可者，桑间密约、房中秘状，皆穷形甚相轩豁澄露，大是教诲淫莽，败坏风俗，有心世道者设法改良汰邪而归正，铸脑锻魂之力，未始不在此。连日里中演戏者如赌，余自庙归感此，书数语。[②]

有清一代，温州戏曲在发展的过程中，伴随着官府的禁止、士绅的批评，演艺人员被打入另册，成为贱民。士绅阶层歧视他们，身家“清白”的良家也会与艺人保持距离，一般人家无论他如何喜欢看戏，都不会同意自己儿女跟他们通婚。这就是清代温州戏剧活动所处的政治环境和社会环境。

① 张棡：《张棡日记》，俞雄选编，上海社会科学院出版社2003年版，第1页。
② 郑良治：《百甓斋日记》，乡著会抄本，1936年。

二、戏曲演出盛况

官方的查禁，士绅的看不惯，不能真正抑制更不能消灭民间的戏曲演出活动。从官府这方面来说，清代政府是一个“小政府”，特别是康熙五十一年（1712）“永不加赋”以后，政府的办公经费受到很大的限制，后来人口爆炸性增长而征收赋税的数额没有变，由于经费的严重不足，政府对社会的控制力度不断弱化，对民众的“教化”也是心有余而力不足。赵士麟和汤肇熙等试图动用政府的行政力量解决问题，但如果大量派出衙役组织戏剧演出却又经费不足。政府真要饬令“地保”协助，地保生活在地方社会当中，他们也不会得罪乡邻，从而恶化自己的生存环境，因此他们并不会动真格执行官府的禁令。从地方社会角度看，戏曲演出是民众的“刚需”，戏曲除了观赏消遣之外，还有多种场合的多种用途。民众的日常生活中离不开戏剧，迎神赛会需要戏剧演出来娱神，宗族需要戏剧演出来娱列祖列宗，士人也需要戏剧来消遣。

赵士麟、劳大与和汤肇熙等人的文告中相当充分地反映了清代戏剧演出的活跃，平阳士人甚至跨越了与戏子之间的鸿沟，出现在戏剧演出的舞台上。温州戏曲研究专家沈沉先生说：

> 旧时温州各县城乡、大小庙宇星罗棋布。每逢神诞、佛事之日，“头家”（会首），沿街挨户摊派集资延请戏班演出，有的庙产、祠田还将此列为专项开支，称为“额子戏”。各地各庙的“额子戏”都有既定时间，一年四季“勿为少辍”，形成一个戏班巡回演出的固定网络。祀神是戏曲活动的主要目的，也成了民间戏曲班社赖以生存的社会经济基础。[①]

永嘉士绅王毓英曾以嘲讽的口吻评论温州城的赛会有“三多”：“上巳迎神浪费多，端阳台阁造孽多，神庙寿诞作戏多。”[②] 最后这一“多”，反映了温州戏曲跟宗教信仰的密切关系。乐清《淀川李氏宗谱》里收录的一篇文章说：

---

① 沈不沉编著：《温州昆剧溯旧》，温州市政协文史资料委员会编：《温州文史资料》第11辑，1997年。（沈不沉即沈沉——编辑注。后同。）

② 王毓英：《王毓英集》，卢礼阳编校，中国文史出版社2011年版，第102页。

旦必立社，社必建庙，庙必春秋。或春或秋演平安之剧，以妥神灵，以祈民福，所在皆然，亦自昔有之也。第世风不古，交相夸耀，惟其兴之，莫或废之。即如吾淀溪，李氏居四夕，方氏三夕，大园又三夕。一社之中，广袤不逾一二里，演剧凡十夕。①

这段话真切地反映了演戏之多，且系多为神灵而演，是为“娱神”之举。

三、戏剧演出的缘由和场所

温州戏剧演出涉及温州社会生活的许多方面，包括一年四季的各种节庆和家庭的红白喜事。跟信仰完全无关的戏剧演出应该是极少的。大部分的神庙和宗族祠堂都有戏台。光以社庙而论城乡的数量就十分惊人。汤肇熙在一个旨在劝诫乡民节约的告示中说：

至如春祈秋报，本里社之常。乃平邑恶俗，如城内之迎会，鳌江之大龙灯，金乡之抬阁。正昌黎所谓嬉戏之观诡异之状，而靡费动辄数百千。无赖藉此为勒诈，居民亦习为常事。然此尤曰年止一次。若夫有村庄必有社庙，有社庙必有戏台。就江南一乡而论，闻戏台不下八百之多。以一戏台演戏需费十千计，合一乡每年费八千缗。②

光平阳江南一乡的社庙戏台就有八百多，如果加上祠堂戏台，那么全温州城乡就该有数千个戏台。汤肇熙前引一个告示中指出“甚至严肃神宫，清净佛地，亦可聚作梨园”，可见不仅是供奉民间信仰的庙殿里经常演戏，佛教道教寺院宫观也可以演戏。下面姑就文献中所见之演戏之缘由罗列如下。

第一，春祈秋报，祭祀社主时要演戏。因为社主是官方认可并提倡的正祀，所以清代社戏盛行。

第二，寺庙佛像开光要演戏。光绪十四年（1888）正月张棡日记：

晚，月色甚佳，过竹友夫子处，不遇，便经陶尖庙一游。是殿铺

① 佚名：《里社演戏议》，乐清《淀川李氏宗谱》，民国七年（1918）。

② （清）汤肇熙：《谕戒浮费示》，《出山草谱》卷5，东瓯郭博古斋，光绪十年（1884）刻本。

张华焕，灯彩辉煌，游人甚众。盖于是晚子刻开光，明日元旦演戏也。[①]

第三，一个宗族宗谱修成，要告知列祖列宗，要演戏给祖宗看。张棡光绪二十四年（1898）二月二十日日记：

看福建“老荣升”。早晨命大娒划舟到岩下杜宅妹夫紫石处看戏，盖伊杜姓圆谱演戏，班是福建“老荣升”也。晚有微雨，又去看戏。是夜演《柳树精》新戏，颇曲折，与《聊斋志异》中《画皮》一折相似，颇堪娱目。[②]

第四，神庙神灵的寿诞，需要演戏娱神。光绪二十四年（1898）三月二十三日日记：

命优伶演上寿戏三出。是日太阴圣母寿诞，本年余值福首，[③]整衣冠到宫中叩拜，命优伶演上寿戏三出。午刻则请各位在自家大堂享寿筵酒。下午晚上均去看戏。

第五，请神灵驱赶瘟疫而演戏。这可能是时间最长、规模最大的戏剧演出。

今每年三月初，民间必请王出庙，巡行城内外以驱瘟疫。两庙之神轮出；出之日，通街大道多设布棚，张灯结彩，灯烛辉煌，男女杂遝，并有远乡来看，往宿亲友家者。神过之处，或十数家，或二十余家，于街之中设方桌七八张，杂陈三牲、糖糕、果品、香烛等物，叩首献酒，朗诵疏文，敬送纸马，名曰“路祭”。是以巡行一周，必需一二十日。遇雨，即暂住各庙。归殿即无定期。至归殿以后，各里纠分搭台演戏数本，名曰“平安戏”。靡费钱财，累百盈千，在所不惜。倘逢歉岁，赛会偶不举行，民间多疾，必归咎于神不出巡。习俗相沿，有司不能禁止也。[④]

---

① 张棡：《张棡日记》，俞雄选编，上海社会科学院出版社 2003 年版，第 1 页。

② 张棡：《张棡日记》，俞雄选编，上海社会科学院出版社 2003 年版，第 62 页。

③ 福首，又名“会首”，地方上迎神赛会轮值之当事人，俗称“头家”。

④ 孙同元：《永嘉闻见录》，陈瑞赞编注：《东瓯逸事汇录》，上海社会科学院出版社 2006 年版，第 104 页。

忠靖王庙祀温琼，负责驱赶瘟疫，保护地方平安，所以称请温琼看戏为“平安戏”。这是一个相当牢固的习俗。孙氏说如果哪年歉收，没有足够的钱举办赛会，那么百姓生病必归咎于忠靖王没有出巡。每逢瘟疫突然降临，那就需要祭疫鬼，要演戏招待，然后礼送出境。瑞安塾师赵钧《谭后录》载：

> 庚子（1840）岁，邑大疫，死者相继，函匠无虚日。吾乡病愈者为余谈鬼怪，难缕述。咸言形如猴，索食不得，辄遭其虐。有先期促之祭享，谓已将别往至某家，汝可勿药，有喜。或愈，或不愈；或符，或不符，各得其半，而波驰蚁附，举国若狂。贫者一祭亦需数金，每含泪典贷成其事。富者造小龙舟，演剧，鼓吹以送，动用数十金。[①]

赵钧说的这种得病后临时祈禳的情况很普遍。孙同元也说：

> 昔东瓯王信鬼，其风至今未替。故俗获病祈禳，演剧酬神之事，终年不绝。上好之，下必好之。官，为民上者，可不慎诸！[②]

孙氏把这种民间习俗归于官府的行为，或许指的是官府的祭城隍的仪式，因为祭城隍神也有保地方平安的意义。

第六，行业公会等地方组织达成合约或章程，需要演戏，一则通过看戏广而告之，二则请神灵监督执行，从而增强契约的约束力。如温州药材行会咸丰时期达成契约，契约内有“如有违章，罚戏两台”之语。[③]温州面粉行会定出一个面粉保护价，如果行会成员出售面粉的价格低于议定之价，“罚其支付一台戏”。[④]温州邮传公会通过一个章程，规定了信客接收邮件的价格：至宁波，七十文；至上海和广州，一百文；至北京和汉口，二百文。如果有信客接受邮费低于行会规定之标准，则对违例者进行处罚，支付一台戏和酒席的费用，并须买许多蜡烛以照明菩萨神殿。[⑤]

---

① （清）赵钧：《谭后录》，陈瑞赞编注：《东瓯逸事汇录》，上海社会科学院出版社 2006 年版，第 40 页。

② （清）孙同元、徐希勉：《永嘉闻见录补遗》，陈瑞赞编注：《东瓯逸事汇录》，上海社会科学院出版社 2006 年版，第 40 页。

③ 彭泽益主编：《中国工商行会史料集（全二册）》，中华书局 1995 年版，第 13 页。

④ 彭泽益主编：《中国工商行会史料集（全二册）》，中华书局 1995 年版，第 41 页。

⑤ 彭泽益主编：《中国工商行会史料集（全二册）》，中华书局 1995 年版，第 42 页。

第七，手工业学徒出师成匠之时，他必须出资请一台戏。一则广而告之，他已经出师，其他作坊可以雇用他；一则把这个消息告知行业神，他要接受神灵的监督。①

神殿是戏剧演出最频繁的场所之一，沈沉先生从张棡日记辑录的《杜隐园观剧记》中，清代的观剧记录共59条，明确在庙殿观看的达33条，观剧的地点为：东堂殿、陶尖殿、惠佑庙、三港殿、朝奉殿、卫房宫、太阴宫、真身寺、承天宫、县城隍庙、夏宅庙、大营盘庙、还佛寮、华光庙、陈节庙、天妃宫、陈司徒庙、二府庙、龟山殿、外殿、汀田地主庙、文庙、下林宫、显应庙、洪岩庙、显佑庙、西宫、陶尖庙、茶场庙、府城隍庙、地主庙。另有15处只注明地名，其中必定也有在庙殿中演出的。②

在诸多演出宫观中，特别要提一下太阴宫以及以其他名称出现的祭祀陈十四夫人的宫观。瑞安和平阳两个县祭祀陈十四夫人的宫庙各有数百处，祭祀陈十四夫人的庙宇跟其他庙宇相比，具有压倒性的优势，恰好温州有长期流行的长篇鼓词《陈十四收妖》，郭钟岳的《瓯江竹枝词》留下了乡民结伴烧香听鼓词的场景："呼邻结伴去烧香，迎庙高台对夕阳，锦绣一丛齐坐听，盲词村鼓唱娘娘"。③陈靖姑信仰从福建传入温州，而温州陈十四夫人的繁盛远超于陈靖姑的故乡福建古田。这与《陈十四收妖》的广泛流传是否有关系呢？

---

① 彭泽益主编：《中国工商行会史料集（全二册）》，中华书局1995年版，第43页。

② 沈不沉辑注：《杜隐园观剧记》，香港出版社2005年版，第264—266页。

③ （清）郭钟岳：《瓯江竹枝词》，光绪十八年（1892）刊本。

第六章　西潮冲刷下的晚清温州

道光二十二年（1842），清明政府钦差大臣耆英、伊里布与英国代表璞鼎查（Henry Pottinger）在停泊于南京下关江面的英舰上签订条约，史称《南京条约》。条约第三款规定，清朝开放广州、福州、厦门、宁波、上海五处为通商口岸，近代西方文明开始大规模进入中国。在其后的数十年间，清政府被迫与西方国家签订一系列条约，对外开放的门户逐渐增大，来自西方的器物、文化和宗教逐渐从沿海深入内地。五口之一的宁波，在历史上与温州联系较为紧密，民船往来频繁，相信温州船员、商人已经对西方有所感知。自道光二十三年（1843）以后，由传教士的传教和欧美商业文明汇聚而成的西潮拍打着僻处浙南一隅的温州。

康熙五十六年（1717），玄烨下令禁止天主教在华传教，此后教禁延续了一百多年。[①] 鸦片战争后，中美签署的《望厦条约》规定："合众国民人在五港口贸易，或久居，或暂住，均准其租赁民房，或租地自行建楼，并设立医馆、礼拜堂及殡葬之处。"据此，开放口岸的美国侨民取得在通商口岸的租赁房产、信奉上帝耶稣的条约权利。又经过种种曲折的交涉之后，旻宁于道光二十六年（1846）发布上谕："……天主教既系劝人为善，与别项邪教迥不相同，业已准免查禁。"第二次鸦片战争结束后，英、法、俄、美与清政府订立的《天津条约》都有传教权利的条款。中英《北京条约》第八款规定："耶稣圣教暨天主教原系为善之道，待人如己。自后凡有传授习学者，一体保护，其安分无过，中

① 基督教很早就进入中国，具体时间已不可考。到明末，利玛窦等意大利传教士以"驱佛近儒"的策略进行传教，在很大程度上消解了天主教与中国思想文化的对立。利玛窦取得福临和清廷高官的信任，取得了很大的传教成就。但方济各会士和多明我会士认为祭祖祀孔带有宗教性质，是偶像崇拜，他们向教皇申诉并取得教皇敕令。罗马教皇克莱门特十一世作出了禁止中国天主教徒参与"敬孔祭祖"的决定，并派特使到中国晋见皇帝。玄烨认为"天下没有不忠不孝的神仙"，禁止外国传教士在华传教。胤禛下令没收教会地产，中国天主教进入了地下传教的艰难时期。至道光前期，《大清律例》禁止传教士进入中国，国人向洋人习教者"拟绞立决"。

国官不得刻待禁阻。”[①] 至此，教禁完全废止，西方国家传教士获得了在华传教的权利，华人获得了习教的权利。同治六年（1867），第一个英国传教士就来到了温州。

继传教士来温州后的第二个重大历史事件是温州港的对外开放。光绪二年（1876），中英两国签订的《烟台条约》规定：增开宜昌、芜湖、温州、北海四处为通商口岸。海关总税务司英国人赫德（Robert Hart）委派英籍税务司好博逊（H. E. Hobson）筹设温州海关。光绪三年（1877）正月十八日，好博逊乘海关巡逻艇凌风号抵达温州，在温处道方鼎锐陪同下视察了温州城近郊的瓯江。凌风艇对港内航道测量了半个月，最后根据河道水深、锚地阔、交通便等条件，选定朔门外瓯江南岸为海关关址。一个月后，温州海关建立，好博逊为首任税务司。温州港的对外开放，对整个瓯江流域以及温州邻近地区的社会、经济和文化等方面产生了深刻而广泛的影响。

第一节　传统时代的交通状况

在近代西方文明进入之前，温州是一个较为封闭静谧的农业社会。顾祖禹之《读史方舆纪要》描述说，温州“东界巨海，西际重山，利兼水陆，推为沃壤。且与闽为邻郊，扬帆振辔，分道南下，是扼八闽之吭，而拊其背也”。[②] 温州南、北、西三面都是重峦叠嶂，自古以来，温州人去省城、京城，要么往西取道处州府，要么往北取道台州府，但因群山阻隔，两条路都不好走。往西有洞宫山横亘，往北有括苍山和雁荡山屏障。往南去福建，则有南雁荡山绵延。往东是浩瀚无垠的海洋。在传统时代，特别是在明清厉行海禁时期，温州处于“孤悬海外”的境地。

---

① 翦伯赞、郑天挺：《中国通史参考资料·近代部分》，中华书局1980年版，第116页。

② （清）顾祖禹：《读史方舆纪要》，贺次君、施和金点校，中华书局2005年版，第4338—4339页。

一、陆路交通

温州古代陆路交通因受境内山脉阻挡和江河相隔，与内地交往十分不便。地理环境封闭的温州什么时候有通往外界的道路?《淮南子》等多种著作认为秦始皇二十六年（前221）开辟了一条从江西余干水越武夷山入闽境浦城，折向浙江龙泉、丽水至温州的道路。但《淮南子》相关记载十分简略，即秦始皇想得到越地的犀角、象齿、翡翠、珠玑，于是派屠睢发兵五十万，分为五路军，其中一路在余干集结，派兵开凿运河，打通粮道，进攻越人。余干即信江，位于今之江西省东北部，虽离福建浦城很近，但似未能推断当时的进攻方向一定是温州，更无法勾勒其粮道的具体路线。[①] 这条从江西出发，经浦城、丽水到温州的道路确实存在，但修筑年代不详。西汉时，元鼎六年（公元前111），汉武帝刘彻遣越将戈船、下濑从乐清经瑞安、平阳，攻闽越之东北。为进一步加强对闽越地区的控制，开辟了东瓯至句章（今宁波）的沿海道路。[②] 南朝宋元嘉五年至八年（428—431）原永嘉太守谢灵运发动伐木凿山开道，开通剡县（今嵊县）至始丰（今天台）通回浦（今临海）古道。[③] 从宁波到温州、从绍兴到温州，以及从信州到温州，这三条道路构成了温州对外陆路交通的基本格局。这个格局延续了很长时间，其间交通设施有过较大的改善，除了三条道路不断被拓宽外，唐开元年间（713—741）温州至台州驿道上置上浦馆（位于今永嘉县乌牛）。[④] 宋代修缮了信州至温州的道路，龙泉青瓷除走水道外运，也有从陆路贩运温州港口集散。[⑤] 南宋和明代开凿温瑞塘河和乐琯塘河时，修筑塘堤，两岸为“巨石纵横鳞萃”的平直大道，改善了温州至宁波和绍兴的乐清境内道路。

至明清时期以上交通格局发生了较大的变化，随着处州山区的开发和境内交通状况的变化，温州经处州青田、丽水、缙云北上道路的重要性超过了温州取道

---

① 《淮南子》原文为：“一军结余干之水，……使监禄无以转饷，又以卒凿渠而通粮道，以与越人战。”赵宗乙注：“秦军从余干水（今信江）越过武夷山而达闽江、瓯江之地。”（汉）刘安纂：《淮南子》，赵宗乙译注，黑龙江人民出版社2002年版，第977页。

② 吴炎主编：《温州市交通志》，海洋出版社1994年版，第11页。

③ 据乾隆《嵊县志》：“刻固无金革之警，自南朝宋谢灵运为永嘉太守，凿山开道，而天台之始返，寇盗出没，往往由此。”又见吴炎主编：《温州市交通志》，海洋出版社1994年版，第11页。

④ 吴炎主编：《温州市交通志》，海洋出版社1994年版，第11页。

⑤ 吴炎主编：《温州市交通志》，海洋出版社1994年版，第2页。

嵊州北上的道路。以下在复原清代温州道路时，将在 70 里以上的道路予以列表。

（一）通向外地的道路

温州与杭州之间道路　杭州是省城，温州的军政官员、温属各县要参加乡试的生员，以及大量商人都要往返于温州与杭州。去杭州有两条线路。第一条先向西经青田至丽水后折而北上至缙云、武义、金华，从金华乘船到兰溪，走兰江水道在建德梅城入新安江。在梅城，逆流而上可以到徽州，顺流而下可以到桐庐、富阳、杭州。现根据程春宇《士商类要》所提供的资料，笔者加以改写拼接，以呈现清代温州先辈们往返于温州与杭州途经的城镇和村庄。

表 6–1　温州至杭州所经村、街、市、镇里程[①]　　单位：里

地名	里程	地名	里程	地名	里程	地名	里程
象浦驿	启程	小安	5	胥口	10	杨家埠	10
小径	40	双溪	10	张村	10	鹿山头	10
安溪	50	洪渡	5	泠水铺	10	富阳会江驿	10
青田芝田驿	30	西溪	10	严子陵钓台	7	大岭头	7
青田县	30	库头（缙云）	15	鸬鹚源口	3	赤松铺	3
溪头	30	鸡沟岭	15	黄山察	5	庙山铺	10
海口	40	李村	10	六港滩	7	大安浦	10
小群	20	龙门岭	5	鹅湾	3	渡船埠	10
经水	20	破竹园	10	桐庐桐江驿	10	鱼铺口	10
苦竹渡	20	大树下	5	柏浦	10	王家斗	10
下河（厦河）	20	溪里	10	柴埠	10	毛家堰	5
南明山	5	武义茭道驿	15	窄溪	10	半边山	5
处州括苍驿	10	白溪口	5	黄山寺	15	范村	10
花街	20	金华双溪驿	70	桐梓关	5	进垅浦	10
柴弄口	10	兰溪南门外	50	新店湾	5	杭州江头	10
竹洲	10	乌石滩	10	程坟	10	杭州府	10

① （明）程春宇辑：《士商类要》卷 1，明天启六年（1626）刊本。杨正泰撰：《明代驿站考》（增订本），上海古籍出版社 2006 年版，第 312—314 页。

表 6–1 中路程合计为 855 里。自温州赴杭州和自杭州返回温州，需要走 14—18 天。去程：自温州至金华道路险峻，日行旦程很有限，但到兰溪后乘船从上游到下游行船顺利。返程：钱塘江、富春江、新安江是逆水而行，但到缙云后可以乘筏、船顺流漂到温州。因此往返时间差不多。由于种种原因，温州开埠与宁波、上海通轮船后，仍有士人走陆路。光绪二十年（1894），刘绍宽以患病之躯去杭州应乡试，路上走了 14 天。根据刘绍宽日记，七月初九他与同乡生员鲍竹君乘船到瑞安，初十到温州。十一日在温州上船，“午潮开行”，十一日瓯江涨潮的时间是 13 点 50 分。[①] 行二天后，十三日晚上到丽水城郊的厦河，夜宿鼎泰行。十四日在丽水境内雇轿上桃花岭，夜宿上隘头。上隘头处在过桃花岭最高峰桃花洞后的下坡途中，在缙云境内。当时到杭州赶考，经常是结伴而行，日记中说同在隘头住宿的还有三个永嘉人。在这里刘绍宽夜感风寒，患了痢疾。桃花岭是粤东、福建、温州和处州大部分县通往杭州、南京、北京的陆路必经之处，叶适、阮元等都留下了咏桃花岭的诗篇。十五日过缙云县城，夜宿霞碧关。十六日，路晤金乡人李子施，自省城回。可见那个时代往返于这条道上的温州人很多。晚至永康，寓傅三房行。十七日，雇轿往金华，夜宿冈头饭铺，铺系温州人所开。刘绍宽在往金华途经一个叫“白兰亭”的路亭时，腹痛甚急，遇一过路人为他治疗、施药，不收医金，不留姓名而去。十八日晚到金华，瑞安苏莱卿、王建之亦到，同寓。这两个瑞安人是从后面赶上来的，因为赶考途中有人走得急，有人走得缓。十九日，雇金华船，申后至兰溪，上萝茑船，同舟徐莘稼先生、周幼康、苏莱卿共十余人，都是赶考者。二十四日，晓至鹭鸶埠，与陈仲炯、苏莱卿四人步至仙林禅寺（杭州下城），遂与莘稼先生、仲炯、竹君寓寺祖师殿。到杭州时他的热痢诸病已痊愈。从温州开始至杭州花时间 14 天。[②]

再用刘绍宽日记演绎一遍这条道路的返程。光绪二十二年（1896）八月二十二日，乡试结束后，温州的生员结伴踏上归程。刘绍宽与徐莘稼、贾燊、陈和庵、杨叶铭、徐子升、鲍竹君、项雨农、王叔铭启程回温州。二十七日，船至兰溪。二十八日，雇永康船四艘，次早开行。九月初五日，至永康。初六日，自永康与王叔铭步行，夜宿霞碧关。乘夜行十七里。初七日，与叔铭、项雨农自霞碧

① 吴炎主编：《温州市交通志》，海洋出版社 1994 年版，第 391 页。

② 刘绍宽：《刘绍宽日记》，方浦仁、陈盛奖整理，中华书局 2018 年版，第 98—100 页。

关步至缙云。到缙云后没有走桃花岭，而是在县城雇筏一只。初八日，至处州厦河，雇小船与竹君、叔铭三人同行。初九日，自厦河开船至温州西郭。因顺流而下，速度很快，二百七十里，一日而至。夜驳船入城，寓鼓楼下陈万盛栈。返程耗时 18 天。十一日晚到家，刘氏的妻子生子已四日，推算儿子出生时，刘绍宽在缙云途中，就给孩子取名为“缙生”。[①]

第二条温州与杭州之间的道路。从温州出发，沿海滨经台州、新昌和绍兴至杭州。据《一统路程图记》卷七，“浙江至天台山、雁荡山水、陆路”：

> 从温州府永嘉县象浦驿出发，乘船四十里至琯头驿。四十里乐清县。六十里窑奥驿。六十里岭店驿。六十里黄岩县，下船。百里至台州府赤城驿。九十里天台县。四十里关岭。二十里会寺岭。四十里新昌县。三十里嵊县。四十里仙岩公馆。三十里三界公馆。七十里蒿霸。八十里绍兴府。九十里西兴槐树下。十八里，渡过钱塘江，至杭州府草桥门。[②]

全程 908 里，也需走 14 天至 20 天。

温州与宁波之间的道路　这条线路也很重要，宁波自宋以来商业发达，道光二十三年（1843）对外开放以后，宁波江夏一带十分繁华。温州跟宁波的联系非常紧密。如果海上盗匪猖獗，商人往往走陆路，里程如下：

> 宁波府东渡门外搭船，一百七十里至沈家庄。起早。短盘驴，九十里铜岩岭。过岭九十里台州府。北门。六十里黄岩县。北门里雇驴。七十里大荆驿。一百零五里至乐清县。朝阳门外，五十里至馆头。江船。四十里至温州府。[③]

以下复原清代温州内外交通里程的信息多采自宗源瀚等修纂的《浙江全省舆图并水陆道里记》。此书是在光绪十二年（1886）国家续修《大清会典舆图》的

---

① 刘绍宽：《刘绍宽日记》，方浦仁、陈盛奖整理，中华书局 2018 年版，第 101—102 页。

② 黄汴：《一统路程图记》，附杨正泰撰：《明代驿站考》（增订本），上海古籍出版社 2006 年版，第 279 页。

③（明）程春宇辑：《士商类要》卷 115，明天启六年（1626）刊本。杨正泰撰：《明代驿站考》（增订本），上海古籍出版社 2006 年版，第 317 页。

大背景下完成的。光绪十六年（1890）浙江成立全省舆图局，派委候补道宗源瀚会商藩司设局办理。[①] 他接受任务后，组织测绘人员百余人分历浙江各厅县，全面考察浙江各地山川、河流、城邑及道路，历时三年，绘制图稿三千余幅，并交与图局石印刊行。民国初年，徐则恂等率人在此书基础上又详加审订考察，成修订之本，是考察清代浙江地理之善本。它极为可靠地反映了清代的浙江省道路状况。为了给温州历史研究者和爱好者了解温州交通变迁提供便利，笔者在复原交通时，列举大量线路上的重要地名，枯燥乏味在所不计。

乐清通往黄岩的干道　这条道路自至盘山岭路亭进入黄岩县境，里程长 96.5 里（见表 6–2）。[②]

表 6–2　乐清县城至黄岩县境沿途所经村、街、市、镇里程　　单位：里

地名	里程	地名	里程	地名	里程	地名	里程
县城东门	启程	虹桥镇	11.3	朴头岭	10.6	石坛村	6.6
所城北门	2.2	福宁桥	2.5	白溪街	8.1	盘山岭路亭	5.6
白沙河头村	2	乌石岭	9.4	五色桥	6.6	—	—
白沙岭脚村	4	清江南渡头	6.6	大荆城南门	3.6	—	—
竹屿城东门	7.7	清江北渡头	1.5	溪坛街	8.2	—	—

乐清通往温岭的干道　温州最北端干道的起点为乐清与温岭分界的平环桥，往南经过墩头村、田岙村、三格眼村、楚门城、龙王塘、楚门渡、琛浦渡、后湾村、冷水滩村、瑶岙岭，进入乐清县城北门（宁涛门），里程为 45.1 里。[③]

永嘉通往青田的干道　永嘉通往青田县有两条干道。第一条，从西门（迎恩门）出发，经太平岭、牛护岭、屿头村、林头村、外垟村、张岙村、仁地村、东岙村、车岩岭，至永山头进入青田县境，里程 67.2 里。[④]

另一条是沿着瓯江走的道路。

① 宗源瀚（1834—1897），字湘文，江苏上元人，光绪年间辗转任职于衢州、湖州、嘉兴、宁波和温州等府，对浙江省的山川风物很了解。

②（清）宗源瀚等纂：《浙江全省舆图并水陆道里记》，徐则恂等修订，民国四年（1915）石印本，成文出版社有限公司印行，第 383—384 页。

③（清）宗源瀚等纂：《浙江全省舆图并水陆道里记》，徐则恂等修订，民国四年（1915）石印本，成文出版社有限公司印行，第 383—384、405—406 页。

④（清）宗源瀚等纂：《浙江全省舆图并水陆道里记》，徐则恂等修订，民国四年（1915）石印本，成文出版社有限公司印行，第 383—384、367 页。

表 6–3　乐清至青田沿途所经村、街、市、镇里程　　单位：里

地名	里程	地名	里程	地名	里程	地名	里程
小北门	启程	六岙村	6.5	白上下村	5.3	尹山东	1.8
陡门头村	4	上梅岙	5.6	任田村	9.5	洲头村	2
张堡村	6	小荆桥	6.3	兴庆寺	9	—	—
垟河头村	3.2	韩埠渡口	1.6	温溪街	9.3	—	—

道路从洲头村进入青田县境，里程为 70.1 里（见表 6–3）。[①] 温溪清代属永嘉县，1947 年划归青田县。

永嘉通往仙居的道路　这条路其实也是瓯江北岸永嘉县广阔地区内部的交通要道。

表 6–4　永嘉往仙居沿途所经村、街、市、镇里程　　单位：里

地名	里程	地名	里程	地名	里程	地名	里程
小北门	启程	杨岙村	9	枫林镇	4	张溪村	7
千石山麓	5.5	沙头渡口	5.4	垟头村	4.5	十字岙	10.5
东尖岙	5	渔田村	3.8	峰洞岭西麓	3.5	张寮村	7
石岙底村	6.3	九文渡口	8.8	深固村	8.5	双溪口村	7.8
下塘桥	8.3	石柱中村	4	双庙镇	4.3	老树坑村	4
上塘村	4	龙河渡口	6.6	杏岙村	4.5	道赭岭	5
陈岙村	7.7	外垟村	3	关爷亭	3	—	—

道路自道赭岭进入仙居县境，全长 151 里（见表 6–4）。[②]

泰顺通往景宁的干道　泰顺通往处州府景宁县的干道，出北门（拱辰门），经百步岭、漈滩村、垟坑头亭、司前村、潭边街、上地排村，至蜂桶隘进入景宁县境，里程 47.9 里。[③]

温州属县与闽北诸县的道路　与通往杭州、宁波的道路不同，温州南部的平

---

① （清）宗源瀚等纂：《浙江全省舆图并水陆道里记》，徐则恂等修订，民国四年（1915）石印本，成文出版社有限公司印行，第 383—384、367 页。

② （清）宗源瀚等纂：《浙江全省舆图并水陆道里记》，徐则恂等修订，民国四年（1915）石印本，成文出版社有限公司印行，第 383—384、368—369 页。

③ （清）宗源瀚等纂：《浙江全省舆图并水陆道里记》，徐则恂等修订，民国四年（1915）石印本，成文出版社有限公司印行，第 383—384、401—402 页。

阳县和泰顺县与福建北部福鼎县的交通具有另外一种意义的重要性。[①] 这些道路的使用极为频繁。自明中期以后，福建向浙江省温州府的可观察到的移民活动，持续了大约两百年。温州府的福建籍移民回乡探亲、祭祖、修谱、经商如走陆路，都行走于这些道路上。

平阳通往福鼎的干道　跟福建毗邻的平阳县有两条干道通往福建：第一条叫“横阳古道”。横阳古道穿行于海滨的乡村市镇。从平阳县城出发到福建福鼎县的沙埕岭。

表 6–5 “横阳古道”所经村、街、市、镇里程　　单位：里

地名	里程	地名	里程	地名	里程	地名	里程
县城南门	启程	涵碧桥	8.1	西门外	2.2	三步播岭	6.5
天后宫	0.7	芦浦桥	8.3	梅岭	5.3	车岭脚村	8.8
夹屿桥	2.9	马鞍桥	8.1	老城外	5	马站市	4.5
安丰桥	5	灵峰桥	1.5	石塘村	3.4	蒲门所城	7.8
江口镇	5.9	金乡卫城	5.2	摅漆岩	7.5	墨林岙	11.2
鳌江渡口	3	狮山西麓	1.1	赤溪市	12.6	沙埕岭	3.9

根据古代文献表明的分段里程相加所得，道路全长为 128.5 里（见表 6–5）。[②]

第二条叫“南港古道”。从平阳县城出发到与闽北福鼎县交界的分水关。这条路经过南港沿岸的许多地方。

表 6–6 “南港古道”所经村、街、市、镇里程　　单位：里

地名	里程	地名	里程	地名	里程	地名	里程
县城南门	启程	书院桥	2	黄渎浦	5	桥墩门市	10.8
塘边村	5.6	三元亭	3.1	灵溪市	8.2	平水村	2
垂杨桥	5	萧家渡街	3.2	南港水头街	7	分水关	11
钱仓城	5	长安桥	7.7	相公亭	1.7	—	—

① 清初福鼎县地属福宁州，雍正十二年（1734）福宁州升为福宁府，分设霞浦县。乾隆四年（1739），由霞浦县划出劝儒乡的望海、育仁、遥香、廉江四里置福鼎县，仍属福宁府。

② （清）宗源瀚等纂：《浙江全省舆图并水陆道里记》，徐则恂等修订，民国四年（1915）石印本，成文出版社有限公司印行，第 383—384、391 页。

道路全长里程 77.3 里（见表 6–6）。[①] 其中桥墩门至分水关的道路，险峻盘曲狭窄，行旅往往在平阳、蒲门处下海至福州。清马森的诗作《分水关》[②] 能让人想见分水关山路的风貌："山关闽土尽，征路楚山近。晓雾连空暗，炎天过雨晴。人来千树杪，鸟杂百泉声。每憾篌舆阔，唯从石罅行。"

泰顺通往福建的干道　泰顺有 3 条干道通往闽北福鼎、霞浦和寿宁三县。

第一条，通往福鼎的干道。

表 6–7　泰顺至福鼎干道所经村、街、市、镇里程　　单位：里

地名	里程	地名	里程	地名	里程	地名	里程
县城东门	启程	陶观村	1.2	南溪街	2.1	富垟外村	8.5
交垟村	4.9	夏家山村	5.6	上庄	1.6	石湖垟村	9.6
下察溪村	7.5	麻蛇岭	8	东安村	11.7	西关	5.3
下彩坑村	6.4	下村洋	3.6	玉塔村	8.6	—	—
上洪村	9.1	北溪村	12.3	五里牌村	5.6	—	—
溪口村	4.8	华阳村	2.6	彭坑村	5.3	—	—

道路全长 124.3 里（见表 6–7）。[③]

第二条，通往霞浦的干道。自县城南门外出发，经过登云桥、川山垟村、缪洋村、桥上村、毛洋村、王家洋村、富家洋村、大洋村、水楼村、温洋村、洋坪村、龟伏街、交溪渡，全程 75.1 里。可从交溪渡进入福建霞浦县境内。[④]

第三条，通往寿宁的干道。自西门外出发，过登寿桥、黄洋隘，计 8.7 里。可从黄洋隘进入福建寿宁县。[⑤]

泰顺通往福鼎、寿宁、霞浦的若干支路　由于泰顺山区山岭纵横切割，分布在大山各处村落往往与干道之间有高山阻隔，因此又有许多支路直接通往闽北

① （清）宗源瀚等纂：《浙江全省舆图并水陆道里记》，徐则恂等修订，民国四年（1915）石印本，成文出版社有限公司印行，第 383—384、392 页。

② 马森：《分水关》，吴炎主编：《温州市交通志》，海洋出版社 1994 年版，第 135 页。

③ （清）宗源瀚等纂：《浙江全省舆图并水陆道里记》，徐则恂等修订，民国四年（1915）石印本，成文出版社有限公司印行，第 399 页。

④ （清）宗源瀚等纂：《浙江全省舆图并水陆道里记》，徐则恂等修订，民国四年（1915）石印本，成文出版社有限公司印行，第 400 页。

⑤ （清）宗源瀚等纂：《浙江全省舆图并水陆道里记》，徐则恂等修订，民国四年（1915）石印本，成文出版社有限公司印行，第 401 页。

三县。通往福鼎的支路有三条，第一条支路，从上洪村出发，经洪岭头、奇伯岭、黄泥洞村、锦溪村、洋冈店村、三魁司亭、东溪桥、秀溪村、墩头汛、里垟坪村、排岭，从排岭进入福鼎，全长58.3里。[①] 第二条支路，从上岚村出发，经文昌阁、洪坳岭、卓宅村、国岭村、打庭基、福训村、莲头村、梅树隘岭，从梅树隘岭进入福鼎，全长51.4里。[②] 第三条支路，自桥上村出发，经上杀坳村、黄家山洋村、叶瑞洋村、岩山村、松树梢村、仕洋村、分水亭村、洋边村，从洋边村进入福鼎，全长48.5里。[③] 泰顺跟寿宁县接壤的分界线很长，有5条支路可通寿宁。第一条，自县城南门出发，西南行，至麻竹下村，进入寿宁县，路程3.3里。[④] 第二条，自登云桥出发，经可坑石桥，赤坑村、麒麟坑村、柳溪村、五步坑渡、竹坪村、洋头村、岭头村、万安桥，从万安桥进入寿宁境内，全长44.1里。[⑤] 第三条，自王家垟村出发，经洲滨村、石岭、石竹洲渡，从石竹洲渡进入寿宁境内，路程长17.7里。[⑥] 第四条，从富家洋村出发，经上洋村、半路村、岩坑村、深潭渡，从深潭渡进入寿宁县境内，路程长13.4里。[⑦] 第五条，自登寿桥出发，经县岭、永兴桥、岭北乌石村、龙岩岭，从龙门岭进入寿宁境内，至此已有里程20.7里，再行5.1里，至风门岙也可进入寿宁县境内。[⑧] 到霞浦县，除了干道外，还有一条路，从龟伏街出发，经龟伏下村、北岭渡，从北岭渡进入霞浦县境内，路程6.2里。[⑨]

---

① （清）宗源瀚等纂：《浙江全省舆图并水陆道里记》，徐则恂等修订，民国四年（1915）石印本，成文出版社有限公司印行，第399页。

② （清）宗源瀚等纂：《浙江全省舆图并水陆道里记》，徐则恂等修订，民国四年（1915）石印本，成文出版社有限公司印行，第399—400页。

③ （清）宗源瀚等纂：《浙江全省舆图并水陆道里记》，徐则恂等修订，民国四年（1915）石印本，成文出版社有限公司印行，第401页。

④ （清）宗源瀚等纂：《浙江全省舆图并水陆道里记》，徐则恂等修订，民国四年（1915）石印本，成文出版社有限公司印行，第400页。

⑤ （清）宗源瀚等纂：《浙江全省舆图并水陆道里记》，徐则恂等修订，民国四年（1915）石印本，成文出版社有限公司印行，第400—401页。

⑥ （清）宗源瀚等纂：《浙江全省舆图并水陆道里记》，徐则恂等修订，民国四年（1915）石印本，成文出版社有限公司印行，第401页。

⑦ （清）宗源瀚等纂：《浙江全省舆图并水陆道里记》，徐则恂等修订，民国四年（1915）石印本，成文出版社有限公司印行，第401页。

⑧ （清）宗源瀚等纂：《浙江全省舆图并水陆道里记》，徐则恂等修订，民国四年（1915）石印本，成文出版社有限公司印行，第401页。

⑨ （清）宗源瀚等纂：《浙江全省舆图并水陆道里记》，徐则恂等修订，民国四年（1915）石印本，成文出版社有限公司印行，第401页。

（二）温州府内的道路

温州府所辖地域南北长，东西狭，略呈东北—西南走向。自北向南其属县的排列顺序为乐清、永嘉、瑞安，最南端有滨海的平阳和内陆的泰顺。温州最重要的是自北向南的通道。经过历朝历代温州人的不断努力，至清代温州内部的交通已形成较为系统的网络。

首先描述自北向南的交通线路。

乐清与府城之间的道路　乐清还有三条干道通往瓯江边的磐石、黄华和馆头，然后再从这些埠头乘船去府城。第一条干道，自乐清南门外南行，经文昌桥、文虹桥、万岙村、峡门桥、龙首桥、柳市镇、横带桥、白象街、双庙桥、重石村、磐石卫城、磐石埠头，里程 51 里。[①] 第二条干道，过万岙村，经曲曲、头条岭、盛岙村、大墓村、前金村、黄华陡门、胡埭村、翁垟村、泗洲桥、黄华村，里程 51.9 里。[②] 第三条干道，出西门（迎恩门），经下蒲母村、密溪岙岭、沙岙桥、下印村、廿里桥、版塘岭、高岙桥、戴家桥、馆头街，在馆头乘船去府城，另外也可以从馆头继续前行至滕公桥进入永嘉境内，经乌牛、罗溪至港头，摆渡到温州府城。这条线路乐清境内的里程为 40.3 里。[③]

府城与瑞安之间的道路　从温州府城南向去瑞安的三条干道分布如下。

第一条是沿着瓯江南岸、海滨走的道路。

表 6–8　府城至瑞安滨海道路所经村、街、市、镇里程　单位：里

地名	里程	地名	里程	地名	里程	地名	里程
府城东门	启程	牌楼下	4.5	后津桥	7.5	南河村	4.4
瞿屿村	6.6	金岙桥	2.5	司南村	3.5	后里村	4
鲍洲	3.5	寺前街	8.5	太驲寺	5.8	前步村	5
下蒲街	4.7	仓河街	0.5	梅头城	5	巡检司城	6

① （清）宗源瀚等纂：《浙江全省舆图并水陆道里记》，徐则恂等修订，民国四年（1915）石印本，成文出版社有限公司印行，第 385 页。

② （清）宗源瀚等纂：《浙江全省舆图并水陆道里记》，徐则恂等修订，民国四年（1915）石印本，成文出版社有限公司印行，第 386 页。

③ （清）宗源瀚等纂：《浙江全省舆图并水陆道里记》，徐则恂等修订，民国四年（1915）石印本，成文出版社有限公司印行，第 386 页。

续表

地名	里程	地名	里程	地名	里程	地名	里程
杜田南	3.3	新城南门	4.1	埭头村	7.7	岩头村	3
状元镇桥	4	老城南门	2.2	海安所城	2.5	瑞安小东门	3.8

从府城东门出发，在寺前街往东有道路通向军事要地——宁村所城。道路从梅头城进入瑞安境内。永嘉境内的里程为 66.2 里，[①] 瑞安境内里程为 36.4 里。[②] 道路全长为 102.6 里（见表 6–8）。

第二条干道是傍着塘河走的，从南门（瑞安门）出发，途经锦春坊、芦浦桥、庆云桥、白象村、三根桥，从永瑞桥进入瑞安境内。永嘉境内的里程为 27 里。[③] 进入瑞安地界后，经齐岙村、穗丰桥、万寿桥、岑头桥、伍公桥、白岩桥，进入瑞安城的东门（宾阳门），在瑞安境内的里程为 42.2 里。[④] 这条路全长为 69.2 里。

第三条干道，从小南门（永宁门）出发，途经五单村、牛桥村、南堡村、听笙亭、湾底村，从永福寺进入瑞安地界，永嘉境内里程为 24.3 里。[⑤] 进入瑞安境内后，经霞剌村、后村、市庄村、澍村、沙湖村、仙居村、愚溪书院，进入瑞安城北门（瞻阙门），瑞安境内里程为 41.6 里。[⑥] 这条路全长 65.9 里。

瑞安通往平阳的道路　自瑞安城南门（镇海门）出发，渡飞云江到南岸寨城，经彭疥至绿垟桥进入平阳地界，瑞安境内里程为 6.5 里。[⑦] 在平阳经柴楼桥、万全铺、勾连桥、幸桥、前宕村，进入平阳县城北门（迎恩门），在平阳境内里

---

① 在永嘉境内里程见宗源瀚等纂：《浙江全省舆图并水陆道里记》，徐则恂等修订，民国四年（1915）石印本，成文出版社有限公司印行，第 365 页。

② 在瑞安境内里程见宗源瀚等纂：《浙江全省舆图并水陆道里记》，徐则恂等修订，民国四年（1915）石印本，成文出版社有限公司印行，第 365 页。

③ （清）宗源瀚等纂：《浙江全省舆图并水陆道里记》，徐则恂等修订，民国四年（1915）石印本，成文出版社有限公司印行，第 366 页。

④ （清）宗源瀚等纂：《浙江全省舆图并水陆道里记》，徐则恂等修订，民国四年（1915）石印本，成文出版社有限公司印行，第 375 页。

⑤ （清）宗源瀚等纂：《浙江全省舆图并水陆道里记》，徐则恂等修订，民国四年（1915）石印本，成文出版社有限公司印行，第 366 页。

⑥ （清）宗源瀚等纂：《浙江全省舆图并水陆道里记》，徐则恂等修订，民国四年（1915）石印本，成文出版社有限公司印行，第 380 页。

⑦ （清）宗源瀚等纂：《浙江全省舆图并水陆道里记》，徐则恂等修订，民国四年（1915）石印本，成文出版社有限公司印行，第 375 页。

程为 21.8 里。[①] 道路全长 28.3 里。

除了纵贯南北大动脉外，还有几条东西向的道路比较重要。下面以从北到南的顺序依次罗列。

乐清通往永嘉的干路　共有三条。第一条，出北门（拱辰门），经仰根村、张山村、玛瑙岭、冈岙村，从东坑岭进入永嘉地界，路程 30.5 里。[②] 第二条，出小西门（肃清门），经县后领凉亭、秦垟岭、龙潭头村、双峰垟村、桐岭村，从桐岭顶进入永嘉地界，里程 25.4 里。[③] 第三条，出小东门（忠节门），经童宅村、梅湾村、官桥、进聚桥、双桥村、孝义桥、石龙头村、硐垟村，从岩山厂村进入永嘉地界，路程 54.1 里。[④]

泰顺与瑞安之间的道路　从泰顺县城东门出发，从焦西洋村进入瑞安地界。[⑤] 在泰顺境内里程 72 里，在瑞安境内里程 162 里。[⑥] 道路全长 234 里（见表 6–9）。

表 6–9　泰顺至瑞安道路所经村、街、市、镇里程　　单位：里

地名	里程	地名	里程	地名	里程	地名	里程
东门	启程	项埠村	4	狩夏垟村	7.4	龟岩村	8.7
山阳坪村	3.7	焦西洋村	2	冠岩渡	2.1	三甲村	3.1
仙居桥	4.8	三溪渡	10.5	高楼村	8.8	桐乾村	2.5
下稔村	8.3	方前渡	7.9	溪口村	1.8	澄头村	5.8
陈代岭	4.2	潘山岭	9.7	戈溪村	9.2	小岙村	1.6
洪口	6.7	涂渎村	3	塔石渡	9.5	后垟村	1.4
周坑村	5.3	溪口渡	2.4	新渡口	3.8	半浦村	1.6
莒冈岭	5.1	岀口村	7.3	泛浦村	5.3	芦浦陡门	1.7

① （清）宗源瀚等纂：《浙江全省舆图并水陆道里记》，徐则恂等修订，民国四年（1915）石印本，成文出版社有限公司印行，第 395 页。

② （清）宗源瀚等纂：《浙江全省舆图并水陆道里记》，徐则恂等修订，民国四年（1915）石印本，成文出版社有限公司印行，第 386—387 页。

③ （清）宗源瀚等纂：《浙江全省舆图并水陆道里记》，徐则恂等修订，民国四年（1915）石印本，成文出版社有限公司印行，第 386 页。

④ （清）宗源瀚等纂：《浙江全省舆图并水陆道里记》，徐则恂等修订，民国四年（1915）石印本，成文出版社有限公司印行，第 387 页。

⑤ 在泰顺境内里程见宗源瀚等纂：《浙江全省舆图并水陆道里记》，徐则恂等修订，民国四年（1915）石印本，成文出版社有限公司印行，第 398 页。

⑥ 在瑞安境内里程见宗源瀚等纂：《浙江全省舆图并水陆道里记》，徐则恂等修订，民国四年（1915）石印本，成文出版社有限公司印行，第 376—377 页。

续表

地名	里程	地名	里程	地名	里程	地名	里程
莒冈上村	4.1	九溪渡	3.2	冯渡村	7.9	白塔村	6.8
横溪村	6.9	渔濯渡	3.4	桥头村	2.3	五里牌	4.2
包洋村	5.1	杨岙渡	3.7	岡口村	6.4	城西门	4
东湾坑街	11.8	大阳口村	3.7	唱步村	3.1	—	—

平阳与泰顺之间的道路　从平阳西门出发，在天井垟坳进入泰顺地界。道路在平阳境内里程 118.6 里，① 在泰顺境内里程为 96.3 里，② 全长 214.9 里（见表 6–10）。

表 6–10　平阳至泰顺道路所经村、街、市、镇里程　　　单位：里

地名	里程	地名	里程	地名	里程	地名	里程
平阳西门	启程	北港水头街	6.3	横坑村	5	夏家山村	8
沙冈岭	7.8	横溪村	10.9	沙岭头村	6.2	陶观村	5.6
葛岙岭	5.5	垫岩村	8.4	西地村	6.5	溪口村	1.2
枫树坦村	2.7	苔湖村	4.1	南洋桥	8.5	上洪村	4.8
汇源桥	9.4	顺溪市	7.7	莘洋村	4.1	下彩坑村	9.1
梅溪村	6.3	石板园村	10.9	北溪村	2.6	下察溪村	6.4
鹤溪街	12.1	光场村	8.5	下村洋	12.3	交垟村	7.5
詹家埠	9.5	天井垟坳	8.5	麻蛇岭	3.6	泰顺城东门	4.9

最后是玉环。玉环岛上有三条干道。干道一，从东门（靖海门），经东山西麓、东岳庙、后校门抵海滨，里程 7.2 里。③ 干路二，出南门，经金鸡岙村、仰天窝岭、大陈岙岭、内双峰村、龟龙口，抵海滨，里程 22.5 里。④ 干道三，出西

① 在平阳境内里程见宗源瀚等纂：《浙江全省舆图并水陆道里记》，徐则恂等修订，民国四年（1915）石印本，成文出版社有限公司印行，第 394 页。

② 在泰顺境内里程见宗源瀚等纂：《浙江全省舆图并水陆道里记》，徐则恂等修订，民国四年（1915）石印本，成文出版社有限公司印行，第 399、400 页。

③（清）宗源瀚等纂：《浙江全省舆图并水陆道里记》，徐则恂等修订，民国四年（1915）石印本，成文出版社有限公司印行，第 404 页。

④（清）宗源瀚等纂：《浙江全省舆图并水陆道里记》，徐则恂等修订，民国四年（1915）石印本，成文出版社有限公司印行，第 404—405 页。

门（永清门），西青岭、西青塘、西青渡，抵海滨，里程 8.2 里。①

二、河流航道

温州有着发达的水路交通。温州的自然水文状况非常优越，区域内有三条大河。最重要的是流经温州城的瓯江，它是浙江省第二大河，全长 388 公里，流域面积 17958 平方公里，是一条终年可通航的河道，木船可上溯至上游的重要瓷器产地龙泉。另外还有浙江省第四大河飞云江（主干道流经瑞安）和第八大河的鳌江（主干道流经平阳）。温州区域内部的大宗商品运输依赖于水运。北自乐清南至平阳的人工塘河，把三条河流串联在一起。“一河串三江”是温州河流航道的总体格局。另外，东部滨海的冲积平原，地势平坦，水流和缓，有着纵横交错、密如蛛网的内河水网。

到南宋，温州已成为浙闽交通枢纽，陆路与毗邻的处州、台州、闽北有驿道相接。海船直达明、台、泉、漳诸州，远至海外诸国。域内水道密布，有瓯江、飞云江、鳌江三江贯流，小船只穿梭，交通便利。温州城与域内外、国内外交通往来频繁。“江城如在水晶宫，百粤三吴一苇通”是最生动的写照。②

（一）“三江”航道

三条河流，自北向南分别是瓯江、飞云江和鳌江。它们发源于西部山区，自西向东，穿过平原，注入东海。

1. 瓯江水道

在永嘉境内有瓯江水路。瓯江自青田县流至永山头入永嘉县境。

表 6–11　瓯江水道流经村、街、市、镇里程　　单位：里

地名	里程	地名	里程	地名	里程	地名	里程
永山头	东流	白上下村	6	太史码头	5.5	下蒲街	3
渡船头	4	韩埠港口	4	陡门桥	5.6	状元桥镇	7
车岩岭	3	上戍港口	6	楠溪港口	1	毛竹桥镇	2.8

① （清）宗源瀚等纂：《浙江全省舆图并水陆道里记》，徐则恂等修订，民国四年（1915）石印本，成文出版社有限公司印行，第 405 页。

② （宋）陈傅良：《止斋集》卷 5《汪守三以诗来次韵酬之》。

续表

地名	里程	地名	里程	地名	里程	地名	里程
上冯	4.6	渔渡南口	3.1	浦口	2	龙湾陡门	4.5
驿头村	5	练墩村	4	上陡门桥北	2.5	小陡门浦口	10
朱涂浦口	5	岩门山麓	7	上蒲街	5	—	—

瓯江发源于处州府的龙泉县，流经云和、丽水、青田，在永山头进入永嘉境内。永山头，又称“尹山头”，在永嘉温溪镇东。瓯江流经朱涂浦口有朱涂浦汇入，韩埠港口有韩埠港汇入，上戍港口有上戍港汇入，在太史码头有仙门河汇入，在陡门桥有塘河自南汇入，在楠溪港口有楠溪港自东北汇入，在浦口有永镇河自西南汇入，在上陡门桥北有双井河自西南汇入，在毛竹桥镇江北有永乐界河汇入，在江南有茶山河汇入。在温州境内瓯江全长104.6里，[①]全部属于感潮河段，具有发展航运的天然优势。状元桥镇（水深6丈5尺），光绪三年（1877）温州开埠后，状元桥镇旁的瓯江水深6丈5尺，可供轮船停泊，被辟为港口。

2. 飞云江水道

飞云江贯通了泰顺和瑞安两县。

表6–12　飞云江水道流经村、街、市、镇里程　　单位：里

地名	里程	地名	里程	地名	里程	地名	里程
泰顺北坑山	东流	南向村	7.9	大阳口村	3.7	街头村	8
乌石村	4.7	黄坛坑口	6	小峃口村东	7.2	下团村东	5.8
路坪村	7.9	东湾坑街	5.2	冠岩渡	3	龟岩渡	5.1
潡滩村	4.8	焦西洋村	5	湖石村	7.3	大树埭村	8
仙居桥	5.7	竹村	7	清潭渡	5.5	桐乾村	7.2
风光山北麓	7.5	三溪渡	3.5	滩脚渡	5.7	澄头村	4.6
岭脚村	8.5	方前渡	7.9	平阳坑市	7	下湾村	7.6
洪口街	4.3	潘山岭麓	5.9	塔石渡	5.6	白塔东	4.8
十六贯潭	7.8	溪口渡	6.5	净水村	7.2	飞云渡	7.2

① （清）宗源瀚等纂：《浙江全省舆图并水陆道里记》，徐则恂等修订，民国四年（1915）石印本，成文出版社有限公司印行，第362页。

续表

地名	里程	地名	里程	地名	里程	地名	里程
百丈口市	6.8	峃口渡	7.3	岩头渡	7.7	瓜埠陡门东	3
江口渡	5.8	九溪渡	3.2	七甲村	6.9	沙园汛城东	8
溪口村	9.4	阳岙渡	7.1	河山头村	3.4	—	—

飞云江发源于泰顺的北坑山。《浙江全省舆图并水陆道里记》注明潵滩村水深2尺，这应该是除了枯水期之外的河深数据，从这里开始可通船筏，流放木排、竹排。百丈口市有三插溪自西北汇入。江口渡有莒冈溪自南汇入。溪口村有窄口溪自北汇入。溪口渡有桂溪自东南来汇。峃口渡有源门溪自西北来汇。九溪渡有九溪自东南来汇。大阳口村有方坑溪自南来汇。清潭渡有半溪自北来汇。下团村东有小港从西南汇入。白塔村东有南岸塘河自南汇入。飞云江在沙园汛城东入海。自北坑山到岭脚村也叫仙居溪。从洪口街到十六贯潭一名洪口溪。从百丈口市以下，另名百丈口溪。飞云江自焦西洋村流入瑞安地界，以下名为大溪。飞云江在泰顺的里程为102.8里，[①] 在瑞安境内里程194.3里，[②] 水路全长297.1里。

在飞云江沿岸有三个地方很重要，第一个是瑞安境内的平阳坑市。飞云江自滩脚渡以下属于感潮河段。位居滩脚渡下游的平阳坑市，可以承担大宗商品的运输。第二个是泰顺境内的百丈口市。百丈口市水深4尺，是泰顺、寿宁、庆元和景宁等县的客货集散地。百丈口的埠头建于同治十一年（1872），人来人往，络绎不绝，每天从早至晚，舟不停渡，有时甚至要到夜半才停。第三个也是泰顺的洪口街。洪口街旁飞云江水深4尺，具备较稳定的航运条件，它同时又位于“温州大路”（泰顺至温州官道）上，商旅往来频繁。[③] 平阳坑市上溯至百丈口市，需经过99滩。运输较为艰难。清泰顺罗阳进士董正扬有“百丈百滩，一滩一丈，迢迢罗阳，如在天上”之句。[④] 船筏、木排从百丈顺流到瑞安县城245.9里，正常水位需2天时间，枯水期需3天，发大水时则当日可达。逆水上行相差一天。

---

① 在泰顺境内的里程见宗源瀚等纂：《浙江全省舆图并水陆道里记》，徐则恂等修订，民国四年（1915）石印本，成文出版社有限公司印行，第397页。

② 在瑞安境内的里程见宗源瀚等纂：《浙江全省舆图并水陆道里记》，徐则恂等修订，民国四年（1915）石印本，成文出版社有限公司印行，第373页。

③ 泰顺县交通局、邮电局编：《泰顺县交通志》，海洋出版社1991年版，第138—140页。

④ 吴炎主编：《温州市交通志》，海洋出版社1994年版，第93页。

上滩时，船工脚穿草鞋，下水推船，二人在船头，将竹杠穿入“船鼻孔”用肩背，一人在船尾用背驮，同时还要用篾缆系着船桅，三五人合力拉纤，才能将船拉上滩。

3. 鳌江水道

鳌江在平阳县境内，分南北两支。北支为干流，干流流域称“北港”。鳌江是平阳县一条重要的水路。

表 6–13　鳌江水道流经村、街、市、镇里程　　　　单位：里

地名	里程	地名	里程	地名	里程	地名	里程
南雁荡山	东流	白雁山北麓	3.3	新垟村	7	江口镇	7.6
白马冈南麓	9	马湖渡	5.1	雷渎村	6	五福陡门	2
晓阳村	4	塔园村北	3.7	洛溪村	3	下垟埠	2.5
山门街	7.7	詹家埠	3.4	萧家渡西	7.6	墨城南	7
后仓村	4.3	青江浦口	6.1	梅浦桥南	2.3	—	—
一品桥	4	渔塘街	6.5	钱仓城	8.9	—	—

鳌江具有较好的航运条件，从发源地至后仓村水深就达到 5 尺。至一品桥有顺溪汇入，在青江浦口有青江浦汇入。在洛溪村有洛溪汇入。在萧家渡，西有灵溪自西南来汇，南港自南来汇。在梅浦桥南有梅溪来汇。在五福陡门有东塘河汇入。从墨城南入海，路程 111 里（见表 6–13）。[①] 萧江渡以下的鳌江河段属潮汐型河流，大潮汛时出现涌潮，有航运之便利。

除了县际的南北通道外，瓯江以北的楠溪港自北向南注入瓯江，它是永嘉瓯江北地区的重要水道。

表 6–14　楠溪港水道流经村、街、市、镇里程　　　　单位：里

地名	里程	地名	里程	地名	里程	地名	里程
界乌岭	流出	子云坑东	4	霞渡潭村	7.5	埭头	5
永安桥	3	对埠村	4.5	福利村东	8	东渡口	6
坑口村	6.5	碧莲市	4.2	下浮村	8.5	青龙头	6.5
高峰岭脚村	7	石湖村	4	下埠	8	东埭村	7

① （清）宗源瀚等纂：《浙江全省舆图并水陆道里记》，徐则恂等修订，民国四年（1915）石印本，成文出版社有限公司印行，第 389 页。

续表

地名	里程	地名	里程	地名	里程	地名	里程
上埠村	2.5	黄岙村	6	杨岙村	5	东岸村	5
小溪村	8	百泉村	5	响山岭西	5.5	楠溪港口	3.5
麻铺孙宅	4.5	桐州渡口	9	上庄东	5	—	—
山坑村	5.5	屿山南麓	7	上塘岭东	6.5	—	—

楠溪港在界乌岭有南溪汇入，在麻铺孙宅有黄溪汇入，在霞渡潭村有南溪港汇入。河流在楠溪港口流入瓯江，入港处水深1丈8尺。水道流经山坑村时，航道水深已达3尺，水道全长167.7里。①

（二）人工塘河

塘河是温州沿海平原上的特色与风景线。温州地区的沿海平原是东南沿海小平原之一，其由瓯江、飞云江、敖江等三条河流及海水所携带泥沙堆积而成，塘河由河口平原成陆过程中从海塘演变而来。② 温州塘河，分布在三江沿海平原上，自北而南最主要的有琯乐虹塘河、温瑞塘河、瑞平塘河（含平鳌塘河）、江南塘河（方金塘河）等。

1. 乐清官塘　乐琯运河沟通了柳市水网区和乐清的水系，并密切了整个乐清县境与温州城的联系。③ 瓯江北岸乐清境内有三个重要埠头，自西向东分别为琯头、磐石和黄华。乐清人根据自己城镇村落的方位选择水路路线抵达这三个埠头后即可溯流而上抵达位于瓯江南岸的府城。

乐清通往府城的水路有2条。第一条路走官塘河。南宋绍兴二年（1132）乐清知县刘默捐俸修筑乐城迎恩门至琯头的官塘。而在清光绪年间刊刻的《浙江全省舆图并水陆道里记》中，官塘河的终点却不是琯头，而是黄华。官塘河发源

① （清）宗源瀚等纂：《浙江全省舆图并水陆道里记》，徐则恂等修订，民国四年（1915）石印本，成文出版社有限公司印行，第363页。

② 参见吴松弟：《温州沿海平原的成陆过程和主要海塘、塘河的形成》，《中国历史地理论丛》第22卷第2辑，2007年4月。

③ 两宋时，乐清塘塘相连，内挖河路同舟楫，名曰河塘，自乐清县治沿古运河外侧至琯头50余里。乐琯运河，又名西运河，由乐清塘河改造而成，自乐城至琯头28.8公里。通县治，汇金、银两溪之水，并白石诸溪流至琯头，河口筑埭堰建水闸，柳乐水系沟通，舟楫往来如织。参见乐清市地方志编纂委员会编：《乐清县志》，中华书局2000年版，第342、349页。

于丰门岭南麓，流经北水门东南、马车河口、天仙桥、寺岭村、峡门桥西、柳市镇、陈岩桥西、楼下桥、山前桥，至瓯江边的黄华陡门进入瓯江，全长 42 里。①另一条水路途经上河。上河自峡门桥西分官塘水，流经西岙桥、横镜桥、湖头桥、管屿西南、下浃村东北、白象街、陈岙、横河桥，从磐石陡门进入瓯江，全长 32.7 里。②

2. 温瑞塘河　温瑞塘河是温州最重要的塘河。它不仅沟通了瓯江流域和飞云江流域，而且遍布分叉连接一些并非塘河边的市镇村落，并有众多的连接海洋的支流。塘河在芦浦桥，分一支（双井河）入瓯江，在永瑞桥分一支（茶山河）流向东北，塘河在此进入瑞安境内。瑞安境内的塘河从永瑞桥出发，在殿前桥分一支（长桥涓）东流入海，在镇海桥分一支（南河湫）入海，在前潘桥分一支（莘塍浦）东南流入海，在伍公桥分一支（上马涓）流向东南入海，又分一支（九里浦）流向东南入海。永嘉境内的塘河里程为 26.3 里，③瑞安境内 53.2 里，④塘河总里程为 79.5 里（见表 6–15）。因塘河遍植荷花，自宋以来被称为“八十里荷塘”。

表 6–15　温瑞塘河沿岸的经村、街、市、镇里程　　单位：里

地名	里程	地名	里程	地名	里程	地名	里程
永嘉陡门桥	南流	白象村	10.3	穗丰桥	7.6	前潘桥	6.3
城东南隅	3	塘下镇	1.5	殿前桥	1.9	伍公桥	1.4
通津桥	1	山根桥	5	万寿桥	4.5	拱瑞山	4.1
芦浦桥	3	永瑞桥	3	镇海桥	1.9	瑞城东水门	5.2
塘东村	2.5	齐岙村	9.8	岑岐桥	2	集云山	5.5

温瑞塘河在永瑞桥分叉出去的茶山河，经上寒桥、新桥前、安浃桥、广济桥、三郎桥，通向温州重要的埠头状元桥。茶山河从毛竹桥镇入瓯江。⑤

① （清）宗源瀚等纂：《浙江全省舆图并水陆道里记》，徐则恂等修订，民国四年（1915）石印本，成文出版社有限公司印行，第 332 页。

② （清）宗源瀚等纂：《浙江全省舆图并水陆道里记》，徐则恂等修订，民国四年（1915）石印本，成文出版社有限公司印行，第 332 页。

③ 在永嘉境内塘河里程见宗源瀚等纂：《浙江全省舆图并水陆道里记》，徐则恂等修订，民国四年（1915）石印本，成文出版社有限公司印行，第 363 页

④ 在瑞安境内塘河里程见宗源瀚等纂：《浙江全省舆图并水陆道里记》，徐则恂等修订，民国四年（1915）石印本，成文出版社有限公司印行，第 374—375 页。

⑤ （清）宗源瀚等纂：《浙江全省舆图并水陆道里记》，徐则恂等修订，民国四年（1915）石印本，成文出版社有限公司印行，第 365 页。

3. 瑞平塘河　瑞安和平阳的两个县城还有瑞平塘河连通。在平阳境内，塘河出北水门，经鲳鱼桥、勾连桥、柴楼桥，到绿垟桥进入瑞安境内，在平阳里程为25.4 里。[①] 瑞平塘河使温州城与平阳的联系更为紧密。

玉环厅的主体部分是玉环岛，比较重要的交通线路是一条水路和三条干路。这条水路是玉环河，发源于馒头山，城西南隅、南水门、东岳庙、上陡门，在下陡门入海，里程 8.8 里。[②]

三、海上交通

弘治《温州府志》载，“温为东南山水之窟，素号奇胜。郡之水唯海最大，其次则三江，次则诸溪涧焉”。[③] 温州西、北、南三面为高山所阻，唯东方是广阔无垠的海洋，成为温州对外交通的重要凭借。

温州陆域海岸线长 339 公里，处中国漫长海岸线中段。温州港是与亚洲、太平洋地区进行对外贸易的重要港口，内陆腹地广阔，各县（市）和台州、丽水部分地区以及福建宁德地区的物资，均可在温州港集散转运。[④]

虽然海上航行多风险，但有关温州海运的历史记载却显示，至战国时期，我国已经形成沿海交通线，东瓯（今温州）即为港口之一。[⑤] 三国时期永宁县为孙吴属地，航海业和造船业已颇为发达，在今平阳仙口建有“横屿船屯”，[⑥] 为当时江南三大造船基地之一。

隋朝大运河的开通应该是促进温州海运发展的一个重要契机。京杭大运河开凿成功，使一条重要的商路得以开辟，即以杭州为起点经过浙东河网到明州，再由海路到达浙江、福建和广东沿岸，温州正处于这条商路必经的要道上，其外部

---

① （清）宗源瀚等纂:《浙江全省舆图并水陆道里记》，徐则恂等修订，民国四年（1915）石印本，成文出版社有限公司印行，第 390 页。

② （清）宗源瀚等纂:《浙江全省舆图并水陆道里记》，徐则恂等修订，民国四年（1915）石印本，成文出版社有限公司印行，第 404 页。

③ （明）王瓒、蔡芳编纂：弘治《温州府志》，胡珠生校注，上海社会科学院出版社 2006 年版，第 59 页。

④ 吴炎主编:《温州市交通志》，海洋出版社 1994 年版，第 11 页。

⑤ 章巽:《我国古代的海外交通》，商务印书馆 1959 年版，第 8 页。所列战国九个港口为碣石（今河北境内）、吴（今苏州）、治（今福州）、番昌（今广州）、转附（今山东芝罘半岛）、琅牙（今山东半岛南面）以及今浙江境内的句章、会稽、东瓯。

⑥ 符璋、刘绍宽纂:《平阳县志》卷 4《舆地志》，民国十四年（1925）刻本。

交通条件的改善可以说是历史性的。这条新商路的开辟使得福建、广东和广西与中原地区和长江流域的来往更加频繁，温州作为这些地区与中原海路来往的必经之地，与这些地区的联系也加强了；另外，温州自身和中原地区以及长江流域也有了更为紧密的联系。因此，唐宋成为温州海运进入一个高速发展时期。唐贞观二十一年（647），温州成为全国造船基地之一。这些海船要通过大海驶向中国沿海地区。武宗会昌二年（842）八月二十四日，明州（今宁波）商人李处人从日本肥前国松浦郡值加岛，直航温州，八月二十九日达温州港。北宋元祐五年（1090）正月初四，朝廷下诏温州和明州，每年造船各600艘。两州年造船额名列全国前茅。[①] 北宋时，温州的海上交通运输很繁荣，温州港船舶众多，曾有诗云："城脚千家具船楫"，"一片繁华海上头"。[②] 南宋高宗绍兴元年（1131）或稍前，温州置市舶务，管理海外贸易。[③] 元世祖至元十四年（1277）稍后，温州设立市舶司，成为通商口岸。元元贞二年（1296）二月二十日，温州人周达观随友好使团，从温州乘船出发前往真腊（今柬埔寨），次年六月返国，著有《真腊风土记》。明代禁止民间建造双桅以上船舶从事海外贸易，加上倭寇对沿海地区侵犯和骚扰，曾使温州海运一度受到严重影响。至隆庆年间（1567—1572），倭寇渐减。明政府为开辟财源，允许民间从事海外贸易，温州海上交通逐渐恢复。

清顺治十三年（1656）颁"禁海令"，严禁商民船舶出海，以隔绝沿海人民与郑成功的联系。顺治十六年（1659），清廷下达"迁界令"，强迫苏、浙、闽、粤滨海居民内迁30里，严令"寸板毋入海，粒米毋越疆"。清康熙二十三年（1684）诏开海禁，允许百姓装载500石以下船舶出海贸易或捕鱼，并制定开海征税则例，温州货船常往来日本、东南亚等国进行贸易。次年，在宁波设立浙海关，下设15个口，其中有温州、瑞安、平阳3个口。温州口下设宁村、状元桥、黄华、蒲岐等4个旁口，平阳口下设大渔旁口。温州和上海、宁波、福州等地的海上交通运输频繁。[④] 咸丰十一年（1861），浙海关改称浙海常关，温州海关分

---

① 吴炎主编：《温州市交通志》，海洋出版社1994年版，第11页。

② （清）赵忭：《自温将还衢郡题谢公楼》，杨蟠：《咏永嘉》，（清）张宝琳修，孙诒让纂：《永嘉县志》，中华书局2010年版，第1489页。

③ 《宋会要辑稿·职官》记载："……今据两浙提举市舶司中，本司契勘临安府、温、明州，秀州华亭及责尤（青龙）近日扬务……本路诸州府市舶务五处，绍兴元年一年共解……。"（清）徐松辑：《宋会要辑稿》，刘琳、刁忠民、舒大刚等校点，上海古籍出版社2014年版，第4211页。

④ 温州市志编纂委员会编：《温州市志》，中华书局1998年版，第964页。

口改为浙海常关的分口。同治四年（1865）温州常关分口改称瓯海常关。[①]近代开埠以前，温州海上运输的工具为传统的木质帆船，帆船主要目的地是福州、宁波、台州以及台湾。[②]

第二节　近代航运的接榫

清光绪二年（1876）九月，英国强迫清政府签订了《中英烟台条约》，温州被辟为通商口岸。温州港对外开放，中外商界对开埠后的贸易有非常乐观的期待，他们认为届时往返于上海与福州的商船绕道出入温州，将促进上海的进一步繁荣，上海的行商坐贾也将扩展其贸易规模。[③]上海的《申报》跟踪报道了温州海关建设的进展：

1877 年 1 月 25 日报道，海关总税务司赫德委派原任淡水税务司的好博逊筹设温州海关。[④]

1877 年 2 月 19 日报道，英国副领事和翻译乘韦士德兵船已赴任温州。[⑤]

1877 年 2 月 27 日报道，温州通商口岸业经副领事与温处道方鼎锐商定，于东门外为租界。按温州一口轮船只能到状元桥地方为止，再内则海沙淤浅不能前进。但状元桥离城二十里，起落货物均须小船装驳，未免费事。[⑥]

1877 年 3 月 15 日，有三个重要消息。第一个消息，罗领事要乘美国小兵船从宁波到温州，前往温州办理新开口岸之事务。第二个消息，海关要在钱庄开设户头，为此浙江巡抚写信给著名的红顶商人胡雪岩，胡委任原宁波通裕号的杨远香前往温州办理。[⑦]第三个消息，2 月 26 日凌风火船从淡水到福州，载有淡水税务司霍生（即好博逊）及别官，于 3 月 1 日往温州开办通商事务。[⑧]

---

① 吴炎主编:《温州市交通志》，海洋出版社 1994 年版，第 13 页。
② 松浦章:《近代温州与台湾的航运关系》,《温州大学学报》(社会科学版）2010 年第 2 期。
③《新开各口消息》,《申报》1877 年 2 月 19 日，第 2 版。
④《宁郡近耗》,《申报》1877 年 1 月 25 日，第 1 版。
⑤《新开各口消息》,《申报》1877 年 2 月 19 日，第 2 版。
⑥《温州消息》,《申报》1877 年 2 月 27 日，第 1 版。
⑦《宁波近事》,《申报》1877 年 3 月 15 日，第 2 版。
⑧《福州琐闻》,《申报》1877 年 3 月 15 日，第 2 版。

1877年3月17日报道，派驻温州领事为阿君。[①] 阿君，即阿尔巴斯特（Albaster）。

1877年3月22日报道，农历二月初六日，保昌洋行的平安号火船开往温州，海关书吏及通裕银号职员均搭附往办开ㄈ事宜。[②]

1877年4月5日报道，3月2日，中国“凌风”火船载税务司好博逊到温州，他连日察看水之深浅，最终好博逊选定温州北门外一处为海关。[③]

经过了一系列的准备之后，1877年4月1日，温州正式开埠。[④] 英、奥、日三国在温州设立领事馆。九月，英国首任驻温领事阿尔巴斯特抵温，在江心屿孟楼设临时领事馆。

一、航线开辟

温州开埠半个月以后，第一艘轮船英籍“康吉”（Conquest）从上海驶抵温州港，这也是开辟温州至上海航线的最初尝试，标志着近代蒸汽动力的轮船接棒温州的开始，具有重要的历史意义。[⑤]

此后，温州至香港、台湾、福州、海门及宁波等沿海客货运航线陆续开辟。温州城区至瑞安、乐清、永嘉等内河客货运航班也在清末相继开通，温州近代航运业逐步兴起。虽然轮船全面取代帆船是一个相当漫长的历史过程，轮船的出现的确对温州经济和社会生活产生了巨大的影响。

温州至上海　开埠后，温州最重要的航线是至上海的航线。自道光二十三年（1843）上海开埠后，经过三十余年的飞速发展，上海已经成为一个经济十分活跃的城市。中外商人很看好温州的经济潜力，温州甫一开埠，中外运输机构蜂拥

① 《新开码头近信》,《申报》1877年3月17日，第2版。

② 《宁郡琐闻》,《申报》1877年3月22日，第2版。

③ 《译西报述温州事》,《申报》1877年4月5日，第1版。

④ 马吉（J. Mackey）:《光绪三年（1877年）瓯海关贸易报告》，赵肖为译编:《近代温州社会经济发展概况》，上海三联书店2014年版，第1页。但据《申报》1877年3月12日第2版的《开埠日期》报道，因4月1日是神拜期，所以温州开埠日记廷迟至4月2日。

⑤ 关于康吉号抵达温州港的时间，史料中有不同的记载。根据《申报》1877年4月13日第8版消息，4月10日康吉号尚处于从日本长崎返回上海途中，4月12日抵达上海港。4月14日《申报》第八版消息，怡和洋行康吉于当日开往温州。据此，康吉号驶抵温州港的日期当为4月15日或16日。《光绪三年（1877年）瓯海关贸易报告》（《近代温州社会经济发展概况》第7页）记载，康吉号跑温沪航线的起始时间为4月11日。胡珠生《温州近代史》第89页记载，康吉号于1877年4月10日驶抵温州港。《申报》天天报道轮船进出上海港的情况，其说法更应该受到重视。

而来，积极尝试开辟温沪航线。在 1877 年至 1878 年的不到两年间，行驶在温沪航线上的诸多客货轮时有闭歇，时有开启，呈现了活跃而混乱的景象。

首航温州的康吉号为怡和洋行（Jardine, Matheson & Co.）的轮船，它的整个航程是从上海经温州再驶往福州，回程时即从福州直航上海，不再停泊温州。该轮抵港时间不固定，一般每隔两星期来温一次。[①] 其实，温州开埠后的贸易发展并没有人们想象得那么好。自 4 月 11 日至 10 月 3 日间，康吉号在温沪线上只跑了 14 趟。[②]

继康吉号之后，公泰洋行的宝丰号也是较早投入温沪航运的轮船。从 1877 年 4 月 26 日至 1877 年 5 月 3 日，公泰洋行连续 8 天在《申报》上刊登广告。下图为 4 月 26 日登载的广告，其内容如下：

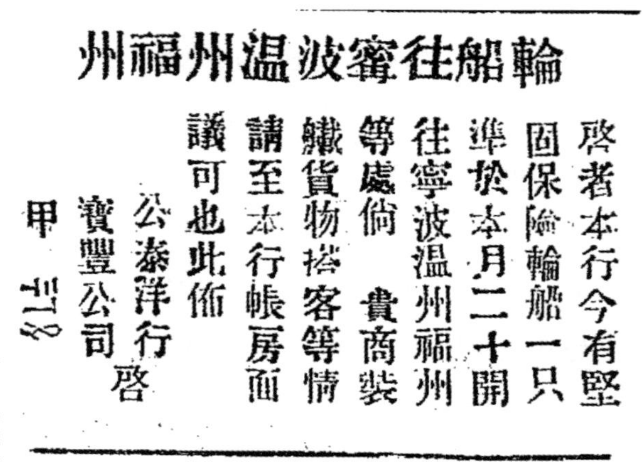
輪船往甯波溫州福州

啓者本行今有堅固保險輪船一只準於本月二十開往寧波溫州福州等處倘 貴商裝載貨物搭客等情請至本行帳房面議可也此佈

公泰洋行
寶豐公司 啓

甲

图 6–1 4 月 26 日《申报》登载的广告

启者，本行今有坚固保险轮船一只，准于本月二十（5 月 3 日）开往宁波、温州、福州等处，倘贵商装货物、搭客等情，请至本行帐（账）房面议可也，此布，公泰洋行、宝丰公司启。[③]

① 另据《申报》广告：4 月 26 日开始至 5 月 3 日“宝丰”轮连续刊登广告“本月二十日开往宁波温州福州等处”即为公历 5 月 3 日（《申报》1877 年 4 月 26 日，第 6 版。广告中“本月二十日”为公历 5 月 3 日）。

② 马吉（J. Mackey）：《光绪三年（1877 年）瓯海关贸易报告》，赵肖为译编：《近代温州社会经济发展概况》，上海三联书店 2014 年版，第 7 页。怡和洋行是最早在温州派驻代理的两家洋行之一。

③ 《轮船往宁波温州福州》，《申报》1877 年 4 月 26 日，第 6 版。

在怡和洋行康吉号温沪航线被撤销后的次月22日，国有企业轮船招商局所属“江天”轮从上海首航温州港。[①] 光绪四年（1878）以后，更多的公司投入温沪线的营运。这年4月，招商局改派“永宁”客货船（324吨）自上海航行到温州。[②] 此外，在这条航线上不定期行驶的外国商船还有，英籍太古公司（Taikoo Dockyard & Engineering Co.）的“宜昌号”，怡和洋行的“考泼司号”，宝丰洋行（Giesel & Co., Ltd.）的“平安号”，加罗花洋行的“笔拉司号”。马立师洋行（Morris Lewis &.Co）的“长安号”、“汉图号”和“山东号”。[③] 纷繁无序的竞争让运输经营利润微薄，甚至各家都无利可图，为了避免恶性竞争，轮船招商局和英国怡和洋行于1878年4月发表联合公告，宣称，一艘汽船“在往返福州的途中隔班停靠温州”。原先船运生意冷清的原因之一是航班不定，因此这项公告预示着温州口繁荣新纪元的到来，激发起巨大的期望。但瓯海关报告说“美景从未出现，计划稍试即止”。试水期间，轮船招商局在4月12日至7月26日派遣了6艘汽船，据说因赚头不多被迫终止；怡和洋行在5月和6月各派遣了2艘，此后也不再定期停靠。怡和洋行的汽船在营运期间（2月11日至11月8日）共来过10次。轮船运输也许与商业贸易构成了互为因果的关系。光绪四年（1878），轮船运输大约在1878年陷于困顿，其原因之一是贸易不够活跃，货运量太少；反过来，贸易的停滞和萧条也由于没有准时、定期的航班。由于对未来的商业发展感到绝望，温州仅有的两家洋行代理处撤离了——德国洋行代理处于5月21日撤离，英国洋行代理处于7月25日撤离。[④]

温沪航线经过了大约一年半的纷乱之后，朝廷朝野强烈要求开设两地稳定的定期航班，以发挥温州对外开放的效益。轮船招商局于光绪四年（1878）年底决定开行定期班轮，在温州的外国商人持审慎的乐观态度。十二月十七日，《申报》报道说：

光绪五年（1879），招商局派永宁号在温沪线定期航行，全年一共航行26次。瓯海关的报告称：特别感谢招商局将“永宁号”投放在这条航线上，此举增

---

① 《十月十七日进口船礼拜三》，《申报》1877年11月22日，第8版。

② 马吉（J.Mackey）：《瓯海关光绪五年（1879年）温州贸易报告》，赵肖为译编：《近代温州社会经济发展概况》，上海三联书店2014年版，第62页。

③ 马立师洋行由马立师（John Morris）与刘易斯（George Lewis）合伙创办于法租界。

④ 马吉（J.Mackey）：《光绪四年（1878年）瓯海关贸易报告》，赵肖为译编：《近代温州社会经济发展概况》，上海三联书店2014年版，第33—34页。

进了温州港的贸易。报告进一步具体分析了“永宁号”促进本地贸易的三个具体原因：准时、定期和足以与民船竞争的运费。强调“永宁号”速度快、吨位大（324 吨）、航行费用低的竞争优势。[①] 这里说的民船应指的是中国的民船。但如果跟外国公司的夹板船相比，[②] 其优势就没有那么明显。图 6–2 为招商局刊登在《申报》光绪四年十二月初二日（1878 年 12 月 25 日）第 7 版的广告。广告中的“常川”意为经常、连续不断之意。

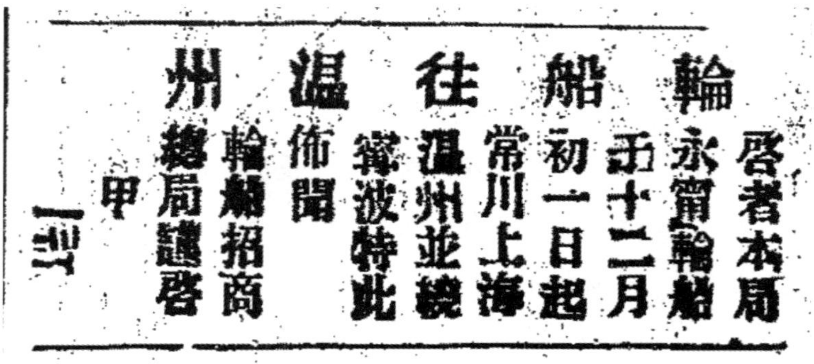
輪船往溫州
啓者本局永甯輪船于十二月初一日起常川上海溫州並繞甯波特此佈聞
輪船招商總局謹啓

图 6–2 《申报》刊登上海至温州航线的广告

> 永宁轮船刻由宁波开往温州，闻此后须常川来往也。西人言，在温州之各西商，闻之皆喜形于色。盖轮船来往既有定期，贸易可期畅茂。初时维未必能兴，然毕竟可有后望也。[③]

在温沪航线开辟后头十年左右的时间里，“永宁号”担当着非常重要的角色。可以说在很大程度上垄断了温州港的轮船交通，并占有大部分商品运输份额，以光绪七年（1881）为例，与之竞争的对手为二：其一是一艘温州本地注册的船只，往返上海途经宁波，但全年不过跑了三趟；其二，一艘悬西班牙旗的夹

---

① 马吉（J.Mackey）：《光绪五年（1879 年）瓯海关贸易报告》，赵肖为译编：《近代温州社会经济发展概况》，上海三联书店 2014 年版，第 62 页。

② 明末清初欧洲人建造的一种大型海船。对夹板船的形制和特点，高拱乾编《台湾府志》有过这样描述：“荷兰船最大，用板两层，斫而不削，制极坚厚，中国谓之‘夹板船’。其实圆木为之，非板也，又多巧思，为帆如蛛网旋盘，八面受风，无往不顺。”见俞正燮：《癸巳存稿·夹板船札船》，安徽古籍丛书编审委员会编纂：《俞正燮全集》第 2 册，黄山书社 2005 年版，第 418 页。

③ 《轮船往温》，《申报》1879 年 1 月 9 日，第 2 版。

板船，同样往返上海途经宁波，全年只跑了一趟。[①]值得注意的是，在光绪十年（1884）七月十三日至十一年六月二十三日间，《申报》刊登的“永宁号”营运的广告落款署“旗昌”，[②]旗昌（Russe eleven & Co.）是美国商人开设的洋行。改署旗昌行可能与当时的中法战争有关，中国商船改署美国商行以免遭到法国军舰的攻击。[③]阅览申报的商业广告可知，光绪十二年、十三年间，招商局的海晏轮、日新轮、海琛轮先后航行过温沪线。在光绪十三年（1887）以后的七八年间，海昌轮成为温沪线的主角，再往后是普济轮替代了海昌轮。[④]

自从温沪航线开辟以后，非机器动力的夹板船并没有退出竞争，它们有其自身的优势，近代汽轮未能一统天下。首先是运费，以柑橘为例，光绪三年（1877）把瓯柑运到北京，轮船运价每桶 60 分，夹板船每桶 40 分，中国小船每桶只要 30 分。[⑤]此外，运输煤油或其他危险物资夹板船也有明显的优势。[⑥]瓯海关报告光绪四年（1878）是夹板船“挑大梁”的一年，这年有悬挂德国国旗的 9 艘夹板船和 1 艘三桅帆船承运两地物资。夹板船生意很好，尽管它们经宁波往返上海需要蜗行 6 周，它们总是满舱而来，从不“空载”而返。[⑦]在永宁轮已经定期航行开辟后光绪五年，也至少有 3 艘悬德国旗夹板船和 1 艘悬丹麦旗夹板船承运货物。[⑧]此后，夹板船也并未在温沪线绝迹，有时候甚至还相当繁荣。其中最

① 贺壁理（A. E. Hippisley）：《光绪七年（1881 年）瓯海关贸易报告》，赵肖为译编：《近代温州社会经济发展概况》，上海三联书店 2014 年版，第 136 页。

② 旗昌洋行是 19 世纪远东最著名美资公司，1818 年由出生在康涅狄克州米德镇（Middle Town）的商人塞缪尔·罗素（Samul Russell）创办于广州。

③ 《七月十一日进口船礼拜三》，《申报》1884 年 9 月 1 日，第 8 版；《六月初十日进口船礼拜四》，《申报》1885 年 8 月 1 日，第 8 版。

④ 轮船的更换并没有清晰的时间界线，招商局会根据轮船的状况和商情进行调配。下面是几个重要节点上的温沪线招商局轮船运营广告信息。《申报》1886 年 2 月 13 日，第 8 版；《申报》1886 年 2 月 25 日，第 8 版；《申报》1887 年 5 月 24 日，第 8 版；《申报》1887 年 9 月 6 日，第 3 版；《申报》1900 年 8 月 28 日，第 8 版。另据吴炎《温州市交通志》（海洋出版社 1994 年版，第 72 页）载，光绪二十年（1894 年）改派普济客货轮经营该航线，以后又增加了广济轮。

⑤ 马吉（J. Mackey）：《光绪三年（1877 年）瓯海关贸易报告》，赵肖为译编：《近代温州社会经济发展概况》，上海三联书店 2014 年版，第 4 页。

⑥ 马吉（J. Mackey）：《光绪六年（1880 年）瓯海关贸易报告》，赵肖为译编：《近代温州社会经济发展概况》，上海三联书店 2014 年版，第 88 页。

⑦ 马吉（J. Mackey）：《光绪四年（1878 年）瓯海关贸易报告》，赵肖为译编：《近代温州社会经济发展概况》，上海三联书店 2014 年版，第 33、34 页。

⑧ 马吉（J. Mackey）：《光绪五年（1879 年）瓯海关贸易报告》，赵肖为译编：《近代温州社会经济发展概况》，上海三联书店 2014 年版，第 62 页。

活跃的是马立师洋行的瑞安号和汉图号。

夾板船往溫州

啓者小行今有瑞安夾板船一隻準於本月念五日開往溫州倘各寶號欲裝貨搭客者水脚格外公道請至小行面議可也特此佈聞

馬立師行啟

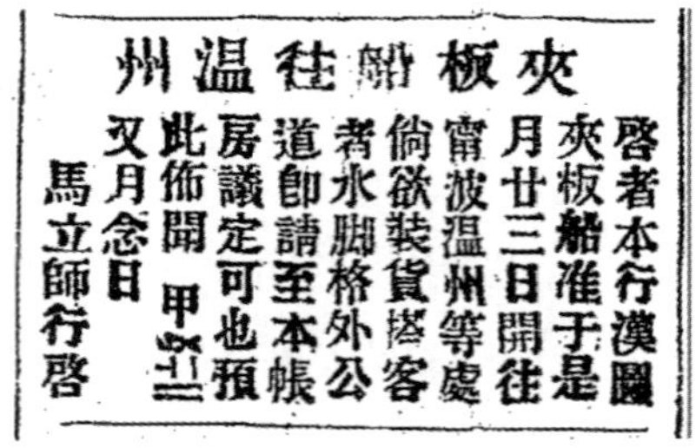

夾板船往溫州

啓者本行漢圖夾板船准于是月廿三日開往甯波溫州等處倘欲裝貨搭客者水脚格外公道卽請至本帳房議定可也預此佈聞

又月念日

馬立師行啓

图 6–3 《申报》刊登的广告

左图为马立师洋行刊登在《申报》1878 年 4 月 24 日的广告，其内容为：启者，小行今有瑞安夹板船一只，准于本月念五日开往温州，倘各宝号欲装货搭客者，水脚格外公道，请至小行面议可也。特此布闻。马立师行启。

右图为马立师洋行刊登在《申报》1879 年 5 月 12 日（光绪五年闰三月二十二日）第 7 版的广告。

温州至宁波、海门（椒江） 温州至宁波航程 219 海里。光绪三年（1877）英籍太古轮船公司“宜昌号”客轮首航温州至宁波航线，营运 4 个月停航。次年轮船招商局“永宁”轮航行该线。光绪七年（1881）该局航行温沪线客货轮，中途兼靠宁波。光绪二十四年（1898），招商局新购“永宁”轮，开行浙江沿海港口。下文是刊登于《申报的广告》：

> 启者，本局现由香港购造轮船一艘。船身坚固，机器灵捷，客舱、货舱均极宽敞，准于本月十七日开行，由台州海门南走温州，北走宁波，经过镇海、舟山、石浦、玉环各口停泊，装卸客货，水脚格外公道。官商赐顾，请至各埠本账房买票，特白。①

台州永宁轮的开行，密切了温州与浙江沿海各地的联系。海关报告载：（1898 年）四月间有台州商贾集合公司置一轮船重 261 吨，常川往返温州和海门，每六日为一班。② 台州航商购置的轮船也叫“永宁”轮。“永宁”轮与椒甬线的“宝华”轮（434 吨，属于宁波宝华轮船局）、“海门”轮（277 吨，属于宁波

---

① 《台州永宁轮船告白》，《申报》1898 年 10 月 1 日，第 6 版。

② 沙博思（H. J. Sharples）：《光绪三十四年（1908 年）温州口华洋贸易情形论略》，中华人民共和国杭州海关译编：《近代浙江通商口岸经济社会概况》，浙江人民出版社 2002 年版，第 586 页。

外海商轮局）两艘客货班轮衔接联运。[①]

温州本土航商进行海上轮运业开始较晚。光绪三十一年（1905），瑞安乡绅项湘藻集资组织大新轮船公司。他通过上海商务总会协理朱葆三的关系，[②]从上海租来“湖广号”客货轮（300吨），行驶于瑞安、宁波之间。据瓯海关税务司穆厚达（J. H. M. Moorhead）1905年报告：“西历7月间瑞安绅富集资开设一内港行轮公司，有小轮船一只往来瑞安、宁波”，“西历7月间瑞安创设内港行轮，有小轮船一艘名湖广，计96吨，往来瑞安、宁波，数月以来，颇亏资本，近见生意渐稳，或可挽回，闻于明春调易大船冀图恢复也”。[③]其办事处设于旧城南门新饭店前的协裕鱼行后面，并利用协裕码头装卸货物。但是，瑞安至宁波的乘客并不多，货运量亦很有限，致使颇亏资本，难以为继，半年租期一到，不得不即行解约停航。这是温州人用近代轮船进行海上运输的第一次尝试。

温州至厦门、广州　温州至广州航程506海里，温州至厦门393海里。早在光绪九年（1883），即有一艘华籍小轮准备开辟温州至福州的客货运航线，但该轮吨位太小，客舱不够，船舶性能也不适合海上航行，因此只开了一个航次即停驶。[④]光绪十五年（1889）一月，英籍福清轮首航该航线，航行2个航次后撤销。[⑤]1893年4月，英国麦克浦洋行北京轮定期行驶上海、温州、福州、厦门、香港。[⑥]光绪二十二年（1896）八月停航。光绪三十四年（1908），中国商业轮船公司德裕轮，往来于温州、厦门、宁波等地。[⑦]

温州至港台地区及国外　温州开埠后的十几年间，途经温州至香港的是夹板船。光绪十一年（1885），英籍新加坡的夹板船“特克里号”（Tekli，390吨）行驶温州—香港—新加坡航线。该船于该年农历正月初二，从温州装载明矾出口往

---

① 周厚才主编：《温州港史》，人民交通出版社1990年版，第52页。

② 朱葆三（1848—1926），名佩珍，定海人，1916年为上海总商会会长。

③ 穆厚达（J. H. M. Moorhead）：《光绪三十一年（1905年）温州口华洋贸易情形论略》，中华人民共和国杭州海关译编：《近代浙江通商口岸经济社会概况》，浙江人民出版社2002年版，第578、580页。

④ 周厚才主编：《温州港史》，人民交通出版社1990年版，第53页。

⑤ 吴炎主编：《温州市交通志》，海洋出版社1994年版，第75页。

⑥ 那威勇（A. Novion）：《光绪十九年（1893年）温州口华洋贸易情形论略》，中华人民共和国杭州海关译编：《近代浙江通商口岸经济社会概况》，浙江人民出版社2002年版，第544页。

⑦ 沙博思（H. J. Sharples）：《光绪三十四年（1908年）温州口华洋贸易情形论略》，中华人民共和国杭州海关译编：《近代浙江通商口岸经济社会概况》，浙江人民出版社2002年版，第586页。

香港时搁浅沉没。[①]1886 年 2 月，德国轮船特纳号（Iduna）从香港来到温州装货，途经宁波运往上海，运费比长期垄断温沪航线的“永宁号”便宜 10%，“永宁号”马上把运费下调 20%。特纳号与“永宁号”展开了激烈的价格战，后来运费压到了原来的一半。特纳号往返 3 次后撤销此航线，“永宁号”货运运费和客运票价又回复到原先的价格。另外还有 3 艘外籍夹板船分别从香港和马来半岛的槟城市驶抵温州。[②] 同年，新加坡六桅商船在瓯江口外的洞头岛停泊半年，用小船向内地转运货物。1893 年 4 月，英国麦克浦洋行开始派轮船不定期地航行于温州和香港之间，中途兼驶福州和厦门。这是最早由轮船开辟的温州至香港航线。[③]1896 年 8 月，该洋行的关穆号停驶后，温州不再与香港、马来西亚、新加坡等地直接发生贸易关系。[④]1907 年 12 月，“日本大阪航运株式会社开辟了一条从温州到台湾的汽轮航线，主要是输送烟叶”。[⑤] 此后，从温州港载运烟叶前往台湾的日本轮船比较频繁，并一直持续至 1911 年。这段时间进出港的日轮的吨数共有 1.7 万多吨。另外，还有英轮纳特（Nord，1145 吨）和哈佛（Harvard，1159 吨）先后于 1908 年、1909 年自苏门答腊和香港来温，载运煤油等进口。[⑥]

内港航线 最早航行温州的内港轮船是华籍永太轮。该轮自 1900 年 9 月从福州开来后，一直往来于温州和台州的十里码道之间，开始时搭客较少。[⑦]1908 年，温州至海门航线开通，进出口“内港轮船”的吨数也从 1907 年的 530 吨猛增至 43665 吨；1916 年更是达到 112574 吨，为本期的纪录。“内港轮船”的兴起，促进了温州和内地港口之间的交通贸易往来，有利于温州港口腹地的扩展。

目睹时代的巨变，瑞安文人洪炳文写竹枝词歌咏之：

---

① 德达那（G.D’Arnoux）:《光绪十一年（1885 年）温州口华洋贸易情形论略》，白莱寿（J. R. Braziey）:《光绪十二年（1886 年）温州口华洋贸易情形论略》，中华人民共和国杭州海关译编:《近代浙江通商口岸经济社会概况》，浙江人民出版社 2002 年版，第 516、519 页。

② 白来喜（J. R. Braziey）:《光绪十二年（1886 年）瓯海关贸易报告》，赵肖为译编:《近代温州社会经济发展概况》，上海三联书店 2014 年版，第 172—173 页。

③ 周厚才主编:《温州港史》，人民交通出版社 1990 年版，第 54 页。

④ 白来喜（J. R. Braziey）:《光绪二十二年（1896 年）温州口华洋贸易情形论略》，中华人民共和国杭州海关译编:《近代浙江通商口岸经济社会概况》，浙江人民出版社 2002 年版，第 551 页。

⑤ 穆海德（J. H. M. Moorhead）:《光绪三十三年（1907 年）温州口华洋贸易情形论略》，中华人民共和国杭州海关译编:《近代浙江通商口岸经济社会概况》，浙江人民出版社 2002 年版，第 584 页。

⑥ 周厚才主编:《温州港史》，人民交通出版社 1990 年版，第 54 页。

⑦ 李明良（A. Lay）:《光绪二十六年（1900 年）温州口华洋贸易情形论略》，中华人民共和国杭州海关译编:《近代浙江通商口岸经济社会概况》，浙江人民出版社 2002 年版，第 564 页。

和议初成海禁开，美欧互市擅雄财。自从瓯埠通商后，屡见洋轮鼓浪来。（作者自注：光绪三年，永宁轮来瓯。）

沪上航通甬与瓯，椒江更复驶轮舟。双门早已开商埠，更见东门筑码头。①

洪炳文看到了温州与上海、宁波、台州的轮船通航、相互之间的密切联系。诗中的“双门”，即温州城北边城门，也叫“望江门”。唐代时这里开双门，一陆门，一水门。“东门”，即“镇海门”。双门开商埠，东门逐码头，洪炳文感受到了轮船时代带来温州商贸日趋活跃的气氛。

二、轮船客运

光绪五年（1879）是轮船招商局定点准时开行温沪（中途停靠宁波）航线的第一年。瓯海关代理税务司马吉在给赫德的报告中写道：

1879 开通汽船运输自然极大地刺激了本口与宁波和上海之间的客流，主要是宁波；不言而喻，旅客中华人远多于洋人。记录显示，到港 843 人，离港 1637 人。离港人数多是因为许多学生在第三季度赴杭州参加乡试的特殊情况。华人票价去宁波 3 元，去上海 4 元。乘夹板船的费用更高，因为旅途所耗时间多，伙食开支就大。对于普通旅客，经陆路去宁波的费用不会低于汽船，而且需要沉闷漫长的八九天翻山越岭、车马劳顿，除了死顽固，可能没人再愿意了。汽船约 26 小时达到同一目的地（宁波），就算遇到风浪，也不会有比晕船更难受的痛苦。②

报告指出了新式轮船与帆船相比在客运上的巨大优越性。而事实也正是如此，在该年到港的 843 人中，只有 23 人是乘夹板船来的，同年经温州港离开温州的总人数为 1637 人，其中只有 26 人是乘夹板船离开的。③ 光绪六年（1880），

① （清）洪炳文：《新竹枝词》，载叶大兵辑注：《温州竹枝词》，文化艺术出版社 2008 年版，第 229、230 页。“椒江”古称“海门”，是台州府城所在地。

② 马吉（J. Mackey）：《光绪五年（1879 年）瓯海关贸易报告》，赵肖为译编：《近代温州社会经济发展概况》，上海三联书店 2014 年版，第 63 页。

③ 马吉（J. Mackey）：《光绪五年（1879 年）瓯海关贸易报告》，赵肖为译编：《近代温州社会经济发展概况》，上海三联书店 2014 年版，第 64 页。

到港人数激增到1445人，离港人数1721人。[①]

近代轮船航线的开通对士人的影响很大。每逢乡试年份，去省城杭州应考的温州生员汇集成一波又一波的客流高峰。至光绪十一年（1885），垄断温沪线的永宁轮已把票价提高到去上海5元，去宁波4元，但仍是客流量大增，到港和离港的华人旅客达3586人，海关报告认为考生乘坐是重要原因。[②]光绪十四年（1888）是浙江乡试年份，全年到温州港的轮船达41趟，轮船招商局的海昌号早已与上海港定期往来，但由于乡试导致客运量猛增，以至于不得不增开1趟汽船——福佑号接送赴杭考生。[③]

客运的利润很可观，以至于兵轮也染指其中。在温州配置兵轮，原是为巩固海防，光绪五年二月初八（1879年2月28日），浙江巡抚梅启照递上奏折："浙省洋面本属辽阔，定海、玉环、南田等处孤悬海中，巡缉尤关紧要，经前抚臣杨昌俊槭商闽省船局，代造伏波、元凯兵船两只，驾浙应用，先后奏明在案。温州新设通商口岸，亦须轮船驻泊。本年正月，接准船政大臣吴赞诚来咨：'新造超武铁胁轮船……'"[④]梅启照的奏折清楚地说明了海洋防御的背景，再指出温州成为通商口岸，必须有兵轮驻泊。奏折中提到3艘轮船中的2艘——元凯和超武，后来都加入了乡试年份的考生运送。光绪十七年（1891），元凯和超武不仅运送考生，也运送普通的乘客。[⑤]兵轮运送考生船资极低，光绪二十三年（1897）考生从温州至宁波只要1元。[⑥]这年原定每位考生还须加收贴煤费1元，一共2元。但后来兵轮的军官又把1元贴煤费退还给应试生员，实际支出仍为1元，以至于徐定超之子徐翰青还约人将退还的银洋付申报馆登报，感谢这个军官。[⑦]当

① 马吉（J. Mackey）:《光绪六年（1880年）瓯海关贸易报告》，赵肖为译编:《近代温州社会经济发展概况》，上海三联书店2014年版，第96页。

② 德达那（G. D' Arnoux）:《光绪十一年（1885年）瓯海关贸易报告》，赵肖为译编:《近代温州社会经济发展概况》，上海三联书店2014年版，第171页。

③ 聂务满（J. Neumann）:《光绪十四年（1888年）瓯海关贸易报告》，赵肖为译编:《近代温州社会经济发展概况》，上海三联书店2014年版，第186页。

④ （清）梅启照:《光绪五年二月初八日浙江巡抚梅启照奏折附片》，中国史学会主编：中国近代史资料丛刊《洋务运动》(二)，上海人民出版社1961年版，第385页。

⑤ 李明良（A. Lay）:《光绪十七年（1891）温州口华洋贸易情形论略》，中华人民共和国杭州海关译编:《近代浙江通商口岸经济社会概况》，浙江人民出版社2002年版，第537页。

⑥ 张棡:《张棡日记》，温州市图书馆编:《温州市图书馆藏日记稿钞本丛刊》，中华书局2017年版，第6916页。

⑦ 张棡:《张棡日记》，温州市图书馆编:《温州市图书馆藏日记稿钞本丛刊》，中华书局2017年版，第6918页。

时商轮自温州至宁波需3元。兵轮以低价抢夺商轮生意的状况，一直到光绪二十八年（1902）仍是如此，这年的瓯海关报告记载说，考生乘坐兵轮费用比商轮便宜。[①]但招商局是国有企业，背后也有强大的靠山，招商局跟军方应该会有幕后的较量，所以这年乡试前也一度传出消息称，浙江巡抚没有批准兵轮送考，温处道童兆蓉决定自雇商轮给七百余人送考。因这时温州至宁波的船费已增至5元，童氏的计划是每位士人自出3元，他补贴2元，以至于张棡极口赞扬童氏“嘉惠士林”的义举与“好士”之心。当然最后的结果还是兵轮送考。[②]协商不能解决，轮船招商局只好打价格战，光绪二十九年（1903），招商局为了把兵轮挤出客运市场，对考生予以七折优惠，原来考生往上海收洋6元，现在只需4.2元，于是考生全改搭招商局船，该年从温州港出口的华客数量达到2727人。[③]

近代轮船运营沪温航线给温州士人带来了极其深刻的影响，《张棡日记》的叙述使我们对此有了更加具体的想象。《张棡日记》记载了作者5次去杭州参加乡试的经历。时间为光绪十四年（1888）、十五年（1889）、十七年（1891）、二十三年（1897）、二十八年（1902）。基本情况如表6–16所示。

表6–16　张棡乡试旅途往返所需时间[④]

年份	去程	耗时	返程	耗时
1888	海昌轮至宁波乘浙东运河，经余姚、萧山至杭州	8天	乘民船溯流钱塘江、兰江、婺江至永康，走陆路到缙云县城乘排到丽水厦河，转乘民船顺流至温州	14天
1889	搭富美轮至上海，转乘内河小轮船无锡快至杭州	7天	乘民船溯流钱塘江、兰江、婺江到永康，雇轿桃花岭至丽水厦河，船民船顺流至温州	14天

① 李明良（A. Lay）:《光绪二十八年（1902年）温州口华洋贸易情形论略》，中华人民共和国杭州海关译编:《近代浙江通商口岸经济社会概况》，浙江人民出版社2002年版，第571页。

② 张棡:《张棡日记》，温州市图书馆编:《温州市图书馆藏日记稿钞本丛刊》，中华书局2017年版，第7736、7742页。

③ 李明良（A. Lay）:《光绪二十八年（1902年）温州口华洋贸易情形论略》，中华人民共和国杭州海关译编:《近代浙江通商口岸经济社会概况》，浙江人民出版社2002年版，第574页。

④ 张棡赴试往返杭州旅途信息采自温州市图书馆编《温州市图书馆藏日记稿钞本丛刊》（中华书局2017年版）。1888年，往杭州信息见第6411—6417页，返温州信息见第6442—6449页。1889年往杭州信息见第6561—6568页，返温州信息见第6581—6589页。1891年往杭州信息见第6623—6625页，返温州信息见第6626页。1997年往杭州信息见第6918—6926页，返温州信息见6942—6947页。1902年往杭州信息见第7745—7753页，返温州信息见第7762页。

续表

年份	去程	耗时	返程	耗时
1891	乘超武轮到宁波江夏码头，转乘宜昌轮到上海，转乘无锡快至杭州	9天	从杭州乘坐小火轮拖带无锡快至上海白渡桥码头，乘海昌轮回温州	6天
1897	乘超武轮至宁波，转乘江天轮至上海，乘小火轮至杭州	4天	乘普济轮经宁波到温州	5天
1902	乘超武轮到宁波，转乘北京轮到上海，乘小火轮拖带无锡快到杭州	4天	乘坐轮船回温州	不详

表中所列的旅途耗时为路上行走的时间，中途逗留的时间不计，比如后4次去杭州都途经上海，张棡在上海购物、娱乐多日，不计入旅途时间。温州开埠导致近代轮船客运接榫温州后，温州士人乡试赴杭都要乘轮船，很少例外。这种例外的情况发生过2次。第一次发生在光绪十四年（1888），这年七月海昌轮船途次遇风，逾期不至，使得许多考生感到焦虑，虽温州府八九百名考生最终仍有六七百人乘坐轮船，但有些“考遗诸生”却担心误了考期，改由陆路去杭州。① 第二次发生在光绪二十年（1894），前述刘绍宽参加乡试，往返杭州都走陆路，可能当时中日战事紧张，走海路有一定风险。

考生们赴考时为了节省时间和精力一般都选择乘坐轮船，乡试过后返回温州却有不少人走陆路，如张棡五次乡试的前2次，就是走陆路回温州的。这是因为陆路的旅途费用比轮船要便宜得多。② 阅读《张棡日记》和《刘绍宽日记》可知，往返于上海与温州最快也需要14天，利用轮船以后，行程单程缩短至9天以下，最短时间仅需4天。除了光绪十四年（1888），张棡其余4次去杭州均乘轮船至上海，再从上海到杭州。这条线路为温州士子比较固定的选择，这就加强了上海这个商业中心、文化出版中心对温州的影响。

除了与外埠之间的轮船通航，至清末内河近代航运也开始起步，清光绪三十

① 《东瓯秋爽》，《申报》1888年8月19日，第2、3版。根据清代制度，每届乡试之前，生员必须参加由各省学政组织的考试，即“科试”；科试合格者即可顺利参加乡试。在科试之后、乡试之前，有些因丁忧、患病等原因未能按时参加科试者，以及科试发挥不佳者，在乡试前还可以获得一个加试的机会，参加这种加试的考生就是“考遗生”。

② 聂务满（J. Neumann）：《光绪十四年（1888年）瓯海关贸易报告》，赵肖为译编：《近代温州社会经济发展概况》，上海三联书店2014年版，第191页。

二年（1906）瑞安人项湘藻与项崧兄弟等在瑞安东门外创办永瑞轮船公司，这是温州最早经营航运的近代民营企业。该公司购置拖轮一艘、驳船两艘，航行于温瑞塘河，开辟了温州至瑞安内河客班航线。据瓯海关报告，这个轮船公司的经营有《内港行轮章程》依据，来往温州、瑞安之间，一天一个来回。这只小汽船在小河里还拖有两艘船，以便搭客和载货。这艘小汽艇之客、货收费很低，一开始还亏了本。①

项氏后人撰写的《瑞安创设汽船公司碑记》记载了公司草创时期的情景：

> 昔时永、瑞商贾皆乘夜航而行，昏而下船，迟明而达，昼无废事，未尝不便。迩因风俗日降，行旅被盗，宵行者皆有戒心。或遇烈风淫雨，则滞于半途，或延至数日始达，事逾荒废矣。光绪间，吾邑项申甫太守自江西归田，鸠集同志，创设永瑞公司，购汽船以行内河。汽船出捷倍于帆桨，虽以昼行，尚不废事。商旅安之，士民便之，既著有明效矣。太守率后董其事者，复扩充之，添设汽船改名通济公司。又以云江橹船为潮汐所限，无自由之利，乃分设江轮焉。此亦可慰太守在天之灵也。窃念太守创始之时，夜之舟畏夺其利，至诉讼以阻之，昼行出舟，畏其鼓浪，兵腾谤以摇之，而太守处之不惑。而后沿岸居民，或索栏桥门，或淤塞水道，纷争迭起，皆出意料之表。夫□季之人心不可返也，旁人之嫉妒不能绝也。②

作为项氏后人，作者为项崧树碑立传虽有彰显先人贤德之意，但也留下了宝贵的历史事实。一方面说明，小汽船航行于温州、瑞安间，突破了风雨、潮汐的限制，给行人带来了安全和方便。另一方面，作者虽然把那些破坏汽艇航行的人，当作进步事业的阻挠者予以斥责，但也让我们看到了汽艇在内河营运对原来的夜航船利益的损害。在客轮航行之前，塘河上多夜航船。同治年间刊刻有吟咏

① 穆海德（J. H. M. Moorhead）：《光绪三十二年（1905年）温州口华洋贸易情形论略》，中华人民共和国杭州海关译编：《近代浙江通商口岸经济社会概况》，浙江人民出版社2002年版，第582页。

② 项廷珍：《瑞安创设汽船公司碑记》（民国七年），吴明哲编：《温州历代碑刻二集》，上海社会科学院出版社2006年版，第812页。项崧（1865—1909），原名芳兰，字申甫。光绪二十年进士，钦点户部主事，历任江西候补知府、瑞安中学监督、浙江教育会会长。

夜航船的竹枝词：

> 河乡流水漾晴澜，夹岸榕阴拥翠峦。夜半航船酣客梦，五更斜月到章安。（作者自注：由永嘉至瑞安多坐航船，船以夜行，侵晓已到，人多便之。）①
>
> 夜泛扁舟到乐清，五更打桨待天明。乡人艳说梅溪事，不为章纶道姓名。（作者自注：至乐清多夜船。王忠文、章恭毅皆乐清人。）②
>
> 航船发时天未明，五更唱彻棹歌声。昼移花柳塘前泊，夜向水平山下行。（作者自注：花柳塘，府城南门外。水平山，入瑞安河道。）③

从以上三首竹枝词可知，夜航船原先是沟通永嘉、瑞安、乐清的重要交通工具。轮船进入塘河抢走了夜航船的生意，威胁到了船工的生计，小汽艇驶过后泛起的波浪也对民船构成安全威胁。类似的剧情在历史中不断地上演，码头吊车的使用对码头卖苦力的工人是一种损害，网上商店的崛起对实体商店是一种损害。一种看上去对社会有益的变革，但总会有人承担变革的代价。

此后，陆续有轮船投入内河营运。宣统二年（1910）二月，永嘉士绅吕渭英购买小火轮在内港营运。④ 三年（1911）二月，“鸿发号”小客轮开始永嘉（今温州）至乐清馆头内港客货运输。⑤

三、轮船货运

早在温州开埠之前，温州就有较为发达的沿海贸易，特别是与闽南和广东的商业往来。这里仅举方鼎锐和郭钟岳写于同治年间（1862—1874）的三首竹枝词予以说明。方鼎锐诗曰：“山中奴婢橘成行，敝榄杨梅已惯尝。近喜轮舟飞递到，

---

① （清）方鼎锐：《温州竹枝词》，雷梦水、潘超等编：《中华竹枝词》，北京古籍出版社 1996 年版，第 2190 页。

② （清）郭钟岳：《瓯江竹枝词》，雷梦水、潘超等编：《中华竹枝词》，北京古籍出版社 1996 年版，第 2194 页。

③ （清）郭钟岳：《瓯江竹枝词》，雷梦水、潘超等编：《中华竹枝词》，北京古籍出版社 1996 年版，第 2197 页。

④ 洪振宁：《宋元明清温州文化编年纪事》，浙江人民出版社 2009 年版，第 511 页。

⑤ 吴炎主编：《温州市交通志》，海洋出版社 1994 年版，第 14 页。

绛囊争啖荔枝香”。[①]“漳泉大贾飞樯集，粤海奇珍巨舰来。况复梯航通四译，日中为市自无猜。”[②]郭钟岳诗曰：“一夜南风海舶来，荔枝携入市中才。莫愁色味香俱变，船自莆阳信宿开。”[③]上述三首竹枝词说明，当时的通航地有福建的莆阳（莆田）、泉州、漳州和广东。从“通四译”三字看，当时可能与东南亚各国的联系可能也较频繁。从“轮舟飞递”和“信宿”看，当时温州人比较满意于南方地区的航运速度，他们能够吃到色香味不变的新鲜荔枝。《洋钱》：“鹅眼青蚨错杂行，利权从此判虚盈。无端番饼分三品，圜法何由适重轻。”诗注曰：“温郡近日私钱充斥，商贾皆患之。洋钱呼为番饼，有印洋、糙洋、光洋之分。”[④]各种洋钱的流入，足证开埠前的温州并不封闭，这是与宁波、兴化、泉州等地活跃的民船运输导致的结果。由于近代航运业的兴起，温州人走得更快更远。除了跟宁波的关系更加密切以外，温州的货物销往上海、武汉和天津等许多长江沿海城市和北方地区。开埠对温州经济的进一步发展有很大的促进。孙诒让曾说：

> 自光绪初年，天子怀柔远人，许泰西诸国于温州开互市，于是榷场林立，海舶辐辏，北通吴、会，南达闽、广，殊言异服，联袂接踵，商务以是大盛。[⑤]

在这里，孙氏叙述了温州对外开放导致商业兴盛的历史过程，描述了异地客商云集的繁荣景象。

欧洲国家力图在温州开埠，首先是看中了瓯江广阔腹地销售近代工业品的巨大潜力。表 6–17 列举了开埠以后棉纺品、毛纺品、鸦片、窗玻璃、火柴和煤油六种商品从海关进口情况。在这里比较关心进口货物对温州的影响，故稍略海关税收情况，表格中只呈现货物的进口量。

---

① （清）方鼎锐：《温州竹枝词》，雷梦水等编：《中华竹枝词》，北京古籍出版社 1996 年版，第 2183 页。

② （清）方鼎锐：《温州竹枝词》，雷梦水等编：《中华竹枝词》，北京古籍出版社 1996 年版，第 2187 页。

③ （清）郭钟岳：《瓯江竹枝词》，雷梦水等编：《中华竹枝词》，北京古籍出版社 1996 年版，第 2204 页。

④ （清）方鼎锐：《温州竹枝词》，雷梦水等编：《中华竹枝词》，北京古籍出版社 1996 年版，第 2188 页。

⑤ （清）孙诒让：《徐晓峰六十双庆文》，（清）孙诒让：《孙诒让遗文辑存》，张宪文辑，浙江人民出版社 1990 年版，第 309 页。

表 6-17　晚清温州港几种商品进口

年份	棉纺品（件）	毛纺品（件）	鸦片（担）[1]	窗玻璃（平方尺）	火柴（箩）	煤油（加仑）	页码
1877	95321	4615	37.80	13890	4305	4550	471—473
1878	71202	5000	13.80	7400	5382	17690	471—473
1879	69022	4664	60.60	25000	8660	24000	482—484
1880	76095	5914	54	28200	16850	45900	487
1881	80826	6243	189.80	26300	14150	40000	495、498—500
1882	70177[2]	4840	180.50	—	4700	68300	507—508
1883	79519	2253	100.60	增长	5300	19930	510、514
1884	91674	2160	81.60	下降	13350	69900	513—515
1885	86666	5335	21.40	—	13200	67420	516—519
1886	104071	7000	25	—	增长	161150	519—520
1887	下降	—	64	增长	—	183000	522
1888	6300	—	233.8	—	—	195000	525
1889	65995	—	202.50	—	40600	221600	529—530
1890	—	—	100	—	—	204170	533
1891	84307	—	98	—	—	399200	536、540
1892	91289	—	125.80	—	—	394400	539—540
1893	—	—	139.64	—	—	201200	543—544
1894	18830	—	85	—	—	—	546、550
1895	—	—	63.5	—	—	—	550
1896	—	—	103	—	—	—	553
1897	—	—	108	—	—	—	557
1898	77792	—	126	—	—	151000	558—559
1899	92604	725	148	—	—	681000	562、564
1900	86576	—	86	—	—	765600	564—565
1901	—	—	30	—	—	—	568
1902	—	—	183	—	—	—	571

续表

年份	棉纺品（件）	毛纺品（件）	鸦片（担）	窗玻璃（平方尺）	火柴（箩）	煤油（加仑）	页码
1903	—	—	185	—	—	—	574
1904	—	—	117	—	—	—	577
1905	116000	—	128	—	—	900000	579
1906	—	—	153	—	—	—	582
1907	—	—	108	—	—	611870	584、586
1908	—	—	82	—	—	1222480	585—586
1909	—	—	82	—	—	—	589
1911	—	—	62	—	—	—	—

表格数据采自中华人民共和国杭州海关译编的《近代浙江通商口岸经济社会概况》，浙江人民出版社 2002 年版。表格中标注的页码即此书的页码。

［1］鸦片，以及下表中的茶叶、柑橘、竹笋和药材等货物的重量单位“担”，一般为 120 市斤。

［2］在《光绪九年（1883 年）温州口华洋贸易情形论略》中，这个数据为“10177”（见中华人民共和国杭州海关译编：《近代浙江通商口岸经济社会概况》，浙江人民出版社 2002 年版，第 511 页），而赵肖为译编的数据为 70177（见《近代温州社会经济发展概况》，上海三联书店 2014 年版，第 156 页），比对相关的棉织品与关平银数据，应以 70177 为是。

欧洲具有标志性的近代产品是棉纺品和毛纺品。从表格数据可以看到，其中棉纺品自 1877 年以后并没有出现上升势头，只有在 1886 年和 1905 年略有增长。毛纺品进口量也不见明显增长。特别值得注意的是窗玻璃、火柴和煤油三种商品。在可见的连续数据中，窗玻璃进口成倍增长；火柴成 10 倍增长，1877 年进口 4305 箩，到 1889 年进口量达 40600 箩；1877 年进口煤油 4550 加仑，到 1908 年进口 1222480 加仑，是 1877 年进口量的 269 倍。这三种商品真正走向千家万户，在一定程度上改变了人们的生活方式，并使老百姓真切地感受到了近代工业文明。据瓯海关报告，光绪七年（1881）城里大多数比较重要的商店已基本上使用煤油。① 次年城里几乎家家户户都用上洋油了，而且正逐渐普及到整个地区以

① 贺壁理（Alfred E. Hippisley）：《光绪七年（1881 年）瓯海关贸易报告》，赵肖为译编：《近代温州社会经济发展概况》，上海三联书店 2014 年版，第 130 页。

及近邻地区。[①] 火柴的使用也让人清晰地看到了时代嬗递的过程。光绪（1875—1908）初年，火柴尚未盛行，很多人家还要用打火石取火。[②] 在光绪六年（1880）温州港进口 16850 箩的同时，还进口了 14.24 担打火石。[③]

必须指出的是，除了经海关进口到温州外，煤油、火柴也大量通过民船走私到温州。这一点也为瓯海关人员所知悉。光绪十八年（1892）海关报告称：

> 这项火柴是由民船运来温州的，抵达后由民船船员一小点一小点运进温州的，为的是要逃避当地的苛捐杂税，那也就说明了温州市场内之日本火柴从正道以外运进的数量乃是个未知数。[④]

我们知道温州开埠前就有着发达的民船运输。瓯海关报告中有 1877 年、1878 年、1879 年民船往来于温州与外港的数据记录，涉及的外港达三十多个，这里只列举数据最大的 6 个港口，制成表 6–18。

表 6–18　光绪初民船往来温州次数

年份	港口及温州民船往来次数						页码
1877	宁波 428	台州 360	坎门 297	兴化 261	松门 161	山磐 89	15—17
1878	宁波 660	兴化 639	坎门 465	台州 413	舟山 195	福州 109	47
1879	兴化 903	坎门 484	宁波 389	舟山 334	泉州 327	台州 321	71

数据采自赵肖为译编《近代温州社会经济发展概况》，上海三联书店 2014 年版，表格中的页码为此书页码。

表格中的数据是民船离开温州港和外港来到温州港数据的相加。表格显示，与温州联系最密切的港口是宁波和兴化（即今莆田）。除了宁波、舟山外，还有玉环厅的坎门和与温州紧邻的温岭松门、台州。温州跟福建的联系也很紧密，除

---

① 德达那（G. D' Arnoux）：《光绪八年（1882 年）瓯海关贸易报告》，赵肖为译编：《近代温州社会经济发展概况》，上海三联书店 2014 年版，第 150 页。

② 光绪初年，传统的取火工具叫“火镰”。一个皮质的包内装有三样东西：铁刃、火石和火绒。要用火时，取火绒些许，放在火石上，用铁刃撞击，能发出火星，火绒顷刻燃烧得火。火石，通常即燧石。火绒用艾蒿的嫩叶制成，在春夏之末将叶片采摘晾干或阴干后用手揉成絮状待用。

③ 马吉（J. Mackey）：《光绪六年（1880 年）瓯海关贸易报告·附件一》，赵肖为译编：《近代温州社会经济发展概况》，上海三联书店 2014 年版，第 106 页。

④ 那威勇（A. Novion）：《光绪十八年（1892 年）温州口华洋贸易情形论略》，中华人民共和国杭州海关译编：《近代浙江通商口岸经济社会概况》，浙江人民出版社 2002 年版，第 540 页。

了兴化，还有泉州、福州、厦门的山磐，其中宁波和福州都是中国最早对外开放的港口。民船向中国政府直接管理的常关报关，因此瓯海关报告的资料来源应该是常关。[①] 但是，相信这些数据还远不足以反映民船运输的真实情况。温州海岸线漫长，优良港湾很多，如果有利可图，沿海的渔船也可以投入运输，民船不会老老实实把船只驶到常关接受征税。因此有多少船运多少货到温州，的确如海关报告所说，都是"未知数"。

另外还需注意，这些货物的销售范围有多大？浙南的地形地貌、河流分布容易造成错觉，温州的腹地包括瓯江上游的处州府。资料表明，处州府的很大一部分地区是宁波的腹地，而非温州的腹地。瓯海关十年报告这样描述温州港的腹地：

> 从温州进货（主要是棉织品、金属类、煤油、海带和糖）的主要地方有：北边的台州、黄岩和乐清，西边的龙泉、松阳和处州，南边的平阳。邻省福建的一些城市与本口保持并提升了商业关系，尤其是靠近边界的桐山从本口接收了原色洋布、洋标布和煤油，其它地方（福清、福鼎、福宁和兴化）接收了金属类和煤油。[②]

事实上，即便是引文提到的松阳也不完全是温州的腹地，晚清、民国松阳有兰溪商人开设的会馆，松阳跟兰溪的关系很紧密。之所以会出现如此违反常理的情况，有地形、运费、信用体系和宁波商人销售方式等因素。

第一，是地形问题，1887 年海关报告说：

> 地形严重制约着温州的集散能力，高耸的桃花岭和雁荡山在北边构成天然屏障，以致本省各府的重要地方都从位置更为有利的宁波进货。金华府兰溪地理位置优越，坐落在两河交汇处，被誉为"浙江重庆"。此地通过水路从宁波接收其所有货物，再进行分配。浙海关的

---

① 什么是"常关"？清代前期分内地关卡为工关、户关。工关，掌征收竹、木、船钞。因隶属工部管辖，故名"工关"。户关，即明代钞关，因隶属户部管辖，故名"户关"。钞关初设时，只对受雇装载商货的过往船只征税，税额按船的梁头大小，船只宽窄计算，一般税船不税货，只是在临清、北新二地兼收货税，故又称船钞或船料。晚清五口通商以后，为与新海关有别，原工关、户关均改称常关。

② 那威勇（A. Novion）：《瓯海关十年报告［光绪八年（1882 年）至光绪十七年（1891 年）］》，赵肖为译编：《近代温州社会经济发展概况》，上海三联书店 2014 年版，第 204 页。

> 内地贸易册表明，即便那些更靠近温州、人们因此合情合理地预期它们从最近口岸进货的地方，仍然由宁波供应大部分货源。因此非常自然地得出结论：这些商品的运输，如果不走最快捷的路线，就走最便宜的路线。光绪十二年（1886），每一匹棉织品从温州运到处州，就有50匹从宁波经兰溪运抵该地。其它货物（毛织品、煤油、海带和糖等）、其它一些地方的情况也是如此。[①]

处州府靠近温州的地方也从宁波进货，根据海关估计，从宁波进口销售到处州的棉织品是从温州销售到处州的50倍。这其中原因有温州西部的高山阻隔，特别是位于处州府缙云县境内的桃花岭，即便是徒手翻越也很吃力，货运通过桃花岭成本很大。另外就是金华府的兰溪地理位置十分优越，宁波进口的货物经过兰溪再销往处州府。

第二，兰溪比温州具有更加优越的商业条件，兰溪有信用体系，而温州尚无。[②]

第三，轮船招商局轮船的高运费抬高了温州进口货物的价格。自1879年轮船招商局垄断了轮船的温沪航线。除了招商局的轮船，另外不过是上海洋行的几艘帆船而已。垄断产生了高运费。瓯海关报告举了一个实例：

> 运一件匹头从上海到宁波是7角银币，又把这件匹头从宁波通过内地水道和陆路运输到处州（只是离温州100英里，并与温州是在同一条江上）说是需500文，约5角银币，要是通过轮船把这件货从上海运到温州那运费是1.50银元。

这就是说，一匹布从宁波运到处州不过是1.2元，而从上海运到温州就已经达1.5元，如果再从温州运到处州还要花不少钱。因此，1888年凭入内地验单从宁波运处州之棉制品计有104681件，而从温州运处州的棉制品只有1236件。[③]

---

① 白来喜（J. R. Braziey）：《光绪十三年（1887年）瓯海关贸易报告》，赵肖为译编：《近代温州社会经济发展概况》，上海三联书店2014年版，第184页。

② 那威勇（A. Novion）：《瓯海关十年报告［光绪八年（1882年）至光绪十七年（1891年）］》，赵肖为译编：《近代温州社会经济发展概况》，上海三联书店2014年版，第204页。

③ 孟国美（P. H. S. Mont-gomery）：《光绪十五年（1889年）温州口华洋贸易情形论略》，中华人民共和国杭州海关译编：《近代浙江通商口岸经济社会概况》，浙江人民出版社2002年版，第528页。

从宁波销往处州的棉织品是从温州销往处州的量的 85 倍，而非海关人员原先估计的 50 倍。

第四，宁波商人巨大的财力，拥有竞争优势。宁波商行常常销售货物准许赊欠 1 个月，而温州商家本钱小无力给予批发商和零售商以相同的优惠，因此无力与宁波商人竞争。[①]

第五，温州的税收制度不利于扩展自己的腹地。瓯海关的统计资料表明根据当时的税收制度，温州棉织品运入内地，费用比宁波高 54%。报告认为温州如果要从宁波夺回该当从温州进货的市场，要将厘金下调。另外还要降低税收承包人收取承包费。在宁波每匹布缴纳承包费不到 20 文，在温州需要缴纳 30 文。[②]

最后从温州到处州货物要逆瓯江而行，运费也不低，这也是一个限制温州港腹地的一个原因。

在进口表中，鸦片是唯一一个数据完整连续，且贯穿自开埠到 1911 年的商品。但是这 35 年数据没有显示规律，也没有可见的倾向性。这是因为鸦片是一种很特殊的商品，影响鸦片进口的因素太过复杂，显而易见地就与本地种植的产量、政府征收的税率、烟馆青楼的数量和政府禁烟（清末）等因素相关。鸦片输入在经过 1881 年（189.80 担）、1882 年（180.50 担）两年的连续高峰后，1883 年鸦片进口量开始滑落，可能与当年本地的鸦片产量高有关。光绪九年（1883）的海关报告写道：

> 同治八年（1869），烟馆数量还屈指可数，如今已遍地开花，城里近郊不下 1500 家，比马吉先生光绪五年（1879）所言的 800—1000 家增加了 500—700 家。以每家烟馆每天平均消费 3 两鸦片计算（这个量可不算多），当前吸食熟鸦片的实际总量达到 1000 担以上，这还不包括私宅所耗。烟馆的鸦片几乎都是土货，很多烟馆甚至不供应洋药，因为它在穷人中没有市场。土鸦片比洋药便宜 75%，所以穷人更喜欢。没有可靠的数据可以准确地估计本府当前的鸦片年产量，但是我认为

① 贺壁理（Alfred E. Hippisley）：《光绪七年（1881 年）瓯海关报告》，赵肖为译编：《近代温州社会经济发展概况》，上海三联书店 2014 年版，第 117 页。

② 贺壁理（Alfred E. Hippisley）：《光绪七年（1881 年）瓯海关报告》，赵肖为译编：《近代温州社会经济发展概况》，上海三联书店 2014 年版，第 121、122 页。

> 应在 3500 担上下；不在本地市场消费的土鸦片由民船出口，大部分运往台湾北部地区。[①]

由于鸦片产量获得丰收，尽管温州本地的鸦片消费量很大，不仅进口量减少，温州的鸦片还出口到台湾北部地区。光绪十三年（1887），温州本地普遍种植罂粟，土鸦片产量丰裕，价格低廉，因此进口的鸦片白皮土在温州没有市场。[②] 而 1908 年、1909 年、1911 年三年鸦片进口的低迷显然与清政府厉行禁烟有关。

在温州的进出口贸易中，出口和进口十分不平衡，本地出口货值很低，在总贸易中所占比例很小，因此突显了进口的分量。这就造成了温州本地大量金银外流，形成巨大的贸易逆差。在温州开埠以来的 4 年又 3 个季度里，贸易逆差在 181673 关平两（1878）与 348079 关平两（1881）之间波动，每年的差额自然只得用金银来偿付。[③] 白银外流导致温州银价上涨，百姓须用银两缴纳田赋，等于财富大幅缩水。在这种特殊的情形下，温州本地普及罂粟种植，既满足了本地的需求，也减少了贸易逆差。海关报告对此给予了极大关注，在报告的“金银”（叙述货币的流向）这个部分中常常要讨论鸦片的种植和贸易。光绪七年（1881）、八年、九年都提到随着温州扩大种植罂粟，贸易逆差逐渐减少。[④]

开埠以后，温州及其腹地的出口情况如何？表 6–19 的数据采自瓯海关的报告，选择了最重要的 7 种货物，即茶叶、柑橘、木炭、木板、原木、竹笋和药材，海关报告中关于明矾的出口也有比较连续的资料，但明矾只产于平阳南部之一隅，牵涉面不广，故不录。

---

① 德达那（G. D’Arnoux）：《光绪九年（1883 年）瓯海关报告》，赵肖为译编：《近代温州社会经济发展概况》，上海三联书店 2014 年版，第 155 页。

② 白来喜（J. R. Braziey）：《光绪十三年（1887 年）瓯海关报告》，赵肖为译编：《近代温州社会经济发展概况》，上海三联书店 2014 年版，第 180 页。

③ 贺壁理（Alfred E. Hippisley）：《光绪七年（1881 年）瓯海关报告》，赵肖为译编：《近代温州社会经济发展概况》，上海三联书店 2014 年版，第 114 页。

④ 贺壁理（Alfred E. Hippisley）：《光绪七年（1881 年）瓯海关报告》、那威勇（A. Novion）：《光绪八年（1882 年）瓯海关报告》、德达那（G. D’Arnoux）：《光绪九年（1883 年）瓯海关报告》，赵肖为译编：《近代温州社会经济发展概况》，上海三联书店 2014 年版，第 115、152、158 页。

表 6-19　晚清温州港几种商品出口情况

年份	茶叶（担）	柑橘（担）	木炭（担）	木板（平方尺）	原木（平方尺）	竹笋（株）	药材（担）	页码
1877	278.64	2451.97	1514.80	14929	—	27.80	334.32	483、474—476
1878	681.31	4400.25	2614.10	1038	1184	95.60	385	474—476
1879	978.98	5669.38	12439.52	7273	—	751.91	2612.20	482—483
1880	2339.25	7260.96	7247.70	2178	—	3221.38	2516.56	487—490
1881	1318.80	9877	12848	0	25888	1521.38	2870	502、509
1882	2243.93	11715.25	12721	32226	39388	1696.32	—	509、512
1883	754.96	7558.90	3153	11445	15990	850.88	1716.10	512、515
1884	1514.27	1713.52	2153	减少	1327	2174.81	3037.40	514—515
1885	2919.88	8336.74	—	—	6408	—	4721.19	170
1886	2618.91	10895.70	—	—	—	—	—	520
1887	3173	增多	—	—	24196	—	—	523、532
1888	2275.19	—	1118	—	—	—	—	526、532
1889	1683	—	1831	—	—	—	—	532
1890	5344	超 10000	4989	—	11282	—	—	532
1891	6790	13333	8591	—	—	—	—	535、539
1892	7870	11107	6289	—	—	—	—	538
1893	11663	15566	6894	—	—	—	—	542—543
1894	14729	14822	—	—	—	—	—	545
1895	20585	14980	—	—	—	—	—	549
1896	9468	20735	—	—	—	—	—	552、556
1897	13310	21350	—	553293	—	—	—	555—556
1898	13047	18497	—	—	—	—	—	558
1901	10560	18732	—	3229672	725170	—	—	567—568
1902	10659	19654	—	2655541	—	—	—	573
1903	39644	17398	—	3237910	—	—	—	573、579

续表

年份	茶叶（担）	柑橘（担）	木炭（担）	木板（平方尺）	原木（平方尺）	竹笋（株）	药材（担）	页码
1904	25591	22172	—	4083625	—	—	—	576、579
1905	16498	33385	—	3119000	—	—	—	579
1906	18098	43133	—	—	—	—	—	581
1907	15027	—	—	4457242	—	—	—	583、586
1908	28062	—	—	5572827	—	—	—	586
1909	24536	—	—	—	—	—	—	588

表格数据采自中华人民共和国杭州海关译编的《近代浙江通商口岸经济社会概况》，浙江人民出版社 2002 年版。表格中标注的页码即此书的页码。

从表格中看到茶叶一项有连续的数据。从 1877 年开始到 1908 年，虽茶叶出口有停滞，有回落，但发展的总趋势还是明显的。1877 年茶叶出口量只有 278.64 担，至 1908 年茶叶出口量达 28062 担，扩展了 100 多倍。在诸种出口商品中，茶叶无疑是最重要的，它出口量大，惠及的农民也多。其出口额长期居于绝对优势的地位。根据各种出口产品的货值，以关平银为单位计算，光绪十八年（1892），茶叶出口量占出口总额的 60%，① 次年海关报告说茶叶是比较大宗的出口产品，认定温州已经成为茶叶对外出口口岸。② 光绪二十六年（1900）、二十七年、二十八年，茶叶占总出口额分别为 46%、43%、56%。③ 清末新政以后茶叶贸易仍取得进一步发展，1903 年占出口总额的 72%，1904 年占 63%，1905 年占 55%。④ 茶叶主要销往汉口、上海。

---

① 那威勇（A. Novion）:《光绪十八年（1892 年）温州口华洋贸易情形论略》，中华人民共和国杭州海关译编:《近代浙江通商口岸经济社会概况》，浙江人民出版社 2002 年版，第 538 页。

② 那威勇（A. Novion）:《光绪二十年（1894 年）温州口华洋贸易情形论略》，中华人民共和国杭州海关译编:《近代浙江通商口岸经济社会概况》，浙江人民出版社 2002 年版，第 545 页。

③ 李明良（A. Lay）:《光绪二十六年（1900 年）温州口华洋贸易情形论略》、《光绪二十七年（1901 年）温州口华洋贸易情形论略》、《光绪二十八年（1902 年）温州口华洋贸易情形论略》，中华人民共和国杭州海关译编:《近代浙江通商口岸经济社会概况》，浙江人民出版社 2002 年版，第 563、566、569 页。

④ 穆厚达（J. H. M. Moorhead）:《光绪三十一年（1905 年）温州口华洋贸易情形论略》，中华人民共和国杭州海关译编:《近代浙江通商口岸经济社会概况》，浙江人民出版社 2002 年版，第 579 页。

温州的柑，也称“瓯柑”，曾经是一种著名的贡品，近代轮船航线的开辟，使得瓯柑走到了很远的地方。可能是货值较高，被瓯海关列为第二出口品种。[①]由于销路打开，瓯柑的出口量增长很快。1877年瓯柑的出口量只有2451.97担，到1906年达43133担。据1878年瓯海关报告，瓯柑总量的一半运往天津，然后转运到蒙古。在这里，一个柑橘的零售价约100文，而本地市场售价每斤只要17—18文。蒙古人认为这种水果具有很高的药用价值，相信它能够祛除燃烧某些煤炭所排放的毒气，防治荒漠上某一季节流行的疟疾。所以瓯柑在蒙古极为畅销。[②]8年后的瓯海关又有相似的报告：“出口10895.70担，光绪十一年（1885）8336.74担。大部分运往天津和蒙古，那里将柑橘视作药材。”[③]可见蒙古是一个比较稳定的瓯柑销售地区。由于销路好，获利丰，温州瓯柑种植面积有很大的扩展。

温州鳌江、飞云江流域的中上游地区，瓯江中上游流域的处州府是森林资源十分丰富的地区，这些地区把原木编成木排，顺江流而下，木炭、竹笋和各类山货可以放在木排上搭运，运输效率很高。只有在木材贸易中，瓯江流域才是浑然一体的。木炭、木板、原木的出口量没有一个明显的趋势。在表格中，木炭1903年出口量达39644担，木板1908年出口量达5572827平方英尺，原木1901年达725170株。木板和原木主要运往北方。光绪八年（1882）是木材贸易非常红火的一年，针叶林原木和木板大批运往华北。[④]光绪二十五年（1899）原木出口增长不少（瓯海关报告中没有提供具体数据），这是为了满足河北开平煤矿建设的需要。这些原木由中国矿业工程公司之汽轮直接运到天津去。[⑤]光绪二十八年（1902）原木多销往镇江。[⑥]相信无论是出口，还是进口，海关报告中的数据

① 李明良（A. Lay）：《光绪二十六年（1900年）温州口华洋贸易情形论略》，《近代浙江通商口岸经济社会概况》，浙江人民出版社2002年版，第564页。

② 马吉（J. Mackey）：《光绪四年（1878年）瓯海关贸易报告》，赵肖为译编：《近代温州社会经济发展概况》，上海三联书店2014年版，第42页。

③ 白来喜（J. R. Braziey）：《光绪十二年（1886年）瓯海关贸易报告》，赵肖为译编：《近代温州社会经济发展概况》，上海三联书店2014年版，第176页。

④ 那威勇（A. Novion）：《光绪八年（1882年）温州口华洋贸易情形论略》，中华人民共和国杭州海关译编：《近代浙江通商口岸经济社会概况》，浙江人民出版社2002年版，第509页。

⑤ 那威勇（A. Novion）：《光绪二十五年（1899年）温州口华洋贸易情形论略》，中华人民共和国杭州海关译编：《近代浙江通商口岸经济社会概况》，浙江人民出版社2002年版，第561页。

⑥ 李明良（A. Lay）：《光绪二十八年（1902年）温州口华洋贸易情形论略》，中华人民共和国杭州海关译编：《近代浙江通商口岸经济社会概况》，浙江人民出版社2002年版，第570页。

只占实际输入输出量的较小部分。除了附郭的永嘉，乐清、瑞安、平阳都有很多港口可以出海。平阳县令汤肇熙（1882—1888 在任）曾处理过一个案件，一艘满载原木的宁波商船在平阳赤溪近海遇风触礁，原木遭附近居民哄抢。汤肇熙说该船装有原木数千株。[①] 汤肇熙在另一篇文告中说赤溪港附近渔民架设渔网，每逢有宁波商船进港就往往以损坏他们的渔网为由勒索。[②] 赤溪是平阳南部（今属苍南）的一个小港，其航运条件远不如平阳的古鳌头，从汤肇熙的文告中似乎可以看到，经常有宁波商船出入其中，贩运原木。

宣统三年（1911）年底，温州出现了一个蒸汽锯木厂。这是一家洋行应本地华人的请求建立锯木厂，意欲同福州兴起的类似产业开展竞争。[③] 这的确可说是谱写了新的篇章，一则它使用了近代机器动力，二则为将来温州出口具有附加值的木材开了先河。

第三节　欧风美雨的吹打

温州与上海、宁波的轮船通航，基督教传教士在温州传教事业的发展，导致近代欧美文明对温州社会的渗透。举凡近代新学教育、西医、邮政、气象观测、卫生检疫、消防“洋龙”设备、西式建筑等在同治以后相继出现在温州。本节着力呈现近代温州社会出现的大量非传统因素。

一、新型传媒

邮政　温州的邮驿始于西汉，东瓯建有亭（即邮亭），传递军政文书。[④] 在此后漫长的历史中，有一些小步的发展。唐开元年间（713—741），温台驿道上

---

① （清）汤肇熙：《渔民攘取商船木株限缴示》，《出山草谱》卷 5，东瓯郭博古斋，光绪十年（1884）刻本。

② （清）汤肇熙：《赤溪谕各渔民》，《出山草谱》卷 5，东瓯郭博古斋，光绪十年（1884）刻本。

③ 包来翎（C. Talbot. Bowring）：《瓯海关十年报告［光绪二十八年（1902 年）至宣统三年（1911 年）］》，赵肖为译编：《近代温州社会经济发展概况》，上海三联书店 2014 年版，第 259 页。

④ 《永嘉郡记》载：“水出永宁山、行二十余里，去郡城五里入江，昔有东瓯王都城有亭，积石为道，今犹在也。”（宋）郑缉之撰：《永嘉郡记》，民国元年孙氏玉海楼石印本。

设上浦馆（位于今永嘉乌牛）。南宋绍兴三十一年（1161），温州沿海置烽火斥堠36处。清乾隆二十一年（1756），温州有铺舍108处。城区有3家民信局，办理民间通信业务。[①] 由各地民信局构成的民信组织自明清发展起来，到民国后才消亡。但温州在光绪三年（1877）有了突破性的发展，这年温州海关成立，兼办邮政。

近代蒸汽轮船的开通促进了邮政的发展。清光绪三年（1877）温州海关成立。海关文件和英驻温领事馆、各国洋行及外籍传教士的来往信件都通过海关传递，这虽然不是规范意义上的近代邮政，但开启了邮递的近代化进程。温州的3家民信局，也借助于汽船运送邮件。[②] 光绪八年（1882），《海关邮局章程》规定："温州及其以北各海关办事处一律对外设置信箱，接受公众交寄信件并出售邮票"。这意味着瓯海关扩大邮递业务，开始办理民间信件的邮递业务，标志着温州近代邮政的兴起。[③] 光绪二十二年（1896）9月，大清温州邮政总局成立。12月，瓯海关税务司、法国人那威勇（A. Novion）兼首任邮政司。十月，邮传部在温州邮政局成立。光绪二十九年（1903）4月，温州相继开设乐清、瑞安、平阳、古鳌头（今鳌江）等邮政代办所。宣统二年（1910），温州副邮界局所增至34处。宣统三年（1911）5月28日，海关把邮政业务移交邮传部。[④]

近代邮政与传统民信系统构成竞争关系。瓯海关两个十年报告，即《瓯海关十年报告［光绪八年（1882年）至光绪十七年（1891年）］》和《瓯海关十年报告［光绪十八年（1892年）至光绪二十七年（1901年）］》，都记载了民信局寄送信件和包裹的费用，尽管相隔10年，民信局信件往来于上海和宁波的资费没有变化，每封信的邮费分别为100文和70文。据后一个十年报告，至迟在光绪二十七年（1901），寄往天津要花200文，寄往北京要花400文。[⑤] 光绪二十八

---

① 吴炎主编：《温州市交通志》，海洋出版社1994年版，第2页。

② 马吉（J. Mackey）：《光绪五年（1879年）瓯海关贸易报告》，赵肖为译编：《近代温州社会经济发展概况》，上海三联书店2014年版，第63页。

③ 吴炎主编：《温州市交通志》，海洋出版社1994年版，第6页。

④ 温州市邮电局编：《温州市邮电志》，人民邮电出版社1996年版，第7—8页。

⑤ 那威勇（A. Novion）的《瓯海关十年报告［光绪八年（1882年）至光绪十七年（1891年）］》、李明良（A. Lay）的《瓯海关十年报告［光绪十八年（1892年）至光绪二十七年（1901年）］》，赵肖为译编：《近代温州社会经济发展概况》，上海三联书店2014年版，第218、240页。

年（1902）四月起，大清邮政在信件收费问题上进行了重大改革，采取英国“不分远近，按单一资费收取”办法，大幅度降低平信资费。国内平信由银 4 分降为 1 分，本埠降为半分，近代邮政局的邮件成倍增长。[①] 这样近代邮政寄往上海、宁波、天津和北京等所有外埠城市邮费均为 1 分，即大约制钱 10 文。由于资费的便宜，改革的当年温处两府递送邮件就达到 286846 件，到宣统三年（1911）增至 788360 件。同时，汇兑款项从光绪三十年（1904）11498 元升至宣统三年（1911）54604 元。在清末的最后十年里，邮政取得长足进步，邮政代办所相继在温州和处州开办。光绪二十八年（1902）才开设 2 家邮局，宣统三年（1911）达到 35 家。光绪二十八年（1902）开设的这两家分别在温州和处州，其中只有温州局是汇兑局。在此期间，温州城区和瑞安设立分局（两家都是汇兑局），平阳县、青田（两家都是汇兑局）和乐清设立内地局。此外，还有 27 家内地代办所，分别在虹桥、大荆、缙云、林溪、古鳌头、仪山、金乡、松阳、遂昌、龙泉、玉环厅、坎门、碧湖、云和、庆元、古市、莘塍、双穗场、永嘉场、楚门、柳市、八都、小梅、景宁、泰顺、大岱和宣平。[②] 无论从代办所覆盖的地域，还是投递邮件的业务量、汇兑款项的大小，都可以说是发展迅速。特别是信件一项数量达几十万之多，真的是惠及了千家万户。

近代温州邮政的飞速发展，使得人际交往更加密切，信息钱物传递更加便利。当时的一首竹枝词写出了近代邮政给人带来的快捷沟通：“邮路于今世界通，天涯莫漫怨飘蓬。料应一纸相思字，寄到郎前泪尚红。”[③] 在诗人看来，近代邮政具有变天涯为咫尺的魔力。宋恕、黄庆澄在上海，通过书信把上海的新思想、新思潮传到平阳。刘绍宽回忆说：当时局势日变，新学萌生，宋平子（衡）在上海大倡广兴西学之说，黄源初（庆澄）与之游，时常写信给金晦，金出以相示。于是知经世之务，不在乎戋戋之科举。从此思想发生变化，无意致力应举，人生观

① 温州市邮电局编：《温州邮电志》，人民邮电出版社 1996 年版，第 8 页。

② 包来翎（C. Talbot Bowring）：《瓯海关十年报告［光绪二十八年（1902 年）至宣统三年（1911 年）］》，赵肖为译编：《近代温州社会经济发展概况》，上海三联书店 2014 年版，第 254—255 页。

③ 芙蓉吟馆主人：《新竹枝词》，叶大兵辑注：《温州竹枝词》，文化艺术出版社 2008 年版，第 240 页。

"自志学以来，至此始一转乎"。[①]

电报　电报在当时属于"高科技"。同治八年（1869）4月30日，英国驻华大使威妥玛（Thomas Francis Wade）要求由香港设电报水线经汕头、厦门、福州、温州、宁波到上海。5月7日，清政府批准在沿海内洋水底安放，"唯线端不得上岸"。[②] 这是"电报"一词与温州最早的联系。但是瓯海关带来税务司李明良（A. Lay）在光绪二十七年（1901）底撰写十年报告时，温州与其他口岸还是没有电报通信，距温州最近的电报线在大约210英里以外的兰溪。[③] 光绪二十八年（1902）11月，温州在墨池坊设立电报子局。[④]12月23日与外界正式开通电报通信。虽然电报带来了许多便利，但当时由于电杆质劣，经常导致通信中断，每周至少1次。[⑤] 电报慢慢地进入了士民的生活，张棡在宣统元年（1909）二月廿五日记载了一则发生在瑞安城的笑话。举人王佑宸有亲戚在杭患喉病，接到电报，电码本云："某君患喉疾，务速寄银"云云，下文有一"秘"字，王君不知电文横看，误将"喉秘"二字连读，谓已不救，至于泣下。[⑥] 这个笑话是电报最初进入温州人生活世界时的生动写照。"电学原将造无穷，倏然来去夺天工。漫言东渐风声早，赖有音书顷刻通。"[⑦] 这首竹枝词系作于民国初年，反映了时人对电报的新鲜和惊奇。

报刊　报刊系定期的、连续性的出版品，如果办得好，就能够产生较大的社会效应。晚清维新运动以后，温州具有一定影响的报刊如表6-20所示。

---

① 政协浙江省苍南县委员会文史资料委员会编：《苍南文史资料》第16辑《刘绍宽专辑》，2001年，第379—381页。

② 温州市邮电局编：《温州邮电志》，人民邮电出版社1996年版，第2页。

③ 李明良（A. Lay）：《瓯海关十年报告［光绪十八年（1892年）至光绪二十七年（1901年）］》，赵肖为译编：《近代温州社会经济发展概况》，上海三联书店2014年版，第233页。

④ 吴炎主编：《温州市交通志》，海洋出版社1994年版，第10页。当时全国电报局共分总局、分局、子局、子店、报房五等。

⑤ 包来翎（C. Talbot Bowring）：《瓯海关十年报告［光绪二十八年（1902年）至宣统三年（1911年）］》，赵肖为译编：《近代温州社会经济发展概况》，上海三联书店2014年版，第254页。

⑥ 张棡：《张棡日记》，俞雄选编，上海社会科学院出版社2003年版，第143页。王佑宸，字君辅，或作经郛，原籍乐清，后迁瑞安，光绪二十八年（1902）举人。

⑦ 章安潜庵：《新竹枝词》，叶大兵辑注：《温州竹枝词》，文化艺术出版社2008年版，第249页。

表 6–20　清末温州创办报刊一览[①]

报刊名称	创刊日期	创办或主持人	刊期	地址	备注
利济学堂报	1897.1	陈虬	半月刊	温州	—
算学报	1897.6	黄庆澄	月刊	温州	—
史学报	1899	黄庆澄	月刊	温州	仅出 2 期
瓯学报	1901.3—1902	黄庆澄	月刊	温州	由《史学报》改
讲学丛报	1910.10	曹志旦	月刊	乐清	—

表 6–20 中的所谓“报”，不是报纸，其实质是“刊”。它们欠缺报纸所应具备的时效性和新闻性，它们更像我们今天说的杂志。其中陈虬办的《利济学堂报》和黄庆澄办的《算学报》在当时具有很大的影响。温州第一份真正的报纸创办于辛亥年（1911）12 月 12 日，名叫《东瓯日报》，发行量 600 份，每月订费 40 分，刊载卮言、上海电讯、各地报道、本地新闻、诗歌和小说。[②] 这份报刊创办时，清朝已经覆亡。报纸的出现对民国初年的温州影响极大。当时的人从报纸中感受到了言论的自由和开民智的功效。温州有二首竹枝词云：“自由言论渐文明，一纸乡评遍鹿城。漫羡汝南公月旦，近从瓯海听湖声。”[③]“报章自可开民智，清议难逃笔削权。瓯海风声收笔底，是非黑白谅无偏。”[④] 这些，反映了新式报章杂志的广泛刊行，给当地社会带来重要影响，来自上海的报纸开阔了温州人的眼界。

晚清温州本地虽然没有出现真正意义上的报纸，但温州士人很早就阅读上海等地发行的报纸。我们在《张棡日记》和《厚庄日记》中看到，至迟在光绪十四年（1888）读报就融入了张棡、刘绍宽的日常生活。张棡读得最勤的是《申报》，另外见诸他的日记的还有《沪报》《新闻报》《字林沪报》《沪上画报》和《时务报》等报纸。光绪二十三年（1897）七月十六日，赴杭州乡试途经上海的张棡，

---

① 摘自《清末浙江创办报刊一览表》，汪林茂主编：《浙江辛亥革命史料集》（第一卷），浙江古籍出版社 2014 年版，第 305 页。

② 包来翎（C. Talbot Bowring）：《瓯海关十年报告［光绪二十八年（1902 年）至宣统三年（1911 年）］》，赵肖为译编：《近代温州社会经济发展概况》，上海三联书店 2014 年版，第 264—265 页。

③ 仲宽：《新竹枝词》，叶大兵辑注：《温州竹枝词》，文化艺术出版社 2008 年版，第 248 页。

④ 章安潜庵：《新竹枝词》，叶大兵辑注：《温州竹枝词》，文化艺术出版社 2008 年版，第 249 页。

花 40 文钱买了《沪报》《新闻报》《苏海汇报》《苏报》《游戏报》《申报》6 种报纸。可见读报已经成了张棡的习惯。[①]

因为报纸容易激成社会舆论，造成巨大的社会影响，温州地方势力自然不会放过利用的机会。由瑞安中学村废之争导致矛盾公开化的陈黻宸和项崧，宣统元年把斗争的主战场转移到了《全浙公报》《白话报》《浙江公报》和《浙江日报》等报纸。[②] 张棡则通过《浙江日报》中旁观了双方的角力。[③]

二、新式教育

在晚清，新式教育的推行和普及是温州近代化过程中十分重要的一环，也是晚清新政的核心内容之一。光绪二十七年（1901）新政的颁行与三十一年科举制度的废除，把兴办新学推向高潮。但是蔚为巨潮的兴学运动却滥觞于传教士创办的小学。基督教会办学的目的是布道，但客观上成了新式教育的助产士。

同治六年（1867），英国内地会（China Inland Mission）跛足牧师曹雅直（George Stott）从宁波来温传教。[④] 他在花园巷设点布道，建立温州基督教内地会，基督教新教自此传入温州。同治七年（1868）曹雅直创办了男童寄膳寄宿学校。[⑤] 但不知道其教学科目和内容，只知道其教育已经偏离了传统教育为了科举的目的。

传统中国一个根深蒂固的观念是“女子无才便是德”，女子应该学习的就是女红和操持家务，所以女子普遍入学那是二十世纪六七十年代以后的事。但在温州基督教会办女学很早，当然目的还是传教。1874 年曹雅直夫妇在温州创办了第一所女子寄宿学校。[⑥] 曹雅直的妻子曹明道（Grace Ciggie Ctott）叙述了他们办

---

① 张棡：《张棡日记》，温州市图书馆编：《温州市图书馆藏日记稿钞本丛刊》，中华书局 2017 年版，第 6925 页。

② （清）陈黻宸：《致项申甫公开信》《致孟聪侄书第四》，（清）陈黻宸：《陈黻宸集》，陈德溥编，中华书局 1995 年版，第 1026—1028、1107 页。

③ 张棡：《张棡日记》，温州市图书馆编：《温州市图书馆藏日记稿钞本丛刊》，中华书局 2017 年版，第 8424 页。

④ 内地会是英国人戴德生（J. H. Taylor）创办于 1865 年的一个基督教差会。1866 年，戴德生率领第一批传教士来到中国，选定的第一个传教站是杭州，并以之为基地迅速扩展到浙江许多城市。

⑤ 高建国：《基督教最初传入温州片断》，《温州文史资料》第 7 辑，浙江人民出版社 1991 年版，第 344 页。

⑥ 陈丰盛：《温州基督教编年史》，方舟机构有限公司 2017 年版，第 27 页。

学的原因：

1872 年，我们的厨师，就是那个在我们结婚第二天受洗的弟兄，娶了个不信主的女子为妻。虽然我们感到很痛心，但又能做什么呢？如果坚持基督徒“只在主里嫁娶”，实际上就等于禁止婚姻，因为在团契里根本就没有基督徒姐妹。这个不信的妻子给他带来的影响很快就显明了，首先是他对主的热心减退，接着是灵性冷漠。两年后，我们不得不让他离开教会工作。这让我们看到，如果要建立一个健康、有生机的教会，就必须为教会弟兄预备主内的妻子。经过多次祷告和反复考虑，我们决定开办一所女子寄宿学校。①

曹明道回忆告诉我们，教内人士娶教外女子为妻，不利于巩固他们对耶稣的信心。创办女校是为了基督徒的婚配，有利于基督教的传播和发展。1878 年，曹雅植夫妇又创办了温州第一所女书院（育德女子学校前身）。② 关于创建书院目的，苏虹有如下的记载：

曹氏夫妇费了九牛二虎之力，愿意信教的女子仍寥寥无几。几年后曹氏夫妇一筹莫展。随后，他们决定仿效宁波的做法，增设一所女书院，藉以吸引女信徒（宁波英籍传教士爱尔德赛，早在 1844 年创办了我国第一所女书院。从此女信徒日益增多）。曹氏夫妇经一番筹划之后，温州第一所女书院于 1878 年在曹氏寓所诞生了，后取名为“育德女学”。③

1911 年《中西教会报》发表一篇文章，赞扬了曹雅直夫妇在温州女子教育中的开创性贡献，特别指出在当时严苛的传统道德氛围中，兴办女学遭到围攻的险恶处境：

---

① 曹明道：《二十六年：曹雅直夫妇温州宣教回忆录》，温州恩际团契译，宇宙光全人关怀 2015 年版，第 65、67 页。

② 莫法有：《温州基督教史》，建道神学院基督教与中国文化研究中心，1998 年，第 55 页。

③ 苏虹：《温州第一所女学——育德女学》，温州市鹿城区政协文史委编：《鹿城文史资料》（第 11 辑），1997 年，第 160—161 页。

> 吾瓯教会女学之设，肇始英国曹公雅直牧师，乃温属五邑伊古未有之创举也。今几四十年矣，维时风气未开，视女子入校肄业为迂陋，拘守闺门为妇德，缠缚尖足为雅观，骤觇女子放足读书，见所未见，骇异殊甚，群起诋毁，聒耳不绝。[①]

在后继者的努力下，这个女学也形成了完备的课程体系，开设的课程有圣经、国文、修身、历史、地理、算术、手工、唱歌、图画、罗马字、体操等。[②]

温州基督教另一个差会偕我会（English United Methodist Free Church Mission）也试图在女子教育方面有所建树，[③] 英籍传教士苏慧廉的妻子苏路熙早在 1885 年初来温州就开始着手女学的工作。[④] 但真正成为有规模的女校，应该就是苏慧廉 1904 年再次回温后所办的艺文女学。学校规定不裹足的女孩可以入学。开设的课程有温州方言、数学、音乐（唱歌）、女红（刺绣、编草鞋）等。[⑤] 这里面真正具有现代意义的学科只有一门数学。

如果说在新式女子教育方面，基督教偕我会远逊于基督教内地会。那么在男子新式教育方面则反之，偕我会取得了十分烇煌的成就。偕我会牧师李华庆（Rev. R. Inkermann Exley）光绪四年（1878）二月来温州，成为温州第一任偕我会牧师。次年创办了一个学塾，当时学塾还没有沿用西方的教学模式。学生读的还是《幼学》《蒙求》《千字文》《神童》《百家姓》和《三字经》等中国传统蒙学读物。学生还得背诵儒家经典：《四书》《五经》，并要读朱熹对这些经典的注解。李华庆于光绪七年（1881）六月八日病逝。九年（1883）一月苏慧廉（W.E.Soothill）来到温州继任偕我会牧师。光绪二十三年（1897），苏慧廉下决心开办新学制教育。根据苏氏自述，除了宗教的原因外，似乎也有传播西学的意图。他说：

---

① 蒋德新：《温州教会女学盛观》，载《中西教会报》第 19 卷第 226 册，1911 年 6 月。转引自陈丰盛：《温州基督教编年史》，方舟机构有限公司 2017 年版，第 353 页。

② 蒋德新：《温州教会女学盛观》，载《中西教会报》第 19 卷第 226 册，1911 年 6 月。转引自陈丰盛：《温州基督教编年史》，方舟机构有限公司 2017 年版，第 354 页。

③ 1877 年，英国偕我会李华庆（Robert Inkerman Exley）教士到温州建立教会。1882 年，苏慧廉（William Edward Soothill）教士接任。

④ 沈迦：《寻找·苏慧廉》，新星出版社 2013 年版，第 204 页。

⑤ 苏路熙：《乐往中国》，吴慧译，转引自陈丰盛：《温州基督教编年史》，方舟机构有限公司 2017 年版，第 282 页。

> 影响我们初衷的主要因素是一位新来的男子学校校长，他从上海学到一点算术、代数、几何知识；我的好友约翰·傅兰雅（John Fryer）博士和其他人一起，在翻译教育用书方面做了出色的开创性工作，这些就是未读过大学的中国学生唯一的知识来源。然而，教育界的迅速变化，这在十年前是很难理解的。那时我们尚没有现在手头用的课本，每个传教组织的教授几乎必须自己翻译教科书。①

艺文学堂教授算术、代数和几何等均为最正宗的“西学”。使用的教材是傅兰雅主持翻译、上海江南制造局出版的教科书。瓯海关报告对艺文学堂有一个较为全面的介绍：

> 英国偕我会办的艺文学堂，现如今是城里一座壮观的建筑，招收80名学生，其中35名是住在校外的走读生。学堂有1位洋籍校长和10位华籍教员，每人各专一门科目。满清政府规定，在洋人管理的学堂里就读的学子不得参加科举考试，因而限制了艺文学堂的就学人数。所授课程包括：中国典籍、伦理、文言和历史，算学（包括三角学）、博物、化学和格致，英国语言、文学、语法和会话，以及操练。②

关于课程设置，蔡钢铁的回忆与海关报告大同小异：开设课程有国文、算术、物理、化学、历史、地理、英文、体操、图画、神学和修身等课。初级英语作为选修课。三、四年级的地理、算术等课用英文授课。③ 如果剔除蔡钢铁文中提到“神学”一门，这完全是一个现代中学的科目设置。光绪二十九年（1903）九月初一，苏慧廉在海坛山麓建新校舍，改称艺文学堂（中学）。开学典礼那天，道、镇、府、县官员，经学大师孙诒让，以及英国著名传教士李提摩太等均到校庆贺。孙诒让发表演说，称赞苏慧廉“以西国之文明，教训吾温少年子弟”，“用

---

① ［英］苏慧廉：《晚清温州纪事》，张永苏、李新德译，宁波出版社2011年版，第142页。

② 包来翎（C. Talbot Bowring）：《瓯海关十年报告［光绪二十八年（1902年）至宣统三年（1911年）］》，赵肖为译编：《近代温州社会经济发展概况》，上海三联书店2014年版，第260页。

③ 蔡钢铁：《艺文学校始末》，温州市鹿城区政协文史会编：《鹿城文史资料》第9辑，第141—143页。

西洋文明开发我温州地方民智”。①

三、现代医学

温州具有深厚的中医传统，近代更是名医辈出。在温州开埠前的同治年间，英国医生詹纳（E. Jenner）于1796年发明的预防天花的牛痘苗就传入了温州。②同治时刊刻的方鼎锐《温州竹枝词》有一首云：“海疆天气殊寒燠，赤子天花保护难。近设全婴牛痘局，及人之幼万人欢。”作者自注：此间有善种牛痘之徐生，手法灵敏。予率府县倡捐经费设局施种，贫者不取一钱，岁活婴孩七八百口。③根据作者叙述，如此高效的牛痘，应为“洋痘”。同治十一年（1872）玉环同知黄维诰创设洋痘局于节孝祠内，每年三、四、五及八、九、十月开局，引种洋痘。④这里明确说明创设“洋痘局”，引种“洋痘”。洋痘，大概是温州人对西医最早的认知。光绪初年，在温州流行西医灵验的神奇传说。1877年（光绪三年）8月2日《申报》报道：“温州之吞烟自尽者甚多，每于人死后请西医救治，西医告以无可挽回，而死者之亲属转共诧以为奇事云。”⑤意为当时温州人认为西医可以让已死之人复活，医生告知他无法让死人复生，死者家属感到不可思议。不知道当时的西医从何而来，有文献资料证明的最早来温州的西医，是基督教内地会的美籍传教士稻维德（Dr. Arthur William Douthwaite，1848—1899）。1880年（光绪六年）5月27日，稻维德携夫人来到温州，从事医疗传教。一直在温州艰难开拓传教事业的曹雅直非常期待稻维德的到来，曹雅直在1月份的一封书信里说：“我们盼望稻惟德夫妇能尽快来这里一趟。他们和我们是一个差会，来中国已经六七年了，一直在中国从事医疗事工作。我相信，他们的事工一定很成功，

---

① （清）孙诒让：《温州艺文学校开学典礼演说辞》，（清）孙诒让：《孙诒让遗文辑存》，张宪文辑，浙江人民出版社1990年版，第435、437页。

② 有一种说法，中国在宋朝就发明了种痘术，且在明朝得到了推广。可是清朝还有皇帝死于天花，玄烨能够当皇帝的一个重要原因是，他已经出过天花，说明当时对天花基本还是束手无策。

③ （清）方鼎锐：《温州竹枝词》，雷梦水等编：《中华竹枝词》，北京古籍出版社1996年版，第2189页。

④ （清）杜冠英、胥寿荣修，吕鸿焘纂：《玉环厅志》卷2之2《建置志》，光绪六年（1880）修刊本。黄维诰（1806—1878），字黼堂，江西临江新淦县人。

⑤ 《温州消息》，《申报》1877年8月2日，第2版。

愿神祝福他们。”①

稻维德到温州的两天内，就治愈了女子学校一名感染天花的学生，还有两名因剧烈胃疼导致昏迷的学生。② 10月，曹雅直在温州租屋开设一家小型医院，由稻维德担任医生，聘请本地陈日铭先生为助理，实行免费医疗。③“当时温州民间吸毒之风甚烈，一些不自爱者，一旦上瘾，无力自拔。医院除收治病人外，也收戒烟市民。看病、拿药一概免费，但有一条规定：凡前来治病、戒烟者，在开诊前必须静听传教人员讲道。市民们均乐于接受。”④ 当年的瓯海关报告对稻维德最初的医疗活动有较为详尽的叙述：

> 今年（1880）本地最重大的事情是，中国内地会牧师稻惟德（A. W. Douthwaite）先生创办了一所为华人服务的医院，他以前驻扎在本省西南部的处州。医院于6月6日开设门诊，11月1日接纳住院患者，院址毗连牧师曹雅直（George Stott）先生位于五马街的小教堂。医院已经接诊了各种患者，完成73台手术。还开办了戒毒病房，11月1日至12月31日共收纳61名戒毒者，其中58名治愈出院。医院已经取得巨大成功，求医者蜂拥而至，说明百姓只要有机会将多么乐意求助于西医科学。6个月里来诊的门诊患者达到2214人次，最常见的求医者好像犯的是眼疾（各种眼炎）。地方官府对开办医院非常赞许，并给予支持。⑤

偕我会的医疗传教工作开展比内地会迟了14年，但也做出了很好的成绩。

① 曹明道：《二十六年：曹雅直夫妇温州宣教回忆录》，温州恩际翻译团契译，宇宙光全人关怀2015年版，第90页。

② J. Husdon Taylor，M.R.C.S., F.R.G.S., *China's Millions*, London：Morgan and Scott，1880，p.132.

③ 莫法有：《温州基督教史》，建道神学院基督教与中国文化研究中心，1998年，第56页。

④ 苏虹编著：《旧温州轶事录》，香港天马图书有限公司1999年版，第3页。

⑤ 马吉（J. Mackey）：《光绪六年（1880年）瓯海关贸易报告》，赵肖为译编：《近代温州社会经济发展概况》，上海三联书店2014年版，第98—99页。

1894年1月，偕我会英籍传教士霍厚福（Alfred Hogg）来温从事医疗事工，[①]成为第一位偕我会医疗传教士。霍厚福自述了自己在温州医疗生涯的最初情景：

> 诊所于1894年2月6日开张，正是中国农历新年之后。诊所很快就有许多人来光顾。每逢周二、周五——常规的门诊日，日间就诊的病人在八十到一百人左右，这个数字持续了相当长的时间。……在常规的门诊日，大量穷人、中途歇脚者、残疾人、盲人在午前陆续从周边的乡村和县城聚集过来，并坐在小礼拜堂中等着看医生。我们的一两名当地的传道人便向他们宣扬唯一真神荣耀的福音，告诉他们救赎的道路。[②]

霍厚福与内地会的稻维德一样勤勉高效，他在苏慧廉所办的城西小诊所里，仅一年时间，收治病人达2750人，总诊疗人次达5006人。因此，在英国偕我会1895年年报中，发布温州拟建医院的报告："霍厚福医生的医疗工作成为传教工作的重要部分。他现有大量的病人，建设一座匹配的医院迫在眉睫。苏慧廉牧师希望能为此募集到一百至一百五十镑，捐献者的名字，将成为这所医院的名字。"[③]

在霍厚福来温州整整一年以后，偕我会在瓦市殿巷建造了一家正式的西医医院，资金来自英人约翰·定理（John Dingley）捐赠，以此医院名之为"定理医院"，霍厚福任院长。华人医生有李少波、方文楼等人。男病房有12张床位，女病房有10张床位。光绪二十七年（1901）接诊量超过10000人次。对住院患者的收费包含膳食、医疗等的费用。门诊患者每人次固定收费30分；虽说不敷工作成本，但这对大部分前来就医的患者所属的社会阶层而言已是一笔大数目。[④]

---

① 霍厚福早年毕业于阿伯丁大学（University of Aberdeen）。在校期间，他在校园里见到"剑桥七杰"中的施达德（Charles Studd）和司米德（Stanley Simith），他们的行动在霍氏心里种下了传教的心志。而致使他最后决定做医疗传教士并赴中国的是受到美国学生志愿海外传教运动的发起人韦达（Robert P. Wilder）的直接影响。韦达于1893年3月来到阿伯丁大学演讲，霍厚福与其他12位学生自愿加入他的传教使团。医学专业毕业之后，霍厚福被指派去负责位于伦敦的圣潘克勒斯医疗传教团（St. Pancras Medical Mission），接受眼科和咽喉科的特殊训练，随后又在皇家眼科医院（Royal Ophthalmic Hospital）做了近一年的临床助理。最后受偕我会派遣，于1893年底启程，1894年1月到达温州。见沈迦：《寻找·苏慧廉》，新星出版社2013年版，第99—100页。

② 沈迦：《寻找·苏慧廉》，新星出版社2013年版，第100页。

③ 沈迦：《寻找·苏慧廉》，新星出版社2013年版，第116页。

④ 李明良（A. Lay）：《瓯海关十年报告［光绪八年（1882年）至光绪十七年（1891年）］》，赵肖为译编：《近代温州社会经济发展概况》，上海三联书店2014年版，第241页。

如同新式教育的创办，传教士的医疗活动也是密切服务于他们的传教事业。苏慧廉曾说：

> 很难想象，还有什么事能比我们医院的工作更像耶稣的所作所为，因为是耶稣基督把天国福音的传布与医治病人结合在一起。我们医院的信条就是："差遣他们去宣传上帝国的道，医治病人。"我们竭尽所能，病人得到治疗，福音得以传布。[①]

内地会的医疗活动同样也以福音传播为鹄的：光绪三十一年（1905），刘廷芳在《通问报》撰文叙述了内地会在进行医疗活动给福音传播带来的奇效：

> 温府瑞邑之南，有村落曰潘栋。数载前，圣徒宣扬福音于彼者，无不抖尘而返。本会会友胡君开基，国手也，隶籍该处，离乡卜居者，十余载矣。癸卯岁，有故乡之行，邻里故旧之延诊者甚众。时胡君虽未膺教会传道之职，而当施医戒烟之际，兼宣圣道，循循善诱，直以疗人身疾为疗人心疾之旗帜，赖主恩，受诊者多痊。于是该处昔日与圣道为敌者，咸化干戈为玉帛，宣道之门，因以宏辟。厥后圣徒宣道者，接踵而至，信者颇众。瑞邑内地会会牧施君，遂于本岁春令，设立会堂，迄今受洗者，已逾干支之数，慕道者不下百余。圣徒游历该处者，皆啧啧称美胡君焉。[②]

在偕我会定理医院1895年（光绪二十一年）创建后的5年内，来院求医者33009人，住院者达2056人。定理医院空间逼仄，不敷所用，必须扩建，为此苏慧廉1903年（光绪二十九年）返回英国募款，艰苦异常，一度陷于山穷水尽，最终募得七十老翁白累德的2650英镑的捐款（合墨洋二万余元）。1904年购得地基，1905年春动工，腊月竣工。1906年正月初六行开院礼拜。1901年接替霍厚福的包莅茂医生（W. E. Plummer），任白累德医院首任院长。[③] 瓯海关十年报告记录了偕我会的医疗事业的发展概况，在光绪三十四年（1908），白累德医院西

---

① ［英］苏慧廉：《晚清温州纪事》，张永苏、李新德译，宁波出版社2011年版，第121页。

② （清）刘廷芳：《施医乃传道之善策》，《通问报》第183回，乙巳（1905）十二月，第3页。

③ （清）刘廷芳：《苏会牧温州医院落成演说文》，《通问报》第191回，丙午（1906）二月，第1页。

医院的规模还很小，只能接纳30名住院患者，至1911年已经在本城的大街附近建起一座大楼，床位超过100张，其平均使用率为50%—70%。门诊患者的数量从尚处于定理医院时期的光绪二十八年（1902）5051名，增至宣统三年（1911）20792名，住院患者从200名增至1315名。本城南门外开了一家中医诊所，穷人看病免费，抓药照常收钱；据说就诊人数很少。城里和乡下的官绅们成立了一家戒毒收容所，维持经费依靠自愿捐献。白累德医院副院长任所长。①

按照这个报告的看法，当时西医已经完胜了中医。孙诒让的第六子孙延炯生鼻疮，传统中医贴膏药拔脓疗法似亦有效，但孙氏却是带着孩子去找苏慧廉，他在一封家书中写道：

> 炯姆鼻疮，刻到苏教士处一问，渠说外国医生已到，最好在医局楼上住，数日便可包好。亦可带阿嫂同住照料，费用亦不多，可告李姨娘。如日内能差东山送来，我可多留数日也。籀庼。西医局即苏教士所开，洋房，有花园极好。饭食亦由局供给，不必自带也。②

孙氏不仅信西医，同时也享受医院良好的环境，看书信意思，他打算陪孩子住院几天。张棡从一位朋友那里听来的一则关于西医医生清洗鸦片吸食者内脏的故事。他日记中的记叙栩栩如生（详见第七章），且把西医外科医生当作华佗的继承者，其所述故事真切反映了当时温州人对西医的叹服。

四、移风易俗

女子裹脚是中国极为普遍而顽强的习俗。1897年（光绪二十三年）7月，梁启超、汪康年等在上海创立不缠足会。同月，宋恕撰写《书不缠足会后》予以呼应。③其后在国家富强的话语下，反对缠足的舆论越来愈烈。光绪二十七年（1901）从西安回銮的西太后下旨放足，次年11月宋恕撰写针对温州妇女的《遵

---

① 包来翎（C. Tabot Bowring）:《瓯海关十年报告［光绪二十八年（1902年）至宣统三年（1911年）］》，赵肖为译编:《近代温州社会经济发展概况》，上海三联书店2014年版，第262页。

② （清）孙诒让:《家书》，（清）孙诒让:《孙诒让遗文辑存》，张宪文辑，浙江人民出版社1990年版，第179页。

③ （清）宋恕:《书不缠足会后》，（清）宋恕:《宋恕集》，胡珠生编，中华书局1993年版，第269页。

旨婉切劝谕解放妇女脚缠白话》。[①] 光绪二十九年（1903）正月初九，宋恕的妻舅孙诒棫在瑞安汀田乘迎神赛会演戏之机登台宣讲《妇女解缠足》。[②] 然而，早在同治十三年（1874）温州基督教内地会就已经在教会创办的女学中要求放足。但教会尚没有信心将放足要求推广到为教会服务的所有妇女。因为传统习俗的力量实在是太强大了，连传道人陈日铭也视妻子是天足为奇耻大辱。曹明道后来回忆说："年轻的陈先生娶了个不信主的女子为妻。妻子没裹脚，有一双很大的'天足'，陈先生却以为这是奇耻大辱，不能忍受。以前，不裹足的女子极少，遇到这样的事只能在人面前忍受羞辱。"[③]

反裹脚是那么困难，教会曾为当时招到的唯一女学生，[④] 进行过一次反裹脚斗争。曹明道写道：

> 一天，有人过来对我说，那孩子的妈妈整天整夜哭叫不停，扯着头发恸哭，哭她女儿命不好，哭她女儿要长一双男人的大脚，大了也找不到婆家，谁会看上个大脚片子女人呢？于是，她要求我把这个女孩送回家，宁愿出去挨家挨户讨饭，也不让女儿长一双大脚丢人现眼。我对来传话的人说，他们送孩子过来是出于自愿，也明白我们的规定，并且已接受我们规定的条款。现在要想让孩子回去，请他们亲自来接，但必须先付清孩子吃饭穿衣的钱，还有这些年我们花在她身上的所有费用。他们当然付不起这些钱，只得不情愿地做出让步。这样，我们"反裹脚"第一场战役终于打胜了。[⑤]

光绪十九年（1893），在温州内地会女传教士鲍金花（Miss Bardsley Annie）

---

① （清）宋恕：《遵旨婉切劝谕解放妇女脚缠白话》，（清）宋恕：《宋恕集》，胡珠生编，中华书局 1993 年版，第 331 页。

② 张棡：《张棡日记》，温州市图书馆编：《温州市图书馆藏日记稿钞本丛刊》，中华书局 2017 年版，第 7762 页。

③ 曹明道：《二十六年：曹雅直夫妇温州宣教回忆录》，温州恩际团契译，宇宙光全人关怀 2015 年版，第 124 页。

④ 女学生申请入学的条件有：被录取女生不得裹脚；校方有权将其许配给合适的配偶，学生家长在没有征得校方同意的情况下不得将其许配他人。由于这两个条件的存在，当时很难招到学生。见曹明道：《二十六年：曹雅直夫妇温州宣教回忆录》，温州恩际团契译，宇宙光全人关怀 2015 年版，第 67 页。

⑤ 曹明道：《二十六年：曹雅直夫妇温州宣教回忆录》，温州恩际团契译，宇宙光全人关怀 2015 年版，第 67—68 页。

的推动下，反缠足取得了突破性的进展。鲍金花在麦嘉湖（John Macgowan）的鼓励下在温州发起了天足运动。[①] 曹明道由衷地赞扬鲍金花说："而我们在这方面基本上没做什么，真感到有些惭愧。"[②] 麦嘉湖给温州内地会寄了一份他个人所制定的保证书，是供那些愿意天足的妇女签署用的。保证书中有三项保证："第一，姊妹们松开自己的脚；第二，不给女儿裹脚；第三，松开儿媳妇的脚。"温州内地会基于现实的考虑，认为第三条在儿媳身上实行起来会有难度，只采用了前两条。经过鲍金花的努力推动，温州内地会有 70 多位姊妹参加了天足运动，给教会带来空前的健康风气。[③]

后来偕我会也参加了天足运动，每个带女儿来女学的母亲都要承诺，不让孩子裹脚。他们认识到自己的工作意义重大，是在创造历史。苏慧廉的夫人苏路熙（Lucy Farrar Soothill）以极大的热情倾注其中，她回忆道：

> 如果天气好，我会让女孩子在放学后留在绿草地上嬉戏游玩。她们会围绕着我做游戏，玩老鹰捉小鸡。她们会装长脚鹳、橘子和柠檬，狐狸和鹅。她们尽情地跳跃。最后我意识到这就是"天足"的美和价值。……一个知道"天足"价值的母亲不会允许自己的女儿可爱的小脚被绑起来。她在我们的草坪上又跑又跳，享受生活的快乐。这是终生难忘的快乐感觉。她不会允许自己的孩子被剥夺这种快乐。[④]

永嘉杨青曾表达过自己对基督教在温州发展的直观感觉：

> 温州自光绪初年间，始有一花园巷英国教堂，嗣辄有嘉会里教堂，木杓巷法天主堂，竹马坊英教士二住房、艺文小学堂，简讼坊领事寓，白累德医院，七枫巷底艺文大学堂，兴文坊教堂，八字桥教堂，岑山

---

① 麦嘉湖（1835—1922），英国伦敦会传教士，1835 年 7 月 23 日出生于英国，1858 年入英国伦敦会，1860 年 3 月 23 日抵达上海，开始了在中国长达 50 年的传福音工作。其间，他于 1874 年在厦门与 40 多名中国妇女成立"厦门戒缠足会"，成为近代中国历史上第一个天足会。

② 曹明道：《二十六年：曹雅直夫妇温州宣教回忆录》，温州恩际团契译，宇宙光全人关怀 2015 年版，第 267 页。

③ 曹明道：《二十六年：曹雅直夫妇温州宣教回忆录》，温州恩际团契译，宇宙光全人关怀 2015 年版，第 267—268 页。

④ 苏路熙：《乐往中国》，吴慧译，转引自陈丰盛：《温州基督教编年史》，方舟机构有限公司 2017 年版，第 263 页。

> 寺巷法董若望医院，乘凉桥自立会教堂，瓮飞栋起，几几乎有五步一楼，十步一阁矣。而诸洋房尤以天主堂为最壮丽。登城一望，其钟楼之顶岌岌然已矗立支霄也。城外洋房又有孤屿旧领事寓二，巽山下教堂，茶院寺前教堂，新桥教堂，皆英国建。[①]

这里描述的是西洋的建筑，但教堂、学堂、医院正是西洋文明最显著的外在标志。

① （清）杨青：《杨青集》，谢作拳、伍显军编，上海社会科学院出版社 2005 年版，第 386—387 页。

第七章 晚清温州士民的思想世界

1894年，中日甲午战争爆发，中国惨败于岛国日本。自公元七世纪开始，中国文化一直是日本的学习对象。日本通过明治维新迅速崛起，并打败了大清这个庞大的帝国，这在中国朝野产生了很大的震撼。甲午战争失败后，清政府被迫与日本签订了《马关条约》。清割让台湾给日本，赔款白银二亿两，允许日本在华投资设厂。由于清与其他列强有“利益均沾”条款，此后外资大规模进入中国。

自从鸦片战争以后的半个多世纪以来，中国士大夫逐渐认识到西方列强不同于以往与中国历史上打交道的“蛮夷戎狄”，他们不仅在器物方面有比我们精良的船舰火炮，而且也有着不逊于我们的文明。甲午战败后，中国士大夫产生深重的秩序危机和意义危机，在朝野中开展的维新变法运动，在很大程度上就是对这种危机的挣扎和应对。

晚清以来的时局演变使温州士民的思想世界发生了重大变化。

第一节 老树发新芽：永嘉之学的重振

永嘉之学不放弃性理之学，即“必兢省以御物欲”，否则他们就不是儒家，更不是理学家；同时，他们强调学问要能够导出事功，即“必弥纶以通世变”。永嘉之学的特点是两者的平衡，如鸟之两翼，车之双轮，不可偏废。在南宋时期，以郑伯熊、陈傅良、叶适等温州人为代表的思想家和学者群星璀璨，永嘉之学成为与陆九渊心学和朱熹理学鼎足而三的具有全国性影响的学术流派，温州也成为大宋的学术、思想中心之一。[①] 但由于复杂的政治、文化因素的影响，自元以后永嘉之学趋于消隐，著作也日渐散佚。宋恕说：

> 今六百余年矣，无复读遗书而兴起者，滨海带江数百里，诵声廖廖，伏案呻吟之流，浅陋莫状，帖括之外一无所知，应试之文亦鲜及格，奄奄欲绝，科名亦衰。有谈文学者，则朋侪相聚而笑之，先生（按指孙锵鸣）正色而责之，魔障之讥，交加于耳，若岭南之惊雪，于越之怪章甫，遂使聪明者自弃，愚鲁者不前。出门四顾，求一略涉经史，精解词章之人与语，几如缘木求鱼。呜呼，又何其衰也。[②]

南宋的永嘉之学在遭遇“三千年未有之变局”中，又焕发出了勃勃生机，犹如老树发出新芽。

一、永嘉之学的复活

光绪三十四年（1908）陈黻宸在广州讲学时，曾表示认同黄宗羲对永嘉之学的阐释：永嘉之学教人就事上理会，步步着实，言之必使可行，足以开物成务。并说永嘉之学强调事功为天下，非为一己。[③]

永嘉之学的振兴首先是大绅努力的结果。至少孙、黄、洪三家都有复兴永嘉之学的言说和实践。其首功又应该归于孙衣言和孙锵鸣兄弟。宋恕说：“宋室南渡，瓯学始盛。……瓯僻人荒，吾师孙太仆、学士兄弟，始表章乡哲遗书，勉

---

① 章炳麟说：“宋世永嘉诸贤，与新安、金溪、金华并峙。其后三家皆有传人，讫元、明未替，而永嘉黯然不彰。”（清）章炳麟：《孙逊学先生年谱序》，见孙延钊：《孙衣言孙诒让父子年谱》，上海社会科学院出版社 2003 年版。马叙伦说：“瑞安在宋时有魁人曰叶适、陈傅良，以性理文章经制之学，与湘胡氏、闽朱氏相颉颃，学者宗之，谓是永嘉之学。”马叙伦：《陈先生墓表》，（清）陈黻宸：《陈黻宸集》，陈德溥编，中华书局 1995 年版，第 1228 页。马叙伦（1885—1970），字彝初，杭州人，著名学者和社会活动家。

② （清）宋恕：《重建会文书院序》，（清）宋恕：《宋恕集》，胡珠生编，中华书局 1993 年版，第 171 页。

③ （清）陈黻宸：《南武书院讲学录》，（清）陈黻宸：《陈黻宸集》，陈德溥编，中华书局 1995 年版，第 642 页。《南武书院讲学录》系陈氏在广东南武书院讲学的讲稿，凡五讲，第一讲由马叙伦记录，二至五讲由侄陈怀记录。

英绍绪，瓯学复振。”①又说，“及先生（指孙锵鸣——引注）与兄太仆公出，力任破荒，不惮舌敝，以科第仕宦之重动父兄子弟之听，于是温人始知有永嘉之学。”②王岳崧在序洪炳文《花信楼文稿》中说：“吾乡数十年人文之盛，盖自止庵（‘止庵’为孙锵鸣的号——引者）师提倡之。……吾乡人物，南宋最盛，世称永嘉之学，惟陈止斋（‘止斋’为陈傅良的号——引者）先生能集其成。而自元、明以迄国朝，则惟孙止庵师能绵其绪。”③

孙氏兄弟振兴永嘉学术之志萌生于晚清列强逼拶的时势。身任方面之重的孙衣言感到时局与金国进逼下的南宋非常相似，称“今日之局与南宋无异”，④因而，断定永嘉学派的思想见解和政治主张在晚清的变局中具有现实意义。他指望通过传播永嘉之学，促使当政者革新政治，达到国富民强的目的。把时局与南宋相联系，是由于两者都处于内忧外患交迫的境地；从学术角度看，当时学术界占主导地位的汉学和宋学，门户之见甚深，互相攻讦，⑤孙衣言认为永嘉之学的一个特殊价值就是“永嘉经制兼综厥长，足以通其畛域”，消弭汉学宋学之争。⑥可见，孙氏兄弟对永嘉之学的推崇并不仅仅出于他们的乡邦情结，而是认为永嘉之学有益于当世，还有其他一些有识之士也持相同的见解。除上述所言章炳麟对此表示认同外，谭嗣同和唐才常曾对永嘉之学在乱世中的积极意义予以充分肯定。谭嗣同在1896年致唐才常的信中说：

> 来书盛称永嘉，以为可资经世，善哉言乎。往者嗣同请业蔚庐，勉以尽性知天之学，而于永嘉则讥其浅中弱植，用是遂束阁焉。后以

① （清）宋恕：《书陈蛰庐〈治平通议〉后》，（清）宋恕：《宋恕集》，中华书局1993年版，第238—239页。

② （清）宋恕：《外舅夫子瑞安孙止庵先生八十寿诗序》（1896年2月4日），（清）宋恕：《宋恕集》，中华书局1993年版，第325页。

③ （清）洪炳文：《洪炳文集》，沈不沉编，上海社会科学院出版社2004年版，第565—566页。

④ 见于张棡光绪十七年（1891）四月十八日日记。张棡：《张棡日记》，俞雄选编，上海社会科学院出版社2003年版，第17页。章炳麟在《孙逊学先生年谱序》中也沿用了孙衣言的说法：“迩者，逊学先生殁已四十年，仲容先生殁亦二十余年，世变益亟，盖与衰宋无异。”孙延钊：《孙衣言孙诒让父子年谱》，上海社会科学院出版社2003年版。“逊学先生”即孙衣言。“仲容先生”即孙诒让。

⑤ 孙衣言对此很不以为然，超然于纷争之外，被章炳麟称为“晚清特立之儒”。

⑥ （清）章炳麟：《孙逊学先生年谱序》，孙延钊：《孙衣言孙诒让父子年谱》，上海社会科学院出版社2003年版。

> 遭逢世患，深知揖让不可以退萑苻，空言不可以弭祸乱，则于师训窃有疑焉。夫浙东诸儒，伤社稷阽危，蒸民涂炭，乃蹶然而起，不顾瞀儒曲士之訾短，极言空谈道德性命无补于事，而以崇功利为天下倡。揆其意，盖欲外御胡虏，内除秕政耳。使其道行，则偏安之宋，庶有豸乎？今之时势，不变法则必步宋之后尘，故嗣同于来书之盛称永嘉，深为叹服，亦见足下与我同心也。①

正是基于永嘉之学具有政治和学术双重功效的认识，孙衣言在庐凤颍兵备道、江南盐巡道、安徽按察使、湖北布政使和江宁布政使任上，多方搜集永嘉学派著作的各种版本以及其他乡邦文献，并进行校勘整理，比较重要的有薛季宣的《浪语集》、陈傅良的《止斋集》、刘安节的《刘左史文集》、刘安上的《刘给谏文集》、许景衡的《横塘集》、叶适的《水心文集》《水心别集》等，把它们编成《永嘉丛书》，并利用居官之便予以刊行，使永嘉学派的著作得以重新流布于社会，从而为永嘉之学的复兴创造了前提条件。光绪五年（1879）十二月，衣言因病请告回乡，此后杜门不复出，益宣究其平日所笃守之永嘉学术，聚乡里英才而讲授之。如此十余年，先后受业诸子有泰顺林亨甫用霖、周丽辰焕枢、季兰恩锜、永嘉王子祥景羲、乐清陈叔和国锵、平阳张蔚文霨、宋燕生存礼、玉环庞凤翥、青田张式典楷、同里林祁生庆衍、黄叔颂绍第、王小兰翼传、周伯龙珑、仲龙璪、何翰臣庆辅、胡榕村调元、池云山志澂辈，凡数十人。② 衣言讲学的场所当为孙家办的诒善祠塾，他的学生并不限于孙家子弟，而是来自温属各县，并及处州府之青田县。

诒善祠塾对传播永嘉之学起着非常重要的作用。光绪六年（1880），在孙衣言订的十则课约中，第五条是“看乡先生遗书”，并规定阅读次序，“先看《水心别集》及梅溪《止斋诸奏议》；次看《水心文集》《止斋全集》；次看艮斋《浪语集》《梅溪全集》及周恭叔《浮沚集》，各集中所存吾郡掌故皆当详览”。③ 诒善祠塾所背负的使命之一，就是传承永嘉之学。

就永嘉之学的复兴而言，如果说孙衣言的工作是奠基性的，那么孙锵鸣的努

---

① （清）谭嗣同：《谭嗣同全集》，蔡尚思、方行编，中华书局1981年版，第529页。
② 孙延钊：《孙衣言孙诒让父子年谱》，上海社会科学院出版社2003年版，第175—176页。
③ 孙延钊：《孙衣言孙诒让父子年谱》，上海社会科学院出版社2003年版，第177—178页。

力则终于使这朵奇葩大放异彩。孙锵鸣很早就致力于阐发永嘉之学。他在《瑞安重建先师庙碑记》(同治九年十月)中说:"吾乡二郑(指伯熊、伯英兄弟——引者)、陈(傅良)、薛(季宣)诸儒自为永嘉之学,讨论古今经制治法,纲领条目兼综毕贯,务使坐而言者可以起而行……今吾乡人士于孔孟之遗书及程朱之说列于学官(疑应为'宫'——引者)者固已幼而学之矣,独于永嘉之所以为学,殆未人人能言也。"[①] 此语表达了他立志弘扬永嘉经世事功之学的心声。孙氏的女婿宋恕曾说:"先生志行永嘉之学,复三代之治。"[②] 他除通过各种途径抄录了大量散佚的地方文献外,还搜集资料撰写了永嘉学派的主要人物周行己和陈傅良的年谱,对所录陈傅良遗著的考订尤为翔实。

孙锵鸣不仅是永嘉之学的阐释者,也是注重现实功利的永嘉精神的实践者,这首先体现在其极具趋新特征的教育活动中。孙锵鸣因弹劾温州地方官在金钱会事件中的作为,而于同治三年落职,时年仅48岁,从此开始了教育和治学生涯,在苏州、南京、上海等地的著名书院掌教,[③] 宋恕长期协助孙氏掌书院,他说在孙氏所掌的书院中,惜阴、龙门、求志"不课八股试帖";而在那些专课八股试帖的书院中孙氏"必诱诸生以实学"。孙氏掌龙门书院时,全国的风气仍相当守旧,这可见诸以下事实:"通国议论蔽固甚,如李鸿章及侍郎郭公嵩焘,皆以倡言西洋政法之善被大诟,几无所容身";江南制造局附设译馆翻译的西洋书籍,"士大夫耻阅之";地处沪滨的龙门书院,号称"课实学",然而在孙锵鸣来掌前的二十年中,"院生稍曾阅局译西籍者不过数人";这几个对西学稍有涉猎的院生,又"被学术不正之名于同院"。在这种环境下,孙氏却"慨然言于苏松太分巡道,移取局(指江南制造局——引者)译西籍一分存院(指龙门书院——引者),俾诸生纵阅"。这在当时是一个相当大胆的举动,宋恕认为孙氏此举"为他贤掌教所不敢者",他记载的龙门书院生徒对孙氏此举的反应,堪称意味深长:

诸生多惊怪相语曰:"孙老师真理学,何乃如此?"一二明者晓之

---

① (清)孙锵鸣:《孙锵鸣集》,胡珠生编,上海社会科学院出版社2003年版,第110页。

② (清)宋恕:《外舅夫子瑞安孙止庵先生八十寿诗序》,(清)宋恕:《宋恕集》,胡珠生编,中华书局1993年版,第245页。

③ 孙锵鸣掌教书院的活动:同治四年(1865),接受江苏巡抚李鸿章聘请主苏州紫阳书院;光绪四年(1878),接受两江总督沈葆桢聘主金陵钟山书院和惜阴书院;光绪十一年(1885),主讲上海龙门书院;后来还曾掌上海求志书院。

曰：“惟其理学也真，故能为此耳。”

一般生徒不理解，孙老师讲究节操、气节，属于“真理学”（相对于“假理学”或“伪道学”）一类，他为什么会引导人们去读西洋书籍。而“一二明者”却知道，在学术上崇尚追求事功的实学和在个人品格上的“真理学”在孙锵鸣身上得到了统一：孙氏根据自己的认识——中国要摆脱危局需要西洋科技知识，才不惜冒险犯难，创制新的书院制度，这足以证明孙老师是“真理学”。

光绪十五年（1889）后，已入老境（时年77岁）的孙锵鸣不宜远行，谢绝了保定莲池书院和江阴南菁书院的邀请，“遂不出里门”。此后，年纪虽老而思想趋新的孙锵鸣，开始对温州施以直接的影响，“浙之温，温之瑞，受教泽特厚”。[①]他先后在温州中山（肄经）、玉尺、龙湖等书院掌教，门下著录数千人。日后具有全国性影响的温州籍名流黄绍箕、黄绍第、洪锦标、杨晨、陈黻宸、宋恕等均出其门下。孙氏兄弟流泽深远，在温州结下硕果：人才辈出，风气大开。

孙锵鸣除改变了温州士林风气以外，其影响还及于普通百姓。他是温州近代移风易俗的最先推动者。这体现在积极引种牛痘、对妇女缠足的悲悯和提倡妇女识字等方面。关于种牛痘，孙锵鸣自述：同治四年（1865）他“习知牛痘法良，外间盛行，而我温人鲜有信者”，便率先在温州推广，过了三年后，“牛痘法畅行”。[②]宋恕也说：“初，温人未信种痘西法之善，莫敢先试，儿多殇焉。先生独早深信，先试于家以劝州人，由是盛行，活儿甚众。”有关妇女缠足，宋恕说：“温俗：女足无一不缠，先生独深悲之，而苦无力以革。”在孙锵鸣去世的次年（1902），朝廷诏令缙绅之家劝百姓解足，孙锵鸣的儿子孙诒棫和侄子孙诒让继承孙氏遗志，出资印刷了数万张劝解足的宣传材料，“传读广劝，旬月间，一城望族解几半焉”。关于妇女识字，宋恕说：

> 元、明后“女子无才便是德”之说始有权于通国，于是抑女日甚，女学几绝。惟浙西诸州稍存唐、宋遗风，固尚时出小闺秀，而稍识字者亦较多。温州邻闽，闽俗尤抑女，至乃逼死报烈，惨均印度，而贱

---

① 以上宋恕语均引自《外舅孙止庵师学行略述》，（清）宋恕：《宋恕集》，中华书局1993年版，第323—324页。

② （清）孙锵鸣：《谢文波六十寿序》，（清）孙锵鸣：《孙锵鸣集》，胡珠生编，上海社会科学院出版社2003年版，第58页。

> 女学几同失节。温俗虽不至此，而去浙西甚远，稍识字者且如晨星。先生独早有见于女学之重要，时时慨然为乡士大夫引西汉诗说，述三代女学之盛，津津乎有味其言之，以期渐移积习，由是温女识字者渐多焉。①

在复兴永嘉之学这一点上，黄家和洪家是孙家的同道。据洪炳文好友王岳崧的说法，洪炳文继承孙锵鸣的学术，其目的也是为了延续“永嘉学术的遗绪”。②

在永嘉之学的滋养和熏染下，温州出现了一批以天下为己任、入世很深的经世之士。正因为此，外界的政治风云，如维新变法运动、拒俄运动、反美运动、保路拒款运动、辛亥革命、五四运动、非基督教运动、五卅运动等，都会在温州激起巨大的波澜。温州对外界的思想学术思潮，如佛学和颜李之学的盛行等，都有灵敏快速的反应。③

二、永嘉之学的赓续

孙衣言和孙锵鸣的工作，犹如为当代温州士人获得了永嘉之学的火种，那么如何使永嘉之学薪火相传，得以绵延后世？接过发扬光大永嘉之学第二棒的主要人物有孙诒让、宋恕、陈虬、黄绍箕、黄绍第、洪炳文、金晦、陈黻宸和池志澂等人，其中孙诒让、金晦、陈虬和陈黻宸还有很丰富的社会实践经验。他们都曾受知于孙氏兄弟，或出于传统的救世意识，或出于浓厚的乡邦情结，他们也往往以振兴永嘉之学为己任。毫不夸张地说，振兴永嘉之学是凝聚温州士绅思想和精神的黏合剂。下面简要介绍孙诒让、金晦、陈虬、陈黻宸和宋恕等如何赓续永嘉之学。

孙诒让是永嘉之学的全面继承者。他的学术研究以经学为中心，旁及史学、文字学、方志学及考据、校勘、目录等方方面面，把永嘉之学推进到了更高的阶

---

① （清）宋恕：《外舅孙止庵师学行略述》，（清）宋恕：《宋恕集》，胡珠生编，中华书局1993年版，第327—328页。

② （清）洪炳文：《洪炳文集》，沈不沉编，上海社会科学院出版社2004年版，第567页。王岳崧（1849—1923），字叔高，号筱牧。光绪十五年（1889）进士，曾任蒙城知县。

③ 孙诒让、宋恕和陈国桢等佛学功底深湛。与孙诒让交好的德清戴望，于同治八年（1869）纂成《颜氏学记》10卷，诸生金明昌（字稚莲，晚年改名晦，号遯斋）“读而好之”，认为其“躬行实践，直接数千年学校君师之传”，很快成为温州地区颜李之学的宣传者和实践者。光绪十四年（1888）后，任平阳金乡狮山书院掌教，宣言颜李学派，影响深远，刘绍宽、黄庆澄等均出其门下。

段。说他对永嘉之学继承的全面性，指他在学术方面的努力外，还体现在精神上与父辈的一脉相承。孙诒让是一位以不世出的国学大师名于后世的，走的是正宗的朴学道路。学问的精粹达到了登峰造极的境界。宋恕说孙诒让著“《周礼正义》《墨子间诂》等——海内达人推为绝学”。[①] 以下对“海内达人”们的评价稍作排比，以大致了解孙氏的成就。康有为称孙的学问“独步海内”。梁启超赞誉《周礼正义》“光芒万丈”。[②] 余杭章炳麟目无余子，却盛赞《周礼正义》“古今言《周礼》者，莫能先也”，以为孙的经术“奄通今古”，“先生之学，不后于宁人、东原……。若其学术之大，足以通圣则，旁开物宜者”。[③] 墨学研究的先驱俞樾在给《墨子间诂》所写的序中说：“自有《墨子》以来，未有此书也。”[④] 孙诒让研究《周礼》《墨子》，搞考据、校勘、训诂等，很容易成为一个纯粹的书斋学者。然而作为一个继承父辈遗志、以弘扬永嘉之学为自己使命的学者，他并没有钻进为学术而学术的象牙之塔。

他用毕生精力梳理《周礼》，《周礼正义》并非只是对经典的考证、训诂和校勘，在这些“技术性”工作的背后，怀有周公“以政教致太平”的理想。他在序言中说：

> 至于周公致太平之迹，宋元诸儒所论多闳侈，而骈拇枝指，未尽竭其精要。顾惟秉资疏暗，素乏经世之用，岂能有所发明，而亦非笺诂所能钩稽而扬榷也。故略引其端而不敢驰骋其说，觊学者深思而自得之。中年早衰，傫然孤露，意思零落，得一遗十。复以海疆多故，世变日亟，眷怀时局，抚卷增喟。私念今之大患，在于政教未修，而上下之情睽阂不能相通。故民窳而失职，则治生之计狭隘，而谲觚干纪者众。士不知学，则无以应事偶变，效忠厉节，而世常有乏才之憾。夫舍政教而议富强，是犹泛绝潢断港而蕲至于海也。然则处今日而论治，宜莫若求其道于此经。而承学之士，顾徒奉周经汉注为考证之渊

---

① （清）宋恕：《外舅孙止庵师学行略述》，（清）宋恕：《宋恕集》，胡珠生编，中华书局1993年版，第328页。

② （清）梁启超：《清代学者整理旧学之总成绩》，商务印书馆1999年版。

③ （清）章炳麟：《孙仲容先生年谱序》，见孙延钊：《孙衣言孙诒让父子年谱》，上海社会科学院出版社2003年版。

④ （清）俞樾：《墨子间诂序》，见（清）孙诒让：《墨子间诂》，上海书店1986年版，第2页。

> 椒，几何而不以为已陈之刍狗乎。既写定，辄略剌举共可剀今而振敝一二荦荦大者，用示櫽栝，俾知为治之迹，古今不相袭，而政教则固百世以俟圣人而不惑者。[①]

他撰写《周礼正义》也是为了应对“海疆多故，世变日亟”，作有用的学问正是永嘉之学基本精神所在。姜亮夫精辟指出，《周礼正义》是以乾嘉治经之法与永嘉通经致用之说的精神相结合的成果。所以，后来发展而为《周礼政要》，正是此一线学风之绵延，所以他这部书，不仅是汉儒家法的承袭，也是永嘉致用之学的具体表现。他不仅在为《周礼》作疏，而是在通过对《周礼》的条理终始，来表现对古典的选别。他不仅在作疏，而是在“著作”。这是精神之所在。[②]章炳麟说：“及仲容先生（指孙诒让——引者）治官礼，欲以经术措诸时用，亦本其先人之训也。”[③]张特别指出孙诒让与孙衣言在振兴永嘉学术上的一脉相承。研究沉霾已久的墨学，是他认为墨子“用心笃厚，勇于振世救弊”，其“摩顶放踵利天下为之”的精神有助于改变人们消沉的意态，克服社会弊病，以适应社会的需要。总之他之为学是为了匡世。

孙诒让是永嘉学术经世精神的化身，这既体现在学术上，也体现在行动上。鉴于开发民智“以开学堂为第一要义”的认识，他率先在瑞安创办新式学堂。[④]1905年出任温处两府学务处总理后，由于他的大力提倡和巨大的影响力，在任期间，温处两府16县建立了各级各类学堂309所，在文化教育的发展水平上处于领先全国的水平。戴家祥这样描述孙氏：“仆仆风尘，历山陬，践海壖，虽古之摩顶放踵利天下而为之者，奚尚焉？”[⑤]他是一个入世很深的人，在中法战争、中日甲午战争和庚子之变时，在家乡积极组织团练武装。在维新运动和清末新政时期，他积极参加反美运动、收回利权运动和维新运动。晚年，由于对时势的绝望，觉得“世事不可为”，不再接受政府的征聘，把精力用于地方建设。作为一

① （清）孙诒让：《周礼正义·序》，王文锦、陈玉霞点校，中华书局1987年版。

② 姜亮夫：《孙诒让学术检论》，《浙江学刊》1999年第1期。

③ 孙延钊：《孙衣言孙诒让父子年谱》，上海社会科学院出版社2003年版，第1页。

④ 甲午战争以后，孙诒让在瑞安创办算学书院，培养近代科技人才。学术界流传“温州出数学家”的说法，当与孙诒让的功德有关。苏步青和姜立夫等均出自温州。

⑤ 戴家祥：《孙诒让遗文辑存·序》，（清）孙诒让：《孙诒让遗文辑存》，张宪文辑，浙江人民出版社1990年版。

个国学大师，却又热心于地方经济的发展，在他的倡导下，成立了瑞安务农会，组织了富强公司，创设了大新轮船股份公司等一批近代企业。晚年他在“新山歌案”中的作为，以及向处于危难中的章炳麟伸出援救之手，都在一定程度上反映了他同情革命的倾向。他的从妹夫宋恕也透露孙的晚年别有怀抱。宋恕说孙“深宵密语，别有天地。梨枣所传，均非其至”。①

如果说诒让的父辈还恪守中体西用的思想格局，那么到孙诒让这一代时，已经成了我们通常所说的维新派。孙锵鸣和孙衣言兄弟虽然属于士绅中的思想开通者，但对西方事物的接受仅限于先进的技术，如孙锵鸣在温州引种牛痘，在上海龙门书院提倡阅读江南制造局翻译的西方科技书籍。而对孙诒让来说，西学已经成为他新的思想资源。宋恕说孙诒让“兼通《内典》及欧洲政治学说”，② 这绝非溢美之词。在当时的历史条件下，孙西学知识之全面，在士大夫中属凤毛麟角，在国学大师中更可能绝无仅有，孙的《周礼政要》40篇，引述了大量英、俄、法、德、美、日各国的历史、地理和科学技术资料，以及声、光、化、电等自然科学知识和政治、经济、军事、文化等领域的有效措施。当然他用西洋各国的政治、文化制度去比附《周礼》经文和汉儒注疏，在今天看来不是没有问题的。但正如王季思所言，“那是他尊经思想的表现，同时还有藉以‘塞守旧者之口’的用意。我们是不能以此苛求前人的”。③ 又如他对新式教育重要性的强调，一方面固然是源于他对历史上的“黄金时代”——周代的认识；另一方面却也是对西方国家的借鉴：“即晚近东西诸国所以富国强兵者，亦莫不于广学设教，启迪民智之途求之。”④ 到孙诒让这一代，已经有一大批温州士绅蜕变为新式知识分子，他们不仅是维新思想有力的言说者，而且还是出色的行动者。

---

① （清）宋恕：《孙籀庼先生周忌纪念学界公祭文》，（清）宋恕：《宋恕集》，胡珠生编，中华书局1993年版，第452页。据孙延钊：《孙衣言孙诒让父子年谱》载，光绪三十二年（1906），孙诒让托人在东京订购同盟会之《民报》，并曾采报中白话宣传文字数篇，交高等小学堂油印，以作学生国语课教本，“乡人见之者，皆惊异焉”，见该书第333页。

② （清）宋恕：《外舅孙止庵师学行略述》，（清）宋恕：《宋恕集》，中华书局1993年版，第328—329页。

③ （清）王季思：《孙诒让遗文辑存·序》，（清）孙诒让：《孙诒让遗文辑存》，张宪文辑，浙江人民出版社1990年版。

④ 见戴家祥：《孙诒让遗文辑存·序》。孙诒让对西周教育的普及有过这样的描绘：“姬周之治，国有大学、小学，乡遂有乡学六，州学三十，党学有百五十，九州之内，意当有学数万，以致四海之大，无不造学之士，亦无不受职之民，贤修者挟其才能，愚贱者贡其忱悃，君臣同德，上下齐心，太平极盛之治，岂偶然而庶几者哉！”转引自戴文。

金晦也是温州较早关注西方学问的一个士人。[①] 刘绍宽光绪十六年（1890）日记载有他与金晦的问答。刘请教金晦对西方人以工商立国的看法。金晦认为天下之利有一个限度，西方人再这么下去，数十年以后必定陷于困境。言谈中似乎认为宋恕只关注西学，看问题不够全面，断言历史上的三代之治为西方学问所不可及。[②] 当时"朋友圈"中都知道金晦著有《治平述略》一书，但金晦秘不示人，刘绍宽也只听到过里面谈及西方的议会制度。光绪二十年（1894）正月十四日刘绍宽记载了他与金晦在叙源和酱园谈论的内容。金晦对议会制度持否定态度，认为"西人议院之权太重，是以党众朋兴"。另外也延续了四年前对西方人重工商的认识："西人将来政弊甚深。三代之君以仁厚俭朴治天下，重士农而佐以工商。西人专重工商以养士农，将来商政一敝便不可问。"可见，金晦长期保持对中国政教文化的自信。

光绪十四年（1888）金晦受聘执教平阳江南杨镜清家私塾，对平阳士人的学风产生了极为深刻的影响。他授杨子闾治《毛诗》，认为《毛诗》以陈奂《诗传疏》为宗。他授刘绍宽《仪礼》，认为《仪礼》以条理简而易治，认为治礼以胡培翚《仪礼正义》为宗，而参阅《皇清经解》诸书，便得门径。刘绍宽曾说："自从金稚莲师，始识求学门径"（《刘师手撰年谱原稿未完本》）。[③] 金晦对平阳更大的影响是倡导颜李之学。但其学"躬行实践，学者恒苦之，近世通儒，或比之墨翟"，所以响应者寥寥。在邻村设帐授徒的朱次庄，"闻风慕悦，特往受业"。金晦为生徒讲授《颜氏学记》，使得平阳士人知道世上有颜氏之学。平阳形成了一个以他为核心的实践颜李之学的学术团体。这个团体的核心成员有刘绍宽、杨慕侃、朱次庄、[④] 鲍竹君、[⑤] 朱子昭、[⑥] 黄庆澄、张陶[⑦] 和陈雨亭等。[⑧] 光绪十五年

---

① 金晦（1849—1913），原名鸣昌，字志曾，号稚莲。少有志操，学务世用，读经治史外，于天算地舆、兵谋武备、掌故律例诸书，靡不讲求贯串。

② 政协浙江省苍南县委员会文史资料委员会编：《苍南文史资料》第16辑《刘绍宽专辑》，2001年，第303页。

③ 政协浙江省苍南县委员会文史资料委员会编：《苍南文史资料》第16辑《刘绍宽专辑》，2001年，第268页。

④ 朱次庄名慕云，县学附生。

⑤ 鲍竹君名铭书（1865—1937），廪贡生，《苍南县志》有传。

⑥ 朱子昭，名焕奎，县学增生。

⑦ 张幼明，名陶，一字淑园。

⑧ 陈雨亭，名凤飞，县学附生。关于平阳宗颜团体的形成，详见李世众：《晚清趋新士人的文化资本、关系网络与社会权力——透视平阳刘绍宽的人生旅程》，《历史教学问题》2013年第6期。

（1889），黄庆澄已赴上海任梅溪书院教习，平阳名士在上海大倡广兴西学之说。他们写信给金晦，金出以相示，这样就使生徒对新学有所了解。金晦的学生刘绍宽、黄庆澄和鲍竹君等后来又对温州地方政治和文化教育等方面产生重大影响。

陈虬（1851—1904）是温州历史上最具光彩的人物之一。在为陈虬所作的传记中，以乐清刘之屏的《陈蛰庐先生行述》最为精彩。他形容陈虬：

> 精神十倍于常人，辩有口，喜谈兵，发声若雷，目光炯炯射人，当者魄丧。主考陈彝谓其貌似明太祖，才如陈同甫。……好言变法，慕商君、荆公之为人。尝窃叹曰：胡天不生秦孝公、宋仁宗也。又言：吾少怀陈、项志。先母戒吾曰："汝目有杀气，恐不得其死！"乃重自抑敛，借医自隐。……生平日深信佛氏轮回之说，尝语余曰："吾自度前生是精灵转身，非龙虎即猿猴，好食畜血及果。一切聪明才识，自问不让古人。惟德性不及程、朱诸公。若再九转轮回，经千百番淘涤淬炼，虽华盛顿可几也！"又言："吾死后百年必有人继吾志者！"[①]

陈虬精力过人，仰慕商鞅和王安石，又具有陈胜、项羽的志向。他一生的思想、学术和命运都与他的豪杰品性有关。他的著作《治平通议》作于19世纪80年代初。从陈虬的思想看，他是一个儒家的"原教旨主义"者，强烈地反对各种异端。比如对佛教的态度就与韩愈相似。他的负面看法主要有两点，第一，"开奸盗之路，为邪淫之媒"，僧尼有伤风化，有碍社会治安；第二，"道场施舍，使天下有用之资财尽供其欲壑，不止为旷业之游民已也"。僧尼不仅自身属不事生产的"游民"，还无谓地消耗了社会财富。他主张年十六以上而必求出家者，则先报官，阉割、幽闭而后许披剃。[②]因此他强烈地抨击士绅家庭的佛教信仰。

> 瑞安俗诞而好巫，高明之家妇女喜与觋妪、斋尼相往还，而妖妄之婢因挟以自重。每广树徒众，幻张名号，日以其诡秘邪淫之术诱妇女入教，而被其所惑者如入阱之兽，势不复得自拔，败名堕节，丧家亡身，为世道人心之患。母独诚谨，识大体，避之若挽浼。故尝有道

---

① （清）陈虬：《陈虬集》，胡珠生辑，浙江人民出版社1992年版，第394—395页。

② （清）陈虬：《救时要议·富策》，（清）陈虬：《陈虬集》，胡珠生辑，浙江人民出版社1992年版，第73页。

以茹素事者，辄严绝不与通。呜呼！夫若辈之足以乱人闺闸也，学士大夫有身受其毒而尚不自知者！①

据胡珠生先生考证，陈虬此文的攻击对象是瑞安孙家。虽然孙家与陈虬有宿怨，但反对佛教的立场的确是一贯的。他对民间信仰也持正统的理学立场，他说："今淫祠充满天下，而庙祀正神与名宦乡贤反无过问！宜罢淫祠而改祀名宦乡贤。须令教官、礼科每祠疏其生前功德及不朽之故，礼宜庙食者榜之神座。盖聪明正直之气久郁不伸，淫昏恣暴之鬼皆能出而为厉。故汇正祀典，不独教忠教孝，可以作民志气，实足隐消疵厉于无形，此亦燮理之要务也。"② 此外他对演艺人员、传统戏曲和基督教等看法都相当正统。③

与陈虬文化立场的守旧形成鲜明的对照，他在撷取新知方面却是锐意进取。早在1894年，陈虬已经编定一本新式教科书——《利济教经》，并使用于他所主办的利济医学堂。书中传授的知识体系，已经是近代型的，是西学输入以后的产物。里面的天文学知识、世界地理知识，都是现代的。全书内容涉及算学、化学、热学、电学、地学、重学等各门自然科学，其中《机器章第三十一》介绍了量天尺、察天筒、显微镜、自来水、电气灯、电线、铁路、电话、石印、照相等西方新的机器、仪器和技术。《利济教经》可能是中国士人自编的最早的新式教科书。④

陈虬认为语言文字是普及教育的关键，主张推广拼音文字。这也是一种相当超前的思想。光绪二十八年（1902），陈虬在温州城区开办新字瓯文学堂，亲临演说，推行拼音化文字改革。他还编撰拼温州音的《新字瓯文七音铎》和《瓯文音汇》二书，由利济学堂于光绪二十九年（1903）刊刻。⑤ 对编撰这两本书的动机，方逢春有这样的说法：癸卯（1903）春间，创造瓯文，欲使四百万黎元皆

① （清）陈虬：《瑞安何氏旌节坊记》，（清）陈虬：《陈虬集》，胡珠生辑，浙江人民出版社1992年版，第170—171页。

② （清）陈虬：《救时要议·治策》，（清）陈虬：《陈虬集》，胡珠生辑，浙江人民出版社1992年版，第81页。

③ 见（清）陈虬：《黉门叹——伤学校也，汤君绳和训导瑞安，倡优尝同时入学》，《救时要议·治策》，《过耶稣堂》，（清）陈虬：《陈虬集》，胡珠生辑，浙江人民出版社1992年版，第369、81、370页。

④ 参见熊月之：《西学东渐与晚清社会》，上海人民出版社1994年版，第665—666页。

⑤ 文字改革出版社辑《拼音文字史料丛书》曾于1953年和1957年分别影印出版。

能识字，苦心孤诣，舍身救人，诚有苏民困、开民智、救民苦之念，渐至大同之治。[①]陈虬认为：人有人的病，国有国的病，大清国的病就是“贫弱”两字，富强是对症的药方。他推广新瓯文，便利于不识字的人，以普及教育，最终达到富强的目的。[②]

陈虬提出了完整系统的、以富强为指归的改革方案，具体体现在《治平三议》《经世博议》和《救时要议》中。其中《治平三议》，为晚清温州最早的政治改革建议书。1891年，“三议”收入八卷本的《治平通议》，1893年正式出版，后来被梁启超收入《西学书目表》，产生了全国性的影响。

陈虬的改革方略的大胆，天马行空，了无羁绊，到了惊世骇俗的程度。在他的《富策》中，他主张对赌博业和黄色产业合法化，然后征税获利。[③]这应该是受到了《管子》的影响。在他改革措施中有两条特别值得注意：

第一，他早在光绪十六年（1890）就认识到西方国家强大的根本原因在于议院制度：

> 国家威德覃敷，怀柔所至，泰西各国竞以长技入输，当道诸公师问官之意，即节取其寸长，以为土壤涓流之助。如矿务、铁路、电线、制造诸法，以及广方言馆、水师、武备等学堂，皆一一仿行。虬愚以谓泰西富强之道在有议政院以通上下之情，而他皆所末。议院之设，中土未闻，然其法则固吾中国法也。[④]

他认为铁路和矿物之类“长技”不是富强之因，富强之道的关键在于沟通上下之情的议院。陈虬又从中国四千年的历史长度来考察在中国创设议院制度的必要性和必然性。他把四千年历史分为封建、郡县和通商三个阶段，不同的阶段适

---

① 《挽陈师联语录·杨逢春录》，（清）陈虬：《陈虬集》，胡珠生辑，浙江人民出版社1992年版，第436页。

② 参见倪海曙：《清末汉语拼音运动（切音字运动）编年史》，上海人民出版社1959年版。参见宋炎：《宋恕、陈虬、林文潜、孙诒让对汉字改革的探索》，载《温州文史资料》第九辑。参阅汪林茂：《清末文字改革：民族主义与文化运动》上、下，载《学术月刊》2007年10月号、11月号。

③ （清）陈虬：《救时要议·富策》，（清）陈虬：《陈虬集》，胡珠生辑，浙江人民出版社1992年版，第74页。

④ （清）陈虬：《上东抚张宫保书》，（清）陈虬：《陈虬集》，胡珠生辑，浙江人民出版社1992年版，第331页。

用不同的“治术”。现今通商之局成，就已经到了设议院的时候。强调治术要随着时势的变化而变化，“时变矣，而犹欲袭先业，守旧教，恭己无为，坐致治平，是犹持方枘而周圆凿，其不得适也必矣！”[①] 光绪十八年（1892）提出的改革方案中就有“开议院”一条，以及具体实施办法。[②] 在这点上与金晦对议院的负面看法有很大的不同。

第二，主张通过强化宗族制度来稳定地方的政治秩序和社会秩序。在他的《宗法议》中对宗族内部的管理有十分详细的设想，内容涉及宗族内部的权力架构、族人的婚丧嫁娶、刑名钱粮等事务。他在篇末指出：“后世宗法不立，而天下亦能少安者，胥吏之天下耳。岂足以语天德、王道之大哉！”[③] 在陈虬生活的时代，由于百姓生计艰难，再加上商业的发展，重利风气、奢靡风气凸显，温州社会面临严重的危机。敏感的士人似乎已经看到了传统经济秩序、社会秩序和道德秩序走向崩坏的迹象。陈虬主张通过稳固和强化宗族组织的凝聚力，以稳定社会基层的经济秩序、社会秩序和道德秩序，在思想史上具有重要的意义。后来章太炎等认为宗法血缘团体阻碍全国力量的凝聚以应付国家的危局，主张用国家主义和民族主义的思想资源来熔解宗族社会。[④] 五四以后，走出家庭成为一代城市激进青年的潮流，从整个二十世纪观之，家庭宗族的破坏并不能给人带来真正的自由和解放。

陈虬不仅对政治改革、社会改革有完整的设想，同时他又是一个行动型人物。他一生事业主线是医学研究和医疗实践。光绪十一年（1885），他在瑞安创建利济医院，同年在医院内开设利济医学堂。光绪二十一年（1895）秋，设利济分院于温州城小高桥，并设分院学堂于温州城周宅祠巷。光绪二十二年（1896）冬，设利济学堂报馆于温州城府前街，陈虬自任主笔。《利济学堂报》在全国及

---

① （清）陈虬：《〈治平通议〉序》，（清）陈虬：《陈虬集》，胡珠生辑，浙江人民出版社 1992 年版，第 213—215 页。

② （清）陈虬：《救时要议 · 治策》，（清）陈虬：《陈虬集》，胡珠生辑，浙江人民出版社 1992 年版，第 79 页。

③ （清）陈虬：《宗法议》，（清）陈虬：《陈虬集》，胡珠生辑，浙江人民出版社 1992 年版，第 5 页。

④ 相关讨论可参考以下著作：王元化：《对于“五四”的再认识答客问》，《九十年代反思录》，上海古籍出版社 2000 年版。王汎森：《从传统到反传统》，《中国近代思想与学术的系谱》，吉林出版集团有限责任公司 2011 年版。秦晖：《新文化运动中的“个性解放”与“社会主义”》，载氏著：《走出帝制》，群言出版社 2015 年版。

港澳地区设69个分销处，向全国发行，是为温州第一份报刊，也是第一家宣传变法维新、传播京沪等地维新变革信息，并发表医学论著的综合性刊物。光绪二十四年（1898）九月戊戌政变发生，陈虬的医院、医学堂、学报遭沉重打击。光绪二十七年（1901），陈虬对医院进行整顿，发行“利济医院股份票”，自己独力承办府城利济医院。

陈虬围绕医学研究和医疗实践怀有参与地方政治抱负和文化抱负。他认为医学可以承担“传道”伟业：

> 大道既隐，异学繁兴。而倚傍圣教执技之徒，专事测验，至欲以屠羊刲豕之术争一日之长于灵兰，其势不至于亡经不止！夫方伎之学通于性命。形上为道，形下为器，洙泗不作，微言湮绝。其佚往往遇之方术诸书，医家所得尤夥。一火薪传，所系顾不巨欤！[①]

在他的眼中，医学事业也是为了实现他文化理想的一条途径。他的学生池志澂说陈虬建医院设学堂，是为了“寓教于医”，出其所学力行利济，以补国家政治所不及，使黄帝、神农之精光远出基督、浮屠之上。[②]

利济医学堂开设后，陈虬自任主讲，他按“道济群生，泽衍万世，津梁广启，执圣之权”16字区分生徒辈分。[③]初传弟子道字辈：道一陈葆善、道四张烈、道八池志澂、道九刘之屏、道十周焕枢、道十一季腾霄、道十二冯豹、道十五叶麟风、道廿三高炳麟、道卅二陈钟琦、道卅三周鸿年、道四十五蒋瑞骐，再传弟子济字辈：济一胡鑫、济二陈侠、济三何炯、济四陈明、济五王明、济十二陈兆麟、济十三何樾、济十六高树屏、济廿三程云，三传弟子群字辈：群一林獬、群二陈虔。[④]这样的一个组织架构势必会引起其他地方势力的紧张。另外谭嗣同说陈虬“直欲自创教”，自己当教主，[⑤]看来也是有原因的。

宋恕（1862—1910），初名存礼，字燕生，改名恕，又改名衡，字平子，号

---

① （清）陈虬：《〈利济元经〉序》，（清）陈虬：《陈虬集》，胡珠生辑，浙江人民出版社1992年版，第205页。

② （清）池志澂：《陈蛰庐先生五十寿序》，（清）陈虬：《陈虬集》，胡珠生辑，浙江人民出版社1992年版，第392页。

③ （清）陈虬：《陈虬集》，胡珠生辑，浙江人民出版社1992年版，第240—241页。

④ 胡珠生：《温州近代史》，辽宁人民出版社2000年版，第136页。

⑤ （清）谭嗣同：《谭嗣同全集》，蔡尚思、方行编，中华书局1981年版，第506页。

六斋，又号不党山人，平阳练川下薛人。他也是永嘉之学的一个重要继承者。宋恕的个性及革新思想的形成可能与他早年遭逢家难有关。章炳麟对宋恕的性格有很生动的刻画：

> 炳麟始交平阳宋恕平子，……平子疏通知远，学兼内外，治释典。……炳麟少治经，交平子始知佛藏。平子麻衣垢面，五六月著棉鞋，疾趣世之士如仇雠，外恭谨，恂恂如鄙人，夸者多举平子为笑，平子无愠色。及与人言学术，刚棱四注，谈者皆披靡。……平子虽周谨，顾内挚深，与人言辄云皇帝圣明，今且用满洲文署其诗。炳麟素知平阳性奇傀而畏祸，以此自盖，非有媚胡而用世意，谈言微中，亦咢咢见锋刃。①

宋恕有真性情、宽厚，又很敏感。在他一生中有几个重要的事件，光绪四年（1878），认识瑞安金晦，知道有颜李之学，开始关注科举以外的学问。光绪八年（1882），陈虬、金晦、陈黻宸等在瑞安结求志社，宋恕参与活动，对地方社会有了较为深切的理解。光绪十二年（1886），父亡，受到弟弟宋存法的凌虐，“生意几绝”，养成了他既敏感又脆弱的性格。1902年，宋恕在给妻舅的信中讲述了自己在家中的处境：

> 衡现丁母艰，因舍间财权及用人办事之权被法贼全据已经十七年，胆战于丙午、丁亥间丁父艰时无财可使，田有一千六七百亩，但其权全操于法贼，故六舍弟辛卯年服生洋烟自尽，而三舍弟及五舍弟夫妇皆相继气郁而亡。四舍弟之亡则在先父前。无人可用、无事可办，被逼几死。②

光绪十三年（1887），岳父孙锵鸣掌教上海龙门书院，宋恕随从到上海。秋七月，孙氏兼任金陵中山书院掌教，宋恕随从至南京襄校课卷，得以结交康有为、梁启超、章炳麟、黄遵宪、容闳、郑观应、谭嗣同、夏曾佑、华蘅芳、孙宝

---

① （清）章炳麟：《交平阳宋恕平子》，（清）宋恕：《宋恕集》，中华书局1993年版，第1031页。

② （清）宋恕：《致孙季芃书》，（清）宋恕：《宋恕集》，中华书局1993年版，第712页。

琦和孙宝瑄等具有全国性影响的新派人士，对西学的了解与日俱增。

宋恕对永嘉之学的赓续集中体现在他的代表作《六字课斋卑议》中。其目录为：民瘼篇（患贫、盗贼、旱潦、士妖、庶莠、仆役、胥幕、赋税、厘盐、赋税、刑威），贤隐篇（塾课、教官、书院、科场、小楷、养望、洛闽、汉学、文词、外务、岁月、用违、传舍、政本、山林），变通篇（师范、四科、博文、开化、取士、议报、枢部、阁院、华衔、民政、军政、九曹、乡聚、听讼、轻刑、司捕、惩罚、重禄、停捐、泉币、医药、道路、水火、三业、著书、正名、广译、图书、服色、旌表、伦始、析承、救惨、节渐、同仁、礼乐），基础篇（更律、帅信）。宋恕是一个比较情绪化的人，且具有很重的文人气质，如果不是有传承永嘉之学的强烈愿望，他可能不会去研究领域如此宽广的内容。这里面既有很专业的经济问题如厘盐、赋税，也有政治体制问题，如取士、议报、枢部、阁院、民政、军政，以及教育、思想、社会和文化等方方面面；既涉及社会现象，如患贫、盗贼、旱涝，也涉及各种制度政治、经济、文化学术和制度等方方面面。《六斋卑议》书稿成于光绪十八年（1892），共四篇六十四章，稿本流传于维新派人士间。梁启超将《六斋卑议》列入《西学书目表》，推荐为必读之书，索阅者日多。1897 年作者将内容作了补充修改后印成活字本。在书中，宋恕提出了自己的变法纲领。作者介绍书的结构“上二篇二十五章指病，下二篇三十九章拟方”。在书中，作者抨击时政，提出变法建议，主张改革政治制度，并对程朱理学展开批判。该书曾经广为传阅，对变法维新运动的开展有一定的影响。

宋恕有四个重要的观点。第一，认为宋、元程朱学派之“阳儒阴法”为神州衰弱根源，主张恢复孔孟真面目。第二，宋恕高度关注县级政治与基层社会问题，将县议院设计成应对县级政治和基层社会问题的枢纽。它可推举知县，纠察县级属官、地方保长和甲首，监督县政府财政，主持地方教育，主持地方报馆等。第三，他提出的革新次序为“三始一始”，即“盖欲化文武满汉之城，必自更官制始；欲通君臣官民之气，必自设议院始；欲兴兵农礼乐之学，必自改试令始。三始之前，尚有一始，则曰：欲更官制、设议院、改试令，必自易西服始”。强调“西之政学渐闻于东，斯乃世运之转机，民生之大幸”。第四，自从 1897 年 12 月严复的译作《天演论》在天津出版的《国闻汇编》刊出，天演之学甚嚣尘上，许多人隐然认为以强凌弱是理所当然，合乎“天演”的事。[①]但宋恕却在《六斋卑议》表达了“著书专代世界苦人立言”的情怀。[②]这里面应该有生活中他被弟弟欺压的心理印记。

如果说宋恕传承永嘉之学是通过著书立说，那么陈黻宸突出地表现为授徒。陈黻宸（1859—1917），字介石，少与乐清陈虬结求志社，交平阳宋衡。初至京师，与人士昌言变法，及康有为为保国会，两人意见不合，乃谋归为保浙会，主杭州养正书塾，教授历史，则阐夷夏文野之义，盛张排满革命。复主《新世界学报》，益有所发皇。光绪二十九年（1903）成进士，授户部主事，总理学务大臣张百熙疏请为京师大学堂史学教习。大学士王文韶等设京浙学堂，举为副总理，继任浙公学监督。两广总督岑春煊奏调为两广高等方言学堂监督，兼两广优级师范学堂教务长。顺德黄节方倡讲学会于南武公学，请为主讲。宣统元年（1909）被举浙江谘议局议长。辛亥革命后，任浙江民政部长。

乐清人高谊回忆陈黻宸时说：

> 昔吾叔祖户部公（陈黻宸）于清光绪丁亥（1887）、甲午（1894）之间，尝两主乐清梅溪书院山长。当时从游之士较他县为尤盛，弟子行束脩门下著籍者院舍恒为之满，常不下数十百人，然多欲求习为师课制艺取科第名誉以去。户部公于是始讲经世之学，言治史而于世运推移之迹，因革损益之故，夷夏文野之义，民生习俗之变，论之益备，故使学者稍稍知世变以为有用之学。乐清之学风为之大变。[③]

陈黻宸担任梅溪书院山长时，讲授的重点是“经世之学”和有用之学。高谊

---

① 王汎森引述了一段史料来说明这种思潮，1909年保定军校的一个学生童保因为受到《天演论》的影响，以至于当他收到一封家信，提及他的叔父在家乡有“欺贫凌弱”的事情时，居然在日记上说，这是合于“天演”的事，所以是无可奈何的。《童保暄日记》上说：“家信言及燃叔一细事，迹近欺贫凌，及谈天演而始恍然矣。人不自立，不容于天演界，而人之欺我、凌我，则我必思所以变之。舍自立末由竞而进，即天演之所发见也。夫欺贫凌弱非独人然，则我亦无不然，非独人然，我然，即大而国家、种族，小而昆虫草木亦无不然。我先贫而后人欺，我先弱而后人凌。是欺、是凌，无关于我，无尤乎人，天演为之也。”王汎森：《章太炎的思想——兼论其对儒学传统的冲击》，上海人民出版社2012年版，第4—5页。

② （清）宋恕：《六字课斋津谈·尊孔类第二》，（清）宋恕：《宋恕集》，中华书局1993年版，第51页。

③ 高谊：《高谊集》，高益登编注，线装书局2013年版，第8页。

在另一篇文字里就明确点出陈黻宸传播的是“永嘉之学”：

> 章安陈介石师者，今浙中之大师也。博涉群书，究研性理，而同郡燕生宋先生治名家言，志三陈先生治眉山苏氏之学，遁斋金先生治易直颜氏之学。数人者互为师友，日以古道相切劘，起衰振坠，举永嘉学之范围而扩张之，有功来学不少。……在吾浙东必推瓯郡数巨子，而介石师尤才力旁魄，雄视侪辈，四方讲学，门下生著籍者毋虑数十百人，皆学成为有用才。……故所学于浙中昔贤过同甫，于吾瓯前辈抗水心，其节欲忍苦似习斋，而其躬行实践则确守程朱之训而不易。

作为现代永嘉之学的再传弟子，高谊点出金晦、陈虬、宋恕和陈黻宸标举的学问是永嘉之学，以永嘉之学传授生徒“数十百人”。学术史上一谈永嘉之学，就说讲究“事功”或“功利”。受过陈黻宸亲炙的高谊能够准确归纳陈黻宸的观点，永嘉之学是“心性”和“事功”的平衡，两者缺一不可。“学不求诸心性，而专趋事功，则学为无本，学不播之事功，而空谈心性，则学为无用。”①

三、永嘉之学的再传

高谊曾说：

> 予尝读陈、叶诸儒之书，而知永嘉经制之学，崇尚事功，非空谈心性者比。顾自宋迄清，此学沉霾六百年。瑞安孙太仆征君父子与同里陈志三先生，吾户部介石师，后先踵起，力为表章。自是永学复兴。是时吾乐治此学者惟林恒轩、徐惇士及继起之郑志石、云阶兄弟与叶石农，而他无所闻。②

这里其实已经勾画了永嘉之学传承的三个世代。第一代，以孙氏兄弟为代表，他们复活了永嘉之学。第二代，孙诒让、陈虬、陈黻宸等，将永嘉之学加

① 高谊：《高谊集》，高益登编注，线装书局 2013 年版，第 150 页。

② 高谊：《〈耕心堂〉叙》，高谊：《高谊集》，高益登编注，线装书局 2013 年版，第 122 页。

以发扬光大。第三代，在乐清有林大椿（恒轩），徐德元（惇士），[①] 叶钖堃（石农），[②] 郑志石、云阶兄弟，曹文昇，[③] 其实还有高谊和黄式苏，他们中大多是陈黻宸的学生。另外比较集中的以传承永嘉之学为己任的是平阳士人，他们基本上是金晦的学生，如刘绍宽、黄庆澄等。

高谊特别指出过曹文昇与永嘉学派的关系：

> 先生之学，与宋永嘉诸儒之所为经制者，最为相近。迹其始从黄岩王棻游，从事于经。继从富阳夏震武，讲求象山之学。既又融会于考亭。是知先生学无常师，能泯朱、陆之异同，虽其论程子定性书，间与水心不合，而要其学之大端，则以施用为贵。观其课英算于印校，创林牧于雁山，办乡团，讲警政，设会馆于杭，置商会于大荆。其勇于任事，多所施设，实隐隐乎从心性中发为事功。[④]

曹文昇论学“以施用为贵”，然而也不放弃心性，“从心性中发为事功”。颜李之学与永嘉之学有一个共同点，两者都强调“实学”。正因为两者具有这种“亲缘性”，孙锵鸣很早就把戴望之《颜氏学记》引入温州。宋恕说自己19岁读《颜氏学记》，“余之渐悟三代以上之学，实由先生启之也”，[⑤] “授恕以戴先生所编之《颜氏学记》”。[⑥] 但是在“世变日亟”的时代，孙锵鸣特别强调“务使坐而言者可以起而行”。黄庆澄的一生就突出地体现了这种实践精神。[⑦] 光绪十九年

---

① 徐德元（1809—1868），字序东，号惇士、履舟，谱名嗣镛，吕岙村人。道光十七年（1837）拔贡。

② 叶钖堃（1865—1902），字李懿，号石农，乐清翁垟西门人。

③ 曹文昇（1863—1912），大荆肖包周村人，字颂平，号志丹，志旦。著有《耕心堂集》十五卷。

④ 高谊：《〈耕心堂〉叙》，高谊：《高谊集》，高益登编注，线装书局2013年版，第123页。

⑤ （清）宋恕：《六字课斋津谈·九流百氏》，（清）宋恕：《宋恕集》，中华书局1993年版，第88—89页。

⑥ （清）宋恕：《外舅孙止庵师学行略述》，（清）宋恕：《宋恕集》，中华书局1993年版，第326页。

⑦ 黄庆澄（1863—1904），原名炳达，字钦敬，改字源初，或作愚初、虞初，晚号寿昌老人。他是金鸣昌、孙诒让的弟子，与刘绍宽交谊甚笃。俞樾称赞他“擘精算学”，“当代一振奇人也”。虽因“家贫亲老，奔走衣食，而时时以造就子弟提倡学风为己任”，平阳风气之开，“他之功最巨”（见刘绍宽《厚庄诗文续集》）。二十一年（1895），撰《湖上答问》，表达对时政改革的意见。回温后又创《史学报》，编《中国四千年白话史》，刊行《中西必读书目表》，鼓吹维新思想，普及科学知识，继续启蒙教育，深受孙诒让赞扬。二十七年（1901）任温州蚕桑学堂堂长。

（1893），他在安徽巡抚等资助下赴日“咨其政俗得失，以上裨国家安攘之略”，1894年刊印的《东游日记》，当时正值甲午战事期间，遂引起社会注意。[①]战后，于1895年又出版了《湖上答问》，认为先行发展经济才能求得富强。他于1897年创办了中国第一家数学专业报刊——《算学报》，1889年新刊《中西普通书目表》，皆是引领风气之举，在社会上也产生了一定的影响。黄庆澄的“事功”主要在以下两个方面。

第一，普及数学。光绪二十二年（1896）六月，黄庆澄在温州创办《算学报》。他在创刊号的“公启”中说明办报宗旨：“窃惟时局艰迫，外患迭乘，海内之士始知言学。庆澄自惭驽劣，无裨于时，受竭绵力，特创兹报，冀为格致之权舆，以辟黄人之智慧，……故专择近日算学中最重要者，演为图说。”自第二期起，在上海新马路的梅福里另设分馆，并在时务报馆等处设立分销店。次年五月停刊，共出版12期。内容为整数、分数一卷，比例新术一卷，开方提要一卷，代数论七卷，几何释义二卷，主要介绍西方浅近数学，行文通俗生动，尤其注重图解。俞樾在《算学报》第三期序中说：“《算学报》月出一编，流布海内，每设一题必绘图以明之，使读者晓然于其理。”[②]谭嗣同十分关注《算学报》的出版，在他《致汪康年》的信札中多次提到。收到第一期时，谭嗣同对汪康年说：“《算学报》则诚佳矣，乞常寄为叩。”谭嗣同称道算学报第二册：“嗣同颇喜其不厌烦琐，甚便初学耳。”[③]黄庆澄留下的著作有《代数钥》《代数指掌》《算学初阶》《比例新术》《开方提要》和《几何浅释》等。

第二，开平阳研修新学之学风。刘绍宽说：

> 至光绪甲午以后，士大夫始昌言新学，时吾平得气之先者，唯宋平子，黄愚初。平子高掌远跖，虑不措于一邑，愚初则汲汲输外来之风气以播于邑中，遇有后进俊异之士，诱掖奖劝，不遗余力。[④]

---

① 黄庆澄东游日本的事，见钟叔河：《走向世界——近代中国知识分子考察西方的历史》，被专列一节介绍，中华书局2000年版，第382—388页。

② 吴文俊主编：《中国数学史大系》，北京师范大学出版社2000年版，第353—356页。李迪：《中国数学通史》，江苏教育出版社2004年版，第541页。

③ （清）谭嗣同：《谭嗣同全集》，蔡尚思编，中华书局1981年版，第506—511页。

④ 刘绍宽：《林椿庭五十寿序》，刘绍宽：《厚庄诗文续集》外卷2，民国二十六年（1937）刊。

刘绍宽订阅《申报》，极可能是黄庆澄的推荐。黄庆澄光绪十五年（1889）到上海后，跟朋友的亲友也时常保持联系，传播了大量新学信息。

刘绍宽是传播永嘉之学最重要的人物之一。其年十七为县学生，从训导吴承志讲求考据之学，金晦来平阳后，复从瑞安金晦治《仪礼》，得观颜习斋、李刚主之书，学务实践。刘绍宽理解的永嘉之学，第一个特征是重视史学，瑞安人陈谧说：

> 予尝从绍宽游。绍宽诲之治史，谓当以通经为先，章学诚“六经皆史”之说不可非也，永嘉学术故以史学为正宗。其言经义治事，而务求知古为贵。初无以经制之学自名，然使学者明古今得失之原，通内外事物之邮者则史学也。是故不通经学固不足与言史，宇宙之大莫不有史。经者体，史者用，自古未有不通经而能治史者。经制事功，皆史也。此永嘉之学，故非濂洛关闽所得而攻焉。绍宽疏通致远，治经无门户之私。其咸归本于史学，信可谓通经以善治史也欤？予次其传，因论著之。[①]

第二个特征，与高谊的观点一样，永嘉之学虽注重事功，但同样重视心性之学，注重自我人格修养。他认为在国家多事之秋，固然也需讲求有用之学，以待日后施展，青年人“尤亟在于道德之扶植。盖用世不可无才，尤不可无德”。并且很称道顾炎武《日知录》对败坏风俗的谴责。[②]程朱末流，专谈心性，不关心现实政治，不钻研有用无用，但刘氏对翻烧饼式的“拨乱反正”深感痛心，人们从一个极端走向另一个极端，一意讲究事功、功利、完全摒弃心性之学：

> 其他矫枉过正者，掊击心性之学，至于朱陆立身行己而亦诋之。末流所趋，直以义理为讳言，学风一堕，世道人心遂不可问！向使先生之学得盛行于世，豫有以防微杜渐，亦何致溃决至是哉。[③]

---

① 陈谧：《刘绍宽传》。陈谧（1902—1966），字穆庵，又字木庵，瑞安人，陈介石从孙，毕业于北京政法专门学校，曾任温州州师范等校教员、国史馆编纂等职。

② 刘绍宽：《壬子中校训毕业诸生文》，政协浙江省苍南县委员会文史资料委员会编：《苍南文史资料》第16辑《刘绍宽专辑》，2001年，第41页。

③ 刘绍宽：《重修仙岩陈止斋先生祠堂记》，政协浙江省苍南县委员会文史资料委员会编：《苍南文史资料》第16辑《刘绍宽专辑》，2001年，第68—69页。

第三个特征，借重颜李之学的思想资源，以打通心性修习与建立事功的关节，从而达成永嘉之学讲究的学问上的心性与事功的平衡，以及学问与实践的平衡。刘绍宽说："余自戊子（1888）之岁，从学瑞安金稚莲师，读习斋颜氏书，日有札记，以为自课身心之地。"[①] 这正是典型的颜李学派中之修身日记的传统。[②] 纵观刘氏一生，他的日记基本上就是一部修身日记。光绪十四年（1888）八月初四日记：道理于心上悟出，于书中勘出，于口头说出，而不于行习间做出，终是虚悬无薄。此古人所以博学而近思，言顾行行顾言也。[③] 这里就表达了经术与致用的一致和言行一致，最终体现了问题与人生实践的一致。光绪十七年（1891）六月廿三日日记：

> 范史邓彪、张禹、徐防、张敏、胡广五人同传，此五人者，皆似洁身无过，胡广且有中庸之目。然当时外戚专恣，五人者依违其间，无所匡救。彪传曰：在位修身而已；敏传曰：在位奉法而已。夫修身奉法，未为不可。然试思所值何时，所在何职，仅以谨饬自好而已哉？著书而无所发明，作事而无所补救，虽能谆谨不失，亦无用之流耳。无用，则书为废书人为废人矣。可者与之，不可者拒，所以择交也。善者从之，不善者改，所以治身也。兼斯二者，而辅仁之道始备。二曲先生曰：学所以约情而复性也。此语万世无弊。[④]

这是在批判《后汉书》中邓彪、张禹、徐防、张敏、胡广五人，虽然"洁身无过"，但是他们无用于世。刘绍宽对他们提出了严厉的批评："无用，则书为废书人为废人矣。"因刘绍宽是清末温州兴办新学的重要人物，因此他对永嘉之学的传播无疑起了巨大的作用。

一直到民国，刘绍宽对永嘉之学传承还是念兹在兹：

---

① 1903年十月初五日日记，《厚庄日记》第7册。本章引用日记日期，一本原稿，皆为农历。

② 参见王汎森：《日谱与明末清初思想家——以颜李学派为主的讨论》，载王汎森：《权力的毛细管作用》，联经出版事业股份有限公司2013年版。

③ 政协浙江省苍南县委员会文史资料委员会编：《苍南文史资料》第16辑《刘绍宽专辑》，2001年，第297页。

④ 政协浙江省苍南县委员会文史资料委员会编：《苍南文史资料》第16辑《刘绍宽专辑》，2001年，第301—302页。

泊乎欧学东渐，趋新之士，往往骛智识而轻道德，世道人心，日以隳坏。际其会者，益思永嘉之学，体用兼赅，本末具备，实为救时良剂，固学人所当急请也。岁癸酉（1933）冬，介石世丈从孙穆庵，余友孟冲之哲嗣，亦余及门士也。目击世弊，恳然与其妹夫林君志甄，创设什志，号曰瓯风，将以昌明永嘉故有学术而为之倡，于是求志老辈池卧庐先生，籀庼师之长君孟晋与余，及黄君胥庵、高君储庼、王君志澄、林君公铎、李君雁晴、宋君墨庵、梅君冷生、陈君仲陶、夏君瞿禅、李君孟楚、陈君绳甫、张君宋庼，皆赞成斯举，相与请论道艺，而风气庶为一变。因名其论学之居曰瓯风社，属为之记。①

民国以后，时势日坏，刘氏认为永嘉之学是“救时良剂”，指望通过昌明永嘉之学以救时弊。

第二节　风行草偃：新学在温州地方的传播

地方都有它丰富而多彩多姿的变化，在地的读书人也敏感地寻找思想文化上的出路。没有这些在地的读书人，精英的论述可能下渗到在地社会吗？晚清西学是如何进入温州的呢？

一、新学知识的传入和流布

在温州籍的思想者当中，我们重点考察的是活动在温州的思想者。那些在外面赢得巨大声誉的思想家的思想，我们又重点考察了他们的思想对温州社会产生的影响。温州原来是一个相对封闭的所在，我们需要了解地方知识分子如何得到书刊，他们读什么书报，讯息沟通的网络是什么，地方舆论怎样形成。他们如何把外面的主流思想议论传达给在地的人民，如何成为组织者与宣传者，并使自己取得地方上的优越地位等。

---

① 刘绍宽：《瓯风社记》，政协浙江省苍南县委员会文史资料委员会编：《苍南文史资料》第16辑《刘绍宽专辑》，2001年，第75页。

与浙江其他地区相比，相对偏僻的温州是如何获得现代知识的？这首先是由于存在一批连接性的中介人物，如宋恕、黄庆澄和黄绍箕等。他们在上海、汉口等口岸城市里获得新知，再通过书信的方式或回乡探访亲友时把这些资讯传播开来，比如黄庆澄、宋恕和陈黻宸即便漂泊江海，仍然与温州的师友保持着紧密的联系。

黄庆澄光绪十五年（1889）到上海一所中学任教，但仍然与平阳的金晦以及以金晦为中心的研习颜李之学的朋友保持亲密的关系。金晦常常向他的学生们出示黄庆澄的书信。

《张棡日记》中有大量与宋恕见面聊天的记录。光绪十五年（1889）张棡在杭州参加乡试时就与宋恕有交往。[①] 宋恕长期居住在上海，光绪二十七年（1901）岳父去世，吊丧回瑞安，住在妻舅孙季芃家。三月十八日张棡与宋恕有过一次长谈，内容极为丰富。谈论自戊戌变法至新政的种种人事问题和外交问题，涉及的人物有丁汝昌、唐才常、康有为、张之洞、荣禄、翁同龢、梁启超。张棡大为兴奋，除在当天的日记中有长篇的记叙外，次日日记还大篇幅地补录了前一天的谈话内容。[②] 光绪二十七年（1901）五月初一，午饭后，张棡与妻舅林骏在孙季芃家拜访宋恕。向宋恕请教当时的革命党和保皇党问题。[③] 因为交谈信息量密集而又新鲜，当天只能记一部分，在以后的日子里想起来，往往会补充记载。五月八日，张棡又补录了大量信息，宋恕那天还谈论了八旗子弟的福利，袁世凯发迹史，化学家徐寿和徐建寅父子，还提到了徐寿的译作《化学鉴原》《化学求数》。[④]

正是因为宋恕能够给张棡提供外界信息，只要宋恕回乡，张棡总是会谋求见面。如光绪二十八年（1902）六月十六，张棡日记记载，张棡与宋恕“闲话一切”，[⑤] 即无所不谈的意思。我们可以推断，宋恕居乡的日子里，在频繁的社交活动中，他会把外面的资讯广为传播。

新式书刊的订阅是第二个获取新知的途径。北京、上海和天津等文化发达城市的出版机构和杂志社为推销书刊也会委托府城、县城的书坊书局办理订购业

① 《张棡日记》载：八月初五，早晨晴，同宋燕生谈论。八月十四，同寓诸君文皆佳，而许竹师、宋燕生文见解尤高。张棡：《张棡日记》，温州市图书馆编：《温州市图书馆藏日记稿钞本丛刊》，中华书局 2017 年版，第 6579 页。

② 张棡：《张棡日记》，俞雄选编，上海社会科学院出版社 2003 年版，第 72—76 页。

③ 张棡：《张棡日记》，俞雄选编，上海社会科学院出版社 2003 年版，第 77 页。

④ 张棡：《张棡日记》，俞雄选编，上海社会科学院出版社 2003 年版，第 79 页。

⑤ 张棡光绪二十八年六月十六日记，杜隐园日记稿本，温州市图书馆藏。

务，简玉、日新、维新、正和、府前、商务等多家书坊书局，就提供新式报刊的订阅服务。另外，瑞安的学计馆、瑞安中学堂等教育机构也会代人订书刊。早在维新运动初期，订阅新式书刊成了晚清温州士人的风尚。宋恕说："及同光间，随院书商则皆言浙属购书之数，温之瑞最多矣；乙未（1895）后新出之事报、学报，其购书亦然云。"① 孙诒让光绪二十三年（1897）致汪康年的书信说，据《时务报》报馆统计，瑞安县阅报人数最多。② 除了数据统计还有具体实例，张棡光绪二十七年（1901）九月十七日日记载：

> 过学计馆访林君和叔，因问馆中近有何种报买。和叔开橱以视，则《申沪日报》《清议报》外，尚有《汇报》《南洋七日报》《译书汇报》《课林》等种。余因付买《蒙学报》洋十元，托馆中代购，和叔当即收洋充购也。馆中自报外一切新书均随时购备，有愿来阅者，只须出洋五角，即足大扩见识。③

张棡日记中也有定购书刊的记载，光绪二十八年三月十一，张棡过正和局与王玉佩先生少谈片刻并嘱其购买《新民丛报》《政艺通报》及《清议报类编》诸书。④

反过来宋恕也有传播新学的自觉意识。《大英国志》被梁启超《读书分月课程》列为"西学书"的"最初应读之书"之一，⑤ 宋恕大加赞语，说"此书于地球万国古今政教源流，言之极有条理，我国人所不能为也"，"不可不细看一过，并宜广劝朋友、门生读之"。⑥

第三个途径是邮购。自从现代邮政在温州出现以后，邮购使成为民众获取新式图书的一个非常便捷的手段。刘之屏记述了一个传统的生员是如何通过邮购西

---

① （清）宋恕：《外舅孙止庵师学行略述》，（清）宋恕：《宋恕集》，中华书局1993年版，第325页。

② （清）孙诒让：《致汪穰卿书十一通·二》，（清）孙诒让：《孙诒让遗文辑存》，张宪文辑，浙江人民出版社1990年版，第93页。

③ 张棡：《张棡日记》，俞雄选编，上海社会科学院出版社2003年版，第85—86页。

④ 张棡：《张棡日记》，温州市图书馆编：《温州市图书馆藏日记稿钞本丛刊》，中华书局2017年版，第7480页。

⑤ （清）梁启超：《读书分月课程》，（清）梁启超：《饮冰室专集》第5册，台湾中华书局1987年版，第11页。

⑥ （清）宋恕：《致贵翰香书》，（清）宋恕：《宋恕集》，中华书局1993年版，第532—533页。

方自然科学书籍，潜心钻研，从而变成现代的“知识分子”：

> 通商以来，泰西声、光、电诸学传入中国。英人傅兰雅开格致书院于沪上，①（陈荃）先生首购其书读之，②遇有疑难，函相问答。……当兹时局纷更，风气变易，专守国学恐不足应时济变。于是广购西籍译本，及周髀、几何等书，潜心钻研有得。开馆招生徒，尝诏诸生而教之曰：“生今之世，决非几句烂时文便能了事，诸生当作世界观，毋拘拘守兔园册子也。”闻者无不骇异。③

新学知识进入温州后如何流布开来，却有赖于各种各样的团体，包括当时的新式学校，如学计馆、瑞安中学堂和温州府中学堂等，当时的学堂不是一般的教育机构，也是一个传播新知识、新思想和新文化的桥头堡，更是在相当程度地介入地方社会的一股政治力量。因此这里把学校视为团体的一种。

第一个团体是平阳的颜李之学实践团体。金晦本人可以通过书信从居住上海的黄庆澄、宋恕那里获得新知，那么如何能够散播这些新知？这就要靠那个颜李之学的团体，④刘绍宽回忆光绪十五年（1889）前后那个时候，写道：

> 是时局势日变，新学萌芽，吾乡宋平子衡在上海大倡广兴西学之说，黄源初与之游，屡有信与稚师，师辄同以相示，于是知经世之务不在乎戋戋之科举，而思想益为变迁。盖余自志学以后，至此始一转乎。⑤

第二个团体是利济医学堂。利济医学堂于光绪二十二年（1896）冬创设了《利济学堂报》。《利济学堂报》首先是医学的专业报纸，该报声明“本报原出利

---

① 格致书院校址在英租界福州路元芳花园北首，由傅兰雅（1839—1928）和徐寿创建于清同治十三年（1874）。格致书院于清光绪二年（1876）落成，同时建成的还有博物馆和藏书楼各一座。格致书院的课程类目文要有六：一是矿务，二是电学，三是测绘，四是工程，五是汽机，六是制造。这六类专业，皆以数学为基础课程，在精熟几何、代数、三角等学说的基础上，才可研习专门功课。

② 陈荃（1833—1881），字荪卿，号秋樵，廪生，柳市镇鲤岙人，科第世家。

③（清）刘之屏：《盗天庐集》，袁国唐校注，线装书局2012年版，第10页。

④ 这个团体形成于1888年，参见拙文：《晚清趋新士人的文化资本、关系网络与社会权力——透视平阳刘绍宽的人生旅程》，《历史教学问题》2013年第6期。

⑤ 王理孚：《王理孚集》，张禹、陈盛奖编注，上海社会科学院出版社2006年版，第173页。黄源初，即黄庆澄，曾于1893年游历日本，著有《东游日记》，孙诒让为之作序。

济医院学堂，故医学独详”。但它又是一份思想性很强的报纸，陈虬在给汪康年的信中说：“宗旨虽出于医，而推广义类，针起聋瞽之意，猥与贵报变法、论学相与经纬。”[①] 它鼓吹变法维新甚力，这从该报的十二个专栏设置中也可见一斑。《报例》十二项为：（1）利济讲义，（2）近政备考，（3）时事鉴要，（4）洋务掇闻，（5）学蔀新录，（6）农学琐言，（7）艺事稗乘，（8）商务丛谈，（9）格致卮言，（10）见闻近录，（11）利济外乘，（12）经世文传。[②] 它除第一部分属于医学专业内容外，其他部分涵盖面非常之大。

第三个团体是学计馆。光绪二十一年（1895），孙诒让等创建算学书院，次年更名学计馆。课程有算学、国文、时事、西方名著、格致理论诸科。[③] 其中西方名著所介绍的就是新知，而所设的现代数学知识更是最典型的“西学”。

第四个团体是方言馆。光绪二十三年（1897），项申甫、条甫兄弟，仿上海之例，创办方言馆，教授外文。设英文、日文两班，兼及外国史地。[④] 英文、日文作为一种语言绝不仅仅是一种交流的工具，更是一种文化载体。这两种语言承载了外域文化，学习英文、日文是对外域文化的体悟。

第五个团体是上海务农总会瑞安支会。光绪二十三年（1897）春，朝廷下振兴农务之诏，浙江各地闻风兴起。黄绍箕、黄绍第、孙诒让等在瑞安发起组织“农学会”，后与上海务农总会取得联系后，改名上海务农总会瑞安支会。黄氏昆仲任正副会长，孙诒让司宣传事务。务农会招收会员，筹集股金，购地试种湖桑、瓯柑。根据总会“采用西法，以兴天地自然之利；讲求农学，以植国家富强之原”的宗旨，创办《农学报》，翻译农书，开办学堂，研究推广西方农艺、蚕桑、畜牧和新型农具等，着手改良地方农作。[⑤] 其他会员还有陈虬、洪炳文、周仲龙、章味三、郭嘏斋、池仲鳞、许仲笙、林和叔、陈式卿、王雪璞、杨笑沧、

① （清）陈虬：《致汪康年书四通》，（清）陈虬：《陈虬集》，浙江人民出版社1992年版，第347页。

② 参见胡珠生：《陈虬年谱》，（清）陈虬：《陈虬集》，胡珠生辑，浙江人民出版社1992年版，第473页。

③ 朱璋：《清季瑞安、温州、乐清办学简况》，乐清县政协文史资料工作组：《乐清文史资料》第一辑，1984年。

④ 朱璋：《清季瑞安、温州、乐清办学简况》，乐清县政协文史资料工作组：《乐清文史资料》第一辑，1984年。

⑤ 瑞安地方志编纂委员会：《瑞安市志》，中华书局2003年版，第1624页。

鲍稚琴、洪寿林和伍小园等。[①] 这个组织以及所创办的报纸在瑞安乃至于温州传播西方实用农学知识。

第六个团体是瑞平化学学堂。光绪二十五年（1899）二月，孙诒让与同里金晦、平阳杨愚痠、吴雾庵等集捐千金，创办瑞平化学堂于郡城。孙氏手记《瑞平化学堂缘起》说："迩来中土士大夫始知自强之原莫先于兴学，内而京师大学堂，外而各行省公私学堂林立，无不以化学为首务，而温州独未有兴者，斯不可谓非缺典（疑应为'点'——引者）也。"[②] 化学也是最"正宗"的新学。

第七个团体是天算学社。光绪二十五年（1899）三月，瑞安学计馆部分学生与馆外治算学者，议略仿上海算学会办法，共同组织天算学社，以进行集体研究，推孙冲为社长。孙诒让撰序以示鼓励。序云："泰西教学修明，冥符古谊，通都大邑，率有算学之会，极深洞微，自相师友，新率捷式，日出不穷，斯则俦学之大效也。迩来吾乡学者，多涉西学，而治算者尤盛。然绸书布策，闭门独笑，虽用志不纷，而鲜渐摩论难之益，则以学会之意未甚明也。"[③] 虽然算学自古就有，但现在人们要学习的是来自"泰西"的作为西学的数学。

第八个团体是瑞安演说会。光绪二十八年（1902），从林文潜、孙诒棫和孙延曙（孙诒泽子）之建议，创办瑞安演说会，当时参加为会员者，有余松舫、薛玉波、胡友松、吴之翰、林养素等四五十人。孙诒让为会长。每月朔、望开常会，召集城区、郊区学堂师生、绅商、农工各界到会听讲。演说分"议论之部"和"述告之部"两类。"议论之部"的内容有：（1）德义，（2）科学知识，（3）县政兴革，（4）农工商实业。"述告之部"的内容有：（1）中外历史，（2）中外时事，（3）地方新闻，（4）通俗小说。演说会对一县风气的开通有相当的影响。[④] 它可能让西方知识和精英思想真正下行到社会的基层。

---

① 胡珠生：《陈虬年谱》，（清）陈虬：《陈虬集》，胡珠生辑，浙江人民出版社 1992 年版，第 474 页。

② （清）孙诒让：《孙诒让遗文辑存》，张宪文辑，浙江人民出版社 1990 年版，第 296 页。

③ （清）孙诒让：《瑞安天算学社序》，（清）孙诒让：《孙诒让遗文辑存》，张宪文辑，浙江人民出版社 1990 年版，第 293 页。社长孙冲，原名延绶。孙诒让从弟诒燕之季子。孙冲在数学方面有很高的造诣，宋恕《孙诒燕行述》中有言，"四弟延绶，夙通畴人之学"［（清）宋恕：《宋恕集》，胡珠生编，中华书局 1993 年版，第 463 页］。一度似有请孙锵鸣向上海道推荐任教上海广方言馆之意（《宋恕集》，第 687 页）。孙诒让《瑞安天算学社序》中说："古之达士，知天圆而通九数者，谓之畴人。"

④ 孙延钊：《孙衣言孙诒让父子年谱》，上海社会科学院出版社 2003 年版，第 305 页。

二、士人“知识仓库”的更新

阅读新式书刊获取新知，对于士大夫来说并不仅仅是一种纯知识的兴趣。维新变法开始后，科举内容中要添加西学之传说日甚一日；科举为功名利禄所系，实为推动士人阅读报刊的强大动力。孙诒让在光绪二十三年（1897）致汪康年的信中说：

> 敝里阅报之人，弟率稔知其人。盖慨时事之危迫，爱玩钦服者十之一二，而闻有科举变法之说，假此揣摩为场屋裹挟之册者，十之七八，其真能潜研精讨以究中西治乱、强弱之故者，无一也。[①]

此后，清末新政开始（1901），宣布废除科举（1905），经过两波推动，阅览新式报刊蔚为大潮。尽管阅读报刊是为了博取功名，或是为了获得薪水优厚的新式学堂教员的职位，但新式书刊毕竟促成了士人们“知识仓库”的更新。

孙诒让由于早年跟父亲宦游江南，又由于其崇高的学术声望，他在全国各地拥有深广的人脉，因此他可以通过多种渠道获得大量新式书刊。据《孙衣言孙诒让父子年谱》，自光绪十三年（1887）起，孙诒让订阅上海《申报》和《万国公报》。自光绪二十年（1894）起，订阅《新闻报》。光绪二十二年（1896），孙氏得李提摩太、蔡尔康译《泰西新史揽要》及《附记》，阅览一过，撮其史事之尤大者，别录成册，曰《泰西史约》，交学计馆印发学生，作为课余读物。光绪二十三年（1897），上海友人寄赠《蒙学报》；杭州友人寄赠《经世报》；湖南长沙友人寄赠《湘报》及南学会之《湘学新报》。向天津订阅《国闻报》《国闻汇报》，向澳门订阅《知新报》，向上海订阅《实学报》和《译书公会报》。光绪二十四年（1898），梁卓如（启超）亡命日本，旋以所创《清议报》旬刊自横滨寄赠。光绪二十七年（1901），梁卓如自日本寄赠《新民丛报》。孙氏向上海订阅《教育世界》杂志和商务印书馆出版之《外交报》，向杭州订阅《白话报》。

与孙诒让相比，张棡阅读新学报刊要迟得多。这一方面是由于他关心时事，但也可能是因科举内容更新的传言才闻风而动的。从他的日记看，最早的相关记载是光绪二十一年（1895）二月十二日日记：“仲玥送陈君志三《治平通议》及

① 上海图书馆编：《汪康年师友书札》(2)，上海古籍出版社1986年版，第1472页。

《报国录》来阅，因浏览至三更后始睡。”[①] 第二天又记：“昨阅《申报》，旅顺及山东威海卫均被夺”，“买舟过头陀寺游玩……于舟中阅《申报》及《治平通议》。[②] 从张棡日记中看到新式报刊，既有上海、北京和天津等地出版的大报《申报》《时务报》《湘学报》《新闻报》《清议报》《中外日报》《万国公报》《蒙学报》《国粹报》《小说日报》《教育杂志》《新青年》等，也有本省乃至本地刊行的《浙江日报》《杭州国民报》《浙瓯日报》《瓯风杂志》《瓯江报》《瑞安新闻报》等。阅读的时人著述，有魏源《海国图志》、郑观应《盛世危言》、宋恕《六字课斋卑议》、陈虬《治平通议》、梁启超《清代学术概论》、吕思勉《白话中国通史》、严复译著《天演论》《原富》，以及《西史纲目》《中东战纪本末》《欧洲列国战事本末》等。而且，其所在的地方，似乎很容易买到或读到这些新学书报。如创刊于光绪二十二年七月初一日（1896 年 8 月 9 日）的维新报刊《时务报》，他于七月二十七日函托友人购买，八月十三日日记即表示已取到前四册。[③] 创刊于光绪二十六年十月初八日（1900 年 11 月 29 日）的近代第一份综合性科学期刊《亚泉杂志》，十二月十三日日记表示已从友人处获阅。[④]

表 7–1 是刘绍宽《厚庄日记》中所见的读书情况。

表 7–1 1888—1911 年刘绍宽日记中所见阅读书报记录

年份	月	日	地点	书报	性质	页码
光绪十四年（1888）	正月	初一	平阳	《随园诗话》	旧学	1
光绪十四年（1888）	正月	十一	平阳	《东莱博议》	旧学	2
光绪十四年（1888）	四月	廿二	平阳	《颜氏家训》	旧学	6
光绪十四年（1888）	五月	廿三	平阳	《颜氏学记》	旧学	7
光绪十五年（1889）	三月	十三	平阳	方书	旧学	13
光绪十五年（1889）	四月	十九	平阳	《淮南子》	旧学	18
光绪十五年（1889）	四月	十九	平阳	《曲礼》	旧学	18
光绪十五年（1889）	七月	廿五	平阳	《韩诗外传》	旧学	21
光绪十五年（1889）	七月	廿五	平阳	《春秋繁露》	旧学	21
光绪十五年（1889）	九月	初一	平阳	《孟子》	旧学	23

① 张棡：《张棡日记》，俞雄选编，上海社会科学院出版社 2003 年版，第 22 页。
② 张棡：《张棡日记》，俞雄选编，上海社会科学院出版社 2003 年版，第 23 页。
③ 张棡：《张棡日记》，俞雄选编，上海社会科学院出版社 2003 年版，第 32 页。
④ 张棡：《张棡日记》，俞雄选编，上海社会科学院出版社 2003 年版，第 68 页。

续表

年份	月	日	地点	书报	性质	页码
光绪十五年（1889）	九月	初四	平阳	《曾子注释》	旧学	23
光绪十六年（1890）	闰二月	初六	平阳	《四书反身录》	旧学	27
光绪十六年（1890）	闰二月	廿二	平阳	《淮南子》	旧学	28
光绪十六年（1890）	闰二月	廿二	平阳	《孟子》	旧学	28
光绪十六年（1890）	闰二月	廿二	平阳	《礼记·礼运》	旧学	28
光绪十六年（1890）	三月	廿七	平阳	《淮南子》	旧学	29
光绪十六年（1890）	七月	初九	平阳	《礼记·仲尼燕居》	旧学	31
光绪十六年（1890）	七月	初九	平阳	《禹贡锥指》	旧学	31
光绪十六年（1890）	七月	初九	平阳	《身理启蒙》	新学	31
光绪十六年（1890）	七月	十五	平阳	《东观汉记》	旧学	32
光绪十六年（1890）	七月	十五	平阳	《命解》	旧学	32
光绪十六年（1890）	七月	十五	平阳	《骰子选》	旧学	32
光绪十六年（1890）	九月	十一	平阳	《湖山便览》	旧学	34
光绪十七年（1891）	正月	初二	平阳	制艺《行远集》文二篇	旧学	37
光绪十七年（1891）	正月	初八	平阳	制艺名家及墨卷	旧学	37
光绪十七年（1891）	正月	初八	平阳	《论语》	旧学	37
光绪十七年（1891）	正月	初八	平阳	《礼记》	旧学	37
光绪十七年（1891）	正月	初八	平阳	《本草》	旧学	38
光绪十七年（1891）	正月	廿三	平阳	《明鉴》	旧学	39
光绪十七年（1891）	二月	十七	平阳	《周易微言》	旧学	40
光绪十七年（1891）	三月	十六	平阳	《韩非子》	旧学	41
光绪十七年（1891）	三月	十六	平阳	《左传》	旧学	41
光绪十七年（1891）	四月	初八	平阳	《读书作文谱》	旧学	42
光绪十七年（1891）	五月	初一	平阳	《后汉书》	旧学	43
光绪十七年（1891）	五月	十一	平阳	《后汉书》	旧学	43
光绪十七年（1891）	五月	十一	平阳	《论语》	旧学	44
光绪十七年（1891）	五月	十一	平阳	《三国志》	旧学	45
光绪十七年（1891）	五月	十六	平阳	《四书反身录》	旧学	45
光绪十七年（1891）	五月	十六	平阳	《后汉书》	旧学	45
光绪十七年（1891）	六月	初一	平阳	《申报》	新学	46
光绪十七年（1891）	六月	廿三	平阳	《后汉书》	旧学	47

续表

年份	月	日	地点	书报	性质	页码
光绪十七年（1891）	六月	廿八	平阳	曾文正课程十二条	旧学	48
光绪十七年（1891）	八月	二十	平阳	《物理小识》	旧学	49
光绪十七年（1891）	九月	廿一	平阳	《物理小识》	旧学	50
光绪十八年（1892）	正月	廿七	平阳	《仪礼》	旧学	55
光绪十八年（1892）	正月	廿七	平阳	《说文》	旧学	55
光绪十八年（1892）	三月	十三	平阳	《仪礼》	旧学	57
光绪十八年（1892）	三月	十三	平阳	《说文》	旧学	57
光绪十八年（1892）	三月	十三	平阳	《明诗别裁》	旧学	57
光绪十八年（1892）	三月	十三	平阳	《唐人万首绝句选》	旧学	57
光绪十九年（1893）	正月	初五	平阳	《命理正宗》	旧学	66
光绪十九年（1893）	正月	廿五	平阳	《说文》	旧学	67
光绪十九年（1893）	正月	廿八	平阳	《古大学注疏》	旧学	67
光绪十九年（1893）	二月	初一	平阳	《大学注疏》	旧学	67
光绪十九年（1893）	二月	初一	平阳	《九谷考》	旧学	67
光绪十九年（1893）	二月	初七	平阳	《左传》	旧学	68
光绪十九年（1893）	三月	初六	平阳	《第十二次环游地球记》	新学	69
光绪十九年（1893）	三月	初六	平阳	《申报》	新学	69
光绪十九年（1893）	三月	十七	平阳	《颜氏学记》	旧学	69
光绪十九年（1893）	三月	三十	平阳	《大学注》	旧学	70
光绪十九年（1893）	四月	初二	平阳	《虞氏易》	旧学	70
光绪十九年（1893）	七月	初一	平阳	《随园诗话》	旧学	72
光绪十九年（1893）	八月	初三	平阳	《宋史》	旧学	74
光绪十九年（1893）	八月	初六	平阳	《大学注》	旧学	75
光绪十九年（1893）	八月	初七	平阳	《大学》	旧学	75
光绪十九年（1893）	八月	初八	平阳	《左传》	旧学	75
光绪十九年（1893）	八月	十八	平阳	《申报》	新学	76
光绪十九年（1893）	十一月	十二	平阳	《四书讲》	旧学	80
光绪二十年（1894）	正月	十九	平阳	《元真子》	旧学	85
光绪二十年（1894）	正月	廿二	平阳	《颜氏家训》	旧学	85
光绪二十年（1894）	正月	廿七	平阳	《治平通议》	新学	85
光绪二十年（1894）	二月	初九	平阳	《申报》	新学	86

续表

年份	月	日	地点	书报	性质	页码
光绪二十年（1894）	二月	十六	平阳	《申报》	新学	87
光绪二十年（1894）	二月	十八	平阳	《拜经日记》	旧学	88
光绪二十年（1894）	三月	十二	平阳	《申报》	新学	91
光绪二十年（1894）	四月	十五	平阳	《左传纂钞》	旧学	94
光绪二十年（1894）	四月	十七	平阳	《世语补》	旧学	96
光绪二十年（1894）	十一月	初一	平阳	《申报》	新学	103
光绪二十年（1894）	十一月	初六	平阳	《申报》	新学	104
光绪二十年（1894）	十一月	十三	平阳	《申报》	新学	104
光绪二十一年（1895）	正月	初七	平阳	《申报》	新学	104
光绪二十一年（1895）	正月	十五	平阳	《申报》	新学	110
光绪二十一年（1895）	二月	初七	平阳	《申报》	新学	112
光绪二十一年（1895）	二月	十四	平阳	《申报》	新学	113
光绪二十一年（1895）	三月	初九	平阳	《申报》	新学	115
光绪二十一年（1895）	四月	廿四	平阳	《韩非子》	旧学	117
光绪二十一年（1895）	六月	十九	平阳	《申报》	新学	123
光绪二十一年（1895）	六月	廿九	平阳	《申报》	新学	124
光绪二十一年（1895）	九月	廿一	平阳	《申报》	新学	128
光绪二十一年（1895）	十月	十八	平阳	《经世文续编》	旧学	131
光绪二十一年（1895）	十二月	初九	平阳	《申报》	新学	134
光绪二十二年（1896）	正月	初三	平阳	《太鹤山人诗集》	旧学	137
光绪二十二年（1896）	正月	初五	平阳	《太鹤山人诗集》	旧学	137
光绪二十二年（1896）	正月	初六	平阳	《太鹤山人诗集》	旧学	137
光绪二十二年（1896）	正月	初十	平阳	《太鹤山人诗集》	旧学	138
光绪二十二年（1896）	正月	十一	平阳	《〈瀛奎律髓〉刊误》	旧学	138
光绪二十二年（1896）	正月	十五	平阳	《〈瀛奎律髓〉刊误》	旧学	138
光绪二十二年（1896）	正月	十八	平阳	《申报》	新学	138
光绪二十二年（1896）	五月	十二	温州	《康斋学案》	旧学	144
光绪二十二年（1896）	五月	廿六	平阳	《明儒学案》	旧学	145
光绪二十二年（1896）	六月	廿四	平阳	《三朝墨准》	旧学	149
光绪二十二年（1896）	六月	廿四	平阳	《才调集》	旧学	149
光绪二十二年（1896）	六月	廿五	平阳	《明儒学案》	旧学	149

续表

年份	月	日	地点	书报	性质	页码
光绪二十二年（1896）	六月	廿五	平阳	《国朝学案小识》	旧学	149
光绪二十二年（1896）	七月	初一	平阳	《宋元学案》	旧学	150
光绪二十二年（1896）	八月	初三	平阳	《治心免病法》	新学	152
光绪二十二年（1896）	九月	初九	平阳	《时务报》	新学	155
光绪二十三年（1897）	八月	廿六	北京	《无邪堂问答》	新学	168
光绪二十三年（1897）	九月	廿二	平阳	《命理正宗》	旧学	170
光绪二十三年（1897）	九月	廿七	平阳	《湘学报》	新学	170
光绪二十四年（1898）	正月	初六	平阳	《明儒学案测议》	旧学	177
光绪二十四年（1898）	二月	十一	平阳	《明儒学案测议》	旧学	180
光绪二十四年（1898）	二月	十一	平阳	《四书绎》	旧学	180
光绪二十四年（1898）	二月	十七	平阳	《明儒学案测议》	旧学	181
光绪二十四年（1898）	二月	二十	平阳	《郁离子》	旧学	182
光绪二十四年（1898）	三月	初七	平阳	《论学》	旧学	184
光绪二十四年（1898）	三月	初八	平阳	《明儒学案测议》	旧学	185
光绪二十四年（1898）	七月	十一	平阳	《补身延寿法》	新学	212
光绪二十四年（1898）	七月	十一	平阳	《宋元学案》	旧学	212
光绪二十四年（1898）	七月	十二	平阳	《补身延寿法》	新学	212
光绪二十四年（1898）	七月	十三	平阳	《明夷待访录》	旧学	213
光绪二十四年（1898）	七月	十三	平阳	《宋元学案》	旧学	213
光绪二十四年（1898）	七月	十三	平阳	《补身延寿法》	新学	213
光绪二十四年（1898）	七月	十五	平阳	《时务报》	新学	214
光绪二十四年（1898）	七月	十五	平阳	《湘学报》	新学	214
光绪二十四年（1898）	七月	十七	平阳	《东塾读书记》	旧学	216
光绪二十四年（1898）	七月	十八	平阳	《东塾读书记》	旧学	216
光绪二十四年（1898）	七月	二十	平阳	《时报》	新学	217
光绪二十四年（1898）	七月	二十	平阳	《东塾读书记》	旧学	217
光绪二十四年（1898）	七月	廿一	平阳	《东塾读书记》	旧学	218
光绪二十四年（1898）	七月	廿四	平阳	《时务报》	新学	218
光绪二十四年（1898）	七月	廿九	平阳	《大东合邦新义》	新学	219
光绪二十四年（1898）	八月	初四	平阳	《俄土战记》	新学	220
光绪二十四年（1898）	八月	初五	平阳	《俄土战记》	新学	220

续表

年份	月	日	地点	书报	性质	页码
光绪二十四年（1898）	八月	初五	平阳	《文学兴国策》	新学	220
光绪二十四年（1898）	八月	初十	平阳	《春秋、孟子界说》	旧学	221
光绪二十四年（1898）	八月	初十	平阳	《宋元学案》	旧学	221
光绪二十四年（1898）	八月	十一	平阳	《时务报》	新学	221
光绪二十四年（1898）	八月	十二	平阳	《文学兴国策》	新学	221
光绪二十四年（1898）	八月	廿三	平阳	《申报》	新学	222
光绪二十四年（1898）	八月	廿七	平阳	《申报》	新学	223
光绪二十四年（1898）	八月	廿九	平阳	《宋元学案》	旧学	223
光绪二十四年（1898）	九月	初五	平阳	《宋元学案》	旧学	223
光绪二十四年（1898）	九月	初六	平阳	《宋元学案》	旧学	224
光绪二十四年（1898）	九月	初九	平阳	《宋元学案》	旧学	224
光绪二十四年（1898）	十月	初五	平阳	《保富述要》	新学	226
光绪二十四年（1898）	十月	廿六	平阳	《周礼注》	旧学	227
光绪二十四年（1898）	十月	廿六	平阳	《昌黎集》	旧学	227
光绪二十四年（1898）	十一月	初四	平阳	《几何原本》	新学	229
光绪二十四年（1898）	十二月	一八	平阳	《宋元学案》	旧学	231
光绪二十四年（1898）	十二月	一八	平阳	《清议报》	新学	231
光绪二十五年（1899）	正月	初一	平阳	《周易》	旧学	232
光绪二十五年（1899）	正月	初二	平阳	《几何原本》	新学	232
光绪二十五年（1899）	正月	初三	平阳	《几何原本》	新学	232
光绪二十五年（1899）	正月	初四	平阳	《几何原本》	新学	232
光绪二十五年（1899）	正月	初五	平阳	《宋元学案》	旧学	232
光绪二十五年（1899）	正月	初六	平阳	《宋元学案》	旧学	232
光绪二十五年（1899）	正月	初七	平阳	《宋元学案》	旧学	233
光绪二十五年（1899）	正月	初九	平阳	《宋元学案》	旧学	233
光绪二十五年（1899）	正月	初十	平阳	《宋元学案》	旧学	233
光绪二十五年（1899）	正月	初十	平阳	《几何原本》	新学	233
光绪二十五年（1899）	正月	十二	平阳	《宋元学案》	旧学	233
光绪二十五年（1899）	正月	十九	平阳	《宋元学案》	旧学	234
光绪二十五年（1899）	正月	廿六	平阳	《万国公报》	新学	235
光绪二十五年（1899）	正月	廿八	平阳	《几何原本》	新学	236

续表

年份	月	日	地点	书报	性质	页码
光绪二十五年（1899）	正月	廿八	平阳	《学算笔谈》	新学	236
光绪二十五年（1899）	二月	初二	平阳	《几何原本》	新学	237
光绪二十五年（1899）	二月	初二	平阳	《学算笔谈》	新学	237
光绪二十五年（1899）	三月	十二	平阳	任钧台时文	旧学	243
光绪二十五年（1899）	三月	十六	平阳	《富国策辨》	新学	243
光绪二十五年（1899）	三月	十六	平阳	《养蒙正轨》	新学	244
光绪二十五年（1899）	三月	廿九	平阳	《碑版广例》	旧学	244
光绪二十五年（1899）	三月	三十	平阳	《碑版广例》	旧学	244
光绪二十五年（1899）	四月	初一	平阳	《碑版广例》	旧学	245
光绪二十五年（1899）	五月	初十	平阳	《碑版广例》	旧学	246
光绪二十五年（1899）	五月	十四	平阳	《东塾读书记》	旧学	246
光绪二十五年（1899）	五月	廿四	平阳	全谢山《张仓水神道碑》	旧学	248
光绪二十五年（1899）	五月	廿五	平阳	《日本国志》	新学	248
光绪二十五年（1899）	六月	初一	平阳	《清议报》	新学	251
光绪二十五年（1899）	六月	初八	平阳	《明儒学案》	旧学	252
光绪二十五年（1899）	六月	十一	平阳	《日本国志》	新学	252
光绪二十五年（1899）	六月	十三	平阳	《明儒学案》	旧学	252
光绪二十五年（1899）	七月	三十	平阳	《说文释例》	旧学	257
光绪二十五年（1899）	八月	初七	平阳	《申报》	新学	258
光绪二十五年（1899）	八月	廿九	平阳	《鸿雪因缘图记》	旧学	259
光绪二十六年（1900）	正月	廿五	平阳	《几何原本》	新学	276
光绪二十六年（1900）	正月	廿五	平阳	《明儒学案》	旧学	276
光绪二十六年（1900）	三月	十五	平阳	《翼教丛编》	旧学	278
光绪二十六年（1900）	三月	二十	平阳	《翼教丛编》	旧学	279
光绪二十六年（1900）	四月	十七	平阳	《申报》	新学	281
光绪二十六年（1900）	四月	廿二	平阳	《申报》	新学	281
光绪二十六年（1900）	五月	廿七	平阳	《申报》	新学	283
光绪二十六年（1900）	五月	廿八	平阳	《申报》	新学	283
光绪二十六年（1900）	十月	初五	平阳	《申报》	新学	303
光绪二十六年（1900）	十月	廿九	平阳	《古文雅正》	旧学	305
光绪二十七年（1901）	正月	廿三	平阳	《第六弦溪文集》	旧学	314

续表

年份	月	日	地点	书报	性质	页码
光绪二十七年（1901）	二月	初八	平阳	《申报》	新学	316
光绪二十七年（1901）	二月	十四	平阳	《杨少蓉书倭艮峰敬陈治本疏》	旧学	318
光绪二十七年（1901）	八月	十二	平阳	《古文渊鉴》	旧学	321
光绪二十八年（1902）	四月	十九	平阳	《中国改革新政论议》	新学	325
光绪二十八年（1902）	五月	初七	平阳	《泰西新史揽要》	新学	327
光绪二十八年（1902）	五月	初七	平阳	《熙朝纪政》	旧学	327
光绪二十八年（1902）	五月	初七	平阳	《原强》	新学	327
光绪二十八年（1902）	六月	十五	平阳	《教授学》	新学	330
光绪二十八年（1902）	七月	十八	平阳	《说铃》	旧学	331
光绪二十八年（1902）	七月	十八	平阳	《莼乡随笔》	旧学	331
光绪二十八年（1902）	七月	十八	平阳	《觚剩》	旧学	331
光绪二十八年（1902）	八月	初二	平阳	《述异》	旧学	333
光绪二十八年（1902）	十月	初一	平阳	《泰西哲言》	新学	335
光绪二十九年（1903）	十月	初六	上海	《南山集》	旧学	339
光绪二十九年（1903）	十月	初六	上海	《名理探》	新学	339
光绪二十九年（1903）	十月	十一	上海	《名理探》	新学	340
光绪二十九年（1903）	十月	十六	上海	《国民日日报》	新学	341
光绪二十九年（1903）	十月	十七	上海	《中外日报》	新学	341
光绪二十九年（1903）	十一月	初六	平阳	《新闻报》	新学	349
光绪二十九年（1903）	十一月	二十	平阳	《俄事警闻》	新学	352
光绪三十年（1904）	正月	初一	平阳	《名学》	新学	357
光绪三十年（1904）	正月	初二	平阳	《毛诗》	旧学	357
光绪三十年（1904）	正月	十八	平阳	《新闻报》	新学	360
光绪三十年（1904）	三月	初三	平阳	《理学钩玄》	新学	364
光绪三十年（1904）	三月	十八	平阳	《理学钩玄》	新学	366
光绪三十年（1904）	四月	十九	平阳	《理学钩玄》	新学	370
光绪三十年（1904）	四月	三十	平阳	《理学钩玄》	新学	372
光绪三十年（1904）	五月	初二	平阳	《理学钩玄》	新学	374
光绪三十年（1904）	六月	十二	平阳	《外交报》	新学	378
光绪三十年（1904）	六月	十三	平阳	《外交报》	新学	378
光绪三十年（1904）	七月	初三	平阳	《外交报》	新学	379

续表

年份	月	日	地点	书报	性质	页码
光绪三十年（1904）	八月	十二	上海	《日报》	新学	383
光绪三十一年（1905）	九月	初二	平阳	《申报》	新学	405
光绪三十一年（1905）	十月	初三	温州	《申报》	新学	411
光绪三十二年（1906）	正月	廿五	温州	《原富》	新学	421
光绪三十二年（1906）	二月	十八	温州	《学校管理法》	新学	424
光绪三十二年（1906）	二月	二十	温州	《教育丛书》中《管理法》诸种	新学	424
光绪三十二年（1906）	三月	十二	平阳	《明本释》	旧学	428
光绪三十二年（1906）	五月	初一	温州	《商务报》	新学	440
光绪三十二年（1906）	六月	二十	温州	《五大洲女俗通考》	新学	447
光绪三十四年（1908）	十月	廿二	温州	《周礼义疏》	旧学	470
光绪三十四年（1908）	十月	廿四	温州	《周官正义》	旧学	470
光绪三十四年（1908）	十月	廿五	温州	《周官正义》	旧学	471
宣统二年（1910）	六月	十七	温州	《新民丛报》	新学	506
宣统二年（1910）	六月	廿三	平阳	《金刚经》	旧学	508
宣统三年（1911）	五月	十七	温州	《弥陀疏钞》	旧学	533
宣统三年（1911）	五月	十八	温州	《弥陀疏钞》	旧学	533
宣统三年（1911）	五月	廿四	温州	《弥陀疏钞》	旧学	533
宣统三年（1911）	五月	廿五	温州	《弥陀疏钞》	旧学	533

从表 7–2、图 7–1[①] 中我们可以看到刘绍宽新旧杂陈的阅读状况。

表 7–2　1888—1911 年刘绍宽日记中所载阅读数量统计

年份	1888	1889	1890	1891	1892	1893	1894	1895	1896	1897	1898
旧学	4	7	11	20	6	15	5	2	13	1	23
新学	0	0	1	1	0	3	7	9	3	2	18
年份	1899	1900	1901	1902	1903	1904	1905	1906	1908	1910	1911
旧学	19	4	3	5	1	1	0	1	3	1	4
新学	15	6	1	5	6	11	2	5	0	1	0

① 表 7–2、图 7–1 中统计的中西学阅读以书报出现次数为计数单位，在一段时间内，同一种书报出现几次，即计为几个单位。举例：《申报》在一周内出现两次，即计为两个单位。另外，1907 年、1909 年刘绍宽没有在日记中记载阅读情况，因此表 7–2 与图 7–1 中没有列出这两年。

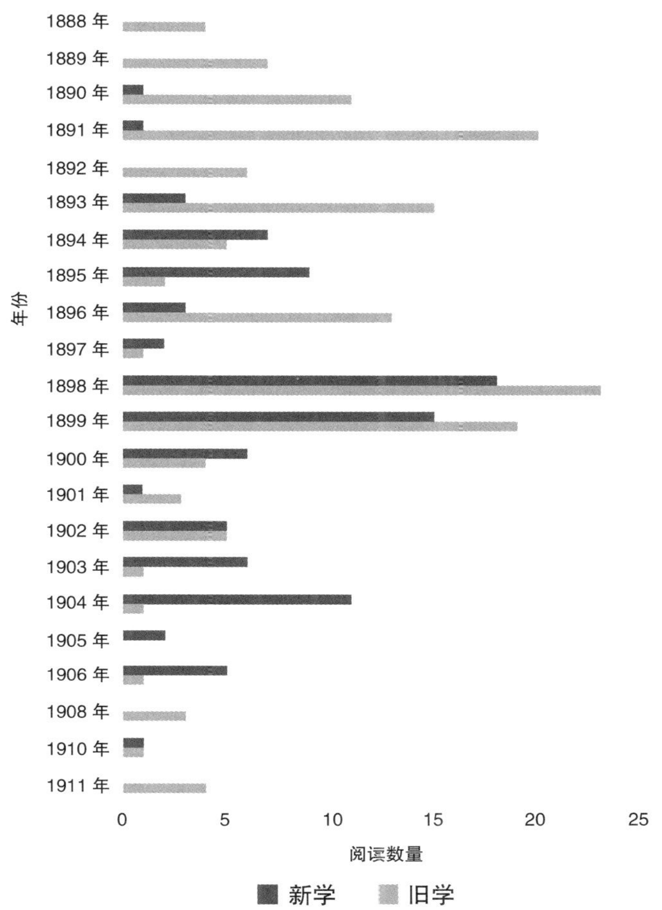

图 7-1　1888—1911 年刘绍宽日记所载阅读数量统计图

从图表当中可以看出，刘绍宽的阅读选择往往与外部时局有关。以 1895 年为例，由于甲午战争及其后《马关条约》的影响，“此年所录，多详中日事，经此刺激，颇发生国家思想”[①]。也正是在这一阶段（1894—1895），刘绍宽日记当中新学书报的阅读量首次超过了旧学，其中《申报》即占据了 93.75% 的比重（1894—1895 年，刘绍宽记录下的阅读新学书报总量为 16 次，其中《申报》出现 15 次），甚至大段抄录载于报端的时局情况，可见他与当时全国的读书人一样，对于国家的处境给予了高度关注，这一变化与他自幼年起即受到张家堡杨家家国情怀的熏陶有关，更与当时甲午战争带来的影响密不可分。

此外，图 7-1 还非常明显地反映出，在 1898 年与 1899 年两年中，刘绍宽

① 刘绍宽：《刘绍宽日记》，方浦仁、陈盛奖整理，中华书局 2018 年版，第 136 页。

的阅读量陡增，无论是旧学还是新学，都达到了他在清末二十余年间（1888—1911）的峰值，这无疑与国家时势与个人经历有关。当时，维新变法之说传播甚广，刘绍宽本人恰于1898年北上赴试，在京沪等地见闻既多，交游又广："是年（1898）因往来京沪，结识黄仲弢、宋燕生诸先生，获闻国学要领及中外政治之异同，且目睹康梁党狱之诡谲，刺激殊深，浩然有当世之志。"[①] 在这一年八月初五的夜晚，刘绍宽读了日本驻美公使森有礼编纂的《文学兴国策》，极受震动。这本书由美国著名传教士林乐知翻译，突出强调教育方法必须随着国家的发展而变化，日本的富国强兵正是因为教育制度的革新，中国应当采用新的学制以变法自强。这本书"受到甲午战争后社会、历史环境的影响，也对维新运动的变法改革产生影响"[②]，它对中国社会的影响不仅仅体现在教育方面，更为中国人在寻求救国出路之际指明了道路。刘绍宽在百日维新期间[③] 阅读这本书无疑与这一政治运动有关，也与他自身立足教育、关切国家相关联。"格致之实学，制造之新法，必期于通国皆知，又当以彼此交资之益教训斯民。"[④] 从这本书中，他肯定了学制与国家发展之间的关联，将其与中国现实联系了起来。以此为例，这些出于时势的需要推动他去阅读的新学书报，转过来帮助他获得了新知和报国路径。

因为戊戌变法和维新思想的影响，加上在京沪等地的交往见闻，刘绍宽得以接触到较以前更多的新学书报。在1898—1899年的日记当中，除了一直阅读的《申报》以外，出现了一些新的报刊。维新运动期间，刘绍宽阅读了不少维新派的报纸：《时务报》，主笔梁启超，以宣传维新变法、救亡图存为宗旨，是戊戌变法运动期间维新派重要刊物之一；[⑤]《湘学报》，由维新派江标、唐才常等人创办，主要介绍西方近代社会科学和自然科学知识，宣传维新变法。而在维新失败以后，刘绍宽依然对维新运动有着持续的关注，光绪二十五年（1899）六月初一的日记中留下了他阅读《清议报》的记录。《清议报》创刊于日本，是戊戌变法失

---

① 王理孚：《白沙刘先生年谱（未完稿）》，《王理孚集》，张禹、陈盛奖编注，上海社会科学院出版社2006年版，第186页。

② 卢明玉：《西人西学翻译与晚清救国良策的探索》，北京交通大学出版社2018年版，第78—79页。

③ 自光绪二十四年（1898）四月二十三日到八月初六。

④ 刘绍宽：《刘绍宽日记》，方浦仁、陈盛奖整理，中华书局2018年版，第322页。

⑤ 夏征农、陈至立主编，熊月之等编著：《大辞海·中国近现代史卷》，上海辞书出版社2013年版，第87页。

败后，康有为、梁启超在海外创办的第一份报纸，它以“主持清议、开发民智”[①]为宗旨，继续宣传维新思想。除了这些宣传维新派主张的报纸在日记记载中多次出现，《俄土战记》[②]《日本国志》[③]等也出现在他的阅读范围当中，可见他不仅关心着中国自身的政局变化，对于亚洲近邻也给予了注意。刘绍宽虽然没有明确表达他对维新运动和维新思想的态度，但他对于时势和新知的关注是显而易见的。

1899年以后，刘绍宽在日记中记载的阅读书籍数量有所下降，他在回顾自己1901年的经历时自评：“是后日记皆作辍不恒，盖身入事界，不复细密检点以自课，学业日荒，道德堕落，实自此始。”[④]因为身入事界，参与诸多地方事务，刘绍宽难以像以前一样在阅读上花费大量的时间。

三、士人的“观念变迁”

士人们在阅读新学书报过程中形成了新的思想，这些新思想以新概念、新名词的运用表现出来。越来越多的人认可了这些思想，并通过以这些新思想和新概念来理解世界，看待世界。我们要考察最先见之于康有为、梁启超和严复等思想精英的思想观念怎样进入温州地方普通读书人的生活世界。在这里，具体的考察对象主要有孙诒让、陈虬、张棡、刘绍宽和郑良治等人，因为我们重点关注士人对地方社会的影响，因宋恕的“在地性”稍嫌不足，故略去。

“爱国”一词在中国很早就出现，但历史上一般把“国”与“君”联系起来，国是诸侯的国、皇帝的国，所以元、明、清时候的士人赞颂文天祥是“忠君”而非“爱国”，或者可以说，“爱国”只能体现为“忠君”。由于甲午战争以后，中国所处的形势日趋严峻，维新运动以来，“爱国”这个词在报纸杂志上出现的频率很高，更重要的是“国”的内涵发生了很大的变化，“国”带有浓厚的现代民族国家的意思。提到国的时候，也很少直接跟皇帝联系在一起。1902年，梁启超在《论中国学术思想变迁之大势》一文中，最早提出作为一个整体民族的“中

---

① 郑天挺、荣孟源主编：《中国历史大辞典·清史卷》，上海辞书出版社1992年版，第669页。

② （清）林獬：《俄土战记》，《杭州白话报》第十一期（1901年9月27日）至十五期（1901年11月26日）连载。

③ 《日本国志》，黄遵宪著。作者在著作中旁征博引，连带叙及，议论纵横，寓意深远，包蕴了日本历史之外的许多内容。

④ 刘绍宽：《刘绍宽日记》，方浦仁、陈盛奖整理，中华书局2018年版，第322页。

华”和“中华民族”。[①] 光绪二十八年（1902）张棡从《新民丛报》抄录的梁启超《二十世纪太平洋歌》中就有“民族”字眼：“大风泱泱兮大潮滂滂，吾闻海国民族思想高尚以活泼。……吁嗟乎！今日民族帝国主义正跋扈，俎肉者弱食者强。”[②] 在有些时候，民族和国家似可互换，如“处民族竞争之世，而惟尚德不尚智，于优胜劣败之旨无当也”。[③] 宣统三年七月十三日记：“革故鼎新，武昌起义，倾倒专制，建立共和，为吾民族放一大异采。”[④] 这里则更加明确，国家就是“民族国家”。

孙诒让在光绪二十一年（1895）撰写的《兴儒会略例并序》中反复提到“爱国”。[⑤] 第二个使用“爱国”一词的是陈虬，光绪二十三年（1897）十月，他在探讨欧美国家强大的原因时说：“欧墨诸望国之强，不知者以为倚兵力，其知者以为由商务，乃其士民男女无不爱国，无不忠君，致为难也。”[⑥] 但他不知道欧美许多国家已经无“君”可忠，有些国家虽然有君，但已经属现代民族国家，君对国家不再具有象征意义。除了张棡光绪二十六年（1900）七月二十七提到爱国外，[⑦] 再往后谈爱国都是在八国联军战争和《辛丑条约》签订之后。光绪二十八年（1902）张棡读林纾翻译的小说《黑奴吁天录》（今译《汤姆叔叔的小屋》）时大为感动，认为这是一篇爱国小说。[⑧] 这个时期因“爱国”具有与传统时代大不相同的含义，大概具有相当的时髦和新鲜，光绪二十九年（1903）十一月，乐清城

---

① （清）梁启超：《论中国学术思想变迁之大势》，梁启超：《梁启超全集》第2册，北京出版社2000年版，第560—561页。

② 光绪二十八年（1902）三月十一，张棡从《新民丛报》读到的梁启超《二十世纪太平洋歌》（张棡：《张棡日记》，温州市图书馆编：《温州市图书馆藏日记稿钞本丛刊》，中华书局2017年版，第7666页）。

③ 宣统二年（1910）十月二十日。张棡：《张棡日记》，温州市图书馆编：《温州市图书馆藏日记稿钞本丛刊》，中华书局2017年版，第8760页。

④ 张棡：《张棡日记》，温州市图书馆编：《温州市图书馆藏日记稿钞本丛刊》，中华书局2017年版，第8811页。

⑤ （清）孙诒让：《兴儒会略例并序》，（清）孙诒让：《孙诒让遗文辑存》，张宪文辑，浙江人民出版社1990年版，第9、13页。

⑥ （清）陈虬：《论国之强弱系于民心，民心之向背系于州县，宜以州县得民为强国之本》，陈虬：《陈虬集》，胡珠生辑，浙江人民出版社1992年版，第297页。

⑦ 张棡：《张棡日记》，温州市图书馆编：《温州市图书馆藏日记稿钞本丛刊》，中华书局2017年版，第7193页。

⑧ 张棡：《张棡日记》，温州市图书馆编：《温州市图书馆藏日记稿钞本丛刊》，中华书局2017年版，第7675页。

北隅徐氏祠的新式学堂就命名为“爱国学堂”。[①]

刘绍宽于光绪二十九年（1903）下半年在上海震旦学院有过短暂的读书生活。他对震旦学院每周一次的“演说”制度很欣赏，其原因是演说可以“令诸生知有国事，以动其爱国之心”。[②] 光绪三十年（1904）他东渡日本考察学务，除了对日本教育的理论、方法、管理和教具等比较关注外，还对日本人的爱国印象深刻。另外，他也认为中国人留学日本的好处之一就是“多外界激刺之感情，爱国之心易发”。[③] 大约在1905年后，爱国成为热潮，不知道是否因为受浙路风潮的影响。光绪三十二年（1906）二月初十，张棡接待了从日本留学回来的学生戴兰，并记录了他的观感：

> 兰君新自东洋留学归，剪发东装，然谈论风生，颇中肯綮。伊说：“我中国人每只知有家，不知有国，于是咸无爱国心。自予辈留学东洋，始知家与国有密切关系，爱国即是爱家，未有国亡而家可以存者。予不敢谓留学即有学问，盖学问必须十数年苦工，非一蹴可以成者。”……今日留学生虽未见其如何进步，然大有造于我今中国者，正自不少，如上海之抵制美约，佥云商界中运动，半由学界中之力。然商界既有大团体，则学界中尤不可无坚忍力，故东京取缔之规约、退学之风潮，亦势之所不得不然者也。[④]

张棡本来是不太看得起没有什么学问的年轻人的，但是因为戴兰大谈爱国，年轻人又积极参加各种运动，就评价很高，认为他们“大有造于我今日中国”。四月初五，又赞同当时的改良戏曲说，认为戏曲可以激发“下等社会”的爱国肝肠。[⑤] 到了光绪末年，爱国大抵已经成为人们口头上的常用语，张棡在光绪三十四年（1908）正月初一所作的诗中有如下诗句：“鼓自迎年击，钱谁拒约输（旧冬浙路拒约，会认款者均来付钱）。儿童知爱国，拍手唱康衢。”这是说，经过浙

---

① 孙延钊：《孙衣言孙诒让父子年谱》，上海社会科学院出版社2003年版，第310页。

② 刘绍宽：《刘绍宽日记》，方浦仁、陈盛奖整理，中华书局2018年版，第345页。

③ 刘绍宽：《刘绍宽日记》，方浦仁、陈盛奖整理，中华书局2018年版，第385—386页。

④ 张棡：《张棡日记》，温州市图书馆编：《温州市图书馆藏日记稿钞本丛刊》，中华书局2017年版，第7832页。

⑤ 张棡：《张棡日记》，温州市图书馆编：《温州市图书馆藏日记稿钞本丛刊》，中华书局2017年版，第7853页。

江保路运动，连儿童都知道爱国是怎么回事。[①] 九月二十七日，张棡看到了《时报》关于韩国人严泰南（安重根）刺杀伊藤博文的新闻，日记中注明他是“高丽爱国会员”。[②] 宣统二年（1910）十月，安重根刺杀伊藤博文以一个爱国事件出现在温州中学堂的作文题里：

> 张子房击秦于韩亡之后，安重根击藤于韩亡之前，二人爱国热肠迥非报私仇者比，然一成一不成，皆无补于国亡，岂天运之有穷欤？抑人谋之不臧欤？吾儒读史怀古伤今，试比其事而论之。[③]

上述谈论爱国的这个“国”已经不是纯粹的王朝国家，在很大的程度上是现代民族国家。因此“国民”的概念也逐渐流行起来。孙诒让光绪十三年（1887）谈论铁路建设好处时说：

> 兴办铁路以开发大陆交通，增进国家文明，最为当今重大而切要之新政。……将来总须有财自办，且必有人自为，免贻丧失国家利权之无穷弊害。[④]

这里的国家，既是指抽象的国家，也是指这个国家的人民——士农工商。之后孙诒让从事教育事业，考虑的就是为国家培养人才，“以备他日国家之用，……能为国家担任艰巨”，[⑤] 在光绪二十五年（1899）交代瑞平化学堂兴办的原因是“其为国家富强大计，或足为撮壤涓流之劝”。[⑥] 两者都没有提为皇上出力。光绪三十二年（1906），孙诒让在瑞安庆祝仿行宪政典礼大会上的演说中，指出世界上有两类国家，即民主国和专制国。民主国就是现代民族国家，这样的国家

---

① 张棡：《张棡日记》，温州市图书馆编：《温州市图书馆藏日记稿钞本丛刊》，中华书局2017年版，第8192页。

② 张棡：《张棡日记》，温州市图书馆编：《温州市图书馆藏日记稿钞本丛刊》，中华书局2017年版，第8542页。

③ 张棡：《张棡日记》，温州市图书馆编：《温州市图书馆藏日记稿钞本丛刊》，中华书局2017年版，第8757页。

④ （清）孙诒让：《书薛福成〈兴办铁路疏〉后》，（清）孙诒让：《孙诒让遗文辑存》，张宪文辑，浙江人民出版社1990年版，第414页。

⑤ （清）孙诒让：《兴儒会略例并叙》，孙诒让：《孙诒让遗文辑存》，张宪文辑，浙江人民出版社1990年版，第11页。

⑥ （清）孙诒让：《瑞平化学学堂缘起》，孙诒让：《孙诒让遗文辑存》，张宪文辑，浙江人民出版社1990年版，第297页。

与百姓息息相关：

> 国家富强，大家都有了体面。国家贫弱，大家都是受害。……百姓同国家休戚相关，保护国家，就是保护自己身家子孙。……但是专制政体，皇帝在太平的时候，虽然是一分安富贵荣，颁下一个谕旨，天下人都不敢违背，然万一碰见意外的事情，或内寇窃发，或外国侵凌，这个重大担子，也只是皇帝一人独自担当，天下百姓与国家痛痒全不相关，没有一人能替国家分忧。就叫百姓筹饷，也没有人肯承认；叫百姓去打仗，也没有人肯拼死。①

而立宪政体的国家却不一样，这个国家的百姓不是王朝国家中的“臣民”，而是叫“国民”：

> 立宪政体，是把百姓看做国民，同享无限之权利。我们百姓，大家就要自己养成国民之资格，才能够对付得上。……切不可自己放弃国民的权利，……所以我们今日庆祝仿行立宪的典礼，同大家先讲明立宪的道理。你们诸君切要晓得，我们从今日起，不是做奴隶，是做国民了。②

光绪三十一年（1905）孙诒让在为《东瀛观学记》所作的叙中说认为，小学就是要“养国民之资格”。③他在论述教育的文献《学务本议》中，屡屡提到国民，认为“中国自秦以来，无国民之教育”，今天的教育就是为了“陶铸国民”，“国民开其智识”。④在清廷颁布预备立宪后，“国民”一词成为热门词。张棡为民众的素质而忧心，“阅日报七月十三日谕旨，已颁立宪新政。但中国民智幼稚，果

① （清）孙诒让：《在瑞安庆祝仿行宪政典礼大会上的演说辞》，（清）孙诒让：《孙诒让遗文辑存》，张宪文辑，浙江人民出版社 1990 年版，第 451—452 页。

② （清）孙诒让：《在瑞安庆祝仿行宪政典礼大会上的演说辞》，（清）孙诒让：《孙诒让遗文辑存》，张宪文辑，浙江人民出版社 1990 年版，第 453—454 页。

③ （清）孙诒让：《〈东瀛观学记〉叙》，（清）孙诒让：《孙诒让遗文辑存》，张宪文辑，浙江人民出版社 1990 年版，第 371 页。

④ （清）孙诒让：《学务本议》，（清）孙诒让：《孙诒让遗文辑存》，张宪文辑，浙江人民出版社 1990 年版，第 31—39 页。

有具国民资格可以备立宪基础否？”[①] 在张棡的日记大量摘录了带有“国民”字眼的报章言论。

既然现在的国家是由国民构成的，接着就出现了关于“民主”的讨论。在温州较早提到“民主”的是陈虬。陈虬写于光绪十八年（1892）之前的《经世博议》中，为证明变法的必然性，他说：“法果不可变乎？何官家、民主、君主，古今中西之异局也。法之变，国势驱之也。”[②] 另一处提到“民主”似有赞扬的意思：“民主，官天下也，公矣！乃美利坚以民主而治，俄罗斯以择贤而乱。”[③] 光绪二十一年（1895），根据《马关条约》日本割占台湾岛，刘绍宽六月十九日日记录下了一条新闻，全台绅民欲立刘渊亭军门永福为民主国大总统。[④] 这年九月廿一日，刘绍宽日记录下了《万国公法》所介绍的政体知识，说世界上有三类政体：君主、民主、君民共主半主。[⑤]

爱国、民族、国家、国民和民主诸多观念及其意识在维新运动后对温州产生了润物细无声式的影响。另外还有更重要的一组观念，由“科学”“天演”“竞争”“群”等观念构成。“科学”这个词的出现应该在洋务运动以后，但在维新运动后加速传播。“科学”一词，张棡日记在光绪三十二年（1906）后频繁出现，但它的意义跟今天不太一样，张棡的“科学”意思近于“学科”，光绪三十三年（1907）三月初二的日记云：“而张纯谓中学乃普通之学，不能因西文而降我各门科学也，言颇近理。”[⑥] 又如同年十二月初六的日记：“下午一点半钟，国文全班大考，题录下：‘国文为各科学之关键，宜专门研究，以保国粹论。’”[⑦] 同期孙诒让使用的“科学”与今日较为接近，如：“近以科举之弊，竞趋利禄，欧美科学，

---

① 张棡：《张棡日记》，温州市图书馆编：《温州市图书馆藏日记稿钞本丛刊》，中华书局 2017 年版，第 7906 页。

② （清）陈虬：《经世博议 · 法天》，（清）陈虬：《陈虬集》，胡珠生辑，浙江人民出版社 1992 年版，第 18 页。

③ （清）陈虬：《经世博议 · 变法》，（清）陈虬：《陈虬集》，胡珠生辑，浙江人民出版社 1992 年版，第 19 页。陈虬提到“民主”只有 3 次，但只有一次略有赞许之意。基本上是客观叙述，没有倡导的意思。

④ 刘绍宽：《刘绍宽日记》，方浦仁、陈盛奖整理，中华书局 2018 年版，第 123 页。

⑤ 光绪二十一年（1895）九月廿一日日记。刘绍宽：《刘绍宽日记》，方浦仁、陈盛奖整理，中华书局 2018 年版，第 129 页。

⑥ 张棡：《张棡日记》，温州市图书馆编：《温州市图书馆藏日记稿钞本丛刊》，中华书局 2017 年版，第 8034 页。

⑦ 张棡：《张棡日记》，温州市图书馆编：《温州市图书馆藏日记稿钞本丛刊》，中华书局 2017 年版，第 8175 页。

多未津逮，人才衰乏，民智晦盲，国势未振，实由于是。”[①] 又如：“近者五洲强国竞争方烈，救灾拯溺，一贯于开悟国民，讲习科学。”[②]

当时人们接受的最重要的科学观念就是“天演”。天演是严复对西方 evolution 一词的意译，即进化。原指达尔文阐发的生存竞争、自然选择的生物进化观点。严复于 1895 年翻译赫胥黎（Thomas Henry Huxley,1825—1895）的《进化论与伦理学》(即《天资论》)的一部分，加入自己的理解和评论，题为《天演论》。与赫胥黎不同之处在于，他认为人类社会也存在“物竞天择、适者生存”的规律。其目的是反对保守，鼓吹变法图强，推动社会进步。

严复之译作《天演论》何时、通过何种途径进入温州不详。根据目前看到的温州文献，最早使用“天演”一词的是孙诒让。他在光绪二十六年（1900）的一次演讲中提道：“天演进化之理，人物体性皆由简而进于繁。”[③] 光绪二十七年（1901）四月十五日，张棡第一次读到严复的《原富》甲部，感到“中多新理新义，阅之不觉耳目一扩”，当即让他的朋友戴小泉代其向南洋公学代买《天演论》及《原富》乙、丙部。[④] 在光绪三十年（1904）和三十一年（1905）的《百甓斋日记》中，作者郑良治经常提到“天演”和“进化”。光绪三十年八月二十三日郑良治为了募捐教育经费来到一个村庄。一个老农告诉他，这个村最早是柳姓居住，后来柳姓衰落了，张姓繁衍了二百多家。他认为这里面也蕴含着“天演家言物竞天择适者生存”的道理。[⑤] 次日郑良治请木匠来装修房屋，母亲责备他“好事变更”，他在日记中把自己的变更房屋与“天演真理”联系在一起，认为自己的行为符合进化的道理，还发了一通感慨，认为自有天地以来，万事万物都在进化，只不过进化的历史痕迹被“被专制政体埋没”了。[⑥] 宣统元年（1909）闰二月二十日，刘之屏在给乐清凰岙冯氏族谱所写的序中说：“今者四夷交哄，腥膻

---

① （清）孙诒让：《学务本议》，（清）孙诒让：《孙诒让遗文辑存》，张宪文辑，浙江人民出版社 1990 年版，第 31 页。

② （清）孙诒让：《答日人馆森鸿书》，（清）孙诒让：《孙诒让遗文辑存》，张宪文辑，浙江人民出版社 1990 年版，第 159 页。

③ （清）孙诒让：《论下元日展假事示瑞安普通学堂学生》，（清）孙诒让：《孙诒让遗文辑存》，张宪文辑，浙江人民出版社 1990 年版。光绪二十六年（1900）九月初六日，林骏日记记有此文。

④ 张棡：《张棡日记》，温州市图书馆编：《温州市图书馆藏日记稿钞本丛刊》，中华书局 2017 年版，第 7459 页。

⑤ 郑良治甲辰八月二十三日日记，《百甓斋日记》，乡著会抄本，1936 年，温州图书馆藏。

⑥ 郑良治甲辰八月二十四日日记，《百甓斋日记》，乡著会抄本，1936 年，温州图书馆藏。

满地。凡通都大邑之人民，半多狂嚣浮躁，舍实业而骛虚声，其能逃于天演之淘汰者几希矣！”他认为只有僻居林谷风俗浑朴是乡村才能逃过天演的淘汰。①

严复翻译《天演论》较之原作，已经有了很大程度的简化。中国读者阅读《天演论》接受“天演真理”，往往化约为八个字“物竞天择，适者生存”，原来的意思是生物相互竞争，能适应环境者生存下来。后来人们把这个命题扩展到社会政治领域，民族、国家也是通过竞争，胜利者可以生存下去，失败的就要被淘汰。温州较早注意“竞争”的是刘绍宽。他在光绪二十四年（1898）七月二十九日夜阅读日本森本藤吉著的《大东合邦新义》，认为“语多可采”，其中就抄录了有关“竞争”的句子。②刘绍宽虽然看到了列国“竞争”的事实，但对竞争理论持批判态度。光绪二十五年（1899）二月初二，指出了民族竞争理论的野蛮，“所谓生存竞争，优胜劣败，自然删除者，彼于文化低浅之族，辄目为野蛮，以为在删除之例故也”，把这种理论斥为“逆天之学”。③同年九月十五日又因为西方人服膺“竞争”理论，指责他们保护禽鸟的虚伪：“彼船坚炮利，日新月盛，生存竞争之说日腾于口，于人类异种且不恤，复何爱于禽鸟哉?”④同月二十一日，他抄录了梁启超关于“国民竞争”与“国家竞争”的理论：

> 列国专用柔缓政策，先将全国铁道、矿产、港湾、财政次序收扼于其掌中，浸淫岁月，精华吸尽，然后举而灭之，如摧枯拉朽耳。此所谓无瓜分之名，而有瓜分之实也。又曰：今日欧美诸国之竞争，非如秦始皇、亚历山大、成吉思汗、拿破仑之徒之黩兵为快也，其原动力乃国民之争自存。吾中国误认国民之竞争为国家之竞争，故不得所以待之之道，而为所制也。待之之道奈何？曰“以国家来侵者，可以国家之力抵之；以国民来侵者，必以国民之力抵之”。⑤

---

① （清）刘之屏：《重修〈凰岙冯氏族谱〉序》，刘之屏：《盗天庐集》，袁国唐校注，线装书局2012年版，第57—58页。

② 刘绍宽：《刘绍宽日记》，方浦仁、陈盛奖整理，中华书局2018年版，第219页。

③ 在民国十九年（1930）重阅这天的日记时所加的按语却对西方人给予了有保留的肯定：“好生恶杀，人有同心，西人托辞请禁，亦可见天良之未泯。”刘绍宽：《刘绍宽日记》，方浦仁、陈盛奖整理，中华书局2018年版，第237页。

④ 刘绍宽：《刘绍宽日记》，方浦仁、陈盛奖整理，中华书局2018年版，第264页。

⑤ 刘绍宽：《刘绍宽日记》，方浦仁、陈盛奖整理，中华书局2018年版，第266页。

西方列强以军事力量威我国家，以经济力量暗侵我民。刘绍宽为中国的局势担忧：今我中国，民不知有国，国不知有民。与刘绍宽相比，孙诒让似对处竞争之世的中国更乐观些。光绪二十九年（1903）他在一篇祭文中有言："永怀物竞，期湔国耻"。[①] 他也指望在激烈竞争之世保持一些恒常的东西，他说："文明日新而守之以朴，竞争方盛而毋改我常。"[②] 光绪三十三年（1907）他在敦请学部迅速推进义务教育时，也是以竞争时代的迫切性来立论的："今既承数千年科举之弊，当五大洲竞争之冲，将欲搏心一志，湔除陈腐，非别白而定一尊，无以收廓清转移之效。"[③] 光绪三十三年（1907）后，张棡的日记中也充满了"竞争"字眼，如"国事日形丛脞兮，种族薨起竞争"，[④]"凡处竞争界，胜败优劣分"[⑤]。张棡在宣统二年（1910）十月十六日给温州中学生出的题目是"竞争世界有强权而无公理论"。[⑥] 以往中国人对人格的期许是"尚德"，但在竞争之世，人们开始感到"尚智"同样重要，十月二十日他在一个跋语中说："处民族竞争之世，而惟尚德不尚智，于优胜劣败之旨无当也。"[⑦]

那么我们这个国家、这个民族，如何才能在残酷的竞争中生存下去呢？这就有了"群"的观念。这个思想自然是梁启超鼓吹最力，影响最大。孙诒让当为最早谈论"群"的温州人。光绪二十一年（1895），孙氏主张通过设立"兴儒会"，把"合全国各行省四万万人为一体"，以"厚植群力"。[⑧] 次年，他在给温处道宗

---

① （清）孙诒让：《祭林左髓文》，（清）孙诒让：《孙诒让遗文辑存》，张宪文辑，浙江人民出版社1990年版，第232页。

② （清）孙诒让：《养素字说》，（清）孙诒让：《孙诒让遗文辑存》，张宪文辑，浙江人民出版社1990年版，第244页。

③ （清）孙诒让：《学务本议》，（清）孙诒让：《孙诒让遗文辑存》，张宪文辑，浙江人民出版社1990年版，第33页。

④ 光绪三十三年（1907）八月十四日日记，张棡：《张棡日记》，温州市图书馆编：《温州市图书馆藏日记稿钞本丛刊》，中华书局2017年版，第8124页。

⑤ 光绪三十三年（1907）十一月初一日日记，《杜隐园日记》，张棡：《张棡日记》，温州市图书馆编：《温州市图书馆藏日记稿钞本丛刊》，中华书局2017年版，第8157页。

⑥ 张棡：《张棡日记》，温州市图书馆编：《温州市图书馆藏日记稿钞本丛刊》，中华书局2017年版，第8757页。

⑦ 张棡：《张棡日记》，温州市图书馆编：《温州市图书馆藏日记稿钞本丛刊》，中华书局2017年版，第8760页。

⑧ （清）孙诒让：《兴儒会略例并序》，（清）孙诒让：《孙诒让遗文辑存》，张宪文辑，浙江人民出版社1990年版，第8页。

源瀚的信中谈论了“厚集兆民之群力”的方法。[①] 光绪二十二年（1896），孙诒让交代了谈论“群”的背景：

> 乃前年倭议初成，普天愤懑之时，让适以衔恤家居，每与同人论及时局，忧愤填胸，即妄有撰述，聊作豪语，以强自慰藉，大旨不出尊著说群之意。[②]

陈虬也于光绪二十三年（1897）开始以“群”立论：

> 吾尤愿群天下千五百兆之居者、游者、秀者、顽者、修者、暴者，莫不奉我正朔，慑我皇仁，弃干戈而习俎豆，用以食我德，服我畴，循我所育，用我规矩，而同我太平！[③]

陈虬认为当时不良现状之一就是“人之不群”。[④] 孙诒让在这点上与陈虬相似，他借在上海开办澄衷中学的叶澄衷之口说出：中国的贫弱是由于“商之不能合群以握奇赢之柄”。[⑤] 光绪三十二年（1906）孙诒让在阐述自治的重要性时说：“合小群以成大群。”[⑥] 这在当时应该是流行很广的口号。同年他给瑞安中学堂题写了一副对联：“质力弥纶，竞胜飞腾天演界；文明教育，集群陶铸国民才。”[⑦] 这副对联最能够反映那个时代的风貌，既有“竞胜”“天演”的“科学真理”，又有“集群”和陶铸“国民”的救世良策。他撰写的大量联对都用的是流行的新词，光绪三十三年（1907）题赠上海江浙渔业公司对联：“微物为圣人师，蛛蝥

① （清）孙诒让：《答温处道宗湘文书》，（清）孙诒让：《孙诒让遗文辑存》，张宪文辑，浙江人民出版社1990年版，第84页。

② （清）孙诒让：《答梁卓如启超论〈墨子〉书》，（清）孙诒让：《孙诒让遗文辑存》，张宪文辑，浙江人民出版社1990年版，第88页。

③ （清）陈虬：《心战》，陈虬：《陈虬集》，胡珠生辑，浙江人民出版社1992年版，第253页。

④ （清）陈虬：《经世宜开讲堂说》，（清）陈虬：《陈虬集》，胡珠生辑，浙江人民出版社1992年版，第277页。

⑤ （清）孙诒让：《镇海叶君家传》，（清）孙诒让：《孙诒让遗文辑存》，张宪文辑，浙江人民出版社1990年版，第263页。

⑥ （清）孙诒让：《在瑞安庆祝仿行宪政典礼大会上的演说辞》，（清）孙诒让：《孙诒让遗文辑存》，张宪文辑，浙江人民出版社1990年版，第453页。

⑦ （清）孙诒让：《联语》，（清）孙诒让：《孙诒让遗文辑存》，张宪文辑，浙江人民出版社1990年版，第478页。

结网；大群开新世界，珊瑚成洲。”[①] 既然“群”具有开创新世界的巨大威力，那么“爱群”就成了国民的优良品德，孙氏又有新年的家门春联：“施教劝学；尚公爱群。”[②]“集群”这个词孙氏经常使用，光绪三十三年（1907）他就把当时兴办新学的成绩归功于“集群”：“两年以来，学界略有发达之机，亦咸藉厚集群力，共相维持。”[③] 浙江省教育会成立，他认为这本身就是“集群”行为：“吾浙教育会之成立，始于去秋，仰藉诸君子热心大力，成此集群盛举。”[④]

乐清大荆人曹文昇也是一个“合群”“集群”的鼓吹者。他在给一个宗谱写的序中说，“当列国竞争之世，腥雨膻风遍地皆是”，要改变这种境况必须“合群”，宗族内部为一些鸡毛蒜皮的小事起争执，一个宗族就是一个“小群”，再然后是联小群为大群。[⑤] 光绪三十二年（1906），他在温州府中学堂任教，在给学生团体乐群会社撰写语言时，对“合群”思想进行了发挥：

> 我国民，我学生，苟盲焉晦焉，不知列强之虎视眈眈，以我国为釜中鱼，砧上肉，……况乎朝廷降立宪之诏，地方开自治之会，今日之学生，异日之管理国家、管理地方者也。会社之规则，立宪之模范也。会社之规劝，自治之精神也。会社立而学堂之群合，异日即可以合地方之群，国家之群，且由此推之，亦可以合全球万国之群。然则乐群会社，岂可以不复设乎！吾国如欲自强，必人人有范文正公之志，人人有王曾公之量，俱以中心点自命，而后能由小群以合其大群。圣

---

① （清）孙诒让：《联语》，（清）孙诒让：《孙诒让遗文辑存》，张宪文辑，浙江人民出版社1990年版，第478页。

② 另外还有些春联：绪昌旧学，业振新民；殷周国粹，法美民权；五洲物竞，九域春熙，等等，其中的“新民”、“民权”和“物竞”都是当时很新的观念。孙延钊晚年在这些春联后写下了这样的跋语：“延钊尝见公每届新年，常自撰大门揭贴用之红纸春联，……此詹詹小言，亦足觇先生晚年襟抱”。孙诒让：《家门春联》，孙诒让：《孙诒让遗文辑存》，浙江人民出版社1990年版，第478—479页。

③ （清）孙诒让：《报支季卿提学书二通・二》，（清）孙诒让：《孙诒让遗文辑存》，张宪文辑，浙江人民出版社，1990年版，第142页。

④ （清）孙诒让：《致省教育总会书》，（清）孙诒让：《孙诒让遗文辑存》，张宪文辑，浙江人民出版社1990年版，第167页。

⑤ （清）曹文昇：《殿川黄氏重修宗谱序》，（清）曹文昇：《耕心堂集》，吴小如点校，线装书局2011年版，第151—152页。

人复起，不易吾言，学生其勉之。①

在曹文昇眼里，合群俨然已经是自治和立宪的基础。

“科学”除了引出“天演”“进化”“竞争”和“群”等词以外，它还有一个孪生词——“迷信”。此后“迷信”一词成为打击民间信仰的大杀器，以后各种势力往往指称其菩萨为“迷信”，从而获得夺取庙产的合法权益。光绪三十三年（1907）孙诒让为论证兴办女学的必要性，其中的一个理由就是女人有了“知识”后，就不会惑于“迷信”：

盖一女人亦应有普通之知识，乃能相夫教子，破迷信，助营业，有以自立于天地之间。……科学主于征实，迷信涉于凭虚，其理不相容者也。中国数千年来，神道设教，迷信繁夥，今其沿袭已久，或为愚民所深信者。②

光绪三十四年（1908）五月二十二日，张棡的妻子请了一个算命先生给她全家算命。张棡就评论道：“江湖术士本信口胡谈，而妇女无知辈每喜为之，亦中国迷信之一恶派也。”③宣统元年（1909）七月十五日，刘绍宽见到开元寺，看见烧纸箔者络绎于道，就感叹道：“迷信之俗甚矣！”④

另外，“社会”一词意义的嬗递也非常重要，传统时代“社会”指的是里社为操持酬神活动而成立的“社”和“会”。今天的“社会”一词来自日本，是对西文“society”一词的翻译，它是一个比宗族更大的一个概念。光绪二十九年（1903）孙诒让说：“吾国之弱，在于下流社会智识太劣，虽有管、葛，无所措手。”⑤孙诒让光绪三十二年（1906）在一个演讲中使用的“社会”基本上已与今天相同：

---

① （清）曹文昇：《温州中学堂重设乐群会社序》，（清）曹文昇：《耕心堂集》，吴小如点校，线装书局2011年版，第154页。

② （清）孙诒让：《学务枝议》，（清）孙诒让：《孙诒让遗文辑存》，张宪文辑，浙江人民出版社1990年版，第44—45页。

③ 张棡：《张棡日记》，温州市图书馆编：《温州市图书馆藏日记稿钞本丛刊》，中华书局2017年版，第8470页。

④ 刘绍宽：《刘绍宽日记》，方浦仁、陈盛奖整理，中华书局2018年版，第493页。

⑤ （清）孙诒让：《复刘祝群书二通》，（清）孙诒让：《孙诒让遗文辑存》，张宪文辑，浙江人民出版社1990年版，第118页。

我们地方上绅士百姓，都要能够懂得立宪的道理，晓得我们应做的是那几桩，应除的是那几桩弊，才于社会上有益处。作件事总要公，说句话总要信，则上对国家，下对社会，都没有一点欠缺……在地方上止谋一身私利，不顾社会公益，扰乱的事，任情乱做，利益的事，挟私阻挠，这便是无国民的资格。①

在这里个人是“私”，“社会”是与此相对的“公”，对社会的利益为“公益”。

除了围绕“国家”的一组概念和围绕“科学”的一组概念，公理、公法、专制和立宪等都非常重要。这些词蜕变的关键期正是从维新运动到五四新文化运动这个历史时期，观察这些词义的嬗递，使我们清晰地看到，温州人观念世界的变迁，看到温州“古代”的思想世界和意义世界怎样变成今天人们置身其中的熟悉的世界。

第三节　地方士人对世变的应对

晚清是一个世界面貌更迭频繁的时代，对于士人来说是一个艰难时世。我们今天所谓的一些“进步”的东西，对于他们来说是一种堕落与破灭。那么他们是如何来应对这个“衰世”呢？

一、对嘉道以来社会溃败的反应

嘉庆、道光以来，由于人口的大幅度增长，人均可耕土地锐减，人们的生计越来越艰难，又因商业的发展，传统社会道德日渐衰败。具体的表现之一是寡妇普遍地私育异姓。嘉庆十三年（1808）乐清岁贡胡名秀说：

迩来，乐邑寡妇往往有利其夫之赀，不肯与侄，遂于夫亡时，诡称有孕，阴鬻异姓之子，假为亲产状，使伯叔不得斥其非，妯娌无由

① （清）孙诒让：《在瑞安庆祝仿行宪政典礼大会上的演说辞》，（清）孙诒让：《孙诒让遗文辑存》，张宪文辑，浙江人民出版社1990年版，第453—454页。

指其实，而其夫之祀遂斩矣。……余因是事得诸见闻者甚夥，恐其风日炽不可救药，且悯其夫之含冤地下，无从诉告。①

从事后的情况看，社会习俗的演变趋势恰如胡氏所担心的那样“其风日炽不可救药”。寡妇们甚至不屑于“阴”育异姓，明目张胆地异姓乱宗，比比皆是。②她们或公开抱养儿子，或招夫入赘，以后夫子为子。异姓乱宗容易引起财产继承权纷争而直接危及社会秩序；另外也由于它损害宗族血统的纯洁性而破坏地方宗族秩序。另外，由于谋生的艰难，个人的命运的不确定性增加，对民间宗教和佛教的信仰有增强的趋势，这表现为乡民以田产布施僧尼的现象越来越多。这给士人们以严重的刺激：“即如一雁山，刹十有八，其土木工费，金碧辉煌，巍巍乎为招提钜观者，愚夫妇不惜倾囊成之，至祠为祖宗所凭依，虽颓圮不顾。此惟知有佛也，而不知有祖。”③只知有佛，不知有祖，就是士人对乡民信仰的突出观感。

由于当时思想资源的局限，士人的直接反应就是加强正统意识形态的建设。乐清石帆贾岙人叶正阳是一个卫道热情很高的人，他就非常欣赏朱朝京对供奉乡贤的七贤寺的修复和祭产的置办。④叶家为报答父母的辛勤养育在墓地建了一座报劬堂。但到叶正阳年幼时，报劬堂中本该放置祖先牌位的地方，各种神佛杂处期间，祖先牌位反而退居廊下。道光八年（1828）九月初七报劬堂失于火变为焦土。叶正阳作文激愤地责问：“岂堂为尼僧所秽，致干神怒耶？抑人本乎祖而忘其祖，致干祖怒耶？”当年冬天重建后，经过与乡民的斗争，祖先牌位得以置于后堂之中座。⑤

---

① （清）鲍作雨、张振夔总修：道光《乐清县志》，陈纬校注，线装书局2009年版，第970页。

② 主要反映清代社会状况的民国《平阳县志》，也有以异姓为嗣的记载，且说明其易引发社会冲突：“贫妇夫死，有子者，多招夫养子；无子转适。或有翁姑在堂者，即招后夫为子，其生子即冒前夫之姓，而受其产业。由是前夫本宗出而争绍，涉讼者往往有之。”另也有私育异姓者：“富室有年老艰于子嗣，虑日后承继争产者，使妇诈孕，暗抱人子收养之。亦有夫死无子，妇诈遗腹，以抱养人子者。”因这些内容载于风土志，可见这些社会现象的普遍性。符璋、刘绍宽纂：《平阳县志》卷20，民国十四年（1925）刻本。

③ （清）叶正阳：《朱允兆公传》（道光九年，1829），（清）叶正阳：《鹿迹山房诗文集》，线装书局2013年版，第46页。

④ 七贤，即王十朋、胡彦卿、李孝光、章纶、谢省、谢铎和朱希晦。

⑤ （清）叶正阳：《重建报劬堂记》，（清）叶正阳：《鹿迹山房诗文集》，线装书局2013年版，第6—7页。

有的人却重视“神道设教”，指望乡民因忌惮鬼神而对有违礼教行为有所收敛。徐德元《重建长青宫落成记》(道光二十年，1840）对这种思想进行了完整的表述：

> 夫鬼神，非能祸福人也，其所祸福，人自为耳。……然人心不古，风俗日非，愚者冥顽不灵，渎乱人纪，诈者机械百出，乖悖天常。……然其中不能惴惴无惧者，则以冥冥之中，有鬼神阴为之相，倘所谓不义，或从而夺之魄也，则庶几其有惮心而不敢逞。然则，鬼神固所以济礼乐之穷，而先王所恃以正人心，维风俗之一道也。继而今，凡吾同社，洁蠲其心志以敬神明，无纵匪彝，无即慆淫，神亦丕昭其灵爽以庇吾民，水旱不作，疾寝不生，夫然后民熙熙然乐神之庥，神怡怡然歆民之祀。春秋报赛，鼓篇吹豳，以燕以忻，或歌或咢，盖桀骜之气驯而和乐之象见矣。则是役也，人心正，风俗维，名为敬鬼神，而礼乐之实行其间，岂非有合于先王设教之意，而为有道君子所不废欤？①

徐德元因对神道设教太过钟情，以至于作文为不在朝廷祀典的神灵辩护：

> 皇古之世，风俗诚朴，三代以来，民习险陂。于是强凌弱，众胁寡，作奸犯科，不避刑辟，其无所慕而为善，无所畏而不为不善者，天下有几人哉？先王于是设为神道以警戒民曰：“尔惟善，神锡以福；尔惟不善，神降之戾。”黔首感悚，且欣且惧，庶几有所慕而为善，有所畏而不为不善。然则，神明者，所以维法制之所不及也。且神之在祀典者，自天子祭天地，诸侯祭社稷，大夫祭五祀，士祭其先外，皆淫祀也。子以为有圣人作，将比今之祀而尽废之乎？抑从其俗而正之乎？夫春秋报赛，吹豳祭蜡，虽不在祀典，亦祀典所不禁也。②

① （清）徐德元：《重建长青宫落成记》，王志成、高知贤编注：《徐炯文集 徐德元集 徐乃康集》，线装书局 2009 年版，第 172 页。

② （清）徐德元：《六府庙记》(1861)，王志成、高知贤编注：《徐炯文集 徐德元集 徐乃康集》，线装书局 2009 年版，第 177 页。

还有些儒生则以为，无论是因果报应之说，还是《太上感应篇》之类的道教经典、佛教之六道轮回、儒家的六经四子[①]，只要是劝人为善，都足以“针砭愚顽发人深省”。[②]

二、士人的佛学研习

对于地方的儒生来说，佛教即便不算什么异端，但至少是有碍于儒家“政教”推行的负面东西。但是随着晚清西学的输入，以及基督教的传播，儒家的宇宙观与价值观在转型时代受到严重挑战，这意味着传统意义世界受到不断的侵蚀，从而导致了士人精神层面的纠结和焦虑。如何化解这个精神意识的危机？张灏认为知识分子盛行研究佛学就是对这种危机的一个回应。[③]

光绪二十五年（1899）宋恕在杭州乡试落榜，就滞留在杭州七宝寺大半年，以读佛经度日。章太炎近佛正是受宋恕的直接影响使然。章氏自己曾说：“三十岁顷，与宋平子交，平子劝读佛书，始观《涅槃》《维摩诘起信论》《华严》《法华》诸书，渐及玄门，而未有所专精也。”[④]

孙诒让长期保持对佛典的兴趣。早在光绪五年（1879），就致信宋恕，请其代买佛经，列出的书单有：《弘明集》并续集、《辩正论》、《梵纲经》、《菩萨戒律、罗汉戒律、申闻辟支戒律、优婆塞戒律、优婆夷戒律、沙弥戒律》。[⑤]孙宣的《朱庐笔记》生动地记载了孙诒让家居瑞安时的读书生活。孙诒让的堂兄弟孙诒燕治永嘉经制之学，“平居不信佛，而籀庼公独嗜内典，故尝厉色争辩，累日不辍”。[⑥]光绪十一年（1885）又托友人代购日本僧人著的佛教书籍。[⑦]光绪二十

---

① 四子，指四书。孔子、曾子、子思、孟子。四子是四子书的略称。

② （清）余济楫：《象山泮垟郑氏二房宗谱·谦光公传略》（道光二十年，1840），周健选编：《乐清谱牒文献二编》，线装书局2015年版，第112—113页。

③ 张灏：《幽暗意识与时代探索》，广东人民出版社2016年版，第144页。

④ （清）章太炎：《太炎先生自述学术次第》，（清）章炳麟：《章太炎全集》第1册，上海人民出版社2014年版，第53页。

⑤ （清）孙诒让：《答宋燕生书二通·一》，（清）孙诒让：《孙诒让遗文辑存》，张宪文辑，浙江人民出版社1990年版，第63—64页。

⑥ 孙宣：《朱庐笔记》卷3，转引自陈瑞赞：《东瓯逸事汇录》，上海社会科学院出版社2006年版，第516页。

⑦ （清）孙诒让：《与友人某君书》，（清）孙诒让：《孙诒让遗文辑存》，张宪文辑，浙江人民出版社1990年版，第65页。

年（1894），黄庆澄为孙氏买到了日本刊刻的善本经籍，[①] 估计其中就有佛教经籍。我们之所以说研读佛经是士人对意识危机的纾解，就在于以佛教精微的知识和理论来解释来自西方的理论，如光绪二十六年（1900）孙诒让在瑞安普通学堂的演讲：

> 西书中治心免病法谓"以太"能使人愈病，又谓人有病不可使疑惧，即家人亲友代为忧虑亦能累及病人使增剧者。其理至精，实非谩语。庄子所谓"用志不纷，乃凝于神"及佛书所谓"三界惟心造"，皆此理也。

这里孙氏用佛理解释了"以太"。[②] 光绪三十三年（1907）孙诒让似乎以佛理中的"性识永存"来解释西方现代物理学中的"物质不灭"定律。[③]

刘绍宽真正研究佛教，修习佛教，要到民国以后，但他晚清时以佛家理论印证西方新知识的事也不少。在光绪十七年（1891）的日记中，刘绍宽认为明万历后传入的西方知识体现在徐光启和方以智等人的著作中。这些著作的内容，"多与佛合"。[④] 光绪二十二年（1896）刘氏谈论了当时很流行的西方翻译过来的《治心免病法》，此书的"心理学"不仅"与宋儒无异"，而且其"病为心阴力所生，非身致之"的观点，就是佛氏的五阴之说。[⑤] 光绪二十五年（1899）六月初八，刘氏也以佛理与以太学说相印证：

> 佛氏谓"世界一微尘，微尘一世界"语，不诬也。或疑人死有鬼，自开辟至今，人人化为鬼，殆不容于世界矣。如悟一多相容，大小相容之理，便可释然。盖人鬼之灵皆是"以太"，"以太"无形而有物。[⑥]

① （清）孙诒让：《〈东游日记〉叙》，（清）孙诒让：《孙诒让遗文辑存》，张宪文辑，浙江人民出版社1990年版，第344页。

② （清）孙诒让：《论下元日展假事示瑞安普通学堂学生》，（清）孙诒让：《孙诒让遗文辑存》，张宪文辑，浙江人民出版社1990年版，第229—230页。

③ （清）孙诒让：《六十辞寿启》，（清）孙诒让：《孙诒让遗文辑存》，张宪文辑，浙江人民出版社1990年版，第242页。

④ 刘绍宽光绪十七年（1891）八月二十日日记。刘绍宽：《刘绍宽日记》，方浦仁、陈盛奖整理，中华书局2018年版，第49—50页。

⑤ 刘绍宽光绪二十二年（1896）八月初三日记。刘绍宽：《刘绍宽日记》，方浦仁、陈盛奖整理，中华书局2018年版，第153页。

⑥ 刘绍宽：《刘绍宽日记》，方浦仁、陈盛奖整理，中华书局2018年版，第252页。

西方心理学把意识分为五类：一感觉，二情念，三欲念，四观念，五认识。宣统二年（1910），刘绍宽对此加以评论说，西方人的五大类意识，“略近佛教之五蕴”。经过他的分析，似乎西方人认识不如佛学高明。[①]

其实除了孙诒让、宋恕和刘绍宽，还有很多士人都对佛学产生了兴趣，如高谊、刘之屏等。

三、旧学与新知的融合

除了通过佛学以调适自己的意识危机，士人的另一种态度则是“守其不变而通其变”。很多人都相信，虽然西方文化处于强势地位，但我们不必亦步亦趋。我们自有其不可变异的东西，必须坚持。这个恒常不变的东西对孙诒让来说，就是周礼中所蕴含的政教精神，他的《周礼政要》即以“旧学”融合“新知”之典范之作。在陈黻宸那里，旧的、不变的是心性之学，他认为“学不求诸心性，而专趋事功，则学为无本”，也即心性是为学之本。[②]

高谊观察到了道学被冷落的历史趋势：

> 宋讲道学，天下翕然宗程朱。自元下迄清初，支脉相承未替。乾嘉以来，学废不讲，师统几乎中绝。重以欧化东渐，聪明桀魁之才，方竟趋于化、电、声、光之术，视古学为不遑研究。而圣道愈因以失坠。[③]

高谊这里的“古学”实为“道学”。清初受到文字狱的打击，晚清又受到西学的冲击，道学衰落，修身养性被舍弃。置身于受到欧风美雨吹打的时代，高谊把道学的沉沦更多地归咎于西学，所以，他有“欧化盛行，大道闭塞”之说。[④]

高谊接受了陈黻宸的基本观点，他说“心性未定（安）有事功?”又说：“夫

---

① 刘绍宽宣统二年（1910）十月初八日记。刘绍宽：《刘绍宽日记》，方浦仁、陈盛奖整理，中华书局2018年版，第519页。

② 高谊：《陈介石先生五十寿序》，高谊：《高谊集》，高益登编注，线装书局2013年版，第150页。

③ 高谊：《陈介石先生五十寿序》，高谊：《高谊集》，高益登编注，线装书局2013年版，第149页。

④ 高谊：《〈耕心堂集〉叙》，高谊：《高谊集》，高益登编注，线装书局2013年版，第123页。

吾人惟心细而胆始大，惟性定而力始充。孝、弟、忠、信，所以养吾心也；礼、乐、射、御、书、数、兵、农、水、火之学，所以修吾性也。……师尝述明道与横渠论定性之旨，谓心性静而后能应事”。在高谊这里，心性是事功基础，心性的修为决定事功的大小。[①]

从心性发为事功，在实践中融合旧学与新知的典范是乐清大荆的曹文昇。他论学也是从“性理”入手的：

> 近日风气，谈西学者多，谈性理者少。以为西学则可以为国家之用，性理但有体而已。昇甚不以为然。夫古今之学必体立而后用有以行。其不能达之于用者，皆未尝明乎其体者也，皆其冒性理之学而无尽性穷理之实者也。……今乃舍中国之学而遵泰西之教，亦为不善变矣。泰西之教，其善者，皆不出中国之范围。[②]

相比孙诒让，曹文昇对“异教”有更多的排拒，表现为对佛学的强烈排斥。他认为把名僧写到方志里面，有害于“世道人心”。戴震在“人物门”里不列名僧，因为“人物门”里面的人物是供天下人学习的榜样；戴震把名僧归入“古迹”，即便如此还是被曹文昇斥为“朝三暮四之术”。曹氏认为：“名僧之列于志乘，断不可以为训。志乘者，郡邑风化所由系也，而竟使是非杂糅，何以端人心之趣向？”[③]在他的认知中，他所处的时代“强邻交迫”“瓜分在即”，他觉得只有理学可以救国，所以他的观点与明末的士人相近，认为通过讲学，“犹可明其父子君臣之义，发其忠君爱国之心，天良尚在，必不肯以祖宗歌哭之地拱手让人”。[④]他讲了一个生动的故事来说明讲学的效果：

> 吾友胡奉群从雁荡讲学会肩舆回里，路中欲下舆步行。舆夫曰：“我之责任，安可卸也。”及至家，与之钱一二。曰：“我安用此许多为

① 高谊：《上陈户部介石先生书》，高谊：《高谊集》，高益登编注，线装书局2013年版，第264—266页。

② （清）曹文昇：《上虞部夏伯定夫子书》，（清）曹文昇：《耕心堂集》，吴小如点校，线装书局2011年版，第138页。

③ （清）曹文昇：《复邱芾南书》，（清）曹文昇：《耕心堂集》，吴小如点校，线装书局2011年版，第140—141页。

④ （清）曹文昇：《匡时要务》，（清）曹文昇：《耕心堂集》，吴小如点校，线装书局2011年版，第213页。

也。”浑朴不雕之风，盖得力于讲学者。可见讲学于一村则一村化；讲学于国则一国化。讲学之风之入人甚深，真不虚也。[①]

曹文昇在跟学生的答问中，反复谈心性，谈对道的坚持。答林彬云：“担道统，建功业，此乃吾分内应有之名利。”[②]答谢超云：“志伊尹之所志，学颜子之所学，两路并进不悖。”[③]在用心性之学修身的前提下讲经世，他在给黄岩管向定的信中说：“愿与足下勉为有体有用之学，无为邪世所乱，而使庶民安然于晦盲否塞之会也。如果学有把握，则洋务诸书亦可博览，以稽其得失之所在。”[④]显然曹氏是以旧学为体去融汇新知（洋务），在担道体的基础上建功业。所以，高谊指出曹氏“其学之大端，则以施用为贵”，他的学问与宋永嘉诸儒之所为经制者，最为相近。如果仅看他的言论很容易让人觉得他是一个顽固守旧的道学家，然而他又有极强的行动意志和行动能力。清廷宣布新政后，曹氏有多方面的事功。在教育方面，创办印山学堂，自筹经费，自编教材，自修英文、算学，招收大荆人子弟进行施教，在雁荡净明书院创雁荡讲学会，两任乐清劝学所所长，任教温州府中学堂；在实业方面，在雁荡山创设林牧场，设贫民习艺所，设大荆商会；在政务方面，他办乡团，讲警政，设大荆警察。另外，他还在杭州设留学会馆。纵观曹氏人生，可以概括为“从心性中发为事功”。

刘之屏也对“国学”衰微、道学之不昌深感惋惜，他说：

自唐以科目取士，宋以经义；明清变而为八股文。圣贤经传，徒供学者之剽窃，国学遂为世所诟病。谈时务者，往往比之焚书坑儒。然济世之俊杰，平乱之英雄，多从科举而出。如前清胡、曾、左、李诸公是也，以是知国学亦无可厚非。清季激于外界之侵侮，废科举设学堂，大更旧日之科程，以算数技术、外国语言文字为教旨。民国成

---

① （清）曹文昇：《匡时要务》，（清）曹文昇：《耕心堂集》，吴小如点校，线装书局 2011 年版，第 215 页。

② （清）曹文昇：《或问录》，（清）曹文昇：《耕心堂集》，吴小如点校，线装书局 2011 年版，第 92 页。

③ （清）曹文昇：《或问录二》，（清）曹文昇：《耕心堂集》，吴小如点校，线装书局 2011 年版，第 119 页。

④ （清）曹文昇：《复黄岩管向定书》，（清）曹文昇：《耕心堂集》，吴小如点校，线装书局 2011 年版，第 134 页。

立，其风益炽。废经传，灭人伦，踉踉以趋时骛俗为事。[①]

那个时代温州士人的事业和人生轨迹虽各有不同，但对许多重大问题的见解则是非常相近的。他们往往坚持中国传统的文化立场，以此为基础，在实践中实现旧学与新知的融合。

① （清）刘之屏：《乐清东乡高等小学碑记》，（清）刘之屏：《盗天庐集》，袁国唐校注，线装书局 2012 年版，第 48 页。

第八章　新式教育的兴办与权力格局的变动

以 1895 年“公车上书”为起点的维新运动，在地方社会开启了一个新式学堂取代以应试科举为目的的学塾的过程。1905 年清廷突然废除科举考试。[①] 其改革的力度之大、之突然，对士人的影响，有如“休克疗法”。这无论是就中国社会的结构而言，还是就置身于其中的中国人而言，其变化都是根本性的。严复就曾说废除科举“直无异于废封建、开阡陌”。[②] 在此后的兴学过程中，学堂制度植入地方社会，引发了地方社会内部权力格局的变动。其变动幅度之大，可以说是比教会力量突入中国社会更为彻底的一次洗牌。

光绪三十三年（1907）冬，孙诒让在给学部的一个学务条议中写道：

> 今日已开之学校，或募绅民之捐助，或抽商税之毫厘，或请拨书吏陋规，或酌提祠庙田产，大抵藉此数端为挹注。凡郡道之间，绅富

① 自新政开启以来，朝野上下达成了一个共识，与西方较量的失败主要是教育的失败，中国的自强唯有培养出大批以西学为根底的人才。1904 年，清廷批准张百熙和张之洞等人的奏折，计划自 1906 年开始，分三科减尽科试取额，那么完成废科举改革的时间应该是 1915 年。可是仅过一年，清廷又突然准奏袁世凯等六位督抚的主张，决定于次年停止全部科试。袁世凯的这个奏折最充分不过地体现了朝廷和官方的迫切心态：“现在危迫情形，更甚曩日，竭力振作实同一刻千金，而科举一日不停，士皆有侥幸得第之心，以分其砥砺实修之志。民间更相率观望，私立学堂绝少，又断非公家财力所能普及，学堂决无大兴之望。”朱有瓛主编：《中国近代学制史料》第二辑上册，华东师范大学出版社 1983 年版，第 110 页。废科举是早晚的事，但时间突然提早了 9 年。

② 严复：《论教育与国家的关系》，张枬、王忍之编：《辛亥革命前十年间时论选集》卷 2 上，生活·读书·新知三联书店 1977 年版，第 367 页。罗志田也指出“科举制是一项集文化、教育、政治、社会等多方面功能的基本体制，它上及官方之政教，下系士人之耕读，使整个社会处于一种循环的流动之中，在中国社会结构中起着重要的联系和中介作用。科举制的废除不啻给与其相关的所有成文制度和更多的约定俗成的习惯行为等等都打上一个难以逆转的句号，无疑是划时代的”，因此“废除这样一种使政教相连的政治传统和耕读仕进的社会变动落在实处的关键性体制，必然出现影响到全社会各层次多方面的后果”。罗志田：《清季科举制改革的社会影响》，《中国社会科学》1998 年第 4 期。

> 商贾，强为劝索，未必尽属乐输；学董热心集事，又不得不略事科派，而绅商于是与学校交恶。提拨陋规公款，不能无藉于官权，而州县有司勇于自润，怯于图公，催科以外，皆非所乐。而提公款则稽查旧储，厘剔私润，往往牵涉出衙署之劣绅；拨陋规则根究侵挪，求索余羡，又往往牵涉盘踞城社之书役，此皆官之所狎昵而复护者也。拙者或压搁不行，黠者且阻挠万状，学董虽聒不已，诘辩纷然，此又官所不能耐也。而官吏于是与学校交恶。宾兴书院诸公款，向多为窳败旧董肥家之窟穴，其秉公经营，皭然而无染者，百不得一；今移以兴学，其状措占不交者不必论，即使慨然承缴，亦必有清算亏蚀考核奇赢者，皆旧董之所不利也。于是旧董与新董又交恶。公款者，乡人之所共也，甲乡兴学已拨之款，乙乡继开则求分之半；丙乡丁乡嫉甲乙之擅此公款也，则饰其家塾，榜曰某学堂，又踵起而分之；而经理之绅董，凡一切亏挪不能弥补，隐若不可以告人者，则往往借自办学堂以为抵制之地。盖其贤者，因兴学而出于争款，不肖者，又因霸款而托于兴学，两者互争，胶扰不已。于是学董与学董又自相交恶。①

在这里，周旋于各种地方利益群体间的孙诒让，描绘了自己在兴学活动中所目睹的私争迭起、纠纷百出的景象。在以往对这段国家历史的“宏大叙事”中，兴办新式教育是被阐释为“进步知识分子”投身启蒙运动和现代化事业的一种爱国表现，这无疑表达了一种历史真实；然而与这种充满道德色彩的诠释不尽相同的是，在当时置身于改革现场的孙诒让看来，学界成了各派地方势力的角逐场，充斥着无穷无尽的利益纷争和没完没了的权力攘夺；犹如物理学中的磁场，其中的引力和排斥力无处不在，作用在进入学务场域的每个行动者身上。废科兴学，首先意味着一种利益关系的调整。

本章试图以上层士绅与地方官和上层士绅与下层士绅的关系为主要观察视点，再现温州兴学过程中的一些重要环节，揭示在兴学过程中，置身于学务场域中的诸种社会势力是如何展开冲突的，学务场域内的冲突又折射出地方社会一种

---

① 孙孟晋：《孙籀公与清季温处地方教育》，载温州政协文史委编：《温州文史资料》创刊号，1985年，第24页。

什么样的权力关系，这个过程对温州地方权力格局又产生了什么样的影响。

孙诒让是温州兴学的首席组织者和推动者，是温州教育界的一个灵魂人物。本章拟以他与温州不同群体的关系为中心，透视学务场域的权力角逐。今人张宪文编的《孙诒让遗文辑存》比较集中地反映了孙氏的兴学行为、言论和相关社会交往，它也在很大程度上反映了温州新式教育草创和发展的历史，也留下了中国新式教育发展史的一个缩影。本章所用史料大量采自该书。

第一节　教育经费的筹措

科举考试被废后，为承担兴学重任，县乡亟须从地方社会汲取更多的资金。地方官试图以更有效的方式渗入地方社会和兴学事务，士绅也以自治为合法旗号参与地方学务的管理。他们分享权力，又互相争夺地方社会的控制权，由诸多复杂的原因所致，上层士绅的权力呈现出了扩张的态势。

一、政府的尴尬处境

庚子之变以后，兴办新式学堂势在必行，在时势的驱迫下，政府是没有选择余地的。为昭示兴学的决心，在地方行政体系中，朝廷将学务的管理权置于极高的地位。提学使司在省级行政体系中位列藩司之下，臬司之上，直接向督抚负责；[①] 学务事业的成果成为朝廷考核官员政绩的重要标准之一。

兴办新式学堂之“新”，人们自然想到教育内容之“新”，即与旧学相对的西学，如时人认为于国富民强至为重要的是“声光化电”；但更为根本的是，教育发展方向发生了革命性的变化，即新式教育已经不再仅仅是选拔人才的精英教育，而是以“开民智”为目标的普及教育。要满足普及教育的规模，经费的筹措成为兴学的一个核心问题。从某种意义上说，一部晚清兴学史就是教育经费筹措史。

教育经费的筹措是主政者绕不过去的一个大问题，许多当政人物都提出过自己的设想。1898 年张之洞提出 4 种筹款方式：第一，府、县书院改学堂。第

① 据光绪三十二年（1906）四月初二上谕，《附奏藩学臬三司会详片》，朱寿朋编：《光绪朝东华录》，中华书局 1958 年版，第 5552 页。

二，提取善堂、祠堂及赛会演戏、佛道寺观经费为学堂经费。第三，劝绅富捐资办学。第四，酌收学费。同年康有为提出的筹措经费方法也是4种：第一，府、州、县之义学和社学改为小学堂。第二，乡间淫祠改为小学堂。第三，各省陋规、溢款。第四，鼓励绅民捐设学堂。[①]两者之间的最大差异是，康有为比张之洞更关心乡间的初等教育，作为维新派的康有为比作为洋务派的张之洞提出的措施更激进一些，把各省陋规、溢款作为教育经费，将直接触犯官僚阶层的利益。两者的共同点是着重在旧学款产和捐赠款产等方面下功夫。与此相近，新政第一年，朝廷也是沿着这个思路，诏谕地方改书院为学堂。沈云龙在《学堂论》一文中说书院只能提供新式学堂经费的十分之一，因此批评“上谕第言以所有书院改为学堂而不导之以筹款之法”，主张模仿西方发达国家的筹款制度，拨官款建立模范学堂。[②]

沈云龙的批评当然是正确的，旧学款产和捐赠款产对普及教育目标来说无异于杯水车薪。长期处在兴学实践第一线的孙诒让对此有切肤之感。他在《学务本议》（1907）中说：

> 自教育之议兴，各行省奉诏设学，次第增多。而创始则有校舍建筑之费，常年则有薪修膳食图书仪器标本之费，色目浩繁，公私交迫。省会取资官款，筹集较易；郡邑官学，亦尚有宾兴、书院诸款可拨，不至毫无凭藉，然欲扩张设备，亏绌仍多；至于民立小学校，则皆率仰屋咨嗟，朝不保夕。[③]

但沈云龙关于模仿西方发达国家的筹款制度以解决教育经费问题的说法，则触及了政府的尴尬处。西方国家义务教育经费来自“公共税收”。有论者曾批评张之洞、康有为等当时没有“公共税收教育观念”，而沈云龙、梁启超和孙诒让等人则不同。从当时的历史情境看，不能说沈、梁、孙辈观念必比张、康先进。关键是“居庙堂”的张、康，不能像“处江湖”的沈、梁、孙那样轻松痛快地发表高见。这里首先不是“观念”问题，而是一个现实形势问题。甲午战争败后，

---

① 璩鑫圭、童富勇编：《中国近代教育史资料汇编·教育思想》，上海教育出版社1997年版，第144页。

② 沈云龙：《近代中国资料丛刊·民国经世文编·教育》，文海出版社1973年版，第433页。

③ （清）孙诒让：《孙诒让遗文辑存》，张宪文辑，浙江人民出版社1990年版，第37页。

对日的巨额赔款和浩繁的政府开支都要摊派到百姓头上。到新政开启的时候，情形不仅没有好转，反而大有变本加厉之势，远比对日赔款为巨的庚子赔款，使国穷民贫几至极致。而且举办各项新政，特别是在军警编练上又有很大的耗费，已经没有余力办新式教育。政府不敢征收地方教育税，因为兴学的一个背景是“几乎无地无之，无时无之”的千波万澜的民变。政府在加重百姓的负担上，表现了百倍的小心。1905 年致力于办学的温州士绅“尝禀请随粮带收学务经费，每两加捐大钱一百文，奉张中丞（指浙江巡抚张曾敭——引者）批，以迹近加赋不行”。[①] 在民变丛生的背景下，1904 年清廷颁布的《奏定学堂章程》规定由地方承担普及教育的任务，官绅需“实力维持”教育，“无负朝廷振兴教育之意”。尽管为兴学增加公共税收是政府不敢想象的，只好把筹款的义务交给士绅，但政府对社会稳定问题还是予以深切的关注。政府规定士绅不能借助官府的行政权威对民众强行收取教育经费，劝学员只能“婉言引导”，村董筹款必须经过绅民认可。

由士绅来筹措经费兴办新学本身不要紧，但是责任的承担要有相应的权力作保证，政府把筹款的权力划归地方士绅，士绅又提出了更高的权力要求。概言之，兴办地方教育成了士绅要求地方官放权的理由，成了清末绅权扩展的动力。本来办新政也好，搞自治也好，清廷的原意是要借此把国家权力渗透到地方社会，以巩固自己的统治。也就是说，地方自治的目标不是代替官治或推行另外的治理原则，而是补充官治的不足。自治并不意味着在地方社会确立一种不同于官治的新原则，而在于解决地方官对地方控制的乏力和无效，自治的目的在扩展国家的权威。把兴学放在清末清廷创制自治制度的视野中去考察，并与清廷推行警察制度作一个比较，就看得非常清楚。新政在地方上最重要的内容除了兴学就是办警察。警察制度以西方巡警制度为蓝本，形式上采取官督绅办。但官方出于强化政府权力的明确意图，把警察制度构建为一个科层化的行政系统，并且榫接在中央集权的官僚系统之上，利用督抚和州县长官监督、节制各级警察组织。这是一种由中央自上而下颁行的全国性制度。警察制度创设推行体现了国家权力向地方社会的大规模渗透。

政府办警察和兴学在许多方面都很相似。两者都采取官绅合办的形式；两

---

① （清）孙诒让:《改红封为柜完以其羡余充学款议》,（清）孙诒让:《孙诒让遗文辑存》,张宪文辑，浙江人民出版社 1990 年版，第 29 页。

者都有一个自中央到地方的垂直科层系统；两者都要接受同级地方政府和本系统的上级的双重领导；限于国家的财力，两者的经费都取之于地方。但警察毕竟是一种暴力机器，对于办警，国家特别强调官权之保障，其经费虽与兴学一样，也出于民间，但大都由官经手。在领导职务的配置上，各县警务长多以县知事兼任，专职的警察所长须由外籍人担任。在光绪三十四年颁行的城乡自治章程中，还特别规定现役巡警不得参加自治职员的选举，[①]也没有被选举权。警察之“官治”性质一览无遗。值得注意的是警察的职能除治安外，还涉及城市卫生管理、医生和医药管理、城市设施、消防、乡村教化和风俗改造等，这表明官方试图向社会全面渗透。因为办警是用“自治”的号令进行动员的，为了不让士绅产生过高的预期，清廷强调地方自治必须服务于官治。自治活动必须在不影响国家行政的完整性的框架内进行，即所谓“自治者，与官治相对峙而言也”；“地方自治以专办地方公益事宜，辅佐官治为主”；自治“所以辅官治之不及”，“助官治之不足也”。[②]政府的自治理念也为一般的知识者所接受，留日学生本是新思潮的最先接受者和积极传播者，然而当时在他们的刊物上发表的一篇文章与政府的口径完全一致：自治“盖所以补官治之不足，而与官治相辅而行”；自治可以“分政府之劳，速改革之业”。自治机构，“由地方而言则为地方之行政机关，由国家而言，则为国家行政机关之一部分业”。“直接行政曰官制，间接行政曰自治。”[③]清廷也把地方兴学置于整个地方自治的框架下。地方自治章程明确地方自治范围包括经办中小学堂、蒙养院、教育会、劝学所、宣讲所、图书馆、阅报社以及其他学务事项。兴学就是在这样的背景下展开的。

虽然办警和办学同属新政，同属自治范围，但士绅的能量投放是有所选择的。与对国家警制推行的消极延宕不同，上层士绅对办地方教育表现了很高的热情。政府因力有不逮，无法像办警那样严加控制，只能放权。学务机构劝学所的职位由绅民公举，禀请抚宪札委。在筹集地方教育经费上，《学部奏定劝学所章程》规定的原则之一是“责成村董，官不经手”。由乡村自己决定筹款方式，官

---

① 见《宪政编查馆奏定城乡自治章程》，故宫博物院明清档案部编：《清末筹备立宪档案史料》，中华书局1979年版，第730页。

② 见《宪政编查馆奏定城乡自治章程》，故宫博物院明清档案部编：《清末筹备立宪档案史料》，中华书局1979年版，第728、726、724页。

③ 攻法子：《敬告我乡人》，《浙江潮》1903第2期。当然理念的传播和接受是一回事，在地方社会进行自治实践时，牵扯到实际利益者的反应又是一回事。

方不介入，不干涉。官府的作用，只是在绅民议定筹款办法和数量后，予以核准。相对于“警察”的“官治”，新学堂的“绅治”色彩非常浓厚。格于形势，国家力量向教育界的扩张力不从心，因此，政府对士绅势力坐大的趋向感到忧虑是可以想象的。政府在兴学活动中处于非常尴尬的境地。

二、士绅主导的筹款和学务

在兴学活动中，与政府相比，士绅在筹款和学务管理上都具有明显的优势。

国家把普及教育的责任甩给了地方，并要求地方政府和士绅“实力维持”，那么政府与士绅的位置又如何摆呢？1904年，清廷《奏定初等小学堂章程》规定“至少小县城内亦必设初等小学二所，大县城内必设初等小学三所，各县著名大镇亦必设初等小学一所。此皆名为初等官立小学”。《奏定高等小学堂章程》规定：“虽僻小州、县，至少应由官设立高等小学堂一所以为模范，名为高等小学堂。”《奏定中学堂章程》规定：“须先就府治或直隶州治由官筹费设一中学堂，以为模范，名为官立中学。”可见，在分级办学的模式下，政府办学的职能是在府城、县城和大镇办一二所模范学堂，遍及城乡的、广泛的兴学只能依靠士绅。

在民变丛生的大背景下，官方在筹款问题上如履薄冰。张之洞、康有为和清廷在考虑解决兴学筹款难题时，都想到了旧学款产和集体公产，但要这些款项发挥现实的作用只能依赖士绅，因为其背后有深厚的传统制度背景。在传统社会中，为社会习俗承认的财产大致可以分为两类：私产和公产。私产指的是较为确定地为个人所有，[①]可以直接进入市场交易、出租和分割等。公产主要指学田、宾兴、卷资费和考试费等。私产丰饶者是否捐资兴学固然全然要靠他们自愿，即便是上面提到的那些公产，其合法性也得到传统习俗的有力支持，并形成了较为合理的运作机制，其控制权往往也操于士绅之手，政府是很难染指的。因此，政府如果要将这些资源用于地方兴学，就不得不借助士绅的声望和权威。传统社会的义学、社学和塾学是靠士绅支持兴办的，现在要凭借这些习俗和惯例兴办新学堂，同样要得到士绅的支持。清末，最初的地方教育经费筹措在很大程度上是对

① 以“较为”作修饰语加以限制，是因为在传统社会，没有完全的私有产权。即便表面上看起来是个人拥有的土地，在出卖时，也往往受到“亲邻优先权”的制约。

传统筹款模式的继承。另外士绅在地方上兴办公共工程的动员能力和组织能力的发挥，也有十分久远的传统。这些能力是政府所欠缺的，尤其是在政府威望和合法性快速流失的20世纪初。

从新式教育的学务管理的角度看，地方士绅也具有毋庸置疑的优势。如果把地方官吏与温州教育界的兴学积极分子的知识背景相比较，就可以看到，孙诒让看不起他们是有道理的。孙诒让了解西学如饥似渴，对西式教育尤为致意，还虚心向在温教会学校学习西式教育。[①] 从孙诒让流传到今天的给学生的训词看，孙氏对西学的造诣和对教育原理的掌握都达到了很高的境界。刘绍宽、吴郁周、黄式苏诸绅曾协助孙氏总理温处学务分处。刘绍宽1904年赴日本考察学务，著《东瀛观学记》。[②] 吴郁周、黄式苏，均受知于名儒陈黻宸，陈氏也是清末新学的重要人物。吴和黄还曾与同乡郑雨农、倪楚湄、冯地造、高性朴、施仲周等结成砥社，讨论时事，倡导新风。黄式苏和吴郁周后来都曾担任过乐清劝学所总董。与孙诒让一起办温州化学学堂的金晦，早在光绪十六年（1890）所著的《治平述略》中，就“参以欧美政学”。[③] 光绪二十八年（1902），冯豹、吴郁周、石蕴辉创办柳市高等小学。冯早年就学梅溪书院，也曾师从陈黻宸。高谊（1868—1957），光绪二十五年（1899）廪生，二十九年（1903）考取官费留学日本，修业于早稻田大学师范班，归国后被聘为温州中学教员。参加兴学活动的士绅大多有西学背景，对西式教育也有较深的理解。

三、温处学务分处的建立

由于士绅在筹措经费上的传统优势和对西式教育知识的造诣，1905年清廷宣布废除科考后，他们的权力在兴学活动中表现了大规模扩张的态势。这种态势首先体现在光绪三十一年（1905）温处学务分处的设置上。温处学务分处是一个非常理想的“绅权”与“官权”消长起伏的观察点。

---

① 孙延钊：《孙籀公与清季温处地方教育》，温州政协文史委编：《温州文史资料》创刊号，1985年，第9页。

② 孙诒让在《〈东瀛观学记〉叙》中评价说：“其大指在于研究师范以成教员，而多设蒙学以陶铸少年学子，至于管理之方，教科之册，无不采彼之长以裨我之缺。其论之精者，与《周官经》《大、小戴记》多相符合，信不刊之作也。”（清）孙诒让：《孙诒让遗文辑存》，张宪文辑，浙江人民出版社1990年版，第371页。

③ 平阳县志编纂委员会编纂：《平阳县志》，汉语大词典出版社1993年版，第848页。

1905年7月，青田陈兰薰琪、平阳黄溯初群、永嘉吴碧华，[①]从日本回国，他们以温州、处州两府距省城较远且新学尚未大兴为由，建议设立一个管理学务的机关，上为政府之辅助，而下以广其劝导。当时的温处道童兆蓉表示赞许。三君于是召集了永嘉张文伯之纲、刘冠三景晨，乐清吴郁哉熙周、黄仲荃式苏、石聘南蕴辉、陈春波锡麟、郑雨农良治、刘久安之屏、冯地造豹，瑞安郭筱梅凤诰、杨志林绍廉，平阳刘次饶绍宽、王仲平宗尧，泰顺刘宏轩项宣及处州士绅龙泉叶筱圃维周，青田徐寿九南等五十余士绅，[②]讨论设立学务机关事宜，其后一边向省政府报告，一边展开筹建工作。于此可见，其动议全是由士绅而起。但兼任省学务处的藩司宝棻不同意下设学务分处，饬道"从缓举办"。两府士绅大为失望，公电向京师学务大臣陈请。学务大臣孙家鼐得电以为可权宜办理以顺舆情，遂檄浙学务处特准分设。温处学务分处成立本身就体现了士绅在举国办教育的时势下力量的膨胀，虽然省藩司不同意，但学部从温州、处州的教育计，只好"顺舆情"，因为学部知道教育要出成绩，必须依赖士绅。这些由士绅制造的"舆情"，成就了晚清官制中的一个特例，全国只有浙南有这么一个学务分处。从士绅与地方官的关系看，这件事极具象征意义。

光绪三十一年（1905）十月初三，温处学务分处正式成立，孙诒让任总理。光绪三十二年（1906），温处学务分处改为温处劝学公所，规制一切如旧，统辖两府各县劝学所，以上承于省学务公所，盖非通常例也。光绪三十三年（1907）春，奉省饬改温处劝学所为温处学务总汇处。孙诒让任分处总理。学务分处按简章规定下设5个分部，即文牍部（主任蔡念萱）、管理部（主任刘项宣、副主任徐陈冕）、调查部（主任蒋作藩）、编检部（主任刘绍宽、副主任石蕴辉）、评议

① 吴碧华，早年习科举，为邑庠生，1902年官费留学日本，先后在早稻田大学、振武学堂学习语言和军事。

② 孙延钊：《孙衣言孙诒让父子年谱》，上海社会科学院出版社2003年版，第326页。胡珠生认为两府士绅的招集者为温处道童兆蓉，参见胡珠生：《温州近代史》，辽宁人民出版社2000年版，第206页。

部（主任吴熙周）。又以徐陈冕兼充日文译员，陈权东为英文译员。[①] 在温处学务分处的努力下，光绪三十四年（1908），温州师范学校建成，首任监督以时任学务分处文牍部主任郭凤诰担任，时任学务分处管理部副主任徐陈冕担任监学。

温处学务分处的一个重要职能是领导温州和处州两府十六县的劝学所。1905年学部下令各州、县设立劝学所，其地位被确定为地方官教育行政之辅助机关，劝学员由士绅充任，其职责是"以分区筹款与兴学宣讲为办法大纲"。1906年颁布实施的《学部奏定劝学所章程》对劝学所及其成员工作规章和任务有了更细致的规定：第一，接受劝学员关于学堂经费的报告；每年两学期之末，造具表册，一面汇报于地方官，一面榜示各区；接待视学，汇报情况。第二，劝学员要考察迎神赛会存款；劝绅富出资建学，代为禀请地方官奖励；酌量各地情形，令学生交纳学费。第三，劝学员商承总董，责成村董办理筹款事项。从这个规定可以看出，劝学所是在地方官的监督下，国家让渡部分权力给地方士绅而形成的机构，它在兴办教育的有关事宜方面协调地方官与士绅的关系。机构虽然是由政府设置，但是被明确规定为由士绅管理。值得注意的是，劝学所的学务人员是以身份权威被授权和雇用的，劝学员是由劝学所总董选择的土著士绅，受地方官札派；学董由地方兴学人士担任。

温处学务分处领导了十六县的劝学所，办学士绅发挥了巨大的能量。温处学务分处拥有经管兴学经费的职能。它可以为温处学界有关兴学事宜向省劝学所、省提学司和学部递交公牍。它可以参与地方官关于教育经费的决策，在筹集教育

① 陈权东，字守庸，温州中学堂英文教习，1907年毕业于上海圣约翰学堂。温处学务分处筹备处拟定的章程草案共37条。其管理部条文中云："外国教会在本地开设学堂经官立案者，其学生毕业时，应将毕业生姓名、籍贯及各科分数具册送处，经核阅后交管理部存查。"调查部条文云："调查分通常、特别两种，通常调查每年于春秋两期分赴，特别调查于必须时临时派往。……调查人员所到之处，学务以外，凡山川风俗户口物产农工商业及地方利病有所闻见，均可随时记录，归送编检部以备参考。……各县如办有工商实业半日学堂，如工艺学堂以及绅民私家书塾参用学堂办法者，均须调查报告。"编检部条文云："检阅坊间新出各种教科用本及教育管理诸书，将其比较完善而与本地学堂适宜者，每书签出善处，并加总评语，送总理审定，编印书目，发交各学堂令其购用，期于划一。……新出书籍，有本非学堂课本，而间见精义新理可资教材者，摘录原文，自编时可引用之。……本地各学堂教习，于所任学科，如有以其心得为论著者，由堂长核定将原稿或录副送处审阅。……本分处置日本及英国文译员各一人，检阅东西洋中小学教科用书及教育管理诸书，择要译成中文，以为殚见洽闻之助。"评议部条文云："总理批交评议部之案件，由评议部开评议会讨论，议毕将议决办法呈处核夺施行。……每年暑假开定期评议大会一次，邀集两处学界重要人员，公议已往办理之得失，共抒未来改进之意见。"孙延钊：《孙籀公与清季温处地方教育》，温州政协文史委编：《温州文史资料》创刊号，1985年。

款项时，能够给地方官施以巨大的压力。总之，地方学务行政的组织方式明确体现了士绅权力的上升势头。温处学务公所的设置，使得温州士绅更深地介入了温州地方的政治事务和社会事务。学务公所的调查部条议明确规定，调查人员所到之处，学务以外，凡山川、风俗、户口、物产、农工商业及地方利病有所闻见，均可随时记录，归送编检部以备参考。他们关心的不只是“学务”而已。①

地方官原先阻止学务分处的成立就是出于对上层士绅权力扩张的敏感，但他们未能如愿，一则是由于士绅力量的强大，但更重要是时势之不可逆。这个时势体现在朝廷的诏命上。而温处学务分处一经成立，确实成了上层士绅力量集结的一个大本营。此后，孙氏为筹学款对官方和富商更是采取了积极的攻势。

下面文字材料摘自光绪三十一年（1905）温州士绅给温处道台贺元彬的信，此信由孙诒让领衔和起草，王岳崧、项崧、洪锦标、蒋作藩和李炳光共同署名，②信中说：③

> 窃敝邑自壬寅（1902）恭奉谕旨，开办学堂（指瑞安普通学堂），……惟是经费奇绌，除拨本邑宾兴会及学计馆公款外，益以串捐商捐，岁入不过二千余元。而且学款开支浩繁，加以津贴各蒙学，极力撙节，每年总需五千之数。……顷者博访商民，咸谓十余年来，台甬海舶入口日增，商务渐盛，本年邑中又开轮船公司，商旅云集，税额之旺，可为操券。伏读钦定学堂章程经费条有准于本地税厘项下酌量筹拨字样。查本邑南门关每年认解税额尚轻，揆之目前商务情形，必有赢余，拟求大公祖大人俯念瑞邑学堂经费支绌，准饬该关委员于定额之外，加认数成，拨入学堂作为常年经费，则于税项无亏，而于学务大有裨益。

这是由瑞安3名进士和3名举人联署的信札，其内容为瑞安普通学堂筹措的

① 孙延钊：《孙籀公与清季温处地方教育》，温州政协文史委编：《温州文史资料》创刊号，1985年。

② 王岳崧（1849—1923），光绪十五年进士。项崧（1865—1909），光绪二十年进士。洪锦标，光绪十八年进士。蒋作藩，光绪十七年举人。李炳光，光绪二十八年举人。

③ 以下两段引文，出自（清）孙诒让：《致温处道贺观察书二通·一》(光绪三十一年)，（清）孙诒让：《孙诒让遗文辑存》，张宪文辑，浙江人民出版社1990年版，第126—127页。

经费。在这里，他们自己查明什么地方、什么钱可以挖出一部分用作学务经费。下面则进一步阐述其可操作性，其建议细致到由谁来具体承办，并说明承办者为什么能够尽心尽力：

> 再者，办理税务，尤在情形熟悉。本邑县丞荫宗在瑞多年，于城乡民情商务极为谙练，虽缺分瘠苦异常，而清操卓著，向不干涉词讼，士民尤为翕服。查郡城东门厘局向以丞倅轮流兼理，藉资调剂，历届遵行，均臻妥协。可否援照成例，仰求赏派该县丞就近兼办南门税务关事务，既可收驾轻就熟之效，复可省往来夫马之费，而该县丞亦可藉羡余，略润涸辙，必益感激图报，黾勉从公，冀酬宪恩于万一，让等亦当随时商榷，广为招徕，以效涓埃之补，而学堂得以挹注，庶可措手，斯亦大君子嘉惠士林，体恤僚属之盛意也。

在谦恭温雅的辞句修饰下，充满咄咄逼人之势。[①] 他们已经把一切都考虑得非常周到，地方官似乎除了点头外，没有什么选择的余地。

这种势头发展的后果必然是对政府权力的胁迫和侵犯。这大概是一个全国性的普遍现象。1907 年《学部札各学使劝学所办学员绅党慎文》称："近闻各省劝学员绅，有借官差以拘拿平民者；有属令地方官用刑追逼者，有苛罚多金者。"[②] 这里反映的事实是，当士绅为兴学筹款与百姓发生尖锐冲突时，他们动用了国家行政力量对平民加以打击。"借"官差拘拿平民，"属令"地方官用刑追逼。尽管兴学也是地方官的职责之一，兴学的成绩也是地方官的政绩，但属员被"借"，自己被士绅"属令"肯定不是他们所乐意的。因为晚清政府由于办新政，苛捐杂税层出不穷，与百姓的关系十分紧张，孙诒让的带征被否决就是原因之一，兴学高潮产生后，百姓的对立情绪更是如同火上浇油，毁学风潮遍及全国，地方官处

---

① 孙诒让对贺元彬的尊敬是表面的，实际上他对贺颇有微词。孙氏曾对密友黄绍箕说："此间自程筱周观察受代后，继者坐啸而已。温守极厌新喜故。"（清）孙诒让：《与黄仲弢书》（光绪三十二年），孙诒让：《孙诒让遗文辑存》，张宪文辑，浙江人民出版社 1990 年版，第 129 页。这里所说的代替程筱周者就是贺元彬。"坐啸"，可能意指贺对于兴学，口号喊得很响，因此以"啸"形容之，而没有实际行动，因而说"坐"，仅仅止于"坐啸"，即口头提倡，没有起而行。"温守"指温州知府锡纶。

② 《学部札各学使劝学所办学员绅党慎文》，见朱有瓛编：《中国近代教育史资料汇编·教育行政机构及其教育团体》，华东师范大学出版社 1983 年版，第 65 页。

理民变十分棘手，弄不好就会丢乌纱帽，有时甚至会有性命之忧。在这种情况下，为了那点办新学政绩，动用国家权力向百姓追缴兴学款项，要冒与带有非理性情绪的乡民紧张对峙的危险，何况兴学同时也增加了士绅的威望，用时髦的说法是增加了士绅的象征资本，因此地方官兴趣不会很大，为筹学款，用官差去拘拿平民，用刑追逼百姓获得苛罚金，未必是地方官所情愿的。地方官既受到了士绅现实权力的胁迫，同时也受到了“教育救国”大义的胁迫。这些“大义”其实也是士绅在言说的。

第二节　地方行政对兴学的掣肘

从皇权的立场看，抑制绅权的膨胀可以被表述为为了国家的统一，为了社稷的安危，这是从国家制度安排上考虑的。地方官作为皇权在地方行政系统内的代表，虽然不能排除其中某些人在某些时候出于“公心”而对士绅采取防范措施，但不可否认在兴办新式教育的过程中，“绅权”的膨胀触犯了他们更为直接的切身利益，正因为如此，地方官与士绅权力在清末兴学的过程中充满了纠葛和冲突。由对西学认知上的差距而产生的敌视情绪则又加剧了两者冲突的激烈程度。从根本上说，他们为难士绅是利益受到损害以后的反应。

一、地方官员对兴学的认识

按照政府的设想，在教育管理上和学务管理上，由于地方官掌控着国家的权力资源，可以而且应该发挥巨大的作用，因此作出了如下的制度安排：

> 每府及直隶州，必设中学堂以为各属之模范，每州县必立高等小学堂以为各属之模范，二者皆官办也。其他辖境所有公立私立众小学堂，又皆官吏所办护而监督者也。……而士民为待教育之人，官吏则为司教育之人，二者对勘，孰为重要，又不待耆蔡而决矣。[①]

---

① （清）孙诒让：《学务本议》，（清）孙诒让：《孙诒让遗文辑存》，张宪文辑，浙江人民出版社 1990 年版，第 35 页。

政府给地方官在办学中以重要的地位，然而，官吏们极度缺乏现代教育知识，难以担当重任。据孙诒让观察，“今之官吏，其能通教育者，百不得一，而遽畀以监察教育之劝，岂果生而具万有，不待教育而即通其原理者欤？”① 又说：“窃谓浙东西七十余属，将求无不受教育之民，必先求无不受教育之官绅，而后有所藉手。今之郡邑有司暨办学绅董，略通教育之旨者，百无一二，而强俾参与学务，其瞽惑龃龉，殆无足怪。”② 对教育的隔膜，无论是正途出身的还是其他的“杂流”，均是如此，孙诒让曾说：

> 其疏暗阘茸者不足论，其贤者如前之偾事重臣，或以守令致通显，清操雅裁，卓负时望，爱民勤政，然而其视学校也如缀旒，其嫉新学也如蛇螫，挟其虚骄胶固之见，而昧通变久大之图，卒以蒙世大诟，则不通教育之故也。至于杂流竞进，或有不解文义者，钱谷簿书，已不能举其职任，而望其精究学务，固知其万不可冀矣。③

由此可见，官吏们昧于教育，这是一种普遍现象，不论贤与不贤均是如此。主要的原因是，他们囿于传统的观念，对现代教育的重要性认识不足，视教育为点缀，并且对新学充满敌视和恐惧。在经历了十来年办教育后，孙诒让的感受是：

> 郡邑俗吏，或饰虚文、张空簿以塞明诏；其迂固者，则复拘常守故，阳奉而阴尼之。源之未清，而骤挹其流，本之不固，而亟求其效，故每举一二事，则左右牵掣阻格者万端，斯固忧时之士所为扼腕而长喟叹者也。④

孙氏认为地方官吏应成为兴学之“源”、之“本”。由于地方官素质不合格，他们对兴学持消极的乃至敌视的态度。他们“饰虚文、张空簿”以搪塞明诏，即

---

① （清）孙诒让：《学务本议》，（清）孙诒让：《孙诒让遗文辑存》，张宪文辑，浙江人民出版社 1990 年版，第 35 页。

② （清）孙诒让：《报支季卿提学书二通・一》，（清）孙诒让：《孙诒让遗文辑存》，张宪文辑，浙江人民出版社 1990 年版，第 140—141 页。支恒荣，字季卿，江苏丹徒人，同治进士。

③ （清）孙诒让：《学务本议》，（清）孙诒让：《孙诒让遗文辑存》，张宪文辑，浙江人民出版社 1990 年版，第 36 页。

④ （清）孙诒让：《送程筱周观察》，（清）孙诒让：《孙诒让遗文辑存》，张宪文辑，浙江人民出版社 1990 年版，第 304 页。

用形式主义态度来对付中央关于兴学的英明决策。

那么，与士绅密切合作，对兴学抱以较多的同情和支持的地方官是否存在呢？答案是肯定的，并不是所有地方官都与兴学持对立的立场，但与孙氏同舟共济办新学的地方官似乎只有温处道童兆蓉和代理温处道的程恩培二人而已。在孙诒让的私人通信中，大量官员对兴学的态度是很消极的。比如“亦以此君（锡纶）喜恩由己出，不喜人说情。又其平日持论，说中国人太新”。[①]“太尊于新学未能深究，又素疑新进少年之多事，故力持仍旧不必更张之论”。[②]

1907年，孙诒让把自己的观察和思考向学部提交了正式报告：

> 吾国之官吏，则利禄之见梗塞胸次，至于不辨五洲之方位，不解三育之名词者，程度相去，抑何悬绝！循此不改，而以不通之官吏，治未受教育之绅民，群盲相遇，而强谈学务，于是官吏之巧者粉饰，拙者稽延，而学校遂有轻藐长吏之心。绅民之弱者疑谤，强者要求，而官吏益增厌恶之念。彼此交恶，蕴结溃决，而政学两界，牵连纠纷，变幻百出，至有不可思议者，不知何以善其后也。[③]

官吏只知“利禄”而昧于新知，对于兴学要么虚报成绩，要么稽延不办，导致了士绅和地方官的交恶。可见在孙诒让的眼里，官绅冲突的责任在于地方官利欲熏心和对西学的极度无知。

二、学界的筹款方案

基于上述对地方官的认识，孙氏对官方办学表达了强烈的不信任，“中国事，官办不如私办”。[④] 这是孙诒让长期不变的见解。八年以后（1907），他再次表达了这个意思，并详细地叙述了理由：

---

① （清）孙诒让:《与刘绍宽论办学手札二十六通・十三》,（清）孙诒让:《孙诒让遗文辑存》，张宪文辑，浙江人民出版社1990年版，第184页。

② （清）孙诒让:《与刘绍宽论办学手札二十六通・十六》,（清）孙诒让:《孙诒让遗文辑存》，张宪文辑，浙江人民出版社1990年版，第190页。

③ （清）孙诒让:《学务本议》,（清）孙诒让:《孙诒让遗文辑存》，张宪文辑，浙江人民出版社1990年版，第37页。

④ （清）孙诒让:《与汪穰卿书十一通・七》,（清）孙诒让:《孙诒让遗文辑存》，张宪文辑，浙江人民出版社1990年版，第98页。

惟是人才衰乏，经济窘绌，实为膏肓之病，荆棘丛生，极难措手。而官办学校，必不如绅办，则又事理昭然，不俟再计而决者。客春弟曾禀商中丞，请一律改为绅办，因不合定章未行。固知绅中亦复兰艾错陈，不易甄择，藉名营利，宜有周防。但两弊取轻，绅办不善，得贤有司一纸公牍，更张辙换，便可觊改良；官办不善，绅起而争之，则旁涉政界，胶固纠纷，变幻百出，殆有不可思议者。近时永嘉劝学所哗然为群小逋逃之薮，弟近在咫尺，只得噤若寒蝉，以后不知其演成何局，即其一端也。①

地方官是如此不堪信任，因此孙氏提出了这样的兴学方案：

夫教育之道，本为国民开其智识，则其经费，宜通国士民各有担荷之责，莫如与地方地丁钱粮带征毫厘，以资应用，通由官柜代收，而明其数于串票。既收，则储之本地劝学所，以预定城乡分区学数，由全体学界公议匀拨。其名为学校，而管理教科不合法为学界所不承认者，不得与分；其未设学之区，则预算应分之数，专款存储，不准董事移做别用，官也不得私取铢黍。②

在孙诒让的这个方案中，教育经费由政府征收，而管理权和分配权则由教育界的士绅所掌，地方官不得染指。原清廷有关规定，劝学所不过是地方官教育行政的辅助机关，在这里孙氏却明确要求以上层士绅为主体的劝学所全权负责地方的学务事宜，获得兴学的主导权。而地方官反成了教育行政的辅助者，不仅如此，孙氏还把目光指向官吏们的既得利益：

吾国自地丁并征以来，国家厚泽深仁，固已著令永不加赋，正供以外，不容别有增加。但书吏征收，弊端百出：银洋之火耗浮征，米石之斛耗加折，无一非取之民；州县明之其弊，而莫能革，且沾其余润焉。是固（疑应为“故”——引者）不如酌禁无名之横敛以便民，

① （清）孙诒让：《与省学务公所议绅书》，孙诒让：《孙诒让遗文辑存》，张宪文辑，浙江人民出版社 1990 年版，第 146 页。“永嘉劝学所哗然为群小逋逃之薮”的详情见后。

② （清）孙诒让：《学务本议》，（清）孙诒让：《孙诒让遗文辑存》，张宪文辑，浙江人民出版社 1990 年版，第 39 页。

> 而带征有限之余资以兴学。差田产之多寡，以为所出之率，征收斛一，既有简易轻捷之良，衰分平均，又无争辩诿卸之弊。较之左右罗掘，敛怨无穷，不亦愈乎？近来各省学董，亦多持斯议，而皆以迹近加赋，未蒙准行。实则加赋之垂为厉禁者，防官吏之取民无餍而朘下以肥上也。若学费，则取之地方者用之地方，国家毫厘无所私焉。[①]

书吏征收，火耗浮征，斛耗加折，向来为书吏之利薮，地方官也是参与分享的，即所谓“沾其余润”。孙氏为筹款起意染指地方官的禁脔，那么与地方官产生激烈的，甚至可以说是殊死的搏斗就是不可避免的了。

三、地方官的敷衍和延宕

1906年，作为温处学务分处总理的孙诒让，直接向浙江巡抚张曾敭报告兴学的困难。其首要者即是地方官与热心办学的绅士——“开新之士”的矛盾：

> 办事以官绅允洽为第一要义。今日开新之士，率于社会之程度，官场之体制，概未洞彻，希望太骤，遽迫地方官更张。地方官爱惜财力，而疑士绅挟制。于是官绅新旧之间，凿枘不相入。……夫庸暗守旧之辈，既识见顽钝，不足与言教育；而一二开新之士，又徒以热诚奢望，与地方官龃龉，于学界转生阻力。学务之困难一也。[②]

限于孙诒让的身份（既是热衷于办学的“开新之士”，又担任半官方机构“温处学务分处”的领导，有协调士绅和地方官的责任）和此信的阅读对象，孙诒让在说明官绅不和原因的时候，指出双方都有各自的问题，但用笔的轻重之别是清楚的，“开新之士”的缺点不过是对社会和官场认识不够透彻；而在论及地方官的时候则斥其“庸暗守旧”“识见顽钝”，而且指出地方官对士绅办学侵袭他们的权力非常敏感，即“疑士绅挟制”。概言之，地方官是兴学的阻力。

地方官对兴学的疑忌似乎是本能的，早在光绪二十四年（1898），孙诒让在

---

① （清）孙诒让：《学务本议》，（清）孙诒让：《孙诒让遗文辑存》，张宪文辑，浙江人民出版社1990年版，第39页。

② （清）孙诒让：《上浙抚论学务困难事》，（清）孙诒让：《孙诒让遗文辑存》，张宪文辑，浙江人民出版社1990年版，第25页。此文原载《中外日报》，民初《直隶教育杂志》第十一期曾节录转载。

给汪康年的一封信中就说："敝里学堂之议，春间已商及，……然地方官以此为多事，旧学腐儒复交口讪笑之。"[①] 地方官对办学的阻滞频繁见于孙氏的文字："敝里自春卿侍郎奉讳后，新机又窒。学堂之成，亦俟河之清而已。"[②]

1899年孙诒让和瑞安人金晦、平阳人吴庵箴、杨景澄等在温州府城创办化学堂，得不到地方官的支持，孙氏在给汪康年的信中说："敝郡议开化学堂，方伯已允助款，乃为总榷戴太守所尼。"[③] 此事的详情见于以下书信：

> 缘敝里诸友，因时局多艰，达权通变，建学堂以开民智，实为今日急务。……而苦于费无所出。……（杨景澄、吴庵箴）博咨众论，咸谓郡城西门厘捐，收数甚旺，而苦于冗费之多，未能点滴归公，倘略事清厘疏剔，以余款供兴学之费，绰乎有余。仿之众商，亦深苦卡胥稽查之苛细，及经手之曲折稽延，从臾其陈请包收认解。盖敝里酒捐、布捐两项，本有绅董成例可仿，依以从事也。渠又商之其业师黄漱兰通政（即黄体芳——引者），亦深赞其事，为修书达之菘耘方伯，亦以方伯雅志匡时，于学堂一事尤为致意，必以为不谬也。比接复书，果许其用意尚善，并荷札饬戴子开太守核议。而子开太守又札询该卡徐委员，饬其查数禀复。以公事论之，自不厌其周详，但该卡上自委员，下逮司事巡丁，咸恃此为脂膏之挪一旦夺之，彼诚有所不便。所谓为千金之裘而与狐谋其腋，其非所乐从，固无足异矣。故委员奉文之后，始则延搁不复郡，而再四促之，则以事属更张不无流弊为词。子开太守虽深知兹事可行，而重于违委员之请，闻复牍中不甚置可否，仍以请示于方伯，亦官场恒例也。……敝里兴学之费，舍此别无可筹，

① （清）孙诒让：《与汪穰卿书十一通・六》，（清）孙诒让：《孙诒让遗文辑存》，张宪文辑，浙江人民出版社1990年版，第97页。

② （清）孙诒让：《与汪穰卿书十一通・七》，（清）孙诒让：《孙诒让遗文辑存》，张宪文辑，浙江人民出版社1990年版，第98页。

③ （清）孙诒让：《与汪穰卿书十一通・十一》，（清）孙诒让：《孙诒让遗文辑存》，张宪文辑，浙江人民出版社1990年版，第100页。后来温州府学堂成立时，该学堂停办，成绩较好的学生送府学堂继续深造。

漱兰丈亦极盼学堂之成。固两次为函商方伯。[①]

这里孙诒让讲了一个试图改革税收陋规以充学款的过程。从孙氏信中知悉，为了此事，孙诒让、杨景澄、吴庵箴等士绅动员了黄体芳等朝廷重臣出面，黄体芳又动员了方伯。方伯究为何人不详，但显然也是一个高官，因为他能“札饬”“太守”戴子开。不知结果如何，但从孙诒让在五月十四给陈兰洲的第二封信看，其结果是不容乐观的：“前函所陈杨君包厘一节，……兹杨君另遵方伯第二次批谕，照数认足，并报效开支，……惟是属员总有意延搁，虽奉文询催，而事近半年，至今未复。”[②]

光绪三十一年（1905），地方官虽迫于时势参与学务，但一意敷衍。乡村塾师张棡（光绪六年县学廪生），于光绪三十二年（1906）十二月二十六日为小学经费支绌事致函孙诒让说：

现今学界困难之势总以筹费为第一问题，而筹费一经官府便生出无数波折，非借口成例之难援，即责以舆情之不协，于是地方公有之利，遂坐视猾吏豪民中饱霸持，不能取分毫而供公益，此真可为长太息也。[③]

下面是地方官阻碍筹款的一个十分极端的例子：

官场于私利必出死力相争，敝邑中学请拨串费，乃去年五月抚学两宪通饬成案，此与官无妨碍，不过幕友门丁库书失利耳。官捺不宣。八月间绅董见报湖州请提此款，始援例以请，奉批乃知早有通饬，本可即拨，毫无疑义，而官顽抗不已，屡奉批严饬，犹复不遵。藩、学诃斥甚厉，官亦不理。至今一年，府委来瑞调停，减少议拨。终以库

① （清）孙诒让：《与陈兰洲书二通·一》，（清）孙诒让：《孙诒让遗文辑存》，张宪文辑，浙江人民出版社 1990 年版，第 101—102 页。陈豪（1839—1910），字兰洲，又作兰舟，号迈庵，晚号止庵，浙江仁和人，为陈叔通先生之尊人。同治九年（1870）优贡，光绪三年（1877）署湖北房县，后授湖北汉川县知县。

② （清）孙诒让：《与陈兰洲书二通》，（清）孙诒让：《孙诒让遗文辑存》，张宪文辑，浙江人民出版社 1990 年版，第 102 页。

③ 张棡：《张棡日记》，俞雄选编，上海社会科学院出版社 2003 年版，第 120 页。

书坚抗，分文未得。足见官场蕴利，不易争拨。[①]

因为串费本为地方官吏的传统收益，要以此为教育经费，直似与虎谋皮。哪怕是省里的管财政和教育的负责人“严饬”“诃斥”，都不解决问题。地方官的态度是“顽抗不已”“不理”，结果是瑞安中学“分文未得”。

就筹款而言，孙氏与地方官吏、商人和富绅的矛盾都很突出。[②] 孙诒让致信省学务公所议绅说：

> 至于筹款兴学，似以仿泰西地方税则随粮带征学费为最善，一则衰分顜一，足以齐贫富之率，二则征收捷径，可以省经营之烦。事简用宏，无逾于此。祇以迹近加赋，格于令甲。于是城乡各董，纷纷各自为谋，热心集事，或不免间涉苛细。提中饱之陋规而官愠，抽落地之税而商怼，口疲笔秃，争议纷纭，数米简丝劳而寡效，徒令种种恶感集于学界，甚非计也。[③]

---

① （清）孙诒让：《与刘绍宽论办学手札二十六通・十八》（光绪三十二年），（清）孙诒让：《孙诒让遗文辑存》，张宪文辑，浙江人民出版社 1990 年版，第 191 页。

② 孙氏为筹款与富绅打交道的一个重要事件是，试图把他们完纳钱粮的特殊利益转用至兴学。在完纳钱粮方面，一般农户交纳钱粮按普通柜价完纳，富户则享受特殊利益，以低于普通柜价完纳，这在乐清叫“喜封”，在瑞安叫“红封”。按照孙诒让的说法，在瑞安，“红封”的名目出现于咸丰初年。出现的原因是绅富对官吏在征收田赋过程中的“浮收”不满。用今天的说法，由于他们是“纳税大户”，对国家“贡献大”，他们要求革除陋规，一方面是本身有充足的理由，另一方面要照顾他们的积极性，官吏只好同意。“于是官绅协商，设次名目，以调停其事，谓之自封投柜”，这样的红封户在瑞安城乡有数十家［（清）孙诒让：《改红封为柜完以其羡余充学款议》，孙诒让：《孙诒让遗文辑存》，张宪文辑，浙江人民出版社 1990 年版，第 28 页］。关于红封户数目，也见于宋恕的《辛卯日记》：“瑞安南数十主红封。”［（清）宋恕：《宋恕集》，中华书局 1993 年版，第 930 页］。红封户是绅富的领袖。显然这里面存在着地方官与士绅的斗争。红封户的出现，意味着士绅，特别是大绅富户在博弈中暂时占了上风。以后曾有过反复。赵钧《过来语》第十四册载，由于瑞安的田赋逐年增加，士绅于咸丰八年（1858）联名向温处道打报告，要求“自封投柜旧例”。道宪以峻厉的批示驳回了他们的申请（周梦江整理：《赵钧〈过来语〉辑录》，《近代史资料》1979 年第 4 期）。这说明，在咸丰初年出现的红封，曾被政府取消过，他们现在又在争取红封的利益，但是并没有成功。50 年以后，孙诒让写的《改红封为柜完以其羡余充学款议》（光绪三十三年）有“咸丰间创议者出全力与官吏抗争，始得有此红封名目”之语，可见最后还是士绅取得了胜利（《孙诒让遗文辑存》，第 29 页）。孙诒让本人也是红封户，此时他正在积极地兴办新学，在经费短缺的情况下，他带头倡议红封户让出红封带来的那部分利益，用于兴办新学，“议商之红封各户，一律照民间柜价完纳，提柜价之羡余以助学款”。在这篇文字中，孙诒让谆谆诱导，讲了很多道理。但结果是“红封各户多数否决，不果行”（孙延钊：《孙衣言孙诒让父子年谱》，上海社会科学院出版社 2003 年版，第 356 页）。

③ （清）孙诒让：《与省学务公所议绅书》，（清）孙诒让：《孙诒让遗文辑存》，张宪文辑，浙江人民出版社 1990 年版，第 146 页。

但事实上，跟地方官吏的矛盾是最根本的，地方官往往会深深地卷入士绅与商人的矛盾中。孙诒让曾设法从商人处谋取教育经费。其中一个事件是在盐局栈租项下，拨款充学务经费。起初，孙氏与温处盐局叶寿崧督办商议学款事宜。叶表态盐税无可再加，如有闲款可以化私为公者，当竭力设法。显然叶的态度是敷衍的。后被孙氏等查知这么一个情况：盐行已奉裁撤，而仍然征收栈租每篰5分。孙氏意欲把此款充公以作办学经费。事为永嘉东郊十户盐行所闻，联合反对，相持不下，在费了很多周折后，其结果总算是差强人意，孙氏领导的学务分处提取了5分中的3分为学款。此事的难度固然与触及商人的利益有关，但问题的复杂性主要是由于官员的利益与其中一部分商人的利益纠结在一起。孙氏在给学务分处同人的手札中叙述了其中的曲折：

> 盐行事，昨筱木瑞安王岳崧招夏耀西来瑞面商，以渠为各行之代表也。详询情形：盐行出息专靠五分仲钱及息钱此是恩关两万篰，各行垫赔缴款，故须出息向钱庄借钱，今盐道将息出示免去，则各行须硬赔，倘再提仲，势将歇业，故坚持不肯。而盐道必欲提仲，不肯取之于商贩者，一则盐厘与货厘不同，货厘值一千只收六七十文，故就厘每百抽三，轻而易缴；盐则本钱百文，抽厘竟至百数十文，子过于母，故如再照厘加抽每百三文，不胜其重，商贩不愿。二则盐道所抽倭防捐及善举捐，每年数千千，均出之商贩，此等均入私囊，恐再抽，盐贩不服，万一告发，与彼有碍，故渠一意媚贩，而剥削行商，其隐情如是。今若请盐道自探囊出费，万万不肯，而行家又不能无仲，相持无已，终非了局。筱木细商，只好调停，令行家出仲一分五厘，再由各贩认一分五厘，照篰抽，合成三分，归学务经费。如此，行家可以允服，盐贩也必肯抽，于盐道又无所损，似尚可行。现已嘱耀西到郡与行家商量，如认可，即照此详复。[①]

在这些材料中我们看到，以孙诒让为首的上层士绅集团筹款的顽强进逼和官吏们的百般抵御，双方的形象都是很鲜明的。

---

① 孙延钊：《孙衣言孙诒让父子年谱》，上海社会科学院出版社2003年版，第332页。

第三节　学务场域中的政治斗争

为对付强大的上层士绅集团，地方官们也自觉地进行集体联合，与士绅展开权力角逐，他们屡兴大案以打击对手。

一、地方官面对强大的对手

地方官面临的是以孙诒让为首的上层士绅集团，这是一个异常强大的对手。下面试以孙氏为例说明之。

第一，孙氏当时已经完成《周礼正义》和《墨子间诂》两部巨著，成为四海景仰之人物。康有为、梁启超、章炳麟等都对孙氏有过热烈的赞誉。鲁迅曾评价说，“清末治朴学的，不止章太炎先生一个人，而他的声名，远在孙诒让以上者，其实是为了他提倡种族革命，趋时，而且还‘造反’”。[①]

第二，孙氏出身望族，与权势人物有广泛的来往。黄绍箕为朝廷重臣，孙氏终其一生都与黄绍箕保持着密切的关系。张之洞是他的老师，并对他有着很高的期望。[②]孙氏也不把张之洞当外人，戊戌政变发生时，他听闻谭嗣同、林旭系狱，即驰书鄂督张之洞，责以大义，请速设法营救，以伸士气，而张不能行，徒付扼腕而已。[③]秋瑾被捕后，孙氏不避忌讳，于光绪三十三年（1907）七月十九日和二十日连续致电张之洞，请求营救。[④]于此可见孙氏与张氏的关系。

第三，孙诒让具有非凡的道德感召力，这来自于他长期呕心沥血为兴学。孙

① 鲁迅：《鲁迅全集》第五卷，人民文学出版社1981年版，第536页。

② 张之洞奏设存古学堂于武昌，于光绪三十三年（1907）七月二十日电聘孙氏为总教习。电文云：“闻礼部奏派足下充礼学馆总撰，计必赴召。鄙人因世道衰微，正学将晦，特于鄂省奏设存古学堂，廷聘海内名儒以为师表。足下经学淹贯，窃欲奉聘来鄂，为此堂总教，以惠士林。惟京师现正虚席相待，可否请半年留京，半年住鄂，固亦甚好。堂中尚有协教分教各员，分任教课，劳剧之事，不以相烦，但望到堂时开导门径，宣示大义，为益已多。为此存绝学、息邪说起见，务希鉴允。天下士林，皆受其赐矣。”（《孙诒让遗文辑存》，第138页）但在那个时候，朝局每下愈况，孙氏已抱消极态度，京、鄂两职，均未出就。

③ 孙延钊：《孙衣言孙诒让父子年谱》，上海社会科学院出版社2003年版，第288页。

④ （清）孙诒让：《孙诒让遗文辑存》，张宪文辑，浙江人民出版社1990年版，第137—138页。张复电谓：“秋果与徐（指徐锡麟——引者）无关，望即提出确证。”孙氏无奈。陈守庸：《我所认识的孙诒让先生》，温州政协文史委编：《温州文史资料》创刊号，第39页。

延钊在《籀公年谱》中写道：

> 诒让办学数载，两郡（指处州和温州两府——引者）中小学堂增至三百余所，陆续筹集公款十六县合计不过六七万元，然已百方设法，心力交瘁。且与地方官绅，时起龃龉，舌敝口瘏，仅乃得此。平居常以愿宏费绌，教育未能更有发展为撼。屡议开源办法，如地丁银带征学务经费及红封改柜完以羡余充学款各案，又受掣阻，不果实行。[①]

这里讲了孙氏最终的办学总成绩，但在此前办学的任劳任怨是有目共睹的。此文也讲了周旋于商人和地方官为之设置的重重阻力之中，筹款兴学的艰苦，“百方设法，心力交瘁”。孙氏本不需要靠办学来提高他的声望，他办学也不要报酬，致力于兴学，纯粹出于他的献身精神。

第四，孙氏是温州教育界的一个灵魂人物，一个精神领袖，是兴学救国的一个化身或象征。人们都知道1895年谭嗣同在浏阳筹办算学格致馆，并以此为国内最先介绍西方科技的学校。其实孙氏也于1895年在瑞安筹办学计馆。从事后看，孙氏的实绩要远超谭氏。由于孙氏自1895以来长期不懈地致力于办学，并成绩卓然，光绪三十三年（1907）受聘为浙江省学务议绅。[②] 孙氏二十几年足迹未离温州，却被推举为浙江省教育会首任会长。

第五，孙氏自1905年起，担任温处学务分处总理。这本身就是一个合法的半官方的教育管理机构。由于孙氏巨大的声望和道德感召力，他能够召唤和聚合一大批士绅在他的麾下齐心协力办事。

第六，温州有一个积极经世的士绅集团。由于永嘉之学的复兴，温州士绅的经世之风很盛，他们具有一种积极用世的风格。孙诒让在《温州办学记》（光绪三十三年）中说：

> 我温学界开新，始于戊戌以前。是时承甲午与日本宣战失败之后，外患之刺激既盛，内情之愤懑更深。于是瑞安公议先开学计馆以教算术，方言馆以教英文，农学会以改良农桑。其费皆本邑绅富集捐为之，

① 孙延钊：《孙衣言孙诒让父子年谱》，上海社会科学院出版社2003年版，第358页。

② 一个省只设学务议绅四人，由提学使延访本省学望较崇之绅士充任。另外三人是鄞县张美翔、钱塘吴震春和仁和邵章。

他邑未有之举也。[①]

仍然以孙诒让为例，他除了做学问以外，还广泛参加地方的其他新政事务，比如开矿、办交通、兴实业等。在这方面孙氏不是特例，是温州士林的一种风气。

温州上层士绅早在1902年就与地方官围绕学务问题有过一场较量。这一年，温处道童兆蓉和知府王琛邀请温属5县的士绅商议创办温州府中学堂，公推孙诒让为总理。孙氏以在瑞安不便来府城为由坚辞不就，因此，改推余朝绅为总理、陈祖绶为副总理。[②] 由于官绅之间的矛盾，办学质量堪忧。孙氏在给刘绍宽的信中说："郡堂弟虽厕名，然事不甚与，闻官绅意见未融，权限无定，故毫无端绪。……功课为王守（指温州知府王琛——引者）所改，极错乱，恐难得效也。"[③] 围绕温州府中学堂的控制权，地方官与士绅的斗争似乎一直存在，两年以后，孙氏在给刘绍宽的一封信中又说：

弟在郡留十余日始回舍，昨又接府中照会，以郡学堂事见属。此观察（指温处道童兆蓉，童氏是新政的积极推行者，支持办学甚力——引者）之意，非府尊（指温州知府王琛，王氏对兴学的态度与童氏迥异——引者）本旨也。自顾轮材，万不能任此，盖以郡中官绅意见歧出，王太守与陈经郛均意在敷衍，余小璇太史（指温州府中学堂总理余朝绅——引者），扼腕空拳，毫无权力，不得已挽弟相助。仲弢（仲弢系黄绍箕之字——引者）又从臾之，强以此相委，恐大权万不能收回。然事关一郡，又不能力辞，拟请五邑贤士大夫同筹之，或有转机。明日即携林和叔晋郡，先开一公议学堂局，以张吾党之势，庶不至为众咻所挠。但望戴石如兄早到，则可助我张目。平邑诸贤，殆无逾我兄者，千万拨冗一来同持兹议，期以旬日，略更定章程，再就永邑（指温州府永嘉县——引者）择通达之士分任之，而奉小璇为

① （清）孙诒让：《孙诒让遗文辑存》，浙江人民出版社1990年版，第300页。

② 余朝绅（1855—1917），乐清人。光绪九年（1883）进士，官至翰林院编修。

③ （清）孙诒让：《与刘绍宽论办学手札二十六通·五》，（清）孙诒让：《孙诒让遗文辑存》，张宪文辑，浙江人民出版社1990年版，第184页。

倡率，或可破敷衍之局。[①]

孙氏此信反映了当时办学士绅集结力量向地方官夺取温州府中学堂领导权的形势。当时的背景是温州府中学堂为温州知府王琛所把持，王琛对任学堂总理的士绅余朝绅持“敷衍”的态度。余朝绅名义上为执掌学堂最高权力的“总理”，却“毫无权力”，余氏于是向孙诒让求助。孙氏为“收回大权”（从“收回”两字，可以发现，在当时士绅的观念中，学校之权理所当然地应该为士绅所掌），在温属五县中与士绅们进行广泛的联络，大有与王琛进行决战的意味。从此信中可以看出，孙氏有明确的集团意识，即“吾党”的意思。他们力图使教育界的一些职务，由“吾党”的“通达之士分任之”，然后听从余朝绅的号令，摆脱王琛等地方官对教育的控制，即“破敷衍之局”。在孙氏的这封信中，权力意识、集团意识和斗争意识都非常强烈。

这尚是温处学务分处成立以前的事，温处学务分处成立后，上层士绅集团力量的增强又有了一个飞跃。为了对付这个强大的对手，地方官在较量中，使出了一些非常的手法。

二、梅佐羹案

1906 年温州学界发生了梅佐羹一案，次年孙诒让在给浙江省提学使支恒荣的信中介绍了案情：

两年以来，学界略有发达之机，亦咸藉厚集群力，共相维持。诒让惟是措手受成，得告无罪。然摒绝私人，严拒干谒，亦因此怨谤间生，阻碍百出。……此外，各调查、书记各员，皆取其平时品纯学粹，不敢滥用一人，亦不敢虚糜一钱，实为学界所共谅。去年夏间，忽有永嘉劣绅梅佐羹屡次托人代求派充董事。诒让因公所本无挂名支薪之董，而该衿向业刀笔，声名狼藉，于教育尤毫无所解，严拒未用，因此怀恨，屡次播扇浮言，冀挠学务。前月又捏造姓名，赴省呈控，非

① （清）孙诒让：《与刘绍宽论办学手札二十六通 · 九》，（清）孙诒让：《孙诒让遗文辑存》，张宪文辑，浙江人民出版社 1990 年版，第 186 页。

徒掎摭诒让，并旁诬刘、蔡各董，不遗余力。①

光看到这封信，还以为仅仅是士绅内部的利益之争。但也有一些令人疑惑处，梅佐羹属于下层士绅（因为他还只是一个“衿”），在没有抓住孙诒让致命问题的情况下，为什么敢于与他为敌，并到省里控告。须知孙诒让无论在地方上还是在省城、京城都是很有影响的。反过来，孙氏在地方上是一个大人物，既要做学问，又学务繁忙，又何必与一个小绅如此计较？令人搔首不已。该年冬天，孙氏在给永嘉县令尹湝的信中，再次述及梅案：

惟贵治讼棍梅佐羹，去年夏间，挟敝同年张筱华别驾湖北来函，求充挂名董事。弟以其声名太劣，且敝处无挂名支薪之例，峻却之，因此怀恨。正月间，遂与其党吴木天，捏名庆元陈志东，向抚、学宪处控告弟并学界同人多款，最重者为任用私人，演说革命。旋经温人及旅学杭沪两处者联名公剖，陈志东并无其人，实系梅棍背捏，奉宪批严查。而丁大令深庇梅棍，并举为劝学所董事，极力与敝处反对。弟亦请严传陈志东到案，当亲到对质。嗣查邮局号簿，捏禀系吴木天经手送交，木天自知无可推诿，遂禀称途遇不识姓名人，自称庆元陈志东，托其代递。②

至此，以上疑惑，涣然冰释。原来梅案具有深厚的官方背景，梅佐羹和吴木天后面有地方官做靠山。梅佐羹没有在孙诒让处如愿得到公职，却在永嘉县令（尹湝的前任）的“深庇”下，谋得了永嘉县劝学所“董事”之职。孙氏前面在“官办不如私办”的题目下，举例“永嘉劝学所哗然为群小逋逃之薮……即其一端也”，意指永嘉劝学所完全为地方官所控制，成为宵小之徒梅佐羹的庇护所，因此劝学所成了士绅与地方官争夺的对象。地方官打击对手所用的手段是致命的，因为用以指控孙诒让的罪名是“演说革命”，血腥味很重。孙诒让自然要进行反击：

① （清）孙诒让：《报支季卿提学书二通・二》，（清）孙诒让：《孙诒让遗文辑存》，张宪文辑，浙江人民出版社 1990 年版，第 142 页。文中“刘、蔡”指刘绍宽、蔡念萱。

② （清）孙诒让：《致永嘉尹大令书二通・一》，（清）孙诒让：《孙诒让遗文辑存》，张宪文辑，浙江人民出版社 1990 年版，第 161—162 页。

> 近已与梅、吴宣战，势不能退。弟无一日不求退，而今乃万不能退，真出意外也。……永嘉劝学所大张旗鼓，只得听之。中有梅、吴，必站不住脚。……刻蜩螗沸腾，而吾兄在郡学，眉山在县学，吾党势尚不孤，不可退避三舍。①

看来孙诒让并没有怯阵，自感还有与地方官决一胜负的资本，“吾党势尚不孤”。但令人感兴趣的是，在这里又看到了地方官与下层士绅联合对付上层士绅的影子。地方官、上层士绅、下层士绅的“三国志”会有多大的普遍意义和典型意义呢？

在筹款兴学中，与地方官的较量对孙氏来说是刻骨铭心的。但他也发现“学堂之阻力，不在无知之乡愚，而在科举之俊秀”。我们都知道在兴学过程中，江浙地区乡民毁学蔚然成风。乡民不了解兴办新学的意义，新学堂占了祠堂、庙宇做校舍，新学堂的学费比私塾昂贵，为办新学堂搞摊派增加了他们的负担，等等，都成了解释乡民毁学的原因。然而，孙氏却说，“科举之俊秀”才是兴学的真正阻力。这是非常有道理的，也只有像孙诒让这样置身于历史现场的人才能看到这个问题。

仔细想来，上述的乡民毁学理由都成立，但那些矛盾都不是不可调和的。可是那些“科举之俊秀”却不同，他们其实是获得低级功名的下层士绅。他们原来也是科举制度的既得利益者，至少可以在这个制度下得以安身。科举制度被废除后，原本从事举业者立即丧失了向上流动的制度性渠道。在随之产生的学务场域，上层士绅凭借其各种资源优势，可以参与其中。对他们来说，办教育是参与政治、分享地方权力的一种特殊方式。进士王岳崧、项崧、洪锦标，举人蒋作藩、李炳光等在兴学活动中异常活跃。孙诒让本人是举人，属于上层士绅，其领导的温处学务分处在兴学中拥有很大的权力，在里面任职的编检部主任刘绍宽、副主任石蕴辉，评议部主任吴熙周，文牍部主任郭凤诰都是拔贡，按张仲礼的划分也属于上层士绅。而对于下层士绅，由于废除科举，“年入数十金、百数金之家塾，皆不复存在”；他们又为年资、根基、费用所限，无从插足新式教育的兴办，甚至也没有条件进入新的学堂，以获取新知和资历。他们不仅没有得到

---

①（清）孙诒让：《与刘绍宽论办学手札二十六通·二十五》，（清）孙诒让：《孙诒让遗文辑存》，张宪文辑，浙江人民出版社 1990 年版，第 196 页。朱眉山，富阳人，温州府学教授。

好处，反受兴学之累，被断了生路。这个生计被夺的群体，对兴学的敌视和排拒是可以想象的。于是他们“非鼓扇浮言以遂其破坏，即借名办学，霸占公款以自肥”“废学堂复科举”的谣言也因此产生。以学堂名之的家塾“充斥耳目”。[①] 我们虽然不能认同其对兴学的破坏，但他们的遭遇是值得同情的。

对官吏来说，兴学触犯了他们的既得利益，侵夺了他们的权力；对下层士绅来说，兴学夺走了他们的生计。利益的驱动是有力的，在那个历史场景中，两者的联合非常自然。梅佐羹为永嘉县令丁维晋所“深庇”。丁维晋，一个堂堂朝廷命官，他这样做并非有爱于在他治下的一个小绅，而是因为他们有一个共同的敌人。对丁维晋来说，把梅佐羹举为永嘉劝学所的董事，其含义是：孙诒让不给你做董事，我给你做。作为交换，梅佐羹要成为丁大令攻击孙诒让的一杆枪，看来梅佐羹的确是卖力的。

科举被废除后，由于私塾教育的逐渐解体，下层士绅丧失了基本的安身立命之所，又由于王朝养士所赋予的权威象征资源渐渐缺失，他们对地方社会的影响力也日益萎缩。孙诒让指称梅佐羹为“劣绅”，也许他的确有道德问题，但考虑到下层士绅的这种窘境，我们似乎不宜过多地从个人品质角度去理解“梅佐羹”们。下层士绅与地方官的联合，并非仅见于梅佐羹一案。1907 年，孙诒让给永嘉县令尹湝的第二封信又叙述了一个来龙去脉非常完整的案子：[②]

> 兹有启者，缘敝处前因开办师范学堂，经费支绌，恭遵部章，劝募富绅义捐，而因风气未开，应者绝少。惟贵治上河乡庵下富户徐元凯奉母陈氏命，慨捐银一千两，业经敝处具文申详抚宪、学宪，并咨呈道、府宪，均奉批嘉奖，致送匾额。并蒙抚宪批准年终会奏建坊，以为好义急公者劝。乃因贵前任丁象明（即永嘉县令丁维晋——引者）大令与敝处反对，而劝学所劣董又从中播弄，谓徐元凯捐巨款兴学，不免偏厚总会处，遂大有意见。

以上交代案发背景。徐元凯系永嘉人，他没有把款项捐给永嘉劝学所，而是

① （清）孙诒让：《上浙抚论学务困难事》，（清）孙诒让：《孙诒让遗文辑存》，张宪文辑，浙江人民出版社 1990 年版，第 26 页。

② 以下 5 段引文出自（清）孙诒让：《致永嘉尹大令书二通・二》，（清）孙诒让：《孙诒让遗文辑存》，张宪文辑，浙江人民出版社 1990 年版，第 163—164 页。

捐给温处学务总汇处用来筹建的温州师范学校。这是丁维晋用来煽动永嘉下层士绅攻击徐元凯的最好借口。

> 适因元凯故父徐玉生承管十六都义仓，报明存谷十万斤，已经贵前任秦鹿苹大令批准有案。去年玉生病故，元凯年止十四，未能经营，自禀退办，由县另择城内董事严绍尧接办。十万斤之谷，业已交清。乃忽查原缴捐簿，谓徐姓尚亏空二万斤，又复批勒加百位之罚，饬缴谷二万石。其贪谬情形，可为发指。

以上叙述案发缘由。严绍尧的身份现在无确证，但根据笔者的阅读经验，掌管公共事物者均为士绅，比较大型的公共设施为上层士绅，而管理储藏量只有10万斤的小义仓，则大抵是下层士绅。

> 查该都原举徐玉生为总董，本任义务，而分董则有十余人，分头募写，不无开销。各捐户或有欠少尾数，及分董之薪水盘费局用，不无销耗。故原收时，实止收十万斤，实收之数，较之原写入簿之数总在八五折之谱。上乡八都总董如张芝绅等，亦如此办法。张董今尚在，可以询悉。

以上为徐玉生作合情合理的分剖。

> 当时严绍尧心知丁象明之谬，而欲索徐姓和费，不为申明。上半年谷价昂贵，该都义仓，向应尽先借给贫户，方准出粜，严董不肯尽借，而陆续粜于奢户，致激众怒。前月十一日，又以仓钥给予米伢董增常，到石冈寺开仓秤谷，将载回郡城。经地民阻止，旋由绅耆解劝，不准将谷出仓，地民亦散去。而严董遽义抢殴大题，架词呈控，又向府诬控徐元凯母子及其胞侄元文主使，将为敲诈勒索之计。查徐元凯年仅十五，其母又系女流，何能唆地民滋闹，徐元文亦系殷户，断无此野蛮情事。

以上是历数严绍尧劣迹。严绍尧为了些许小利竟如此作为，为上层士绅的可能性实在不大。

> 总之，严绍尧意在借公牟利。故下此毒计；徐元凯既因义捐而忤丁象玥，又几遭勒谷，又背严董诬敲。敝处既为申请奏奖，义无缄默。伏乞老公祖大人检案察豁究诬，以安善良而惩奸诈。至严董初次向冰案呈控，并无徐元凯之名，至控府忽又添入，尤其诬诈之明验。

假定严绍尧为下层士绅日后或可以坐实（现在尚没有直接证据），此案案情与前面梅案非常相似，下层士绅以地方官为靠山，对以孙诒让为首的上层士绅展开猛烈攻击。

对于下层士绅的困厄，孙诒让是有充分认识的，瑞安南乡和北乡的下层士绅曾有联合购买新式书报、成立书报会的动议，以更新知识结构，但又因意见不合发生争吵。孙诒让为调和此事致信诸生竺旦和惠卿：

> 顷贵乡诸君子有购书之议，其意甚善。际此时局万分危迫，非变法废科举，中国万不能自立。倘变法废科举，则吾里老先生八股之学，必无侥幸之望。①

孙诒让关心这些下层士绅，其中可能不少是“为八股之学”的乡村塾师。要他们止息纷争，赶快把买书付诸实施。还说近来上海书价大涨，“早一日便可便宜一分也”。但是，社会变革速度实在是太快了，失势的既得利益群体与现代学堂制度的紧张是结构性的，一时还无法得到有效的化解。因而下层士绅与地方官联合起来对付兴学应该不是个别的现象。

三、《新山歌》案与刘祝群案②

1905年朝廷诏令废科兴学，1906年、1907年兴学达到高潮，地方官与上层士绅集团的矛盾也趋于白热化。其特点是地方官把正常的权力之争搞成刑事案件，置对方于死地而后快。

首先是发生在1906年的陈梦熊案，也称《新山歌》案，这是一个牵涉面很

---

① （清）孙诒让：《与惠卿、雅周书》，（清）孙诒让：《孙诒让遗文辑存》，张宪文辑，浙江人民出版社1990年版，第115页。

② 第九章将交代《新山歌》案的另外一个侧面。

广的大案。[①] 事情还得从浙江省布政使兼浙江提学使宝棻说起，他在 1905 年反对成立温处学务分处，但由于温州上层士绅力量太大了，竟然没有成功。尽管不久宝棻卸去学务兼职，但对温处学务分处仍十分反感，欲加之罪而后快。光从以上的发展情势看，这仅仅是宝棻个人与办学士绅的矛盾，但值得注意的是温州地方官员知府锡纶、永嘉县知县丁维晋、乐清县知县何士循则受此鼓舞，一同出而与学务分处为难。刚好在这个时候乐清《新山歌》案发，有人控告乐清虹桥女学堂长陈梦熊用反清革命宣传品《新山歌》鼓动革命，何士循即把此事告知锡纶和丁维晋，锡纶密函转告宝棻，并通详省里主要官员，声称温处学务分处任用革命党人，要承担责任。孙氏一面为陈梦熊申辩，一面致函浙江巡抚张曾敭，要他从轻发落。1907 年孙诒让致信浙江提学使支恒荣介绍案情：

> 至温州官场，则因去年乐清陈梦熊一案，以女学校长而被演说革命之诬，其事起衅甚微，片言可折，而守（指温州知府锡纶——引者）、令（指乐清县令何士循——引者）均不求甚解，尚未鞫谳定案，遽以陈逆二字，高悬批牍，遐迩传诵，同声骇诧。诒让明知其诬，而未敢公然立异，开罪长官。乃檄郡学堂舍监吴熙周（乐清人，拔贡）暨乐清县学监督洪济琳及举人蒋希周切实复查，均力为陈董申雪。……乃录禀咨照，仍不见察，遂至大波轩然。[②]

宝棻、锡纶、丁维晋、何士循等借此大做文章，还没有审理、没有定案，他们就在官方的公文中，称陈梦熊为“陈逆”，因为事实如何对他们并不重要，重要的是要抓住这个良机，倾陷温处学务分处。他们力请张曾敭彻查严究。是年有人以八大款向藩司呈控孙氏，首列“包庇逆党”一款。值得注意的是在这个事件中，温州地区数名地方官的集体行动，指控对手的罪名是“逆党”（陈梦熊）和“包庇逆党”（孙诒让），这是非常血腥的手段。

张曾敭内心同情孙氏，无奈之下，他只好派委员沈维城到温州查办。孙氏向

---

① 《浙江辛亥革命回忆录》，徐和雍、郑云山和赵世培的《浙江近代史》，金冲及、胡绳武的《辛亥革命史稿》，王遂今的《光复会对辛亥革命的贡献》，胡国枢的《论光复会》等多种论文、著作都提到了此案。

② （清）孙诒让：《报支季卿提学书二通・二》，（清）孙诒让：《孙诒让遗文辑存》，张宪文辑，浙江人民出版社 1990 年版，第 142—144 页。

沈维城又作了解释工作，沈知道围绕此事，官绅已有水火不容之势，遂亲自到乐清虹桥实地调查，了解到所谓的聚众演说并无其事，宣传革命的《新山歌》一书也未能证实系陈梦熊所有。张曾敭接到沈维城的报告后，要反过来追查诬告者。宝棻不服，要提取全案，另派员复查，并扬言要参劾张。温州地方官的集体行动，加上省里宝棻的联手，连作为巡抚的张曾敭也招架不住。张担心此事连累自己，密电求助其叔张之洞。孙氏同时也致电黄仲弢，请予援手。此时张之洞恰好内招入军机，即设法予以化解。调浙藩宝棻任山西布政使，调温守锡纶为金华府知府，调永嘉令丁维晋为长兴县知县，调乐清县令何士循为桐庐县知县，釜底抽薪，其沸急止。小小温州的一个案件要惊动中央领导张之洞，张之洞也要做这么大的动作，与孙氏公开为难的地方官全部调他任，而他们要去的那些原在任上的官员也要给他们安排其他位置，费了很大的周折，才把此事摆平。于此可见地方官与上层士绅斗争的激烈程度。

1907 年又有刘祝群案。刘祝群，青田南田人，为明刘基后裔，光绪三十二年（1906），毕业于日本东京法政大学。他家无故被官府搜查。作为青田人的刘祝群本与孙诒让无关，但由于他回国后，在温处学务分处任事，襄佐孙诒让兴学，二人才有交集。孙诒让听闻刘家被搜查，义愤填膺，致信浙江省学务公所和浙江省教育总会，希望动员学界的力量与官方抗争。内容如次：

> 迩来忽有师范讲习所监督刘祝群明经家无故被官搜索奇案。刘虽籍隶青田，而在温校任事敝总汇处，又兼理处属学务，不敢安于缄默，谨为诸公陈之。……（刘祝群）客秋毕业回里，即由温郡中学聘充监督。本月正在堂筹备开课，忽接家书，青田姚令会同云和朱令率领兵差，到渠家围宅大搜，索及内室。祝群得书骇诧，茫不审其何故。仓皇回里询查，乃知其怨家以私藏军火大题，向抚署诬控，遽奉严檄电府饬县搜查。幸两令穷搜，毫无实据。然以清门华族，遭此奇辱，非徒身受者万不能堪，即两郡学界闻之，亦为寒心，不审诸公领袖全省学务以为何如也。[①]

① （清）孙诒让：《致省学务公所及省教育总会书》（光绪三十三年），（清）孙诒让：《孙诒让遗文辑存》，张宪文辑，浙江人民出版社 1990 年版，第 148—149 页。

细细品读孙氏此信，总感到作者怀疑刘氏遭辱与自己有关。在当时的大环境下，孙氏的怀疑是有道理的，即刘祝群案也是对手用来对付孙诒让的。前一年温州陈梦熊案，闹得天翻地覆，处州府的地方官肯定详知内情。而孙氏的温处学务公所，也管到处州的学务，相信他的兴学活动也得罪了处州的地方官。甚至温州地方官为共同对付孙诒让与处州地方官有过谋划，也并非不可想象的事。

后来省教育机构为此致函提学司，同人把此事印成传单，并将传单刊登在《白话报》上。最终结果如何不详。

在晚清名目繁多的新政项目中，普及新式教育是晚清新政最重要的内容之一；而在兴学高潮到来时，兴学又与清末立宪政治的自治理念相伴随。因此，士绅和朝廷在兴学的目的上存在着严重的不一致。朝廷要把教育当作维系统治的工具；而对士绅来说，由于与国家联结的纽带科举制度的废除，他们与国家的文化联系和政治联系已经废弛，因此维护自身现实利益的需求凸现，[①] 这是士绅后来与政府演化为一种对抗关系的大背景。由于废科的突然性，全国性的兴学仓促起步，地方官和士绅的权力边界没有能够明确划定，在两者的相互关系上，虽有“监督”等语，但无明确的章程规定其相互统属。其模糊处为士绅与政府的角力预留了很大的空间。

政府没有财力办学，地方兴学只好依赖民间力量。上层士绅集团在新的时势下，以学务场域为孔道进一步扩张其社会权力。随着兴学活动的展开，绅权呈现了扩张的趋势，再加上士绅和地方官各自的办学出发点及其利益所在不同，两者之间发生了激烈的冲突。

在温州，参与兴学者，特别是谋取温处学务分处、各县劝学所或公立学堂的监督等职位者，可以掌控相当大的社会资源，新式学堂聘谁不聘谁，他们有很大的发言权。从某种意义上说，他们也是权力的分配者，因此对这些职位的争夺异常激烈。比如永嘉劝学所就被置于温州地方官的严密控制之下，孙诒让说“永嘉劝学所哗然为群小逋逃之薮，弟近在咫尺，只得噤若寒蝉”，尽管温处学务分处是永嘉劝学所的上级机关，但它是无法插足其内部事务的。温州府中学堂的控

① 具体到个体绅士来说，参与兴办学堂的目的是多种多样的。不排除怀抱救国保种之志投身办学者，如孙诒让等。在求实利者中，有为糊口的，有为提高社会地位的，也有为扩充地方势力的。

制权也是士绅与地方官的必争之对象。学务的领导者还可以掌握经济资源，根据宋恕的说法，瑞安中学监督“项崧私将学款数千金夹入运动会长（指浙江省教育会会长——引注）”。[①] 政治社会学认为：“个人权力的有效性依赖于他所处的社会结构和社会关系的强度，要想使个人权力有效，就必须把他组织到社会的集团或制度的模式中去。”[②] 学务活动的领导人在整合民间办学力量的同时，也构筑了一个更为严密的社会关系网络，这个网络是聚合民间力量的一个十分有效的工具。孙诒让和他的上层士绅集团能够在学务大兴的时候，在温州地方社会呼风唤雨，实有赖于此。因此，学务场域是当时权力斗争的焦点之一。

温州上层士绅集团以温处学务分处、劝学所为依托，四处打探、侦查可以罗掘教育经费的地方，四面出击，咄咄逼人，甚至把目光投向官吏的既得利益。对地方官、商人、富户，步步进逼，他们的力量在大规模地聚合和扩张。操地方权柄的官员并没有坐视上层士绅集团的坐大，他们联合生计被夺、处于困厄中的下层士绅进行了反击，并用刑事案件化的猛烈手段抗击绅权的膨胀。

但上层士绅的权力上升势头似乎并没有被抑制，就以斗争最烈的陈梦熊案而言，上层士绅获得了完胜。在咸丰年间和同治初年的孙锵鸣，是李鸿章和沈葆桢的房师，其兄孙衣言是清廷的在职高官而且与曾国藩关系密切，他的社会关系不可谓不过硬，然而他以在职侍读的身份弹劾温州地方官，落得个“勒令休致”的结果。到了孙诒让这里，士绅集团的权势就要大得多，不少主动权已经操孙诒让之手。孙诒让与他的叔叔相比，两者在地方权力关系格局中的地位以及命运，都可说是有天壤之别。

尽管在清代前期，政府在地方权力格局中的地位确实可以说是支配性的。但是，自咸丰以后，随着地方军事化时代的到来，政府在地方的力量渐趋式微；在西方教会势力的楔入和庚子教案等一连串事件之后，政府权力不断削弱。虽然到20世纪初政府仍是地方权力格局中的一个重要板块，但已经失去了绝对优势的支配性地位。绅权提升的外在形式只能是大吏的放权（因为在法理上，社会合法的权力是朝廷授予的或由官方分配的），但由于士绅在地方上的势力，政府不得

---

① 此系宋恕《己酉日记》中自述致陈诗信中的内容，（清）宋恕：《宋恕集》，中华书局1993年版，第1007页。

② ［美］安东尼·M.奥勒姆：《政治社会学导论——对政治实体的社会剖析》，董云虎、李云龙译，张妮妮校，浙江人民出版社1989年版，第234页。

不放权。

继太平天国时期地方军事化趋势加强和西方教会势力揳入之后，清末兴学活动是上层士绅权力扩张的第三波。

第四节 新学兴办的实绩

一、地方自发创办的新式学校

甲午战败，中日《马关条约》的签订对温州士绅刺激很大。在《马关条约》签订之次年，孙诒让、黄绍箕、黄绍第等9人创建瑞安算学书院，地点定位县前桥下直街的卓公祠，办学的宗旨为“专治算术以为致用之本”。三月初一，瑞安算学书院开学，由林调梅任总教习。孙诒让交代办学的背景和动机时说：

> 光绪乙未（1895），东事甫定，中国贤士大夫始□然有国威未振之惧。于是京都及南洋皆有强学书局之举，而瑞安同人亦议于邑城卓忠毅公祠开学计馆以教邑之子弟，皆以甄综术艺，培养人材，导厥途彻，以应时需，意甚盛也。夫时局之艰难，外变之环伺而沓至，斯天为之也。……然储材兴学，以待国家之用，而出其绪余以泽乡里，则凡践土食毛者皆与有责焉，固不容以僻远而自废也。[①]

光绪二十二年（1896），决定将算学书院易名学计馆。“学计”二字，出于《礼记·内则篇》，即学习各种算法。学生分甲、乙两班，按班到馆，每月各九日。功课包括数学、物理、化学诸门，有分教习二人为之助手。常课之外，分发馆中所备书报，令其轮流传借阅读，提出疑问，由馆长作解答。[②]这是温州地区最早教授新学的学校，也是孙诒让从事教育事业的开端。

光绪二十三年（1897）春，孙诒让等筹资在温州创办蚕学馆（后称温州蚕桑学校），兼用中西新旧诸法，考验品种，教导养蚕种桑事业。此时，我国职业教

---

① （清）孙诒让：《瑞安新开学计馆序》，（清）孙诒让：《孙诒让遗文辑存》，张宪文辑，浙江人民出版社1990年版，第291页。

② 孙延钊：《孙衣言孙诒让父子年谱》，上海社会科学院出版社2003年版，第276页。

育尚鲜举办，在蚕桑方面，我国仅有此馆及杭州西湖蚕学馆、江西高要蚕学堂三处。[①] 这是温州地区最早举办的职业教育。二月十六日，项湘藻、项崧兄弟在瑞安项氏宗祠创办方言馆，设西文、东文两班，学额各为25名。孙诒让所编《泰西史约》被用作课本。[②] 方言馆后发展为普通学堂，是瑞安县公立中学的前身。光绪二十四年（1898），郭钟岳在永嘉九柏匠设立中西学堂，开设有经学、史学、算学、英文。[③] 这是永嘉县立县高等学堂的前身。

当时很多人有一种共识，认为国家富强与化学关系最大。于是于光绪二十五年（1899），孙诒让、杨镜澄、吴庵箴和金晦等在府城创办瑞平化学学堂。孙诒让撰文交代了办学缘起：

> 迩来中土士大夫始知自强之原莫先于兴学，内而京师大学堂，外而各行省公私学堂林立，无不以化学为首务，而温州独未有兴者，斯不可谓非缺典也。不佞与同志撢研西艺，流览新译各书，深知斯学之体精而用博，而苦无堂舍以资其聚习，无器质以阅其考验，故略涉其藩而未能深窥其奥密。爰与平阳杨君愚赓（景澄）、吴君霁庵（箴）、同邑金君遯庵（晦）筹议集资千金，于郡城开设学堂，广购书器与夫金石药剂，萃一郡学人志士，相与切磋讲贯于其中，将博考精研以通其理而达其用，而后起之俊杰有志于斯学者亦有所津逮，俾此学大兴于吾乡，则儒者通此可以博物穷理而为达士，农工商通此可以一艺百获而倍徙其奇赢，推之治兵教农，明医辨矿，神而明之，其益无方。然则兹堂之兴，其创始甚难，而其收效则至博，可预卜也。[④]

孙诒让首先说明了化学广泛的实用价值，而且具有超越化学学科的价值，即研修化学可以通过博物穷理成为“达士”。此外，光绪二十五年（1899），陈咏香在乐清乐成文昌阁创立“乐清算学馆”。光绪二十六年（1900），永嘉楠溪枫林人徐柏麟在城内道后关帝庙创办织锦学堂，吸收青年学习织布技术。

---

① 孙延钊：《孙衣言孙诒让父子年谱》，上海社会科学院出版社2003年版，第280页。

② 孙延钊：《孙衣言孙诒让父子年谱》，上海社会科学院出版社2003年版，第281页。

③ 孙延钊：《孙衣言孙诒让父子年谱》，上海社会科学院出版社2003年版，第287页。

④（清）孙诒让：《瑞平化学学堂缘起》，（清）孙诒让：《孙诒让遗文辑存》，张宪文辑，浙江人民出版社1990年版，第296—297页。

二、新政发轫后的办学

八国联军侵华战争后，清廷重新开启被戊戌政变打断的改革进程，史称“清末新政”。兴办新学是新政最重要的内容之一。光绪二十七年（1901）八月，清廷拟议推行新学制，颁发上谕，各省府厅州县，将所有书院改为兼习中学、西学的学堂，务必“切实通筹，认真举办”。温州各县士绅纷纷出来办学。

光绪二十八年（1902）正月，瑞安率先在四隅各设半官办蒙学堂一所。项骧、林文潜和林亮功等创办瑞安速成公塾。① 二月，在孙诒让的倡导下，瑞安学计馆与方言馆合并为瑞安普通（中）学堂（瑞安中学前身），设中文、西文、算学 3 个专修班，招收 15 岁以上 30 岁以下、文理清通、身体健康者入学。学堂内附设书报经理处、师资读书社，校址设校士馆，继迁卓公祠，是为近代温州普通中学教育之始。黄绍箕（仲弢）在京遥领总理，而诒让以副总理身份主持校务，擘画一切，并兼任总教习。四月，孙诒让之《周礼政要》用作瑞安普通学堂的教本。孙诒让在《周礼政要·序》中说：

> 中国开化四千年，而文明之盛，莫尚于周。故《周礼》一经，政法之精详，与今泰东西诸国所以致富强者，若合符契。然则华盛顿、拿破仑、卢梭、斯密亚丹之伦所经营而讲贯，今人所指为西政之最新者，吾二千年前之旧政已发其端。吾政教不修，失其故步，而荐绅先生咸茫昧而莫知其原，是亦缀学者之耻也。辛丑夏，天子眷念时艰，重议更法。友人以余尝治《周礼》，属捃摭其与西政合者，甄缉之以备裁择。此非欲标揭古经以自张其虚憍而饰其窳败也，夫亦明中西新故之无异轨，俾迂固之士，度然自反，无听腾其喙焉尔。②

孙诒让指出使得西方国家富强的政教、法律，其实中国古已有之，似有堵塞守旧派之口的用意。五月，刘绍宽等主持开办平阳县学堂，以育婴局为校舍，龙湖书院田租为基金，设英语、算学、史、地等科。次年改为中学堂。1908 年改

① 孙延钊：《孙衣言孙诒让父子年谱》，上海社会科学院出版社 2003 年版，第 302 页。
② （清）孙诒让：《孙诒让遗文辑存》，张宪文辑，浙江人民出版社 1990 年版，第 363 页。

为高等小学。[①] 光绪二十八年（1902）平阳创立平阳县学堂、王理孚创办鳌江蒙学于古鳌头杨府庙，陈子蕃创办集福蒙学于集福祠，这三所学堂，乃全县近代教育之始。[②]

八月，温处道童兆蓉督同温州知府王琛（字雪庐）筹划款项，将郡城原中山书院改为温州府学堂，是为浙江省首批设立的府学堂之一，余朝绅、陈祖绶任正副总理。朱眉山任监督，教习有陈黻宸、刘绍宽、王景曦等。这标志着旧式书院的落幕。

乐清曹志旦将原创大荆印山书院改为印山蒙学堂，[③] 乐清陈锡麟等把柳市乐西学社改为西乡高等小学堂，是为乐清县最早建立的两所初等和高等小学。温州卫署义学改为学堂。玉环环海书院迁鹰捕岙永庆堂，并改为环海中西学堂。

这年，永嘉、乐清、平阳各县相继成立县学堂，大致效仿瑞安普通学堂办法。永嘉以中西学堂改设，乐清以梅溪书院改设，平阳县学堂设在坡南，陈锡琛、刘绍宽为创办人。[④]

另外，陈虬还在城区建了一所特殊的学校，叫新字瓯文学堂，亲临演说，推行拼音化文字改革。陈虬认为语言文字改革是普及教育的关键，主张推广拼音文字。他编撰拼温州音的《新字瓯文七音铎》和《瓯文音汇》，由利济学堂于1903

---

① 刘绍宽（1867—1942），字次饶，号厚庄，平阳白沙乡刘店村人。17岁县试第一，从吴承志治考据。20岁开始教读生涯。22岁从瑞安金鸣昌治颜李之学。博览群书，淹通世务，向孙诒让、黄绍箕等多所请益，受维新变法思想影响，主张废科举办学堂。30岁补廪生，光绪二十三年（1897）拔贡，二十八年（1902）任龙湖书院山长。同年县学堂开办，任中文教习。二十九年（1903）入上海震旦学院就学于马相伯，不久回平阳，仍任县中学堂教习。三十年（1904），偕同陈子蕃东渡日本，走访日本教育界人士，考察东京大学以至农村小学，历时70天，每天都有参观记录。回国后写成《东瀛观学记》，对日本的学制（学校管理、学科开设、教学内容、教学方法）以及社会重视教育的情况，都作了具体的介绍。影响所及，江南等地先后创办了十多所小学。三十一年（1905），刘绍宽应孙诒让之邀，参与筹办温处学务总汇处，任编辑。次年4月，任温州府中学堂（后改称浙江省第十中学）监督，“力矫学风，整教务，肃校规”，由于认真办学，“学生受其教育者，皆能成材，邑中学风大振”。辛亥革命后，辞去校长职务，回平阳任教育会长。

② 孙延钊：《孙衣言孙诒让父子年谱》，上海社会科学院出版社2003年版，第302—303页。

③ 乐清曹文昇（1863—1912，字志旦，大荆镇肖包周村人）改印山书院为学堂，招收地方子弟，朝夕讲诵其中，名闻各地，县城与东乡学堂都争聘为经学教员。曹文昇幼年勤奋好学，未成年即读通四书五经。后习训诂之学，能口诵《说文解字》。又以朱熹学说为宗旨，每事必求实践。宣统元年（1909）任温州府中学堂国文教员。宣统三年（1911）转任乐清县劝学所所长。八月十九日（10月10日），武昌起义，此时县城人心波动，他首悬白旗响应武昌起义，成立乐清县政务自卫厅，被委任为民事长，后为大荆区官。1912年2月被匪徒绑架杀害。生平所作诗文、语录、学案等，合辑为《耕心堂集》15卷。

④ 孙延钊：《孙衣言孙诒让父子年谱》，上海社会科学院出版社2003年版，第308页。

年刊刻。杨逢春介绍陈虬文字改革的动机说："癸卯春间，创造瓯文，欲使四百万黎元皆能识字，苦心孤诣，舍身救人，诚有苏民困、开民智、救民苦之念，渐至大同之治。"①

光绪二十九年（1903）正月，瑞安出现了三所实用性的职业学校，即许鞭发起创办的实用学塾，陈楚元发起创办的工商学社，杨毓骏发起创办的商务学社，三所学校在同月内接连开学。实用学塾招生八十名。课目有识字、拼字、作文、书札、笔算、珠算、会计、阅报八门。阅报每隔日一次，地址在东北蒙学堂内。教员义务任教，不取脩金，塾中杂支经费，出自捐款。工商学社，招生五十名，课目及办法并与实用书塾略同，教员亦义务任教，地址在东南蒙学堂内。商务学社招生三十名。课目有识字、写信、看银洋、闽语、甬语等门，地址在西南蒙学内，教员脩金及各项经费，系从商捐募集而来。②

是年十一月，清政府颁布《钦定学堂章程》。《章程》规定：州县城乡均应建设高等小学堂，虽僻小州县必由官府设立高等小学堂一所。规定初等小学五年，高等小学四年，中学五年，合计中小学堂共十四年毕业。规定设立蒙养园，作为保育3—7岁的幼儿之所，城乡办学日期活跃，在永嘉，有办在县城隍庙巷仓圣祠西的养正学堂，以及徐定超以薪俸积蓄托其侄徐象严在家乡兴办的枫林高等小学。瑞安大岙新开群益两等小学堂，为西港乡兴办教育之始。乐清有办城北隅徐氏祠的爱国学堂，办在城南隅汤氏祠的同善蒙学堂。泰顺县有由罗阳书院改成的罗阳学堂。平阳建的新学最多，有创办于江南乡刘店刘氏祠的白沙蒙学堂，灵溪有吾南书院改成的吾南两等小学堂，由金乡狮山书院改成的志成初等小学堂，白沙刘店的白沙初等小学堂，北港乡在山门坎头陈氏祠设立的致用蒙学堂。③

在瑞安出现了女学堂，由县城肖侃发起创办女子私立蒙塾与翼圣蒙学堂，还有乡区创群益蒙学堂。温州开办公益学校，租用松台山下曾宅花园为校址，主要创办人为姚广福、王毓英、项承椿、项承权等。④

---

① 《挽陈师联语录·卷首》，转引自洪振宁编著：《宋元明清温州文化编年纪事》，浙江人民出版社2009年版，第547—548页。

② 孙延钊：《孙衣言孙诒让父子年谱》，上海社会科学院出版社2003年版，第309—310页。

③ 孙延钊：《孙衣言孙诒让父子年谱》，上海社会科学院出版社2003年版，第310页。

④ 王毓英（1852—1924），字学训，号俊卿、隽卿，又号罗东、愤俗子，晚号继述堂主人，永强天河人，曾襄助孙诒让办理温处学务，并筹建第十师范学堂。光绪三十三年（1907）任两广方言学堂督学。宣统三年（1911）为永嘉教育学会会长。著有《继述堂诗文抄》。

是年，童道通饬温处十六县，着各选送学生赴署报考，择优选送留学日本师范、实业各科学校。被录取者有永嘉黄湛思、乐清郑虔、瑞安王鼐卿、平阳殷汝骊等，均于甲辰（1904）春出洋。

光绪三十年（1904），温属各县所有已设之学堂，均照新章，各按程度，分别改名高等小学或初等小学，又或兼设两等。永嘉举办广化两等小学堂，在西郊广济庙。乐清举办铸英两等小学堂于东乡瑶岙朱氏祠。西乡藩家垟倪氏祠设私立求益初等小学堂。平阳江南乡垟桥王家，设汉城初等小学堂。北港乡闹村报国寺，设养正初等小学堂。瑞安亲慕乡江上设立养正初等小学堂。①

二月，成立平阳劝学所，王理孚任总董。次年劝学所改称劝学公所。

八月，刘绍宽赴日本考察。陈子蕃同行，赴日本考察学务。历七十日，曾参观东京女子师范学校、华族女学校等附属幼稚园三所，且购“幼稚园恩物”（教具）20套携回平阳，此为邑人重视幼儿教育之始。

永嘉有职业学校6所，瑞安3所，平阳4所，乐清3所，泰顺、玉环各2所。②

为培养师资，由瑞安拨给公款六百元为学旅费，选送高才生陈恺（字勉颀，陈范弟）、许藩公费留学日本东京宏文学院数理化专修科，修业一年，回国后任瑞安县立中学数理化教员多年。

光绪三十一年（1905）正月，瑞安县城公立高等小学成立。孙诒让发表科普演讲。乐清东乡高等小学堂在虹桥沙河成立。乐清浦边举办祖素初等小学堂。平阳万全乡岗头逢原书院改办逢原两等小学堂，江南乡张家堡杨氏举办关西初等小学堂。北港乡鳌步傅祠设立鳌步初等小学堂。永嘉公普初等小学堂开办于县城瑞颖坊应道观，又于万岁里开办东北隅初等小学堂。平阳县城下市街设立务本初等小学堂，江南乡梅峡岭设立观海初等小学堂。三月，平阳江南二厂地方开办蚕桑学堂。姜会明、黄光创立毓秀女学于县城雅湖陈祠。这是平阳全县第一所女子学校。③

这年三月，刘绍宽《东瀛观学记》刊刻。孙诒让作《东瀛观学记》叙：

> 吾乡学堂之开，始于壬寅（1902）。诸邑次第兴举，瑞安先成，而

① 孙延钊：《孙衣言孙诒让父子年谱》，上海社会科学院出版社2003年版，第316页。

② 孙延钊：《孙衣言孙诒让父子年谱》，上海社会科学院出版社2003年版，第317页。

③ 孙延钊：《孙衣言孙诒让父子年谱》，上海社会科学院出版社2003年版，第321—322页。

平阳、乐清继之。二三君子，相与究心学务，亦咸冀妙简俊才，激励其志气，而驯进之道艺。然而希望太骤，管理未周，授课无等，执业不恒，故陈义颇高，而于普通之知识，转有所未及，其弊亦略等焉。吾友平阳刘君次饶，湛深经术，淹达时务，与陈君子蕃从事于平邑学堂者有年。喟我国教育之未能尽善也，乃与子蕃东游日本，考察学务，自彼国东京大学以逮村町众小学，靡不周历。又与彼都贤士大夫反复商榷，折衷至当，应时记录，积稿盈箧。其返也，裒辑其精要，为《观学记》以饷学者。其大指在于研究师范以成教员，而多设蒙学以陶铸少年学子，至于管理之方，教科之册，无不采彼之长以裨我之缺。其论之精者，与《周官经》《大、小戴记》多相符合，信不刊之作也。①

孙诒让简要回顾了温州地区兴办新学的历史，指出了在学校管理等方面的弊端，从而揭示了刘绍宽《东瀛观学记》在指导教育实践方面的价值。

三、兴办教育走向高潮

光绪三十一年（1905）发生了两个重要的事件，把兴办教育推向高潮。第一件是科举制度的废除，新政实施以来，越来越多的官员认为因科举系利禄所在，人们趋之若鹜，只要科举制度存在，新式学校就难以发展。八月初四，袁世凯、张之洞等六位督抚联衔奏请立停科举，以便推广学堂，咸趋实学。清廷诏准自次年开始，所有乡会试一律停止，各省岁科考试亦即停止。这样，传统的私塾已经失去存在的必要。第二件是十月下旬温处学务分处的成立。温处学务分处在领导温州府和处州府兴办新学的领导机关，在筹措经费、管理学校等方面都作出了卓有成效的指导。光绪三十二年（1906）至光绪三十四年（1908），温州迎来了兴办新学的高潮。

《孙衣言孙诒让父子年谱》摘录了温处学务处旧案残卷有关这三年间的温州五县一厅的办学情况。以下内容从《年谱》中移录后加以整理。②

永嘉建校 24 个，名单为：建于二都新城王氏祠的崇实两等小学堂、建于永

---

① （清）孙诒让：《〈东瀛观学记〉叙》，（清）孙诒让：《孙诒让遗文辑存》，张宪文辑，浙江人民出版社 1990 年版，第 370—371 页。

② 孙延钊：《孙衣言孙诒让父子年谱》，上海社会科学院出版社 2003 年版，第 333—361 页。

嘉二都高原张氏祠的作新初等小学堂、建于旧温州卫署内的公立高等小学堂、建于九都旺增桥一乘寺的拱北两等小学堂、建于梯云里林氏祠的同强初小、建于蛟翔里张氏祠的同一初小、建于兴文里的振德初小、建于城东闽中会馆的育英两等小学、建于上河乡旸岙旧三溪书院的三溪两等小学、建于梧埏的中立初小、建于上田戴氏祠的育正初小、建于蒲洲叶氏祠的基圣初小、建于二都沙村周氏祠的维新初小、建于三都沧河张氏祠的普门初小、建于三都姜氏祠的就正初小、建于城西门外三贤祠的强毅初小、建于南塘的公育初小、建于霞坊的乐群初小、建于净水的资新初小、建于蟠凤潘氏祠的私立广育初小、建于一都三甲王氏祠乐育初小、建于三都寺前街何氏祠的崇圣初小、建于四都新河吴氏祠的育英初小、建于五都底岭张氏祠的育性初小。

乐清建校26个，名单为：西乡中学堂、建于县城太平桥周氏祠的兴华初等小学堂、建于县城中和巷的私立志明初等小学堂、建于东乡白溪楼下村张氏祠的白溪两等小学堂、建于西乡蟾河堡施氏祠的公立碧环初等小学堂、建于小西门白鹤寺的僧民初小、建于东乡荡垟塘角庙的荡阳两等小学堂、建于樟树下村施氏祠的樟川初小、建于朴头村的私立朴头初小、建于小荆村冯氏祠的镇安初小、建于水涨的私立水涨初小、建于县西里岙陈氏祠的鲤川初小、建于白象三圣阁的白象初小、建于西乡磐石城何氏祠的磐石初小、建于尚家垟黄氏祠的蟾屿初小、建于黄华集善寺的黄华初小、建于东乡大荆印山财神庙的组强女子初小、建于朴头村的私立朴头女子初小、建于西乡汤岙朱氏祠的汤岙初小、建于翁垟玄真道观的翁垟初小、建于崎头朱氏祠的崎头初小、建于十里村的十里初小、建于东乡芙蓉前环村的前环初小、建于店湾村的公善初小、建于城东隅涟清宫的德淑女子初小、县城的毓秀初等女学堂。

瑞安建校15个，名单为：建于海安所的双穗学堂、建于县城仓巷卫房宫的毅武女子初等小学堂、建于县城长春道院的宣文女子初等小学堂、建于县城小沙堤玉尺书院的德象女子初等小学堂、建于五都梅冈钱氏祠的梅冈初等小学堂、建于五都场桥的强桥初等小学堂、建于江衙巷的公育初小、建于莘塍的聚星两等小学堂、建于港乡桐溪的桐川初小、建于平阳坑的养蒙初小、建于城郊后垟的殖民初小、建于河乡上望林氏祠的上望初小、建于县治西门外晏公庙的外西北学堂、建于申明里郭氏祠的德巽女子初等小学堂、建于龙首桥广福寺的东南女子初等小学堂。

平阳建校30个，名单为：建于江南乡炎亭天后宫的震海初等小学堂、建于北港鹤溪林家的鹤溪初等小学堂、建于北港乡青街的睦源初等小学堂、蒲门向的正本初等小学堂、建于县城外坡南宕垟余家的宕垟女子两等小学堂、建于小南乡荆溪的组群初小、建于世桥太阴宫的雁门初小、建于北港乡凤翱施家的凤翔初小、建于凤翱湾黄氏祠的觉民初小、建于南港乡桥墩门的松山初小、建于蒲门乡中魁的私立林五初小、建于南乡墨城的墨城初小、建于北港水头街土地庙的德选初小、建于北港秀溪苏氏祠的爱群初小、建于北港弧门土地庙的弧门初小、建于北港余思坑土地庙的宗正初小、建于江南金乡南堡的之金镇男校、建于江南金乡的金乡女校、建于江南周家溪太阴宫的自治男校、建于南港乡藻溪戏台宫的公是两等小学堂、建于小南乡塘川周氏祠的凤川初小、建于蒲门乡范忠懿庙的瓯岘初小、改平阳中学堂为高等小学堂、建于江南乡宜山下市杨公祠的群演初小、建于北港乡水头街的振群初小、凤卧湾地王庙的凤山初小、薛岙周氏祠的崇正初小、建于北港闹村云隐寺的竞南初小、建于南港乡灵溪的吾南两等小学堂、建于蒲门乡大渔海关的雄海初小。

泰顺、玉环建校各一个，即建于泰顺八都雅洋百福岩的公立启明两等小学堂，建于楚门西城山的公立高等小学堂。

之所以不厌其烦地罗列这些学校的名称和所在地点，是因为从这些信息里可以感受到那个时代的风貌。第一，那时物力维艰，校址大部分选自宗族的祠堂，小部分在寺庙庵观。第二，学校的名称除了一部分是以地名来命名外，还有很大一部分校名是有寓意的。有些校名直白地表示教育的意思，如育英、广育、育正、乐育、育性；有些校名含有启蒙民众的意思，如觉民、启明等；有些校名反映了那个时代的思潮，认为中国要想改变一盘散沙的局面，就必须把人聚合为群，所以有好多校名都有一个“群”字，如爱群、乐群等；有些校名表达了传统儒家的文化理想，如崇正、崇圣等；有些女校的名字寄寓了那个时代人们对女性理想人格的期望，如德淑、德巽等。

三年之内，新学像雨后春笋般出现。这种大跃进式的发展必定存在着许多问题，例如有些学校由私塾改变而来，教学内容陈旧，教学方法守旧不变等。温处学务分处在兴学的过程中，也十分关注这个问题。在温处学务分处成立的次年（1906），就在温州府城召开第一次评议大会，萃集两郡十六邑学务工作者及社会上热心教育士绅五十四人。其中有一个重要的议案，就是对小学堂进行审核力谋切实改良者。[①]光绪三十三年（1907），温州学务分处召开第二次评议大会，各县学界人士应邀参与者六十七人，会议有关对高、初等小学堂认真视察督饬整顿议案达八件之多，是评议会讨论的重点。[②]

温州教育的发展也得到了一些绅富的大力支持。乐清绅富洪叔翰国垣、徐次明斡各捐助学款一万五千元；永嘉绅富徐虞臣元凯捐助学款三千元，徐韶九风来、沈德斋诗联各捐助学款二千五百元，合计三万八千元，除拨予温州府中学堂一万元、乐清高等小学堂五千元外，其余二万三千元，指定作温州师范学堂建筑经费。议筹绅商捐及渔船捐，试办瑞安渔业学堂而未果。[③]

光绪三十四年（1908），温州师范学堂校舍落成。首届监督由温州学务分处文牍部主任郭凤诰兼任，[④]学务处管理部副主任陈冕担任师范学堂监学，招收新生以百名。是年，浙江巡抚檄饬裁撤温处学务总汇处。温处学务管理机构历经三载，筹集教育经费50余万银圆，先后建立各地中小学堂300余所。[⑤]

---

① 孙延钊：《孙衣言孙诒让父子年谱》，上海社会科学院出版社2003年版，第336页。

② 孙延钊：《孙衣言孙诒让父子年谱》，上海社会科学院出版社2003年版，第347页。

③ 孙延钊：《孙衣言孙诒让父子年谱》，上海社会科学院出版社2003年版，第356页。

④ 郭凤诰，字筱梅，号暇斋，瑞安人，贡生。应孙诒让聘，在温处学务分处供职。光绪三十二年（1906），接任温处学务总汇处学务长，次年，为温州师范学堂监督。后历任瑞安劝学所长，永嘉县教育科长。著有《山海经注》，未刻。

⑤ 孙延钊：《孙衣言孙诒让父子年谱》，上海社会科学院出版社2003年版，第362页。

第九章　没有硝烟的革命：清廷在温州统治的落幕

清末的温州，鸦片泛滥，花会盛行，呈现出了一派河溃鱼烂的景象，用历史亲历者温处道台郭则沄的话说就是“大局糜烂，不可收拾”。[①] 新政为的是救大清，其间也有兴办新学和禁烟等“善政”或“德政”，但这些都在一定程度上加剧了地方的社会矛盾。兴办新学引发了乡民的毁学风潮，禁烟导致了地方官与乡民之间的流血冲突，加上粮价飙升等种种因素，至辛亥革命前夜，地方社会呈现了民变丛生的紧张态势。新政不仅没能救大清，反而是自掘坟墓之举。

晚清以来，温州的思想文化出现了巨大的变化，其中现代国家观念和民族主义思想不断得到传播，经过学生留学日本、拒俄运动、抵制美货运动和浙路风潮等事件的洗礼，至清末已经汇聚成一股汹涌的狂潮。人们效忠的对象不再是大清，而是现代的民族国家。清朝的统治基础进一步削弱。温州反清活动的规模虽然远小于浙江省其他地区，却也推动了温州族群民族主义的传播。

清末温州社会虽然乱象纷呈，糜烂不堪，但温州地方士绅晚清以来办团练、办新学、办慈善积累了丰厚的政治力量和文化资本，因此武昌城头的枪声传到温州，官员逃遁，政府力量空缺，但依然能够保持总体上的社会稳定，使得在温州上演的辛亥革命是一场没有硝烟的革命。

第一节　河溃鱼烂：清末温州乱象

清末的温州矛盾丛生，官、民、绅之间的关系得不到很好的调适，民生艰

① 《温处道郭会禀温郡米缺价昂 莠民聚众肇衅及现在办理情形文》，《浙江官报》宣统三年（1911）第三十七期。

难，盗贼蜂起，烟毒泛滥，花会盛行。1901年朝廷决心有所振作，实行新政。新政在地方的主要内容为兴办新学、兴办警政和地方自治等，所需经费十分浩繁。《辛丑条约》规定的八国联军赔款数额巨大，使国家财力枯竭，因此新政所需经费只能从地方的绅民中获取。而地方民心思乱，有如一个火药库，稍有不慎就会被点燃。晚清新政是在地方社会矛盾重重中开张的，因此推进时极为小心谨慎。比如新政的重要内容之一，地方自治并不是贸然展开，而是先在各州县举办“自治研究所”。而办自治研究所经费无着落，地方经费筹措的报告往往被上级否决。1910年正月初九，温州府的报告，拟“在南米项下带捐”，省里的批复是：

> 据称奉拨官款有限，自治范围应行推广各事甚多，未免误会。盖自治范围以内各事，须俟自治会成立以后，始可开会筹集经费，照章办理。现在自治会尚未成立，断难遽议抽捐。虽称绅民两愿，究属少数之绅民所请。立案之处，碍难准行。至他项新政经费能否于南米项下抽收，本处未便置词。仍候抚宪暨各宪衙门批示。[①]

平阳县宣统元年（1909）十月十四日递交的报告，打算加收南米作新政经费，上级的批复也是不准，理由是“不得再向民间捐抽分毫，以免扰累而孚民信”。[②]宣统元年（1909）十一月，瑞安要求抽收亩捐作自治研究所经费，上级以此属“病民之举”否决。[③]可以说，政府对于加重农民负担的问题，已经十分小心。摆在政府面前的难题是，不行新政必亡国，行新政最终还是要从绅民那里获取经费，加重他们的负担，从而进一步恶化民众的生活，使革命党人乘势而入，为革命锻造了群众基础。

---

① 《批温州府详翰林院编修余朝绅等禀请自治等项经费拟在南米项下带捐补助暂先试办乞赐在案文》，《浙江地方自治筹办处文报》第五册，宣统二年（1910）二月，第41—42页。

② 《批平阳县转详加收南米充作新政经费由》，《浙江地方自治筹办处文报》第三册，宣统元年（1909）十一月，第26页，汪林茂主编：《浙江辛亥革命史料集》（第五卷），浙江古籍出版社2014年版，第545页。

③ 《详复抚宪奉批瑞安唐绅等禀请抽收亩捐充作研究所经费文》，《浙江地方自治筹办处文报》第3册，宣统元年（1909）十一月，第15页，汪林茂主编：《浙江辛亥革命史料集》（第五卷），浙江古籍出版社2014年版，第548页。

一、鸦片泛滥

鸦片是一个很老的问题，早在光绪二十年八月二十九日（1894年9月28日），上谕就提到温州鸦片盛行的状况："乐清县杨公岙、高庚、湖雾、北阁地方有栽种罂粟之处"，"玉环厅之苔山、田岙，永嘉县之廊下、花坦、岩头、岭头、楠溪，乐清县之芙蓉、畅岙，平阳县之南港、赤溪、金乡各等处，向有奸民栽种，熬烟售卖。"①

在光绪前期，罂粟的大面积种植引起了地方官的忧虑，但主要着眼点在于罂粟种植挤占了粮食生产用地。平阳县令汤肇熙（1882—1888年在任）曾贴出告示："本邑今年乡间，栽种罂粟遍地。以致杂粮稀少，青黄不接可虑。"②他说："罂粟不应栽种也。青黄不接之时，全仗多种杂粮，以为接济。若栽种罂粟则杂粮必少，设遇歉岁，将何所恃。且乡民藉以自种收浆，易于沿染吸食，受害尤深。嗣后应行禁止栽种，改种杂粮。"③他把粮食安全放在首要位置，而鸦片作为"毒品"的担忧放在次要的位置。当时温州城乡烟馆林立，汤肇熙深为担忧，但也忧在治安，而非烟民的身体，他在一个关于禁烟馆的文告中说：

> 乡间烟馆多藏窃匪。今一概封闭，则此辈骤绝谋生之路。不亟立法，则愈开愈多，为害实无底止。此次保甲应将各大小市镇，及偏僻人家，凡有卖鸦片烟者，一律查出姓名，不许虚捏，其房屋或系已业，或租自何人。于户口册外另造一册送县，不许遗漏一户，计通都共有烟馆若干，以后只许歇业，不许添开一户。如房屋已还，业主不许再租人开烟馆。违者查出将房屋充公，听候拨入该乡社会。其徇庇之地保牌甲长仍提案革究。凡有烟馆藏匪犯案，其房屋或封闭或焚毁或充公，均应候官示夺。④

① 《清实录》第38册，中华书局1986年版，第146—147页。

② （清）汤肇熙：《禁栽罂粟示》，《出山草谱》卷4，东瓯郭博古斋，光绪十年（1884）刻本。

③ （清）汤肇熙：《申明严禁示》，《出山草谱》卷4，东瓯郭博古斋，光绪十年（1884）刻本。

④ （清）汤肇熙：《谕保甲董事》，《出山草谱》卷5，东瓯郭博古斋，光绪十年（1884）刻本。

光绪二十年（1894），温州城内出现大土行和烟馆，公开贩卖鸦片。著名的有广仁昌、泉春、慎顺、苏吉昌、坤记等家。光绪二十三年（1897），瑞安士绅洪炳文著文叙述温州的鸦片：

> 温州五属县所产鸦片，以瑞安为最，永嘉、平阳、乐清次之，泰顺又次之。瑞安出鸦片之地八：曰马屿，曰沙洋，曰董田，曰上马，曰梅头，曰下洋厂，曰平阳坑，曰藤奥河头。乐清出鸦片之地五：曰大荆，曰东山渡，曰白石，曰湖横，曰东岙。永嘉出鸦片之地三：曰永场，曰楠溪，曰西溪。平阳出鸦片之地三：曰港南，曰北港，曰金乡。泰顺出鸦片之地二：曰莒冈，曰江口。通计每年出浆约值银十余万圆。①

这一年，永嘉县设土膏局，并管理鸦片商务。1898年，当时温州鸦烟馆"千数百间"，② 政府要征收药税（鸦片称洋药或称土膏），铺捐，商户负担不起，怨声载道。

光绪二十四年（1898）四月，府城米价飞涨，商民罢市，饥民夺食，反对加征新税，并捣毁经营鸦片的土膏局及官衙，镇台下令开枪，群众死伤数十人。此次闹荒毁衙案规模之大，范围之广，为温州历史上所罕见。后省抚派员处理，取消土膏局，取消新税，平粜食米，并将县令周炳麟撤职，群情得以平息。

英国传教士苏慧廉对温州种植罂粟和吸食鸦片的普遍性有极为详尽的说明：

> 至于温州，二十五年前鸦片烟馆还很少，③ 它们羞答答地藏在狭窄的弄堂和小巷里。而今天一切都变了，没有哪条街没有烟馆。十四年前，有人要我调查烟馆的数目，我发现在城内共有七八百家烟馆。两年前得到的数字是拥有执照的烟馆超过一千两百家，包括妇女儿童在内的每百人中就有一个鸦片吸食者；换句话说，每三十个成年男子中

---

① （清）洪炳文：《瓯浆志略》，《农学报》1897年第4期，上海图书馆藏。

② （清）周焕枢：《论温郡切近利病》，引自胡珠生：《温州近代史》，辽宁人民出版社2000年版，第144页。

③ 《晚清温州纪事》记录了作者苏慧廉在温州生活的25年（1882—1907）传教的情况，因此，此处"二十五年前"指的应该是1882年作者刚来时温州的状况。[英] 苏慧廉：《晚清温州纪事》，张永苏、李新德译，宁波出版社2011年版。

就有一个。

然而，鸦片问题最糟糕的一面是温州当地人的种植。二十年前，[①]罂粟在附近一带还不怎么常见，现在只要是自然条件允许它生长的地方，都可看见罂粟花迎风摇曳。因此，现在从印度进口的鸦片呈衰退状态，因为尽管本地的鸦片质量不如印度的好，但价格方面的差异如此悬殊，往往仅有富有的人才能买得起“洋土”。

罂粟种植近年来在中国已经合法化了，我们不能因中国人采取如此的步骤而责备他们，因为考虑到金钱流往印度，这个国家无力偿还，不管是谁看来都要正视这个问题。更糟糕的是，官方的默许已经使得官员们所存的一丝良知荡然无存。这个国家的法律禁止种植鸦片，但早就变成了一纸空文。结果适合种植鸦片的土地，产值提高了三倍。一亩良田种小麦作为春季作物的收益仅为三美元，而同样一亩地，种植鸦片作为春季作物，产值则达十美元甚至二十美元。尽管种鸦片的花费高于种小麦，后者却使得夏季用来种水稻或玉米的土地贫瘠，而种鸦片所用的肥料可肥沃下一茬庄稼。[②]

作者大约写于1906年或1907年，据此可知光温州城就有超过1200家烟馆。每30个成年男子中就有一个吸食鸦片。作者又从土地收益角度分析了鸦片广泛种植的原因。苏慧廉也看到了政府默许鸦片种植的原因之一是为了制止白银的外流。

二、花会盛行

花会是一种赌博活动。在嘉庆年间，由广东、福建传入温州。其方法是确定三十四名传说中的古人名字作为花名，把这些花名书写或铭刻在小竹棍上。赌局开始时由花会师取出某根竹棍，暗藏竹筒中，竹筒悬于梁间。赌客要以钱压某个花名下注，开单投进，庄家给号票为证物，猜中者获赌注的三十二倍赔付。温州花会活动，最早的记载见之于瑞安塾师赵钧的《过来语》，有一个叫陈士郁的人

---

① 此处“二十年前”应为1887年前后。

② ［英］苏慧廉：《晚清温州纪事》，张永苏、李新德译，宁波出版社2011年版，第127页。

嘉庆十四年（1809）已经开设花会赌局。[①] 花会盛行则要到道光以后。道光八年（1828）十月，御史姜梅奏：浙江温、台等府盛行花会，它来自闽、粤二省。[②] 他还描述了花会活动的盛况："愚民闻风奔赴，有不远数十里而往者，且有数百里之外辗转寄托、遥相猜压者。每次聚赌胜负以数千两计。此处花会才歇而彼处又开，流娼土妓、流民奸棍蜂拥蚁聚，累月经年，窝窃藏奸，皆由于此。"[③] 赵钧也曾说，道光十一年（1831）以后，温郡花会盛行，四民失业，宵旦营营，刻无宁晷。蛊惑愚民，致男女有破家失节者。伤风败俗，莫甚于此。守令禁之，率不能止。[④]

且因为花会的花名都是传说中的古人，如今已化作鬼魂，赌徒们的猜压渴望得到鬼神的启示，因此常常"有无知男女丛集于荒祠古庙中，虽经官府惩创而若辈仍甘之如饴"。[⑤] 甚或求神宿庙，求鬼宿墓，男女嫌疑，丑恶百端。更闻上、下河乡有二庙，求花会者踵接。一庙神受挟制，凡求者二人来，一以银铛加神项，欲系去，谓玉旨勾拿，一为神缓颊，许以点花会票，票有花名三十六，神点何名，即有朱，乃释。一神好邪媚，凡求者须小女妆饰坐神膝，捋神须，亦以点票许之。[⑥]

花会是一种门槛极低的活动，不论男女、贫富、年龄大小都可以参赌，因此花会很快就流行起来。至 19 世纪 80 年代初，花会已经在温州呈现了泛滥的态势，当时的《申报》报道说：

> 温郡迩来雨水过多，不特粮食昂贵，即柴盐等物，莫不朝夕腾涨，以致市面情形异常清淡。惟花会一项，各乡设立殆遍，遂使城内外大家小户，自晚及晨求神许愿，意乱身忙，官宪若不速为禁，止恐该处年内不免多事也。[⑦]

地痞流氓之类的社会末流从古至今都与这类社会的负面活动有所联系，自不

---

① 周梦江整理：《赵钧〈过来语〉辑录》，刊于《近代史资料》1979 年第 4 期。

② 《清实录》第 38 册，中华书局 1986 年版，第 331、339 页。

③ 《清实录》第 35 册，中华书局 1986 年版，第 216 页。

④ （清）赵钧：《谭后录》卷下，陈瑞赞编著：《东瓯逸事汇录》，上海社会科学院出版社 2006 年版，第 44 页。

⑤ 《温处琐闻》，《申报》1883 年 1 月 2 日，第 2 版。

⑥ （清）郭钟岳：《瓯江小记》，另见郭钟岳：《惜铎》，叶昭敦校，光绪丁酉（1897）九月刊行，温州市图书馆藏。

⑦ 《申报》1882 年 1 月 14 日，第 1 版。

必多说。但在晚清时期不仅仅有这些底层人民热衷于花会，一些兵丁与营勇也涉及其中，比如：

> 中营额外全某同兵丁某甲合作花会引，初九日被楚军左旗勇目某乙压中多钱，至晚不能陪偿，以致两下纠众殴打，闻被守府查悉，立饬头目往传。全某自知干犯法纪，早作黄鹤遁去。[①]

可以看到这群本该是地方官府禁赌得力助手的士兵，现在不仅公然违反法令和营规参赌，并且还成为了花会的组织人员，更有甚者，自己就“开场聚赌，无恶不为”。[②] 即使是军官也有嗜赌成性的：

> 离温州三十里之茶山地方，有私立一花会者如白鸽票之类。温州府张太守闻之，饬令永嘉县张令前往缉捕，当即遵札。于本月初三夜，往获为首之三十余人，惟各赌犯内竟有一千总亦并遭擒。[③]

这里被抓的千总，是正六品的武官，在清代绿营中职位不算高，但多多少少也是一方驻地的统领，下辖一汛的士兵。[④] 军官尚不能自控，普通士兵的行为自然也就更加猖獗。不仅如此，比这位千总级别更高的总戎[⑤] 在处理这件事时，首先不是想着如何按营规惩罚自己的下属，反而“以府县等不先咨照，擅拿其属下弁兵，甚为愤恨，刻已禀闻浙抚谭中丞”。[⑥] 晚清时期，地方上文官与武官之间的不和反而成为了军官和士兵进行花会活动最好的保护伞。在这种情况下，以这些军官士兵缺少教化、性情暴戾粗鄙，抛开他们的职业，实质上也是一群地痞流氓，在相对平和的时期里，他们不受职责的束缚，也就有精力参与到花会活动中去。

士兵、军官对于花会的迷恋尚可归于他们的道德低下、纵情恣意而不知收

---

① 《温郡琐记》,《申报》1883 年 2 月 5 日，第 3 版。

② 《括苍琐记》,《申报》1886 年 12 月 25 日，第 2 版。

③ 《文武不和》,《申报》1879 年 12 月 30 日，第 2 版

④ 中华书局辞海编辑所修订:《辞海试行本・历史》，中华书局辞海编辑所 1961 年版，第 90 页。“清代绿营兵编制，营以下为汛，以千总统领，称营千总，为正六品武官。”

⑤ 周亨祥、郑西伟主编:《简明中国古代兵学词典》，黄河出版社 1998 年版，第 469 页。“主管军事者，始见于唐，清称各省提督下所设的总兵为总戎。”

⑥ 《文武不和》,《申报》1879 年 12 月 30 日，第 2 版。

敛，但花会还牵涉到本应与这种低俗相对立的生员：

……近有廪生华桐封者，开设花会，被乐清练军某哨官缉获。①

廪生作为待遇最为优厚的生员，本应当是深通儒家学说的地方精英，他们的作用本来应该是成为朝廷统治地方的助力，凭借所学的儒家文化为朝廷教化地方百姓，塑造地方上的意识形态与道德标准。但生员们并没有很好地履行他们的职责。地方上的百姓对于生员这种精英的尊敬之情也在逐渐消退，甚至于“生员”这一称谓从朝廷赐予的名目变成了赌徒的诨名，其中不难看出对生员们的暗讽之意：

……干役将挂巴之菜园瑞及混号生员者拘获到案，生员乘间脱逃。②

除了这些男性赌客外，与此同时也有大量的女性长期沉迷其中无法自拔，有未婚女典当嫁妆换取赌资，有已婚女不惜卖儿鬻女也要博上一博。《申报》中就记载了温州一位朱姓的寡妇：

……仅遗一女，亦惑于花会，所有薄产早已售罄。前日竟将少女鬻于比邻某甲家，得身价钱七千文。讵家氏肩负青蚨二千，赶赴茶山押花会。行至中途倏遇陈光泮之婿金瑞侨，向氏问曰：尔在何处？肩负之钱买何物件？该氏即以押花会告之，且言前欠甚巨，今已鬻女得钱七千，将背城一战。万一获胜，母女尚可相见，不则有死而已。故预存钱五千文，以作身后之需，俱死生在顷刻间，不识能如愿否。语言之际，泪随声下。金瑞侨与该氏素不相识，当时索单观看，名数虽多，竟无分文可着。遂告以我是花会师，今日花会实挂何名，汝赶紧更调，定能得彩，但我看汝可怜，故以实相告，切不可为外人道也。是日该氏果大胜。③

这位朱寡妇足够幸运，能遇到了一位同情她境遇的花会师，愿意向她透露开

①《瓯江泛棹》，《申报》1902年7月12日，第3版。

②《温郡杂闻》，《申报》1893年1月31日，第2版。

③《花会盛行》，《申报》1883年1月22日。

彩的信息，使她幸免于身死的悲惨结局。但有如此幸运的女性终究是极少数，现实中大多数染上赌瘾的女性在花会上投入了大量的金钱和精力，却很少能得到回报，最终的结局都可悲可叹。

差保之类地方半公职人员，负有配合官员施政的责任，但这类人也往往因贪利成为地方花会会首的保护伞或耳目。光绪初莅任平阳县令的汤肇熙颁示差保的文告称：

> 凡赌博均干例禁，而花会尤属害人。本县历年访拿责革差保，有犯必惩，而恶俗犹未尽改。盖从前之敢于为者，地保与衙役之承管值日皆有私贿，官即知而饬拿，亦仍以贿了之而已。近来之禁而未绝者，地保即不敢得贿，或受棍徒胁制，不敢禀报而已。此次保甲务宜官禁与私禁并行，如有犯禁，立即驱逐出境。如敢抗蛮，指名禀控，并将容留开设是何处所，禀明办理，否则有意徇隐，除将差保仍严究革外，该董事及牌甲长均无可辞咎，分别惩处。①

在另一个告示中，汤氏措辞十分严厉："倘查出管都差保及本署别差实有得贿情弊，立毙杖下，决不姑宽。"② 但地保与会首勾结仍然十分猖狂，这从县令的一个告示中可以看到：

> 照得花会为害地方，早经本县示禁，不啻三令五申。乃有等棍徒犹敢横行无忌者，皆由乡里素无公禁，绅士但有旁观，地保因得规而庇徇，票役以私贿而卖放，而暗地串通线索，则尤恃有本都承管以为内外一气，不妨张胆明目为之，官亦无可如何，法所不足畏也。即如前日江南乡闻有花会多处，业将十一、十五两都地保传案责革，并革去承管，而查得二十五都承管竟寄信该都花会首，有"待官晋省不妨再开"之语。胆大如此，虽毙之杖下亦罪所应得。③

---

① （清）汤肇熙：《谕保甲董事》，《出山草谱》卷5，东瓯郭博古斋，光绪十年（1884）刻本。

② （清）汤肇熙：《谕管都差保》，《出山草谱》卷4，东瓯郭博古斋，光绪十年（1884）刻本。

③ （清）汤肇熙：《申禁花会示》，《出山草谱》卷5，东瓯郭博古斋，光绪十年（1884）刻本。

综上可知，花会赌博牵涉到了男女、官绅、军民以及地方治安人员。

三、民变丛生

嘉庆道光以来，由于人口爆炸性增长造成的人地关系紧张，商业化导致的传统社会结构的松解，以及道德文化等方面的嬗递，温州地方社会矛盾盘根错节，至清末发展为一波未平一波又起的民变。随着新政的开张，形势不断趋于恶化。新政期间举凡兴办新学、警政和自治等，都需要经费支撑，而这些费用又不得不通过种种方式从民众身上获取，于是就激发了乡民毁学、抗捐抗税的风潮，最终导致了各地辛亥革命的发生。从某种程度上可以说，辛亥革命导源于现代化过程中，政府提取农民劳动剩余过量引起的民众反抗。在这里，仅举温州民众由反对柑捐和禁烟升级的民变。

温州农民反抗征收柑捐。温州柑橘在宋代名闻天下，至清初，柑橘的种植面积大为萎缩。直至温州开埠，新航线开辟，形成了以天津为中心的北方市场后，温州当地瓯柑的种植地域才又迅速扩展。温州所属平阳、瑞安、永嘉、泰顺、玉环五县均产橘。[①] 瓯柑开埠前栽植尚少，占地已及数千亩；开埠后京津、牛庄等处数日到达，瓯柑逐渐推广，几及贰万余亩，皆近城一带腴田。[②] 据光绪三十四年（1908）间的实业统计表记录，瓯柑的种植面积在清末时期仅永嘉县种柑已近万亩，[③] 其栽植亩数、树株数、产额均遥遥领先其余果木种植。

晚清温州港瓯柑的出口数量直观体现了瓯柑贸易发展。作为温州出口土产大宗之一，清末从温州港出口的柑橘由 1877 年的 2452 担增至 1911 年的 37119 担。[④] 出口的柑橘种类“皮糙个大，有奎宁样的苦味”[⑤]，海关报告所记录的柑橘实指瓯柑而非它类品种。表 9–1 为晚清温州港出口瓯柑统计表。

---

① 胡昌炽：《柑橘》，商务印书馆 1934 年版，第 31 页。

② （清）童兆蓉：《童温处公遗书》，清宣统年间宁乡童氏家刻本。

③ 《温州府永嘉县光绪三十四年庚业统计表》，档案号：00290h，藏于温州市档案馆。

④ 俞光编：《温州古代经济史料汇编》，上海社会科学院出版社 2005 年版，第 171 页。

⑤ 光绪四年（1878）瓯海关贸易报告，转引自中华人民共和国杭州海关译编：《近代浙江通商口岸经济社会概况》，浙江人民出版社 2002 年版，第 469 页。

表 9–1 晚清温州港出口瓯柑统计表

年份	数量（担）	年份	数量（担）	年份	数量（担）
1877	2452	1889	10815	1901	18732
1878	4400	1890	10944	1902	19654
1879	5670	1891	13334	1903	17398
1880	7261	1892	11108	1904	22172
1881	9877	1893	15567	1905	33385
1882	11715	1894	14823	1906	43133
1883	7559	1895	14921	1907	41501
1884	7144	1896	21965	1908	28049
1885	8337	1897	21350	1909	37766
1886	10896	1898	18397	1910	37005
1887	12266	1899	18830	1911	37119
1888	13526	1900	10789	—	—

根据 1877—1911 年《瓯海关贸易报告》整理，出口数包括国内转销数。

正是由于瓯柑种植面积不断增大，其产量和销售事关柑农的生计。1904 年 5 月，温州知府王琛据张正珊议，设局开征柑捐。柑农认为他们既要缴纳地丁税，售卖柑橘要缴纳厘金，现在再加柑捐，三税并征，“迹近于苛”。① 于是群起反抗，柑农捣毁了柑捐局。温处道童兆蓉面谕永嘉知县“妥为开导，捐数必应减轻”。② 数日后，永嘉县德政乡十一都上蔡村廪生张尔彦出面控告张正珊，呈请知府收回成命，并组织种柑农户近百人，持香顶盘前往府署请愿。河乡农民闻风响应，③ 二十里塘路人流如潮，“蜂拥来堂”。童兆蓉“即令程令出收其词，传年老者数人开导，随即散去，王守亦饬张正珊退办柑捐，专拿闹局之人”。张尔彦被扣押。

事件发生后，孙诒让请温州籍京官黄绍箕、徐定超等出面干预，加以童兆蓉一开始就不主张办理柑捐，处理该案时又劝告王琛：“近来学堂、警察敛费之事，

① （清）张应曦：《致张古农书》，光绪三十年七月廿七日（1904 年 9 月 6 日），温州博物馆藏件。

② （清）童兆蓉：《童温处公遗书》，清宣统年间宁乡童氏家刻本。

③ 在温瑞塘河及其主要水源地三溪水系一带，河流纵横交错，这些密布的河流两岸被称为“河乡”。

聚众罢市数见不鲜。此次闹局，人房并未伤损。其至府也既未滋闹，亦无人入头门一步，愚民应办，不必深求，亦不值怄气。”王琛必欲严惩张尔彦而后快，于是童兆蓉在《缕陈温州府办理柑捐失宜禀》里建议将温州知府王琛“调署相当别缺”，而“张尔彦虽已获案，尚未讯供下狱，人心已属皇皇，如一革（革去廪生）之后，从轻讯拟完结，似亦不致大伤政体”。[①] 于是王琛于10月调任严州知府，张尔彦当即释放。张应曦为此致函童道，改为抽分，每桶柑“抽钱数十分，取之行商，虽利益无多，或则可以少收桑榆之效”。[②]

禁烟激起的大规模民变。清末新政时期，朝野都把新政的成败跟鸦片禁政联系在一起。在清末改革的框架内，除宪政等方面的改革之外，又融入了禁毒的社会治理措施。人们似乎达成共识：夺人心智、毁人体魄的鸦片吸食之风阻碍着国家的进步。自然地，很多人将禁烟运动视为新政的一个重要内容，因为禁烟可以刷新清廷在国民和国际社会中的形象，可以赢得推行新政的社会资源，最终形成支持改革的社会基础。一时间，报章杂志在“民族主义”话题下充满宣传鸦片禁政的言论。

1906年9月20日清廷谕令政务处妥议禁烟章程：“自鸦片烟弛禁以来，流毒几遍中国，吸食之人废时失业，病身败家，数十年来，日形贫弱实由于此。言之可为痛恨。今朝廷锐意图强，觅应申做国人，咸知振拔，裨去沉病而蹈康和。著定限十年以内，将洋土药之害一律革除净尽。其应如何分别严禁吸食，并禁种罂粟之处，著政务处妥议章程具奏。”[③] 清末禁烟运动就此拉开了序幕。但真正对地方社会产生影响的是1908年的两个文件，8月20日，吏部奏定《严定禁烟考成议叙议处》六条，将禁烟成绩作为地方官考成的重要依据之一，这无疑增强了地方官员禁烟的责任心。1909年4月20日又奏定《续拟严定禁烟查验章程》十条，进一步严格执行调验官员吸食鸦片的规定，对吸食鸦片的官员严惩不贷。由于把官员的禁烟成果列入考绩，禁烟的力度骤然加大，烟农反弹也十分猛烈。禁烟与反禁烟的斗争在温州尖锐展开。

---

① （清）童兆蓉：《童温处公遗书》，清宣统年间宁乡童氏家刻本。

② （清）张应曦：《致张古农书》，温州博物馆藏件。

③ 《光绪朝东华录》(5)，中华书局1958年版，第5570页。

根据当时上海《东方杂志》和《申报》的报道，[1]1909年冬，温州知府为禁烟事巡游温州各县，[2]乡民误会知府的意思，以为官长不主张严禁，遂致纷纷补种。腊月间，瑞安县绅界创办禁烟公所，就派委员，分赴各乡查勘。[3]居然烟田连阡，并知悉有不肖差保从中贿庇，报告知县。

宣统元年十月十五日（1909年11月27日）下午，瑞安县令朱桐到聚星书院附近一带查禁罂粟，地保散发府县谕令：限尔乡农五日内自行拔种，如再抗违，五日后带兵锄苗，园田充公，本人办罪等谕。盖府县已于本日三点钟均归衙矣。[4]县令朱桐将乡民提案，乡民被迫签字画押，如果栽种罂粟，愿意从重罚锾，作为禁烟费用，类此者多至十余起。[5]宣统二年正月，朱桐率领差捕，并招募亲兵五十名，先到大小港地方，声言督毁烟田。所率兵差复向种烟村落按户派饭，每次须数十桌，并罚缴工金兵费，视种烟之多寡为率，自数十元或百余元不等。乡农慑于官威，敢怒不敢言，一连数日，兵差所至，怨毒日深，遂有联合各乡众

---

① 事件发生发展的情节根据《东方杂志》报道。《申报》的相关报道，细节多渲染，笔法喜夸张、煽情，在注释中展示，以供参考。

② 《申报》1910年3月15日刊登了一篇题为《瑞安禁烟激变之原因》的报道，声称新闻的来源是“温州学界”的报告。这个“温州学界”竭尽讽刺挖苦之能事，称“旧冬吴博泉太尊藉禁烟为名，周游名胜，沿途士绅请见概须门包。致自好之士望风裹足，乡愚以太守和平，纷纷补种。风声所播，举国若狂”。

③ 《申报》1910年4月12日刊登的《温州禁烟扰民始末记》称，瑞安禁烟公所成立的时间为农历十一月初一，而非“腊月”。

④ 张棡:《张棡日记》，俞雄选编，上海社会科学院出版社2003年版，第149页。《申报》《东方杂志》均记朱桐1910年正月下乡禁烟，提供消息者隐去1909年10月下乡禁烟事，可能是蓄意制造朱桐的禁烟态度消极敷衍的形象。

⑤ 《申报》的报道都为“温州学界”所为，似对官员多作丑化处理。比如《温州禁烟扰民始末记》竟然称县令是不想禁烟的，而禁烟公所的人不知仰承意旨，报告乡下种烟颇多。县令怪禁烟公所“多事”，无可奈何派人一查，目的是“以饰耳目”。把禁烟列为官员考绩的情况下，说官员不想禁烟，太不可思议。十二月，县令委文荫宗粮厅，到各处查阅，四十五都山头上，光棍张某鸣锣鼓，众文委惧甚，拟遁矣。旋知乡民并无响应，转饬差查鸣锣者姓名，差保指为该地殷户林善所为，索洋一百八十元息事。四十二都马屿李成祺，仗与分所副董同姓，不出差费带案。十八都下林前已鸠资二百元，贿差及保包种土浆。分所之禀，下林亦在列，文委亦去调查，差保恨分所发其隐情，又恨前此鸠资，该地民黄成钦不肯出洋，也并将黄带案，旋李认罚，释放黄，挽乡绅曾某、傅某诸人，将旁近三村烟苗拔尽。保释时朱令桐亦欲罚锾，曾傅二绅不允，现尚欲禀曾、傅。

驱逐之举。① 正月二十七、二十八等日，兵差方在某村搜索之际，突闻炮声，纷纷四散逃避。百姓见兵差已遁，放胆鸣锣追袭，霎时万众响应，致当场枪毙亲兵二名，重伤十余名。朱令当夜报告知府，称为匪徒揭竿，电请巡抚，要求派兵剿办云。② 事后，知府率兵至瑞安，巡行一周，乡民之贫而种烟者，早经逃避，兵役等大有所获。地方官禀报上级说，烟苗已拔除七八成。烟苗被拔除的烟农，都迁怒于那些曾经协助官员劝导的士绅。官兵撤回后，凡劝导最力之家，尽被劫毁，而以柴桥头王旦家尤甚，因官吏到乡，实住其家，王又力助官吏，阻止乡人种烟，故众人恨之切齿，至将其房屋摧毁，银钱服物抢劫一空。③ 当年，各乡坚持种植罂粟者大获丰收，拔去烟苗的烟农含恨捣抢劝导士绅而倾家荡产的达十几家。另外，知县朱桐曾一度报告烟苗已经"全部肃清"，但据士绅孔昭文等报告，瑞安沿海涂田"留种者尚三十万亩"。④ 因禁烟酿成重大群体事件，温州地方官受到了严厉的处罚，瑞安县令朱桐奏参革职，温州知府吴学庄摘去顶戴，考核名列末位。⑤

与此同时，乐清、平阳也发生了由禁烟酿成的群体事件。乐清大荆为乐清著名种烟地区，官吏下乡严禁，民间除供给饭食外，"所出之钱有三：曰赎价，曰罚款，曰差费"，赎价指"田已充公，按其亩分之多少令出价以赎回"。据统计，

---

① 1910 年正月十一日，朱令带差四十名副役、八十名供堂刑件书役、二三十名土夫、数十名蓝统带，率防勇数十名分布四十一二三四五六七等都掘烟土。夫每掘一苗，朱令吩咐地保，指明该田业主，饬差分赴各家，令其出掘工二百文，派办饭菜一桌棹，夫至人家每借口无菜下饭，翻棹推盘，杀鸡捉鹜。天雨，取农家衣服穿着，见无人阻止，遂并女衣首饰席卷而去，甚至调奸妇女不一而足（四十三都某妇受污泣不欲生），劣衿杨毛乃迎合宪意，将殷实人家开单呈县，县藉种烟田亩充公条规，按户议罚，即以其人之田卖还其人，多则数百金，少亦数十金，不令书差经手，不得以钱庄计条抵交，由经手人将现洋摊数棹上，朱大令桐亲手收拾，其不受朦蔽，躬亲庶务之德政良足颂也，乡民受其鱼肉，冤声载道，四十八以上各都，闻风恐惧。《温州禁烟扰民始末记》，《申报》1910 年 4 月 12 日。

② 《温州乡民暴动记闻》，《东方杂志》1910 年第 3 期。

③ 《补记温州禁烟扰民事》，《东方杂志》1910 年第 5 期。西乡富绅王旦亦因劝拔烟苗，被乡民聚众捣毁住宅，几乎片瓦无存。现闻朱去任，追踪到府，叠次赴府署，及朱令寓所理论，格不得入。某日探闻朱令在杏花村番菜馆宴客，当即驰往排闼直入，曰：公祖在此饮酒，福命固佳，其如治晚自蒙公祖暨吴大公祖光顾后（按府县赴该乡查禁勒罚时实寓王宅）被捣被抢，寸丝尺布俱尽，迄今乞食郡城，无家可归，无门呼吁，冤愤填膺，痛哭流涕。致一时观者如堵，咸代王绅称冤，朱令愧汗交并，无词解慰，遂于人丛中遁去清谈。《令居然当场受窘温州》，《申报》1910 年 5 月 12 日。

④ 《度支部咨查温州禁烟苛扰》，《申报》1910 年 5 月 27 日。

⑤ 《禁烟酿祸之知府撤任》，《申报》1910 年 8 月 10 日。

“赎价项下共计一千八百五十一元三角，罚款项下共计一千三十八元四角，差费项下共计六百零一元七角五分。”① 平阳的禁烟措施也十分严厉，一个叫刘可葵的人，因种烟田被充公。平阳学界人士林存仁等联名具禀抚署，略谓“现有大帮土匪伙劫近城村镇，官兵弹压，当场拒捕，格杀匪党一名，拿获者多至二十三名，而匪势不稍衰，并敢大张揭帖，声言报复，并将屠洗某村某镇等，民心惶惶，还请设法防御”。②

知县、知府虽然被撤职，但局势还在恶化，温州绅商学界士绅致电浙江巡抚和布政使：“乐、瑞、平土匪蠢起，以护烟为名，人心大被煽惑，又值裁兵之后，下种之初，非厚集兵力，恐有意外之变，恳迅赐派兵来温驻扎镇摄。”③ 官府禁烟，民间以“护烟”相抗。张棡宣统二年十月十三日（1910 年 11 月 14 日）给在日本留学的侄子的信，说明了温州禁烟的艰难。

> 本郡近因禁烟又严，而乐邑大荆地方，竟有奸民作乱，明目张胆，通涵某富户借银数千，近又竖旗大书“包种罂粟”字样，虽经乐绅电禀增抚，饬梅统领去剿，然兵至仍散而为民，兵去又聚而为匪，此种根株正未易拔，未知晚禾登场后温郡能保无变否。瑞安港乡乱匪，闻说已靖，然亦恐是官场弥缝之说，殊不可恃：本地一带荡园，番薯颇好，晚禾亦丰收。若禁烟能得法，河乡等处尚可保无虞也。④

张棡自己也是因为劝导农民不种罂粟被人怨恨的人。他在草根社会中深切地体会到了乡民反禁烟的“嚣张”，宣统二年十月初八（1910 年 11 月 9 日），他给双穗场主的信函中说：

> 目下河乡一带，风俗败坏者莫如烟赌二端，禁烟而不禁赌，禁种而不禁吸，未为正本清源之善策，此生去所以有烟赌并禁之章也。虽沐朱前令、黄场主出示并禁，而劣绅张虞龙听赌棍烟痞唆使，酗酒毁示，酿成巨案，届今案悬未结。朱公已获咎去任，黄公亦告终养归。

---

① 《补记温州禁烟扰民事》，《东方杂志》1910 年第 5 期。

② 《各省要事汇录》，《东方杂志》1910 年第 7 期。

③ 《温属匪氛仍未平靖》，《申报》1910 年 10 月 15 日。

④ 张棡：《张棡日记》，俞雄选编，上海社会科学院出版社 2003 年版，第 156—157 页。瑞安习惯上称沿温瑞塘河两岸之乡村为河乡，飞云江南岸一带地方为港乡。

于是本年二三月间，烟苗盛长，遂无一差一兵下乡剷拔，致良民怨生等旧冬禁烟之非，刁民傲生等以种烟之利。而烟馆赌庄，又因生出外任教，胆敢闭而复开，散而又聚，此又可为长太息者也。近闻邑尊金公对此二事颇雷厉风行，而公祖又精明严肃，城乡奸徒咸有戒心，惟愚民贪利藐法，沿海荡园烟户已纷纷下种，若不速用强硬手段，请兵弹压，饬役逐禁，只恃一纸文告以劝之，彼蚩蚩者氓势必悬置耳后，转瞬来春苗盛，然后大兵剷办，未有不蹈去岁港乡之复辙者。[①]

禁烟告示被“劣绅”撕毁，酿成惊动省和中央的巨案后，“沿海荡园烟户已纷纷下种”。在这种情况下，知府与梅占魁帮统率重兵驻扎瑞安“重灾区”马屿，查禁罂粟。1910 年 12 月，新任瑞安知县金汉章报告省府：瑞安马屿地方私种烟亩不少，现令拔除改种杂粮，民皆安静。[②] 可是话音刚落，更加猛烈的暴动发生了，瑞安三十三都黄林村人吴田伍、宅西人何安顺、垟山人卢安凤等为首反抗禁烟，恰值省禁烟委员汪锡祺下乡禁烟，路过湖岭，吴田伍等遂揭竿而起，穷追 20 多里，杀汪锡棋及随从亲兵 6 人。[③] 另据《符璋日记》宣统三年三月二十五日（1911 年 4 月 23 日）载[④]：“温瑞安禁烟委员汪经历锡祺与廿四日在三十四都六科地方被掳，该处距马屿十里。……传闻汪委员被杀，夜间知是实，系瑞安金令来郡请兵也。”[⑤] 温处道郭则沄因金汉章激变，遂委道署文案兼统计科长符璋代理瑞安知县，前往处理，紧张局势渐渐缓和下来。[⑥] 严厉禁烟，农民的反弹的猛烈程度，还可以参见涉事官员的遭遇。宣统二年三月初五（1910 年 4 月 14 日），张棡日记写道：

---

① 张棡：《张棡日记》，俞雄选编，上海社会科学院出版社 2003 年版，第 156—157 页。

② 《温州府县禀报禁烟情形》，《申报》1910 年 12 月 13 日。

③ 刘绍宽：《后江东生传》：“辛亥之春，瑞安县金汉章以禁烟酿成戕杀省委汪经历锡棋重案。”苍南县政协文史委编：《苍南文史资料》第 16 辑《刘绍宽专辑》，2001 年，第 63 页。

④ 符璋（1853—1929）字笑拈，号蜕庵，别署广桑山民，江西宜黄人。清光绪年间他为浙江候补知县，海门镇署参军，司台（州）防统领军书者二十余年，后充温处道署文案，长期寓居温州，辛亥（1911）春署瑞安知县，辛亥革命后留任民事长。嗣后除短期游宦江西、上海外，均未离开温州，多年挂名瓯海关署、瓯海道署谘议、顾问。民国后曾他应聘担任《平阳县志》总纂。他广泛结交温州士绅，与徐定超、陈黻宸、吕渭英、余朝绅、刘绍宽、黄式苏、刘景晨诸人颇多来往；同地方军政当局有广泛的联系。

⑤ 符璋：《符璋日记》，陈光熙点校，中华书局 2018 年版，第 428 页。

⑥ 刘绍宽：《后江东生传》，政办浙江省苍南县委员会文史委员会编：《苍南文史资料》第 16 辑《刘绍宽专辑》，2001 年，第 63 页。

与邑城章焕谈近来禁烟事，章焕言上港之案连闹两次，朱大令已撤参离任上府矣。乐邑余挺笙大令，被道士岩土匪劫去几罹不测，幸吴府尊带兵将他救出，不知近日如何办法。永、乐、瑞三县主均遭案离任，独平邑县主幸无事。宦海风波，洵非意料，益见近日人心之坏，非具有干练才者，不能为民父母也。①

永嘉、瑞安、乐清三个县的知县都因禁烟酿衅落职，其中县令被劫持，几遭不测。

那么究竟如何评估清末禁烟成效呢？ 1911 年的瓯海关报告显示进口的洋烟急剧减少。1911 年仅进口 30 箱，而 1902 年则有 190 箱。有少数几箱本国鸦片从别省运入，数量微不足道。海关报告分析的原因为洋药价格高，温州人消费不起。从禁种罂粟方面看，禁烟很艰难，禁烟的成果也很不稳定：

直到最近三年，才有鸦片在本口岸非常邻近地区大范围，禁止种植的计划受到农民猛烈反抗，多次发生流血冲突。农民希望种植这种作物可获丰厚利益是惟一理由。本年底清朝转换为共和政体，农民趁此机会两次播种罂粟，不知罂粟成熟时是否能让他们去收割。至 1910—1911 年种植鸦片看来已经普遍减少，有些地方已禁绝，另有些地方则反见增多。②

一些已经禁种的地方，只要稍有机会就死灰复燃。另外，从禁止吸食角度看，至少在温州城来看，似乎成效颇为显著。

一切烟馆已关闭，多数烟客已戒去鸦片。据说舆论强烈反对吸鸦片的习惯，并且实际上对穷人来说价格高也负担不起。现在烟客必须向新的戒烟局领取执照，三月期按消耗多少比例缴费，申请人要保证减少抽烟量。如此一来，任何人如无官方许可而抽烟将要罚款并受刑事处罚。③

---

① 张棡：《张棡日记》，俞雄选编，上海社会科学院出版社 2003 年版，第 153 页。

② 汪林茂主编：《浙江辛亥革命史料集》(第一卷)，浙江古籍出版社 2014 年版，第 139 页。

③ 汪林茂主编：《浙江辛亥革命史料集》(第一卷)，浙江古籍出版社 2014 年版，第 139 页。

除了烟毒和赌博，粮价上扬也引发了社会危机。乾隆中后期以前，温州不仅粮食足以自给，平阳还被称为“百万仓”，丰收年景还可接济浙北和福建。但至光绪时期，粮食安全一直困扰温州社会。早在1902年1月，任职于瓯海关的李懋勋说：“温州近年风气日偷，人情刁猾，夏秋二季本非歉收，而乡佃借口风灾，交租仅六七折不等，新谷登场，价不少减，岁底勉可敷衍，开春青黄不接，恐又须烦长官措置矣。”①1906年3月底，温州粮食价格飞涨，“虽戊戌因米毁署之年，每谷百斤不过二元，今则二元五六角，升米需五十文，为数十年所未有。”结果“遂迫成抢掠之事”。②1911年春夏之交，温州米价每升售价从40余文涨至50多文。政府与绅董会商，启动官民救荒系统，温州城盈余仓、义仓和社仓，共发一万石碾米，在四隅设立官米局，按照查定贫户，填给执照，减价出粜，已于五月十六日一律开局。尽管如此，物价稳定不过半个月，到五月廿九日增至64文。荒年乃米商发财良机，米铺声言六月初一日又需加涨6文，每升售钱70文。市民闻讯，惊惶鼓噪，“捣毁米铺，勒令商店闭户，有不遵者捣之”。知府李前泮邀同防营赵统领、梅帮统分头镇压，并和商会总董余朝绅等挨户劝令米铺开张，通过商会与米商的艰难谈判，米价减至每升售50文。到初二日，治安形势尚未好转，又有人要求米商把米价降低到每升44文。当晚，民众分赴大户聚食，向殷富滋扰。知县会同通判文慧前往解劝，饥民“抛石击物，毫无忌惮”，其中一人被捕，送检察厅交审判厅审办。初三日又捕一人送厅，民众多人“围厅要求释放”，知府闻讯前往，为了化解尖锐对立的形势，暂予释放。人们见被捕者背受刑伤，遂群起和审判厅为难，抄入后门，架走法庭秦庭长，沿途加以殴辱。温处道郭则沄会同防营赵统领竭力镇压，府县也带兵追援，到双门外抢回秦庭长。初四后，人心安定。官米局，每升售钱36文，米铺米价暂定每升售钱40文。③一场民变虽然消弭了，但这并不意味着社会危机的真正解除。在形势最为严峻的时候，政府根本没有足够的力量弹压，因为民变无日无之，就在因粮价上升导致群体事件的时候，温州城防营在早些时候已经调到瑞安弹压由禁烟引发的暴力事

① （清）李懋勋：《致潘祝年（祖颐）太守书》，温州市博物馆藏。

② 政协温州市文史委编：《温州文史资料》第9辑，浙江人民出版社1984年版，第291页。《浙江官报》宣统三年（1911）第37期。

③ （清）郭则沄：《温处道郭会禀温郡米缺价昂 莠民聚众肇衅及现在办理情形文》，载浙江省社会科学院历史研究所、浙江图书馆编：《辛亥革命浙江史料续辑》，浙江人民出版社1987年版，第258—260页。

件，留在温州城的兵力“不及一哨”，虽经酌调南路水师震慑，兵力仍甚单薄。[①]增韫在给郭则沄的批复中表达了深切的忧虑。第一，官府的权威已经荡然无存。民众捣毁店铺，勒令商铺罢市，分赴大户滋扰，官勇弹压，抛掷砖石，拿犯送官，尤敢迁怒厅官，掳拔泄辱。第二，是温州历史上的一个结构性问题，即粮食出海。所以他要求温州地方官，防止商人漏米出洋。

由新政引发的利益博弈几乎无地无之，无日无之，有的还演化为暴烈的社会冲突。

第二节　现代民族主义思想的兴起

至迟在宋代，汉民族产生了文化的自觉，到清朝人们开始有了疆域的主权意识，但这些不过是原生性的民族主义。直至晚清才出现了现代民族主义和现代民族国家观念。与传统的王朝国家不同，现代民族国家是一个有着明确主权、疆域和人口的国家，这个国家里的人们效忠国家，而不是效忠皇帝，因此这个国家的民众是国民，而不是臣民。这种观念的不断强化和广泛传播与辛亥革命后中国国体的改变有着极为重要的关系。本节要描述现代民族主义思想和现代国家观念在温州的传播和发展过程。

对于思想较为开通，且与外界保持信息交流的上层士绅来说，很早就有了现代国家观念。早在光绪十三年（1887），孙诒让就认为兴办铁路可以“增进国家文明”，从长远看应该在北京、上海、湖北和广东等地开办铁路学堂，培养修建铁路的专门人才。兴建铁路的经费应该自筹，不能“举洋债”。其目的是，不依赖“外人”避免丧失“国家利权”。[②]

其后经过一系列事件，现代民族主义和现代国家观念逐渐传播开来，且向社会底层渗透。以下一些事件对此起到了关键的作用。

---

① （清）郭则沄：《温处道郭会禀温郡米缺价昂 莠民聚众肇衅及现在办理情形文》，《浙江官报》宣统三年（1911）第37期。

② （清）孙诒让：《书薛福成〈兴办铁路疏〉后》，（清）孙诒让：《孙诒让遗文辑存》，张宪文辑，浙江人民出版社1990年版，第414页。

一、晚清温州的留学潮

早在维新变法运动初期，光绪二十二年（1896）四月，清政府就已经开始派遣学生留学日本。后来逐渐增多，随着晚清新政运动、科举制度废除相继发生，学生去外国留学蔚为大潮。据胡珠生先生统计，从1898年到1911年的13年间，温州留学日本的学生达135人，连同留学美国在内，高达138人。[①]留学人数位居浙江各府前列。

他们留日的学校有：东京帝国大学、大阪炮兵工厂、东京炮兵工厂、弘文学院、早稻田大学、振武学校、正则英语学校、成城学校、体操学校、同文书院、山口高等商业学校、东京法政大学、实践女学校、陆军士官学校、岩仓路道学校、明治大学、成城学校、仙台第二师团工兵大队、仙台士官学校、庆应义塾大学、东京高等工业学校、东京高等师范大学、中央大学、测量专门学校、东京警务学堂、福冈帝国医科大学、千叶医学专科学校、东洋大学、飞行学校、慈惠专门医科学校、北海道帝国农科大学和仙台东北大学等。

根据《浙江潮》所刊《浙江同乡会东京题名》和清国留学生会馆多次编辑的《报告》，能够确切查出二十四年（1898）十月至三十年（1904）十月期间温州留日学生名单，共计63人，学习的专业以军事、师范和工程为多。专业的热门程度反映了当时留学生对中国处境的感知和认识。

留学生出国既有为国效力的一面，又有谋求个人出路的一面，无论出于哪种动机，都会在异国受到现代民族主义思想的熏染。温州是一个宗族组织十分发达的地方，学生们来到异国他乡，日本又是一个中国改良派和革命派避难的大本营，因此很容易产生超越血缘、地缘的国族意识。他们会通过在报刊上登载文章，给亲友通信，回乡探亲等各种机会，将这种民族主义思想和现代国家意识传播到温州。

二、拒俄运动

1903年，根据清政府与沙俄签订的条约，沙俄租借营口已经到期，应该交还清政府。但沙俄违约拒不撤兵，并派使节普拉嵩向清政府外务部提出七项要

① 胡珠生：《温州近代史》，辽宁人民出版社2000年版，第199页。

求，妄图永远控制东北三省，建立所谓“黄色俄罗斯”。此举激起公愤，上海各界人士在张园召开拒俄大会，通电反对沙俄改约。稍后，《苏报》和《中外日报》连篇累牍报道了浙江各地的抗议活动。

4月28日，东京《时事新报》发表号外，报道了这个消息。因日本与俄国长期争夺对中国东北的控制权，俄国的行为也引起日本民族主义者的强烈反对。两国的民族主义思潮在日本激起了很高的声浪。4月29日，中国留日学生900多人在东京锦辉馆召开大会，声讨沙俄侵占我国东北的罪行，18名温州籍学生参加了这个活动。其中乐清石铎签名参加义勇队。其余17人待战事一开，回温州组织抗战。

1903年5月8日，上海《苏报》刊登了温州留日学生撰写的《告同乡书》，这是一个极为重要文献，以下全文照录：

> 温州留学生全体敬告乡之士者、农者、商者、工者、女者曰：
>
> 诸君！诸君！亦知数日内有极痛苦、极惨烈之东三省一事乎？中历二月之杪，俄国以七条约要挟我政府，俨然独踞东三省一部。英、美、日怒俄侵权利，群起而反对之。我等居留之日本，当鸣锣传警之日，全国国民，上而政府、贵族，下至车夫、下女，亦莫不鼓手加额，扬眉狂喝曰：击俄！击俄！我知一周日间，东北一片肥土地，必变为群鲸竞吼、赤潮怒涌之大血海。
>
> 诸君！诸君！亦知斯举也，非独东北偏鄙之关系，而我国通部之关系乎？四国胜负无论已，而东省必不我有可决，则长江流域必入于英，山东必入于德，两广必入于法，福建必入于日，而我最敬爱、最亲切之产区，独安然磐石乎？诸君！诸君！曷不披览瓜分支那之图乎？焕然眩目三大红字出现于南部，而冠踞于我浙之黑字上者，非意大利乎？呜呼噫嘻！诸君！诸君！毋藐作名山佳水奇花怪禽之一幅油画观。
>
> 留学生闻警，奋然集合全部九百余人，开临时大会于东京锦辉馆，痛哭流涕，大声疾呼，以留学生编成一愤火卷浪、热血炼铁之义勇队。判两大部：一部北行，径造袁门，乞师抗俄；袁不出兵，亦以死战。一部分往内地及新加坡、夏威夷、美洲、日本沿岸，运动华商，以结其成。议既决，签名者百余人，而女学生林宗素与焉。伟矣哉斯举！

壮矣哉斯行！我国留学生于是组织第二次之流血案。

虽然，以百余人之义勇队，攫千百万貔貅之可萨克兵，螳臂拒车，微虫撼石，曷不澌灭？诸君！诸君！试一思之，蓬蓬勃勃之义勇队，非一寻死、就死之队乎？明知万死而乐就之、乐赴之，以表我通国尚武之精神，以煽我同胞尚武之勇气。蓬勃哉．百余人之憨火，卷黑风而倒浪。

虽然，留学日本九百余人，胡列名入队者仅此少数乎？诸君！诸君！试一思之!!等生也，有公生，有私生；等死也，有公死，有私死。义勇队既公死，公死即公生；非义勇队既公生，公生即公死。不有死者，孰铸国魂？不有生者，孰孕国葩？彼为程婴，我为杵臼。烈矣哉！百余人之勇气；重矣哉！百余人之责任。

瓯人留学十八人矣，而挺身不顾，为民从命于死不复还之义勇队者，独一乐清之石宗素（铎）。诸君！诸君！岂我等之畏死遁死哉！我十七人公任其第二义务，俟开战期决，束装返里，誓与诸君出死力，鼓我瓯人尚武之精神，造就军国民之本领，组织一独立军，以待死期之至。左手搴旗，右手悬首，同就流血之场，与碧眼红髯儿决一撼地震天之大战于数百里瓯江之滨。宁藏尸江心，葬身鱼腹，誓不认作一刻之奴隶，一时之牛马，则我瓯民为支那之史上放一缕之光线，而留一大纪念。

诸君！诸君！不闻印度、波兰灭亡，旅、大、胶、台分割之不可说、不忍说之惨状乎？苟非禽兽，曷能勿哭？曷能勿哭？呜呼！印、波之惨，旅、大、胶、台之惨，人人痛哭，人人声哑；而今万倍印、波，亿倍旅、大、胶、台之惨况，吾悲其痛哭无人，哑声无人！诸君！诸君！勿谓朝廷去而我国家尚存，勿谓东部割而南部尚全，勿谓吾浙分而我瓯尚保，勿谓我瓯亡而我家妻子财产依然无恙，此我支那数万万通种绝命之日也。诸君！诸君！试忍思之，瓜分以后，异族烈喷其歼此朝食之毒念，演出牛马不能忍之辣手，乱锋闪天，山水变色，我财我产，慊餍异族之枵腹，我妻我母，必为异族之淫器。际斯时，立斯境，争则死，忍亦死，洋洋万里，腥血战风，茫茫四顾，跬步死地。吾知黄河、扬江之水，将为吾数万万同胞之藏尸穴，而我最切最亲之数万瓯民，亦将饮瓯江之一勺水！异日披图临风而吊古于河之梁、江之干者，岂尚是我支那之人乎？我述至此，哭无泪、哭无声。

悲哉痛哉！我等何忍述是书！我述是书，一字一泪，一泪一血滴笔管，而沾尽一幅江户川笺。发竦眦裂，余哀绕梁。然我等焉敢不缕述是书，与我诸君、我少年、我同胞，公哭之，公奋之！[①]

这篇慷慨激昂、抒发悲情到极致的文字，有三点特别值得注意。第一，提到欧洲、亚洲很多国家的名字，使人认识到中国是列国中的一国，而非天下共主。第二，要与“碧眼红髯儿”决战于瓯江之滨，这显然深受东亚一体与欧洲列强对抗思想的影响。第三，提出要造就温州人的“军国民之本领”，具有明确的“国民”思想。

据《浙江辛亥革命史料集》引述的《告同乡书》的注释，此稿六月十三日又曾发表一次，题为《日本留学生温州二君致永嘉诸君书》，为林调元、陈蔚等所作。文末有按语云：“温州自得此书，人心惶惶，不可终日，足见义声之入人心矣。”[②] 这从一个侧面反映了《告同乡书》在温州产生的效果，同时也流露了留学生的自鸣得意。

这个文告对温州产生相当大的影响。一年半后，瑞安生员林骏在光绪三十年（1904）十二月二十三日日记中写道：“检破纸堆，中有前年瓯人留学日本，愤俄强占东三省，大告同人勤王率师恢复文，计千余言，哀音急切，读之令人心伤。”[③] 这也是《告同乡书》的接受者表达的心声。林骏还在该日的日记中全文抄录了这个文告。这个文告的17名温州留日学生的签字者名单为：林调元、陈蔚、孙任、黄瓒、许鞭、林文潜、吴钟镕、王鸿年、朱鼎彝、陈华、游寿宸、黄曾延、曾锴、曾铭、林大同、林大间、张正邦。这是民族主义思想和现代国家观念在温州士人中的第一次大普及。

① 汪林茂主编：《浙江辛亥革命史料集》（第二卷），浙江古籍出版社2013年版，第17页。
② 汪林茂主编：《浙江辛亥革命史料集》（第二卷），浙江古籍出版社2014年版，第16页。
③ （清）林骏：《林骏日记》，沈洪保整理，中华书局2018年版，第628—631页。

三、抵制美货运动

19 世纪中期，大量中国劳工通过种种途径漂洋过海，来到美国。他们在美国开垦、采矿、修筑铁路。他们的辛勤劳动换来了美国西部的经济发展。19 世纪 80 年代，美国发生经济危机，工厂大面积倒闭，工人失业，工人运动蓬勃兴起。为了增加美国工人的就业机会，美国开始大面积排华。1894 年，美国还跟清政府签订《限禁来美华工保护寓美华人条约》。1904 年《条约》到期前夕，华侨和国内的报刊上都不断登出要求废约的呼声。清政府向美国提出改约要求，但遭到美国政府拒绝。1905 年春，美国政府要求清政府续约，这条消息一经传出，产生了强烈的舆论反应。从 1905 年 5 月起全国各地纷纷发生抗议集会。

五月二十三日、五月二十八日，乐清公忠演说会虹桥支会在虹桥镇组织演说，宣传抵制美货。[①] 演说会分发《奉劝同胞勿用美货》的抵制传单。传单所列美货牌号有：粗细斜纹布类有龙马兰鹿、老狮子等 35 种，绸缎呢布羽毛类有僧帽牌、人头牌、三鹿头牌等 20 多种，面粉类有花旗牌、长庚牌等 15 种，香烟类有品海牌、地球牌等 20 多种，肥皂类有茂生香水皂等 10 种，药料类有燕医生药水药丸等数种，杂货类有美孚煤油、S 牌品海火柴、宝塔洋烛、飞鹰牛奶以及白铁片等 30 多种。[②]

上海总商会致电各地商会要求抵制美货，在运动中实际上扮演领导的角色。温州府商会及所属各县商会与上海总商会有频繁的电报往来。一封署名瑞安绅商的电报表示："美约苛虐，有违公法，戒用美货，敬表同情，希竭力维持为幸。"[③] 根据这些电报的内容，温州商会文案张秋帆冒着酷暑亲自到供应美国商品的店铺，遍发传单，劝勉商家不卖美货，至五月二十六日，承诺的商家达到一百多家。温州商会公所给上海总商会的电报透露了运动的一些细节：

> 前接来电，备悉公议，不销美货，实行抵制禁约之法，曷胜钦佩。敝会当即电复遵办，谅邀详鉴。旋即知照各业商董，宣言我国国民受侮于外，自当仗义力争，共伸公愤。慨然签字、允准不销美货者，有

① 汪林茂主编：《浙江辛亥革命史料集》（第二卷），浙江古籍出版社 2014 年版，第 31 页。
② 胡珠生：《温州近代史》，辽宁人民出版社 2000 年版，第 233 页。
③ 汪林茂主编：《浙江辛亥革命史料集》（第二卷），浙江古籍出版社 2014 年版，第 31 页。

洋油业、洋广货业、洋布业、五金业、糕饼业等共计一百余家，无不同心乐从。但商家自六月十八日以前，多有已存未销、已定未运之货，虽经敝会查明件数，然嗜利之徒，难免无预存影射，此两项应如何办理，仰候贵会示遵。至此次普济船来，装有美孚油数百箱，查该轮系廿五日由申开行，相距十八日实行禁用美货之日，已及星期，沪帮如何准其出口？即请贵会饬人往查，以杜蒙混。此后沪瓯各商务宜互相联络，认真稽查，慎勿名存实亡，致误大局。

运动用中国“国民”在美国受侮辱一事，鼓动抵制美货。六月十八日上海总商会集会，宣布“禁用美货”，但是此前商家已买但尚未销售的货、已经被人订购但没有运走的货，怎么办？温州商业公会显然认为“禁用”这些美货不甚合理。另外，抵制美货集会一个星期后还有上海发往温州的五百箱美孚煤油，为什么会这样？温州商业公会要求两地互相联络，杜绝漏洞。

为抵制美货，张绎、林大同发起组织了温州抵制美约会。他们于六月二十六日在温州东山阅书公会开会，名叫“抵制美约会”。讲述美国苛待华工的历史，并实行不用美货，人人皆有责任之大旨。当即转知温州商会，邀集各业署名签字。他们也向上海总商会请示处理六月十八日之前“已存、已定”美货的办法，表达了商人利用“已存、已定”的名目继续销售美国的忧虑。温州抵制美约会认为承诺不再购办美货并签字盖章的商家中，“面从心违者，仍不乏人”，由此可知，抵制美货并非自愿，而是带有一定程度的强制性质，这也说明温州民族主义思潮已经形成气候。①

温州的抵制美货运动，从商界波及学界。温州平阳吾南学堂的电报称：

抵制美约，海内共表同情，使我学界中人，犹漠然而不之动，岂全无血性者耶？今已联集同志在本学堂开议提倡，一以步公后尘，一以勉合人格意志坚忍，心血俱热。虽吾平商务幼稚，而涓滴之水可成江河，顷已实行，以副众望。②

① 汪林茂主编：《浙江辛亥革命史料集》（第二卷），浙江古籍出版社2014年版，第37页。
② 汪林茂主编：《浙江辛亥革命史料集》（第二卷），浙江古籍出版社2014年版，第43页。

抵制美货运动催生和强化了温州人的民族意识和民族情感。宣统元年闰二月二十五日（1909 年 4 月 15 日），瑞安廪生张棡在他的日记中写道：

> 是日醒同家送到西洋镜一副，系戴君友珩自非洲带来者，照片凡四十八张，大半皆中国佣工在非洲开矿谋生者。上无教育，致使蚩蚩编氓奔异国而受制外人，观各照片情形令人为之黯然。[①]

四、拒款保路运动

随着对外交流的深入，清廷也认识到铁路的重要性，但由于国库空虚，无力官办。因此，1895 年上谕宣布“各省富商如有能集股至千万两以上者，著准其成立公司，实力兴筑。事归商办，一切赢绌，官不与闻。如有成效可观，必当加以奖励。将此宣谕中外知之”。[②] 处于重重旋涡中的清政府未能真正贯彻铁路民办的政策，1898 年 10 月，清政府与英国怡和洋行签署了《苏杭甬铁路草约》。此后，由于受义和团运动的影响，苏杭甬铁路并未开工。新政开始之后，绅民关于铁路修建和路权的讨论渐趋活跃。为抵制列强牟取路权，1905 年 7 月 24 日，浙江绅商成立了以自办为宗旨的“商办全浙铁路有限公司”，并推举汤寿潜为总理，刘锦藻为副理。浙路商办获得了邮传部和清廷的批准。但浙路公司成立不到一个月，驻京英使即向清廷抗议，要求订立苏杭甬路正约。鉴于浙江绅商认股办路的积极性，清廷方面也不敢轻率与英续约。清政府一方面想顺应舆情，另一方面又无法废除与英所订合同，只好以敷衍应对。英方态度不断趋于强硬，无法继续延宕，经过浙籍驻英使节汪大燮等先后不断磋商，双方于 1907 年 8 月终于达成“拟分办路、借款为两事”的妥协性结果。

1907 年 10 月 22 日，浙江铁路公司在杭州召开股东大会，一致表示：“款本足，无待借；路已成，岂肯押，浙人除遵旨自办外不知其他。”[③] 号召浙江各地召开国民拒款会，发动集股筹款。浙路公司招收第二期股本时，决定趁“国民拒款会”风起云涌之势，将原来征收标准一整股百元，调整为每股五元，一角、贰角

① 张棡：《张棡日记》，俞雄选编，上海社会科学院出版社 2003 年版，第 143—144 页。
② 宓汝成主编：《中国近代铁路史料》，中华书局 1963 年版，第 205 页。
③ 《江浙士绅第一次会议纪事》，《汇报》1907 年 10 月 26 日。

均可交纳，[①] 这就使普通平民都有成为小股东的可能，改变了初期招股对象主要面对巨商大贾的局面，大大增强保路运动的民众基础。

11 月 14 日，江浙人士因两省路事，在上海浙绍公所召开第一次会议，推举出了 4 名股东代表，孙诒让列名其中。[②]1907 年 11 月 20 日下午，浙江省国民拒款大会在两级师范学堂召开，3000 多名官绅商学代表与会。浙江省 11 府代表分别选举了本府代表，进京争取路权。温州籍学生许壬代表学界倡议十一府设立拒款分会。王廷扬宣布推举张菊生、孙诒让和李云书代表江浙铁路公司进京争路。[③]12 月 9 日，孙诒让前往上海，但临时因左足患病未能成行。

保路运动涉及范围极为深广，各地绅民认购铁路股份十分活跃。1907 年 12 月 24 日浙江保路拒款瑞安分会成立后，会长孙诒让，副会长项申甫、王岳崧等议定城内募集优先路股 5 万元，再由各会长分往各地宣传发动。1908 年 1 月 11 日，孙偕干事前往莘塍、海安、长桥、梅头等 20 多乡，23 日回城，莘塍集得股金 2000 余元，海安等处集得 25000 元，后又转赴大莆集 1000 余元。[④] 孙诒让在致刘绍宽的信中说，“股份收据已由汤蛰公（寿潜）寄来，弟（诒让）与筱木（王岳崧）各一份，倘有股款，当填据寄奉也。”[⑤]

除了孙诒让、项崧和王岳崧等上层士绅，温州一些普通商人也参加筹款集股活动，《广益丛报》刊登了一篇报道：

> 瑞安拒款会函云，东瓯殉路烈士姓陈，号撷山，少习会计学，事商业二十余年。适浙路告警，国民开会拒款，烈士亦集实业界诸人，为筹款计，日夜奔走。款无所出，不得已，拟就本业设联合公司，使款有着落，而众未悉从。烈士大恸曰，筹款保路，乃对待政府之第一层手段；设政府仍坚执不允，尚须预备最后之手段。今掣肘如是，奈何！奈何！由是焦思苦虑，寝食为废。初一夜，复会同业，烈士对众演说，泣数行下，一时热血填胸，当场昏迷。众抚之，僵矣。烈士商

① 沈飚民：《浙江拒款保路运动》，浙江政协文史资料研究委员会编：《浙江辛亥革命回忆录》，浙江人民出版社 1981 年版，第 263 页。

② 《江浙士绅第一次会议纪事》，《申报》1907 年 11 月 21 日。

③ 《全浙国民拒款会纪事》，《申报》1907 年 11 月 29 日。

④ 胡珠生：《温州近代史》，辽宁人民出版社 2000 年版，第 234 页。

⑤ （清）孙诒让：《孙诒让遗文辑存》，张宪文辑，浙江人民出版社 1990 年版，第 195 页。

人也，其爱国若是，当轴巨公，能无愧煞？①

自1908年11月15日至12月31日，《浙江日报》分十批刊出实缴路股清单，计1053人或单位。②截至1910年底，浙路公司在全省共收7865237元，温州为273445元。③

1909年6月24日，浙路第四届股东大会在两级师范学堂召开，选举新董事，温州倪鹏程当选。④全浙保路会同人于7月28日在教育总会召开特别会议。会议决议先电枢府、邮传部，无效再派代表入京控请都察院代奏。项湘藻被举为温属代表。⑤

1910年8月17日，朝廷任命盛宣怀为邮传部右侍郎。这一任命引起了浙江绅民的担忧和不满，因为盛向来以主张借款办路闻名。8月22日，汤寿潜致电军机处，严饬盛宣怀“既为借款之罪魁，又为拒款之祸首”。8月23日，清廷谕令“汤寿潜著即行革职，不准干预路事”。⑥清廷企图借革汤以遏制全国各地风起云涌的拒款运动。

此后温州绅商也积极参与了“保汤”斗争。温州商会致电省咨议局：“浙路商办，总理民举。……‘不准干预路事’，侵夺民权，群情愤激。贵局代表人民意思，请力争。”⑦温州绅学商代表和温州股东代表致电浙江省咨议局：“汤去路危，已电浙抚暨都宪奏留，乞议力争。温州属绅学商代表黄式苏、刘绍宽、钱熊埙、陈寿宸、曹文昇、王岳崧、陈锡琛、孙诒泽、李炳光、陈祖纶、潘鸿康、陈保鳌，全体股东代表倪鹏程、吴载光、诸鼎如、孙延钊、刘乙照等叩。”⑧温州籍浙江两级师范学堂监督徐定超于8月27日偕杭州绅商“聚集总商会筹议方法，并请抚宪代奏，务必挽留汤公以全浙路”。次日徐又电告温州府中学堂监督刘绍

---

① 《殉路志哀》,《广益丛报》第161号1908年3月2日。

② 《浙江日报》1908年11月15日，1908年11月18日，1908年11月20日，1908年11月22日，1908年11月24日，1908年12月4日，1908年12月28日，1908年12月29日，1908年12月30日，1908年12月31日。

③ 闵杰:《浙路公司的集资与经营》,《近代史研究》1987年第3期。

④ 《浙路第四届股东大会续志》,《申报》1909年7月15日。

⑤ 《全浙保路大会纪事》,《申报》1909年9月15日。

⑥ 《京师近事》,《申报》1910年8月26日。

⑦ 《专电》,《申报》1910年9月1日。

⑧ 《不准浙路总理干预路事之大风潮汇志六》,《四明日报》1910年9月6日。

宽："路危，浙危，乞转各团体电咨议局议争并电京省。"[①] 徐定超还致信浙路维持会，表达了对汤寿潜获谴的愤激之情：

……本会如推定代表，赴都有日，不佞自愿附骥以行。在不佞无所谓热心，亦无所谓有志，徒以时事日非，不觉忧从中来，不禁涕泪横流，效长沙之痛哭，要亦所以鼓我本会同人之志，而作我浙人同胞之气也。区区之志，惟公等鉴之。郑所南诗"屡曾算至难谋处，裂破肝肺天地哀"，不佞固通之熟矣。[②]

因温州籍浙江省咨议局议长陈黻宸反应稍迟缓，立即受到浙江省各府属股东团代表的责问：

浙路事起，吾人民奔走呼号，不遑食息。而贵局名为人民代表，竟奄奄一息，不即开临时会，为吾浙人筹一保全商办之法，是何理由？议长答曰，前已呈请抚台开临时会，而昨日抚台复文未准。又问曰，然则抚台不准，诸公负人民代表之责者亦听之矣乎？议长曰，必继续呈请，期达目的而后已。股东团乃拍掌称谢而散。[③]

9月2日，陈黻宸以省咨议局议长名义，和副议长、议员等51人为浙路事呈请浙抚开临时会：

本局立于代表舆论之地位，内疚人言，外虞暴动，应视为紧急事件，呈请召集临时会。浙抚增韫迟迟不敢上奏，甚至两下"停会命令"，直至10月31日陈黻宸致书质问：议员虽不以解散为心，然究不能不以停会为辱。黻宸既未能晓然于执事停会之由，更何敢任议员悛改不悛改之责。[④]

乐清大荆士绅曹文昇致书浙路维持会：

① 陈继达编：《监察御史徐定超》，学林出版社1997年版，第401页。
② 《浙人对于汤寿潜获谴之愤激》，《申报》1910年9月10日。
③ 《不准浙路总理干预路事之大风潮汇志十四》，《四明日报》1910年9月16日。
④ （清）陈黻宸：《陈黻宸集》，陈德溥编，中华书局1995年版，第1208页。

> 汤总理自知与盛宣怀势不两立。诸公不以去盛宣怀为目的，徒事挽留汤总理，则汤总理必不肯为众矢之的。浙省十一府不趁此认股、立时缴足，汤总理必不肯为无米之炊。浙人士若不齐心一志、分任其难，汤总理必不肯为独木之支。鄙见以为，朝命既下，一意反对，恐违神圣不可侵犯之例，且适堕盛宣怀计中。不如一面再请督抚、都察院代奏以达天听，使知盛宣怀之奸而升邮部，汤总理之忠而离路事，黜陟颠倒，新政岂有进行之日？或者皇上、摄政王俯顺民情，得邀所请，未始非中国之幸福。否则，奸人得以左右其傍，萌孽其短，天下事未可为也。汤总理如果不来，我浙人亦可另举总理。如无汤之资望，但择一有骨鲠不畏死之总理勉为之继，一切股款俱由十一府分认。明知盛宣怀一日在邮传部，即一日摧残浙路。既不能攻之使去，异日如有归还官办、破坏路事之举，总理即与之拼一死。夺一总理、举一总理，死一总理，又举一总理，政府始知吾浙人之团体不散，非由汤总理一人为之梗。且知吾浙人并不敢蔑视上谕，其中实有命脉关系之处。匹夫不可夺志，或且见谅于天心，而汤总理于此亦可以告无罪云云。[①]

浙江民众的长期斗争，最终将沪杭甬铁路借款合同废止，把借款移作开封徐州铁路的借款。至此，苏浙的保路运动方才取得最后胜利。[②]温州民众动员的深度和广度达到空前的程度。姑以入股为例，收入微薄的下层民众如挑夫、饼师、学生纷纷购买五元一张的股票，[③]以至有数千个人和代表购买铁路股票，入股当然有求财和求利的意图，但他们的邻居、同村村民和亲戚都知道与英国人争利权的背景。民族主义思潮和国家观念已经从士绅阶层扩展到了普通大众。同时士绅也看到了自己是社会的中坚力量，这些都为辛亥革命以后士绅稳定地方奠定了基础。

---

① 《不准浙路总理干预路事之大风潮汇志二十八》，《四明日报》1910年10月1日。

② 王遂今：《汤寿潜与浙江铁路风潮》，《汤寿潜史料专辑》，《萧山文史资料选辑》第4辑，1993年。

③ 浙江辛亥革命史研究会：《辛亥革命浙江史料选辑》，浙江人民出版社1981年版，第232页。

五、日商在温州滋事

以往的民族主义运动都是从外地波及温州，1906 年的民族主义运动则自温州而起。

1906 年冬，日本人在温州城内架演“艺术影戏”，发生“持刀刺伤游客之事”。由于“地方官但求姑息，转予赔偿”，日商“益无所忌，联袂来温”，不到半年，在温州就出现了好几家日本人开的店铺。

1907 年，日本客商来到瑞安，试图在瑞安城开店。瑞安士绅通知租房给日本人的房主，要他退还日本人房租，得以避免日后发生事端。温州商会禀请温处道出面与日商交涉。道台以温州划定租界前不宜外商开业为由，要求日商离开。孙诒让认为道台的处事过于软弱，使得日商的气焰更加嚣张。不久就发生了日本人挟妓持刀之事。[①] 黄颂英回忆，农历三月的某天傍晚，黄颂英、黄卓兄弟同亲戚朱侠夫（鼎彝）经过府城五马街，看见从东面跑来的群众边跑边叫说：日本人拿刀赶来杀人了。曾留学日本的黄卓用日语责问追赶过来的日本人。两个日本人被制止了，叽里咕噜跑进那个三五公司里把门关了。[②] 观众中“拿去邑人阿六一名，后赖众人救出，幸未受伤”。[③] 孙诒让“事后查询，始知日人招妓住宿，旁人聚观，持刀吓禁，致干众怒，留学生黄某演说劝散被辱，众怒益甚”。有留日学生到道台商议解决办法，但未蒙接见。“次日商界复发揺单，聚者益众。经绅士徐某某等竭力劝散，始免肇祸。”[④] 日本领事造言“留学生煽惑愚民，鸠众滋事”，[⑤] 于是“第二日就开来只兵舰，封锁我们的海口模样，我们各街商店都自动的罢市。交涉了一个来月，军舰才开去，日本人所开的三五公司、广贯堂等几家招牌上原来是日商，都改为‘宁商’两个字。”[⑥]

孙诒让致信前温处道的信函中分析了当时温州的形势。为什么日本人来温

---

① （清）孙诒让：《致前温处道观察省三书》，（清）孙诒让：《孙诒让遗文辑存》，张宪文辑，浙江人民出版社 1990 年版，第 134 页。

② （清）黄颂英：《辛亥革命前后回忆》，温州博物馆藏原稿，文中黄卓和朱鼎彝均留日学生。

③ （清）孙诒让：《上浙抚电》，温州市博物馆藏。

④ （清）孙诒让：《致前温处道观察省三书》，（清）孙诒让：《孙诒让遗文辑存》，张宪文辑，浙江人民出版社 1990 年版，第 134 页。

⑤ （清）孙诒让：《上浙抚电》，温州市博物馆藏。

⑥ （清）黄颂英：《辛亥革命前后回忆》，温州市博物馆藏。

州经商会造成局势的紧张？这是因为温州“排外思想”日渐发达。这是前面一波一波的民族主义运动对温州洗礼的结果。孙诒让本人就是民族主义运动的领导者和积极参与者，但他也清醒地意识到民族主义“热度过高，往往有能发不能收之弊”，如果酿成剧烈冲突，也“亦非地方之福”。所以他主张通过外交途径解决问题，“至沪与日领磋商，据约以争，务使已设之肆，一律闭歇，以符约章，而杜后患”。[①] 虽然不知后来交涉的内情，但中方未能让日本在温州的商店“一律闭歇”。据刘绍宽日记，(1910)正月初十日日记：

> 平阳陈亦廉为永嘉巡警官，于初七夜入日本人店内，禁止赌博被殴。永嘉伊大令（家昂）出弹压，日人又枪伤跟丁之手，地民公愤。现已由道府、巡官及商、学界电请抚宪示办，抚电饬驱逐，事尚未了。[②]

六、民族思想在学界的传播

除了上述历史事件外，士绅和地方官还以其他各种方式唤醒温州人的现代民族主义和国家观念。

1906年，温处学务分处总理孙诒让在瑞安庆祝仿行宪政典礼大会的演讲指出，“我国自道光以来，五六十年，受尽了外国人的欺侮。几次打仗，无一次不败，割地赔款，忍气吞声。现在大局阽危，外国都想瓜分我们土地，奴隶我们的人民，有万不能自立之势”。[③] 在进行了国耻教育后，对温州人进行了批评：

> 我们温州人总是开通的少，因为以前不曾知道有立宪的政体。读书士人，只晓得用功科举，奔走利禄，毫无真实的学问，农工商止能靠自己手足，照平常赚钱谋食，无真实的本领。把我们人应该任的职分全不讲究，把国家政治法制全不留心，整日在困梦里头，我中国如

---

① （清）孙诒让：《致前温处道观察省三书》，（清）孙诒让：《孙诒让遗文辑存》，张宪文辑，浙江人民出版社1990年版，第134页。

② 政协浙江省苍南县委员会文史资料委员会编：《刘绍宽专辑》，《苍南文史资料》第16辑，2001年，第136—137页。

③ （清）孙诒让：《致前温处道观察省三书》，（清）孙诒让：《孙诒让遗文辑存》，张宪文辑，浙江人民出版社1990年版，第452页。

何被外国人欺侮，如东三省被俄国占据，广东香港、山东威海卫被英国人占据，广东澳门被葡萄牙占据，九龙被法国占据，山东胶州被德国占据，福建台湾被日本占据，也全不知道。外国人要夺我铁路矿山权利，要瓜分我中国土地，亦全不晓得如何防备。①

孙诒让的演讲鲜明地体现了现代国家观念和极强的民族意识。

1909 年温州府中学堂的毕业考试中就出现了这样的试题：“合众国独立之原因及其终局”“问西藏为西徼屏蕃，筹边之策孔亟，今欲却悍英北上之师，绝强俄南下之路，固圉之方端在？扼要能备述其边限形势欤？”②

宣统二年十一月初十（1910 年 12 月 11 日），时任温州中学堂的曹文昇在学堂发表演讲。演讲的主旨虽然是说明学习官话的重要性，但演讲者把这个问题提高到国家生死存亡的高度，他说，“言语不通即不能合群，不合群何以兴国”，说到亡国之惨，声泪俱下，听者亦交相击掌。③

温州士绅在日常教学活动中这种润物细无声式的渗透，对现代民族国家的传播起到至关重要的作用。

第三节　温州的反清活动

相比于浙江另外十个府，温州府受革命党的影响相对较小，然而也有反清活动存在。据胡国枢《光复会会员名录》，明确为温州籍光复会会员者只有黄肃方、张云雷、鄺景曾和田桐 4 人。④

① （清）孙诒让：《致前温处道观察省三书》，孙诒让：《孙诒让遗文辑存》，张宪文辑，浙江人民出版社 1990 年版，第 454 页。

② 政协浙江省苍南县委员会文史资料委员会编：《苍南文史资料》第 16 辑《刘绍宽专辑》，2001 年，第 224 页。

③ 张棡：《张棡日记》，俞雄选编，上海社会科学院出版社 2003 年版，第 158 页。

④ 胡国枢：《光复会会员名录》，中南地区辛亥革命史研究会编：《辛亥革命史丛刊》第八辑，中华书局 1991 年版。胡珠生在《温州近代史》中列名温州光复会会员有林调元、王鼒卿、石铎等人（该书第 244 页），但没有说明资料来源。

一、温台处会馆

除了一般性的争取利权活动外，温州也有以推翻清朝统治为目的的反清活动。在海内外诸多反清团体中，光复会对温州的反清思想和反清活动产生了直接的影响。敖嘉熊和陶成章等革命家也曾先后来温，推动反清斗争。[①]

1904 年 1 月，平湖人敖嘉熊（字梦姜，寄居嘉兴）有游历温州之行，在乐清结识了陈梦熊和冯豹。[②]1904 年 5 月，光复会领袖绍兴陶成章来温，与龚宝铨、陈大齐在平阳古鳌头（鳌江）小成学校会晤。[③] 陶成章、敖嘉熊来温州原因之一或许是杭嘉湖地区有用数量庞大的温州移民。他们看到了太平天国运动后杭嘉湖地区棚民的革命潜力。据学者研究，太平天国运动后，嘉兴府人口仅及战前人口的 34.3%，人口损失 208.7 万，人口损失率高达 65.7%。杭州府损失人口 300 万，人口损失率为 80.6%。湖州府属七县人口损失 235.7 万，人口损失率达 78.9%。[④] 由于人口损失巨大，太平天国运动后，杭嘉湖地区大量膏腴之地无人耕种，浙南温处台三府大量农民涌入杭嘉湖地区，几乎占人口之半，成为客民。土著和客民因语言和习惯的差异，不尽协调，很难融入地方，另外官吏也歧视客民，每逢纳粮置产，常加苛索，这些人极容易被动员成为革命的力量。因此，敖嘉熊来到温州告诉乐清人说："温、处棚民住杭、嘉、湖者极吃亏。凡有劫案皆诿罪棚民，冤死不少。应于三府内设一温处同乡会馆以联络之。"乐清人冯豹通过在学界极有影响的同乡吴熙周，将这个动议转告孙诒让，由孙诒让商之于温处道童兆蓉。再由童兆蓉撰写政府公文至杭嘉湖道，获得杭嘉湖道的批准后，敖嘉熊的活动具

---

① 敖嘉熊（1874—1908），字梦姜，一字咸愚，平湖城区人，秀才，曾在秀水县衙做事，因忤知县何士循离职，迁居嘉兴南汇镇，与唐成卿、祝心如在新篁创办学稼公社和竹林庙小学。1902 年到杭州，与蒋百里（字方卿）及王嘉榘（日本留学生）等倡办时事研究会，名浙会，开始着手革命运动。

② （清）陶成章：《浙案纪略》列传五，《陶成章集》，汤志钧编，中华书局 1986 年版，第 385 页。冯豹（1859—1922），原名隆杰，改名豹，字地造，一字笛樵，晚号勿翁，乐清白石镇凤岙村人，早年就学梅溪书院，师从瑞安陈黻宸。光绪二十七年（1901）他在家乡白石凤岙创办延祥书院，次年同吴郁周、石蕴辉等创办柳市高等小学。光绪三十一年（1905）六月，冯豹以乐清代表名义参与温处学务分处筹备会议，后被聘为委员。三十二年（1906）二月，《新山歌》案发，次年五、六月间，光复会领袖徐锡麟、秋瑾相继殉难。冯豹因受牵连而出奔南洋，流亡新加坡、爪哇，旋东渡日本。陈梦熊（1882—1910），字鼐新（或作乃新），一字耐辛，乐清虹桥镇陈宅人。

③ （清）陶成章：《陶成章集》，汤志钧编，中华书局 1986 年版，第 339 页。

④ 曹树基、李玉尚：《太平天国战争对浙江人口的影响》，《复旦学报》（社会科学版）2000 年第 5 期。

有了合法性。陶成章和敖嘉熊于是建立了温台处会馆，其目的是“谋握地方财、兵二权，以次组成独立之军，且以交通浙东西之各秘密党会”。①

1904年10月间，温台处会馆在嘉兴东门外成立。魏兰为坐办（即总理），冯豹和陈梦熊任干事。陶成章和龙华会骨干丁嵘、吕熊祥、赵卓、魏毓香、魏仲麟等为执事员。会馆一度成为浙江革命党人的活动据点和联络会党的中心。革命党人以会馆为基地四处活动。陶成章到金华，带《新山歌》《猛回头》《革命军》等数千册，暗中分送。其中《新山歌》后来在温州酿成大案。冯豹到缙云壶镇吕熊祥家活动，携《新山歌》去宣传。《新山歌》通俗易懂，在下层社会中非常适合，士商会党，多为感动。敖嘉熊想到利用宗教团结人心，便创立祖宗教，写福书、祷词和各种秘密暗号，不料却受到瑞安人沈梧斋的挟制，处州云和人魏兰出为调解，冯豹仗剑向沈梧斋取回各种凭据，其事乃已。1905年5月，由于领导人敖嘉熊迭遭家难，经商亏本，温台处会馆无法维持，办事人员相继散去。②冯豹、陈梦熊回温。

二、《新山歌》案

敖嘉熊以浅近的白话文宣传反清革命，编成《新山歌》。他托蔡元培在上海印刷后，与魏兰一起共取千册，入内地分送。③陈梦熊嘉兴回温后，曾在虹桥组织公忠演说支会，宣传抵制美货。1906年4月，陈梦熊在乐清着手办学，宣传革命。他与乐城李靖民（住双箭巷）和周品超（住瑶田巷）在白鹤寺创办僧民学校。白鹤寺方丈华山大力予以支持，以寺产充作经费，以白鹤寺前进和两廓作为教室。请月空和尚（俗名黄飞龙）任校长，④月果和尚协助。学生除青年僧徒以外，还招收一些贫寒人家的子弟，一律免费入学。学生有一百来人。校内以《新山歌》为主要课本，也上体育课，教国术和兵式体操。5月，陈梦熊和胡铸因在

---

① （清）陶成章：《陶成章集》，汤志钧编，中华书局1986年版，第342页。

② （清）陶成章：《陶成章集》，汤志钧编，中华书局1986年版，第386页。

③ 魏兰：《陶焕卿先生行述》，陶成章：《陶成章集》，汤志钧编，中华书局1986年版，第431页。

④ 月空（？—1914），俗姓黄，名飞龙，乐清县城姜公桥人，一说湖头人。他幼年即跟随在峡门寺为僧的父亲一起生活，稍长亦削发为僧，法名月空。光绪三十二年（1906）三月，僧民学校成立，被推为校长。《新山歌》案发，僧民学校、明强女校均被禁。宣统元年（1909），与朱剑则等誓师起义。后在普陀山与旧友周李光等人招募敢死队潜入省城，策划光复杭州。宣统三年（1911）十月间，率敢死队随军攻克南京天堡城有功，被委任温州统带，同时恢复俗名黄飞龙。

杏庄地主创办明强女学，招收女学生 20 多名，由陈妻林世英任教师，陈梦熊自任监督。

陈梦熊有一个叫胡倬章的朋友，两人缘于某事在一个会场发生了争吵，虽有旁人劝解事态并未扩大，但胡倬章愤无所泄，遂"指梦熊为哥老会匪，在嘉兴与敖姓结党，事败逃归。在明强女学校演说革命，以《新山歌》为证"。而乐清知县何士循曾任嘉兴秀水知县，在一些地方事务上，与敖嘉熊多有冲突，"累多不胜，心甚恨之"。何士循得到控告呈文，"即派干差六人星夜驰往"捉拿，梦熊早已闻风避去。何令上报知府锡纶，锡纶"亦派亲信干弁搜索女学校，毁坏器皿，携去杂物，有同盗贼"。于是"士绅咸愤，电告杭州学务公所，何令、锡守亦具禀抚、藩、臬"。梦熊恐累及他人，从日本回到杭州投案。藩司宝芬拟加刑讯并兴大狱，"巡抚张曾敭不可，会廷谕下，调宝芬为山西藩司，梦熊遂得免刑讯"。温处学务公所总理孙诒让等"为梦熊力保"，嘉兴著绅陶葆廉（字拙存，前两广总督陶模子）等"亦为嘉熊剖白"，浙江巡抚"因坐胡倬章以诬告之罪，革去职员，何令亦撤任"，闹得纷纷扬扬的《新山歌》逆案①于"丁未三月"（1907 年 4 月）结束。②

三、道士岩案

1907 年 7 月，光复会领袖徐锡麟、秋瑾先后起事失败，冯豹出奔南洋，流亡新加坡、爪哇，东渡日本，鼓吹民主革命，筹集活动经费。梦熊避往印尼泗水，在中华学校任教，继续鼓吹革命，并把在华侨中筹得的经费汇交黄飞龙作为武装起事之需。1909 年，魏兰派张伟文回国策动起义，计划由黄飞龙在乐城首举义旗，丽水阙伊举兵响应，导致驻杭清兵外调，然后由阙麟书、徐杰等乘虚袭杭。不料叛徒告密，起义遂告流产。黄飞龙却在永嘉、乐清山区发展到 400 多人，1910 年 1 月黄飞龙率朱剑则、滕华钦、僧永定等占领中雁荡山道士岩。乐清知县宗彭年会同巡防统领梅占魁率兵包围。相持数日，1 月 12 日乘雾转移，

① 敖嘉熊编《新山歌》后，托蔡元培在上海印刷，魏兰、陈梦熊共取 4 册入内地分送。胡倬章即据此为证，控告陈梦熊，世称《新山歌》案。

② （清）陶成章：《陶成章集》，汤志钧编，中华书局 1986 年版，第 331 页。

退到内山，分散隐蔽，世称“道士岩案”。[①]8月，梦熊病痢，在泗水埠逝世，张云雷料理后事，冯豹哭以诗：“知交十二载，形迹淡相忘。曾记手双握，竟成梦一场。”

民国时期，浙江省议会议决，以陈梦熊和敖嘉熊等五人合祀西湖，称“五烈士祠”。[②]

第四节 光复与革命

人们想象的政权更迭步骤往往是先发生了革命，革命党人推翻清廷的旧政权，从而实现光复。然而在温州上演的剧目剧情却首先是光复，然后再有革命党人的跃跃欲试。

一、山雨欲来风满楼

自从1907年秋瑾案发后，清政府如同惊弓之鸟，孙诒让描述道：“杯弓蛇影，遍及全省，缇骑四出，学界哗然。……窃谓近来告讦之风大炽，一纸谤书，付邮投递，上游不复根查，遽行捕索；及按验无据，而诬告之人，纵其逍遥法外，不加反坐。循此不改，则士民重足，将成瓦解之忧。化日光天之下，魑魅横行，非徒国家无此政体，而荆棘弥天，亦复成何世界，言之可为痛哭。”[③]

农历辛亥年是一个多事之秋，浙江省禁烟委员在瑞安被杀，就是一个震惊全国的爆炸性事件。

农历七月份遭遇了特大水灾。张棡日记七月十一日日记写道：

> 此次大风大水较前数次尤大。郡城各处亦大半满水，所不满者，惟大街、府前街及中学堂耳。而学堂体操场之大方池亦水满平堤，一

---

① 周起渭：《乐清辛亥革命史料》，全国政协文史资料研究委员会编：《辛亥革命回忆录》（四），文史资料出版社1963年版。

② 周起渭：《乐清辛亥革命史料》，汪林茂主编：《浙江辛亥革命史料集》（第七卷），浙江古籍出版社2013年，第287页。

③ （清）孙诒让：《孙仲容学部致议长议绅总教育会书》，《申报》1907年10月5日。汪林茂主编：《浙江辛亥革命史料集》（第六卷），浙江古籍出版社2013年版，第505页。

望汪洋。予自南湖来，舟中见四处田畴皆水淹不见一稻，若不速晴水退，农人难望有秋矣，当此世界，人心思乱已极，若再加以饥馑，是导火之线一触即发，吾窃为温州后日虞也。[①]

一方面早已是“人心思乱”；另一方面以往天下大乱往往以天灾为前奏。这是张棡忧心忡忡的原因。

二、温州光复

宣统三年八月十九日（1911 年 10 月 10 日），湖北新军起义，消息次日即由电报传到温州。九月十五日，温州接到浙江杭州光复电报。十六日，温处道郭则沄、知府李前泮、统领梅占魁召集温州中学堂刘绍宽、温州师范学堂校长黄式苏、温州商会总理余朝绅、陈祖纶及部分教员开会，决定设立治安维持会，由郭、李、梅联合，出安民告示。

此时，温州形成了一个由回乡军人和学生构成的群体。因他们大多具有海外留学或受教于新式学堂和军校的履历，姑名之曰“新乡绅”。在天下行将大变之际，他们也跃跃欲试。在留日归国学生黄直民的发起下，召集姜伯韩、黄冲颖、李素冰、朱侠夫、张彦夫、张彦士、徐介仙、胡方尧、胡方禹、姚养吾、孙雪舲、陈禹门（陈守庸之兄）、季德标等数十人，在城内东山下潭黄家会议，决定起义响应。先由曾任宁波陆军步队八三标团体操总教习兼标模范排长的黄冲颖组建一支义勇军，以时局紧张维持治安为名，获取枪支，自制炸弹。

新乡绅们自知他们的威望不足以在温州发号施令，不得不借助于在温州拥有广泛影响力的温州中学堂监督刘绍宽和温州师范学堂监督黄式苏等老乡绅。他们试图把刘绍宽等抬出来，装饰门面，继而对他们加以象征化和符号化，自己来掌握真正的实权。于是他们也于九月十六日请刘绍宽、黄式苏和刘项宣等在师范学堂礼堂秘密开会。会议作出了两项决定：其一，请现任地方长官主持组织革命政府，并推出刘绍宽、黄式苏、刘项宣和陈守庸四人协助进行一切改革事宜。如地方长官肯如所请，即请他们先行剪去发辫，以示反正决心。其二，俟革命政府成立后，将西郊过单楼厘卡委员年凤臣就地正法，以作反清示威。在这个会议上，

---

① 张棡：《张棡日记》，俞雄选编，上海社会科学院出版社 2003 年版，第 161 页。

对于刘绍宽、黄式苏和刘项宣这些有清朝功名士绅来说，应该有被裹挟的成分，执行第一个决定，他们可能尚可勉为其难。第二个决议，杀害一个手无寸铁且没有丝毫反抗能力的文职成员来宣示革命决心，应该不是刘绍宽等的意思。

九月十七日（11 月 7 日）早晨九时许，姚养吾等十余人邀请郭则沄、李前泮和梅占魁来到师范学堂二门开会。道台系本地最高官长，与会者推他主持成立革命政府。郭的父亲郭曾炘是礼部侍郎，此时北京政府尚未推翻，他如果投向民国，会危及父亲的人身安全，因此他不敢担任新职位。会议改推李前泮，他认为自己是李续宾的后代，表示要全孝于祖宗，不能效忠于民国。梅占魁接受推举，答应组织军政分府。

散会后，李前泮回府署，有人携土制炸弹闯进府署，强令交出印信。因军事首领梅占魁反正，郭则沄和李前泮的生命安全已经失去保障。李前泮全家乘夜出西门雇船逃脱，宦囊行李，尽行抛弃。郭则沄辗转藏身于白累德医院英籍医师包莅茂处。后来在刘绍宽和黄式苏的帮助下脱险。师范学堂会议所散发的血腥味以及炸弹的威胁，使刘绍宽深感事变莫测。他遍贴字条，声明“除学务外，一切不与闻”。陈守庸多年后回忆到郭则沄时说：“郭去后多日，我才知道是由刘次饶、黄仲荃两人在夜半护送他乘招商局普济轮船逃往上海的。”显然，刘绍宽、黄式苏与姚养吾、陈守庸等令人惊悚的同乡后辈很快就划清了界限。

九月十八日（11 月 8 日）中午，梅占魁在原知府衙署行莅新礼，剪辫树旗，宣告独立。午后梅占魁带领地方士绅执牌沿街安民，牌上大书“如有抢劫，格杀勿论”八字。军政分府查封道、府署和郭则沄存储大清银行的现款十三万余元。至此，清廷在温州的统治落幕。当时在温州的法国天主教传教士冯烈鸿（Cyprien Aroud）记录了他目击的场景：

> 昨天下午二时，帷幕拉开了。革命旗、白旗在府台衙门前举起了，30 名士兵拥着大炮，全副武装地站岗放哨。群众争先恐后涌向前去，好奇者不知其数。旗的附近贴着一张布告，上面写着：梅统领（即梅占魁）被委为温州府的军政长官，充任国民政府官员，掌握生杀大权。接着，梅统领发布下列声明：保护宗教，检举特务，维护商业，扶助组织国家军队，协办公益事业，这一切都将受到奖赏；凡攻击或伤害外人，窝藏特务，唆使捣乱秩序，偷窃、抢劫、奸淫等罪恶，都将判

处死刑。[①]

从冯烈鸿的文字可以看到，梅占魁在光复之初起到了维护社会稳定的作用。尽管温州的革命是一个没有流血的“电报革命”，但在普通民众中还是发生了骚乱。目击温州光复的冯烈鸿，留下了光复过程中普通百姓的最初反应：

> 城里的商人富户听到革命爆发的消息，都吓得神经错乱，只管把宝贵财物藏到安全地方，自己逃往乡下。其他男女老少也远离革命的中心地点，到别处寻找避难所。可是很奇怪，乡下的富人与学者，因恐惧偏偏逃到城里来，他们认为住在城里更安全。因此，到处是搬家、逃难、恐惧和悲哀。[②]

温州虽然光复了，但地方政治力量对地方控制权的争夺却没有止息。军人、学生和青年教师构成的新乡绅集团原先打算利用道台、知府来控制温州的计划落空，想利用刘绍宽、黄式苏等招牌建立政权，又得不到刘、黄的配合。另外，虽然一开始也欢呼着拥护梅占魁，但梅占魁统领又很难摆布。为分享更多的地方权力，他们决定把温州义勇军扩充为民团，推湖北武备学堂毕业生胡方尧为总团长，下设二个分团，以黄冲颖为第一分团长，阮孔章为第二分团长，每个分团各设三区队，区队长为季德标、黄世芬、姚剑夫、胡剑飞等人。民团的动向引起了梅占魁的警觉。由于受到梅占魁排斥和压制，也得不到百姓的信任，[③] 再加上内部争权夺利产生的重重矛盾，民团很快解体。在此期间有一个插曲，即陈黻宸来温筹组温州军政分府的失败。陈黻宸曾担任浙江省军政府的民政部长，他回温州试图组建新的军政分府，但没有得到地方士绅的支持。刘绍宽、黄式苏等希望地方

---

① ［法］冯烈鸿（Cyprien Aroud）：《辛亥革命温州散记》，郑济民、方志刚译，温州市政协文史委编：《温州文史资料》第 7 辑，1991 年。

② ［法］冯烈鸿（Cyprien Aroud）：《辛亥革命温州散记》，郑济民、方志刚译，温州市政协文史委编：《温州文史资料》第 7 辑，1991 年。

③ 据冯烈鸿观察：人们把革命人员同土匪相提并论，等同齐观。因此，凡是正经的人都不愿参加革命党，原先参加过工作的，现在都退了出来。百姓不再信任革命，革命党已被众人所轻视。梅统领和一切纯良的群众一样也轻视它。若是革命党不再设法做得较好一些，很可能百姓不久就要起来反对它了。……平阳、瑞安同样发生很多抢劫事件，处州府更是混乱不堪。所谓革命人员，实际上全是地方上的一批地痞流氓，他们把知事抢了之后又把他看守起来，不准逃跑。［法］冯烈鸿：《辛亥革命温州散记》，温州市政协文史委编：《温州文史资料》第 7 辑，1991 年。

稳定，不愿意再起波澜。九月二十四日，陈黻宸张榜公布分府各部办事人员十八人，但遭到了地方人士的强烈反对，榜文也被撕毁。这样的结果，固然与陈黻宸在省城的政府对手以及温州地方的政治对手的反对有关，但与附着在他周围的激进势力得不到士绅的信任也脱不了关系。

温州临时军政分府成立后之次日，梅占魁派遣黄曾枚、薛同、项肩、项廷珍、张秉威、戴鸿逵等6人去瑞安，护送军械兵士16人，改穿军服列队入城。这些革命者也不得不依附革命对象来获得革命果实，仍以符璋为知县，黄曾枚任军政长，李炳光任民政长。① 由符璋邀同士绅数十人高举“大汉安民”木牌出发安民，在城内外巡回一周。② 瑞安于是光复。

听闻杭州光复消息后，乐清县令查鳌惧而欲逃。劝学所所长曹文昇揭白旗首倡光复，于二十日开全体大会，改设政务厅，公举曹为厅长，查鳌为参理，“电达都督，即准予乐清民事长”。③ 第二天，永嘉楠溪滕华钦率部200多人由白石下山径攻乐清县城，在距离西门二里的豹将头村，被防营管带谢德胜击败。④

平阳县议会议长黄光于11月8日剪去发辫，县城小学生相继剪发。10日，姜啸樵奉梅占魁面谕从温州回到平阳，仿瑞安式悬挂白旗，改换印信，分科办事。11月，黄光邀集平阳七乡绅士“挂旗换印”。12日，给军政分府拍发电报，报告光复经过，以获取合法性。15日，知县田泽深委任黄光为全县团练总董，设局办事。16日后，朱管带每夜到万全各地及小南、鳌江等处发哨，“以安民心”。17日，田泽深处云谲波诡的形势，精神极度紧张，因外间盛传“土匪攻城”而悬梁自尽，被救未遂。30日，势力雄厚的士绅陈锡琛愤宋存法“驱逐刑席，擅握官权，释放要犯，大招物议，起而干涉”。由士绅议定县公署组织名单：

---

① 温州市政协文史委编：《温州文史资料》第7辑，1991年，第180页。

② 王超六：《薛同、黄曾枚承温州军政分府之命来瑞光复》，《瑞安文史资料》第5辑，1987年。

③ （清）刘之屏：《曹志丹先生行状》，刘之屏：《盗天庐集》，袁国唐校注，线装书局2012年版，第15页。

④ 周起谓：《乐清辛亥革命史料》，汪林茂主编：《浙江辛亥革命史料集》（第七卷），浙江古籍出版社2014年版，第288页。冯烈鸿《辛亥革命温州散记》也说：“白象地方一队200多人的土匪抢劫了一个大村庄，带着丰富的劫物回到楠溪及巨山里去。”［法］冯烈鸿（Cyprien Aroud）：《辛亥革命温州散记》，郑济民、方志刚译，温州市政协文史委编：《温州文史资料》第7辑，1991年，第193页。

参事王理孚，民政刘绍宽，财政黄光，教育姜会明。①

11月，泰顺县城光复，设县公署。玉环同知成章慑于辛亥革命形势逃遁。邑人公推耿灿东为佐治员，襄办厅事。

温州各县都革命了，光复了，“……知事们都转到新政府里去，保持他们原有的职务、职权。那里的革命只不过换了一面旗帜而已”。②

三、尘埃落定

省军政府都督汤寿潜委派徐定超回温州主持军政分府。徐定超衔命于九月二十九日抵达温州，莅任温州军政分府都督。面对混乱的形势，徐定超首先着手解决民食问题。到任次日就召集商会总理及米业公会议定米谷平价，并严查偷漏，避免米谷外溢。除责令“各米铺务须赶速买谷平价出粜，以便接济贫民”外，还要求“各殷户等亦急宜将现谷平价出粜，以便接济米铺，不准囤积居奇”。③十月初五日徐定超出示布告重申，“劝令各米铺、殷户，将米谷平价出粜，一面严禁各属棍徒捣抢各在案。唯一种图利之徒，趁此米价减轻，辄敢设计运米出海”。强调“民以食为天。本年温属、维新之后，人心未定，亡命之徒，往往乘时窃发。若有米食出口接济，后患不堪设想”。④

除了民食，其次就是治安问题。在社会局势动荡之秋，正是刑事犯罪高发之时。十月初三日，发生了一起刑事案件。这天凌晨，寡妇程郑氏喊告，积匪王岩昌纠众焚掠。徐定超当即令警察民团拿获归案。经审讯，该犯供认不讳，并供党羽多人。匪首王岩昌，诨号小武松，素属亡命无赖。平日结党劫夺，恃恶横行，案如山积，民怨沸腾。徐定超于初五日，将罪犯明正典刑。

除分饬防营警察民团兵队等，密拿供指有名党羽外，徐定超发布告示：为此仰合属诸色人等知悉，尔等须知辟以止辟，断不姑息，以致害及闾阎，刬除暴所

① 黄梅僧（黄光）：《光复残痕》，黄光：《黄光集》，马允伦编，上海社会科学院出版社2005年版，第369页。

② ［法］冯列鸿（Cyprien Aroud）：《辛亥革命温州散记》，郑济民、方志刚译，温州政协文史委编：《温州文史资料》第7辑，1991年，第194页。

③ 徐定超：《告白九》，汪林茂主编：《浙江辛亥革命史料集》（第三卷），浙江古籍出版社2013年版，第279页。

④ 徐定超：《告白十一》，汪林茂主编：《浙江辛亥革命史料集》（第三卷），浙江古籍出版社2013年版，第283—284页。

以安良，地方始能安谧，自此以往，地方无业棍徒，如能革面洗心，即系该犯所供，本分府亦准其自新，不再究办。如再恃凶恶扰，一经拿获，定即从重惩办，不稍宽贷。本分府言出法随，用特宣布，俾众周知，毋违特示。徐定超在布告中声言："乱国之刑，准用重典。"①

十月十六日，出《劝剪辫示》文。首先是男人剪辫。11 月 10 日午前，府城"有 500 多人公开剪去辫子"，1912 年 1 月 7 日晚，好几百学生手拿剪刀"把群众的帽子脱下来，凡是养着辫子的都被剪了，一小时内剪下 200 多条辫子"。②

厘捐久为病商之弊，下令"九月十五日以后，概行裁撤。商民得舒，莫不欣忭"。③

1912 年 1 月 1 日，温州最早的近代日报《东瓯日报》出版，社址在府前街，由陈怀、孙诒棫创办。④宗旨为"振作国民精神，鼓吹共和政体"。

中华民国临时大总统孙中山于 1 月 2 日通令各省改用阳历，于是温州军政分府命令把阴历正月十五的灯会节日改在 1 月 15 日举行。⑤

2 月 12 日，清帝溥仪宣布退位。

辛亥年在温州发生的是一场由电报履行完成的、没有硝烟的革命。

---

① 徐定超：《告白十》，汪林茂主编：《浙江辛亥革命史料集》（第三卷），浙江古籍出版社 2013 年版，第 283 页。

② 剪辫子也是一个缓慢的过程。据冯烈鸿观察，直到 1912 年 2 月 15 日，乡间商人和农民，还没有剪去辫子。即便是温州城内，尽管 3 次出了布告，绝大部分人还是留着辫子。见《温州文史资料》第 7 辑，1991 年，第 190 页。

③ 叶玉林：《辛亥革命温州光复记》，汪林茂主编：《浙江辛亥革命史料集》（第三卷），浙江古籍出版社 2013 年版，第 279 页。

④ 孙诒棫（1880—1925），字季芃，后改名任，字公侠，后又改字遗之，号朴子，孙锵鸣之子，住瑞安县城大沙巷。他曾从学诒让，又深受宋恕影响。光绪二十八年至二十九年（1902—1903）间，与诒让发起成立瑞安劝解妇女缠足会，亲自下乡宣传，发动民间艺人利用演唱予以传播，散发《遵旨婉切劝谕解放妇女脚缠白话》长文。又与诒让、林文潜等创演说会，每月逢朔望在明伦堂集城乡各学堂师生及各界人士演说政治时事、科学知识及县政兴革事宜，于地方风气开通影响至巨。后往日本留学，归国后任瑞安县教育会会长，与章太炎、蔡元培有交往，民国后为国史馆编纂。

⑤ 温州市政协文史委编：《温州文史资料》第 7 辑，1991 年，第 200 页。

参考文献

一、基本文献（各部分以书名首字音序编次）

1. 诗文集、专著

（明）张煌言：《冰槎集》，中华书局 1959 年版。

（清）汪辉祖：《病榻梦痕录》，梁文生校注，江西人民出版社 2012 年版。

（清）汤肇熙：《出山草谱》，东瓯郭博古斋，光绪十年（1884）刻本。

（清）陈虬：《陈虬集》，胡珠生辑，浙江人民出版社 1992 年版。

（清）吕从龙：《除庄长原稿》，东瓯敬义堂，嘉庆元年（1796）刊本，温州图书馆藏。

（清）谢奎、王又槐：《成案所见四集》，嘉庆十年（1805）刊本。

（清）陈黻宸：《陈黻宸集》，陈德溥编，中华书局 1995 年版。

（清）刘之屏：《盗天庐集》，袁国唐校注，线装书局 2012 年版。

（清）赵士麟：《读书堂文集》，齐鲁书社 1995 年版。

（清）周镐：《犊山类稿》，光绪十年（1884）重刊本。

（清）孟锦城：《东瓯轶事随笔》，同治十一年（1872）刊本。

（清）温忠翰：《东瓯九说序》，光绪五年（1879）刻本。

（清）张简平注：《读书堂文集》，大通书局 1974 年版。

（清）顾祖禹：《读史方舆纪要》，贺次君、施和金点校，中华书局 2005 年版。

（清）林獬：《俄土战记》，《杭州白话报》第十一期（1901 年 9 月 27 日）至十五期（1901 年 11 月 26 日）连载。

曹明道：《二十六年：曹雅直夫妇温州宣教回忆录》，温州恩际团契译，宇宙光全人关怀 2015 年版。

（清）华文漪：《逢源斋诗文钞》，道光丙戌（1826）刻本，温州市图书馆藏。

（明）归庄：《归庄集》，中华书局 1962 年版。

高谊：《高谊集》，高益登编注，线装书局 2013 年版。

（清）龚自珍：《龚自珍全集》，中华书局 1961 年版。

（清）顾炎武：《顾亭林诗文集》，华忱之校注，中华书局 1983 年版。

（清）曹文昇：《耕心堂集》，吴小如点校，线装书局 2011 年版。

（明）周天锡：《花萼楼集》，周干、陈仲光点校，黄山书社 2012 年版。

（清）洪炳文：《洪炳文集》，沈不沉编，上海社会科学院出版社 2004 年版。

（清）洪亮吉：《洪北江诗文集》，台湾商务印书馆 1979 年版。

（清）费密：《荒书》，浙江古籍出版社 1983 年版。

黄光：《黄光集》，马允伦编，上海社会科学院出版社 2005 年版。

（清）黄宗羲：《黄宗羲全集》，沈善洪主编，浙江古籍出版社 2005 年版。

（清）黄式苏：《黄式苏集》，张炳勋编注，线装书局 2009 年版。

（清）李象坤：《匊庵集选》，蔡听涛点校，黄山书社 2012 年版。

（清）龙启瑞：《经德堂文集》，光绪四年（1878）刻本。

（清）郭钟岳：《借铎》，叶昭敦校注，光绪丁酉（1897）刊本，温州市图书馆藏。

（明）吴应箕：《楼山堂集》，贵池先哲遗书，1920 年刊本。

（清）林启亨：《林启亨集》，王志成校注，线装书局 2013 年版。

（清）林大椿：《林大椿集》，赵挽澜编注，线装书局 2013 年版。

（清）叶正阳：《鹿迹山房诗文集》，黄乐清点校，线装书局 2013 年版。

（清）蓝鼎元：《鹿洲全集》，蒋炳钊、王钿点校，厦门大学出版社 1995 年版。

（清）沈垚：《落帆楼文集》，《丛书集成续编》（第 135 册）上海书店出版社 1988 年版。

（清）林如淞辑：《林钟英全集》，道光二十二年（1842）刊本。

（清）陈康祺：《郎潜纪闻初笔》，中华书局 1984 年版。

（清）李星沅：《李文恭公遗集》，同治四年（1865）刊本。

（清）梁启超：《梁启超全集》第 2 册，北京出版社 2000 年版。

（清）李聿求：《鲁之春秋》，浙江古籍出版社 1984 年版。

（清）梁章钜：《浪迹丛谈 续谈 三谈》，中华书局 1981 年版。

（清）柯悟迟：《漏网喁鱼集》，中华书局 1959 年版。

（清）孙诒让：《墨子间诂》，上海书店 1986 年版。

（清）毛祥麟：《墨余录》，上海古籍出版社 1985 年版。

（清）钱蕙纕：《女书痴存稿》，道光五年（1825）刻本。

（清）洪守一：《瓯乘拾遗》，《浙江府县县志辑》第 58 册，《中国地方志集成》，上海书店 1992 年版。

（清）吴嘉宾：《求自得之室文钞》卷 4，广州富文斋同治五年（1866）刊本。

（清）梁启超：《清代学者整理旧学之总成绩》，商务印书馆 1999 年版。

（清）顾炎武：《日知录》，栾保群、吕宗力点校，上海古籍出版社 2013 年版。

（清）何子祥：《蓉林笔记》，乾隆二十八年（1763）刻本。

（清）王葆心：《胜朝殉节诸臣录》，大通书局 1987 年版。

（清）郑蕙：《素心阁诗抄》，光绪九年（1883）刻本，温州市图书馆藏。

（清）魏源：《圣武记》，中华书局 1984 年版。

（明）程春宇辑：《士商类要》，明天启六年（1626）刊本。

（清）宋恕：《宋恕集》，胡珠生编，中华书局 1993 年版。

（清）孙锵鸣：《孙锵鸣集》，胡珠生编，上海社会科学院出版社 2003 年版。

（清）孙诒让：《孙诒让遗文辑存》，张宪文辑，浙江人民出版社 1990 年版。

（清）王庆云：《石渠余记》，北京出版社 2015 年版。

（清）童兆蓉：《童温处公遗书》，清宣统年间宁乡童氏家刻本。

谭正璧、谭寻编：《弹词叙录》，上海古籍出版社 2012 年版。

（清）赵钧：《谭后录》，稿本，温州市图书馆藏。

（清）陶成章：《陶成章集》，汤志钧编，中华书局 1986 年版。

（清）魏禧：《魏叔子文集》，胡守仁校，中华书局 2003 年版。

（清）孙诒让：《温州经籍志》，潘猛补校补，上海社会科学院出版社 2005 年版。

（清）陈瑞辉：《丸熊集》，嘉庆九年（1804），敦木堂刻本。

［英］苏慧廉：《晚清温州纪事》，张永苏、李新德译，宁波出版社 2011 年版。

（清）王德馨：《王德馨集》，王妍点校，黄山书社 2009 年版。

（清）王毓英：《王毓英集》，卢礼阳编校，中国文史出版社 2011 年版。

（清）王理孚：《王理孚集》，张禹、陈盛奖编注，上海社会科学院出版社 2006 年版。

（清）魏源：《魏源全集》，岳麓书社 2004 年版。

（清）徐炯文、徐德元、徐乃康：《徐炯文集 徐德元集 徐乃康集》，王志成、高知贤编注，线装书局 2009 年版。

（清）鲍台：《一粟轩集》，中州古籍出版社 2013 年版。

（清）杨青：《杨青集》，谢作拳、伍显军编，上海社会科学院出版社 2005 年版。

（清）谢青扬：《愈愚斋诗文集》，张禹点校，永嘉黄氏敬乡楼抄本，温州图书馆藏本。

（清）王凤生：《越中从政录》，道光四年（1824）婺源王氏刻本。

（清）薛福成：《庸庵笔记》，宣统二年（1910）扫叶山房刊本。

（清）梁启超：《饮冰室专集》，台湾中华书局 1987 年版。

（清）萧奭：《永宪录》，中华书局 1959 年版。

（清）孙诒让：《周礼正义》，王文锦、陈玉霞点校，中华书局 1987 年版。

（清）章太炎：《章太炎全集》，上海人民出版社 2014 年版。

白庚胜主编：《中国民间故事全书·浙江》苍南卷，知识产权出版社 2013 年版。

浙江省经济研究中心编：《浙江省情概要》，浙江人民出版社 1986 年版。

2. 史志

（清）张九华修，吴嗣范纂：《重修景宁县志》，清乾隆四十三年（1778）刊本。

（清）曹抡彬修，朱肇济纂：《处州府志》，清雍正十一年（1733）刊本。

（清）穆彰阿、潘锡恩纂修：《大清一统志》，四库丛刊续编本。

（明）李贤等：《大明一统志》，三秦出版社1990年版。

洞头县地方志编纂委员会编：《洞头县志》，浙江人民出版社1993年版。

（清）鲍作雨、张振夔总修：道光《乐清县志》，陈纬校注，线装书局2009年版。

（清）林鹗、林用霖编纂：《分疆录点注》，陶汉心点校，香港出版社2010年版。

陈衍：《福建通志列传选》，台湾文献委员会1993年版。

（清）张宝琳修，孙诒让纂：《永嘉县志》，永嘉县地方志编纂委员会整理，中华书局2010年版。

（清）李登云修，陈珅等纂：《乐清县志》，光绪辛丑（1901），东瓯郭博古斋刻印。

（明）王瓒、蔡芳编：弘治《温州府志》，胡珠生校注，上海社会科学院出版社2006年版。

（明）曾才汉、叶良佩纂修：《嘉靖太平县志》，上海古籍书店1963年版。

（清）庆霖修：嘉庆《太平县志》，上海书店出版社2011版。

（清）王殿金、黄徵乂总修：《瑞安县志》，宋维远点校，中华书局2010年版。

（清）郑廷俊、林占春纂修：《永嘉县志》，上海书店出版社2011年版。

（清）何子祥、余丽元纂：《龙湖书院志》，陈仲光点校，中州古籍出版社2010年版。

温州龙湾史志办：《龙湾史志》2008年第2期。

王理孚修，符璋、刘绍宽纂：民国《平阳县志》，民国十四年（1925）刊本。

平阳县志编纂委员会编：《平阳县志》，汉语大词典出版社1993年版。

（清）程维伊等：《庆元县志》，成文出版社1983版。

（清）陈永清修：乾隆《瑞安县志》，上海书店出版社1993年版。

中国第一历史档案馆编：《乾隆帝起居注》，广西师范大学出版社2002年版。

（清）赵尔巽等：《清史稿》，中华书局1977年版。

萧一山编：《清代通史》，华东师范大学出版社2006年版。

《清实录》，中华书局1986年版。

瑞安县修志委员会编印：《瑞安县志稿》，民国二十五年（1936）铅印本。

瑞安市地名委员会编：《瑞安地名志》（内部发行），瑞安市印刷厂1988年版。

瑞安地方志编纂委员会：《瑞安市志》，中华书局2003年版。

（清）洪炳文：《瑞安乡土史谭》，温州图书馆古籍部藏。

（清）张坦熊纂：《特开玉环志》，中华书局 2008 年版。

（清）宗源瀚等纂：《浙江全省舆图并水陆道里记》，徐则恂等修订，民国四年（1915）石印本，成文出版社有限公司印行。

施明运主编：《泰顺县志》，浙江人民出版社 1998 年版。

泰顺县交通局、邮电局编：《泰顺县交通志》，海洋出版社 1991 年版。

（明）汤日昭、王光蕴：《万历温州府志》，齐鲁书社 1996 年版。

吴鸣皋编：《文成乡土志》（内部资料），文成县印刷厂 1989 年版。

温州市志编纂委员会编：《温州市志》，中华书局 1998 年版。

（清）李琬修，齐召南、汪沆纂：乾隆《温州府志》，同治四年（1865）补刊本。

温州市志编委会：《温州市志》，中华书局 1998 年版。

吴炎三编：《温州市交通志》，海洋出版社 1994 年版。

温州市邮电局编：《温州市邮电志》，人民邮电出版社 1996 年版。

周厚才主编：《温州港史》，人民交通出版社 1990 年版。

（清）释佛彦汇订，释佛皋增辑：《仙岩寺志》，敬乡楼本，温州市图书馆藏。

（清）郑茂国：《西门志》，乐清市雁荡镇西门岛村村委会藏。

（宋）郑缉之：《永嘉郡记》，民国元年（1912）孙氏玉海楼石印本。

永嘉县地方志编纂委员会编：《永嘉县志》，方志出版社 2003 年版。

（清）鄂尔泰、张廷玉等编纂：《世宗宪皇帝朱批谕旨》，内府刻朱墨套印本。

（清）杜冠英、胥寿荣修，吕鸿焘纂：光绪《玉环厅志》，光绪六年（1880）刊本。

乐清市地方志编纂委员会编：《乐清县志》，中华书局 2000 年版。

（清）李卫修，傅王露纂：《浙江通志》，商务印书馆 1934 年版。

3. 日记

（清）郑良治：《百甓斋日记》，乡著会抄本 1936 年版，温州图书馆藏。

符璋：《符璋日记》，温州市图书馆编，陈光熙点校，中华书局 2018 年版。

（清）林骏：《林骏日记》，温州市图书馆编，沈洪保整理，中华书局 2018 年版。

刘绍宽：《刘绍宽日记》，温州市图书馆编，方浦仁、陈盛奖整理，中华书局 2018 年版。

（清）赵钧：《赵钧日记》（上、下），温州市图书馆编，陈伟玲整理，中华书局 2018 年版。

张棡：《张棡日记》，俞雄选编，上海社会科学院出版社 2003 年版。

张棡：《张棡日记》，温州市图书馆编：《温州市图书馆藏日记稿钞本丛刊》，中华书局 2017 年版。

4. 碑铭

黄舟松、林伟昭编著:《瓯海金石志》,中国戏剧出版社 2011 年版。

金柏东主编:《温州历代碑刻集》,上海社会科学院出版社 2002 年版。

吴明哲编:《温州历代碑刻二集》,上海社会科学院出版社 2006 年版。

谢志勇主编:《温州历代文献集刊》,南京大学出版社 2012 年版。

郑小小主编:《永嘉金石志》,中华书局 2011 年版。

陈纬编:《乐清历代碑志选》,中国民族摄影艺术出版社 2004 年版。

5. 谱牒

民国《高垟林氏宗谱》,1944 年版。

《淀川李氏宗谱》,民国七年(1918)。

《乐邑白沙白氏宗谱》,乐清市白沙岛村村委会办公室,1951 年活字版。

《姜公桥徐氏宗谱》,民国二十二年(1933),温州市图书馆藏。

《虹川瞿氏宗谱》,道光二十五年(1845),温州市图书馆藏。

蒋振喜选编:《乐清谱牒文献选编》,线装书局 2009 年版。

周健选编:《乐清谱牒文献二编》,线装书局 2015 年版。

6. 文史资料

政协浙江省苍南县委员会文史资料委员会编:《苍南文史资料》第 20 辑,2005 年。

郑维国编著:《苍南百家姓》,当代中国出版社 2008 年版。

政协浙江省苍南县委员会文史资料委员会编:《苍南文史资料》第 16 辑《刘绍宽专辑》,2001 年。

洞头县政协文史委编:《洞头县文史资料》第 3 辑,1993 年。

鹿城区政协文史委编:《鹿城文史资料》第 3 辑,1988 年。

鹿城区政协文史委编:《鹿城文史资料》第 4 辑,1989 年。

鹿城区政协文史委编:《鹿城文史资料》第 11 辑,1997 年。

鹿城区政协文史委编:《温州文史资料》创刊号,1985 年。

温州市政协文史委编:《温州文史资料》第 7 辑,浙江人民出版社 1991 年版。

温州市政协文史委编:《温州文史资料》第 9 辑,浙江人民出版社 1994 年版。

玉环县政协文史委编:《玉环文史资料》第 4 辑,1989 年。

乐清县政协文史资料工作组编:《乐清文史资料》第 1 辑,1984 年。

7. 史料汇编

（清）伊桑阿等纂:《大清会典》，清康熙二十九年（1690）内府刻本。

陈瑞赞编注:《东瓯逸事汇录》，上海社会科学院出版社 2006 年版。

（清）朱寿朋编:《光绪朝东华录》，中华书局 1958 年版。

（清）贺长龄、魏源编:《皇朝经世文编》，上海中西书局石印，光绪己亥年（1899）版。

佚名:《绘图三教源流搜神大全》，上海古籍出版社 1990 年版。

（清）纪昀:《景印文渊阁四库全书》，台湾商务印书馆 1983 年版。

沈云龙主编:《近代中国史料丛刊》，文海出版社 1966 年版。

杨书霖编:《近代中国史料丛刊续编》，文海出版社 1979 年版。

赵肖为译编:《近代温州社会经济发展概况：瓯海关贸易报告与十年报告译编》，上海三联书店 2014 年版。

中华人民共和国杭州海关译编:《近代浙江通商口岸经济社会概况——浙海关、瓯海关、杭州关贸易报告集成》，浙江人民出版社 2002 年版。

（清）程宗裕编:《教案奏议汇编》，上海书局石印，1901 年版。

中国第一历史档案馆编:《嘉庆道光两朝上谕档》，广西师范大学出版社 2000 年版。

中国第一历史档案馆编:《嘉庆朝安徽浙江棚民史料》，《历史档案》1993 年第 1 期。

陈光熙编:《明清之际温州史料集》，上海社会科学院出版社 2004 年版。

中国社会科学院历史研究所明史室编:《明史资料丛刊》（第 4 辑），江苏人民出版社 1986 年版。

历史语言研究所编:《明清史料》，中华书局 1987 年版。

（清）黄宗羲:《明文海》，中华书局 1987 年版。

故宫博物院明清档案部编:《清末筹备立宪档案史料》，中华书局 1979 年版。

（清）张廷玉等纂:《清朝文献通考》，商务印书馆 1936 年版。

（清）刘锦藻纂:《清朝续文献通考》，商务印书馆 1955 年版。

朱金甫、陈增辉主编:《清末教案》，中华书局 1996 版。

《清代诗文集汇编》编纂委员会:《清代诗文集汇编》，上海古籍出版社 2010 年版。

第一历史档案馆:《清政府镇压太平天国档案史料》第四册，社会科学文献出版社 1992 年版。

（清）陈梦雷:《钦定古今图书集成方舆汇编职方典》，中华书局 1934 年版。

（清）昆冈等纂:《钦定大清会典事例》，台湾中文书局 1963 年，据光绪二十七年刻本影印。

（清）素尔讷等纂修：《钦定学政全书》，嘉庆十七年（1812）刻本。

中国第一历史档案馆编：《乾隆朝惩办贪污档案选编》，中华书局 1994 年版。

中国第一历史档案馆编：《乾隆帝起居注》影印件第一册，广西师范大学出版社 2002 年版。

（清）陶元藻编：《全浙诗话》，余志慧点校，中华书局 2013 年版。

（清）徐松辑：《宋会要辑稿》，刘琳、刁忠民、舒大刚等校点，上海古籍出版社 2014 年版。

温州市图书馆编：《温州市图书馆藏日记稿钞本丛刊》，中华书局 2017 年版。

沈不沉编著：《温州戏曲史料汇编》，中国戏剧出版社 2011 年版。

俞光编：《温州古代经济史料汇编》，上海社会科学院出版社 2005 年版。

叶大兵辑注：《温州竹枝词》，文化艺术出版社 2008 年版。

中国人民政治协商会议全国委员会文史资料研究委员会编：《辛亥革命回忆录》（四），文史资料出版社 1962 年版。

中南地区辛亥革命史研究会编：《辛亥革命史丛刊》第八辑，中华书局 1991 年版。

《续修四库全书》编委会：《续修四库全书》，上海古籍出版社 2002 年版。

周干、陈仲光编校：《元到民国时期平阳史料选编》，中州古籍出版社 2010 年版。

浙江布政司与按察司共同编纂：《治浙成规》，道光刻本。

中国史学会主编：《中国近代史资料丛刊》，上海人民出版社 2000 年版。

宓汝成主编：《中国近代铁路史料》，中华书局 1963 年版。

中国人民银行总行参事室金融史料组编选：《中国近代货币史资料》，中华书局 1964 年版。

雷梦水、潘超等编：《中华竹枝词》，北京古籍出版社 1996 年版。

彭泽益主编：《中国工商行会史料集（全二册）》，中华书局 1995 年版。

璩鑫圭、童富勇编：《中国近代教育史资料汇编·教育思想》，上海教育出版社 1997 年版。

朱有瓛主编：《中国近代学制史料》第二辑，华东师范大学出版社 1983 年版。

中国史学会主编：《中国近代史资料丛刊》，上海人民出版社 2000 年版。

中国史学会主编：《中国近代史资料丛刊·洋务运动》（二），上海人民出版社 1961 年版。

汪林茂主编：《浙江辛亥革命史料集》，浙江古籍出版社 2014 年版。

8. 报刊

《北华捷报》

《东方杂志》

《广益丛报》

《杭州白话报》

《汇报》

《农学报》

《泉币》

《蓼绥》

《申报》

《四明日报》

《通问报》

《浙江官报》

《浙江地方自治筹办处文报》

《浙江日报》

二、近人论著（以作者姓氏音序编次）

蔡钢铁：《艺文学校始末》，温州市鹿城区政协文史会编：《鹿城文史资料》第9辑，1995年。

曹树基：《中国人口史》，复旦大学出版社2001年版。

曹树基、李玉尚：《太平天国战争对浙江人口的影响》，《复旦学报》（社会科学版）2000年第5期。

陈垣：《明季滇黔佛教考》，中华书局1962年版。

陈学文：《明清时期的山林环境生态保护》，《中原文化研究》2014年第3期。

陈丰盛：《温州基督教编年史》，方舟机构有限公司2017年版。

陈谧：《刘绍宽传》，《国史馆馆刊》1948年第4期。

陈继达编：《监察御史徐定超》，学林出版社1997年版。

陈叔平：《永嘉楠溪哥老会反清斗争》，温州市政协文史委编：《温州文史资料》第7辑，浙江人民出版社1991年版。

陈春声、刘志伟：《贡赋、市场与物质生活：试论十八世纪美洲白银输入与中国社会变迁之关系》，《清华大学学报》（哲学社会科学版）2010年第5期。

邓利萍：《晚清乡村藏书楼及其地方文化活动管窥——以乐清县为中心》，《图书馆研究与工作》2020年第12期。

方志刚译编：《施鸿鳌事件始末》，温州市政协文史资料委员会编：《温州文史资料》第 9 辑，浙江人民出版社 1994 年版。

方志刚译编：《温州“甲申教案”前后》，温州市政协文史资料委员会编：《温州文史资料》第 9 辑，浙江人民出版社 1994 年版。

方志刚译编：《温州神拳会与天主教会》，温州市政协文史资料委员会编：《温州文史资料》第 9 辑，浙江人民出版社 1994 年版。

高建国：《基督教最初传入温州片断》，《温州文史资料》第 7 辑，浙江人民出版社 1991 年版。

顾卫民：《基督教与近代社会》，上海人民出版社 1996 年版。

何冠彪：《生与死：明季士大夫的抉择》，联经出版事业股份有限公司 1997 年版。

何炳棣：《何炳棣思想制度史论》，中华书局 2017 年版。

黄遵宪：《日本国志》，文海出版社 1981 年版。

洪振宁：《宋元明清温州文化编年纪事》，浙江人民出版社 2009 年版。

侯厚吉、吴其敬：《中国近代经济思想史稿》，黑龙江人民出版社 1982 年版。

和卫国：《乾隆朝常平仓积贮数据与常平仓制度运行考察》，《清史研究》2019 年第 2 期。

胡牧：《瞿振汉起义史实》，《温州师院学报》（哲学社会科学版）1989 年第 1 期。

胡珠生：《温州近代史》，辽宁人民出版社 2000 年版。

胡珠生：《戊戌闹荒毁衙案始末》，鹿城区政协文史委编：《鹿城文史资料》第 4 辑，1989 年。

胡思庸：《太平天国的知识分子问题》，《开封师院学报》1963 年第 2 期。

蒋德新：《温州教会女学盛观》，《中西教会报》第 19 卷第 226 册。

［美］吉尔伯特·罗兹曼主编：《中国的现代化》，江苏人民出版社 1995 年版。

翦伯赞、郑天挺：《中国通史参考资料·近代部分》，中华书局 1980 年版。

姜亮夫：《孙诒让学术检论》，《浙江学刊》1999 年第 1 期。

［日］井上徹：《中国的宗族与国家礼制——从宗法主义角度所作的分析》，钱杭译，上海书店出版社 2008 年版。

［美］吉尔伯特·罗兹曼主编：《中国的现代化》，国家社会科学基金“比较现代化”课题组译，江苏人民出版社 1995 年版。

［美］孔飞力：《中华帝国晚期的叛乱及其敌人：1796–1864 年的军事化与社会结构》，中国社会科学出版社 2002 年版。

［美］柯文：《在中国发现历史——中国中心观在美国的兴起》，林同奇译，中华书局 1989 年版。

科大卫：《皇帝与祖宗——华南的国家与宗族》，卜永坚译，江苏人民出版社

2009 年版。

李亦园：《李亦园自选集》，上海教育出版社 2002 年版。

李昕升、王思明：《清代玉米在浙江的传播及其动因影响研究》，《历史地理》第三十辑，上海人民出版社 2014 年版。

李迪：《中国数学通史》，江苏教育出版社 2004 年版。

林满红：《银线——19 世纪的世界与中国》，詹庆华、林满红译，江苏人民出版社 2011 年版。

刘铮云：《金钱会与白布会——清代地方政治运作的一个剖面》，《新史学》第 6 卷第 3 期。

刘凤云：《清代三藩研究》，中国人民大学出版社 1994 年版。

刘廷芳：《施医乃传道之善策》，《通问报》第 183 回，乙巳（1905）十二月。

刘廷芳：《苏会牧温州医院落成演说文》，《通问报》第 191 回，丙午（1906）二月。

罗士杰：《地方神明如何平定叛乱：杨府君与温州地方政治（1830—1860）》，赵肖为译，《温州大学学报》（社会科学版）2010 年第 2 期。

罗志田：《清季科举制改革的社会影响》，《中国社会科学》1998 年第 4 期。

卢明玉：《西人西学翻译与晚清救国良策的探索》，北京交通大学出版社 2018 年版。

吕仁伟：《浙江书院之研究》，花木兰文化出版社 2010 年版。

梁方仲编：《中国历代户口、田地、田赋统计》，上海人民出版社 1980 年版。

马允伦编：《太平天国时期温州史料汇编》，上海社会科学院出版社 2002 年版。

闵杰：《浙路公司的集资与经营》，《近代史研究》1987 年第 3 期。

［英］莫里斯・弗里德曼：《中国东南的宗族组织》，刘春晓译，上海人民出版社 2000 年版。

莫法有：《温州基督教史》，建道神学院基督教与中国文化研究中心 1998 年版。

［英］慕维廉等：《永息教案策》，商务印书馆 1903 年版。

倪海曙：《清末汉语拼音运动（切音字运动）编年史》，上海人民出版社 1959 年版。

彭信威：《中国货币史》，中国人民大学出版社 2020 年版。

平阳县政协文史资料工作组：《平阳文史资料》第 1 辑，1984 年。

全汉昇：《中国经济史论丛》，中华书局 2012 年版。

瞿同祖：《清代地方政府》，范忠信、晏锋译，法律出版社 2003 年版。

璩鑫圭、童富勇编：《中国近代教育史资料汇编・教育思想》，上海教育出版社 1997 年版。

沈迦:《寻找 · 苏慧廉》,新星出版社 2013 年版。

沈迦:《一条开往中国的船——赴华传教士的家国回忆》,新星出版社 2016 年版。

[英]斯当东:《英使谒见乾隆纪实》,叶笃义译,三联书店(香港)有限公司 1994 年版。

[日]松浦章:《温州海上交通史研究》,杨蕾等译,人民出版社 2016 年版。

苏虹编著:《旧温州轶事录》,天马图书有限公司 1999 年版。

苏虹:《温州第一所女学——育德女学》,温州市鹿城区政协文史委编:《鹿城文史资料》第 11 辑,1997 年。

苏萍:《谣言与近代教案》,上海远东出版社 2001 年版。

孙延钊:《孙衣言孙诒让父子年谱》,上海社会科学院出版社 2003 年版。

孙延钊:《温州藏书家考》,浙献足征丛编之五,《蓼绥年刊》创刊号抽印本 1937 年,温州市图书馆藏。

上海图书馆编:《汪康年师友书札》,上海古籍出版社 1986 年版。

邵雍:《中国近现代史论集》,学林出版社 2015 年版。

王汎森:《中国近代思想与学术的系谱》,吉林出版集团有限责任公司 2011 年版。

王汎森:《权力的毛细血管作用》,联经出版事业股份有限公司 2013 年版。

王遂今:《汤寿潜与浙江铁路风潮》,《萧山文史资料选辑》(《汤寿潜史料专辑》)第 4 辑,1993 年。

王兴福:《太平军在浙江》,浙江人民出版社 1982 年版。

汪林茂:《清末文字改革:民族主义与文化运动》,《学术月刊》2007 年 10 月号、11 月号。

[美]魏斐德:《大门口的陌生人:1839–1861 年间华南的社会动乱》,王小荷译,中国社会科学院出版社 2002 年版。

伍跃:《中国的捐纳制度与社会》,江苏人民出版社 2013 年版。

谢湜:《14—18 世纪浙南的海疆经略、海岛社会与闽粤移民——以乐清湾为中心》,《学术研究》2015 年第 1 期。

谢拥三:《周宅祠巷天主教本堂概况》,温州市政协文史委编:《温州文史资料》第 7 辑,1991 年。

许大龄:《清代捐纳制度》,《燕京学报》专号之二十二,哈佛燕京学社出版,1950 年。

萧秀琼:《双城记(四)——从戴德生与内地会的遭遇看“反洋教运动”的根本原因》(完结篇),《文桥》2001 年第 5—6 月第 74 期。

熊月之：《西学东渐与晚清社会》，上海人民出版社 1994 年版。

袁丁主编：《近代以来亚洲移民与海洋社会》，广东人民出版社 2014 年版。

余英时：《中国文化史通释》，生活·读书·新知三联书店 2012 年版。

［日］岩井茂树：《中国近代财政史研究》，付勇译，社会科学文献出版社 2011 年版。

杨国祯：《论海洋人文社会科学的概念磨合》，《厦门大学学报》（哲学社会科学版）2000 年第 1 期。

杨庆堃：《中国社会中的宗教——宗教的现代功能与其历史因素之研究》，范丽珠等译，上海人民出版社 2007 年版。

杨正泰撰：《明代驿站考》（增订本），上海古籍出版社 2006 年版。

张耀光、孙惠、彭湃：《洞头列岛方言的分布与形成条件分析——兼谈玉环岛方言特征》，《人文地理》2003 年第 6 期。

张秀民：《中国印刷史》，浙江古籍出版社 2006 年版。

张仲礼：《中国绅士——关于其在 19 世纪中国社会中作用的研究》，上海社会科学院出版社 1991 年版。

赵一、胡牧：《浙南瞿振汉起义史论》，天马图书有限公司 1999 年版。

赵世培、郑云山：《浙江通史》（清代卷），浙江人民出版社 2005 年版。

周起渭：《瞿振汉起义事略》，中国科学院近代史研究所近代史资料编辑组编辑：《近代史资料》1963 年第 1 期，中华书局 1963 年版。

周健：《陋规与清嘉道之际的地方财政——以嘉庆二十五年清查陋规事件为线索》，《“中研院”近代史研究所集刊》2012 年第 75 期。

周育民、邵雍：《中国帮会史》，上海人民出版社 1993 年版。

周孔华、阮珍生、叶圣益、周国钤编著：《温州道教通览》，天马图书有限公司 1999 年版。

钟叔河：《走向世界——近代中国知识分子考察西方的历史》，中华书局 2000 年版。

郑天挺、荣孟源主编：《中国历史大辞典·清史卷》，上海辞书出版社 1992 年版。

三、英文文献

Chung-shen Thomas Chang，Tsai Chien，*The Pirate King Who Dominates the Seas：A Study of Coastal Piracy in China*，1795-1810，Ph. D. dissertation，University of Arizona，1983.

F. Wakeman and C. Grant, ed., *Conflict and Control in Late Imperial China*, University of

California Press, 1975.

J.Husdon Taylor, M.R.C.S., F.R.G.S., *China's Millions*, London: Morgan and Scott, 1880.

Joseph W. Esherick and Mary Backus Rankin, *Chinese Local Elites and Patterns of Dominance,* Berkeley University of California Press,1990.

Kung-chuan Hsiao, *Rural China: Imperial Control in the Nineteenth Century*, Seattle: University of Washington Press,1960.

Paul A. Cohen, *China and Christianity: The Missionary Movement and the Growth of Chinese Anti-foreignism, 1860—1870*, Cambridge, Mass.: Harvard University Press, 1963.

编后语

《温州通史》(以下简称《通史》)编纂工程，是温州市创建国家历史文化名城工作的重要组成部分，经市创建国家历史文化名城领导小组批准并正式立项，由创建领导小组办公室（当时设在市文化广电新闻出版局）具体负责组织实施。市委、市政府领导高度重视《通史》编纂工作，历任主要领导亲自过问。时任市创建国家历史文化名城领导小组副组长、市人民政府副市长仇杨均多次召集专题会议，对《通史》编纂工作的顶层设计和工作原则提出具体要求，并主持举行启动仪式及合作签约。在历时十年的编纂过程中，胡剑谨、郑朝阳、苗伟伦、汤筱疏等市领导以及吴东、张纯芳、朱云华等部门领导经常过问并指导编纂工作，协调解决遇到的困难和问题。市文化广电旅游局副局长柳升高作为该项目组织实施的牵头负责人，先后主持（参加）了30余次编纂业务会议，研究探讨史书体例和编纂思路，解决疑难问题，并与作者保持密切沟通，亲自参与书稿审读，把握编纂导向。多次赴上海、香港看望相关作者，及时解决编纂工作中的棘手问题。温州市图书馆全力配合，负责史料征集、文献整理、会议组织、作者联络、经费保障等相关工作。其间，谢智勇、胡海荣、张启林馆长以及潘猛补、卢礼阳、毛薇洁、王妍等都付出了大量的辛苦工作。此外，在温州各档案馆、图书馆、博物馆的调查和资料征集，以及在民间的资料查询和访谈等工作，都得到了地方政府和民间的大力支持与积极配合。在此一并表示诚挚的感谢!

温州在历史上既非古都，又非省会，历来不是历史学研究的热门地区，温州地区高等院校繁荣发展起步较晚，研究本地历史的专家人数不多。寻找到既有中国视野，又对温州有所研究的作者队伍，成为《通史》编纂工程面临的首要难题。市创建国家历史文化名城领导小组办公室，在全国范围经过认真的考察和面谈，选择了在中国人口史、移民史、东南区域历史地理和温州沿海平原形成方面具备研究专长，时任复旦大学中国历史地理研究所所长的温籍教授吴松弟，担任全书主编。《通史》六个断代卷的分卷主编：林华东、鲁西奇、吴松弟、刘光临、李世众、冯筱才，分别毕业于厦门大学、武汉大学、复旦大学、哈佛大学、华东师范大学、浙江大学等国内外名校，专长于不同断代史研究。参加专题史研究的作者主要来自国内外高校和科研机构，都有相应的学术专长。

考虑到六个断代卷和十六部专题史著作，需要大量反映温州历史状况的地方资料，2011 年 7 月温州市人民政府办公室下发《关于做好〈温州通史〉编纂工作的通知》，要求有关单位和人员，配合做好资料查阅、影印等方面的工作。编纂团队邀请复旦大学、华东师大、苏州大学、温州大学等高校的研究生和本科生，组成若干个课题组，在温州范围内展开大规模的地域考察和地方文献搜集与整理工作，建立起约千万字的《温州历史文献数据库》，以便于《通史》作者使用，并为《通史》完成之后的相关研究提供便利。

为了保证《通史》的编纂质量和研究水平，我们建立了专家审稿制度。凡《通史》的断代史著作，各卷均聘请三位资深专家进行认真细致的审稿，提供纸本样稿进行审读，专家将审读意见逐一写在纸本上，确保审读的严肃性。同时要求所聘请的审稿专家中至少有一位长期研究温州地方历史，且熟悉温州语言和地理状况，从而避免在地方历史和地情方面出现错误。各专题史则每本至少聘请一位在特定方面有较好研究的专家进行审稿，而后确定采用与否，并提出修改意见。

为便于作者间的相互沟通，我们还建立了《通史》专题网站，不定期出版《温州通史编纂通讯》。开设“温州通史大讲堂”栏目，在电视台、电台宣传《通史》的内容，介绍《通史》编纂的有关情况，欢迎社会各界予以关注和监督。

大量的筹备保障工作为《通史》编纂创造了良好的基础条件，也使得来自四面八方的史籍资料，一点点汇聚到作者笔下，并经过认真撰写和有效审读，集成一本本有质量的图书，从而最终完成《温州通史》的编纂任务。

《温州通史》编纂委员会

2021 年 8 月